CAMBRIDGE LIBRARY COLL.

Books of enduring scholarly value

Linguistics

From the earliest surviving glossaries and translations to nineteenth-century academic philology and the growth of linguistics during the twentieth century, language has been the subject both of scholarly investigation and of practical handbooks produced for the upwardly mobile, as well as for travellers, traders, soldiers, missionaries and explorers. This collection will reissue a wide range of texts pertaining to language, including the work of Latin grammarians, groundbreaking early publications in Indo-European studies, accounts of indigenous languages, many of them now extinct, and texts by pioneering figures such as Jacob Grimm, Wilhelm von Humboldt and Ferdinand de Saussure.

Über die Verschiedenheit des menschlichen Sprachbaues

Wilhelm von Humboldt's classic study of human language was first published posthumously in 1836 and influenced generations of scholars of language including Boas, Sapir and Chomsky. In the later twentieth century, Humboldt's pioneering philosophical and linguistic works began once again to attract scholarly attention in their own right, and in the context of Humboldt's lively communication with other leading scholars of his day. This book, now reissued, summarizes the author's theoretical views of language, its universal structures and its relation to mind, education and culture. It ranges far beyond the Indo-European languages and explores the ways in which the grammatical structures of languages make them more or less suitable as instruments of thought and cultural development. Humboldt also addresses the relationship between written and spoken language. To this day, this landmark publication remains one of the most significant attempts to draw philosophical conclusions from comparative linguistics.

Cambridge University Press has long been a pioneer in the reissuing of out-of-print titles from its own backlist, producing digital reprints of books that are still sought after by scholars and students but could not be reprinted economically using traditional technology. The Cambridge Library Collection extends this activity to a wider range of books which are still of importance to researchers and professionals, either for the source material they contain, or as landmarks in the history of their academic discipline.

Drawing from the world-renowned collections in the Cambridge University Library, and guided by the advice of experts in each subject area, Cambridge University Press is using state-of-the-art scanning machines in its own Printing House to capture the content of each book selected for inclusion. The files are processed to give a consistently clear, crisp image, and the books finished to the high quality standard for which the Press is recognised around the world. The latest print-on-demand technology ensures that the books will remain available indefinitely, and that orders for single or multiple copies can quickly be supplied.

The Cambridge Library Collection will bring back to life books of enduring scholarly value (including out-of-copyright works originally issued by other publishers) across a wide range of disciplines in the humanities and social sciences and in science and technology.

Über die Verschiedenheit des menschlichen Sprachbaues

Und ihren Einfluß auf die geistige Entwickelung des Menschengeschlechts

WILHELM VON HUMBOLDT
ALEXANDER VON HUMBOLDT

CAMBRIDGE UNIVERSITY PRESS

CAMBRIDGE UNIVERSITY PRESS

Cambridge, New York, Melbourne, Madrid, Cape Town, Singapore,
São Paolo, Delhi, Dubai, Tokyo

Published in the United States of America by Cambridge University Press, New York

www.cambridge.org
Information on this title: www.cambridge.org/9781108006460

© in this compilation Cambridge University Press 2009

This edition first published 1836
This digitally printed version 2009

ISBN 978-1-108-00646-0 Paperback

This book reproduces the text of the original edition. The content and language reflect
the beliefs, practices and terminology of their time, and have not been updated.

Cambridge University Press wishes to make clear that the book, unless originally published
by Cambridge, is not being republished by, in association or collaboration with, or
with the endorsement or approval of, the original publisher or its successors in title.

Über

die Verschiedenheit

des menschlichen Sprachbaues

und

ihren Einfluſs auf die geistige Entwickelung
des Menschengeschlechts.

Von

WILHELM von HUMBOLDT.

Berlin.
Gedruckt in der Druckerei der Königlichen Akademie
der Wissenschaften.
1836.

In Commission bei F. Dümmler.

Vorwort.

Ich erfülle eine ernste und traurige Pflicht. Indem aus dem litterärischen Nachlasse meines Bruders, kaum ein Jahr nach seinem Hinscheiden, dieses Werk der Öffentlichkeit übergeben wird, habe ich einige Worte über die Einrichtung und Abtheilung desselben zu sagen. Es würde, bei der individuellen Richtung meiner Studien, eine leichtsinnige Zuversicht verrathen, wenn ich hier mehr, als die äufsere Form, berührte, und es wagte, dem Verewigten, auf der von ihm durchlaufenen Bahn, in das unermessene Reich der Sprache zu folgen.

Die Arbeit erscheint zwar in einer in sich abgeschlossenen Gestalt; doch würde sie gewifs in einzelnen Theilen von der eignen Hand des Verfassers noch manche Ergänzung und gröfsere Vollendung erfahren haben. Ursprünglich sollten die Bogen, welche wir, da sie von allgemeinerem Interesse sind, und den Einflufs der Sprache auf die geistige Entwickelung der Menschheit darlegen, hier abgesondert liefern, von dem gröfseren Werke: über die Kawi-Sprache auf der Insel Java, nicht getrennt werden. Die Trennung ist nur in einer geringen Zahl von Abdrücken geschehen. Die Herausgabe des ganzen Werkes, in seiner gegenwärtigen Gestalt, verdanken wir dem Fleifse und der wissenschaftlichen

Bildung eines jungen Gelehrten, der, viele Jahre lang, einem ehrenvollen Vertrauen durch die treueste Anhänglichkeit entsprochen hat. Herr Dr. Buschmann, Custos bei der Königl. Bibliothek, dem Verewigten durch einen ihm theuren Freund, Prof. Bopp, empfohlen, war durch die Mannigfaltigkeit seiner Kenntnisse und seinen Eifer für die Sprachen des südöstlichen Asiens und des Neuen Welttheils besonders geeignet, eine solche Hülfe darzubieten.

In allem, was die Philosophie der Sprachkunde oder den Organismus der Sanskritsprache ins besondere betrifft, hat sich mein Bruder, immerfort, bis zu seinem Tode, vertrauungsvoll mit einem Manne berathen, welcher durch die Bande einer langbewährten Freundschaft und gegenseitigen Achtung mit ihm verbunden war und durch seinen Scharfsinn und seine unermüdete Thätigkeit einen stets wachsenden Einfluss auf die Richtung des vergleichenden, allgemeinen Sprachstudiums ausübt. Herr Prof. Bopp empfing von dem Verewigten jeden vollendeten Abschnitt, mit Aufforderung zu strenger Kritik. Dem geistig belebenden Einflusse eines solchen Freundes gebührt hier eine öffentliche, dankbare Anerkennung.

Wenn es dem, dessen Verlust wir betrauern, vergönnt war, durch die Macht seiner Intelligenz und die nicht geringere Macht seines Willens, durch Begünstigung äufserer Verhältnisse, und durch Studien, welche der häufige Wechsel des Aufenthalts und sein öffentliches Leben nicht zu unterbrechen vermochten, tiefer in den Bau einer gröfseren Menge von Sprachen einzudringen, als wohl noch je von einem Geiste umfafst worden sind, so dürfen wir uns doppelt freuen, die letzten, ich darf wohl hinzusetzen, die höchsten Resultate dieser, das ganze Sprachgebiet berührenden

Forschungen in den nachfolgenden Bogen entwickelt zu sehen. Es wäre fast der ganze Kreis der wissenschaftlichen Verbindungen meines Bruders zu durchlaufen, die er auf seinen Reisen in Deutschland, England, Frankreich, Italien und Spanien angeknüpft hatte, wenn die einzelnen Personen genannt werden sollten, die ihm in jenen allgemeinen Untersuchungen und bei Gründung der grofsen linguistischen Sammlung nützlich gewesen sind, welche nach seinem letzten Willen, sammt seinen Manuscripten, zu öffentlichem Gebrauche der Königl. Bibliothek einverleibt wurde.

Ich kann dieses, durch die Huld des Monarchen in neuerer Zeit so bereicherten Instituts nicht gedenken, ohne nicht zugleich, wie aus einer Vermächtnifs-Schuld, dem als Sprach- und Geschichtsforscher gleich hochgeachteten Oberbibliothekar, Herrn Geheimen Regierungsrath Wilken, den innigsten Dank für die zuvorkommende Güte zu zollen, mit der er alles dargeboten hat, was der Ausarbeitung und Herausgabe dieses Sprachwerkes förderlich war. Die leichte und stete Benutzung einer öffentlichen Sammlung wurde durch die geringe Entfernung des freundlichen Landsitzes begünstigt, wo der Verewigte, einsam, in der Nähe eines Grabes, von dem Hauche alter Kunst umweht, seinen ernsten Studien, grofsen Erinnerungen an eine vielbewegte Zeit, und einer Familie lebte, an der er, bis zur Todesstunde, mit weichem, liebendem Herzen hing.

„Es ist," nach dem Ausspruch Eines der Edelsten unseres Zeitalters (*), „ein gewöhnliches Vorurtheil, den Werth des Men-

---

(*) Schiller in den philos. Briefen. (Werke. XI. 336.)

„schen nach dem Stoffe zu schätzen, mit dem er sich beschäf-
„tigt, nicht nach der Art, wie er ihn bearbeitet." Wo aber
der Stoff gleichsam die Form beherrscht und hervorruft, wo Anmuth der Sprache sich aus dem Gedanken, wie aus des Geistes zartester Blüthe, entfaltet, da wird die Trennung, welche jenes Vorurtheil bezeichnet, leicht gehoben. Wenn nicht alle meine Hoffnungen mich täuschen, so muſs das vorliegende Werk, indem es den Ideenkreis so mächtig erweitert, und in dem Organismus der Sprache gleichsam das geistige Geschick der Völker deuten lehrt, den Leser mit einem aufrichtenden, die Menschheit ehrenden Glauben durchdringen. Es muſs die Überzeugung darbieten, daſs eine gewisse Gröſse in der Behandlung eines Gegenstandes nicht aus intellectuellen Anlagen allein, sondern vorzugsweise aus der Gröſse des Charakters, aus einem freien, von der Gegenwart nie beschränkten Sinne und den unergründeten Tiefen der Gefühle entspringt.

Berlin, im März 1836.

Alexander v. Humboldt.

Methode,

nach welcher in dieser Schrift die fremden Alphabete mit Lateinischen Lettern geschrieben sind.

1.
Sanskrit-Alphabet.

Die langen Vocale und die Diphthongen *e* und *o* bezeichne ich durch einen Circumflex,

den *r*-Vocal (ऋ) durch einen Punkt unter dem *r* und angehängtes *i* (*ṛi*),

den dumpfen Gaumen-Consonanten (च) durch *ch*,

den tönenden Gaumen-Consonanten (ज) durch *j*,

alle Zungen-Consonanten durch die entsprechenden Zahn-Consonanten mit darunter gesetztem Punkt,

den ersten Halbvocal (य) durch *y*, den letzten Halbvocal (व) durch *w*,

den Gaumen-Zischlaut (श) durch *s* mit darüber gesetztem Spiritus lenis (*ś*),

den Zungen-Zischlaut (ष) durch *sh*,

alle aspirirte Consonanten durch die unaspirirten mit hinzugesetztem *h*,

das *Anuswâra* und alle Nasal-Consonanten, mit Ausnahme des dentalen *n* und des *m*, durch ein *n* mit untergesetztem Punkte (*ṇ*). Einer weiteren Unterscheidung dieser Töne bedarf es nicht, da der Leser weifs, welche Sanskrit-Zeichen, nach Maaſsgabe des unmittelbar nachfolgenden Buchstaben, an die Stelle des *n* zu setzen sind.

Das *Wisarga* bezeichne ich durch *h* mit einem Punkt darunter (*ḥ*). Es kommt jedoch kaum vor, da, wo es am Nominativ der Sanskrit-Wörter steht, dieser Nominativ richtiger durch *s* angedeutet wird.

2.
Barmanische Sprache.

Von den Vocalen schreibe ich die sechs ersten, das lange und kurze *a, i, u,* wie im Sanskrit,

den siebenten mit *é,*
den achten mit *ai,*
den neunten mit *au,*
den zehnten mit *aú,*
und den aus *a, i, u* bestehenden Triphthongen mit *ó.*

Die dumpfen und tönenden unaspirirten Buchstaben der fünf Consonantenclassen schreibe ich ganz wie im Sanskrit.

Bei den dumpfen und tönenden aspirirten mache ich blofs die Änderung, dafs ich das *h* nicht, wie in der Umschreibung des Sanskrit, hinter, sondern vor den Consonanten stelle, also *hk, hch, ht* u. s. w. schreibe. Diese Umstellung, welche indefs an sich nicht unnatürlich ist, da der Consonant nicht blofs den Hauch annimmt, sondern mit dem Hauche hervorgestofsen wird, hat hier keinen andren Grund, als, diese Buchstaben von dem dreifsigsten Barmanischen Consonanten zu unterscheiden. Dieser hat nämlich ganz den Laut des Englischen *th,* und ich mochte ihn daher nicht gern auf andere Weise bezeichnen.

Die Nasenlaute der drei ersten Classen nebst dem *Anuswára* konnten im Sanskrit durch dasselbe Zeichen angedeutet werden, da ihr Gebrauch bestimmten Regeln unterliegt. Im Barmanischen ist dies nicht der Fall. Ich bezeichne daher den gutturalen durch ein Spanisches *n con tilde* (ñ), das palatine durch *ng,* die der drei übrigen Classen wie im Sanskrit, das *Anuswára* durch *n* mit einem Punkte darüber (ṅ).

Die vier Halbvocale schreibe ich wie im Sanskrit,

den auf sie folgenden Consonanten mit *th.* Dieser Laut gehört im Barmanischen zu den Zischlauten. Die Barmanische Schrift hat keinen Zischlaut aus dem Sanskrit-Alphabet aufgenommen. In der gesprochenen Sprache findet sich aber der linguale, das Englische *sh.* Dieses wird in der Schrift durch ein den drei ersten Halbvocalen und dem *th* beigefügtes *h* angedeutet. Dies *h* schreibe ich dann vor diesen Buchstaben, so dafs *hy, hr, hl* und *hth* das Englische *sh* der Aussprache ausdrücken. Diese Aussprache scheint aber bei dem *l* nicht constant. Denn Hough schreibt die Zunge *hlyâ*, in der Aussprache *shyâ*, dagegen *hlé·*, fliegen, in der Aussprache *hle·*.

Den ein und dreifsigsten Barmanischen Consonanten schreibe ich *h*, wie im Sanskrit.

Den schweren Accent bezeichne ich, wie es im Barmanischen selbst der Fall ist, durch zwei am Schlusse der Wörter über einander gesetzte Punkte (:); den einfachen Punkt, durch welchen der leichte angedeutet wird, stelle ich nicht unter den letzten Buchstaben, wie es im Barmanischen geschieht, sondern hinter denselben, etwa in halber Höhe (*a·*).

3.

Bei den anderen Sprachen, deren ich hier nicht ausführlich erwähnen kann, bediene ich mich der von den Hauptschriftstellern über jede einzelne angenommenen Schreibung, welche gewöhnlich der ihrer Muttersprache folgt, so dafs man also namentlich bei den Nord-Amerikanischen, einigen Asiatischen und den meisten Südsee-Sprachen das Englische, bei der Chinesischen und Madecassischen Sprache das Französische, bei der Tagalischen und den Sprachen Neuspaniens und Süd-Amerika's das Spanische Lautsystem vor Augen haben mufs.

Inhaltsverzeichnifs.

§. 1. Gegenstand dieser Schrift. S. 1.
§. 2. und 3. Allgemeine Betrachtung des menschlichen Entwickelungsganges. S. 3. 6.
§. 4. Einwirkung aufserordentlicher Geisteskraft. Civilisation, Cultur und Bildung. S. 12.
§. 5. und 6. Zusammenwirken der Individuen und Nationen. S. 23. 29.
§. 7. Übergang zur näheren Betrachtung der Sprache. S. 36.
§. 8. Form der Sprachen. S. 39.
§. 9. Natur und Beschaffenheit der Sprache überhaupt. S. 48.
§. 10. Lautsystem der Sprachen. Natur des articulirten Lautes. S. 65.
 — item. Lautveränderungen. S. 72.
 — item. Vertheilung der Laute unter die Begriffe. S. 74.
 — item. Bezeichnung allgemeiner Beziehungen. S. 81.
 — item. Articulationssinn. S. 82.
 Lautsystem der Sprachen. S. 84.
 — item. Technik derselben. S. 89.
§. 11. Innere Sprachform. S. 91.
§. 12. Verbindung des Lautes mit der inneren Sprachform. S. 101.
§. 13. Genauere Darlegung des Sprachverfahrens. S. 104.
 Wortverwandtschaft und Wortform. S. 106.
§. 14. Isolirung der Wörter, Flexion und Agglutination. S. 119.
§. 15. Nähere Betrachtung der Worteinheit. Einverleibungssystem der Sprachen. S. 132.
 Bezeichnungsmittel der Worteinheit. Pause. S. 135.
 — item. Buchstabenveränderung. S. 138.
§. 16. — item. Accent. S. 158.
§. 17. Einverleibungssystem der Sprachen. Gliederung des Satzes. S. 162.
§. 18. Congruenz der Lautformen der Sprachen mit den grammatischen Forderungen. S. 180.
§. 19. Hauptunterschied der Sprachen nach der Reinheit ihres Bildungsprincips. S. 184.
§. 20. Charakter der Sprachen. S. 190.
 — item. Poesie und Prosa. S. 225.

§. 21. Kraft der Sprachen, sich glücklich aus einander zu entwickeln. S. 245.
   Act des selbstthätigen Setzens in den Sprachen. S. 248.
   — item. Verbum. S. 251.
   — item. Conjunction. S. 275.
   — item. Pronomen relativum. S. 277.
   Betrachtung der Flexionssprachen in ihrer Fortentwicklung. S. 279.
   Aus dem Lateinischen hervorgegangene Sprachen. S. 286.
§. 22. Rückblick auf den bisherigen Gang der Untersuchung. S. 297.
   Von der rein gesetzmäfsigen Form abweichende Sprachen. S. 301.
§. 23. Beschaffenheit und Ursprung des weniger vollkommenen Sprachbaues. S. 306.
   Der weniger vollkommene Sprachbau. Semitische Sprachen. S. 307.
   — item. Delaware-Sprache. S. 316.
§. 24. — item. Chinesische Sprache. S. 322.
   Beschaffenheit und Ursprung des weniger vollkommenen Sprachbaues. S. 329.
   Der weniger vollkommene Sprachbau. Barmanische Sprache. S. 333.
§. 25. Ob der mehrsylbige Sprachbau aus der Einsylbigkeit hervorgegangen sei. S. 373.

Über den Zusammenhang der Schrift mit der Sprache. Einleitung. S. 415.
   — item. Von der Bilderschrift. S. 424.
   — item. Über die phonetischen Hieroglyphen des Hrn. Champollion des jüngern. S. 463.
Lettre à Mr. Jacquet sur les alphabets de la Polynésie Asiatique. S. 492.

§. 1.

Die Vertheilung des Menschengeschlechts in Völker und Völkerstämme und die Verschiedenheit seiner Sprachen und Mundarten hängen zwar unmittelbar mit einander zusammen, stehen aber auch in Verbindung und unter Abhängigkeit einer dritten, höheren Erscheinung, der Erzeugung menschlicher Geisteskraft in immer neuer und oft gesteigerter Gestaltung. Sie finden darin ihre Würdigung, aber auch, soweit die Forschung in sie einzudringen und ihren Zusammenhang zu umfassen vermag, ihre Erklärung. Diese in dem Laufe der Jahrtausende und in dem Umfange des Erdkreises, dem Grade und der Art nach, verschiedenartige Offenbarwerdung der menschlichen Geisteskraft ist das höchste Ziel aller geistigen Bewegung, die letzte Idee, welche die Weltgeschichte klar aus sich hervorgehen zu lassen streben mufs. Denn diese Erhöhung oder Erweiterung des inneren Daseins ist das Einzige, was der Einzelne, insofern er daran Theil nimmt, als ein unzerstörbares Eigenthum ansehen kann, und in einer Nation dasjenige, woraus sich unfehlbar wieder grofse Individualitäten entwickeln. Das vergleichende Sprachstudium, die genaue Ergründung der Mannigfaltigkeit, in welcher zahllose Völker dieselbe in sie, als Menschen, gelegte Aufgabe der Sprachbildung lösen, verliert alles höhere Interesse, wenn sie sich nicht an den Punkt anschliefst, in welchem die Sprache mit der Gestaltung der nationellen Geisteskraft zusammenhängt. Aber auch die Einsicht in das eigentliche Wesen einer Nation und in den inneren Zusammenhang einer einzelnen Sprache, so wie in das Verhältnifs derselben zu den Sprachforderungen überhaupt, hängt ganz und gar von der Betrachtung der gesammten Geisteseigenthümlichkeit ab. Denn nur durch diese, wie die Natur sie gegeben und die Lage darauf eingewirkt hat, schliefst sich der Charakter der Nation zusammen, auf dem allein, was sie an Thaten, Einrichtungen und Gedanken hervorbringt, beruht und in dem ihre sich wieder auf die Individuen fortvererbende Kraft und Würde liegt. Die Sprache auf der andren Seite ist das Organ des inneren Seins, dies Sein selbst, wie es nach und nach zur inneren Erkenntnifs und zur Äufserung gelangt. Sie schlägt daher alle feinste Fibern ihrer Wurzeln in die nationelle Geisteskraft; und je angemessener diese auf sie zurückwirkt, desto gesetzmäfsiger und reicher ist ihre Entwicklung. Da sie in ihrer zusammenhängenden Verwebung nur eine Wirkung des nationellen Sprachsinns ist, so lassen sich gerade die Fragen, welche die Bildung der Sprachen in ihrem innersten Leben betreffen, und woraus zugleich ihre wichtigsten Verschiedenheiten entspringen, gar nicht gründlich beantworten, wenn man nicht bis zu diesem Standpunkte hinaufsteigt. Man kann allerdings dort nicht Stoff für das, seiner Natur nach, nur historisch zu behandelnde vergleichende Sprachstudium suchen, man kann aber nur da die Einsicht in den ursprünglichen Zusammenhang der Thatsachen und die Durchschauung der Sprache, als eines innerlich zusammenhängenden Organismus, gewinnen, was alsdann wieder die richtige Würdigung des Einzelnen befördert.

Die Betrachtung des Zusammenhanges der Sprachverschiedenheit und Völkervertheilung mit der Erzeugung der menschlichen Geisteskraft, als einer sich nach und nach in wechselnden Graden und neuen Gestaltungen entwickelnden, insofern sich diese beiden Erscheinungen gegenseitig aufzuhellen vermögen, ist dasjenige, was mich in dieser Schrift beschäftigen wird.

§. 2.

Die genauere Betrachtung des heutigen Zustandes der politischen, künstlerischen und wissenschaftlichen Bildung führt auf eine lange, durch viele Jahrhunderte hinlaufende Kette einander gegenseitig bedingender Ursachen und Wirkungen. Man wird aber bei Verfolgung derselben bald gewahr, daſs darin zwei verschiedenartige Elemente obwalten, mit welchen die Untersuchung nicht auf gleiche Weise glücklich ist. Denn indem man einen Theil der fortschreitenden Ursachen und Wirkungen genügend aus einander zu erklären vermag, so stöſst man, wie dies jeder Versuch einer Culturgeschichte des Menschengeschlechts beweist, von Zeit zu Zeit gleichsam auf Knoten, welche der weiteren Lösung widerstehen. Es liegt dies eben in jener geistigen Kraft, die sich in ihrem Wesen nicht ganz durchdringen und in ihrem Wirken nicht vorher berechnen läſst. Sie tritt mit dem von ihr und um sie Gebildeten zusammen, behandelt und formt es aber nach der in sie gelegten Eigenthümlichkeit. Von jedem groſsen Individuum einer Zeit aus könnte man die weltgeschichtliche Entwicklung beginnen, auf welcher Grundlage es aufgetreten ist und wie die Arbeit der vorausgegangenen Jahrhunderte diese nach und nach aufgebaut hat. Allein die Art, wie dasselbe seine so bedingte und unterstützte Thätigkeit zu demjenigen gemacht hat, was sein eigenthümliches Gepräge bildet, läſst sich wohl nachweisen, und auch weniger darstellen, als empfinden, jedoch nicht wieder aus einem

Anderen ableiten. Es ist dies die natürliche und überall wiederkehrende Erscheinung des menschlichen Wirkens. Ursprünglich ist alles in ihm innerlich, die Empfindung, die Begierde, der Gedanke, der Entschluſs, die Sprache und die That. Aber wie das Innerliche die Welt berührt, wirkt es für sich fort, und bestimmt durch die ihm eigne Gestalt anderes, inneres oder äuſseres, Wirken. Es bilden sich in der vorrückenden Zeit Sicherungsmittel des zuerst flüchtig Gewirkten, und es geht immer weniger von der Arbeit des verflossenen Jahrhunderts für die folgenden verloren. Dies ist nun das Gebiet, worin die Forschung Stufe nach Stufe verfolgen kann. Es ist aber immer zugleich von der Wirkung neuer und nicht zu berechnender innerlicher Kräfte durchkreuzt, und ohne eine richtige Absonderung und Erwägung dieses doppelten Elementes, von welchem der Stoff des einen so mächtig werden kann, daſs er die Kraft des andren zu erdrücken Gefahr droht, ist keine wahre Würdigung des Edelsten möglich, was die Geschichte aller Zeiten aufzuweisen hat.

Je tiefer man in die Vorzeit hinabsteigt, desto mehr schmilzt natürlich die Masse des von den auf einander folgenden Geschlechtern fortgetragenen Stoffes. Man begegnet aber auch dann einer andren, die Untersuchung gewissermaſsen auf ein neues Feld versetzenden Erscheinung. Die sicheren, durch ihre äuſseren Lebenslagen bekannten Individuen stehen seltner und ungewisser vor uns da; ihre Schicksale, ihre Namen selbst, schwanken, ja es wird ungewiſs, ob, was man ihnen zuschreibt, allein ihr Werk, oder ihr Name nur der Vereinigungspunkt der Werke Mehrerer ist? sie verlieren sich gleichsam in eine Classe von Schattengestalten. Dies ist der Fall in Griechenland mit Orpheus und Homer, in Indien mit Manu, Wyâsa, Wâlmiki, und mit andren gefeierten Namen des Alterthums. Die bestimmte Individualität schwindet aber noch mehr, wenn man noch weiter zurückschreitet. Eine so abgerundete Sprache, wie die Homerische, muſs schon lange in den Wogen des Gesanges hin und her gegangen sein, schon Zeitalter hindurch, von denen uns keine Kunde geblieben ist. Noch deutlicher zeigt sich dies an der ursprünglichen Form der Sprachen selbst. Die Sprache ist tief in die geistige Entwickelung der Menschheit verschlungen, sie begleitet dieselbe auf jeder Stufe ihres localen Vor- oder Rückschreitens, und der jedesmalige Culturzustand wird auch in ihr erkennbar. Es giebt aber eine Epoche, in der wir nur sie erblicken, wo sie nicht die geistige Entwickelung bloſs begleitet, sondern ganz ihre Stelle einnimmt. Die Sprache entspringt zwar aus einer Tiefe der Menschheit, welche überall verbietet, sie als ein eigentliches Werk und als eine Schöpfung der Völker zu betrachten. Sie besitzt eine sich uns sichtbar offenbarende, wenn auch in ihrem Wesen unerklärliche, Selbstthätigkeit, und ist, von dieser Seite betrachtet, kein Erzeugniſs der Thätigkeit, sondern eine unwillkührliche Emanation des Geistes, nicht ein Werk der Nationen, sondern eine ihnen durch ihr inneres Geschick zugefallene Gabe. Sie bedienen sich ihrer, ohne zu wissen, wie sie dieselbe gebildet haben. Demungeachtet müssen sich die Sprachen doch immer mit und an den aufblühenden Völkerstämmen entwickelt, aus ihrer Geisteseigenthümlichkeit, die ihnen manche Beschränkungen aufgedrückt hat, herausgesponnen haben. Es ist kein leeres Wortspiel, wenn man die Sprache als in Selbstthätigkeit nur aus sich entspringend und göttlich frei, die Sprachen aber als gebunden und von den Nationen, welchen sie angehören, abhängig darstellt. Denn sie sind dann in bestimmte Schranken eingetreten [1]. Indem Rede und Gesang zuerst frei strömten, bildete sich die Sprache

---

[1] Man vergl. weiter unten §. 6. 7. 22.

nach dem Maaſs der Begeisterung und der Freiheit und Stärke der zusammenwirkenden Geisteskräfte. Dies konnte aber nur von allen Individuen zugleich ausgehn, jeder Einzelne muſste darin von dem Andren getragen werden, da die Begeisterung nur durch die Sicherheit, verstanden und empfunden zu sein, neuen Aufflug gewinnt. Es eröffnet sich daher hier, wenn auch nur dunkel und schwach, ein Blick in eine Zeit, wo für uns die Individuen sich in der Masse der Völker verlieren und wo die Sprache selbst das Werk der intellectuell schaffenden Kraft ist.

§. 3.

In jeder Überschauung der Weltgeschichte liegt ein, auch hier angedeutetes Fortschreiten. Es ist jedoch keinesweges meine Absicht, ein System der Zwecke oder bis ins Unendliche gehenden Vervollkommnung aufzustellen; ich befinde mich vielmehr im Gegentheil hier auf einem ganz verschiedenen Wege. Völker und Individuen wuchern gleichsam, sich vegetativ, wie Pflanzen, über den Erdboden verbreitend, und genieſsen ihr Dasein in Glück und Thätigkeit. Dies, mit jedem Einzelnen hinsterbende Leben geht ohne Rücksicht auf Wirkungen für die folgenden Jahrhunderte ungestört fort; die Bestimmung der Natur, daſs alles, was athmet, seine Bahn bis zum letzten Hauche vollende, der Zweck wohlthätig ordnender Güte, daſs jedes Geschöpf zum Genusse seines Lebens gelange, werden erreicht, und jede neue Generation durchläuft denselben Kreis freudigen oder leidvollen Daseins, gelingender oder gehemmter Thätigkeit. Wo aber der Mensch auftritt, wirkt er menschlich, verbindet sich gesellig, macht Einrichtungen, giebt sich Gesetze; und wo dies auf unvollkommnere Weise geschehen ist, verpflanzen das an andren Orten besser Gelungene hinzukommende Individuen oder Völkerhaufen dahin. So ist mit dem Entstehen des Menschen auch der Keim der Gesittung gelegt und wächst mit seinem sich fortentwickelnden Dasein. Diese Vermenschlichung können wir in steigenden Fortschritten wahrnehmen, ja es liegt theils in ihrer Natur selbst, theils in dem Umfange, zu welchem sie schon gediehen ist, daſs ihre weitere Vervollkommnung kaum wesentlich gestört werden kann.

In den beiden hier ausgeführten Punkten liegt eine nicht zu verkennende Planmäſsigkeit; sie wird auch in andren, wo sie uns nicht auf diese Weise entgegentritt, vorhanden sein. Sie darf aber nicht vorausgesetzt werden, wenn nicht ihr Aufsuchen die Ergründung der Thatsachen irre führen soll. Dasjenige, wovon wir hier eigentlich reden, läſst sich am wenigsten ihr unterwerfen. Die Erscheinung der geistigen Kraft des Menschen in ihrer verschiedenartigen Gestaltung bindet sich nicht an Fortschritte der Zeit und an Sammlung des Gegebenen. Ihr Ursprung ist ebenso wenig zu erklären, als ihre Wirkung zu berechnen, und das Höchste in dieser Gattung ist nicht gerade das Späteste in der Erscheinung. Will man daher hier den Bildungen der schaffenden Natur nachspähen, so muſs man ihr nicht Ideen unterschieben, sondern sie nehmen, wie sie sich zeigt. In allen ihren Schöpfungen bringt sie eine gewisse Zahl von Formen hervor, in welchen sich das ausspricht, was von jeder Gattung zur Wirklichkeit gediehen ist und zur Vollendung ihrer Idee genügt. Man kann nicht fragen, warum es nicht mehr oder andere Formen giebt? es sind nun einmal nicht andere vorhanden, — würde die einzige naturgemäſse Antwort sein. Man kann aber nach dieser Ansicht, was in der geistigen und körperlichen Natur lebt, als die Wirkung einer zum Grunde liegenden, sich nach uns unbekannten Bedingungen entwickelnden Kraft ansehen. Wenn man nicht auf alle Entdeckung eines Zusammenhanges der Erscheinungen im Menschengeschlecht

Verzicht leisten will, muſs man doch auf irgend eine selbstständige und ursprüngliche, nicht selbst wieder bedingt und vorübergehend erscheinende Ursach zurückkommen. Dadurch aber wird man am natürlichsten auf ein inneres, sich in seiner Fülle frei entwickelndes Lebensprincip geführt, dessen einzelne Entfaltungen darum nicht in sich unverknüpft sind, weil ihre äuſseren Erscheinungen isolirt dastehen. Diese Ansicht ist gänzlich von der der Zwecke verschieden, da sie nicht nach einem gesteckten Ziele hin, sondern von einer, als unergründlich anerkannten Ursache ausgeht. Sie nun ist es, welche mir allein auf die verschiedenartige Gestaltung der menschlichen Geisteskraft anwendbar scheint, da, wenn es erlaubt ist so abzutheilen, durch die Kräfte der Natur und das gleichsam mechanische Fortbilden der menschlichen Thätigkeit die gewöhnlichen Forderungen der Menschheit befriedigend erfüllt werden, aber das durch keine eigentlich genügende Herleitung erklärbare Auftauchen gröſserer Individualität in Einzelnen und in Völkermassen dann wieder plötzlich und unvorhergesehen in jenen sichtbarer durch Ursach und Wirkung bedingten Weg eingreift.

Dieselbe Ansicht ist nun natürlich gleich anwendbar auf die Hauptwirksamkeiten der menschlichen Geisteskraft, namentlich, wobei wir hier stehen bleiben wollen, auf die Sprache. Ihre Verschiedenheit läſst sich als das Streben betrachten, mit welchem die in den Menschen allgemein gelegte Kraft der Rede, begünstigt oder gehemmt durch die den Völkern beiwohnende Geisteskraft, mehr oder weniger glücklich hervorbricht.

Denn wenn man die Sprachen genetisch als eine auf einen bestimmten Zweck gerichtete Geistesarbeit betrachtet, so fällt es von selbst in die Augen, daſs dieser Zweck in niedrigerem oder höherem Grade erreicht werden kann; ja es zeigen sich sogar die verschiedenen Hauptpunkte, in welchen diese Ungleichheit der Erreichung des Zweckes bestehen wird. Das bessere Gelingen kann nämlich in der Stärke und Fülle der auf die Sprache wirkenden Geisteskraft überhaupt, dann aber auch in der besonderen Angemessenheit derselben zur Sprachbildung liegen, also z. B. in der besonderen Klarheit und Anschaulichkeit der Vorstellungen, in der Tiefe der Eindringung in das Wesen eines Begriffs, um aus demselben gleich das am meisten bezeichnende Merkmal loszureifsen, in der Geschäftigkeit und der schaffenden Stärke der Phantasie, in dem richtig empfundenen Gefallen an Harmonie und Rhythmus der Töne, wohin also auch Leichtigkeit und Gewandtheit der Lautorgane und Schärfe und Feinheit des Ohres gehören. Ferner aber ist auch die Beschaffenheit des überkommenen Stoffs und der geschichtlichen Mitte zu beachten, in welcher sich, zwischen einer auf sie einwirkenden Vorzeit und den in ihr selbst ruhenden Keimen fernerer Entwickelung, eine Nation in der Epoche einer bedeutenden Sprachumgestaltung befindet. Es giebt auch Dinge in den Sprachen, die sich in der That nur nach dem auf sie gerichteten Streben, nicht gleich gut nach den Erfolgen dieses Strebens, beurtheilen lassen. Denn nicht immer gelingt es den Sprachen, ein, auch noch so klar in ihnen angedeutetes Streben vollständig durchzuführen. Hierhin gehört z. B. die ganze Frage über Flexion und Agglutination, über welche sehr viel Mifsverständnifs geherrscht hat, und noch fortwährend herrscht. Dafs nun Nationen von glücklicheren Gaben und unter günstigeren Umständen vorzüglichere Sprachen, als andere, besitzen, liegt in der Natur der Sache selbst. Wir werden aber auch auf die eben angeregte tiefer liegende Ursach geführt. **Die Hervorbringung der Sprache ist ein inneres Bedürfnifs der Menschheit**, nicht blofs ein äufserliches zur Unterhaltung gemeinschaftlichen Verkehrs, sondern ein in ihrer Natur selbst liegendes, zur Entwickelung ihrer geistigen Kräfte und zur

Gewinnung einer Weltanschauung, zu welcher der Mensch nur gelangen kann, indem er sein Denken an dem gemeinschaftlichen Denken mit Anderen zur Klarheit und Bestimmtheit bringt, unentbehrliches. Sieht man nun, wie man kaum umhin kann zu thun, jede Sprache als einen Versuch, und wenn man die Reihe aller Sprachen zusammennimmt, als einen Beitrag zur Ausfüllung dieses Bedürfnisses an, so läfst sich wohl annehmen, dafs die sprachbildende Kraft in der Menschheit nicht ruht, bis sie, sei es einzeln, sei es im Ganzen, das hervorgebracht hat, was den zu machenden Forderungen am meisten und am vollständigsten entspricht. Es kann sich also, im Sinne dieser Voraussetzung, auch unter Sprachen und Sprachstämmen, welche keinen geschichtlichen Zusammenhang verrathen, ein stufenweis verschiedenes Vorrücken des Princips ihrer Bildung auffinden lassen. Wenn dies aber der Fall ist, so mufs dieser Zusammenhang äufserlich nicht verbundener Erscheinungen in einer allgemeinen inneren Ursach liegen, welche nur die Entwickelung der wirkenden Kraft sein kann. Die Sprache ist eine der Seiten, von welchen aus die allgemeine menschliche Geisteskraft in beständig thätige Wirksamkeit tritt. Anders ausgedrückt, erblickt man darin das Streben, der Idee der Sprachvollendung Dasein in der Wirklichkeit zu gewinnen. Diesem Streben nachzugehen und dasselbe darzustellen, ist das Geschäft des Sprachforschers in seiner letzten, aber einfachsten Auflösung ([1]). Das Sprachstudium bedarf übrigens dieser, vielleicht zu hypothetisch scheinenden Ansicht durchaus nicht als einer Grundlage. Allein es kann und mufs dieselbe als eine Anregung benutzen, zu versuchen, ob sich in den Sprachen ein solches stufenweis fortschreitendes

---

([1]) Man vergleiche meine Abhandlung über die Aufgabe des Geschichtsschreibers in den Abhandlungen der historisch-philologischen Classe der Berliner Akademie 1820-1821. S. 322.

Annähern an die Vollendung ihrer Bildung entdecken läfst. Es könnte nämlich eine Reihe von Sprachen einfacheren und zusammengesetzteren Baues geben, welche, bei der Vergleichung mit einander, in den Principien ihrer Bildung eine fortschreitende Annäherung an die Erreichung des gelungensten Sprachbaues verriethen. Der Organismus dieser Sprachen müfste dann, selbst bei verwickelten Formen, in Consequenz und Einfachheit die Art ihres Strebens nach Sprachvollendung leichter erkennbar, als es in anderen der Fall ist, an sich tragen. Das Fortschreiten auf diesem Wege würde sich in solchen Sprachen vorzüglich zuerst in der Geschiedenheit und vollendeten Articulation ihrer Laute, daher in der davon abhängigen Bildung der Sylben, der reinen Sonderung derselben in ihre Elemente, und im Baue der einfachsten Wörter finden; ferner in der Behandlung der Wörter, als Lautganze, um dadurch wirkliche Worteinheit, entsprechend der Begriffseinheit, zu erhalten; endlich in der angemefsnen Scheidung desjenigen, was in der Sprache selbstständig und was nur, als Form, am Selbstständigen erscheinen soll, wozu natürlich ein Verfahren erfordert wird, das in der Sprache blofs an einander Geheftete von dem symbolisch Verschmolznen zu unterscheiden. In dieser Betrachtung der Sprachen sondre ich aber die Veränderungen, die sich in jeder, ihren Schicksalen nach, aus einander entwickeln lassen, gänzlich von ihrer für uns ersten, ursprünglichen Form ab. Der Kreis dieser Urformen scheint geschlossen zu sein, und in der Lage, in der wir die Entwickelung der menschlichen Kräfte jetzt finden, nicht wiederkehren zu können. Denn so innerlich auch die Sprache durchaus ist, so hat sie dennoch zugleich ein unabhängiges, äufseres, gegen den Menschen selbst Gewalt übendes Dasein. Die Entstehung solcher Urformen würde daher eine Geschiedenheit der Völker voraussetzen, die sich jetzt, und vorzüglich verbunden mit regerer Geisteskraft, nicht mehr denken läfst, wenn auch nicht, was noch wahrscheinlicher ist, dem Herborbrechen neuer Sprachen überhaupt eine bestimmte Epoche im Menschengeschlechte, wie im einzelnen Menschen, angewiesen war.

§. 4.

Die aus ihrer inneren Tiefe und Fülle in den Lauf der Weltbegebenheiten eingreifende Geisteskraft ist das wahrhaft schaffende Princip in dem verborgenen und gleichsam geheimnifsvollen Entwickelungsgange der Menschheit, von dem ich oben, im Gegensatz mit dem offenbaren, sichtbar durch Ursach und Wirkung verketteten, gesprochen habe. Es ist die ausgezeichnete, den Begriff menschlicher Intellectualität erweiternde Geisteseigenthümlichkeit, welche unerwartet und in dem Tiefsten ihrer Erscheinung unerklärbar hervortritt. Sie unterscheidet sich besonders dadurch, dafs ihre Werke nicht blofs Grundlagen werden, auf die man fortbauen kann, sondern zugleich den wieder entzündenden Hauch in sich tragen, der sie erzeugt. Sie pflanzen Leben fort, weil sie aus vollem Leben hervorgehn. Denn die sie hervorbringende Kraft wirkt mit der Spannung ihres ganzen Strebens und in ihrer vollen Einheit, zugleich aber wahrhaft schöpferisch, ihr eignes Erzeugen als ihr selbst unerklärliche Natur betrachtend; sie hat nicht blofs zufällig Neues ergriffen oder blofs an bereits Bekanntes angeknüpft. So entstand die Ägyptische plastische Kunst, der es gelang, die menschliche Gestalt aus dem organischen Mittelpunkt ihrer Verhältnisse heraus aufzubauen, und die dadurch zuerst ihren Werken das Gepräge ächter Kunst aufdrückte. In dieser Art tragen, bei sonst naher Verwandtschaft, Indische Poesie und Philosophie und das classische Alterthum einen verschiedenen Charakter an sich, und in dem letzteren wiederum Griechische und Römische Denkweise und Darstellung. Ebenso entsprang in späterer Zeit aus der Romanischen Poesie und dem geistigen Leben, das sich mit dem Untergange der Römischen Sprache plötzlich in dem nun selbstständig gewordenen Europäischen Abendlande entwickelte, der hauptsächlichste Theil der modernen Bildung. Wo solche Erscheinungen nicht auftraten, oder durch widrige Umstände erstickt wurden, da vermochte auch das Edelste, einmal in seinem natürlichen Gange gehemmt, nicht wieder grofses Neues zu gestalten, wie wir es an der Griechischen Sprache und so vielen Überresten Griechischer Kunst in dem Jahrhunderte lang, ohne seine Schuld, in Barbarei gehaltenen Griechenland sehen. Die alte Form der Sprache wird dann zerstückt und mit Fremdem vermischt, ihr wahrer Organismus zerfällt, und die gegen ihn andringenden Kräfte vermögen nicht ihn zum Beginnen einer neuen Bahn umzuformen und ihm ein neu begeisterndes Lebensprincip einzuhauchen. Zur Erklärung aller solcher Erscheinungen lassen sich begünstigende und hemmende, vorbereitende und verzögernde Umstände nachweisen. Der Mensch knüpft immer an **Vorhandenes** an. Bei jeder Idee, deren Entdeckung oder Ausführung dem menschlichen Bestreben einen neuen Schwung verleiht, läfst sich durch scharfsinnige und sorgfältige Forschung zeigen, wie sie schon früher und nach und nach wachsend in den Köpfen vorhanden gewesen. Wenn aber der anfachende Odem des **Genies** in Einzelnen oder Völkern fehlt, so schlägt das Helldunkel dieser glimmenden Kohlen nie in leuchtende Flammen auf. Wie wenig auch die Natur dieser schöpferischen Kräfte sie eigentlich zu durchschauen gestattet, so bleibt doch soviel offenbar, dafs in ihnen immer ein Vermögen obwaltet, den gegebenen Stoff von innen heraus zu beherrschen, in Ideen zu verwandeln oder Ideen unterzuordnen. Schon in seinen frühesten Zuständen geht der Mensch über den Augenblick der **Gegenwart** hinaus, und bleibt nicht bei blofs sinnlichem Genusse. Bei den rohesten Völkerhorden finden sich Liebe zum Putz, Tanz, Musik und Gesang, dann aber auch Ahndungen überirdischer Zukunft, darauf gegründete Hoffnungen und Besorgnisse, Überlieferungen und Mährchen, die gewöhnlich bis zur Entstehung des Menschen und seines Wohnsitzes hinabsteigen. Je kräftiger und heller die nach ihren Gesetzen und Anschauungsformen selbstthätig wirkende Geisteskraft ihr Licht in diese Welt der Vorzeit und Zukunft ausgiefst, mit welcher der Mensch sein augenblickliches Dasein umgiebt, desto reiner und mannigfaltiger zugleich gestaltet sich die Masse. So entsteht die Wissenschaft und die Kunst, und immer ist daher das Ziel des sich entwickelnden Fortschreitens des Menschengeschlechts die Verchmelzung des aus dem Innern selbstthätig Erzeugten mit dem von aufsen Gegebenen, jedes in seiner Reinheit und Vollständigkeit aufgefafst und in der Unterordnung verbunden, welche das jedesmalige Bestreben, seiner Natur nach, erheischt.

Wie wir aber hier die geistige Individualität als etwas Vorzügliches und Ausgezeichnetes dargestellt haben, so kann und so mufs man sogar dieselbe, auch wo sie die höchste Stufe erreicht hat, doch zugleich wieder als eine Beschränkung der allgemeinen Natur, eine Bahn, in welche der Einzelne eingezwängt ist, ansehen, da jede Eigenthümlichkeit dies nur durch ein vorherrschendes und daher ausschliefsendes Princip zu sein vermag. Aber gerade auch durch die Einengung wird die Kraft erhöht und gespannt, und die Ausschliefsung kann dennoch dergestalt von einem Princip der Totalität geleitet werden, dafs mehrere solche Eigenthümlichkeiten sich wieder in ein Ganzes zusammenfügen. Hierauf beruht in ihren innersten Gründen jede höhere Menschenverbindung in Freundschaft, Liebe oder grofsartigem dem Wohl des Vaterlandes und der

Menschheit gewidmetem Zusammenstreben. Ohne die Betrachtung weiter zu verfolgen, wie gerade die Beschränkung der Individualität dem Menschen den einzigen Weg eröffnet, der unerreichbaren Totalität immer näher zu kommen, genügt es mir hier, nur darauf aufmerksam zu machen, dafs die Kraft, die den Menschen eigentlich zum Menschen macht, und also die schlichte Definition seines Wesens ist, in ihrer Berührung mit der Welt, in dem, wenn der Ausdruck erlaubt ist, vegetativen und sich auf gegebener Bahn gewissermafsen mechanisch fortentwickelnden Leben des Menschengeschlechts, in einzelnen Erscheinungen sich selbst und ihre vielfältigen Bestrebungen in neuen, ihren Begriff erweiternden Gestalten offenbart. So war z. B. die Erfindung der Algebra eine solche neue Gestaltung in der mathematischen Richtung des menschlichen Geistes, und so lassen sich ähnliche Beispiele in jeder Wissenschaft und Kunst nachweisen. In der Sprache werden wir sie weiter unten ausführlicher aufsuchen.

Sie beschränken sich aber nicht blofs auf die Denk- und Darstellungsweise, sondern finden sich auch ganz vorzüglich in der Charakterbildung. Denn was aus dem Ganzen der menschlichen Kraft hervorgeht, darf nicht ruhen, ehe es nicht wieder in die ganze zurückkehrt; und die Gesammtheit der inneren Erscheinung, Empfindung und Gesinnung, verbunden mit der von ihr durchstrahlten äufseren, mufs wahrnehmen lassen, dafs sie, vom Einflusse jener erweiterten einzelnen Bestrebungen durchdrungen, auch die ganze menschliche Natur in erweiterter Gestalt offenbart. Gerade daraus entspringt die allgemeinste und das Menschengeschlecht am würdigsten emporhebende Wirkung. Gerade die Sprache aber, der Mittelpunkt, in welchem sich die verschiedensten Individualitäten durch Mittheilungen äufserer Bestrebungen und innerer Wahrnehmungen vereinigen, steht mit dem Charakter in der engsten und regsten Wechselwirkung. Die kraftvollsten und die am leisesten berührbaren, die eindringendsten und die am fruchtbarsten in sich lebenden Gemüther giefsen in sie ihre Stärke und Zartheit, ihre Tiefe und Innerlichkeit, und sie schickt zur Fortbildung der gleichen Stimmungen die verwandten Klänge aus ihrem Schoofse herauf. Der Charakter, je mehr er sich veredelt und verfeinert, ebnet und vereinigt die einzelnen Seiten des Gemüths und giebt ihnen, gleich der bildenden Kunst, eine in ihrer Einheit zu fassende, aber den jedesmaligen Umrifs immer reiner aus dem Innern hervorbildende Gestalt. Diese Gestaltung ist aber die Sprache durch die feine, oft im Einzelnen unsichtbare, aber in ihr ganzes wundervolles symbolisches Gewebe verflochtene Harmonie darzustellen und zu befördern geeignet. Die Wirkungen der Charakterbildung sind nur ungleich schwerer zu berechnen, als die der blofs intellectuellen Fortschritte, da sie grofsentheils auf den geheimnifsvollen Einflüssen beruhen, durch welche eine Generation mit der anderen zusammenhängt.

Es giebt also in dem Entwickelungsgange des Menschengeschlechts Fortschritte, die nur erreicht werden, weil eine ungewöhnliche Kraft unerwartet ihren Aufflug bis dahin nimmt, Fälle, wo man an die Stelle gewöhnlicher Erklärung der hervorgebrachten Wirkung die Annahme einer ihr entsprechenden Kraftäufserung setzen mufs. Alles geistige Vorrücken kann nur aus innerer Kraftäufserung hervorgehen, und hat insofern immer einen verborgenen, und weil er selbstthätig ist, unerklärlichen Grund. Wenn aber diese innere Kraft plötzlich aus sich selbst hervor so mächtig schafft, dafs sie durch den bisherigen Gang gar nicht dahin geführt werden konnte, so hört eben dadurch alle Möglichkeit der Erklärung von selbst auf. Ich wünsche diese Sätze bis zur Überzeugung deutlich gemacht zu haben, weil sie in der Anwendung wichtig sind. Denn es folgt nun von selbst, dafs, wo sich gesteigerte Erscheinungen derselben Bestrebung wahrnehmen lassen, wenn es nicht die Thatsachen unabweislich verlangen, kein allmäliges Fortschreiten vorausgesetzt werden darf, da jede bedeutende Steigerung vielmehr einer eigenthümlich schaffenden Kraft angehört. Ein Beispiel kann der Bau der Chinesischen und der Sanskrit-Sprache liefern. Es liefse sich wohl hier ein allmäliger Fortgang von dem einen zum andren denken. Wenn man aber das Wesen der Sprache überhaupt und dieser beiden insbesondere wahrhaft fühlt, wenn man bis zu dem Punkte der Verschmelzung des Gedanken mit dem Laute in beiden vordringt, so entdeckt man in ihm das von innen heraus schaffende Princip ihres verschiedenen Organismus. Man wird alsdann, die Möglichkeit allmäliger Entwickelung einer aus der andren aufgebend, jeder ihren eignen Grund in dem Geiste der Volksstämme anweisen, und nur in dem allgemeinen Triebe der Sprachentwickelung, also nur ideal, sie als Stufen gelungener Sprachbildung betrachten. Durch die Verabsäumung der hier aufgestellten sorgfältigen Trennung des zu berechnenden stufenartigen und des nicht vorauszusehenden unmittelbar schöpferischen Fortschreitens der menschlichen Geisteskraft verbannt man ganz eigentlich aus der Weltgeschichte die Wirkungen des Genies, das sich ebensowohl in einzelnen Momenten in Völkern, als in Individuen, offenbart.

Man läuft aber auch Gefahr, die verschiedenen Zustände der menschlichen Gesellschaft unrichtig zu würdigen. So wird der Civilisation und der Cultur oft zugeschrieben, was aus ihnen durchaus nicht hervorgehen kann, sondern durch eine Kraft gewirkt wird, welcher sie selbst ihr Dasein verdanken.

In Absicht der Sprachen ist es eine ganz gewöhnliche Vorstellung, alle ihre Vorzüge und jede Erweiterung ihres Gebiets ihnen beizumessen, gleichsam als käme es nur auf den Unterschied gebildeter und ungebildeter Sprachen an. Zieht man die Geschichte zu Rathe, so bestätigt sich eine solche Macht der Civilisation und Cultur über die Sprache keinesweges. Java erhielt höhere Civilisation und Cultur offenbar von Indien aus, und beide in bedeutendem Grade, aber darum änderte die einheimische Sprache nicht ihre unvollkommnere und den Bedürfnissen des Denkens weniger angemefsne Form, sondern beraubte vielmehr das so ungleich edlere Sanskrit der seinigen, um es in die ihrige zu zwängen. Auch Indien selbst, mochte es noch so früh und nicht durch fremde Mittheilung civilisirt sein, erhielt seine Sprache nicht dadurch, sondern das tief aus dem ächtesten Sprachsinn geschöpfte Princip derselben flofs, wie jene Civilisation selbst, aus der genialischen Geistesrichtung des Volks. Darum stehen auch Sprache und Civilisation durchaus nicht immer im gleichen Verhältnifs zu einander. Peru war, welchen Zweig seiner Einrichtungen unter den Incas man betrachten mag, leicht das am meisten civilisirte Land in Amerika; gewifs wird aber kein Sprachkenner der allgemeinen Peruanischen Sprache, die man durch Kriege und Eroberungen auszubreiten versuchte, ebenso den Vorzug vor den übrigen des neuen Welttheils einräumen. Sie steht namentlich der Mexicanischen, meiner Überzeugung zufolge, bedeutend nach. Auch angeblich rohe und ungebildete Sprachen können hervorstechende Trefflichkeiten in ihrem Baue besitzen und besitzen dieselben wirklich, und es wäre nicht unmöglich, dafs sie darin höher gebildete überträfen. Schon die Vergleichung der Barmanischen, in welche das Pali unläugbar einen Theil Indischer Cultur verwebt hat, mit der Delaware-Sprache, geschweige denn mit der Mexicanischen, dürfte das Urtheil über den Vorzug der letzteren kaum zweifelhaft lassen.

Die Sache ist aber zu wichtig, um sie nicht näher und aus ihren inneren Gründen zu erörtern. Insofern Civilisation und Cultur den Nationen ihnen vorher unbekannte Begriffe aus der Fremde zuführen oder aus ihrem Innern entwickeln, ist jene Ansicht auch von einer Seite unläugbar richtig. Das Bedürfniſs eines **Begriffs** und seine daraus entstehende Verdeutlichung muſs immer dem **Worte**, das bloſs der Ausdruck seiner vollendeten Klarheit ist, vorausgehn. Wenn man aber bei dieser Ansicht einseitig stehen bleibt und die Unterschiede in den Vorzügen der Sprachen allein auf diesem Wege zu entdecken glaubt, so verfällt man in einen, der wahren Beurtheilung der Sprache verderblichen Irrthum. Es ist schon an sich sehr miſslich, den Kreis der Begriffe eines Volks in einer bestimmten Epoche aus seinem **Wörterbuche** beurtheilen zu wollen. Ohne hier die offenbare Unzweckmäſsigkeit zu rügen, dies nach den unvollständigen und zufälligen Wörtersammlungen zu versuchen, die wir von so vielen Auſser-Europäischen Nationen besitzen, muſs es schon von selbst in die Augen fallen, daſs eine groſse Zahl, besonders unsinnlicher Begriffe, auf die sich jene Behauptungen vorzugsweise beziehen, durch uns ungewöhnliche und daher unbekannte Metaphern, oder auch durch Umschreibungen ausgedrückt sein können. Es liegt aber, und dies ist hier bei weitem entscheidender, auch sowohl in den Begriffen, als in der Sprache jedes, noch so ungebildeten Volkes eine, dem Umfange der unbeschränkten menschlichen Bildungsfähigkeit entsprechende **Totalität**, aus welcher sich alles Einzelne, was die Menschheit umfaſst, ohne fremde Beihülfe, schöpfen läſst; und man kann der Sprache nicht fremd nennen, was die auf diesen Punkt gerichtete Aufmerksamkeit unfehlbar in ihrem Schooſse antrifft. Einen factischen Beweis hiervon liefern solche Sprachen uncultivirter Nationen, welche, wie z. B. die Philippinischen und Amerikanischen, lange von Missionarien bearbeitet worden sind. Auch sehr abstracte Begriffe findet man in ihnen, ohne die Hinzukunft fremder Ausdrücke, bezeichnet. Es wäre allerdings interessant, zu wissen, wie die Eingebornen diese Wörter verstehen. Da sie aber aus Elementen ihrer Sprache gebildet sind, so müssen sie nothwendig mit ihnen irgend einen analogen Sinn verbinden. Worin jedoch jene eben erwähnte Ansicht hauptsächlich irre führt, ist, daſs sie die Sprache viel zu sehr als ein räumliches, gleichsam durch Eroberungen von auſsen her zu erweiterndes Gebiet betrachtet und dadurch ihre wahre Natur in ihrer wesentlichsten Eigenthümlichkeit verkennt. Es kommt nicht gerade darauf an, wie viele Begriffe eine Sprache mit eignen Wörtern bezeichnet. Dies findet sich von selbst, wenn sie sonst den wahren, ihr von der Natur vorgezeichneten Weg verfolgt, und es ist nicht dies die Seite, von welcher sie zuerst beurtheilt werden muſs. Ihre eigentliche und wesentliche Wirksamkeit im Menschen geht auf seine denkende und im Denken schöpferische Kraft selbst, und ist in viel tieferem Sinne immanent und constitutiv. Ob und inwiefern sie die Deutlichkeit und richtige Anordnung der Begriffe befördert oder ihr Schwierigkeiten in den Weg legt? den aus der Weltansicht in die Sprache übergetragenen Vorstellungen die ihnen beiwohnende sinnliche Anschaulichkeit erhält? durch den Wohllaut ihrer Töne harmonisch und besänftigend, und wieder energisch und erhebend, auf die Empfindung und die Gesinnung einwirkt? darin und in vielen andren solchen Stimmungen der ganzen Denkweise und Sinnesart liegt dasjenige, was ihre wahren Vorzüge ausmacht und ihren Einfluſs auf die Geistesentwickelung bestimmt. Dies aber beruht auf der Gesammtheit ihrer ursprünglichen Anlagen, auf ihrem organischen Bau, ihrer individuellen Form. Auch hieran gehen die selbst erst spät eintretende Civilisation und Cultur nicht fruchtlos vorüber. Durch den Gebrauch zum Ausdruck erweiterter und veredelter Ideen gewinnt die Deutlichkeit und die Präcision der Sprache, die Anschaulichkeit läutert sich in einer auf höhere Stufe gestiegenen Phantasie, und der Wohllaut gewinnt vor dem Urtheile und den erhöheten Forderungen eines geübteren Ohrs. Allein dies ganze Fortschreiten gesteigerter Sprachbildung kann sich nur in den Gränzen fortbewegen, welche ihr die ursprüngliche Sprachanlage vorschreibt. Eine Nation kann eine unvollkommnere Sprache zum Werkzeuge einer Ideenerzeugung machen, zu welcher sie die ursprüngliche Anregung nicht gegeben haben würde, sie kann aber die inneren Beschränkungen nicht aufheben, die einmal tief in ihr gegründet sind. Insofern bleibt auch die höchste Ausbildung unwirksam. Selbst was die Folgezeit von aufsen hinzufügt, eignet sich die ursprüngliche Sprache an und modificirt es nach ihren Gesetzen.

Von dem Standpunkt der inneren Geisteswürdigung aus kann man auch Civilisation und Cultur nicht als den Gipfel ansehen, zu welchem der menschliche Geist sich zu erheben vermag. Beide sind in der neuesten Zeit bis auf den höchsten Punkt und zu der gröfsten Allgemeinheit gediehen. Ob aber darum zugleich die innere Erscheinung der menschlichen Natur, wie wir sie z. B. in einigen Epochen des Alterthums erblicken, auch gleich häufig und mächtig, oder gar in gesteigerten Graden zurückgekehrt ist? dürfte man schon schwerlich mit gleicher Sicherheit behaupten wollen, und noch weniger, ob dies gerade in den Nationen der Fall gewesen ist, welchen die Verbreitung der Civilisation und einer gewissen Cultur am meisten verdankt?

Die Civilisation ist die Vermenschlichung der Völker in ihren äufseren Einrichtungen und Gebräuchen und der darauf Bezug habenden innren Gesinnung. Die Cultur fügt dieser Veredlung des gesellschaftlichen Zustandes Wissenschaft und Kunst hinzu. Wenn wir aber in unserer Sprache Bildung sagen, so meinen wir damit etwas zugleich Höheres und mehr Innerliches, nämlich die

Sinnesart, die sich aus der Erkenntniſs und dem Gefühle des gesammten geistigen und sittlichen Strebens harmonisch auf die Empfindung und den Charakter ergieſst.

Die Civilisation kann aus dem Inneren eines Volkes hervorgehen, und zeugt alsdann von jener, nicht immer erklärbaren Geisteserhebung. Wenn sie dagegen aus der Fremde in eine Nation verpflanzt wird, verbreitet sie sich schneller, durchdringt auch vielleicht mehr alle Verzweigungen des geselligen Zustandes, wirkt aber auf Geist und Charakter nicht gleich energisch zurück. Es ist ein schönes Vorrecht der neuesten Zeit, die Civilisation in die entferntesten Theile der Erde zu tragen, dies Bemühen an jede Unternehmung zu knüpfen, und hierauf, auch fern von anderen Zwecken, Kraft und Mittel zu verwenden. Das hierin waltende Princip allgemeiner Humanität ist ein Fortschritt, zu dem sich erst unsre Zeit wahrhaft emporgeschwungen hat; und alle groſsen Erfindungen der letzten Jahrhunderte streben dahin zusammen, es zur Wirklichkeit zu bringen. Die Colonien der Griechen und Römer waren hierin weit weniger wirksam. Es lag dies allerdings in der Entbehrung so vieler äuſserer Mittel der Länderverknüpfung und der Civilisirung selbst. Es fehlte ihnen aber auch das innere Princip, aus dem allein diesem Streben das wahre Leben erwachsen kann. Sie besaſsen einen klaren und tief in ihre Empfindung und Gesinnung verwebten Begriff hoher und edler menschlicher Individualität; aber der Gedanke, den Menschen bloſs darum zu achten, weil er Mensch ist, hatte nie Geltung in ihnen erhalten, und noch viel weniger das Gefühl daraus entspringender Rechte und Verpflichtungen. Dieser wichtige Theil allgemeiner Gesittung war dem Gange ihrer zu nationellen Entwicklung fremd geblieben. Selbst in ihren Colonien vermischten sie sich wohl weniger mit den Eingebornen, als sie dieselben nur aus ihren Gränzen zurückdrängten;

aber ihre Pflanzvölker selbst bildeten sich in den veränderten Umgebungen verschieden aus, und so entstanden, wie wir an Grofs-Griechenland, Sicilien und Iberien sehen, in entfernten Ländern neue Völkergestaltungen in Charakter, politischer Gesinnung und wissenschaftlicher Entwickelung. Ganz vorzugsweise verstanden es die Indier, die eigne Kraft der Völker, denen sie sich beigesellten, anzufachen und fruchtbar zu machen. Der Indische Archipel und gerade Java geben uns hiervon einen merkwürdigen Beweis. Denn wir sehen da, indem wir auf Indisches stofsen, auch gewöhnlich, wie das Einheimische sich dessen bemächtigte und darauf fortbaute. Zugleich mit ihren vollkommneren äufseren Einrichtungen, ihrem gröfseren Reichthum an Mitteln zu erhöhetem Lebensgenufs, ihrer Kunst und Wissenschaft, trugen die Indischen Ansiedler auch den lebendigen Hauch in die Fremde hinüber, durch dessen beseelende Kraft sich bei ihnen selbst dies erst gestaltet hatte. Alle einzelnen geselligen Bestrebungen waren bei den Alten noch nicht so geschieden, als bei uns; sie konnten, was sie besafsen, viel weniger ohne den Geist mittheilen, der es geschaffen hatte. Weil sich dies jetzt bei uns durchaus anders verhält, und eine in unsrer eignen Civilisation liegende Gewalt uns immer bestimmter in dieser Richtung forttreibt, so bekommen unter unserem Einflufs die Völker eine viel gleichförmigere Gestalt, und die Ausbildung der originellen Volkseigenthümlichkeit wird oft, auch da, wo sie vielleicht statt gefunden hätte, im Aufkeimen erstickt.

§. 5.

Wir haben in dem Überblick der geistigen Entwicklung des Menschengeschlechts bis hierher dieselbe in ihrer Folge durch die verschiednen Generationen hindurch betrachtet und darin vier sie hauptsächlich bestimmende Momente bezeichnet: das ruhige Leben der Völker nach den natürlichen Verhältnissen ihres Daseins auf dem Erdboden, ihre bald durch Absicht geleitete, oder aus Leidenschaft und innerem Drange entspringende, bald ihnen gewaltsam abgenöthigte Thätigkeit in Wanderungen, Kriegen u. s. f., die Reihe geistiger Fortschritte, welche sich gegenseitig als Ursachen und Wirkungen an einander ketten, endlich die geistigen Erscheinungen, die nur in der Kraft ihre Erklärung finden, welche sich in ihnen offenbart. Es bleibt uns jetzt die zweite Betrachtung, wie jene Entwicklung in jeder einzelnen Generation bewirkt wird, welche den Grund ihres jedesmaligen Fortschrittes enthält.

Die Wirksamkeit des Einzelnen ist immer eine abgebrochene, aber, dem Anschein nach, und bis auf einen gewissen Punkt auch in Wahrheit, eine sich mit der des ganzen Geschlechts in derselben Richtung bewegende, da sie, als bedingt und wieder bedingend, in ungetrenntem Zusammenhange mit der vergangenen und nachfolgenden Zeit steht. In anderer Rücksicht aber, und ihrem tiefer durchschauten Wesen nach, ist die Richtung des Einzelnen gegen die des ganzen Geschlechts doch eine divergirende, so dafs das Gewebe der Weltgeschichte, insofern sie den inneren Menschen betrifft, aus diesen beiden, einander durchkreuzenden, aber zugleich sich eng verkettenden Richtungen besteht. Die Divergenz ist unmittelbar daran sichtbar, dafs die Schicksale des Geschlechts, unabhängig von dem Hinschwinden der Generationen, ungetrennt fortgehen, wechselnd, aber, soviel wir es übersehen können, doch im Ganzen in steigernder Vollkommenheit, der Einzelne dagegen nicht blofs, und oft unerwartet mitten in seinem bedeutendsten Wirken, von allem Antheil an jenen Schicksalen ausscheidet, sondern auch darum, seinem inneren Bewufstsein, seinen Ahndungen und Überzeugungen nach, doch nicht am Ende seiner Laufbahn zu stehen glaubt. Er sieht also diese als von dem Gange jener Schicksale abgesondert an, und es entsteht in ihm, auch schon im Leben, ein Gegensatz der **Selbstbildung** und derjenigen **Weltgestaltung**, mit der jeder in seinem Kreise in die Wirklichkeit eingreift. Dafs dieser Gegensatz weder der Entwicklung des Geschlechts, noch der individuellen Bildung verderblich werde, verbürgt die Einrichtung der menschlichen Natur. Die Selbstbildung kann nur an der Weltgestaltung fortgehen, und über sein Leben hinaus knüpfen den Menschen Bedurfnisse des Herzens und Bilder der Phantasie, Familienbande, Streben nach Ruhm, freudige Aussicht auf die Entwicklung gelegter Keime in folgenden Zeiten an die Schicksale, die er verläfst. Es bildet sich aber durch jenen Gegensatz, und liegt demselben sogar ursprünglich zum Grunde, eine **Innerlichkeit des Gemüths**, auf welcher die mächtigsten und heiligsten Gefühle beruhen. Sie wirkt um so eingreifender, als der Mensch nicht blofs sich, sondern alle seines Geschlechts als ebenso bestimmt zur einsamen, sich über das Leben hinaus erstreckenden Selbstentwicklung betrachtet, und als dadurch alle Bande, die Gemüth an Gemüth knüpfen, eine andre und höhere Bedeutung gewinnen. Aus den verschiedenen Graden, zu welchen sich jene, das Ich, auch selbst in der Verknüpfung damit, doch von der Wirklichkeit absondernde Innerlichkeit erhebt, und aus ihrer, mehr oder minder ausschliefslichen Herrschaft entspringen für alle menschliche Entwicklung wichtige Nüancen. **Indien** gerade giebt von der Reinheit, zu welcher sie sich zu läutern vermag, aber auch von den schroffen Contrasten, in welche sie ausarten kann, ein merkwürdiges Beispiel, und das Indische Alterthum läfst sich hauptsächlich von diesem Standpunkte aus erklären. Auf die **Sprache** übt diese Seelenstimmung einen besonderen Einflufs. Sie gestaltet sich anders in einem Volke, das gern die einsamen Wege abgezogenen Nachdenkens verfolgt, und in Nationen, die des vermittelnden Verständnisses hauptsächlich zu äufserem Treiben bedürfen. Das Symbolische wird ganz anders von den ersteren erfafst, und ganze Theile des Sprachgebiets bleiben bei den letzteren unangebauet. Denn die Sprache mufs erst durch ein noch dunkles und unentwickeltes Gefühl in die Kreise eingeführt werden, über die sie ihr Licht ausgiefsen soll. Wie sich dies hier abbrechende Dasein der Einzelnen mit der fortgehenden Entwickelung des Geschlechts vielleicht in einer uns unbekannten Region vereinigt? bleibt ein undurchdringliches Geheimnifs. Aber die Wirkung des Gefühls dieser Undurchdringlichkeit ist vorzüglich ein wichtiges Moment in der inneren individuellen Ausbildung, indem sie die ehrfurchtsvolle Scheu vor etwas Unerkanntem weckt, das doch nach dem Verschwinden alles Erkennbaren übrig bleibt. Sie ist dem Eindruck der Nacht vergleichbar, in der auch nur das einzeln zerstreute Funkeln uns unbekannter Körper an die Stelle alles gewohnten Sichtbaren tritt.

Sehr bedeutend auch wirkt das Fortgehen der Schicksale des Geschlechts und das Abbrechen der einzelnen Generationen durch die verschiedene Geltung, welche dadurch für jede der letzteren die Vorzeit bekommt. Die später eintretenden befinden sich gleichsam, und vorzüglich durch die Vervollkommnung der die Kunde der Vergangenheit aufbewahrenden Mittel, vor eine Bühne gestellt, auf welcher sich ein reicheres und heller erleuchtetes Drama entfaltet. Der fortreifsende Strom der Begebenheiten versetzt auch, scheinbar zufällig, Generationen in dunklere und in verhängnifsschwerere, oder in hellere und leichter zu durchlebende Perioden. Für die wirkliche, lebendige, individuelle Ansicht ist dieser Unterschied minder grofs, als er in der geschichtlichen Betrachtung erscheint. Es fehlen viele Punkte der Vergleichung, man erlebt in jedem Augenblick nur einen Theil der Entwicklung, greift mit Genufs und Thätigkeit ein, und die Rechte der Gegenwart führen über ihre Unebenheiten hinweg. Gleich den sich aus Nebel hervorziehenden Wolken, nimmt ein Zeitalter erst aus der Ferne gesehen, eine rings begränzte Gestalt an. Allein in der Einwirkung, die jedes auf das nachfolgende ausübt, wird diejenige deutlich, welche es selbst von seiner Vorzeit erfahren hat. Unsre moderne Bildung z. B. beruht grofsentheils auf dem Gegensatz, in welchem uns das classische Alterthum gegenübersteht. Es würde schwer und betrübend zu sagen sein, was von ihr zurückbleiben möchte, wenn wir uns von Allem trennen sollten, was diesem Alterthum angehört. Wenn wir den Zustand der Völker, die dasselbe ausmachten, in allen ihren geschichtlichen Einzelnheiten erforschen, so entsprechen auch sie nicht eigentlich dem Bilde, das wir von ihnen in der Seele tragen. Was auf uns die mächtige Einwirkung ausübt, ist unsre Auffassung, die von dem Mittelpunkt ihrer gröfsten und reinsten Bestrebungen ausgeht, mehr den Geist, als die Wirklichkeit ihrer Einrichtungen heraushebt, die contrastirenden Punkte unbeachtet läfst, und keine, nicht mit der von ihnen aufgenommenen Idee übereinstimmende Forderung an sie macht. Zu einer solchen Auffassung ihrer Eigenthümlichkeit führt aber keine Willkühr. Die Alten berechtigen zu derselben; sie wäre von keinem anderen Zeitalter möglich. Das tiefe Gefühl ihres Wesens verleiht uns selbst erst die Fähigkeit, uns zu ihr zu erheben. Weil bei ihnen die Wirklichkeit immer mit glücklicher Leichtigkeit in die Idee und die Phantasie überging, und sie mit beiden auf dieselbe zurückwirkten, so versetzen wir sie mit Recht ausschliefslich in dies Gebiet. Denn dem, auf ihren Schriften, ihren Kunstwerken und thatenreichen Bestrebungen ruhenden Geiste nach, beschreiben sie, wenn auch die Wirklichkeit bei ihnen nicht überall dem entsprach, den der Menschheit in ihren freiesten Entwickelungen angewiesenen Kreis in vollendeter Reinheit, Totalität und Harmonie, und hinterliefsen auf diese Weise ein auf uns, wie erhöhte Menschennatur, idealisch wirkendes Bild. Wie zwischen sonnigem und bewölktem Himmel, liegt ihr Vorzug gegen uns nicht sowohl in den Gestalten des Lebens selbst, als in dem wundervollen Licht, das sich bei ihnen über sie ergofs. Den Griechen selbst, wenn man auch einen noch so grofsen Einflufs früherer Völker auf sie annimmt, fehlte eine solche Erscheinung, die ihnen aus der Fremde herübergeleuchtet hätte, offenbar gänzlich. In sich selbst hatten sie etwas Ähnliches in den Homerischen und den sich an diese anreihenden Gesängen. Wie sie uns als Natur und in den Gründen ihrer Gestaltung unerklärbar erscheinen, uns Muster der Nacheiferung, Quelle für eine grofse Menge von Geistesbereicherungen werden, so war für sie jene dunkle und doch in so einzigen Vorbildern ihnen entgegenstrahlende Zeit. Für die Römer wurden sie nicht ebenso zu etwas Ähnlichem, als sie uns sind. Auf die Römer wirkten sie nur als eine gleichzeitige, höher gebildete Nation, die eine von früher Zeit her beginnende Litteratur besitzt. Indien geht für uns in zu dunkle Ferne hinauf, als dafs wir über seine Vorzeit zu urtheilen im Stande wären. Auf das Abendland wirkte es, da sich eine solche Einwirkung nicht hätte so spurlos verwischen lassen, in der ältesten Zeit wenigstens nicht durch die eigenthümliche Form seiner Geisteswerke, sondern höchstens durch einzelne herübergekommene Meinungen, Erfindungen und Sagen. Wie wichtig aber dieser Unterschied des geistigen Einflusses der Völker auf einander ist, habe ich in meiner Schrift über die Kawi-Sprache (1. Buch. S. 1. 2.) Gelegenheit gehabt näher zu berühren. Ihr eignes Alterthum wird den Indiern in ähnlicher Gestalt, als den Griechen das ihrige, erschienen sein. Sehr viel deutlicher aber ist dies in China durch den Einflufs und den Gegensatz der Werke des alten Styls und der darin enthaltenen philosophischen Lehre.

Da die **Sprachen**, oder wenigstens ihre Elemente (ein nicht unbeachtet zu lassender Unterschied), von einem Zeitalter dem anderen überliefert werden, und wir nur mit gänzlicher Überschreitung unsres Erfahrungsgebiets von neu beginnenden Sprachen reden können, so greift das Verhältnifs der **Vergangenheit** zu der **Gegenwart** in das Tiefste ihrer Bildung ein. Der Unterschied, in welche Lage ein Zeitalter durch den Platz gesetzt wird, den es in der Reihe der uns bekannten einnimmt, wird aber auch bei schon ganz geformten Sprachen unendlich mächtig, weil die Sprache zugleich eine Auffassungsweise der gesammten Denk- und Empfindungsart ist, und diese, sich einem Volke aus entfernter Zeit her darstellend, nicht auf dasselbe einwirken kann, ohne auch für dessen Sprache einflufsreich zu werden. So würden unsre heutigen Sprachen doch eine in mehreren Stücken andre Gestalt angenommen haben, wenn, statt des classischen Alterthums, das Indische so anhaltend und eindringlich auf uns eingewirkt hätte.

§. 6.

Der **einzelne Mensch** hängt immer mit einem Ganzen zusammen, mit dem seiner Nation, des Stammes, zu welchem diese gehört, und des gesammten Geschlechts. Sein Leben, von welcher Seite man es betrachten mag, ist nothwendig an **Geselligkeit** geknüpft, und die äufsere untergeordnete und innere höhere Ansicht führen auch hier, wie wir es in einem ähnlichen Falle weiter oben gesehen haben, auf denselben Punkt hin. In dem, gleichsam nur vegetativen Dasein des Menschen auf dem Erdboden treibt die **Hülfsbedürftigkeit** des Einzelnen zur Verbindung mit Anderen und fordert zur Möglichkeit gemeinschaftlicher Unternehmungen das Verständnifs durch **Sprache**. Ebenso aber ist die **geistige Ausbildung**, auch in der einsamsten Abgeschlossenheit des Gemüths, nur durch diese letztere möglich, und die Sprache verlangt, an ein äufseres, sie verstehendes Wesen gerichtet zu werden. Der articulirte Laut reifst sich aus der Brust los, um in einem anderen Individuum einen zum Ohre zurückkehrenden Anklang zu wecken. Zugleich macht dadurch der Mensch die Entdeckung, dafs es Wesen gleicher innerer Bedürfnisse, und daher fähig, der in seinen Empfindungen liegenden mannigfachen Sehnsucht zu begegnen, um ihn her giebt. Denn das Ahnden einer Totalität und das Streben danach ist unmittelbar mit dem Gefühle der Individualität gegeben, und verstärkt sich in demselben Grade, als das letztere geschärft wird, da doch jeder Einzelne das Gesammtwesen des Menschen, nur auf einer einzelnen Entwicklungsbahn, in sich trägt. Wir haben auch nicht einmal die entfernteste Ahndung eines andren, als eines individuellen Bewufstseins. Aber jenes Streben und der durch den Begriff der Menschheit selbst in uns gelegte Keim unauslöschlicher Sehnsucht lassen die Überzeugung nicht untergehen, dafs die geschiedene Individualität überhaupt nur eine Erscheinung bedingten Daseins geistiger Wesen ist.

Der Zusammenhang des Einzelnen mit einem, die Kraft und die Anregung verstärkenden Ganzen ist ein zu wichtiger Punkt in der geistigen Ökonomie des Menschengeschlechts, wenn ich mir diesen Ausdruck erlauben darf, als dafs er nicht hier hätte bestimmt angedeutet werden müssen. Die allemal zugleich Absonderung hervorrufende Verbindung der Nationen und Volksstämme hängt allerdings zunächst von geschichtlichen Ereignissen, grofsentheils selbst von der Beschaffenheit ihrer Wohn- und Wanderungsplätze ab. Wenn man aber auch, ohne dafs ich diese Ansicht geradezu rechtfertigen möchte, allen Einflufs innerer, auch nur instinctartiger Übereinstimmung oder Abstofsung davon trennen will, so kann und mufs doch jede Nation, noch abgesondert von ihren äufsren

Verhältnissen, als eine menschliche Individualität, die eine innere eigenthümliche Geistesbahn verfolgt, betrachtet werden. Je mehr man einsieht, dafs die Wirksamkeit der Einzelnen, auf welche Stufe sie auch ihr Genius gestellt haben möchte, doch nur in dem Grade eingreifend und dauerhaft ist, in welchem sie zugleich durch den in ihrer Nation liegenden Geist emporgetragen werden und diesem wiederum von ihrem Standpunkte aus neuen Schwung zu ertheilen vermögen, desto mehr leuchtet die Nothwendigkeit ein, den Erklärungsgrund unserer heutigen Bildungsstufe in diesen nationellen geistigen Individualitäten zu suchen. Die Geschichte bietet sie uns auch überall, wo sie uns die Data zur Beurtheilung der innren Bildung der Völker überliefert, in bestimmten Umrissen dar. Civilisation und Cultur heben die grellen Contraste der Völker allmälig auf, und noch mehr gelingt das Streben nach allgemeinerer sittlicher Form der tiefer eindringenden, edleren Bildung. Damit stimmen auch die Fortschritte der Wissenschaft und Kunst überein, die immer nach allgemeineren, von nationellen Ansichten entfesselten Idealen hinstreben. Wenn aber das Gleiche gesucht wird, kann es doch nur in verschiedenem Geiste errungen werden, und die Mannigfaltigkeit, in welcher sich die menschliche Eigenthümlichkeit, ohne fehlerhafte Einseitigkeit, auszusprechen vermag, geht ins Unendliche. Gerade von dieser Verschiedenheit hängt aber das Gelingen des allgemein Erstrebten unbedingt ab. Denn dieses erfordert die ganze, ungetrennte Einheit der, in ihrer Vollständigkeit nie zu erklärenden, aber nothwendig in ihrer schärfsten Individualität wirkenden Kraft. Es kommt daher, um in den allgemeinen Bildungsgang fruchtbar und mächtig einzugreifen, in einer Nation nicht allein auf das Gelingen in einzelnen wissenschaftlichen Bestrebungen, sondern vorzüglich auf die gesammte Anspannung in demjenigen an, was den Mittelpunkt des menschlichen Wesens ausmacht, sich am klarsten und vollständigsten in der Philosophie, Dichtung und Kunst ausspricht, und sich von da aus über die ganze Vorstellungsweise und Sinnesart des Volkes ergiefst.

Vermöge des hier betrachteten Zusammenhangs des Einzelnen mit der ihn umgebenden Masse gehört, jedoch nur mittelbar und gewissermafsen, jede bedeutende Geistesthätigkeit des ersteren zugleich auch der letzteren an. Das Dasein der Sprachen beweist aber, dafs es auch geistige Schöpfungen giebt, welche ganz und gar nicht von Einem Individuum aus auf die übrigen übergehen, sondern nur aus der gleichzeitigen Selbstthätigkeit Aller hervorbrechen können. In den Sprachen also sind, da dieselben immer eine nationelle Form haben, Nationen, als solche, eigentlich und unmittelbar schöpferisch.

Doch mufs man sich wohl hüten, diese Ansicht ohne die ihr gebührende Beschränkung aufzufassen. Da die Sprachen unzertrennlich mit der innersten Natur des Menschen verwachsen sind und weit mehr selbstthätig aus ihr hervorbrechen, als willkührlich von ihr erzeugt werden, so könnte man die intellectuelle Eigenthümlichkeit der Völker ebensowohl ihre Wirkung nennen. Die Wahrheit ist, dafs beide zugleich und in gegenseitiger Übereinstimmung aus unerreichbarer Tiefe des Gemüths hervorgehen. Aus der Erfahrung kennen wir eine solche Sprachschöpfung nicht, es bietet sich uns auch nirgends eine Analogie zu ihrer Beurtheilung dar. Wenn wir von ursprünglichen Sprachen reden, so sind sie dies nur für unsre Unkenntnifs ihrer früheren Bestandtheile. Eine zusammenhängende Kette von Sprachen hat sich Jahrtausende lang fortgewälzt, ehe sie an den Punkt gekommen ist, den unsre dürftige Kunde als den ältesten bezeichnet. Nicht blofs aber die primitive Bildung der wahrhaft ursprünglichen Sprache, sondern auch die secundären Bildungen späterer, die wir recht gut in ihre Bestandtheile zu zerlegen verstehen, sind uns, gerade in dem Punkte ihrer eigentlichen Erzeugung, unerklärbar. Alles Werden in der Natur, vorzüglich aber das organische und lebendige, entzieht sich unsrer Beobachtung. Wie genau wir die vorbereitenden Zustände erforschen mögen, so befindet sich zwischen dem letzten und der Erscheinung immer die Kluft, welche das Etwas vom Nichts trennt; und ebenso ist es bei dem Momente des Aufhörens. Alles Begreifen des Menschen liegt nur in der Mitte von beiden. In den Sprachen liefert uns eine Entstehungs-Epoche, aus ganz zugänglichen Zeiten der Geschichte, ein auffallendes Beispiel. Man kann einer vielfachen Reihe von Veränderungen nachgehen, welche die Römische Sprache in ihrem Sinken und Untergang erfuhr, man kann ihnen die Mischungen durch einwandernde Völkerhaufen hinzufügen: man erklärt sich darum nicht besser das Entstehen des lebendigen Keims, der in verschiedenartiger Gestalt sich wieder zum Organismus neu aufblühender Sprachen entfaltete. Ein inneres, neu entstandenes Princip fügte, in jeder auf eigne Art, den zerfallenden Bau wieder zusammen, und wir, die wir uns immer nur auf dem Gebiete seiner Wirkungen befinden, werden seiner Umänderungen nur an der Masse derselben gewahr. Es mag daher scheinen, dafs man diesen Punkt lieber ganz unberührt liefse. Dies ist aber unmöglich, wenn man den Entwickelungsgang des menschlichen Geistes auch nur in den gröfsten Umrissen zeichnen will, da die Bildung der Sprachen, auch der einzelnen in allen Arten der Ableitung oder Zusammensetzung, eine denselben am wesentlichsten bestimmende Thatsache ist, und sich in dieser das Zusammenwirken der Individuen in einer sonst nicht vorkommenden Gestalt zeigt. Indem man also bekennt, dafs man an einer Gränze steht, über welche weder die geschichtliche Forschung, noch der freie Gedanke hinüberzuführen vermögen,

E

muſs man doch die Thatsache und die unmittelbaren Folgerungen aus derselben getreu aufzeichnen.

Die erste und natürlichste von diesen ist, daſs jener Zusammenhang des Einzelnen mit seiner Nation gerade in dem Mittelpunkte ruht, von welchem aus die gesammte geistige Kraft alles Denken, Empfinden und Wollen bestimmt. Denn die Sprache ist mit Allem in ihr, dem Ganzen, wie dem Einzelnen, verwandt, nichts davon ist oder bleibt ihr je fremd. Sie ist zugleich nicht bloſs passiv, Eindrucke empfangend, sondern folgt aus der unendlichen Mannigfaltigkeit möglicher intellectueller Richtungen Einer bestimmten, und modificirt durch innere Selbstthätigkeit jede auf sie geübte äuſsere Einwirkung. Sie kann aber gegen die Geisteseigenthümlichkeit gar nicht als etwas von ihr äuſserlich Geschiedenes angesehen werden, und läſst sich daher, wenn es auch auf den ersten Anblick anders erscheint, nicht eigentlich lehren, sondern nur im Gemüthe wecken; man kann ihr nur den Faden hingeben, an dem sie sich von selbst entwickelt. Indem die Sprachen nun also in dem von allem Miſsverständniſs befreiten Sinne des Worts ([1]) Schöpfungen der Nationen sind, bleiben sie doch Selbstschöpfungen der Individuen, indem sie sich nur in jedem Einzelnen, in ihm aber nur so erzeugen können, daſs jeder das Verständniſs aller voraussetzt und alle dieser Erwartung genügen. Man mag nun die Sprache als eine Weltanschauung, oder als eine Gedankenverknüpfung, da sie diese beiden Richtungen in sich vereinigt, betrachten, so beruht sie immer nothwendig auf der Gesammtkraft des Menschen; es läſst sich nichts von ihr ausschlieſsen, da sie alles umfaſst.

Diese Kraft nun ist in den Nationen, sowohl überhaupt, als

---

[1] Man vergl. oben S. 5. 6. unten §. 22.

in verschiednen Epochen, dem Grade und der in der gleichen allgemeinen Richtung möglichen eigenen Bahn nach, individuell verschieden. Die Verschiedenheit muſs aber an dem Resultate, der Sprache, sichtbar werden, und wird es natürlich vorzüglich durch das Übergewicht der äuſseren Einwirkung oder der inneren Selbstthätigkeit. Es tritt daher auch hier der Fall ein, daſs, wenn man die Reihe der Sprachen vergleichend verfolgt, die Erklärung des Baues der einen aus der andren mehr oder minder leichten Fortgang gewinnt, allein auch Sprachen dastehen, die durch eine wirkliche Kluft von den übrigen getrennt erscheinen. Wie Individuen durch die Kraft ihrer Eigenthümlichkeit dem menschlichen Geiste einen neuen Schwung in bis dahin unentdeckt gebliebener Richtung ertheilen, so können dies Nationen der Sprachbildung. Zwischen dem Sprachbaue aber und dem Gelingen aller andren Arten intellectueller Thätigkeit, besteht ein unläugbarer Zusammenhang. Er liegt vorzüglich, und wir betrachten ihn hier allein von dieser Seite, in dem begeisternden Hauche, den die sprachbildende Kraft der Sprache in dem Acte der Verwandlung der Welt in Gedanken dergestalt einflöſst, daſs er sich durch alle Theile ihres Gebietes harmonisch verbreitet. Wenn man es als möglich denken kann, daſs eine Sprache in einer Nation gerade auf die Weise entsteht, wie sich das Wort am sinnvollsten und anschaulichsten aus der Weltansicht entwickelt, sie am reinsten wieder darstellt, und sich selbst so gestaltet, um in jede Fügung des Gedanken am leichtesten und am körperlichsten einzugehen, so muſs diese Sprache, so lange sich nur irgend ihr Lebensprincip erhält, dieselbe Kraft in derselben Richtung gleich gelingend in jedem Einzelnen hervorrufen. Der Eintritt einer solchen, oder auch nur einer ihr nahe kommenden Sprache in die Weltgeschichte muſs daher eine wichtige Epoche in dem menschlichen Entwickelungsgange, und gerade in seinen höchsten und wundervollsten Erzeugungen, begründen. Gewisse Bahnen des Geistes und ein gewisser, ihn auf denselben forttragender Schwung lassen sich nicht denken, ehe solche Sprachen entstanden sind. Sie machen daher einen wahren Wendepunkt in der inneren Geschichte des Menschengeschlechts aus; wenn man sie als den Gipfel der Sprachbildung ansehen muſs, so sind sie die Anfangsstufe seelenvoller und phantasiereicher Bildung, und es ist insofern ganz richtig zu behaupten, daſs das Werk der Nationen den Werken der Individuen vorausgehen müsse, obgleich gerade das hier Gesagte unumstöſslich beweist, wie gleichzeitig in diesen Schöpfungen die Thätigkeit beider in einander verschlungen ist.

§. 7.

Wir sind jetzt bis zu dem Punkte gelangt, auf dem wir in der primitiven Bildung des Menschengeschlechts die Sprachen als die erste nothwendige Stufe erkennen, von der aus die Nationen erst jede höhere menschliche Richtung zu verfolgen im Stande sind. Sie wachsen auf gleich bedingte Weise mit der Geisteskraft empor, und bilden zugleich das belebend anregende Princip derselben. Beides aber geht nicht nach einander und abgesondert vor sich, sondern ist durchaus und unzertrennlich dieselbe Handlung des intellectuellen Vermögens. Indem ein Volk der Entwicklung seiner Sprache, als des Werkzeuges jeder menschlichen Thätigkeit in ihm, aus seinem Inneren Freiheit erschafft, sucht und erreicht es zugleich die Sache selbst, also etwas Anderes und Höheres; und indem es auf dem Wege dichterischer Schöpfung und grübelnder Ahndung dahin gelangt, wirkt es zugleich wieder auf die Sprache zurück. Wenn man die ersten, selbst rohen und ungebildeten Versuche des intellectuellen Strebens mit dem Namen der Litteratur belegt, so geht die Sprache immer den gleichen Gang mit ihr, und so sind beide unzertrennlich mit einander verbunden.

Die Geisteseigenthümlichkeit und die Sprachgestaltung eines Volkes stehen in solcher Innigkeit der Verschmelzung in einander, daſs, wenn die eine gegeben wäre, die andere müſste vollständig aus ihr abgeleitet werden können. Denn die Intellectualität und die Sprache gestatten und befördern nur einander gegenseitig zusagende Formen. Die Sprache ist gleichsam die äuſserliche Erscheinung des Geistes der Völker; ihre Sprache ist ihr Geist und ihr Geist ihre Sprache; man kann sich beide nie identisch genug denken. Wie sie in Wahrheit mit einander in einer und ebenderselben, unserem Begreifen unzugänglichen Quelle zusammenkommen, bleibt uns unerklärlich verborgen. Ohne aber über die Priorität der einen oder andren entscheiden zu wollen, müssen wir als das reale Erklärungsprincip und als den wahren Bestimmungsgrund der Sprachverschiedenheit die geistige Kraft der Nationen ansehen, weil sie allein lebendig selbstständig vor uns steht, die Sprache dagegen nur an ihr haftet. Denn insofern sich auch diese uns in schöpferischer Selbstständigkeit offenbart, verliert sie sich über das Gebiet der Erscheinungen hinaus in ein ideales Wesen. Wir haben es historisch nur immer mit dem wirklich sprechenden Menschen zu thun, dürfen aber darum das wahre Verhältniſs nicht aus den Augen lassen. Wenn wir Intellectualität und Sprache trennen, so existirt eine solche Scheidung in der Wahrheit nicht. Wenn uns die Sprache mit Recht als etwas Höheres erscheint, als daſs sie für ein menschliches Werk, gleich andren Geisteserzeugnissen, gelten könnte, so würde sich dies anders verhalten, wenn uns die menschliche Geisteskraft nicht bloſs in einzelnen Erscheinungen begegnete, sondern ihr Wesen selbst uns in seiner unergründlichen Tiefe entgegenstrahlte, und wir den Zusammenhang der menschlichen Individualität einzusehen vermöchten, da auch die Sprache über die Geschiedenheit der Individuen hinausgeht. Für die praktische Anwendung besonders wichtig ist es nur, bei keinem niedrigeren Erklärungsprincipe der Sprachen stehen zu bleiben, sondern wirklich bis zu diesem höchsten und letzten hinaufzusteigen, und als den festen Punkt der ganzen geistigen Gestaltung den Satz anzusehen, dafs der Bau der Sprachen im Menschengeschlechte darum und insofern verschieden ist, weil und als es die Geisteseigenthümlichkeit der Nationen selbst ist.

Gehen wir aber, wie wir uns nicht entbrechen können zu thun, in die Art dieser Verschiedenheit der einzelnen Gestaltung des Sprachbaues ein, so können wir nicht mehr die Erforschung der geistigen Eigenthümlichkeit, erst abgesondert für sich angestellt, auf die Beschaffenheiten der Sprache anwenden wollen. In den frühen Epochen, in welche uns die gegenwärtigen Betrachtungen zurückversetzen, kennen wir die Nationen überhaupt nur durch ihre Sprachen, wissen nicht einmal immer genau, welches Volk wir uns, der Abstammung und Verknüpfung nach, bei jeder Sprache zu denken haben. So ist das Zend wirklich für uns die Sprache einer Nation, die wir nur auf dem Wege der Vermuthung genauer bestimmen können. Unter allen Äufserungen, an welchen Geist und Charakter erkennbar sind, ist aber die Sprache auch die allein geeignete, beide bis in ihre geheimsten Gänge und Falten darzulegen. Wenn man also die Sprachen als einen Erklärungsgrund der successiven geistigen Entwickelung betrachtet, so mufs man zwar dieselben als durch die intellectuelle Eigenthümlichkeit entstanden ansehen, allein die Art dieser Eigenthümlichkeit bei jeder einzelnen in ihrem Baue aufsuchen, so dafs, wenn die hier eingeleiteten Betrachtungen zu einiger Vollständigkeit durchgeführt werden sollen, es uns jetzt obliegt, in die Natur der Sprachen und die Möglichkeit ihrer rückwirkenden Verschiedenheiten näher einzugehen, um auf diese Weise das vergleichende Sprachstudium an seinen letzten und höchsten Beziehungspunkt anzuknüpfen.

§. 8.

Es gehört aber allerdings eine eigne Richtung der Sprachforschung dazu, den im Obigen vorgezeichneten Weg mit Glück zu verfolgen. Man muſs die Sprache nicht sowohl wie ein todtes Erzeugtes, sondern weit mehr wie eine Erzeugung ansehen, mehr von demjenigen abstrahiren, was sie als Bezeichnung der Gegenstände und Vermittelung des Verständnisses wirkt, und dagegen sorgfältiger auf ihren mit der inneren Geistesthätigkeit eng verwebten Ursprung und ihren gegenseitigen Einfluſs darauf zurückgehen. Die Fortschritte, welche das Sprachstudium den gelungenen Bemühungen der letzten Jahrzehende verdankt, erleichtern die Übersicht desselben in der Totalität seines Umfangs. Man kann nun dem Ziele näher rücken, die einzelnen Wege anzugeben, auf welchen den mannigfach abgetheilten, isolirten und verbundenen Völkerhaufen des Menschengeschlechts das Geschäft der Spracherzeugung zur Vollendung gedeiht. Hierin aber liegt gerade sowohl die Ursach der Verschiedenheit des menschlichen Sprachbaues, als ihr Einfluſs auf den Entwicklungsgang des Geistes, also der ganze uns hier beschäftigende Gegenstand.

Gleich bei dem ersten Betreten dieses Forschungsweges stellt sich uns jedoch eine wichtige Schwierigkeit in den Weg. Die Sprache bietet uns eine Unendlichkeit von Einzelnheiten dar, in Wörtern, Regeln, Analogieen und Ausnahmen aller Art, und wir gerathen in nicht geringe Verlegenheit, wie wir diese Menge, die uns, der schon in sie gebrachten Anordnung ungeachtet, doch noch als verwirrendes Chaos erscheint, mit der Einheit des Bildes der menschlichen Geisteskraft in beurtheilende Vergleichung bringen sollen. Wenn man sich auch im Besitze alles nöthigen lexicalischen und grammatischen Details zweier wichtigen Sprachstämme, z. B. des Sanskritischen und Semitischen, befindet, so wird man dadurch doch noch wenig in dem Bemühen gefördert, den Charakter eines jeden von beiden in so einfache Umrisse zusammenzuziehen, daſs dadurch eine fruchtbare Vergleichung derselben und die Bestimmung der ihnen, nach ihrem Verhältniſs zur Geisteskraft der Nationen, gebührenden Stelle in dem allgemeinen Geschäfte der Spracherzeugung möglich wird. Dies erfordert noch ein eignes Aufsuchen der gemeinschaftlichen Quellen der einzelnen Eigenthümlichkeiten, das Zusammenziehen der zerstreuten Züge in das Bild eines organischen Ganzen. Erst dadurch gewinnt man eine Handhabe, an der man die Einzelnheiten festzuhalten vermag. Um daher verschiedene Sprachen in Bezug auf ihren charakteristischen Bau fruchtbar mit einander zu vergleichen, muſs man der Form einer jeden derselben sorgfältig nachforschen, und sich auf diese Weise vergewissern, auf welche Art jede die hauptsächlichen Fragen löst, welche aller Spracherzeugung als Aufgaben vorliegen. Da aber dieser Ausdruck der Form in Sprachuntersuchungen in mehrfacher Beziehung gebraucht wird, so glaube ich ausführlicher entwickeln zu müssen, in welchem Sinne ich ihn hier genommen wünsche. Dies erscheint um so nothwendiger, als wir hier nicht von der Sprache überhaupt, sondern von den einzelnen verschiedener Völkerschaften reden, und es daher auch darauf ankommt, abgränzend zu bestimmen, was unter einer einzelnen Sprache, im Gegensatz auf der einen Seite des Sprachstammes, auf der andren des Dialektes, und was unter Einer da zu verstehen ist, wo die nämliche in ihrem Verlaufe wesentliche Veränderungen erfährt.

Die Sprache, in ihrem wirklichen Wesen aufgefaſst, ist etwas beständig und in jedem Augenblicke Vorübergehendes. Selbst ihre Erhaltung durch die Schrift ist immer nur eine unvollständige, mumienartige Aufbewahrung, die es doch erst wieder bedarf, daſs man dabei den lebendigen Vortrag zu versinnlichen sucht. Sie selbst ist kein Werk (*Ergon*), sondern eine Thätigkeit (*Energeia*). Ihre wahre Definition kann daher nur eine genetische sein. Sie ist nämlich die sich ewig wiederholende Arbeit des Geistes, den articulirten Laut zum Ausdruck des Gedanken fähig zu machen. Unmittelbar und streng genommen, ist dies die Definition des jedesmaligen Sprechens; aber im wahren und wesentlichen Sinne kann man auch nur gleichsam die Totalität dieses Sprechens als die Sprache ansehen. Denn in dem zerstreuten Chaos von Wörtern und Regeln, welches wir wohl eine Sprache zu nennen pflegen, ist nur das durch jenes Sprechen hervorgebrachte Einzelne vorhanden, und dies niemals vollständig, auch erst einer neuen Arbeit bedürftig, um daraus die Art des lebendigen Sprechens zu erkennen und ein wahres Bild der lebendigen Sprache zu geben. Gerade das Höchste und Feinste läſst sich an jenen getrennten Elementen nicht erkennen, und kann nur, was um so mehr beweist, daſs die eigentliche Sprache in dem Acte ihres wirklichen Hervorbringens liegt, in der verbundenen Rede wahrgenommen oder geahndet werden. Nur sie muſs man sich überhaupt in allen Untersuchungen, welche in die lebendige Wesenheit der Sprache eindringen sollen, immer als das Wahre und Erste denken. Das Zerschlagen in Wörter und Regeln ist nur ein todtes Machwerk wissenschaftlicher Zergliederung.

Die Sprachen als eine Arbeit des Geistes zu bezeichnen, ist schon darum ein vollkommen richtiger und adäquater Ausdruck, weil sich das Dasein des Geistes überhaupt nur in Thätigkeit und als solche denken läfst. Die zu ihrem Studium unentbehrliche Zergliedrung ihres Baues nöthigt uns sogar, sie als ein Verfahren zu betrachten, das durch bestimmte Mittel zu bestimmten Zwecken vorschreitet, und sie insofern wirklich als Bildungen der Nationen anzusehen. Der hierbei möglichen Mifsdeutung ist schon oben (¹) hinlänglich vorgebeugt worden, und so können jene Ausdrücke der Wahrheit keinen Eintrag thun.

Ich habe schon im Obigen (S. 32.) darauf aufmerksam gemacht, dafs wir uns, wenn ich mich so ausdrücken darf, mit unsrem Sprachstudium durchaus in eine geschichtliche Mitte versetzt befinden, und dafs weder eine Nation, noch eine Sprache unter den uns bekannten ursprünglich genannt werden kann. Da jede schon einen Stoff von früheren Geschlechtern aus uns unbekannter Vorzeit empfangen hat, so ist die, nach der obigen Erklärung, den Gedankenausdruck hervorbringende geistige Thätigkeit immer zugleich auf etwas schon Gegebenes gerichtet, nicht rein erzeugend, sondern umgestaltend.

Diese Arbeit nun wirkt auf eine constante und gleichförmige Weise. Denn es ist die gleiche, nur innerhalb gewisser, nicht weiter Gränzen verschiedene geistige Kraft, welche dieselbe ausübt. Sie hat zum Zweck das Verständnifs. Es darf also Niemand auf andere Weise zum Anderen reden, als dieser, unter gleichen Umständen, zu ihm gesprochen haben würde. Endlich ist der überkommene Stoff nicht blofs der nämliche, sondern auch, da er selbst wieder einen gleichen Ursprung hat, ein mit der Geistesrichtung durchaus nahe verwandter. Das in dieser Arbeit des Geistes, den articulirten Laut zum Gedankenausdruck zu erheben, liegende Beständige und Gleichförmige, so vollständig, als möglich,

---

(¹) S. 5. 6. 34. 36-39. und weiter unten §. 22.

in seinem Zusammenhange aufgefaſst, und systematisch dargestellt, macht die Form der Sprache aus.

In dieser Definition erscheint dieselbe als ein durch die Wissenschaft gebildetes Abstractum. Es würde aber durchaus unrichtig sein, sie auch an sich bloſs als ein solches daseinloses Gedankenwesen anzusehen. In der That ist sie vielmehr der durchaus individuelle Drang, vermittelst dessen eine Nation dem Gedanken und der Empfindung Geltung in der Sprache verschafft. Nur weil uns nie gegeben ist, diesen Drang in der ungetrennten Gesammtheit seines Strebens, sondern nur in seinen jedesmal einzelnen Wirkungen zu sehen, so bleibt uns auch bloſs übrig, die Gleichartigkeit seines Wirkens in einen todten allgemeinen Begriff zusammenzufassen. In sich ist jener Drang Eins und lebendig.

Die Schwierigkeit gerade der wichtigsten und feinsten Sprachuntersuchungen liegt sehr häufig darin, daſs etwas aus dem Gesammteindruck der Sprache Flieſsendes zwar durch das klarste und überzeugendste Gefühl wahrgenommen wird, dennoch aber die Versuche scheitern, es in genügender Vollständigkeit einzeln darzulegen und in bestimmte Begriffe zu begränzen. Mit dieser nun hat man auch hier zu kämpfen. Die charakteristische Form der Sprachen hängt an jedem einzelnen ihrer kleinsten Elemente; jedes wird durch sie, wie unerklärlich es im Einzelnen sei, auf irgend eine Weise bestimmt. Dagegen ist es kaum möglich, Punkte aufzufinden, von denen sich behaupten lieſse, daſs sie an ihnen, einzeln genommen, entscheidend haftete. Wenn man daher irgend eine gegebene Sprache durchgeht, so findet man Vieles, das man sich, dem Wesen ihrer Form unbeschadet, auch wohl anders denken könnte, und wird, um diese rein geschieden zu erblicken, zu dem Gesammteindruck zurückgewiesen. Hier nun tritt sogleich das Gegentheil ein. Die entschiedenste Individualität fällt klar in die Augen, drängt sich unabweisbar dem Gefühl auf. Die Sprachen können hierin noch am wenigsten unrichtig mit den menschlichen Gesichtsbildungen verglichen werden. Die Individualität steht unläugbar da, Ähnlichkeiten werden erkannt, aber kein Messen und kein Beschreiben der Theile im Einzelnen und in ihrem Zusammenhange vermag die Eigenthümlichkeit in einen Begriff zusammenzufassen. Sie ruht auf dem Ganzen und in der wieder individuellen Auffassung; daher auch gewifs jede Physiognomie jedem anders erscheint. Da die Sprache, in welcher Gestalt man sie aufnehmen möge, immer ein geistiger Aushauch eines nationell individuellen Lebens ist, so mufs beides auch bei ihr eintreffen. Wie viel man in ihr heften und verkörpern, vereinzeln und zergliedern möge, so bleibt immer etwas unerkannt in ihr übrig, und gerade dies der Bearbeitung Entschlüpfende ist dasjenige, worin die Einheit und der Odem eines Lebendigen ist. Bei dieser Beschaffenheit der Sprachen kann daher die Darstellung der Form irgend einer in dem hier angegebenen Sinne niemals ganz vollständig, sondern immer nur bis auf einen gewissen, jedoch zur Übersicht des Ganzen genügenden Grad gelingen. Darum ist aber dem Sprachforscher durch diesen Begriff nicht minder die Bahn vorgezeichnet, in welcher er den Geheimnissen der Sprache nachspüren und ihr Wesen zu enthüllen suchen mufs. Bei der Vernachlässigung dieses Weges übersieht er unfehlbar eine Menge von Punkten der Forschung, mufs sehr vieles, wirklich Erklärbares, unerklärt lassen, und hält für isolirt dastehend, was durch lebendigen Zusammenhang verknüpft ist.

Es ergiebt sich schon aus dem bisher Gesagten von selbst, dafs unter Form der Sprache hier durchaus nicht blofs die sogenannte grammatische Form verstanden wird. Der Unterschied, welchen wir zwischen Grammatik und Lexicon zu machen pflegen, kann nur zum praktischen Gebrauche der Erlernung der Sprachen dienen, allein der wahren Sprachforschung weder Gränze, noch Regel vorschreiben. Der Begriff der Form der Sprachen dehnt sich weit über die Regeln der Redefügung und selbst über die der Wortbildung hinaus, insofern man unter der letzteren die Anwendung gewisser allgemeiner logischer Kategorieen des Wirkens, des Gewirkten, der Substanz, der Eigenschaft u. s. w. auf die Wurzeln und Grundwörter versteht. Er ist ganz eigentlich auf die Bildung der Grundwörter selbst anwendbar, und muſs in der That möglichst auf sie angewandt werden, wenn das Wesen der Sprache wahrhaft erkennbar sein soll.

Der Form steht freilich ein Stoff gegenüber; um aber den Stoff der Sprachform zu finden, muſs man über die Gränzen der Sprache hinausgehen. Innerhalb derselben läſst sich etwas nur beziehungsweise gegen etwas anderes als Stoff betrachten, z. B. die Grundwörter in Beziehung auf die Declination. In anderen Beziehungen aber wird, was hier Stoff ist, wieder als Form erkannt. Eine Sprache kann auch aus einer fremden Wörter entlehnen und wirklich als Stoff behandeln. Aber alsdann sind dieselben dies wiederum in Beziehung auf sie, nicht an sich. Absolut betrachtet, kann es innerhalb der Sprache keinen ungeformten Stoff geben, da alles in ihr auf einen bestimmten Zweck, den Gedankenausdruck, gerichtet ist, und diese Arbeit schon bei ihrem ersten Element, dem articulirten Laute, beginnt, der ja eben durch Formung zum articulirten wird. Der wirkliche Stoff der Sprache ist auf der einen Seite der Laut überhaupt, auf der andren die Gesammtheit der sinnlichen Eindrücke und selbstthätigen Geistesbewegungen, welche der Bildung des Begriffs mit Hülfe der Sprache vorausgehen.

Es versteht sich daher von selbst, daſs die reelle Beschaffenheit der Laute, um eine Vorstellung von der Form einer Sprache zu erhalten, ganz vorzugsweise beachtet werden muſs. Gleich mit dem Alphabete beginnt die Erforschung der Form einer Sprache, und durch alle Theile derselben hindurch wird dies als ihre hauptsächlichste Grundlage behandelt. Überhaupt wird durch den Begriff der Form nichts Factisches und Individuelles ausgeschlossen, sondern alles nur wirklich historisch zu Begründende, so wie das Allerindividuellste, gerade in diesen Begriff befafst und eingeschlossen. Sogar werden alle Einzelnheiten, nur wenn man die hier bezeichnete Bahn verfolgt, mit Sicherheit in die Forschung aufgenommen, da sie sonst leicht übersehen zu werden Gefahr laufen. Dies führt freilich in eine mühvolle, oft ins Kleinliche gehende Elementaruntersuchung; es sind aber auch lauter in sich kleinliche Einzelnheiten, auf welchen der Totaleindruck der Sprachen beruht, und nichts ist mit ihrem Studium so unverträglich, als in ihnen blofs das Grofse, Geistige, Vorherrschende aufsuchen zu wollen. Genaues Eingehen in jede grammatische Subtilität und Spalten der Wörter in ihre Elemente ist durchaus nothwendig, um sich nicht in allen Urtheilen über sie Irrthümern auszusetzen. Es versteht sich indefs von selbst, dafs in den Begriff der Form der Sprache keine Einzelnheit als isolirte Thatsache, sondern immer nur insofern aufgenommen werden darf, als sich eine Methode der Sprachbildung an ihr entdecken läfst. Man mufs durch die Darstellung der Form den specifischen Weg erkennen, welchen die Sprache und mit ihr die Nation, der sie angehört, zum Gedankenausdruck einschlägt. Man mufs zu übersehen im Stande sein, wie sie sich zu andren Sprachen, sowohl in den bestimmten ihr vorgezeichneten Zwecken, als in der Rückwirkung auf die geistige Thätigkeit der Nation, verhält. Sie ist in ihrer Natur selbst eine Auffassung der einzelnen, im Gegensatze zu ihr als Stoff zu betrachtenden, Sprachelemente in geistiger Einheit. Denn in jeder Sprache liegt eine solche, und durch diese zusammenfassende Einheit macht eine Nation die ihr von ihren Vorfahren überlieferte Sprache zu der ihrigen. Dieselbe Einheit muſs sich also in der Darstellung wiederfinden; und nur wenn man von den zerstreuten Elementen bis zu dieser Einheit hinaufsteigt, erhält man wahrhaft einen Begriff von der Sprache selbst, da man, ohne ein solches Verfahren, offenbar Gefahr läuft, nicht einmal jene Elemente in ihrer wahren Eigenthümlichkeit, und noch weniger in ihrem realen Zusammenhange zu verstehen.

Die Identität, um dies hier im Voraus zu bemerken, so wie die Verwandtschaft der Sprachen, muſs auf der Identität und der Verwandtschaft ihrer Formen beruhen, da die Wirkung nur der Ursach gleich sein kann. Die Form entscheidet daher allein, zu welchen anderen eine Sprache, als stammverwandte, gehört. Dies findet sogleich eine Anwendung auf das Kawi, das, wie viele Sanskritwörter es auch in sich aufnehmen möchte, darum nicht aufhört, eine Malayische Sprache zu sein. Die Formen mehrerer Sprachen können in einer noch allgemeineren Form zusammenkommen, und die Formen aller thun dies in der That, insofern man überall bloſs von dem Allgemeinsten ausgeht: von den Verhältnissen und Beziehungen der zur Bezeichnung der Begriffe und der zur Redefügung nothwendigen Vorstellungen, von der Gleichheit der Lautorgane, deren Umfang und Natur nur eine bestimmte Zahl articulirter Laute zuläſst, von den Beziehungen endlich, welche zwischen einzelnen Consonant- und Vocallauten und gewissen sinnlichen Eindrücken obwalten, woraus dann Gleichheit der Bezeichnung, ohne Stammverwandtschaft, entspringt. Denn so wundervoll ist in der Sprache die Individualisirung innerhalb der allgemeinen Übereinstimmung, daſs man ebenso richtig sagen kann, daſs das ganze Menschengeschlecht nur Eine Sprache, als daſs jeder Mensch eine besondere besitzt. Unter den durch nähere Analogieen verbundenen Sprachähnlichkeiten aber zeichnet sich vor allen die aus Stammverwandtschaft der Nationen entstehende aus. Wie grofs und von welcher Beschaffenheit eine solche Ähnlichkeit sein mufs, um zur Annahme von Stammverwandtschaft da zu berechtigen, wo nicht geschichtliche Thatsachen dieselbe ohnehin begründen, ist es hier nicht der Ort zu untersuchen. Wir beschäftigen uns hier nur mit der Anwendung des eben entwickelten Begriffs der Sprachform auf stammverwandte Sprachen. Bei dieser ergiebt sich nun natürlich aus dem Vorigen, dafs die Form der einzelnen stammverwandten Sprachen sich in der des ganzen Stammes wiederfinden mufs. Es kann in ihnen nichts enthalten sein, was nicht mit der allgemeinen Form in Einklang stände; vielmehr wird man in der Regel in dieser jede ihrer Eigenthümlichkeiten auf irgend eine Weise angedeutet finden. In jedem Stamme wird es auch eine oder die andere Sprache geben, welche die ursprüngliche Form reiner und vollständiger in sich enthält. Denn es ist hier nur von aus einander entstandenen Sprachen die Rede, wo also ein wirklich gegebener Stoff (dies Wort immer, nach den obigen Erklärungen, beziehungsweise genommen) von einem Volke zum andren in bestimmter Folge, die sich jedoch nur selten genau nachweisen läfst, übergeht und umgestaltet wird. Die Umgestaltung selbst aber kann bei der ähnlichen Vorstellungsweise und Ideenrichtung der sie bewirkenden Geisteskraft, bei der Gleichheit der Sprachorgane und der überkommenen Lautgewohnheiten, endlich bei vielen zusammentreffenden historischen äufserlichen Einflüssen immer nur eine nah verwandte bleiben.

§. 9.

Da der Unterschied der Sprachen auf ihrer Form beruht, und diese mit den Geistesanlagen der Nationen und der sie im Augenblicke der Erzeugung oder neuen Auffassung durchdringenden

Kraft in der engsten Verbindung steht, so ist es nunmehr nothwendig, diese Begriffe mehr im Einzelnen zu entwickeln.

Zwei Principe treten bei dem Nachdenken über die Sprache im Allgemeinen und der Zergliedrung der einzelnen, sich deutlich von einander absondernd, an das Licht: die Lautform, und der von ihr zur Bezeichnung der Gegenstände und Verknüpfung der Gedanken gemachte Gebrauch. Der letztere gründet sich auf die Forderungen, welche das Denken an die Sprache bildet, woraus die allgemeinen Gesetze dieser entspringen; und dieser Theil ist daher in seiner ursprünglichen Richtung, bis auf die Eigenthümlichkeit ihrer geistigen Naturanlagen oder nachherigen Entwickelungen, in allen Menschen, als solchen, gleich. Dagegen ist die Lautform das eigentlich constitutive und leitende Princip der Verschiedenheit der Sprachen, sowohl an sich, als in der befördernden oder hemmenden Kraft, welche sie der inneren Sprachtendenz gegenüberstellt. Sie hängt natürlich, als ein in enger Beziehung auf die innere Geisteskraft stehender Theil des ganzen menschlichen Organismus, ebenfalls genau mit der Gesammtanlage der Nation zusammen; aber die Art und die Gründe dieser Verbindung sind in, kaum irgend eine Aufklärung erlaubendes Dunkel gehüllt. Aus diesen beiden Principien nun, zusammengenommen mit der Innigkeit ihrer gegenseitigen Durchdringung, geht die individuelle Form jeder Sprache hervor, und sie machen die Punkte aus, welche die Sprachzergliedrung zu erforschen und in ihrem Zusammenhange darzustellen versuchen muſs. Das Unerlaſslichste hierbei ist, daſs dem Unternehmen eine richtige und würdige Ansicht der Sprache, der Tiefe ihres Ursprungs und der Weite ihres Umfangs zum Grunde gelegt werde; und bei der Aufsuchung dieser haben wir daher hier noch zunächst zu verweilen.

Ich nehme hier das Verfahren der Sprache in seiner weitesten Ausdehnung, nicht blofs in der Beziehung derselben auf die Rede und den Vorrath ihrer Wortelemente, als ihr unmittelbares Erzeugnifs, sondern auch in ihrem Verhältnifs zu dem Denk- und Empfindungsvermögen. Der ganze Weg kommt in Betrachtung, auf dem sie, vom Geiste ausgehend, auf den Geist zurückwirkt.

Die Sprache ist das bildende Organ des Gedanken. Die intellectuelle Thätigkeit, durchaus geistig, durchaus innerlich, und gewissermafsen spurlos vorübergehend, wird durch den Laut in der Rede äufserlich und wahrnehmbar für die Sinne. Sie und die Sprache sind daher Eins und unzertrennlich von einander. Sie ist aber auch in sich an die Nothwendigkeit geknüpft, eine Verbindung mit dem Sprachlaute einzugehen; das Denken kann sonst nicht zur Deutlichkeit gelangen, die Vorstellung nicht zum Begriff werden. Die unzertrennliche Verbindung des Gedanken, der Stimmwerkzeuge und des Gehörs zur Sprache liegt unabänderlich in der ursprünglichen, nicht weiter zu erklärenden Einrichtung der menschlichen Natur. Die Übereinstimmung des Lautes mit dem Gedanken fällt indefs auch klar in die Augen. Wie der Gedanke, einem Blitze oder Stofse vergleichbar, die ganze Vorstellungskraft in Einen Punkt sammelt und alles Gleichzeitige ausschliefst, so erschallt der Laut in abgerissener Schärfe und Einheit. Wie der Gedanke das ganze Gemüth ergreift, so besitzt der Laut vorzugsweise eine eindringende, alle Nerven erschütternde Kraft. Dies ihn von allen übrigen sinnlichen Eindrücken Unterscheidende beruht sichtbar darauf, dafs das Ohr (was bei den übrigen Sinnen nicht immer, oder anders der Fall ist) den Eindruck einer Bewegung, ja bei dem der Stimme entschallenden Laut einer wirklichen Handlung empfängt, und diese Handlung hier aus dem Innern eines lebenden Geschöpfes, im articulirten Laut eines denkenden, im unarticulirten eines empfindenden, hervorgeht. Wie das Denken in seinen menschlichsten Beziehungen eine Sehnsucht aus dem Dunkel nach dem Licht, aus der Beschränkung nach der Unendlichkeit ist, so strömt der Laut aus der Tiefe der Brust nach aufsen, und findet einen ihm wundervoll angemessenen, vermittelnden Stoff in der Luft, dem feinsten und am leichtesten bewegbaren aller Elemente, dessen scheinbare Unkörperlichkeit dem Geiste auch sinnlich entspricht. Die schneidende Schärfe des Sprachlauts ist dem Verstande bei der Auffassung der Gegenstände unentbehrlich. Sowohl die Dinge in der äufseren Natur, als die innerlich angeregte Thätigkeit dringen auf den Menschen mit einer Menge von Merkmalen zugleich ein. Er aber strebt nach Vergleichung, Trennung und Verbindung, und in seinen höheren Zwecken nach Bildung immer mehr umschliefsender Einheit. Er verlangt also auch, die Gegenstände in bestimmter Einheit aufzufassen, und fordert die Einheit des Lautes, um ihre Stelle zu vertreten. Dieser verdrängt aber keinen der andren Eindrücke, welche die Gegenstände auf den äufseren oder inneren Sinn hervorzubringen fähig sind, sondern wird ihr Träger, und fügt in seiner individuellen, mit der des Gegenstandes, und zwar gerade nach der Art, wie ihn die individuelle Empfindungsweise des Sprechenden auffafst, zusammenhängenden Beschaffenheit einen neuen bezeichnenden Eindruck hinzu. Zugleich erlaubt die Schärfe des Lauts eine unbestimmbare Menge, sich doch vor der Vorstellung genau absondernder, und in der Verbindung nicht vermischender Modificationen, was bei keiner anderen sinnlichen Einwirkung in gleichem Grade der Fall ist. Da das intellectuelle Streben nicht blofs den Verstand beschäftigt, sondern den ganzen Menschen anregt, so wird auch dies vorzugsweise durch den Laut der Stimme befördert. Denn sie geht, als lebendiger Klang, wie das athmende Dasein selbst, aus der Brust hervor, begleitet, auch ohne Sprache, Schmerz und Freude, Abscheu und Begierde, und haucht also das

Leben, aus dem sie hervorströmt, in den Sinn, der sie aufnimmt, so wie auch die Sprache selbst immer zugleich mit dem dargestellten Object die dadurch hervorgebrachte Empfindung wiedergiebt, und in immer wiederholten Acten die Welt mit dem Menschen, oder, anders ausgedrückt, seine Selbstthätigkeit mit seiner Empfänglichkeit in sich zusammenknüpft. Zum Sprachlaut endlich pafst die, den Thieren versagte, aufrechte Stellung des Menschen, der gleichsam durch ihn emporgerufen wird. Denn die Rede will nicht dumpf am Boden verhallen, sie verlangt, sich frei von den Lippen zu dem, an den sie gerichtet ist, zu ergiefsen, von dem Ausdruck des Blickes und der Mienen, so wie der Geberde der Hände, begleitet zu werden, und sich so zugleich mit Allem zu umgeben, was den Menschen menschlich bezeichnet.

Nach dieser vorläufigen Betrachtung der Angemessenheit des Lautes zu den Operationen des Geistes, können wir nun genauer in den Zusammenhang des Denkens mit der Sprache eingehen. Subjective Thätigkeit bildet im Denken ein Object. Denn keine Gattung der Vorstellungen kann als ein blofs empfangendes Beschauen eines schon vorhandenen Gegenstandes betrachtet werden. Die Thätigkeit der Sinne mufs sich mit der inneren Handlung des Geistes synthetisch verbinden, und aus dieser Verbindung reifst sich die Vorstellung los, wird, der subjectiven Kraft gegenüber, zum Object, und kehrt, als solches aufs neue wahrgenommen, in jene zurück. Hierzu aber ist die Sprache unentbehrlich. Denn indem in ihr das geistige Streben sich Bahn durch die Lippen bricht, kehrt das Erzeugnifs desselben zum eignen Ohre zurück. Die Vorstellung wird also in wirkliche Objectivität hinüberversetzt, ohne darum der Subjectivität entzogen zu werden. Dies vermag nur die Sprache; und ohne diese, wo Sprache mitwirkt, auch stillschweigend immer vorgehende Versetzung in zum Subject zurückkehrende

Objectivität ist die Bildung des Begriffs, mithin alles wahre Denken, unmöglich. Ohne daher irgend auf die Mittheilung zwischen Menschen und Menschen zu sehn, ist das Sprechen eine nothwendige Bedingung des Denkens des Einzelnen in abgeschlossener Einsamkeit. In der Erscheinung entwickelt sich jedoch die Sprache nur gesellschaftlich, und der Mensch versteht sich selbst nur, indem er die Verstehbarkeit seiner Worte an Andren versuchend geprüft hat. Denn die Objectivität wird gesteigert, wenn das selbstgebildete Wort aus fremdem Munde wiedertönt. Der Subjectivität aber wird nichts geraubt, da der Mensch sich immer Eins mit dem Menschen fühlt; ja auch sie wird verstärkt, da die in Sprache verwandelte Vorstellung nicht mehr ausschliefsend Einem Subject angehört. Indem sie in andere übergeht, schliefst sie sich an das dem ganzen menschlichen Geschlechte Gemeinsame an, von dem jeder Einzelne eine, das Verlangen nach Vervollständigung durch die andren in sich tragende Modification besitzt. Je gröfser und bewegter das gesellige Zusammenwirken auf eine Sprache ist, desto mehr gewinnt sie, unter übrigens gleichen Umständen. Was die Sprache in dem einfachen Acte der Gedankenerzeugung nothwendig macht, das wiederholt sich auch unaufhörlich im geistigen Leben des Menschen; die gesellige Mittheilung durch Sprache gewährt ihm Überzeugung und Anregung. Die Denkkraft bedarf etwas ihr Gleiches und doch von ihr Geschiednes. Durch das Gleiche wird sie entzündet, durch das von ihr Geschiedne erhält sie einen Prüfstein der Wesenheit ihrer innren Erzeugungen. Obgleich der Erkenntnifsgrund der Wahrheit, des unbedingt Festen, für den Menschen nur in seinem Inneren liegen kann, so ist das Anringen seines geistigen Strebens an sie immer von Gefahren der Täuschung umgeben. Klar und unmittelbar nur seine veränderliche Beschränktheit fühlend, mufs er sie sogar als etwas aufser ihm Liegendes ansehn; und eines der mächtigsten Mittel, ihr nahe zu kommen, seinen Abstand von ihr zu messen, ist die gesellige Mittheilung mit Andren. Alles Sprechen, von dem einfachsten an, ist ein Anknüpfen des einzeln Empfundenen an die gemeinsame Natur der Menschheit.

Mit dem Verstehen verhält es sich nicht anders. Es kann in der Seele nichts, als durch eigne Thätigkeit, vorhanden sein, und Verstehen und Sprechen sind nur verschiedenartige Wirkungen der nämlichen Sprachkraft. Die gemeinsame Rede ist nie mit dem Übergeben eines Stoffes vergleichbar. In dem Verstehenden, wie im Sprechenden, muſs derselbe aus der eigenen, inneren Kraft entwickelt werden; und was der erstere empfängt, ist nur die harmonisch stimmende Anregung. Es ist daher dem Menschen auch schon natürlich, das eben Verstandene gleich wieder auszusprechen. Auf diese Weise liegt die Sprache in jedem Menschen in ihrem ganzen Umfange, was aber nichts Anderes bedeutet, als daſs jeder ein, durch eine bestimmt modificirte Kraft, anstoſsend und beschränkend, geregeltes Streben besitzt, die ganze Sprache, wie es äuſsere oder innere Veranlassung herbeiführt, nach und nach aus sich hervorzubringen und hervorgebracht zu verstehen.

Das Verstehen könnte jedoch nicht, so wie wir es eben gefunden haben, auf innerer Selbstthätigkeit beruhen, und das gemeinschaftliche Sprechen müſste etwas Andres, als bloſs gegenseitiges Wecken des Sprachvermögens des Hörenden, sein, wenn nicht in der Verschiedenheit der Einzelnen die, sich nur in abgesonderte Individualitäten spaltende, Einheit der menschlichen Natur läge. Das Begreifen von Wörtern ist durchaus etwas Andres, als das Verstehen unarticulirter Laute, und faſst weit mehr in sich, als das bloſse gegenseitige Hervorrufen des Lauts und des angedeuteten Gegenstandes. Das Wort kann allerdings auch als untheilbares Ganzes genommen werden, wie man selbst in der Schrift wohl den Sinn einer Wortgruppe erkennt, ohne noch ihrer alphabetischen Zusammensetzung gewiſs zu sein; und es wäre möglich, daſs die Seele des Kindes in den ersten Anfängen des Verstehens so verführe. So wie aber nicht bloſs das thierische Empfindungsvermögen, sondern die menschliche Sprachkraft angeregt wird (und es ist viel wahrscheinlicher, daſs es auch im Kinde keinen Moment giebt, wo dies, wenn auch noch so schwach, nicht der Fall wäre), so wird auch das Wort, als articulirt, vernommen. Nun ist aber dasjenige, was die Articulation dem bloſsen Hervorrufen seiner Bedeutung (welches natürlich auch durch sie in höherer Vollkommenheit geschieht) hinzufügt, daſs sie das Wort unmittelbar durch seine Form als einen Theil eines unendlichen Ganzen, einer Sprache, darstellt. Denn es ist durch sie, auch in einzelnen Wörtern, die Möglichkeit gegeben, aus den Elementen dieser eine wirklich bis ins Unbestimmte gehende Anzahl anderer Wörter nach bestimmenden Gefühlen und Regeln zu bilden, und dadurch unter allen Wörtern eine Verwandtschaft, entsprechend der Verwandtschaft der Begriffe, zu stiften. Die Seele würde aber von diesem künstlichen Mechanismus gar keine Ahndung erhalten, die Articulation ebensowenig, als der Blinde die Farbe, begreifen, wenn ihr nicht eine Kraft beiwohnte, jene Möglichkeit zur Wirklichkeit zu bringen. Denn die Sprache kann ja nicht als ein daliegender, in seinem Ganzen übersehbarer, oder nach und nach mittheilbarer Stoff, sondern muſs als ein sich ewig erzeugender angesehen werden, wo die Gesetze der Erzeugung bestimmt sind, aber der Umfang und gewissermaſsen auch die Art des Erzeugnisses gänzlich unbestimmt bleiben. Das Sprechenlernen der Kinder ist nicht ein Zumessen von Wörtern, Niederlegen im Gedächtniſs, und Wiedernachlallen mit den Lippen, sondern ein Wachsen des Sprachvermögens durch Alter und Übung. Das Gehörte thut mehr, als bloſs sich mitzutheilen; es schickt die Seele an, auch das noch nicht Gehörte leichter zu verstehen, macht längst Gehörtes, aber damals halb oder gar nicht Verstandenes, indem die Gleichartigkeit mit dem eben Vernommenen der seitdem schärfer gewordenen Kraft plötzlich einleuchtet, klar, und schärft den Drang und das Vermögen, aus dem Gehörten immer mehr, und schneller, in das Gedächtnifs hinüberzuziehen, immer weniger davon als blofsen Klang vorüberrauschen zu lassen. Die Fortschritte beschleunigen sich daher in beständig sich selbst steigerndem Verhältnifs, da die Erhöhung der Kraft und die Gewinnung des Stoffs sich gegenseitig verstärken und erweitern. Dafs bei den Kindern nicht ein mechanisches Lernen der Sprache, sondern eine Entwickelung der Sprachkraft vorgeht, beweist auch, dafs, da den hauptsächlichsten menschlichen Kräften ein gewisser Zeitpunkt im Lebensalter zu ihrer Entwicklung angewiesen ist, alle Kinder unter den verschiedenartigsten Umständen ungefähr in demselben, nur innerhalb eines kurzen Zeitraums schwankenden, Alter sprechen und verstehen. Wie aber könnte sich der Hörende blofs durch das Wachsen seiner eignen, sich abgeschieden in ihm entwickelnden Kraft des Gesprochenen bemeistern, wenn nicht in dem Sprechenden und Hörenden dasselbe, nur individuell und zu gegenseitiger Angemessenheit getrennte Wesen wäre, so dafs ein so feines, aber gerade aus der tiefsten und eigentlichsten Natur desselben geschöpftes Zeichen, wie der articulirte Laut ist, hinreicht, beide auf übereinstimmende Weise, vermittelnd, anzuregen?

Man könnte gegen das hier Gesagte einwenden wollen, dafs Kinder jedes Volkes, ehe sie sprechen, unter jedes fremde versetzt, ihr Sprachvermögen an dessen Sprache entwickeln. Diese unläugbare Thatsache, könnte man sagen, beweist deutlich, dafs die Sprache blofs ein Wiedergeben des Gehörten ist und, ohne Rücksicht auf Einheit oder Verschiedenheit des Wesens, allein vom geselligen Umgange abhängt. Man hat aber schwerlich in Fällen dieser Art mit hinlänglicher Genauigkeit bemerken können, mit welcher Schwierigkeit die Stammanlage hat überwunden werden müssen, und wie sie doch vielleicht in den feinsten Nüancen unbesiegt zurückgeblieben ist. Ohne indefs auch hierauf zu achten, erklärt sich jene Erscheinung hinlänglich daraus, dafs der Mensch überall Eins mit dem Menschen ist, und die Entwickelung des Sprachvermögens daher mit Hülfe jedes gegebenen Individuums vor sich gehen kann. Sie geschieht darum nicht minder aus dem eignen Innern; nur weil sie immer zugleich der äufseren Anregung bedarf, mufs sie sich derjenigen analog erweisen, die sie gerade erfährt, und kann es bei der Übereinstimmung aller menschlichen Sprachen. Die Gewalt der Abstammung über diese liegt demungeachtet klar genug in ihrer Vertheilung nach Nationen vor Augen. Sie ist auch an sich leicht begreiflich, da die Abstammung so vorherrschend mächtig auf die ganze Individualität einwirkt, und mit dieser wieder die jedesmalige besondere Sprache auf das innigste zusammenhängt. Träte nicht die Sprache durch ihren Ursprung aus der Tiefe des menschlichen Wesens auch mit der physischen Abstammung in wahre und eigentliche Verbindung, warum würde sonst für den Gebildeten und Ungebildeten die vaterländische eine so viel gröfsere Stärke und Innigkeit besitzen, als eine fremde, dafs sie das Ohr, nach langer Entbehrung, mit einer Art plötzlichen Zaubers begrüfst, und in der Ferne Sehnsucht erweckt? Es beruht dies sichtbar nicht auf dem Geistigen in derselben, dem ausgedrückten Gedanken oder Gefühle, sondern gerade auf dem Unerklärlichsten und Individuellsten, auf ihrem Laute; es ist uns, als wenn wir mit dem heimischen einen Theil unseres Selbst vernähmen.

  Auch bei der Betrachtung des durch die Sprache Erzeugten

wird die Vorstellungsart, als bezeichne sie blofs die schon an sich wahrgenommenen Gegenstände, nicht bestätigt. Man würde vielmehr niemals durch sie den tiefen und vollen Gehalt der Sprache erschöpfen. Wie, ohne diese, kein Begriff möglich ist, so kann es für die Seele auch kein Gegenstand sein; da ja selbst jeder äufsere nur vermittelst des Begriffes für sie vollendete Wesenheit erhält. In die Bildung und in den Gebrauch der Sprache geht aber nothwendig die ganze Art der subjectiven Wahrnehmung der Gegenstände über. Denn das Wort entsteht eben aus dieser Wahrnehmung, ist nicht ein Abdruck des Gegenstandes an sich, sondern des von diesem in der Seele erzeugten Bildes. Da aller objectiven Wahrnehmung unvermeidlich Subjectivität beigemischt ist, so kann man, schon unabhängig von der Sprache, jede menschliche Individualität als einen eignen Standpunkt der Weltansicht betrachten. Sie wird aber noch viel mehr dazu durch die Sprache, da das Wort sich der Seele gegenüber auch wieder, wie wir weiter unten sehen werden, mit einem Zusatz von Selbstbedeutung zum Object macht, und eine neue Eigenthümlichkeit hinzubringt. In dieser, als der eines Sprachlauts, herrscht nothwendig in derselben Sprache eine durchgehende Analogie; und da auch auf die Sprache in derselben Nation eine gleichartige Subjectivität einwirkt, so liegt in jeder Sprache eine eigenthümliche Weltansicht. Wie der einzelne Laut zwischen den Gegenstand und den Menschen, so tritt die ganze Sprache zwischen ihn und die innerlich und äufserlich auf ihn einwirkende Natur. Er umgiebt sich mit einer Welt von Lauten, um die Welt von Gegenständen in sich aufzunehmen und zu bearbeiten. Diese Ausdrücke überschreiten auf keine Weise das Maafs der einfachen Wahrheit. Der Mensch lebt mit den Gegenständen hauptsächlich, ja, da Empfinden und Handeln in ihm von seinen Vorstellungen abhängen, sogar ausschliefslich so, wie die Sprache sie ihm zuführt. Durch denselben Act, vermöge dessen er die Sprache aus sich herausspinnt, spinnt er sich in dieselbe ein, und jede zieht um das Volk, welchem sie angehört, einen Kreis, aus dem es nur insofern hinauszugehen möglich ist, als man zugleich in den Kreis einer andren hinübertritt. Die Erlernung einer fremden Sprache sollte daher die Gewinnung eines neuen Standpunktes in der bisherigen Weltansicht sein, und ist es in der That bis auf einen gewissen Grad, da jede Sprache das ganze Gewebe der Begriffe und die Vorstellungsweise eines Theils der Menschheit enthält. Nur weil man in eine fremde Sprache immer, mehr oder weniger, seine eigne Welt-, ja seine eigne Sprachansicht hinüberträgt, so wird dieser Erfolg nicht rein und vollständig empfunden.

Selbst die Anfänge der Sprache darf man sich nicht auf eine so dürftige Anzahl von Wörtern beschränkt denken, als man wohl zu thun pflegt, indem man ihre Entstehung, statt sie in dem ursprünglichen Berufe zu freier, menschlicher Geselligkeit zu suchen, vorzugsweise dem Bedürfnifs gegenseitiger Hülfsleistung beimifst und die Menschheit in einen eingebildeten Naturstand versetzt. Beides gehört zu den irrigsten Ansichten, die man über die Sprache fassen kann. Der Mensch ist nicht so bedürftig, und zur Hülfsleistung hätten unarticulirte Laute ausgereicht. Die Sprache ist auch in ihren Anfängen durchaus menschlich, und dehnt sich absichtlos auf alle Gegenstände zufälliger sinnlicher Wahrnehmung und innerer Bearbeitung aus. Auch die Sprachen der sogenannten Wilden, die doch einem solchen Naturstande näher kommen müfsten, zeigen gerade eine überall über das Bedürfnifs überschiefsende Fülle und Mannigfaltigkeit von Ausdrücken. Die Worte entquellen freiwillig, ohne Noth und Absicht, der Brust, und es mag wohl in keiner Einöde eine wandernde Horde gegeben haben, die nicht schon ihre Lieder besessen hätte. Denn der Mensch, als Thiergattung, ist ein singendes Geschöpf, aber Gedanken mit den Tönen verbindend.

Die Sprache verpflanzt aber nicht blofs eine unbestimmbare Menge **stoffartiger Elemente** aus der Natur in die Seele, sie führt ihr auch dasjenige zu, was uns als **Form** aus dem Ganzen entgegenkommt. Die Natur entfaltet vor uns eine bunte und nach allen sinnlichen Eindrücken hin gestaltenreiche Mannigfaltigkeit, von lichtvoller Klarheit umstrahlt. Unser Nachdenken entdeckt in ihr eine unserer Geistesform zusagende **Gesetzmäfsigkeit**. Abgesondert von dem körperlichen Dasein der Dinge, hängt an ihren Umrissen, wie ein nur für den Menschen bestimmter Zauber, äufsere Schönheit, in welcher die Gesetzmäfsigkeit mit dem sinnlichen Stoff einen uns, indem wir von ihm ergriffen und hingerissen werden, doch unerklärbar bleibenden Bund eingeht. Alles dies finden wir in analogen Anklängen in der Sprache wieder, und sie vermag es darzustellen. Denn indem wir an ihrer Hand in eine Welt von Lauten übergehen, verlassen wir nicht die uns wirklich umgebende. Mit der Gesetzmäfsigkeit der Natur ist die ihres eignen Baues verwandt; und indem sie durch diesen den Menschen in der Thätigkeit seiner höchsten und menschlichsten Kräfte anregt, bringt sie ihn auch überhaupt dem Verständnifs des formalen Eindrucks der Natur näher, da diese doch auch nur als eine Entwickelung geistiger Kräfte betrachtet werden kann. Durch die dem Laute in seinen Verknüpfungen eigenthümliche rhythmische und musikalische Form erhöht die Sprache, ihn in ein anderes Gebiet versetzend, den Schönheitseindruck der Natur, wirkt aber, auch unabhängig von ihm, durch den blofsen Fall der Rede auf die Stimmung der Seele.

Von dem jedesmal **Gesprochenen** ist die **Sprache**, als die Masse seiner Erzeugnisse, verschieden; und wir müssen, ehe wir diesen Abschnitt verlassen, noch bei der näheren Betrachtung dieser Verschiedenheit verweilen. Eine Sprache in ihrem ganzen Umfange enthält alles durch sie in Laute Verwandelte. Wie aber der Stoff des Denkens und die Unendlichkeit der Verbindungen desselben niemals erschöpft werden, so kann dies ebensowenig mit der Menge des zu Bezeichnenden und zu Verknüpfenden in der Sprache der Fall sein. Die Sprache besteht, neben den schon geformten Elementen, ganz vorzüglich auch aus Methoden, die Arbeit des Geistes, welcher sie die Bahn und die Form vorzeichnet, weiter fortzusetzen. Die einmal fest geformten Elemente bilden zwar eine gewissermafsen todte Masse, diese Masse trägt aber den lebendigen Keim nie endender Bestimmbarkeit in sich. Auf jedem einzelnen Punkt und in jeder einzelnen Epoche erscheint daher die Sprache, gerade wie die Natur selbst, dem Menschen, im Gegensatze mit allem ihm schon Bekannten und von ihm Gedachten, als eine unerschöpfliche Fundgrube, in welcher der Geist immer noch Unbekanntes entdecken und die Empfindung noch nicht auf diese Weise Gefühltes wahrnehmen kann. In jeder Behandlung der Sprache durch eine wahrhaft neue und grofse Genialität zeigt sich diese Erscheinung in der Wirklichkeit; und der Mensch bedarf es zur Begeisterung in seinem immer fortarbeitenden intellectuellen Streben und der fortschreitenden Entfaltung seines geistigen Lebensstoffes, dafs ihm, neben dem Gebiete des schon Errungenen, der Blick in eine unendliche, allmälig weiter zu entwirrende Masse offen bleibe. Die Sprache enthält aber zugleich nach zwei Richtungen hin eine dunkle, unenthüllte Tiefe. Denn auch rückwärts fliefst sie aus unbekanntem Reichthum hervor, der sich nur bis auf eine gewisse Weite noch erkennen läfst, dann aber sich schliefst, und nur das Gefühl seiner Unergründlichkeit zurückläfst. Die Sprache hat diese anfangs- und endlose Unendlichkeit für uns, denen nur eine kurze Vergangenheit Licht zuwirft, mit dem ganzen Dasein des Menschengeschlechts gemein. Man fühlt und ahndet aber in ihr deutlicher und lebendiger, wie auch die ferne Vergangenheit sich noch an das Gefühl der Gegenwart knüpft, da die Sprache durch die Empfindungen der früheren Geschlechter durchgegangen ist, und ihren Anhauch bewahrt hat, diese Geschlechter aber uns in denselben Lauten der Muttersprache, die auch uns Ausdruck unsrer Gefühle wird, nationell und familienartig verwandt sind.

Dies theils Feste, theils Flüssige in der Sprache bringt ein eignes Verhältniſs zwischen ihr und dem redenden Geschlechte hervor. Es erzeugt sich in ihr ein Vorrath von Wörtern und ein System von Regeln, durch welche sie in der Folge der Jahrtausende zu einer selbstständigen Macht anwächst. Wir sind im Vorigen darauf aufmerksam geworden, daſs der in Sprache aufgenommene Gedanke für die Seele zum Object wird, und insofern eine ihr fremde Wirkung auf sie ausübt. Wir haben aber das Object vorzüglich als aus dem Subject entstanden, die Wirkung als aus demjenigen, worauf sie zurückwirkt, hervorgegangen betrachtet. Jetzt tritt die entgegengesetzte Ansicht ein, nach welcher die Sprache wirklich ein fremdes Object, ihre Wirkung in der That aus etwas andrem, als worauf sie wirkt, hervorgegangen ist. Denn die Sprache muſs nothwendig (S. 53. 54.) zweien angehören, und ist wahrhaft ein Eigenthum des ganzen Menschengeschlechts. Da sie nun auch in der Schrift den schlummernden Gedanken dem Geiste erweckbar erhält, so bildet sie sich ein eigenthümliches Dasein, das zwar immer nur in jedesmaligem Denken Geltung erhalten kann, aber in seiner Totalität von diesem unabhängig ist. Die beiden hier angeregten, einander entgegengesetzten Ansichten, daſs die Sprache der Seele fremd und ihr angehörend, von ihr unabhängig und abhängig ist, verbinden sich wirklich in ihr, und machen die Eigenthümlichkeit ihres Wesens aus. Es muſs dieser Widerstreit auch nicht so gelöst werden, daſs sie zum Theil fremd und unabhängig und zum Theil beides nicht sei. Die Sprache ist gerade insofern objectiv einwirkend und selbstständig, als sie subjectiv gewirkt und abhängig ist. Denn sie hat nirgends, auch in der Schrift nicht, eine bleibende Stätte, ihr gleichsam todter Theil muſs immer im Denken auf's neue erzeugt werden, lebendig in Rede oder Verständniſs, und muſs folglich ganz in das Subject übergehen. Es liegt aber in dem Act dieser Erzeugung, sie gerade ebenso zum Object zu machen; sie erfährt auf diesem Wege jedesmal die ganze Einwirkung des Individuums, aber diese Einwirkung ist schon in sich durch das, was sie wirkt und gewirkt hat, gebunden. Die wahre Lösung jenes Gegensatzes liegt in der **Einheit der menschlichen Natur**. Was aus dem stammt, welches eigentlich mit mir Eins ist, darin gehen die Begriffe des Subjects und Objects, der Abhängigkeit und Unabhängigkeit in einander über. Die Sprache gehört mir an, weil ich sie so hervorbringe, als ich thue; und da der Grund hiervon zugleich in dem Sprechen und Gesprochenhaben aller Menschengeschlechter liegt, soweit Sprachmittheilung, ohne Unterbrechung, unter ihnen gewesen sein mag, so ist es die Sprache selbst, von der ich dabei Einschränkung erfahre. Allein was mich in ihr beschränkt und bestimmt, ist in sie aus menschlicher, mit mir innerlich zusammenhängender Natur gekommen, und das Fremde in ihr ist daher dies nur für meine augenblicklich individuelle, nicht meine ursprünglich wahre Natur.

Wenn man bedenkt, wie auf die jedesmalige Generation in einem Volke alles dasjenige bindend einwirkt, was die Sprache desselben alle vorigen Jahrhunderte hindurch erfahren hat, und wie damit nur die Kraft der einzelnen Generation in Berührung tritt, und diese nicht einmal rein, da das aufwachsende und abtretende

Geschlecht untermischt neben einander leben, so wird klar, wie gering eigentlich die Kraft des Einzelnen gegen die Macht der Sprache ist. Nur durch die ungemeine Bildsamkeit der letzteren, durch die Möglichkeit, ihre Formen, dem allgemeinen Verständnifs unbeschadet, auf sehr verschiedene Weise aufzunehmen, und durch die Gewalt, welche alles lebendig Geistige über das todt Überlieferte ausübt, wird das Gleichgewicht wieder einigermafsen hergestellt. Doch ist es immer die Sprache, in welcher jeder Einzelne am lebendigsten fühlt, dafs er nichts, als ein Ausflufs des ganzen Menschengeschlechts, ist. Weil indefs doch jeder einzeln und unaufhörlich auf sie zurückwirkt, bringt demungeachtet jede Generation eine Veränderung in ihr hervor, die sich nur oft der Beobachtung entzieht. Denn die Veränderung liegt nicht immer in den Wörtern und Formen selbst, sondern bisweilen nur in dem anders modificirten Gebrauche derselben; und dies letztere ist, wo Schrift und Litteratur mangeln, schwieriger wahrzunehmen. Die Rückwirkung des Einzelnen auf die Sprache wird einleuchtender, wenn man, was zur scharfen Begränzung der Begriffe nicht fehlen darf, bedenkt, dafs die Individualität einer Sprache (wie man das Wort gewöhnlich nimmt) auch nur vergleichungsweise eine solche ist, dafs aber die wahre Individualität nur in dem jedesmal Sprechenden liegt. Erst im Individuum erhält die Sprache ihre letzte Bestimmtheit. Keiner denkt bei dem Wort gerade und genau das, was der andre, und die noch so kleine Verschiedenheit zittert, wie ein Kreis im Wasser, durch die ganze Sprache fort. Alles Verstehen ist daher immer zugleich ein Nicht-Verstehen, alle Übereinstimmung in Gedanken und Gefühlen zugleich ein Auseinandergehen. In der Art, wie sich die Sprache in jedem Individuum modificirt, offenbart sich, ihrer im Vorigen dargestellten Macht gegenüber, eine Gewalt des Menschen über sie. Ihre Macht kann man (wenn man den Ausdruck auf geistige Kraft anwenden will) als ein physiologisches Wirken ansehen; die von ihm ausgehende Gewalt ist ein rein dynamisches. In dem auf ihn ausgeübten Einfluſs liegt die Gesetzmäſsigkeit der Sprache und ihrer Formen, in der aus ihm kommenden Rückwirkung ein Princip der Freiheit. Denn es kann im Menschen etwas aufsteigen, dessen Grund kein Verstand in den vorhergehenden Zuständen aufzufinden vermag; und man würde die Natur der Sprache verkennen, und gerade die geschichtliche Wahrheit ihrer Entstehung und Umänderung verletzen, wenn man die Möglichkeit solcher unerklärbaren Erscheinungen von ihr ausschlieſsen wollte. Ist aber auch die Freiheit an sich unbestimmbar und unerklärlich, so lassen sich dennoch vielleicht ihre Gränzen innerhalb eines gewissen ihr allein gewährten Spielraums auffinden; und die Sprachuntersuchung muſs die Erscheinung der Freiheit erkennen und ehren, aber auch gleich sorgfältig ihren Gränzen nachspüren.

§. 10.

Der Mensch nöthigt den articulirten Laut, die Grundlage und das Wesen alles Sprechens, seinen körperlichen Werkzeugen durch den Drang seiner Seele ab; und das Thier würde das Nämliche zu thun vermögen, wenn es von dem gleichen Drange beseelt wäre. So ganz und ausschlieſslich ist die Sprache schon in ihrem ersten und unentbehrlichsten Elemente in der geistigen Natur des Menschen gegründet, daſs ihre Durchdringung hinreichend, aber nothwendig ist, den thierischen Laut in den articulirten zu verwandeln. Denn die Absicht und die Fähigkeit zur Bedeutsamkeit, und zwar nicht zu dieser überhaupt, sondern zu der bestimmten durch Darstellung eines Gedachten, macht allein den articulirten Laut aus, und es läſst sich nichts andres angeben, um

I

seinen Unterschied auf der einen Seite vom thierischen Geschrei, auf der andren vom musikalischen Ton zu bezeichnen. Er kann nicht seiner Beschaffenheit, sondern nur seiner Erzeugung nach beschrieben werden, und dies liegt nicht im Mangel unsrer Fähigkeit, sondern charakterisirt ihn in seiner eigenthümlichen Natur, da er eben nichts, als das absichtliche Verfahren der Seele, ihn hervorzubringen, ist, und nur so viel Körper enthält, als die äufsere Wahrnehmung nicht zu entbehren vermag.

Dieser Körper, der hörbare Laut, läfst sich sogar gewissermafsen von ihm trennen und die Articulation dadurch noch reiner herausheben. Dies sehen wir an den Taubstummen. Durch das Ohr ist jeder Zugang zu ihnen verschlossen, sie lernen aber das Gesprochene an der Bewegung der Sprachwerkzeuge des Redenden und an der Schrift, deren Wesen die Articulation schon ganz ausmacht, verstehen, sie sprechen selbst, indem man die Lage und Bewegung ihrer Sprachwerkzeuge lenkt. Dies kann nur durch das, auch ihnen beiwohnende Articulationsvermögen geschehen, indem sie, durch den Zusammenhang ihres Denkens mit ihren Sprachwerkzeugen, im Andren aus dem einen Gliede, der Bewegung seiner Sprachwerkzeuge, das andre, sein Denken, errathen lernen. Der Ton, den wir hören, offenbart sich ihnen durch die Lage und Bewegung der Organe und durch die hinzukommende Schrift, sie vernehmen durch das Auge und das angestrengte Bemühen des Selbstsprechens seine Articulation ohne sein Geräusch. Es geht also in ihnen eine merkwürdige Zerlegung des articulirten Lautes vor. Sie verstehen, da sie alphabetisch lesen und schreiben, und selbst reden lernen, wirklich die Sprache, erkennen nicht blofs angeregte Vorstellungen an Zeichen oder Bildern. Sie lernen reden, nicht blofs dadurch, dafs sie Vernunft, wie andre Menschen, sondern ganz eigentlich dadurch, dafs sie auch Sprachfähigkeit besitzen, Übereinstimmung ihres Denkens mit ihren Sprachwerkzeugen, und Drang, beide zusammenwirken zu lassen, das eine und das andere wesentlich gegründet in der menschlichen, wenn auch von einer Seite verstümmelten Natur. Der Unterschied zwischen ihnen und uns ist, dafs ihre Sprachwerkzeuge nicht durch das Beispiel eines fertigen articulirten Lautes zur Nachahmung geweckt werden, sondern die Äufserung ihrer Thätigkeit auf einem naturwidrigen, künstlichen Umwege erlernen müssen. Es erweist sich aber auch an ihnen, wie tief und enge die Schrift, selbst wo die Vermittelung des Ohres fehlt, mit der Sprache zusammenhängt.

Die Articulation beruht auf der Gewalt des Geistes über die Sprachwerkzeuge, sie zu einer der Form seines Wirkens entsprechenden Behandlung des Lautes zu nöthigen. Dasjenige, worin sich diese Form und die Articulation, wie in einem verknüpfenden Mittel, begegnen, ist, dafs beide ihr Gebiet in Grundtheile zerlegen, deren Zusammenfügung lauter solche Ganze bildet, welche das Streben in sich tragen, Theile neuer Ganzen zu werden. Das Denken fordert aufserdem Zusammenfassung des Mannigfaltigen in Einheit. Die nothwendigen Merkmale des articulirten Lautes sind daher scharf zu vernehmende Einheit, und eine Beschaffenheit, die sich mit andren und allen denkbaren articulirten Lauten in ein bestimmtes Verhältnifs zu stellen vermag. Die Geschiedenheit des Lautes von allen ihn verunreinigenden Nebenklängen ist zu seiner Deutlichkeit und der Möglichkeit zusammentönenden Wohllauts unentbehrlich, fliefst aber auch unmittelbar aus der Absicht, ihn zum Elemente der Rede zu machen. Er steht von selbst rein da, wenn diese wahrhaft energisch ist, sich von verwirrtem und dunklem thierischem Geschrei losmacht und als Erzeugnifs rein menschlichen Dranges und menschlicher Absicht hervortritt. Die Einpassung in ein System, vermöge dessen jeder articulirte Laut etwas an sich trägt, in Beziehung worauf andre ihm zur Seite oder gegenüberstehen, wird durch die Art der Erzeugung bewirkt. Denn jeder einzelne Laut wird in Beziehung auf die übrigen, mit ihm gemeinschaftlich zur freien Vollständigkeit der Rede nothwendigen, gebildet. Ohne daſs sich angeben lieſse, wie dies zugeht, brechen aus jedem Volke die articulirten Laute, und in derjenigen Beziehung auf einander hervor, welche und wie sie das Sprachsystem desselben erfordert. Die ersten Hauptunterschiede bildet die Verschiedenheit der Sprachwerkzeuge und des räumlichen Ortes in jedem derselben, wo der articulirte Laut hervorgebracht wird. Es gesellen sich dann zu ihm Nebenbeschaffenheiten, die jedem, ohne Rücksicht auf die Verschiedenheit der Organe, eigen sein können, wie Hauch, Zischen, Nasenton u. s. w. Von diesen droht jedoch der reinen Geschiedenheit der Laute Gefahr; und es ist ein doppelt starker Beweis des Vorwaltens richtigen Sprachsinnes, wenn ein Alphabet diese Laute dergestalt durch die Aussprache gezügelt enthält, daſs sie vollständig und doch dem feinsten Ohre unvermischt und rein hervortönen. Diese Nebenbeschaffenheiten müssen alsdann mit der ihnen zum Grunde liegenden Articulation in eine eigne Modification des Hauptlautes zusammenschmelzen, und auf jede andre, ungeregelte Weise durchaus verbannt sein.

Die consonantisch gebildeten articulirten Laute lassen sich nicht anders, als von einem Klang gebenden Luftzuge begleitet, aussprechen. Dies Ausströmen der Luft giebt nach dem Orte, wo es erzeugt wird, und nach der Öffnung, durch die es strömt, ebenso bestimmt verschiedne und gegen einander in festen Verhältnissen stehende Laute, als die der Consonantenreihe. Durch dies gleichzeitig zwiefache Lautverfahren wird die Sylbe gebildet. In dieser aber liegen nicht, wie es, nach unsrer Art zu schreiben,

scheinen sollte, zwei oder mehrere Laute, sondern eigentlich nur
Ein auf eine bestimmte Weise herausgestofsener. Die Theilung der
einfachen Sylbe in einen Consonanten und Vocal, insofern man
sich beide als selbstständig denken will, ist nur eine künstliche. In
der Natur bestimmen sich Consonant und Vocal dergestalt gegenseitig, dafs sie für das Ohr eine durchaus unzertrennliche Einheit
ausmachen. Soll daher auch die Schrift diese natürliche Beschaffenheit bezeichnen, so ist es richtiger, so wie es mehrere Asiatische
Alphabete thun, die Vocale gar nicht als eigne Buchstaben, sondern blofs als Modificationen der Consonanten zu behandeln. Genau
genommen, können auch die Vocale nicht allein ausgesprochen werden. Der sie bildende Luftstrom bedarf eines ihn hörbar machenden Anstofses; und giebt diesen kein klar anlautender Consonant,
so ist dazu ein, auch noch so leiser Hauch erforderlich, den einige
Sprachen auch in der Schrift jedem Anfangsvocal vorausgehen lassen.
Dieser Hauch kann sich gradweise bis zum wirklich gutturalen Consonanten verstärken, und die Sprache kann die verschiednen Stufen
dieser Verhärtung, durch eigne Buchstaben, bezeichnen. Der Vocal
verlangt dieselbe reine Geschiedenheit, als der Consonant, und die
Sylbe mufs diese doppelte an sich tragen. Sie ist aber im Vocal-
system, obgleich der Vollendung der Sprache nothwendiger, dennoch schwieriger zu bewahren. Der Vocal verbindet sich nicht blofs
mit einem ihm vorangehenden, sondern ebensowohl mit einem ihm
nachfolgenden Laute, der ein reiner Consonant, aber auch ein blofser
Hauch, wie das Sanskritische Wisarga und in einigen Fällen das
Arabische schliefsende Elif, sein kann. Gerade dort aber ist die
Reinheit des Lautes, vorzüglich wenn sich kein eigentlicher Consonant, sondern nur eine Nebenbeschaffenheit der articulirten Laute
an den Vocal anschliefst, für das Ohr schwieriger, als beim An-
laute, zu erreichen, so dafs die Schrift einiger Völker von dieser

Seite her sehr mangelhaft erscheint. Durch die zwei, sich immer gegenseitig bestimmenden, aber doch sowohl durch das Ohr, als die Abstraction, bestimmt unterschiedenen Consonanten- und Vocalreihen entsteht nicht nur eine neue Mannigfaltigkeit von Verhältnissen im Alphabete, sondern auch ein Gegensatz dieser beiden Reihen gegen einander, von welchem die Sprache vielfachen Gebrauch macht.

In der Summe der articulirten Laute läfst sich also bei jedem Alphabete ein Zwiefaches unterscheiden, wodurch dasselbe mehr oder weniger wohlthätig auf die Sprache einwirkt, nämlich der absolute Reichthum desselben an Lauten, und das relative Verhältnifs dieser Laute zu einander und zu der Vollständigkeit und Gesetzmäfsigkeit eines vollendeten Lautsystems. Ein solches System enthält nämlich, seinem Schema nach, als ebenso viele Classen der Buchstaben, die Arten, wie die articulirten Laute sich in Verwandtschaft an einander reihen, oder in Verschiedenheit einander gegenüberstellen, Gegensatz und Verwandtschaft von allen den Beziehungen aus genommen, in welchen sie statt finden können. Bei Zergliederung einer einzelnen Sprache fragt es sich nun zuerst, ob die Verschiedenartigkeit ihrer Laute vollständig oder mangelhaft die Punkte des Schemas besetzt, welche die Verwandtschaft oder der Gegensatz angeben, und ob daher der, oft nicht zu verkennende Reichthum an Lauten nach einem dem Sprachsinne des Volks in allen seinen Theilen zusagenden Bilde des ganzen Lautsystems gleichmäfsig vertheilt ist, oder Classen Mangel leiden, indem andre Überflufs haben? Die wahre Gesetzmäfsigkeit, der das Sanskrit in der That sehr nahe kommt, würde erfordern, dafs jeder nach dem Ort seiner Bildung verschiedenartige articulirte Laut durch alle Classen, mithin durch alle Laut-Modificationen durchgeführt sei, welche das Ohr in den Sprachen zu unterscheiden pflegt. Bei diesem ganzen Theile der Sprachen kommt es, wie man leicht sieht, vor allem auf eine glückliche Organisation des Ohrs und der Sprachwerkzeuge an. Es ist aber auch keinesweges gleichgültig, wie klangreich oder lautarm, gesprächig oder schweigsam ein Volk seinem Naturell und seiner Empfindungsweise nach sei. Denn das Gefallen am articulirt hervorgebrachten Laute giebt demselben Reichthum und Mannigfaltigkeit von Verknüpfungen. Selbst dem unarticulirten Laute kann ein gewisses freies und daher edleres Gefallen an seiner Hervorbringung nicht immer abgesprochen werden. Oft entpreſst ihn zwar, wie bei widrigen Empfindungen, die Noth; in andren Fällen liegt ihm Absicht zum Grunde, indem er lockt, warnt, oder zur Hülfe herbeiruft. Aber er entströmt auch ohne Noth und Absicht, dem frohen Gefühle des Daseins, und nicht bloſs der rohen Lust, sondern auch dem zarteren Gefallen am kunstvolleren Schmettern der Töne. Dies Letzte ist das Poetische, ein aufglimmender Funke in der thierischen Dumpfheit. Diese verschiednen Arten der Laute sind unter die mehr oder minder stummen und klangreichen Geschlechter der Thiere sehr ungleich vertheilt, und verhältniſsmäſsig wenigen ist die höhere und freudigere Gattung geworden. Es wäre, auch für die Sprache, belehrend, bleibt aber vielleicht immer unergründet, woher diese Verschiedenheit stammt. Daſs die Vögel allein Gesang besitzen, lieſse sich vielleicht daraus erklären, daſs sie freier, als alle andren Thiere, in dem Elemente des Tons und in seinen reineren Regionen leben, wenn nicht so viele Gattungen derselben, gleich den auf der Erde wandelnden Thieren, an wenige einförmige Laute gebunden wären.

In der Sprache entscheidet jedoch nicht gerade der Reichthum an Lauten, es kommt vielmehr im Gegentheil auf keusche Beschränkung auf die der Rede nothwendigen Laute und auf das richtige Gleichgewicht zwischen denselben an. Der Sprachsinn muſs daher noch etwas anderes enthalten, was wir uns nicht im Einzelnen zu erklären vermögen, ein instinctartiges Vorgefühl des ganzen Systems, dessen die Sprache in dieser ihrer individuellen Form bedürfen wird. Was sich eigentlich in der ganzen Spracherzeugung wiederholt, tritt auch hier ein. Man kann die Sprache mit einem ungeheuren Gewebe vergleichen, in dem jeder Theil mit dem andren und alle mit dem Ganzen in mehr oder weniger deutlich erkennbarem Zusammenhange stehen. Der Mensch berührt im Sprechen, von welchen Beziehungen man ausgehen mag, immer nur einen abgesonderten Theil dieses Gewebes, thut dies aber instinctmäfsig immer dergestalt, als wären ihm zugleich alle, mit welchen jener einzelne nothwendig in Übereinstimmung stehen mufs, im gleichen Augenblick gegenwärtig.

Die einzelnen Articulationen machen die Grundlage aller Lautverknüpfungen der Sprache aus. Die Gränzen, in welche diese dadurch eingeschlossen werden, erhalten aber zugleich ihre noch nähere Bestimmung durch die den meisten Sprachen eigenthümliche Lautumformung, die auf besonderen Gesetzen und Gewohnheiten beruht. Sie geht sowohl die Consonanten-, als Vocalreihe an, und einige Sprachen unterscheiden sich noch dadurch, dafs sie von der einen oder andren dieser Reihen vorzugsweise, oder zu verschiedenen Zwecken Gebrauch machen. Der wesentliche Nutzen dieser Umformung besteht darin, dafs, indem der absolute Sprachreichthum und die Laut-Mannigfaltigkeit dadurch vermehrt werden, dennoch an dem umgeformten Element sein Urstamm erkannt werden kann. Die Sprache wird dadurch in den Stand gesetzt, sich in gröfserer Freiheit zu bewegen, ohne dadurch den dem Verständnisse und dem Aufsuchen der Verwandtschaft der Begriffe nothwendigen Faden zu verlieren. Denn diese folgen der Veränderung der Laute oder gehen ihr gesetzgebend voran, und die Sprache gewinnt dadurch an lebendiger Anschaulichkeit. Mangelnde Lautumformung setzt dem Wiedererkennen der bezeichneten Begriffe an den Lauten Hindernisse entgegen, eine Schwierigkeit, die im Chinesischen noch fühlbarer sein würde, wenn nicht dort sehr häufig, in Ableitung und Zusammensetzung, die Analogie der Schrift an die Stelle der Laut-Analogie träte. Die Lautumformung unterliegt aber einem zwiefachen, gegenseitig sich oft unterstützenden, allein auch in andren Fällen entgegenkämpfenden Gesetze. Das eine ist ein blofs organisches, aus den Sprachwerkzeugen und ihrem Zusammenwirken entstehend, von der Leichtigkeit und Schwierigkeit der Aussprache abhängend, und daher der natürlichen Verwandtschaft der Laute folgend. Das andere wird durch das geistige Princip der Sprache gegeben, hindert die Organe, sich ihrer blofsen Neigung oder Trägheit zu überlassen, und hält sie bei Lautverbindungen fest, die ihnen an sich nicht natürlich sein würden. Bis auf einen gewissen Grad stehen beide Gesetze in Harmonie mit einander. Das geistige mufs zur Beförderung leichter und fliefsender Aussprache dem anderen, soviel es möglich ist, nachgebend huldigen, ja bisweilen, um von einem Laute zum andren, wenn eine solche Verbindung durch die Bezeichnung als nothwendig erachtet wird, zu gelangen, andere, blofs organische Übergänge ins Werk richten. In gewisser Absicht aber stehen beide Gesetze einander so entgegen, dafs, wenn das geistige in der Kraft seiner Einwirkung nachläfst, das organische das Übergewicht gewinnt, so wie im thierischen Körper beim Erlöschen des Lebensprincips die chemischen Affinitäten die Herrschaft erhalten. Das Zusammenwirken und der Widerstreit dieser beiden Gesetze bringt sowohl in der uns ursprünglich scheinenden Form der Sprachen, als in ihrem Verfolge, mannigfaltige Erscheinungen hervor, welche die genaue grammatische Zergliederung entdeckt und aufzählt.

Die Lautumformung, von der wir hier reden, kommt hauptsächlich in zwei, oder wenn man will, in drei Stadien der Sprachbildung vor: bei den Wurzeln, den daraus abgeleiteten Wörtern, und deren weiterer Ausbildung in die verschiednen allgemeinen, in der Natur der Sprache liegenden Formen. Mit dem eigenthümlichen Systeme, welches jede Sprache hierin annimmt, muſs ihre Schilderung beginnen. Denn es ist gleichsam das Bett, in welchem ihr Strom von Zeitalter zu Zeitalter flieſst; ihre allgemeinen Richtungen werden dadurch bedingt, und ihre individuellsten Erscheinungen weiſs eine beharrliche Zergliederung auf diese Grundlage zurückzuführen.

Unter Wörtern versteht man die Zeichen der einzelnen Begriffe. Die Sylbe bildet eine Einheit des Lautes; sie wird aber erst zum Worte, wenn sie für sich Bedeutsamkeit erhält, wozu oft eine Verbindung mehrerer gehört. Es kommt daher in dem Worte allemal eine doppelte Einheit, des Lautes und des Begriffes, zusammen. Dadurch werden die Wörter zu den wahren Elementen der Rede, da die der Bedeutsamkeit ermangelnden Sylben nicht eigentlich so genannt werden können. Wenn man sich die Sprache als eine zweite, von dem Menschen nach den Eindrücken, die er von der wahren empfängt, aus sich selbst heraus objectivirte Welt vorstellt, so sind die Wörter die einzelnen Gegenstände darin, denen daher der Charakter der Individualität, auch in der Form, erhalten werden muſs. Die Rede läuft zwar in ungetrennter Stätigkeit fort, und der Sprechende, ehe auf die Sprache gerichtete Reflexion hinzutritt, hat darin nur das Ganze des zu bezeichnenden Gedanken im Auge. Man kann sich unmöglich die Entstehung der Sprache als von der Bezeichnung der Gegenstände durch Wörter beginnend, und von da zur Zusammenfügung übergehend denken. In der Wirklichkeit wird die Rede nicht aus ihr vorangegangenen Wörtern zusammengesetzt, sondern die Wörter gehen umgekehrt aus dem Ganzen der Rede hervor. Sie werden aber auch schon, ohne eigentliche Reflexion, und selbst in dem rohesten und ungebildetsten Sprechen, empfunden, da die Wortbildung ein wesentliches Bedürfniſs des Sprechens ist. Der Umfang des Worts ist die Gränze, bis zu welcher die Sprache selbstthätig bildend ist. Das einfache Wort ist die vollendete, ihr entknospende Blüthe. In ihm gehört ihr das fertige Erzeugniſs selbst an. Dem Satz und der Rede bestimmt sie nur die regelnde Form, und überläſst die individuelle Gestaltung der Willkühr des Sprechenden. Die Wörter erscheinen auch oft in der Rede selbst isolirt, allein ihre wahre Herausfindung aus dem Continuum derselben gelingt nur der Schärfe des schon mehr vollendeten Sprachsinnes; und es ist dies gerade ein Punkt, in welchem die Vorzüge und Mängel einzelner Sprachen vorzüglich sichtbar werden.

Da die Wörter immer Begriffen gegenüberstehen, so ist es natürlich, verwandte Begriffe mit verwandten Lauten zu bezeichnen. Wenn man die Abstammung der Begriffe, mehr oder weniger deutlich, im Geiste wahrnimmt, so muſs ihr eine Abstammung in den Lauten entsprechen, so daſs Verwandtschaft der Begriffe und Laute zusammentrifft. Die Lautverwandtschaft, die doch nicht zu Einerleiheit des Lautes werden soll, kann nur daran sichtbar sein, daſs ein Theil des Wortes einen, gewissen Regeln unterworfenen Wechsel erfährt, ein anderer Theil dagegen ganz unverändert, oder nur in leicht erkennbarer Veränderung bestehen bleibt. Diese festen Theile der Wörter und Wortformen nennt man die wurzelhaften, und wenn sie abgesondert dargestellt werden, die Wurzeln der Sprache selbst. Diese Wurzeln erscheinen in ihrer nackten Gestalt in der zusammengefügten Rede in einigen Sprachen selten, in anderen gar nicht. Sondert man die

Begriffe genau, so ist das letztere sogar immer der Fall. Denn so wie sie in die Rede eintreten, nehmen sie auch im Gedanken eine ihrer Verbindung entsprechende Kategorie an, und enthalten daher nicht mehr den nackten und formlosen Wurzelbegriff. Auf der anderen Seite kann man sie aber auch nicht in allen Sprachen ganz als eine Frucht der blofsen Reflexion und als das letzte Resultat der Wortzergliederung, also lediglich wie eine Arbeit der Grammatiker ansehen. In Sprachen, welche bestimmte Ableitungsgesetze in grofser Mannigfaltigkeit von Lauten und Ausdrücken besitzen, müssen die wurzelhaften Laute sich in der Phantasie und dem Gedächtnifs der Redenden leicht als die eigentlich ursprünglich, aber bei ihrer Wiederkehr in so vielen Abstufungen der Begriffe als die allgemein bezeichnenden herausheben. Prägen sie sich, als solche, dem Geiste tief ein, so werden sie leicht auch in die verbundene Rede unverändert eingeflochten werden, und mithin der Sprache auch in wahrer Wortform angehören. Sie können aber auch schon in uralter Zeit in der Periode des Aufsteigens zur Formung auf diese Weise gebräuchlich gewesen sein, so dafs sie wirklich den Ableitungen vorausgegangen, und Bruchstücke einer später erweiterten und umgeänderten Sprache wären. Auf diese Weise läfst sich erklären, wie wir z. B. im Sanskrit, wenn wir die uns bekannten Schriften zu Rathe ziehen, nur gewisse Wurzeln gewöhnlich in die Rede eingefugt finden. Denn in diesen Dingen waltet natürlich in den Sprachen auch der Zufall mit; und wenn die Indischen Grammatiker sagen, dafs jede ihrer angeblichen Wurzeln so gebraucht werden könne, so ist dies wohl nicht eine aus der Sprache entnommene Thatsache, sondern eher ein ihr eigenmächtig gegebenes Gesetz. Sie scheinen überhaupt, auch bei den Formen, nicht blofs die gebräuchlichen gesammelt, sondern jede Form durch alle Wurzeln durchgeführt zu haben; und dies System der Verallgemeinerung ist auch in andren Theilen der Sanskrit-Grammatik genau zu beachten. Die Aufzählung der Wurzeln beschäftigte die Grammatiker vorzüglich, und die vollständige Zusammenstellung derselben ist unstreitig ihr Werk ([1]). Es giebt aber auch Sprachen, die in dem hier angenommenen Sinn wirklich keine Wurzeln haben, weil es ihnen an Ableitungsgesetzen und Lautumformung von einfacheren Lautverknüpfungen aus fehlt. Alsdann fallen, wie im Chinesischen, Wurzeln und Wörter zusammen, da sich die letzteren in keine Formen auseinanderlegen oder erweitern; die Sprache besitzt blofs Wurzeln. Von solchen Sprachen aus, wäre es denkbar, dafs andere, den Wörtern jene Lautumformung hinzufügende, entstanden wären, so dafs die nackten Wurzeln der letzteren den Wortvorrath einer älteren, in ihnen aus der Rede ganz oder zum Theil verschwundenen Sprache ausmachten. Ich führe dies aber blofs als eine Möglichkeit an; dafs es sich wirklich mit irgend einer Sprache also verhielte, könnte nur geschichtlich erwiesen werden.

Wir haben die Wörter hier, zum Einfachen hinaufgehend, von den Wurzeln gesondert; wir können sie aber auch, zum noch Verwickelteren hinabsteigend, von den eigentlich grammatischen Formen unterscheiden. Die Wörter müssen nämlich, um in die Rede eingefügt zu werden, verschiedene Zustände andeuten, und die Bezeichnung dieser kann an ihnen selbst geschehen, so dafs dadurch eine dritte, in der Regel erweiterte Lautform entspringt. Ist die hier angedeutete Trennung scharf und genau in einer Sprache,

---

([1]) Hieraus erklärt sich nun auch, warum in der Form der Sanskrit-Wurzeln keine Rücksicht auf die Wohllautsgesetze genommen wird. Die auf uns gekommenen Wurzelverzeichnisse tragen in Allem das Gepräge einer Arbeit der Grammatiker an sich, und eine ganze Zahl von Wurzeln mag nur ihrer Abstraction ihr Dasein verdanken. Pott's treffliche Forschungen (Etymologische Forschungen. 1833.) haben schon sehr viel in diesem Gebiete aufgeräumt, und man darf sich noch viel mehr von der Fortsetzung derselben versprechen.

so können die Wörter der Bezeichnung dieser Zustände nicht entbehren, und also, insofern dieselben durch Lautverschiedenheit bezeichnet sind, nicht unverändert in die Rede eintreten, sondern höchstens als Theile andrer, diese Zeichen an sich tragender Wörter darin erscheinen. Wo dies nun in einer Sprache der Fall ist, nennt man diese Wörter **Grundwörter**; die Sprache besitzt alsdann wirklich eine Lautform in dreifach sich erweiternden Stadien; und dies ist der Zustand, in welchem sich ihr Lautsystem zu dem gröfsten Umfange ausdehnt.

Die Vorzüge einer Sprache in Absicht ihres **Lautsystems** beruhen aber, aufser der Feinheit der Sprachwerkzeuge und des Ohrs, und aufser der Neigung, dem Laute die gröfste Mannigfaltigkeit und die vollendetste Ausbildung zu geben, ganz besonders noch auf der Beziehung desselben zur **Bedeutsamkeit**. Die äufseren, zu allen Sinnen zugleich sprechenden Gegenstände und die inneren Bewegungen des Gemüths blofs durch Eindrücke auf das Ohr darzustellen, ist eine im Einzelnen grofsentheils unerklärbare Operation. Dafs Zusammenhang zwischen dem **Laute** und dessen **Bedeutung** vorhanden ist, scheint gewifs; die Beschaffenheit dieses Zusammenhanges aber läfst sich selten vollständig angeben, oft nur ahnden, und noch viel öfter gar nicht errathen. Wenn man bei den einfachen Wörtern stehen bleibt, da von den zusammengesetzten hier nicht die Rede sein kann, so sieht man einen dreifachen Grund, gewisse Laute mit gewissen Begriffen zu verbinden, fühlt aber zugleich, dafs damit, besonders in der Anwendung, bei weitem nicht Alles erschöpft ist. Man kann hiernach eine dreifache Bezeichnung der Begriffe unterscheiden:

1. Die **unmittelbar nachahmende**, wo der Ton, welchen ein tönender Gegenstand hervorbringt, in dem Worte so weit nachgebildet wird, als articulirte Laute unarticulirte wiederzugeben im

Vertheilung der Laute unter die Begriffe. §. 10.

Stande sind. Diese Bezeichnung ist gleichsam eine malende; so wie das Bild die Art darstellt, wie der Gegenstand dem Auge erscheint, zeichnet die Sprache die, wie er vom Ohre vernommen wird. Da die Nachahmung hier immer unarticulirte Töne trifft, so ist die Articulation mit dieser Bezeichnung gleichsam im Widerstreite; und je nachdem sie ihre Natur zu wenig oder zu heftig in diesem Zwiespalte geltend macht, bleibt entweder zu viel des Unarticulirten übrig, oder es verwischt sich bis zur Unkennbarkeit. Aus diesem Grunde ist diese Bezeichnung, wo sie irgend stark hervortritt, nicht von einer gewissen Rohheit freizusprechen, kommt bei einem reinen und kräftigen Sprachsinn wenig hervor, und verliert sich nach und nach in der fortschreitenden Ausbildung der Sprache.

2. Die nicht unmittelbar, sondern in einer dritten, dem Laute und dem Gegenstande gemeinschaftlichen Beschaffenheit nachahmende Bezeichnung. Man kann diese, obgleich der Begriff des Symbols in der Sprache viel weiter geht, die symbolische nennen. Sie wählt für die zu bezeichnenden Gegenstände Laute aus, welche theils an sich, theils in Vergleichung mit andren, für das Ohr einen dem des Gegenstandes auf die Seele ähnlichen Eindruck hervorbringen, wie stehen, stätig, starr den Eindruck des Festen, das Sanskritische *li*, schmelzen, auseinandergehen, den des Zerfliefsenden, nicht, nagen, Neid den des fein und scharf Abschneidenden. Auf diese Weise erhalten ähnliche Eindrücke hervorbringende Gegenstände Wörter mit vorherrschend gleichen Lauten, wie wehen, Wind, Wolke, wirren, Wunsch, in welchen allen die schwankende, unruhige, vor den Sinnen undeutlich durcheinandergehende Bewegung durch das aus dem, an sich schon dumpfen und hohlen *u* verhärtete *w* ausgedrückt wird. Diese Art der Bezeichnung, die auf einer gewissen Bedeutsamkeit jedes einzelnen Buchstaben und ganzer Gattungen derselben beruht, hat unstreitig auf die primitive

Wortbezeichnung eine grofse, vielleicht ausschliefsliche Herrschaft ausgeübt. Ihre nothwendige Folge mufste eine gewisse Gleichheit der Bezeichnung durch alle Sprachen des Menschengeschlechts hindurch sein, da die Eindrücke der Gegenstände überall mehr oder weniger in dasselbe Verhältnifs zu denselben Lauten treten mufsten. Vieles von dieser Art läfst sich noch heute in den Sprachen erkennen, und mufs billigerweise abhalten, alle sich antreffende Gleichheit der Bedeutung und Laute sogleich für Wirkung gemeinschaftlicher Abstammung zu halten. Will man aber daraus, statt eines blofs die geschichtliche Herleitung beschränkenden oder die Entscheidung durch einen nicht zurückzuweisenden Zweifel aufhaltenden, ein constitutives Princip machen und diese Art der Bezeichnung als eine durchgängige an den Sprachen beweisen, so setzt man sich grofsen Gefahren aus und verfolgt einen in jeder Rücksicht schlüpfrigen Pfad. Es ist, anderer Gründe nicht zu gedenken, schon viel zu ungewifs, was in den Sprachen sowohl der ursprüngliche Laut, als die ursprüngliche Bedeutung der Wörter gewesen ist; und doch kommt hierauf Alles an. Sehr häufig tritt ein Buchstabe nur durch organische oder gar zufällige Verwechslung an die Stelle eines andren, wie *n* an die von *l*, *d* von *r*; und es ist jetzt nicht immer sichtbar, wo dies der Fall gewesen ist. Da mithin dasselbe Resultat verschiedenen Ursachen zugeschrieben werden kann, so ist selbst grofse Willkührlichkeit von dieser Erklärungsart nicht auszuschliefsen.

3. Die Bezeichnung durch Lautähnlichkeit nach der Verwandtschaft der zu bezeichnenden Begriffe. Wörter, deren Bedeutungen einander nahe liegen, erhalten gleichfalls ähnliche Laute; es wird aber nicht, wie bei der eben betrachteten Bezeichnungsart, auf den in diesen Lauten selbst liegenden Charakter gesehen. Diese Bezeichnungsweise setzt, um recht an den Tag zu kommen, in dem

Lautsysteme Wortganze von einem gewissen Umfange voraus, oder kann wenigstens nur in einem solchen Systeme in gröfserer Ausdehnung angewendet werden. Sie ist aber die fruchtbarste von allen, und die am klarsten und deutlichsten den ganzen Zusammenhang des intellectuell Erzeugten in einem ähnlichen Zusammenhange der Sprache darstellt. Man kann diese Bezeichnung, in welcher die Analogie der Begriffe und der Laute, jeder in ihrem eignen Gebiete, dergestalt verfolgt wird, dafs beide gleichen Schritt halten müssen, die analogische nennen.

In dem ganzen Bereiche des in der Sprache zu Bezeichnenden unterscheiden sich zwei Gattungen wesentlich von einander: die einzelnen Gegenstände oder Begriffe, und solche allgemeine Beziehungen, die sich mit vielen der ersteren theils zur Bezeichnung neuer Gegenstände oder Begriffe, theils zur Verknüpfung der Rede verbinden lassen. Die allgemeinen Beziehungen gehören gröfstentheils den Formen des Denkens selbst an, und bilden, indem sie sich aus einem ursprünglichen Princip ableiten lassen, geschlossene Systeme. In diesen wird das Einzelne sowohl in seinem Verhältnifs zu einander, als zu der das Ganze zusammenfassenden Gedankenform, durch intellectuelle Nothwendigkeit bestimmt. Tritt nun in einer Sprache ein ausgedehntes, Mannigfaltigkeit erlaubendes Lautsystem hinzu, so können die Begriffe dieser Gattung und die Laute in einer sich fortlaufend begleitenden Analogie durchgeführt werden. Bei diesen Beziehungen sind von den drei im Vorigen (S. 78.) aufgezählten Bezeichnungsarten vorzugsweise die symbolische und analogische anwendbar, und lassen sich wirklich in mehreren Sprachen deutlich erkennen. Wenn z. B. im Arabischen eine sehr gewöhnliche Art der Bildung der Collectiva die Einschiebung eines gedehnten Vocals ist, so wird die zusammengefafste Menge durch die Länge des Lautes symbolisch dargestellt. Man kann dies aber schon als eine Verfeinerung durch höher gebildeten Articulationssinn betrachten. Denn einige rohere Sprachen deuten Ähnliches durch eine wahre Pause zwischen den Sylben des Wortes oder auf eine Art an, die der Gebehrde nahe kommt, so daſs alsdann die Andeutung noch mehr körperlich nachahmend wird ([1]). Von ähnlicher Art ist die unmittelbare Wiederholung der gleichen Sylbe zu vielfacher Andeutung, namentlich auch zu der der Mehrheit, so wie der vergangenen Zeit. Es ist merkwürdig, im Sanskrit, zum Theil auch schon im Malayischen Sprachstamme, zu sehen, wie edle Sprachen die Sylbenverdoppelung, indem sie dieselbe in ihr Lautsystem verflechten, durch Wohllautsgesetze verändern, und ihr dadurch das rohere, symbolisch nachahmende Sylbengeklingel nehmen. Sehr fein und sinnvoll ist die Bezeichnung der intransitiven Verba im Arabischen durch das schwächere, aber zugleich schneidend eindringende *i*, im Gegensatz des *a* der activen, und in einigen Sprachen des Malayischen Stammes durch die Einschiebung des dumpfen, gewissermaſsen mehr in dem Inneren verhaltenen Nasenlauts. Dem Nasenlaute muſs hier ein Vocal vorausgehen. Die Wahl dieses Vocals folgt aber wieder der Analogie der Bezeichnung; dem *m* wird, die wenigen Fälle ausgenommen, wo durch eine vom Laute über die Bedeutsamkeit geübte Gewalt dieser Vocal sich dem der folgenden Sylbe assimilirt, das hohle, aus der Tiefe der Sprachwerkzeuge kommende *u* vorausgeschickt, so daſs die eingeschobene Sylbe *um* die intransitive Charakteristik ausmacht.

Da sich aber die Sprachbildung hier in einem ganz intellectuellen Gebiete befindet, so entwickelt sich hier auch auf ganz

---

([1]) Einige besonders merkwürdige Beispiele dieser Art finden sich in meiner Abhandlung über das Entstehen der grammatischen Formen. Abhandlungen der Akademie der Wissenschaften zu Berlin. 1822. 1823. Historisch-philologische Classe. S. 413.

vorzügliche Weise noch ein anderes, höheres Princip, nämlich der reine und, wenn der Ausdruck erlaubt ist, gleichsam nackte Articulationssinn. So wie das Streben, dem Laute Bedeutung zu verleihen, die Natur des articulirten Lautes, dessen Wesen ausschliefslich in dieser Absicht besteht, überhaupt schafft, so wirkt dasselbe Streben hier auf eine bestimmte Bedeutung hin. Diese Bestimmtheit ist um so gröfser, als das Gebiet des zu Bezeichnenden, indem die Seele selbst es erzeugt, wenn es auch nicht immer in seiner Totalität in die Klarheit des Bewufstseins tritt, doch dem Geiste wirksam vorschwebt. Die Sprachbildung kann also hier reiner von dem Bestreben, das Ähnliche und Unähnliche der Begriffe, bis in die feinsten Grade, durch Wahl und Abstufung der Laute zu unterscheiden, geleitet werden. Je reiner und klarer die intellectuelle Ansicht des zu bezeichnenden Gebietes ist, desto mehr fühlt sie sich gedrungen, sich von diesem Principe leiten zu lassen; und ihr vollendeter Sieg in diesem Theil ihres Geschäftes ist die vollständige und sichtbare Herrschaft desselben. In der Stärke und Reinheit dieses Articulationssinnes liegt daher, wenn wir die Feinheit der Sprachorgane und des Ohres, so wie des Gefühls für Wohllaut, für den ersten ansehen, ein zweiter wichtiger Vorzug der sprachbildenden Nationen. Es kommt hier Alles darauf an, dafs die Bedeutsamkeit den Laut wahrlich durchdringe, und dafs dem sprachempfänglichen Ohre, zugleich und ungetrennt, in dem Laute nichts, als seine Bedeutung, und von dieser ausgegangen, der Laut gerade und einzig für sie bestimmt erscheine. Dies setzt natürlich eine grofse Schärfe der abgegränzten Beziehungen, da wir vorzüglich von diesen hier reden, aber auch eine gleiche in den Lauten voraus. Je bestimmter und körperloser diese sind, desto schärfer setzen sie sich von einander ab. Durch die Herrschaft des Articulationssinnes wird die Empfänglichkeit sowohl, als die Selbstthätigkeit der sprachbildenden Kraft nicht blofs gestärkt, sondern auch in dem allein richtigen Gleise erhalten; und da diese, wie ich schon oben (S. 72.) bemerkt habe, jedes Einzelne in der Sprache immer so behandelt, als wäre ihr zugleich instinctartig das ganze Gewebe, zu dem das Einzelne gehört, gegenwärtig, so ist auch in diesem Gebiete dieser Instinct im Verhältnifs der Stärke und Reinheit des Articulationssinnes wirksam und fühlbar.

Die Lautform ist der Ausdruck, welchen die Sprache dem Gedanken erschafft. Sie kann aber auch als ein Gehäuse betrachtet werden, in welches sie sich gleichsam hineinbaut. Das Schaffen, wenn es ein eigentliches und vollständiges sein soll, könnte nur von der ursprünglichen Spracherfindung, also von einem Zustande gelten, den wir nicht kennen, sondern nur als nothwendige Hypothese voraussetzen. Die Anwendung schon vorhandener Lautform auf die inneren Zwecke der Sprache aber läfst sich in mittleren Perioden der Sprachbildung als möglich denken. Ein Volk könnte, durch innere Erleuchtung und Begünstigung äufserer Umstände, der ihm überkommenen Sprache so sehr eine andere Form ertheilen, dafs sie dadurch zu einer ganz anderen und neuen würde. Dafs dies bei Sprachen von gänzlich verschiedener Form möglich sei, läfst sich mit Grunde bezweifeln. Dagegen ist es unläugbar, dafs Sprachen durch die klarere und bestimmtere Einsicht der innern Sprachform geleitet werden, mannigfaltigere und schärfer abgegränzte Nüancen zu bilden, und dazu nun ihre vorhandene Lautform, erweiternd oder verfeinernd, gebrauchen. In Sprachstämmen lehrt alsdann die Vergleichung der verwandten einzelnen Sprachen, welche den anderen auf diese Weise vorgeschritten ist. Mehrere solcher Fälle finden sich im Arabischen, wenn man es mit dem Hebräischen vergleicht; und eine, meiner Schrift über das Kawi vorbehaltene, interessante Untersuchung wird es sein, ob und auf welche Weise man die Sprachen der Südsee-Inseln als die Grundform ansehen kann, aus welcher sich die im engeren Verstande Malayischen des Indischen Archipelagus und Madagascars nur weiter entwickelt haben?

Die Erscheinung im Ganzen erklärt sich vollständig aus dem natürlichen Verlauf der Spracherzeugung. Die Sprache ist, wie es aus ihrer Natur selbst hervorgeht, der Seele in ihrer Totalität gegenwärtig, d. h. jedes Einzelne in ihr verhält sich so, dafs es Andrem, noch nicht deutlich gewordenem, und einem durch die Summe der Erscheinungen und die Gesetze des Geistes gegebenen oder vielmehr zu schaffen möglichen Ganzen entspricht. Allein die wirkliche Entwicklung geschieht allmälig, und das neu Hinzutretende bildet sich analogisch nach dem schon Vorhandenen. Von diesen Grundsätzen mufs man nicht nur bei aller Spracherklärung ausgehen, sondern sie springen auch so klar aus der geschichtlichen Zergliederung der Sprachen hervor, dafs man es mit völliger Sicherheit zu thun vermag. Das schon in der Lautform Gestaltete reifst gewissermafsen gewaltsam die neue Formung an sich, und erlaubt ihr nicht, einen wesentlich anderen Weg einzuschlagen. Die verschiedenen Gattungen des Verbum in den Malayischen Sprachen werden durch Sylben angedeutet, welche sich vorn an das Grundwort anschliefsen. Dieser Sylben hat es sichtbar nicht immer so viele und fein unterschiedene gegeben, als man bei den Tagalischen Grammatikern findet. Aber die nach und nach hinzugekommenen behalten immer dieselbe Stellung unverändert bei. Ebenso ist es in den Fällen, wo das Arabische von der älteren Semitischen Sprache unbezeichnet gelassene Unterschiede zu bezeichnen sucht. Es entschliefst sich eher, für die Bildung einiger Tempora Hülfsverba herbeizurufen, als dem Worte selbst eine dem Geiste des Sprachstammes nicht gemäfse Gestalt durch Sylbenanfügung zu geben.

Es wird daher sehr erklärbar, daſs die **Lautform** hauptsächlich dasjenige ist, wodurch der **Unterschied der Sprachen** begründet wird. Es liegt dies an sich in ihrer Natur, da der körperliche, wirklich gestaltete Laut allein in Wahrheit die Sprache ausmacht, der Laut auch eine weit gröſsere Mannigfaltigkeit der Unterschiede erlaubt, als bei der inneren Sprachform, die nothwendig mehr Gleichheit mit sich führt, statt finden kann. Ihr mächtigerer Einfluſs entsteht aber zum Theil auch aus dem, welchen sie auf die **innere Form** selbst ausübt. Denn, wenn man sich, wie man nothwendig muſs, und wie es weiter unten noch ausführlicher entwickelt werden wird, die Bildung der Sprache immer als ein Zusammenwirken des geistigen Strebens, den durch den inneren Sprachzweck geforderten Stoff zu bezeichnen, und des Hervorbringens des entsprechenden articulirten Lautes denkt, so muſs das schon wirklich gestaltete Körperliche, und noch mehr das Gesetz, auf welchem seine Mannigfaltigkeit beruht, nothwendig leicht das Übergewicht über die erst durch neue Gestaltung klar zu werden versuchende Idee gewinnen.

Man muſs die **Sprachbildung** überhaupt als eine Erzeugung ansehen, in welcher die innere Idee, um sich zu manifestiren, eine **Schwierigkeit** zu überwinden hat. Diese Schwierigkeit ist der Laut, und die Überwindung gelingt nicht immer in gleichem Grade. In solch einem Fall ist es oft leichter, in den Ideen nachzugeben und denselben Laut oder dieselbe Lautform für eigentlich verschiedene anzuwenden, wie wenn Sprachen Futurum und Conjunctivus, wegen der in beiden liegenden Ungewiſsheit, auf gleiche Weise gestalten (s. unten §. 11.). Allerdings ist alsdann immer auch Schwäche der lauterzeugenden Ideen im Spiel, da der wahrhaft kräftige Sprachsinn die Schwierigkeit allemal siegreich überwindet. Aber die Lautform benutzt seine Schwäche, und bemeistert sich gleichsam der neuen Gestaltung. In allen Sprachen finden sich Fälle, wo es klar wird, daſs das innere Streben, in welchem man doch, nach einer anderen und richtigeren Ansicht, die wahre Sprache aufsuchen muſs; in der Annahme des Lautes von seinem ursprünglichen Wege mehr oder weniger abgebeugt wird. Von denjenigen, wo die Sprachwerkzeuge einseitigerweise ihre Natur geltend machen und die wahren Stammlaute, welche die Bedeutung des Wortes tragen, verdrängen, ist schon oben (S. 72. 73.) gesprochen worden. Es ist hier und da merkwürdig zu sehen, wie der von innen heraus arbeitende Sprachsinn sich dies oft lange gefallen läſst, dann aber in einem einzelnen Fall plötzlich durchdringt, und, ohne der Lautneigung nachzugeben, sogar an einem einzelnen Vocal unverbrüchlich fest hält. In anderen Fällen wird eine neue von ihm geforderte Formung zwar geschaffen, allein auch im nämlichen Augenblick von der Lautneigung, zwischen der und ihm gleichsam ein vermittelnder Vertrag entsteht, modificirt. Im Groſsen aber üben wesentlich verschiedene Lautformen einen entscheidenden Einfluſs auf die ganze Erreichung der inneren Sprachzwecke aus. Im Chinesischen z. B. konnte keine, die Verbindung der Rede leitende Wortbeugung entstehen, da sich der die Sylben starr aus einander haltende Lautbau, ihrer Umformung und Zusammenfügung widerstrebend, festgesetzt hatte. Die ursprünglichen Ursachen dieser Hindernisse können aber ganz entgegengesetzter Natur sein. Im Chinesischen scheint es mehr an der dem Volke mangelnden Neigung zu liegen, dem Laute phantasiereiche Mannigfaltigkeit und die Harmonie befördernde Abwechslung zu geben; und wo dies fehlt, und der Geist nicht die Möglichkeit sieht, die verschiedenen Beziehungen des Denkens auch mit gehörig abgestuften Nüancen des Lauts zu umkleiden, geht er in die feine Unterscheidung dieser Beziehungen weniger ein. Denn die Neigung, eine Vielfachheit fein und scharf abgegränzter Articulationen zu bilden, und das Streben des Verstandes, der Sprache so viele und bestimmt gesonderte Formen zu schaffen, als sie deren bedarf, um den in seiner unendlichen Mannigfaltigkeit flüchtigen Gedanken zu fesseln, wecken sich immer gegenseitig. Ursprünglich, in den unsichtbaren Bewegungen des Geistes, darf man sich, was den Laut angeht, und was der innere Sprachzweck erfordert, die bezeichnenden und die das zu Bezeichnende erzeugenden Kräfte auf keine Weise geschieden denken. Beide vereint und umfaſst das allgemeine Sprachvermögen. Wie aber der Gedanke, als Wort, die Auſsenwelt berührt, wie durch die Überlieferung einer schon vorhandenen Sprache dem Menschen, der sie doch in sich immer wieder selbstthätig erzeugen muſs, die Gewalt eines schon geformten Stoffes entgegentritt, kann die Scheidung entstehen, welche uns berechtigt und verpflichtet, die Spracherzeugung von diesen zwei verschiedenen Seiten zu betrachten. In den Semitischen Sprachen dagegen ist vielleicht das Zusammentreffen des organischen Unterscheidens einer reichen Mannigfaltigkeit von Lauten und eines zum Theil durch die Art dieser Laute motivirten feinen Articulationssinnes der Grund, daſs diese Sprachen weit mehr eine künstliche und sinnreiche Lautform besitzen, als sie sogar nothwendige und hauptsächliche grammatische Begriffe mit Klarheit und Bestimmtheit unterscheiden. Der Sprachsinn hat, indem er die eine Richtung nahm, die andere vernachlässigt. Da er dem wahren, naturgemäſsen Zweck der Sprache nicht mit gehöriger Entschiedenheit nachstrebte, wandte er sich zur Erreichung eines auf dem Wege liegenden Vorzugs, sinnvoll und mannigfaltig bearbeiteter Lautform. Hierzu aber führte ihn die natürliche Anlage derselben. Die Wurzelwörter, in der Regel zweisylbig gebildet, erhielten Raum, ihre Laute innerlich umzuformen, und diese Formung forderte vorzugsweise Vocale.

Da nun diese offenbar feiner und körperloser, als die Consonanten, sind, so weckten und stimmten sie auch den inneren Articulationssinn zu gröſserer Feinheit (¹).

Auf eine andere Weise läſst sich noch ein, den Charakter der Sprachen bestimmendes Übergewicht der Lautform, ganz eigentlich als solcher genommen, denken. Man kann den Inbegriff aller Mittel, deren sich die Sprache zur Erreichung ihrer Zwecke bedient, ihre Technik nennen, und diese Technik wieder in die phonetische und intellectuelle eintheilen. Unter der ersteren verstehe ich die Wort- und Formenbildung, insofern sie bloſs den Laut angeht, oder durch ihn motivirt wird. Sie ist reicher, wenn die einzelnen Formen einen weiteren und volltönenderen Umfang besitzen, so wie wenn sie für denselben Begriff oder dieselbe Beziehung sich bloſs durch den Ausdruck unterscheidende Formen angiebt. Die intellectuelle Technik begreift dagegen das in der Sprache zu Bezeichnende und zu Unterscheidende. Zu ihr gehört es also z. B., wenn eine Sprache Bezeichnung des Genus, des Dualis, der Tempora durch alle Möglichkeiten der Verbindung des Begriffes der Zeit mit dem des Verlaufes der Handlung u. s. f. besitzt.

In dieser Absicht erscheint die Sprache als ein Werkzeug zu einem Zwecke. Da aber dies Werkzeug offenbar die rein geistigen, und ebenso die edelsten sinnlichen Kräfte, durch die sich in ihm ausprägende Ideenordnung, Klarheit und Schärfe, so wie durch den

---

(¹) Den Einfluſs der Zweisylbigkeit der Semitischen Wurzelwörter hat Ewald in seiner Hebräischen Grammatik (S. 144. §. 93. S. 165. §. 95.) nicht nur ausdrücklich bemerkt, sondern durch die ganze Sprachlehre in dem in ihr waltenden Geiste meisterhaft dargethan. Daſs die Semitischen Sprachen dadurch, daſs sie ihre Wortformen, und zum Theil ihre Wortbeugungen, fast ausschlieſslich durch Veränderungen im Schooſse der Wörter selbst bilden, einen eignen Charakter erhalten, ist von Bopp ausführlich entwickelt, und auf die Eintheilung der Sprachen in Classen auf eine neue und scharfsinnige Weise angewandt worden. (Vergleichende Grammatik. S. 107-113.)

Wohllaut und Rhythmus anregt, so kann das organische Sprachgebäude, die Sprache an sich und gleichsam abgesehen von ihrem Zwecke, die Begeisterung der Nationen an sich reifsen, und thut dies in der That. Die Technik überwächst alsdann die Erfordernisse zur Erreichung des Zwecks; und es läfst sich ebensowohl denken, dafs Sprachen hierin über das Bedürfnifs hinausgehen, als dafs sie hinter demselben zurückbleiben. Wenn man die Englische, Persische und eigentlich Malayische Sprache mit dem Sanskrit und dem Tagalischen vergleicht, so nimmt man eine solche, hier angedeutete Verschiedenheit des Umfangs und des Reichthums der Sprachtechnik wahr, bei welcher doch der unmittelbare Sprachzweck, die Wiedergebung des Gedanken, nicht leidet, da alle diese drei Sprachen ihn nicht nur überhaupt, sondern zum Theil in beredter und dichterischer Mannigfaltigkeit erreichen. Auf das Übergewicht der Technik überhaupt und im Ganzen behalte ich mir vor in der Folge zurückzukommen. Hier wollte ich nur desjenigen erwähnen, das sich die phonetische über die intellectuelle anmafsen kann. Welches alsdann auch die Vorzüge des Lautsystems sein möchten, so beweist ein solches Mifsverhältnifs immer einen Mangel in der Stärke der sprachbildenden Kraft, da, was in sich Eins und energisch ist, auch in seiner Wirkung die in seiner Natur liegende Harmonie unverletzt bewahrt. Wo das Maafs nicht durchaus überschritten ist, läfst sich der Lautreichthum in den Sprachen mit dem Colorit in der Malerei vergleichen. Der Eindruck beider bringt eine ähnliche Empfindung hervor; und auch der Gedanke wirkt anders zurück, wenn er, einem blofsen Umrisse gleich, in gröfserer Nacktheit auftritt, oder, wenn der Ausdruck erlaubt ist, mehr durch die Sprache gefärbt erscheint.

§. 11.

Alle Vorzüge noch so kunstvoller und tonreicher Lautformen, auch verbunden mit dem regesten Articulationssinn, bleiben aber unvermögend, dem Geiste würdig zusagende Sprachen hervorzubringen, wenn nicht die strahlende Klarheit der auf die Sprache Bezug habenden Ideen sie mit ihrem Lichte und ihrer Wärme durchdringt. Dieser ihr ganz innerer und rein intellectueller Theil macht eigentlich die Sprache aus; er ist der Gebrauch, zu welchem die Spracherzeugung sich der Lautform bedient, und auf ihm beruht es, dafs die Sprache Allem Ausdruck zu verleihen vermag, was ihr, bei fortrückender Ideenbildung, die gröfsten Köpfe der spätesten Geschlechter anzuvertrauen streben. Diese ihre Beschaffenheit hängt von der Übereinstimmung und dem Zusammenwirken ab, in welchem die sich in ihr offenbarenden Gesetze unter einander und mit den Gesetzen des Anschauens, Denkens und Fühlens überhaupt stehen. Das geistige Vermögen hat aber sein Dasein allein in seiner Thätigkeit, es ist das auf einander folgende Aufflammen der Kraft in ihrer ganzen Totalität, aber nach einer einzelnen Richtung hin bestimmt. Jene Gesetze sind also nichts andres, als die Bahnen, in welchen sich die geistige Thätigkeit in der Spracherzeugung bewegt, oder in einem andren Gleichnifs, als die Formen, in welchen diese die Laute ausprägt. Es giebt keine Kraft der Seele, welche hierbei nicht thätig wäre; nichts in dem Inneren des Menschen ist so tief, so fein, so weit umfassend, das nicht in die Sprache überginge und in ihr erkennbar wäre. Ihre intellectuellen Vorzüge beruhen daher ausschliefslich auf der wohlgeordneten, festen und klaren Geistes-Organisation der Völker in der Epoche ihrer Bildung oder Umgestaltung, und sind das Bild, ja der unmittelbare Abdruck derselben.

Es kann scheinen, als müſsten alle Sprachen in ihrem intellectuellen Verfahren einander gleich sein. Bei der Lautform ist eine unendliche, nicht zu berechnende Mannigfaltigkeit begreiflich, da das sinnlich und körperlich Individuelle aus so verschiedenen Ursachen entspringt, daſs sich die Möglichkeit seiner Abstufungen nicht überschlagen läſst. Was aber, wie der intellectuelle Theil der Sprache, allein auf geistiger Selbstthätigkeit beruht, scheint auch bei der Gleichheit des Zwecks und der Mittel in allen Menschen gleich sein zu müssen; und eine gröſsere Gleichförmigkeit bewahrt dieser Theil der Sprache allerdings. Aber auch in ihm entspringt aus mehreren Ursachen eine bedeutende Verschiedenheit. Einestheils wird sie durch die vielfachen Abstufungen hervorgebracht, in welchen, dem Grade nach, die spracherzeugende Kraft, sowohl überhaupt, als in dem gegenseitigen Verhältniſs der in ihr hervortretenden Thätigkeiten, wirksam ist. Anderentheils sind aber auch hier Kräfte geschäftig, deren Schöpfungen sich nicht durch den Verstand und nach bloſsen Begriffen ausmessen lassen. Phantasie und Gefühl bringen individuelle Gestaltungen hervor, in welchen wieder der individuelle Charakter der Nation hervortritt, und wo, wie bei allem Individuellen, die Mannigfaltigkeit der Art, wie sich das Nämliche in immer verschiedenen Bestimmungen darstellen kann, ins Unendliche geht.

Doch auch in dem bloſs ideellen, von den Verknüpfungen des Verstandes abhängenden Theile finden sich Verschiedenheiten, die aber alsdann fast immer aus unrichtigen oder mangelhaften Combinationen herrühren. Um dies zu erkennen, darf man nur bei den eigentlich grammatischen Gesetzen stehen bleiben. Die verschiedenen Formen z. B., welche, dem Bedürfniſs der Rede gemäſs, in dem Baue des Verbum abgesondert bezeichnet werden müssen, sollten, da sie durch bloſse Ableitung von Begriffen gefunden werden können, in allen Sprachen auf dieselbe Weise vollständig aufgezählt und richtig geschieden sein. Vergleicht man aber hierin das Sanskrit mit dem Griechischen, so ist es auffallend, dafs in dem ersteren der Begriff des Modus nicht allein offenbar unentwickelt geblieben, sondern auch in der Erzeugung der Sprache selbst nicht wahrhaft gefühlt und nicht rein von dem des Tempus unterschieden worden ist. Er ist daher nicht mit dem der Zeit gehörig verknüpft, und gar nicht vollständig durch denselben durchgeführt worden (¹). Dasselbe findet bei dem Infinitivus statt, der noch aufserdem, mit gänzlicher Verkennung seiner Verbalnatur, zu dem Nomen herübergezogen worden ist. Bei aller, noch so gerechten Vorliebe für das Sanskrit, mufs man gestehen, dafs es hierin hinter der jüngeren Sprache zurückbleibt. Die Natur der Rede

---

(¹) Bopp hat (Jahrbücher für wissenschaftliche Kritik. 1834. II. Band. S. 465.) zuerst bemerkt, dafs der gewöhnliche Gebrauch des Potentialis darin besteht, allgemein kategorische Behauptungen, getrennt und unabhängig von jeder Zeitbestimmung, auszudrücken. Die Richtigkeit dieser Bemerkung bestätigt sich durch eine Menge von Beispielen, besonders in den moralischen Sentenzen des Hitôpadêsa. Wenn man aber genauer über den Grund dieser, auf den ersten Anblick auffallenden Anwendung dieses Tempus nachdenkt, so findet man, dafs dasselbe doch in ganz eigentlichem Sinne in diesen Fällen als Conjunctivus gebraucht wird, nur dafs die ganze Redensart elliptisch erklärt werden mufs. Anstatt zu sagen: der Weise handelt nie anders, sagt man: der Weise würde so handeln, und versteht darunter die ausgelassenen Worte: unter allen Bedingungen und zu jeder Zeit. Ich möchte daher den Potentialis wegen dieses Gebrauches keinen Nothwendigkeits-Modus nennen. Er scheint mir vielmehr hier der ganz reine und einfache, von allen materiellen Nebenbegriffen des Könnens, Mögens, Sollens u. s. w. geschiedene Conjunctivus zu sein. Das Eigenthümliche dieses Gebrauchs liegt in der hinzugedachten Ellipse, und nur insofern im sogenannten Potentialis, als dieser gerade durch die Ellipse, vorzugsweise vor dem Indicativus, motivirt wird. Denn es ist nicht zu läugnen, dafs der Gebrauch des Conjunctivus, gleichsam durch die Abschneidung aller andren Möglichkeiten, hier stärker wirkt, als der einfach aussagende Indicativ. Ich erwähne dies ausdrücklich, weil es nicht unwichtig ist, den reinen und gewöhnlichen Sinn grammatischer Formen so weit beizubehalten und zu schützen, als man nicht unvermeidlich zum Gegentheile gezwungen wird.

begünstigt indefs Ungenauigkeiten dieser Art, indem sie dieselben für die wesentliche Erreichung ihrer Zwecke unschädlich zu machen versteht. Sie läfst eine Form die Stelle der anderen vertreten, (¹), oder bequemt sich zu Umschreibungen, wo es ihr an dem eigentlichen und kurzen Ausdruck gebricht. Darum bleiben aber solche Fälle nicht weniger fehlerhafte Unvollkommenheiten, und zwar gerade in dem rein intellectuellen Theile der Sprache. Ich habe schon oben (S. 86.) bemerkt, dafs hiervon bisweilen die Schuld auf die Lautform fallen kann, welche, einmal an gewisse Bildungen gewöhnt, den Geist leitet, auch neue Gattungen der Bildung fordernde Begriffe in diesen ihren Bildungsgang zu ziehen. Immer aber ist dies nicht der Fall. Was ich so eben von der Behandlung des Modus und Infinitivs im Sanskrit gesagt habe, dürfte man wohl auf keine Weise aus der Lautform erklären können. Ich wenigstens vermag in dieser nichts der Art zu entdecken. Ihr Reichthum an Mitteln ist auch hinlänglich, um der Bezeichnung genügenden Ausdruck zu leihen. Die Ursach ist offenbar eine mehr innerliche. Der ideelle Bau des Verbum, sein innerer, vollständig in seine verschiedenen Theile gesonderter Organismus entfaltete sich nicht in hinreichender Klarheit vor dem bildenden Geiste der Nation. Dieser Mangel ist jedoch um so wunderbarer, als übrigens keine Sprache die wahrhafte Natur des Verbum, die reine Synthesis des Seins mit dem Begriff, so wahrhaft und so ganz eigentlich geflügelt darstellt, als das Sanskrit, welches gar keinen anderen, als einen nie ruhenden, immer bestimmte einzelne Zustände andeutenden Ausdruck für dasselbe kennt. Denn die Wurzelwörter können durchaus nicht als

---

(¹) Von dieser Verwechslung einer grammatischen Form mit der andren habe ich in meiner Abhandlung über das Entstehen der grammatischen Formen ausführlicher gehandelt. Abhandl. d. Akad. d. Wissensch. zu Berl. 1822. 1823. Hist.-philol. Classe. S. 404-407.

Verba, nicht einmal ausschliefslich als Verbalbegriffe angesehen werden. Die Ursach einer solchen mangelhaften Entwickelung oder unrichtigen Auffassung eines Sprachbegriffs möge aber, gleichsam äufserlich, in der Lautform, oder innerlich in der ideellen Auffassung gesucht werden müssen, so liegt der Fehler immer in mangelnder Kraft des erzeugenden Sprachvermögens. Eine mit der erforderlichen Kraft geschleuderte Kugel läfst sich nicht durch entgegenwirkende Hindernisse von ihrer Bahn abbringen, und ein mit gehöriger Stärke ergriffener und bearbeiteter Ideenstoff entwickelt sich in gleichförmiger Vollendung bis in seine feinsten, und nur durch die schärfste Absonderung zu trennenden Glieder.

Wie bei der Lautform als die beiden hauptsächlichsten zu beachtenden Punkte die Bezeichnung der Begriffe und die Gesetze der Redefügung erschienen, ebenso ist es in dem inneren, intellectuellen Theil der Sprache. Bei der Bezeichnung tritt auch hier, wie dort, der Unterschied ein, ob der Ausdruck ganz individueller Gegenstände gesucht wird, oder Beziehungen dargestellt werden sollen, welche, auf eine ganze Zahl einzelner anwendbar, diese gleichförmig in einen allgemeinen Begriff versammeln, so dafs eigentlich drei Fälle zu unterscheiden sind. Die Bezeichnung der Begriffe, unter welche die beiden ersteren gehören, machte bei der Lautform die Wortbildung aus, welcher hier die Begriffsbildung entspricht. Denn es mufs innerlich jeder Begriff an ihm selbst eigenen Merkmalen, oder an Beziehungen auf andere festgehalten werden, indem der Articulationssinn die bezeichnenden Laute auffindet. Dies ist selbst bei äufseren, körperlichen, geradezu durch die Sinne wahrnehmbaren Gegenständen der Fall. Auch bei ihnen ist das Wort nicht das Äquivalent des den Sinnen vorschwebenden Gegenstandes, sondern der Auffassung desselben durch die Spracherzeugung im bestimmten Augenblicke der Worterfindung. Es ist dies eine vorzügliche Quelle der Vielfachheit von Ausdrücken für die nämlichen Gegenstände; und wenn z. B. im Sanskrit der Elephant bald der zweimal Trinkende, bald der Zweizahnige, bald der mit einer Hand Versehene heifst, so sind dadurch, wenn auch immer derselbe Gegenstand gemeint ist, ebenso viele verschiedene Begriffe bezeichnet. Denn die Sprache stellt niemals die Gegenstände, sondern immer die durch den Geist in der Spracherzeugung selbstthätig von ihnen gebildeten Begriffe dar; und von dieser Bildung, insofern sie als ganz innerlich, gleichsam dem Articulationssinne vorausgehend angesehen werden mufs, ist hier die Rede. Freilich gilt aber diese Scheidung nur für die Sprachzergliederung, und kann nicht als in der Natur vorhanden betrachtet werden.

Von einem anderen Gesichtspunkte aus stehen die beiden letzten der drei oben unterschiedenen Fälle einander näher. Die allgemeinen, an den einzelnen Gegenständen zu bezeichnenden Beziehungen und die grammatischen Wortbeugungen beruhen beide gröfstentheils auf den allgemeinen Formen der Anschauung und der logischen Anordnung der Begriffe. Es liegt daher in ihnen ein übersehbares System, mit welchem sich das aus jeder besonderen Sprache hervorgehende vergleichen läfst, und es fallen dabei wieder die beiden Punkte ins Auge: die Vollständigkeit und richtige Absonderung des zu Bezeichnenden, und die für jeden solchen Begriff ideell gewählte Bezeichnung selbst. Denn es trifft hier gerade das schon oben Ausgeführte ein. Da es hier aber immer die Bezeichnung unsinnlicher Begriffe, ja oft blofser Verhältnisse gilt, so mufs der Begriff für die Sprache oft, wenn nicht immer, bildlich genommen werden; und hier zeigen sich nun die eigentlichen Tiefen des Sprachsinnes in der Verbindung der die ganze Sprache von Grund aus beherrschenden einfachsten Begriffe. Person, mithin Pronomen, und Raumverhältnisse spielen hierin die wichtigste Rolle; und oft läfst es sich nachweisen, wie dieselben auch auf einander bezogen, und in einer noch einfacheren Wahrnehmung verknüpft sind. Es offenbart sich hier das, was die Sprache, als solche, am eigenthümlichsten, und gleichsam instinctartig, im Geiste begründet. Der individuellen Verschiedenheit dürfte hier am wenigsten Raum gelassen sein, und der Unterschied der Sprachen in diesem Punkte mehr blofs darauf beruhen, dafs in einigen theils ein fruchtbarerer Gebrauch davon gemacht, theils die aus dieser Tiefe geschöpfte Bezeichnung klarer und dem Bewufstsein zugänglicher angedeutet ist.

Tiefer in die sinnliche Anschauung, die Phantasie, das Gefühl, und, durch das Zusammenwirken von diesen, in den Charakter überhaupt dringt die Bezeichnung der einzelnen inneren und äufseren Gegenstände ein, da sich hier wahrhaft die Natur mit dem Menschen, der zum Theil wirklich materielle Stoff mit dem formenden Geiste verbindet. In diesem Gebiete leuchtet daher vorzugsweise die nationelle Eigenthümlichkeit hervor. Denn der Mensch naht sich, auffassend, der äufseren Natur und entwickelt, selbstthätig, seine inneren Empfindungen nach der Art, wie seine geistigen Kräfte sich in verschiedenem Verhältnifs gegen einander abstufen; und dies prägt sich ebenso in der Spracherzeugung aus, insofern sie innerlich die Begriffe dem Worte entgegenbildet. Die grofse Gränzlinie ist auch hier, ob ein Volk in seine Sprache mehr objective Realität oder mehr subjective Innerlichkeit legt. Obgleich sich dies immer erst allmälig in der fortschreitenden Bildung deutlicher entwickelt, so liegt doch schon der Keim dazu in unverkennbarem Zusammenhange in der ersten Anlage; und auch die Lautform trägt das Gepräge davon. Denn je mehr Helle und Klarheit der Sprachsinn in der Darstellung sinnlicher Gegenstände, und je reiner und körperloser umschriebene Bestimmtheit er bei geistigen Begriffen fordert, desto schärfer, da in dem Innern der Seele, was wir reflectirend sondern, ungetrennt Eins ist, zeigen sich auch die articulirten Laute, und desto volltönender reihen sich die Sylben zu Wörtern an einander. Dieser Unterschied mehr klarer und fester Objectivität und tiefer geschöpfter Subjectivität springt bei sorgfältiger Vergleichung des Griechischen mit dem Deutschen in die Augen. Man bemerkt aber diesen Einfluss der nationellen Eigenthümlichkeit in der Sprache auf eine zwiefache Weise: an der **Bildung der einzelnen Begriffe**, und an dem **verhältnissmäfsig verschiedenen Reichthum der Sprache an Begriffen gewisser Gattung.** In die einzelne Bezeichnung geht sichtbar bald die Phantasie und das Gefühl, von sinnlicher Anschauung geleitet, bald der fein sondernde Verstand, bald der kühn verknüpfende Geist ein. Die gleiche Farbe, welche dadurch die Ausdrücke für die mannigfaltigsten Gegenstände erhalten, zeigt die der Naturauffassung der Nation. Nicht minder deutlich ist das Übergewicht der Ausdrücke, die einer einzelnen Geistesrichtung angehören. Ein solches ist z. B. im Sanskrit an der vorwaltenden Zahl religiös philosophischer Wörter sichtbar, in der sich vielleicht keine andere Sprache mit ihr messen kann. Man muſs hierzu noch hinzufügen, daſs diese Begriffe gröſstentheils in möglichster Nacktheit nur aus ihren einfachen Urelementen gebildet sind, so daſs der tief abstrahirende Sinn der Nation auch daraus noch klarer hervorstrahlt. Die Sprache trägt dadurch dasselbe Gepräge an sich, das man in der ganzen Dichtung und geistigen Thätigkeit des Indischen Alterthums, ja in der äuſseren Lebensweise und Sitte wiederfindet. Sprache, Litteratur und Verfassung bezeugen einstimmig, daſs im Inneren die Richtung auf die ersten Ursachen und das letzte Ziel des menschlichen Daseins, im Äuſseren der Stand, welcher sich dieser ausschlieſslich widmete, also Nachdenken und Aufstreben zur Gottheit, und Priesterthum, die vorherrschenden, die Nationalität bezeichnenden Züge waren. Eine Nebenfärbung in allen diesen drei Punkten war das, oft in Nichts auszugehen drohende, ja nach diesem Ziele wirklich strebende Grübeln, und der Wahn, die Gränzen der Menschheit durch abenteuerliche Übungen überschreiten zu können.

Es wäre jedoch eine einseitige Vorstellung, zu denken, dafs sich die nationelle Eigenthümlichkeit des Geistes und des Charakters allein in der Begriffsbildung offenbarte; sie übt einen gleich grofsen Einflufs auf die Redefügung aus, und ist an ihr gleich erkennbar. Es ist auch begreiflich, wie sich das in dem Innern heftiger oder schwächer, flammender oder dunkler, lebendiger oder langsamer lodernde Feuer in den Ausdruck des ganzen Gedanken und der ausströmenden Reihe der Empfindungen vorzugsweise so ergiefst, dafs seine eigenthümliche Natur daraus unmittelbar hervorleuchtet. Auch in diesem Punkte führt das Sanskrit und das Griechische zu anziehenden und belehrenden Vergleichungen. Die Eigenthümlichkeiten in diesem Theile der Sprache prägen sich aber nur zum kleinsten Theile in einzelnen Formen und in bestimmten Gesetzen aus, und die Sprachzergliederung findet daher hier ein schwierigeres und mühevolleres Geschäft. Auf der anderen Seite hängt die Art der syntaktischen Bildung ganzer Ideenreihen sehr genau mit demjenigen zusammen, wovon wir weiter oben sprachen, mit der Bildung der grammatischen Formen. Denn Armuth und Unbestimmtheit der Formen verbietet, den Gedanken in zu weitem Umfange der Rede schweifen zu lassen, und nöthigt zu einem einfachen, sich an wenigen Ruhepunkten begnügenden Periodenbau. Allein auch da, wo ein Reichthum fein gesonderter und scharf bezeichneter grammatischer Formen vorhanden ist, mufs doch, wenn die Redefügung zur Vollendung gedeihen soll, noch ein innerer, lebendiger Trieb nach längerer, sinnvoller verschlungner, mehr begeisterter Satzbildung hinzukommen. Dieser Trieb mußte in der Epoche, in welcher das Sanskrit die Form seiner uns bekannten Producte erhielt, minder energisch wirken, da er sich sonst, wie es dem Genius der Griechischen Sprache gelang, auch gewissermafsen vorahndend die Möglichkeit dazu geschaffen hätte, die sich uns jetzt wenigstens selten in seiner Redefügung durch die That offenbart.

Vieles im Periodenbaue und der Redefügung läfst sich aber nicht auf Gesetze zurückführen, sondern hängt von dem jedesmal Redenden oder Schreibenden ab. Die Sprache hat dann das Verdienst, der Mannigfaltigkeit der Wendungen Freiheit und Reichthum an Mitteln zu gewähren, wenn sie oft auch nur die Möglichkeit darbietet, diese in jedem Augenblick selbst zu erschaffen. Ohne die Sprache in ihren Lauten, und noch weniger in ihren Formen und Gesetzen zu verändern, führt die Zeit durch wachsende Ideenentwickelung, gesteigerte Denkkraft und tiefer eindringendes Empfindungsvermögen oft in sie ein, was sie früher nicht besafs. Es wird alsdann in dasselbe Gehäuse ein anderer Sinn gelegt, unter demselben Gepräge etwas Verschiedenes gegeben, nach den gleichen Verknüpfungsgesetzen ein anders abgestufter Ideengang angedeutet. Es ist dies eine beständige Frucht der Litteratur eines Volkes, in dieser aber vorzüglich der Dichtung und Philosophie. Der Ausbau der übrigen Wissenschaften liefert der Sprache mehr ein einzelnes Material, oder sondert und bestimmt fester das vorhandene; Dichtung und Philosophie aber berühren in einem noch ganz anderen Sinne den innersten Menschen selbst, und wirken daher auch stärker und bildender auf die mit diesem innig verwachsene Sprache. Auch der Vollendung in ihrem Fortgange sind daher die Sprachen am meisten fähig, in welchen poetischer und philosophischer Geist wenigstens in einer Epoche vorgewaltet hat, und doppelt mehr, wenn dies Vorwalten aus eigenem Triebe entsprungen, nicht dem Fremden nachgeahmt ist. Bisweilen ist auch in ganzen Stämmen, wie im Semitischen und Sanskritischen, der Dichtergeist so lebendig, daſs der einer früheren Sprache des Stammes in einer späteren gleichsam wieder neu ersteht. Ob der Reichthum sinnlicher Anschauung auf diese Weise in den Sprachen einer Zunahme fähig ist, möchte schwerlich zu entscheiden sein. Daſs aber intellectuelle Begriffe und aus innerer Wahrnehmung geschöpfte den sie bezeichnenden Lauten im fortschreitenden Gebrauche einen tieferen, seelenvolleren Gehalt mittheilen, zeigt die Erfahrung an allen Sprachen, die sich Jahrhunderte hindurch fortgebildet haben. Geistvolle Schriftsteller geben den Wörtern diesen gesteigerten Gehalt, und eine regsam empfängliche Nation nimmt ihn auf und pflanzt ihn fort. Dagegen nutzen sich Metaphern, welche den jugendlichen Sinn der Vorzeit, wie die Sprachen selbst die Spuren davon an sich tragen, wunderbar ergriffen zu haben scheinen, im täglichen Gebrauch so ab, daſs sie kaum noch empfunden werden. In diesem gleichzeitigen Fortschritt und Rückgang üben die Sprachen den der fortschreitenden Entwicklung angemessenen Einfluſs aus, der ihnen in der groſsen geistigen Ökonomie des Menschengeschlechts angewiesen ist.

§. 12.

Die Verbindung der Lautform mit den inneren Sprachgesetzen bildet die Vollendung der Sprachen; und der höchste Punkt dieser ihrer Vollendung beruhet darauf, daſs diese Verbindung, immer in gleichzeitigen Acten des spracherzeugenden Geistes vor sich gehend, zur wahren und reinen Durchdringung werde.

Von dem ersten Elemente an ist die Erzeugung der Sprache ein synthetisches Verfahren, und zwar ein solches im ächtesten Verstande des Worts, wo die Synthesis etwas schafft, das in keinem der verbundenen Theile für sich liegt. Das Ziel wird daher nur erreicht, wenn auch der ganze Bau der Lautform und der inneren Gestaltung ebenso fest und gleichzeitig zusammenfliefsen. Die daraus entspringende, wohlthätige Folge ist dann die völlige Angemessenheit des einen Elements zu dem andren, so dafs keins über das andere gleichsam überschiefst. Es wird, wenn dieses Ziel erreicht ist, weder die innere Sprachentwicklung einseitige Pfade verfolgen, auf denen sie von der phonetischen Formenerzeugung verlassen wird, noch wird der Laut in wuchernder Üppigkeit über das schöne Bedürfnifs des Gedanken hinauswalten. Er wird dagegen gerade durch die inneren, die Sprache in ihrer Erzeugung vorbereitenden Seelenregungen zu Euphonie und Rhythmus hingeleitet werden, in beiden ein Gegengewicht gegen das blofse, klingelnde Sylbengetön finden, und durch sie einen neuen Pfad entdecken, auf dem, wenn eigentlich der Gedanke dem Laute die Seele einhaucht, dieser ihm wieder aus seiner Natur ein begeisterndes Princip zurückgiebt. Die feste Verbindung der beiden constitutiven Haupttheile der Sprache äufsert sich vorzüglich in dem sinnlichen und phantasiereichen Leben, das ihr dadurch aufblüht, da hingegen einseitige Verstandesherrschaft, Trockenheit und Nüchternheit die unfehlbaren Folgen sind, wenn sich die Sprache in einer Epoche intellectueller erweitert und verfeinert, wo der Bildungstrieb der Laute nicht mehr die erforderliche Stärke besitzt, oder wo gleich anfangs die Kräfte einseitig gewirkt haben. Im Einzelnen sieht man dies an den Sprachen, in denen einige Tempora, wie im Arabischen, nur durch getrennte Hülfsverba gebildet werden, wo also die Idee solcher Formen nicht mehr wirksam von dem Triebe der Lautformung begleitet gewesen ist. Das Sanskrit hat in einigen Zeitformen das Verbum sein wirklich mit dem Verbalbegriff in Worteinheit verbunden.

Weder dies Beispiel aber, noch auch andre ähnlicher Art, die man leicht, besonders auch aus dem Gebiete der Wortbildung, aufzählen könnte, zeigen die volle Bedeutung des hier ausgesprochnen Erfordernisses. Nicht aus Einzelnheiten, sondern aus der ganzen Beschaffenheit und Form der Sprache geht die vollendete Synthesis, von der hier die Rede ist, hervor. Sie ist das Product der Kraft im Augenblicke der Spracherzeugung, und bezeichnet genau den Grad ihrer Stärke. Wie eine stumpf ausgeprägte Münze zwar alle Umrisse und Einzelnheiten der Form wiedergiebt, aber des Glanzes ermangelt, der aus der Bestimmtheit und Schärfe hervorspringt, ebenso ist es auch hier. Überhaupt erinnert die Sprache oft, aber am meisten hier, in dem tiefsten und unerklärbarsten Theile ihres Verfahrens, an die Kunst. Auch der Bildner und Maler vermählt die Idee mit dem Stoff, und auch seinem Werke sieht man es an, ob diese Verbindung, in Innigkeit der Durchdringung, dem wahren Genius in Freiheit entstrahlt, oder ob die abgesonderte Idee mühevoll und ängstlich mit dem Meifsel oder dem Pinsel gleichsam abgeschrieben ist. Aber auch hier zeigt sich dies letztere mehr in der Schwäche des Totaleindrucks, als in einzelnen Mängeln. Wie sich nun eigentlich das geringere Gelingen der nothwendigen Synthesis der äufseren und inneren Sprachform an einer Sprache offenbart, werde ich zwar weiter unten an einigen einzelnen grammatischen Punkten zu zeigen bemüht sein; die Spuren eines solchen Mangels aber bis in die äufsersten Feinheiten des Sprachbaues zu verfolgen, ist nicht allein schwierig, sondern bis auf einen gewissen Grad unmöglich. Noch weniger kann es gelingen, denselben überall in Worten darzustellen. Das Gefühl aber täuscht sich darüber nicht, und noch klarer und deutlicher äufsert sich das Fehlerhafte in den Wirkungen. Die wahre Synthesis entspringt aus der Begeisterung, welche nur die hohe und energische Kraft kennt. Bei der unvollkommenen hat diese Begeisterung gefehlt; und ebenso übt auch eine so entstandene Sprache eine minder begeisternde Kraft in ihrem Gebrauch aus. Dies zeigt sich in ihrer Litteratur, die weniger zu den Gattungen hinneigt, welche einer solchen Begeisterung bedürfen, oder den schwächeren Grad derselben an der Stirn trägt. Die geringere nationelle Geisteskraft, welcher die Schuld dieses Mangels anheimfällt, bringt dann wieder eine solche durch den Einfluſs einer unvollkommneren Sprache in den nachfolgenden Geschlechtern hervor, oder vielmehr die Schwäche zeigt sich durch das ganze Leben einer solchen Nation, bis durch irgend einen Anstoſs eine neue Geistesumformung entsteht.

§. 13.

Der Zweck dieser Einleitung, die Sprachen, in der Verschiedenartigkeit ihres Baues, als die nothwendige Grundlage der Fortbildung des menschlichen Geistes darzustellen und den wechselseitigen Einfluſs des Einen auf das Andre zu erörtern, hat mich genöthigt, in die Natur der Sprache überhaupt einzugehen. Jenen Standpunkt genau festhaltend, muſs ich diesen Weg weiter verfolgen. Ich habe im Vorigen das Wesen der Sprache nur in seinen allgemeinsten Grundzügen dargelegt, und wenig mehr gethan, als ihre Definition ausführlicher zu entwickeln. Wenn man ihr Wesen in der Laut- und Ideenform und der richtigen und energischen Durchdringung beider sucht, so bleibt dabei eine zahllose Menge die Anwendung verwirrender Einzelnheiten zu bestimmen übrig. Um daher, wie es hier meine Absicht ist, der individuell historischen Sprachvergleichung durch vorbereitende Betrachtungen den Weg zu bahnen, ist es zugleich nothwendig, das

Allgemeine mehr auseinanderzulegen, und das dann hervortretende Besondere dennoch mehr in Einheit zusammenzuziehen. Eine solche Mitte zu erreichen, bietet die Natur der Sprache selbst die Hand. Da sie, in unmittelbarem Zusammenhange mit der Geisteskraft, ein vollständig durchgeführter Organismus ist, so lassen sich in ihr nicht blofs Theile unterscheiden, sondern auch Gesetze des Verfahrens, oder, da ich überall hier gern Ausdrücke wähle, welche der historischen Forschung auch nicht einmal scheinbar vorgreifen, vielmehr Richtungen und Bestrebungen desselben. Man kann diese, wenn man den Organismus der Körper dagegen halten will, mit den physiologischen Gesetzen vergleichen, deren wissenschaftliche Betrachtung sich auch wesentlich von der zergliedernden Beschreibung der einzelnen Theile unterscheidet. Es wird daher hier nicht einzeln nach einander, wie in unsren Grammatiken, vom Lautsysteme, Nomen, Pronomen u. s. f., sondern von Eigenthümlichkeiten der Sprachen die Rede sein, welche durch alle jene einzelnen Theile, sie selbst näher bestimmend, durchgehen. Dies Verfahren wird auch von einem andren Standpunkte aus hier zweckmäfsiger erscheinen. Wenn das oben angedeutete Ziel erreicht werden soll, mufs die Untersuchung hier gerade vorzugsweise eine solche Verschiedenheit des Sprachbaues im Auge behalten, welche sich nicht auf Einerleiheit eines Sprachstammes zurückführen läfst. Diese nun wird man vorzüglich da suchen müssen, wo sich das Verfahren der Sprache am engsten in ihren endlichen Bestrebungen zusammenknüpft. Dies führt uns wieder, aber in andrer Beziehung, zur Bezeichnung der Begriffe und zur Verknüpfung des Gedanken im Satze. Beide fliefsen aus dem Zwecke der inneren Vollendung des Gedanken und des äufseren Verständnisses. Gewissermafsen unabhängig hiervon bildet sich in ihr zugleich ein künstlerisch schaffendes Princip aus, das ganz eigentlich ihr selbst angehört. Denn die Begriffe werden in ihr von Tönen getragen, und der Zusammenklang aller geistigen Kräfte verbindet sich also mit einem musikalischen Element, das, in sie eintretend, seine Natur nicht aufgibt, sondern nur modificirt. Die künstlerische Schönheit der Sprache wird ihr daher nicht als ein zufälliger Schmuck verliehen, sie ist, gerade im Gegentheil, eine in sich nothwendige Folge ihres übrigen Wesens, ein untrüglicher Prüfstein ihrer inneren und allgemeinen Vollendung. Denn die innere Arbeit des Geistes hat sich erst dann auf die kühnste Höhe geschwungen, wenn das Schönheitsgefühl seine Klarheit darüber ausgießt.

Das Verfahren der Sprache ist aber nicht bloß ein solches, wodurch eine einzelne Erscheinung zu Stande kommt; es muß derselben zugleich die Möglichkeit eröffnen, eine unbestimmbare Menge solcher Erscheinungen, und unter allen, ihr von dem Gedanken gestellten Bedingungen hervorzubringen. Denn sie steht ganz eigentlich einem unendlichen und wahrhaft gränzenlosen Gebiete, dem Inbegriff alles Denkbaren, gegenüber. Sie muß daher von endlichen Mitteln einen unendlichen Gebrauch machen, und vermag dies durch die Identität der Gedanken und Sprache erzeugenden Kraft. Es liegt hierin aber auch nothwendig, daß sie nach zwei Seiten hin ihre Wirkung zugleich ausübt, indem diese zunächst aus sich heraus auf das Gesprochene geht, dann aber auch zurück auf die sie erzeugenden Kräfte. Beide Wirkungen modificiren sich in jeder einzelnen Sprache durch die in ihr beobachtete Methode, und müssen daher bei der Darstellung und Beurtheilung dieser zusammengenommen werden.

Wir haben schon im Vorigen gesehen, daß die Worterfindung im Allgemeinen nur darin besteht, nach der in beiden Gebieten aufgefaßten Verwandtschaft, analogen Begriffen analoge Laute zu wählen, und die letzteren in eine mehr oder weniger bestimmte

Form zu giefsen. Es kommen also hier zwei Dinge, die Wortform und die Wortverwandtschaft, in Betrachtung. Die letztere ist, weiter zergliedert, eine dreifache, nämlich die der Laute, die logische der Begriffe, und die aus der Rückwirkung der Wörter auf das Gemüth entstehende. Da die Verwandtschaft, insofern sie logisch ist, auf Ideen beruht, so erinnert man sich hier zuerst an denjenigen Theil des Wortvorraths, in welchem Wörter nach Begriffen allgemeiner Verhältnisse zu andren Wörtern, concrete zu abstracten, einzelne Dinge andeutende zu collectiven u. s. f., umgestempelt werden. Ich sondre ihn aber hier ab, da die charakteristische Modification dieser Wörter sich ganz enge an diejenige anschliefst, welche dasselbe Wort in den verschiednen Verhältnissen zur Rede annimmt. In diesen Fällen wird ein sich immer gleich bleibender Theil der Bedeutung des Wortes mit einem andren, wechselnden, verbunden. Dasselbe findet aber auch sonst in der Sprache statt. Sehr oft läfst sich in dem, in der Bezeichnung verschiedenartiger Gegenstände gemeinschaftlichen Begriffe ein stammhafter Grundtheil des Wortes erkennen, und das Verfahren der Sprache kann diese Erkennung befördern oder erschweren, den Stammbegriff und das Verhältnifs seiner Modificationen zu ihm herausheben oder verdunkeln. Die Bezeichnung des Begriffs durch den Laut ist eine Verknüpfung von Dingen, deren Natur sich wahrhaft niemals vereinigen kann. Der Begriff vermag sich aber ebensowenig von dem Worte abzulösen, als der Mensch seine Gesichtszüge ablegen kann. Das Wort ist seine individuelle Gestaltung, und er kann, wenn er diese verlassen will, sich selbst nur in andren Worten wiederfinden. Dennoch mufs die Seele immerfort versuchen, sich von dem Gebiete der Sprache unabhängig zu machen, da das Wort allerdings eine Schranke ihres inneren, immer mehr enthaltenden, Empfindens ist, und oft gerade sehr eigenthümliche Nüancen desselben durch seine im Laut mehr materielle, in der Bedeutung zu allgemeine Natur zu ersticken droht. Sie muſs das Wort mehr wie einen Anhaltspunkt ihrer inneren Thätigkeit behandeln, als sich in seinen Gränzen gefangen halten lassen. Was sie aber auf diesem Wege schützt und erringt, fügt sie wieder dem Worte hinzu; und so geht aus diesem ihrem fortwährenden Streben und Gegenstreben, bei gehöriger Lebendigkeit der geistigen Kräfte, eine immer gröſsere Verfeinerung der Sprache, eine wachsende Bereicherung derselben an seelenvollem Gehalte hervor, die ihre Forderungen in eben dem Grade höher steigert, in dem sie besser befriedigt werden. Die Wörter erhalten, wie man an allen hoch gebildeten Sprachen sehen kann, in dem Grade, in welchem Gedanke und Empfindung einen höheren Schwung nehmen, eine mehr umfassende, oder tiefer eingreifende Bedeutung.

Die Verbindung der verschiedenartigen Natur des Begriffs und des Lautes fordert, auch ganz abgesehen vom körperlichen Klange des letzteren, und bloſs vor der Vorstellung selbst, die Vermittlung beider durch etwas Drittes, in dem sie zusammentreffen können. Dies Vermittelnde ist nun allemal sinnlicher Natur, wie in Vernunft die Vorstellung des Nehmens, in Verstand die des Stehens, in Blüthe die des Hervorquellens liegt; es gehört der äuſseren oder inneren Empfindung oder Thätigkeit an. Wenn die Ableitung es richtig entdecken läſst, kann man, immer das Concretere mehr davon absondernd, es entweder ganz, oder neben seiner individuellen Beschaffenheit, auf Extension oder Intension, oder Veränderung in beiden, zurückführen, so daſs man in die allgemeinen Sphären des Raumes und der Zeit und des Empfindungsgrades gelangt. Wenn man nun auf diese Weise die Wörter einer einzelnen Sprache durchforscht, so kann es, wenn auch mit Ausnahme vieler einzelnen Punkte, gelingen, die Fäden ihres Zusammenhanges zu erkennen und das allgemeine Verfahren in ihr individualisirt, wenigstens in seinen Hauptumrissen, zu zeichnen. Man versucht alsdann, von den concreten Wörtern zu den gleichsam wurzelhaften Anschauungen und Empfindungen aufzusteigen, durch welche jede Sprache, nach dem sie beseelenden Genius, in ihren Wörtern den Laut mit dem Begriffe vermittelt. Diese Vergleichung der Sprache mit dem ideellen Gebiete, als demjenigen, dessen Bezeichnung sie ist, scheint jedoch umgekehrt zu fordern, von den Begriffen aus zu den Wörtern herabzusteigen, da nur die Begriffe, als die Urbilder, dasjenige enthalten können, was zur Beurtheilung der Wortbezeichnung, ihrer Gattung und ihrer Vollständigkeit nach, nothwendig ist. Das Verfolgen dieses Weges wird aber durch ein inneres Hinderniſs gehemmt, da die Begriffe, so wie man sie mit einzelnen Wörtern stempelt, nicht mehr bloſs etwas Allgemeines, erst näher zu Individualisirendes darstellen können. Versucht man aber, durch Aufstellung von Kategorieen zum Zweck zu gelangen, so bleibt zwischen der engsten Kategorie und dem durch das Wort individualisirten Begriff eine nie zu überspringende Kluft. Inwiefern also eine Sprache die Zahl der zu bezeichnenden Begriffe erschöpft, und in welcher Festigkeit der Methode sie von den ursprünglichen Begriffen zu den abgeleiteten besonderen herabsteigt, läſst sich im Einzelnen nie mit einiger Vollständigkeit darstellen, da der Weg der Begriffsverzweigung nicht durchführbar ist, und der der Wörter wohl das Geleistete, nicht aber das zu Fordernde zeigt.

Man kann den Wortvorrath einer Sprache auf keine Weise als eine fertig daliegende Masse ansehen. Er ist, auch ohne ausschlieſslich der beständigen Bildung neuer Wörter und Wortformen zu gedenken, so lange die Sprache im Munde des Volks lebt, ein fortgehendes Erzeugniſs und Wiedererzeugniſs des wortbildenden Vermögens, zuerst in dem Stamme, dem die Sprache ihre Form verdankt, dann in der kindischen Erlernung des Sprechens, und endlich im täglichen Gebrauche der Rede. Die unfehlbare Gegenwart des jedesmal nothwendigen Wortes in dieser ist gewiſs nicht bloſs Werk des Gedächtnisses. Kein menschliches Gedächtniſs reichte dazu hin, wenn nicht die Seele instinctartig zugleich den Schlüssel zur Bildung der Wörter selbst in sich trüge. Auch eine fremde erlernt man nur dadurch, daſs man sich nach und nach, sei es auch nur durch Übung, dieses Schlüssels zu ihr bemeistert, nur vermöge der Einerleiheit der Sprachanlagen überhaupt, und der besonderen zwischen einzelnen Völkern bestehenden Verwandtschaft derselben. Mit den todten Sprachen verhält es sich nur um Weniges anders. Ihr Wortvorrath ist allerdings nach unserer Seite hin ein geschlossenes Ganzes, in dem nur glückliche Forschung in ferner Tiefe liegende Entdeckungen zu machen im Stande ist. Allein ihr Studium kann auch nur durch Aneignung des ehemals in ihnen lebendig gewesenen Princips gelingen; sie erfahren ganz eigentlich eine wirkliche augenblickliche Wiederbelebung. Denn eine Sprache kann unter keiner Bedingung wie eine abgestorbene Pflanze erforscht werden. Sprache und Leben sind unzertrennliche Begriffe, und die Erlernung ist in diesem Gebiet immer nur Wiedererzeugung.

Von dem hier gefaſsten Standpunkte aus, zeigt sich nun die Einheit des Wortvorrathes jeder Sprache am deutlichsten. Er ist ein Ganzes, weil Eine Kraft ihn erzeugt hat, und diese Erzeugung in unzertrennlicher Verkettung fortgeführt worden ist. Seine Einheit beruht auf dem, durch die Verwandtschaft der Begriffe geleiteten Zusammenhange der vermittelnden Anschauungen und der Laute. Dieser Zusammenhang ist es daher, den wir hier zunächst zu betrachten haben.

Die Indischen Grammatiker bauten ihr, gewiſs zu künstliches, aber in seinem Ganzen von bewundrungswürdigem Scharfsinn zeugendes System auf die Voraussetzung, daſs sich der ihnen vorliegende Wortschatz ihrer Sprache ganz durch sich selbst erklären lasse. Sie sahen dieselbe daher als eine ursprüngliche an, und schlossen auch alle Möglichkeit im Verlaufe der Zeit aufgenommener fremder Wörter aus. Beides war unstreitig falsch. Denn aller historischen, oder aus der Sprache selbst aufzufindenden Gründe nicht zu gedenken, ist es auf keine Weise wahrscheinlich, daſs sich irgend eine wahrhaft ursprüngliche Sprache in ihrer Urform bis auf uns erhalten habe. Vielleicht hatten die Indischen Grammatiker bei ihrem Verfahren auch nur mehr den Zweck im Auge, die Sprache zur Bequemlichkeit der Erlernung in systematische Verbindung zu bringen, ohne sich gerade um die historische Richtigkeit dieser Verbindung zu kümmern. Es mochte aber auch den Indiern in diesem Punkte wie den meisten Nationen bei dem Aufblühen ihrer Geistesbildung ergehen. Der Mensch sucht immer die Verknüpfung, auch der äuſseren Erscheinungen, zuerst im Gebiete der Gedanken auf; die historische Kunst ist immer die späteste, und die reine Beobachtung, noch weit mehr aber der Versuch, folgen erst in weiter Entfernung idealischen oder phantastischen Systemen nach. Zuerst versucht der Mensch die Natur von der Idee aus zu beherrschen. Dies zugestanden, zeugt aber jene Voraussetzung der Erklärlichkeit des Sanskrits durch sich allein von einem richtigen und tiefen Blick in die Natur der Sprache überhaupt. Denn eine wahrhaft ursprüngliche und von fremder Einmischung rein geschiedene müſste wirklich einen solchen thatsächlich nachzuweisenden Zusammenhang ihres gesammten Wortvorraths in sich bewahren. Es war überdies ein schon durch seine Kühnheit Achtung verdienendes Unternehmen, sich gerade mit dieser

Beharrlichkeit in die Wortbildung, als den tiefsten und geheimnifsvollsten Theil aller Sprachen, zu versenken.

Das Wesen des Lautzusammenhanges der Wörter beruht darauf, dafs eine mäfsige Anzahl dem ganzen Wortvorrathe zum Grunde liegender Wurzellaute durch Zusätze und Veränderungen auf immer bestimmtere und mehr zusammengesetzte Begriffe angewendet wird. Die Wiederkehr desselben Stammlauts, oder doch die Möglichkeit, ihn nach bestimmten Regeln zu erkennen, und die Gesetzmäfsigkeit in der Bedeutsamkeit der modificirenden Zusätze oder innern Umänderungen bestimmen alsdann diejenige Erklärlichkeit der Sprache durch sich selbst, die man eine mechanische oder technische nennen kann.

Es giebt aber einen, sich auch auf die Wurzelwörter beziehenden, wichtigen, noch bisher sehr vernachlässigten Unterschied unter den Wörtern in Absicht auf ihre Erzeugung. Die grofse Anzahl derselben ist gleichsam erzählender oder beschreibender Natur, bezeichnet Bewegungen, Eigenschaften und Gegenstände an sich, ohne Beziehung auf eine anzunehmende oder gefühlte Persönlichkeit; bei andren hingegen macht gerade der Ausdruck dieser oder die schlichte Beziehung auf dieselbe das ausschliefsliche Wesen der Bedeutung aus. Ich glaube in einer früheren Abhandlung (¹) richtig gezeigt zu haben, dafs die Personenwörter die ursprünglichen in jeder Sprache sein müssen, und dafs es eine ganz unrichtige Vorstellung ist, das Pronomen als den spätesten Redetheil in der Sprache anzusehen. Eine eng grammatische Vorstellungsart der Vertretung des Nomen durch das Pronomen hat hier die tiefer aus der Sprache

---

(¹) Über die Verwandtschaft der Ortsadverbien mit dem Pronomen in einigen Sprachen, in den Abhandlungen der historisch-philologischen Classe der Berliner Akademie der Wissenschaften, aus dem Jahre 1829. S. 1-6. Man vergleiche auch die Abhandlung über den Dualis, ebendaselbst, aus dem Jahre 1827. S. 182-185.

geschöpfte Ansicht verdrängt. Das Erste ist natürlich die Persönlichkeit des Sprechenden selbst, der in beständiger unmittelbarer Berührung mit der Natur steht, und unmöglich unterlassen kann, auch in der Sprache ihr den Ausdruck seines Ichs gegenüberzustellen. Im Ich aber ist von selbst auch das Du gegeben, und durch einen neuen Gegensatz entsteht die dritte Person, die sich aber, da nun der Kreis der Fühlenden und Sprechenden verlassen wird, auch zur todten Sache erweitert. Die Person, namentlich das Ich, steht, wenn man von jeder concreten Eigenschaft absieht, in der äufseren Beziehung des Raumes und der inneren der Empfindung. Es schliefsen sich also an die Personenwörter Präpositionen und Interjectionen an. Denn die ersteren sind Beziehungen des Raumes oder der als Ausdehnung betrachteten Zeit auf einen bestimmten, von ihrem Begriff nicht zu trennenden Punkt; die letzteren sind blofse Ausbrüche des Lebensgefühls. Es ist sogar wahrscheinlich, dafs die wirklich einfachen Personenwörter ihren Ursprung selbst in einer Raum- oder Empfindungsbeziehung haben.

Der hier gemachte Unterschied ist aber fein, und mufs genau in seiner bestimmten Sonderung genommen werden. Denn auf der einen Seite werden alle die inneren Empfindungen bezeichnenden Wörter, wie die für die äufseren Gegenstände, beschreibend und allgemein objectiv gebildet. Der obige Unterschied beruht nur darauf, dafs der wirkliche Empfindungsausbruch einer bestimmten Individualität das Wesen der Bezeichnung ausmacht. Auf der andren Seite kann es in den Sprachen Pronomina und Präpositionen geben, und giebt deren wirklich, die von ganz concreten Eigenschaftswörtern hergenommen sind. Die Person kann durch etwas mit ihrem Begriff Verbundenes bezeichnet werden, die Präposition auf eine ähnliche Weise durch ein mit ihrem Begriff verwandtes Nomen, wie hinter durch Rücken, vor durch Brust u. s. f.

P

Wirklich so entstandene Wörter können durch die Zeit so unkenntlich werden, dafs die Entscheidung schwer fällt, ob sie so abgeleitete oder ursprüngliche Wörter sind. Wenn hierüber aber auch in einzelnen Fällen hin und her gestritten werden kann, so bleibt darum nicht abzuläugnen, dafs jede Sprache ursprünglich solche dem unmittelbaren Gefühl der Persönlichkeit entstammte Wörter gehabt haben mufs. Bopp hat das wichtige Verdienst, diese zwiefache Gattung der Wurzelwörter zuerst unterschieden und die bisher unbeachtet gebliebene in die Wort- und Formenbildung eingeführt zu haben. Wir werden aber gleich weiter unten sehen, auf welche sinnvolle, auch von ihm zuerst an den Sanskritformen entdeckte Weise die Sprache beide, jede in einer verschiedenen Geltung, zu ihren Zwecken verbindet.

Die hier unterschiednen **objectiven** und **subjectiven** Wurzeln der Sprache (wenn ich mich, der Kürze wegen, dieser, allerdings bei weitem nicht erschöpfenden Bezeichnung derselben bedienen darf) theilen indefs nicht ganz die gleiche Natur mit einander, und können daher, genau genommen, auch nicht auf dieselbe Weise als Grundlaute betrachtet werden. Die **objectiven** tragen das Ansehen der Entstehung durch Analyse an sich; man hat die Nebenlaute abgesondert, die Bedeutung, um alle darunter geordnete Wörter zu umfassen, zu schwankendem Umfange erweitert, und so Formen gebildet, die in dieser Gestalt nur uneigentlich Wörter genannt werden können. Die **subjectiven** hat sichtbar die Sprache selbst geprägt. Ihr Begriff erlaubt keine Weite, ist vielmehr überall Ausdruck scharfer Individualität; er war dem Sprechenden unentbehrlich, und konnte bis zur Vollendung allmäliger Spracherweiterung gewissermafsen ausreichen. Er deutet daher, wie wir gleich in der Folge näher untersuchen werden, auf einen primitiven Zustand der Sprachen hin, was, ohne bestimmte historische Beweise, von den objectiven Wurzeln nur mit grofser Behutsamkeit angenommen werden kann.

Mit dem Namen der Wurzeln können nur solche Grundlaute belegt werden, welche sich unmittelbar, ohne Dazwischenkunft anderer, schon für sich bedeutsamer Laute, dem zu bezeichnenden Begriffe anschliefsen. In diesem strengen Verstande des Worts, brauchen die Wurzeln nicht der wahrhaften Sprache anzugehören; und in Sprachen, deren Form die Umkleidung der Wurzeln mit Nebenlauten mit sich führt, kann dies sogar überhaupt kaum; oder doch nur unter bestimmten Bedingungen der Fall sein. Denn die wahre Sprache ist nur die in der Rede sich offenbarende, und die Spracherfindung läfst sich nicht auf demselben Wege abwärts schreitend denken, den die Analyse aufwärts verfolgt. Wenn in einer solchen Sprache eine Wurzel als Wort erscheint, wie im Sanskrit युध्, *yudh*, Kampf, oder als Theil einer Zusammensetzung, wie in धर्मविद्, *dharmawid*, gerechtigkeitskundig, so sind dies Ausnahmen, die ganz und gar noch nicht zu der Voraussetzung eines Zustandes berechtigen, wo auch, gleichsam wie im Chinesischen, die unbekleideten Wurzeln sich mit der Rede verbanden. Es ist sogar viel wahrscheinlicher, dafs, je mehr die Stammlaute dem Ohre und dem Bewufstsein der Sprechenden geläufig wurden, solche einzelnen Fälle ihrer nackten Anwendung dadurch eintraten. Indem aber durch die Zergliederung auf die Stammlaute zurückgegangen wird, fragt es sich, ob man überall bis zu dem wirklich einfachen gelangt ist? Im Sanskrit ist schon mit glücklichem Scharfsinn von Bopp, und in einer, schon oben erwähnten, wichtigen Arbeit, die gewifs zur Grundlage weiterer Forschungen dienen wird, von Pott gezeigt worden, dafs mehrere angebliche Wurzeln zusammengesetzt oder durch Reduplication abgeleitet sind. Aber auch auf solche, die wirklich einfach scheinen, kann der Zweifel ausgedehnt werden. Ich meine hier besonders die, welche sich von dem Bau der einfachen oder doch den Vocal nur mit solchen Consonantenlauten, die sich bis zu schwieriger Trennung mit ihm verschmelzen, umkleidenden Sylben abweichen. Auch in ihnen können unkenntlich gewordene und phonetisch durch Zusammenziehung, Abwerfung von Vocalen, oder sonst veränderte Zusammensetzungen versteckt sein. Ich sage dies nicht, um leere Muthmaſsungen an die Stelle von Thatsachen zu setzen, wohl aber, um der historischen Forschung nicht willkührlich das weitere Vordringen in noch nicht gehörig durchschaute Sprachzustände zu verschlieſsen, und weil die uns hier beschäftigende Frage des Zusammenhanges der Sprachen mit dem Bildungsvermögen es nothwendig macht, alle Wege aufzusuchen, welche die Entstehung des Sprachbaues genommen haben kann.

Insofern sich die Wurzellaute durch ihre stätige Wiederkehr in sehr abwechselnden Formen kenntlich machen, müssen sie in dem Grade mehr zur Klarheit gelangen, in welchem eine Sprache den Begriff des Verbum seiner Natur gemäſser in sich ausgebildet hat. Denn bei der Flüchtigkeit und Beweglichkeit dieses, gleichsam nie ruhenden Redetheils zeigt sich nothwendig dieselbe Wurzelsylbe mit immer wechselnden Nebenlauten. Die Indischen Grammatiker verfuhren daher nach einem ganz richtigen Gefühl ihrer Sprache, indem sie alle Wurzeln als Verbalwurzeln behandelten, und jede bestimmten Conjugationen zuwiesen. Es liegt aber auch in der Natur der Sprachentwickelung selbst, daſs, sogar geschichtlich, die Bewegungs- und Beschaffenheitsbegriffe die zuerst bezeichneten sein werden, da nur sie natürlich wieder gleich, und oft in dem nämlichen Acte, die bezeichnenden der Gegenstände sein können, insofern diese einfache Wörter ausmachen. Bewegung und Beschaffenheit stehen einander aber an sich nahe, und ein lebhafter Sprachsinn reifst die letztere noch häufiger zu der ersteren hin. Dafs die Indischen Grammatiker auch diese wesentliche Verschiedenheit der Bewegung und Beschaffenheit, und der selbstständige Sachen andeutenden Wörter empfanden, beweist ihre Unterscheidung der *Krit-* und *Unâdi-*Suffixe. Durch beide werden Wörter unmittelbar von den Wurzellauten abgeleitet. Die ersteren aber bilden nur solche, in welchen der Wurzelbegriff selbst blofs mit allgemeinen, auf mehrere zugleich passenden Modificationen versehen wird. Wirkliche Substanzen finden sich bei ihnen seltener, und nur insofern, als die Bezeichnung derselben von dieser bestimmten Art ist. Die *Unâdi-*Suffixe begreifen, gerade im Gegentheil, nur Benennungen concreter Gegenstände, und in den durch sie gebildeten Wörtern ist der dunkelste Theil gerade das Suffix selbst, welches den allgemeineren, den Wurzellaut modificirenden Begriff enthalten sollte. Es ist nicht zu läugnen, dafs ein grofser Theil dieser Bildungen erzwungen und offenbar ungeschichtlich ist. Man erkennt zu deutlich ihre absichtliche Entstehung aus dem Princip, alle Wörter der Sprache, ohne Ausnahme, auf die einmal angenommenen Wurzeln zurückzubringen. Unter diesen Benennungen concreter Gegenstände können einestheils fremde in die Sprache aufgenommene, andrentheils aber unkenntlich gewordene Zusammensetzungen liegen, wie es von den letzteren in der That erkennbare bereits unter den Unâdi-Wörtern giebt. Es ist dies natürlich der dunkelste Theil aller Sprachen, und man hat daher mit Recht neuerlich vorgezogen, aus einem grofsen Theile der Unâdi-Wörter eine eigne Classe dunkler und ungewisser Herleitung zu bilden.

Das Wesen des Lautzusammenhanges beruht auf der Kenntlichkeit der **Stammsylbe**, die von den Sprachen überhaupt nach dem Grade der Richtigkeit ihres Organismus mit mehr oder minder sorgfältiger Schonung behandelt wird. In denen eines sehr vollkommenen Baues schliefsen sich aber an den Stammlaut, als den den Begriff individualisirenden, Nebenlaute, als allgemeine, modificirende, an. Wie nun in der Aussprache der Wörter in der Regel jedes nur Einen Hauptaccent hat, und die unbetonten Sylben gegen die betonte sinken (s. unten §. 16.), so nehmen auch, in den einfachen, abgeleiteten Wörtern, die Nebenlaute in richtig organisirten Sprachen einen kleineren, obgleich sehr bedeutsamen Raum ein. Sie sind gleichsam die scharfen und kurzen Merkzeichen für den Verstand, wohin er den Begriff der mehr und deutlicher sinnlich ausgeführten Stammsylbe zu setzen hat. Dies Gesetz sinnlicher Unterordnung, das auch mit dem rhythmischen Baue der Wörter in Zusammenhange steht, scheint durch sehr rein organisirte Sprachen auch formell, ohne dafs dazu die Veranlassung von den Wörtern selbst ausgeht, allgemein zu herrschen; und das Bestreben der Indischen Grammatiker, alle Wörter ihrer Sprache danach zu behandeln, zeugt wenigstens von richtiger Einsicht in den Geist ihrer Sprache. Da sich die Unâdi-Suffixa bei den früheren Grammatikern nicht gefunden haben sollen, so scheint man aber hierauf erst später gekommen zu sein. In der That zeigt sich in den meisten Sanskritwörtern für concrete Gegenstände dieser Bau einer kurz abfallenden Endung neben einer vorherrschenden Stammsylbe, und dies läfst sich sehr füglich mit dem oben über die Möglichkeit unkenntlich gewordener Zusammensetzung Gesagten vereinen. Der gleiche Trieb hat, wie auf die Ableitung, so auch auf die Zusammensetzung gewirkt, und gegen den individueller oder sonst bestimmt bezeichnenden Theil den anderen im Begriff und im Laute nach und nach fallen lassen. Denn wenn wir in den Sprachen, ganz dicht neben einander, beinahe unglaublich scheinende Verwischungen und Entstellungen der Laute durch die Zeit, und wieder ein, Jahrhunderte hindurch zu verfolgendes, beharrliches Halten an ganz einzelnen und einfachen antreffen, so liegt dies wohl meistentheils an dem durch irgend einen Grund motivirten Streben oder Aufgeben des inneren Sprachsinnes. Die Zeit verlöscht nicht an sich, sondern nur in dem Maaſse, als er vorher einen Laut absichtlich oder gleichgültig fallen läſst.

§. 14.

Ehe wir jetzt zu den wechselseitigen Beziehungen der Worte in der zusammenhängenden Rede übergehen, muſs ich eine Eigenschaft der Sprachen erwähnen, welche sich zugleich über diese Beziehungen und über einen Theil der Wortbildung selbst verbreitet. Ich habe schon im Vorigen (S. 107. 118.) die Ähnlichkeit des Falles erwähnt, wenn ein Wort durch die Hinzufügung eines allgemeinen, auf eine ganze Classe von Wörtern anwendbaren Begriffs aus der Wurzel abgeleitet, und wenn dasselbe auf diese Weise, seiner Stellung in der Rede nach, bezeichnet wird. Die hier wirksame oder hemmende Eigenschaft der Sprachen ist nämlich die, welche man unter den Ausdrücken: Isolirung der Wörter, Flexion und Agglutination zusammenzubegreifen pflegt. Sie ist der Angelpunkt, um welchen sich die Vollkommenheit des Sprachorganismus drehet; und wir müssen sie daher so betrachten, daſs wir nach einander untersuchen, aus welcher inneren Forderung sie in der Seele entspringt, wie sie sich in der Lautbehandlung äuſsert, und wie jene inneren Forderungen durch diese Äuſserung erfüllt werden, oder unbefriedigt bleiben? immer der oben gemachten Eintheilung der in der Sprache zusammenwirkenden Thätigkeiten folgend.

In allen, hier zusammengefaſsten Fällen liegt in der innerlichen Bezeichnung der Wörter ein Doppeltes, dessen ganz verschiedene Natur sorgfältig getrennt werden muſs. Es gesellt sich nämlich zu dem Acte der Bezeichnung des Begriffes selbst noch eine eigne, ihn in eine bestimmte Kategorie des Denkens oder Redens versetzende Arbeit des Geistes; und der volle Sinn des Wortes geht zugleich aus jenem Begriffsausdruck und dieser modificirenden Andeutung hervor. Diese beiden Elemente aber liegen in ganz verschiedenen Sphären. Die Bezeichnung des Begriffs gehört dem immer mehr objectiven Verfahren des Sprachsinnes an. Die Versetzung desselben in eine bestimmte Kategorie des Denkens ist ein neuer Act des sprachlichen Selbstbewufstseins, durch welchen der einzelne Fall, das individuelle Wort, auf die Gesammtheit der möglichen Fälle in der Sprache oder Rede bezogen wird. Erst durch diese, in möglichster Reinheit und Tiefe vollendete, und der Sprache selbst fest einverleibte Operation verbindet sich in derselben, in der gehörigen Verschmelzung und Unterordnung, ihre selbstständige, aus dem Denken entspringende, und ihre mehr den äufseren Eindrücken in reiner Empfänglichkeit folgende Thätigkeit.

Es giebt daher natürlich Grade, in welchen die verschiednen Sprachen diesem Erfordernisse genügen, da in der innerlichen Sprachgestaltung keine dasselbe ganz unbeachtet zu lassen vermag. Allein auch in denen, wo dasselbe bis zur äufserlichen Bezeichnung durchdringt, kommt es auf die Tiefe und Lebendigkeit an, in welcher sie wirklich zu den ursprünglichen Kategorieen des Denkens aufsteigen und denselben in ihrem Zusammenhange Geltung verschaffen. Denn diese Kategorieen bilden wieder ein zusammenhängendes Ganzes unter sich, dessen systematische Vollständigkeit die Sprachen mehr oder weniger durchstrahlt. Die Neigung der Classificirung der Begriffe, der Bestimmung der individuellen durch die Gattung, welcher sie angehören, kann aber auch aus einem Bedürfnifs der Unterscheidung und der Bezeichnung entstehen, indem man den Gattungsbegriff an den individuellen anknüpft. Sie läfst daher an sich, und nach diesem oder dem reineren Ursprunge aus dem Bedürfnifs des Geistes nach lichtvoller logischer Ordnung, verschiedene Stufen zu. Es giebt Sprachen, welche den Benennungen der lebendigen Geschöpfe regelmäfsig den Gattungsbegriff hinzufügen, und unter diesen solche, wo die Bezeichnung dieses Gattungsbegriffs zum wirklichen, nur durch Zergliederung erkennbaren, Suffixe geworden ist. Diese Fälle hängen zwar noch immer mit dem oben Gesagten zusammen, insofern auch in ihnen ein doppeltes Princip, ein objectives der Bezeichnung, und ein subjectives logischer Eintheilung, sichtbar wird. Sie entfernen sich aber auf der andren Seite gänzlich dadurch davon, dafs hier nicht mehr Formen des Denkens und der Rede, sondern nur verschiedene Classen wirklicher Gegenstände in die Bezeichnung eingehen. So gebildete Wörter werden nun denjenigen ganz ähnlich, in welchen zwei Elemente einen zusammengesetzten Begriff bilden. Was dagegen in der innerlichen Gestaltung dem Begriffe der Flexion entspricht, unterscheidet sich gerade dadurch, dafs gar nicht zwei Elemente, sondern nur Eines, in eine bestimmte Kategorie versetztes, das Doppelte ausmacht, von dem wir bei der Bestimmung dieses Begriffs ausgingen. Dafs dies Doppelte, wenn man es auseinanderlegt, nicht gleicher, sondern verschiedener Natur ist, und verschiedenen Sphären angehört, bildet gerade hier das charakteristische Merkmal. Nur dadurch können rein organisirte Sprachen die tiefe und feste Verbindung der Selbstthätigkeit und Empfänglichkeit erreichen, aus der hernach in ihnen eine Unendlichkeit von Gedankenverbindungen hervorgeht, welche alle das Gepräge ächter, die Forderungen der Sprache überhaupt rein und voll befriedigender Form an sich tragen. Dies schliefst in der Wirklichkeit nicht aus, dafs in den auf diese Weise gebildeten Wörtern nicht auch blofs aus der Erfahrung geschöpfte Unterschiede Platz finden könnten. Sie sind aber alsdann in Sprachen, die einmal in diesem Theile ihres Baues von dem richtigen geistigen Principe ausgehen, allgemeiner gefafst, und schon durch das ganze übrige Verfahren der Sprache auf eine höhere Stufe gestellt. So würde z. B. der Begriff des Geschlechtsunterschiedes nicht haben ohne die wirkliche Beobachtung entstehen können, wenn er sich gleich durch die allgemeinen Begriffe der Selbstthätigkeit und Empfänglichkeit an die ursprünglichen Verschiedenheiten denkbarer Kräfte gleichsam von selbst anreiht. Zu dieser Höhe nun wird er in der That in Sprachen gesteigert, die ihn ganz und vollständig in sich aufnehmen, und ihn auf ganz ähnliche Weise, als die aus den blofs logischen Verschiedenheiten der Begriffe entstehenden Wörter, bezeichnen. Man knüpft nun nicht zwei Begriffe an einander, man versetzt blofs einen, durch eine innere Beziehung des Geistes, in eine Classe, deren Begriff durch viele Naturwesen durchgeht, aber als Verschiedenheit wechselseitig thätiger Kräfte auch unabhängig von einzelner Beobachtung aufgefafst werden könnte.

Das lebhaft im Geiste Empfundene verschafft sich in den sprachbildenden Perioden der Nationen auch allemal Geltung in den entsprechenden Lauten. Wie daher zuerst innerlich das Gefühl der Nothwendigkeit aufstieg, dem Worte, nach dem Bedürfnifs der wechselnden Rede oder seiner dauernden Bedeutung, seiner Einfachheit unbeschadet, einen zwiefachen Ausdruck beizugeben, so entstand von innen hervor Flexion in den Sprachen. Wir aber können nur den entgegengesetzten Weg verfolgen, nur von den Lauten und ihrer Zergliederung in den inneren Sinn eindringen. Hier nun finden wir, wo diese Eigenschaft ausgebildet ist, in der That ein Doppeltes, eine Bezeichnung des Begriffs, und eine Andeutung der Kategorie, in die er versetzt wird. Denn auf diese Weise läfst sich vielleicht am bestimmtesten das zwiefache Streben unterscheiden, den Begriff zugleich zu stempeln, und ihm das Merkzeichen der Art beizugeben, in der er gerade gedacht werden soll. Die Verschiedenheit dieser Absicht muſs aber aus der Behandlung der Laute selbst hervorspringen.

Das Wort läſst nur auf zwei Wegen eine Umgestaltung zu: durch innere Veränderung oder äuſseren Zuwachs. Beide sind unmöglich, wo die Sprache alle Wörter starr in ihre Wurzelform, ohne Möglichkeit äuſseren Zuwachses, einschlieſst, und auch in ihrem Inneren keiner Veränderung Raum giebt. Wo dagegen innere Veränderung möglich ist, und sogar durch den Wortbau befördert wird, ist die Unterscheidung der Andeutung von der Bezeichnung, um diese Ausdrücke festzuhalten, auf diesem Wege leicht und unfehlbar. Denn die in diesem Verfahren liegende Absicht, dem Worte seine Identität zu erhalten, und dasselbe doch als verschieden gestaltet zu zeigen, wird am besten durch die innere Umänderung erreicht. Ganz anders verhält es sich mit dem äuſseren Zuwachs. Er ist allemal Zusammensetzung im weiteren Sinne, und es soll hier der Einfachheit des Wortes kein Eintrag geschehen; es sollen nicht zwei Begriffe zu einem dritten verknüpft, Einer soll in einer bestimmten Beziehung gedacht werden. Es ist daher hier ein scheinbar künstlicheres Verfahren erforderlich, das aber durch die Lebendigkeit der im Geiste empfundenen Absicht von selbst in den Lauten hervortritt. Der andeutende Theil des Wortes muſs mit der in ihn zugleich gelegten Lautschärfe gegen das Übergewicht des bezeichnenden auf eine andre Linie, als dieser, gestellt erscheinen; der ursprüngliche bezeichnende Sinn des Zuwachses, wenn ihm ein solcher beigewohnt hat, muſs in der Absicht, ihn nur andeutend zu benutzen, untergehen, und der Zuwachs selbst muſs, verbunden mit dem Worte, nur als ein nothwendiger und unabhängiger Theil desselben, nicht als für sich der Selbstständigkeit fähig, behandelt werden. Geschieht dies, so entsteht, aufser der inneren Veränderung und der Zusammensetzung, eine dritte Umgestaltung der Wörter, durch Anbildung, und wir haben alsdann den wahren Begriff eines Suffixes. Die fortgesetzte Wirksamkeit des Geistes auf den Laut verwandelt dann von selbst die Zusammensetzung in Anbildung. In beiden liegt ein entgegengesetztes Princip. Die Zusammensetzung ist für die Erhaltung der mehrfachen Stammsylben in ihren bedeutsamen Lauten besorgt, die Anbildung strebt, ihre Bedeutung, wie dieselbe an sich ist, zu vernichten; und unter dieser entgegenstreitenden Behandlung erreicht die Sprache hier ihren zwiefachen Zweck, durch die Bewahrung und die Zerstörung der Erkennbarkeit der Laute. Die Zusammensetzung wird erst dunkel, wenn, wie wir im Vorigen sahen, die Sprache, einem anderen Gefühle folgend, sie als Anbildung behandelt. Ich habe jedoch der Zusammensetzung hier mehr darum erwähnt, weil die Anbildung hätte irrig mit ihr verwechselt werden können, als weil sie wirklich mit ihr in Eine Classe gehörte. Dies ist immer nur scheinbar der Fall; und auf keine Weise darf man sich die Anbildung mechanisch, als absichtliche Verknüpfung des an sich Abgesonderten, und Ausglättung der Verbindungsspuren durch Worteinheit, denken. Das durch Anbildung flectirte Wort ist ebenso Eins, als die verschiedenen Theile einer aufknospenden Blume es sind; und was hier in der Sprache vorgeht, ist rein organischer Natur. Das Pronomen möge noch so deutlich an der Person des Verbum haften, so wurde in ächt flectirenden Sprachen es nicht an dasselbe geknüpft. Das Verbum wurde nicht abgesondert gedacht, sondern stand als individuelle Form vor der Seele da, und ebenso ging der Laut als Eins und untheilbar über die Lippen. Durch die unerforschliche Selbstthätigkeit der Sprache brechen die

Suffixa aus der Wurzel hervor, und dies geschieht so lange und so weit, als das schöpferische Vermögen der Sprache ausreicht. Erst wenn dies nicht mehr thätig ist, kann mechanische Anfügung eintreten. Um die Wahrheit des wirklichen Vorgangs nicht zu verletzen, und die Sprache nicht zu einem blofsen Verstandesverfahren niederzuziehen, mufs man die hier zuletzt gewählte Vorstellungsweise immer im Auge behalten. Man darf sich aber nicht verhehlen, dafs eben darum, weil sie auf das Unerklärliche hingeht, sie nichts erklärt, dafs die Wahrheit nur in der absoluten Einheit des zusammen Gedachten, und im gleichzeitigen Entstehen und in der symbolischen Übereinkunft der inneren Vorstellung mit dem äufseren Laute liegt, dafs sie aber übrigens das nicht zu erhellende Dunkel unter bildlichem Ausdruck verhüllt. Denn wenn auch die Laute der Wurzel oft das Suffix modificiren, so thun sie dies nicht immer, und nie läfst sich anders, als bildlich, sagen, dafs das letztere aus dem Schoofse der Wurzel hervorbricht. Dies kann immer nur heifsen, dafs der Geist sie untrennbar zusammen denkt, und der Laut, diesem zusammen Denken folgsam, sie auch vor dem Ohre in Eins giefst. Ich habe daher die oben gewählte Darstellung vorgezogen, und werde sie auch in der Folge dieser Blätter beibehalten. Mit der Verwahrung gegen alle Einmischung eines mechanischen Verfahrens, kann sie nicht zu Mifsverständnissen Anlafs geben. Für die Anwendung auf die wirklichen Sprachen aber ist die Zerlegung in Anbildung und Worteinheit passender, weil die Sprache technische Mittel für beide besitzt, besonders aber, weil sich die Anbildung in gewissen Gattungen von Sprachen nicht rein und absolut, sondern nur dem Grade nach von der wahren Zusammensetzung abscheidet. Der Ausdruck der Anbildung, der nur den durch Zuwachs ächt flectirenden Sprachen gebührt, sichert schon, verglichen mit dem der Anfügung, die richtige Auffassung des organischen Vorgangs.

Da die Ächtheit der Anbildung sich vorzüglich in der Verschmelzung des Suffixes mit dem Worte offenbart, so besitzen die flectirenden Sprachen zugleich wirksame Mittel zur Bildung der Worteinheit. Die beiden Bestrebungen, den Wörtern durch feste Verknüpfung der Sylben in ihrem Inneren eine äufserlich bestimmt trennende Form zu geben, und Anbildung von Zusammensetzung zu sondern, befördern gegenseitig einander. Dieser Verbindung wegen habe ich hier nur von Suffixen, Zuwächsen am Ende des Wortes, nicht von Affixen überhaupt geredet. Das hier die Einheit des Wortes Bestimmende kann, im Laute und in der Bedeutung, nur von der Stammsylbe, von dem bezeichnenden Theile des Wortes ausgehen, und seine Wirksamkeit im Laute hauptsächlich nur über das ihm Nachfolgende erstrecken. Die vorn zuwachsenden Sylben verschmelzen immer in geringerem Grade mit dem Worte, so wie auch in der Betonung und der metrischen Behandlung die Gleichgültigkeit der Sylben vorzugsweise in den vorschlagenden liegt, und der wahre Zwang des Metrums erst mit der dasselbe eigentlich bestimmenden Tactsylbe angeht. Diese Bemerkung scheint mir für die Beurtheilung derjenigen Sprachen besonders wichtig, welche den Wörtern die ihnen zuwachsenden Sylben in der Regel am Anfange anschliefsen. Sie verfahren mehr durch Zusammensetzung, als durch Anbildung, und das Gefühl wahrhaft gelungener Beugung bleibt ihnen fremd. Das, alle Nüancen der Verbindung des zart andeutenden Sprachsinnes mit dem Laute so vollkommen wiedergebende Sanskrit setzt andre Wohllautsregeln für die Anschliefsung der suffigirten Endungen, und der präfigirten Präpositionen fest. Es behandelt die letzteren wie die Elemente zusammengesetzter Wörter.

Das Suffix deutet die Beziehung an, in welcher das Wort genommen werden soll; es ist also in diesem Sinne keinesweges bedeutungslos. Dasselbe gilt von der inneren Umänderung der Wörter, also von der Flexion überhaupt. Zwischen der inneren Umänderung aber und dem Suffixe ist der wichtige Unterschied der, daſs der ersteren ursprünglich keine andere Bedeutung zum Grunde gelegen haben kann, die zuwachsende Sylbe dagegen wohl meistentheils eine solche gehabt hat. Die innere Umänderung ist daher allemal, wenn wir uns auch nicht immer in das Gefühl davon versetzen können, symbolisch. In der Art der Umänderung, dem Übergange von einem helleren zu einem dunkleren, einem schärferen zu einem gedehnteren Laute, besteht eine Analogie mit dem, was in beiden Fällen ausgedrückt werden soll. Bei dem Suffixe waltet dieselbe Möglichkeit ob. Es kann ebensowohl ursprünglich und ausschlieſslich symbolisch sein, und diese Eigenschaft kann alsdann bloſs in den Lauten liegen. Es ist aber keinesweges nothwendig, daſs dies immer so sei; und es ist eine unrichtige Verkennung der Freiheit und Vielfachheit der Wege, welche die Sprache in ihren Bildungen nimmt, wenn man nur solche zuwachsenden Sylben Beugungssylben nennen will, denen durchaus niemals eine selbstständige Bedeutung beigewohnt hat, und die ihr Dasein in den Sprachen überhaupt nur der auf Flexion gerichteten Absicht verdanken. Wenn man sich Absicht des Verstandes unmittelbar schaffend in den Sprachen denkt, so ist dies, meiner innersten Überzeugung nach, überhaupt immer eine irrige Vorstellungsweise. Insofern das erste Bewegende in der Sprache allemal im Geiste gesucht werden muſs, ist allerdings Alles in ihr, und die Ausstoſsung des articulirten Lautes selbst, Absicht zu nennen. Der Weg aber, auf dem sie verfährt, ist immer ein andrer, und ihre Bildungen entspringen aus der Wechselwirkung der äuſseren Eindrücke und des inneren Gefühls, bezogen auf den allgemeinen, Subjectivität mit Objectivität in der Schöpfung einer idealen, aber weder ganz innerlichen, noch ganz äufserlichen Welt verbindenden Sprachzweck. Das nun an sich nicht blofs Symbolische und blofs Andeutende, sondern wirklich Bezeichnende verliert diese letztere Natur da, wo es das Bedürfnifs der Sprache verlangt, durch die Behandlungsart im Ganzen. Man braucht z. B. nur das selbstständige Pronomen mit dem in den Personen des Verbums angebildeten zu vergleichen. Der Sprachsinn unterscheidet richtig Pronomen und Person, und denkt sich unter der letzteren nicht die selbstständige Substanz, sondern eine der Beziehungen, in welchen der Grundbegriff des flectirten Verbums nothwendig erscheinen mufs. Er behandelt sie also lediglich als einen Theil von diesem, und gestattet der Zeit, sie zu entstellen und abzuschleifen, sicher, dem durch sein ganzes Verfahren befestigten Sinne solcher Andeutungen vertrauend, dafs die Entstellung der Laute dennoch die Erkennung der Andeutung nicht verhindern wird. Die Entstellung mag nun wirklich statt gefunden haben, oder das angefügte Pronomen gröfstentheils unverändert geblieben sein, so ist der Fall und der Erfolg immer der nämliche. Das Symbolische beruht hier nicht auf einer unmittelbaren Analogie der Laute, es geht aber aus der in sie auf kunstvollere Weise gelegten Ansicht der Sprache hervor. Wenn es unbezweifelt ist, dafs nicht blofs im Sanskrit, sondern auch in andren Sprachen die Anbildungssylben, mehr oder weniger, aus dem Gebiete der oben erwähnten, sich unmittelbar auf den Sprechenden beziehenden Wurzelstämme genommen sind, so ruht das Symbolische darin selbst. Denn die durch die Anbildungssylben angedeutete Beziehung auf die Kategorieen des Denkens und Redens kann keinen bedeutsameren Ausdruck finden, als in Lauten, die unmittelbar das Subject zum Ausgangs- oder Endpunkt ihrer Bedeutung haben. Hierzu kann sich hernach auch die Analogie der Töne gesellen, wie Bopp so vortrefflich an der Sanskritischen Nominativ- und Accusativ-Endung gezeigt hat. Im Pronomen der dritten Person ist der helle *s*-Laut dem Lebendigen, der dunkle des *m* dem geschlechtslosen Neutrum offenbar symbolisch beigegeben; und derselbe Buchstabenwechsel der Endungen unterscheidet nun das in Handlung gestellte Subject, den Nominativ, von dem Accusativ, dem Gegenstande der Wirkung.

Die ursprünglich selbstständige Bedeutsamkeit der Suffixe ist daher kein nothwendiges Hindernifs der Reinheit ächter Flexion. Mit solchen Beugungssylben gebildete Wörter erscheinen ebenso bestimmt, als wo innere Umänderung statt findet, nur als einfache, in verschiedenen Formen gegofsne, Begriffe, und erfüllen daher genau den Zweck der Flexion. Allein diese Bedeutsamkeit fordert allerdings gröfsere Stärke des inneren Flexionssinnes und entschiednere Lautherrschaft des Geistes, die bei ihr die Ausartung der grammatischen Bildung in Zusammensetzung zu überwinden hat. Eine Sprache, die sich, wie das Sanskrit, hauptsächlich solcher ursprünglich selbstständig bedeutsamen Beugungssylben bedient, zeigt dadurch selbst das Vertrauen, das sie in die Macht des sie belebenden Geistes setzt.

Das phonetische Vermögen und die sich daran knüpfenden Lautgewohnheiten der Nationen wirken aber auch in diesem Theile der Sprache bedeutend mit. Die Geneigtheit, die Elemente der Rede mit einander zu verbinden, Laute an Laute anzuknüpfen, wo es ihre Natur erlaubt, einen in den andren zu verschmelzen, und überhaupt sie, ihrer Beschaffenheit gemäfs, in der Berührung zu verändern, erleichtert dem Flexionssinne sein Einheit bezweckendes Geschäft, so wie das strengere Auseinanderhalten der Töne einiger Sprachen seinem Gelingen entgegenwirkt. Befördert nun das Lautvermögen das innerliche Erfordernifs, so wird der ursprüngliche Articulationssinn rege, und es kommt auf diese Weise das bedeutsame Spalten der Laute zu Stande, vermöge dessen auch ein einzelner zum Träger eines formalen Verhältnisses werden kann; was hier gerade, mehr als in irgend einem andren Theile der Sprache, entscheidend ist, da hier eine Geistesrichtung angedeutet, nicht ein Begriff bezeichnet werden soll. Die Schärfe des Articulationsvermögens und die Reinheit des Flexionssinnes stehen daher in einem sich wechselseitig verstärkenden Zusammenhange.

Zwischen dem Mangel aller Andeutung der Kategorieen der Wörter, wie er sich im Chinesischen zeigt, und der wahren Flexion kann es kein mit reiner Organisation der Sprachen verträgliches Drittes geben. Das einzige dazwischen Denkbare ist als Beugung gebrauchte Zusammensetzung, also beabsichtigte, aber nicht zur Vollkommenheit gediehene Flexion, mehr oder minder mechanische Anfügung, nicht rein organische Anbildung. Dies, nicht immer leicht zu erkennende, Zwitterwesen hat man in neuerer Zeit Agglutination genannt. Diese Art der Anknüpfung von bestimmenden Nebenbegriffen entspringt auf der einen Seite allemal aus Schwäche des innerlich organisirenden Sprachsinnes, oder aus Vernachlässigung der wahren Richtung desselben, deutet aber auf der andren dennoch das Bestreben an, sowohl den Kategorieen der Begriffe auch phonetische Geltung zu verschaffen, als dieselben in diesem Verfahren nicht durchaus gleich mit der wirklichen Bezeichnung der Begriffe zu behandeln. Indem also eine solche Sprache nicht auf die grammatische Andeutung Verzicht leistet, bringt sie dieselbe nicht rein zu Stande, sondern verfälscht sie in ihrem Wesen selbst. Sie kann daher scheinbar, und bis auf einen gewissen Grad sogar wirklich, eine Menge von grammatischen Formen besitzen, und doch nirgends den Ausdruck des wahren Begriffs einer solchen Form wirklich erreichen. Sie kann übrigens einzeln auch wirkliche Flexion durch innere Umänderung der Wörter enthalten, und die Zeit kann ihre ursprünglich wahren Zusammensetzungen scheinbar in Flexionen verwandeln, so daſs es schwer wird, ja zum Theil unmöglich bleibt, jeden einzelnen Fall richtig zu beurtheilen. Was aber wahrhaft über das Ganze entscheidet, ist die Zusammenfassung aller zusammen gehörenden Fälle. Aus der allgemeinen Behandlung dieser ergiebt sich alsdann, in welchem Grade der Stärke oder Schwäche das flectirende Bestreben des inneren Sinnes über den Bau der Laute Gewalt ausübte. Hierin allein kann der Unterschied gesetzt werden. Denn diese sogenannten agglutinirenden Sprachen unterscheiden sich von den flectirenden nicht der Gattung nach, wie die alle Andeutung durch Beugung zurückweisenden, sondern nur durch den Grad, in welchem ihr dunkles Streben nach derselben Richtung hin mehr oder weniger miſslingt.

Wo Helle und Schärfe des Sprachsinns in der Bildungsperiode den richtigen Weg eingeschlagen hat, — und er ergreift mit diesen Eigenschaften keinen falschen —, ergieſst sich die innere Klarheit und Bestimmtheit über den ganzen Sprachbau, und die hauptsächlichsten Äuſserungen seiner Wirksamkeit stehen in ungetrenntem Zusammenhange mit einander. So haben wir die unauflösliche Verbindung des **Flexionssinnes** mit dem Streben nach **Worteinheit** und dem, Laute bedeutsam spaltenden **Articulationsvermögen** gesehen. Die Wirkung kann nicht dieselbe da sein, wo nur einzelne Funken der reinen Bestrebungen dem Geiste entsprühen; und der Sprachsinn hat, worauf wir gleich in der Folge kommen werden, alsdann gewöhnlich einen einzelnen, vom richtigen ablenkenden, allein oft von gleich groſsem Scharfsinne und gleich feinem Gefühl zeugenden, Weg ergriffen. Dies äuſsert alsdann seine Wirkung auch oft auf den einzelnen Fall. So ist in diesen Sprachen, die man nicht als flectirende zu bezeichnen berechtigt ist, die innere Umgestaltung der Wörter, wo es eine solche giebt, meistentheils von der Art, daſs sie dem inneren angedeuteten Verfahren gleichsam durch eine rohe Nachbildung des Lautes folgt, den Plural und das Präteritum z. B. durch materielles Aufhalten der Stimme, oder durch heftig aus der Kehle hervorgestoſsenen Hauch bezeichnet, und gerade da, wo rein gebildete Sprachen, wie die Semitischen, die gröſste Schärfe des Articulationssinnes durch symbolische Veränderung des Vocals, zwar nicht gerade in den genannten, aber in andren grammatischen Umgestaltungen beweisen, das Gebiet der Articulation beinahe verlassend, auf die Gränzen des Naturlauts zurückkehrt. Keine Sprache ist, meiner Erfahrung nach, durchaus agglutinirend, und bei den einzelnen Fällen läſst sich oft nicht entscheiden, wie viel oder wenig Antheil der Flexionssinn an dem scheinbaren Suffix hat. In allen Sprachen, die in der That Neigung zur Lautverschmelzung äuſsern, oder doch dieselbe nicht starr zurückweisen, ist einzeln Flexionsbestreben sichtbar. Über das Ganze der Erscheinung aber kann nur nach dem Organismus des gesammten Baues einer solchen Sprache ein sicheres Urtheil gefällt werden.

§. 15.

Wie jede aus der inneren Auffassung der Sprache entspringende Eigenthümlichkeit derselben in ihren ganzen Organismus eingreift, so ist dies besonders mit der **Flexion** der Fall. Sie steht namentlich mit zwei verschiedenen, und scheinbar entgegengesetzten, allein in der That organisch zusammenwirkenden Stücken, mit der **Worteinheit**, und der angemessenen **Trennung der Theile des Satzes**, durch welche seine Gliederung möglich wird, in der engsten Verbindung. Ihr Zusammenhang mit der Worteinheit wird von selbst begreiflich, da ihr Streben ganz eigentlich auf Bildung einer **Einheit, sich nicht bloſs an einem Ganzen begnügend**, hinausgeht. Sie befördert aber auch die angemessene Gliederung des Satzes

Einverleibungssystem der Sprachen. §. 15.   133

und die Freiheit seiner Bildung, indem sie in ihrem eigentlich grammatischen Verfahren die Wörter mit Merkzeichen versieht, welchen man das Wiedererkennen ihrer Beziehung zum Ganzen des Satzes mit Sicherheit anvertrauen kann. Sie hebt dadurch die Ängstlichkeit auf, ihn, wie ein einzelnes Wort, zusammenzuhalten, und ermuthigt zu der Kühnheit, ihn in seine Theile zu zerschlagen. Sie weckt aber, was noch weit wichtiger ist, durch den in ihr liegenden Rückblick auf die Formen des Denkens, insofern diese auf die Sprache bezogen werden, eine richtigere und anschaulichere Einsicht in seine Zusammenfügungen. Denn eigentlich entspringen alle drei, hier genannten Eigenthümlichkeiten der Sprache aus Einer Quelle, aus der lebendigen Auffassung des Verhältnisses der Rede zur Sprache. Flexion, Worteinheit und angemessene Gliederung des Satzes sollten daher in der Betrachtung der Sprache nie getrennt werden. Die Flexion erscheint erst durch die Hinzufügung dieser andren Punkte in ihrer wahren, wohlthätig einwirkenden Kraft.

Die Rede fordert gehörig zu der Möglichkeit ihres gränzenlosen, in keinem Augenblick meſsbaren Gebrauchs zugerichtete Elemente; und diese Forderung wächst an intensivem und extensivem Umfang, je höher die Stufe ist, auf welche sie sich stellt. Denn in ihrer höchsten Erhebung wird sie zur Ideenerzeugung und gesammten Gedankenentwickelung selbst. Ihre Richtung geht aber allemal im Menschen, auch wo die wirkliche Entwicklung noch so viele Hemmungen erfährt, auf diesen letzten Zweck hin. Sie sucht daher immer die Zurichtung der Sprachelemente, welche den lebendigsten Ausdruck der Formen des Denkens enthält; und darum sagt ihr vorzugsweise die Flexion zu, deren Charakter es gerade ist, den Begriff immer zugleich nach seiner äuſsren und nach der innren Beziehung zu betrachten, welche das Fortschreiten des Denkens durch die Regelmäſsigkeit des eingeschlagenen Weges erleichtert. Mit diesen Elementen aber will die Rede die zahllosen Combinationen des geflügelten Gedanken, ohne in ihrer Unendlichkeit beschränkt zu werden, erreichen. Dem Ausdrucke aller dieser Verknüpfungen liegt die Satzbildung zum Grunde; und es ist jener freie Aufflug nur möglich, wenn die Theile des einfachen Satzes nach aus seinem Wesen geschöpfter Nothwendigkeit, nicht mit mehr oder weniger Willkühr, an einander gelassen oder getrennt sind.

Die Ideenentwicklung erfordert ein zwiefaches Verfahren, ein Vorstellen der einzelnen Begriffe und eine Verknüpfung derselben zum Gedanken. Beides tritt auch in der Rede hervor. Ein Begriff wird in zusammengehörende, ohne Zerstörung der Bedeutung nicht trennbare, Laute eingeschlossen, und empfängt Kennzeichen seiner Beziehung zur Construction des Satzes. Das so gebildete Wort spricht die Zunge, indem sie es von andren, in dem Gedanken mit ihm verbundenen, trennt, als ein Ganzes zusammen aus, hebt aber dadurch nicht die gleichzeitige Verschlingung aller Worte der Periode auf. Hierin zeigt sich die Worteinheit im engsten Verstande, die Behandlung jedes Wortes als eines Individuums, welches, ohne seine Selbstständigkeit aufzugeben, mit andren in verschiedene Grade der Berührung treten kann. Wir haben aber oben gesehen, dafs sich auch innerhalb der Sphäre desselben Begriffs, mithin desselben Wortes, bisweilen ein verbundenes Verschiedenes findet; und hieraus entspringt eine andre Gattung der Worteinheit, die man zum Unterschiede von der obigen, äufseren, eine innere nennen kann. Je nachdem nun das Verschiedene gleichartig ist und sich blofs zum zusammengesetzten Ganzen verbindet, oder ungleichartig (Bezeichnung und Andeutung) den Begriff als mit bestimmtem Gepräge versehen darstellen mufs, hat die innere Worteinheit eine weitere und engere Bedeutung.

Einverleibungssystem der Sprachen. §. 15.

Die Worteinheit in der Sprache hat eine doppelte Quelle, in dem innren, sich auf das Bedürfniſs der Gedankenentwicklung beziehenden Sprachsinn, und in dem Laute. Da alles Denken in Trennen und Verknüpfen besteht, so muſs das Bedürfniſs des Sprachsinnes, alle verschiedenen Gattungen der Einheit der Begriffe symbolisch in der Rede darzustellen, von selbst wach werden, und nach Maaſsgabe seiner Regsamkeit und geordneten Gesetzmäſsigkeit in der Sprache ans Licht kommen. Auf der andren Seite sucht der Laut, seine verschiedenen, in Berührung tretenden Modificationen in ein, der Aussprache und dem Ohre zusagendes Verhältniſs zu bringen. Oft gleicht er dadurch nur Schwierigkeiten aus, oder folgt organisch angenommenen Gewohnheiten. Er geht aber auch weiter, bildet Rhythmus-Abschnitte, und behandelt diese als Ganze für das Ohr. Beide nun aber, der innere Sprachsinn und der Laut, wirken, indem sich der letztere an die Forderungen des ersteren anschlieſst, zusammen, und die Behandlung der Lauteinheit wird dadurch zum Symbole der gesuchten bestimmten Begriffseinheit. Diese, dadurch in die Laute gelegt, ergieſst sich als geistiges Princip über die Rede, und die melodisch und rhythmisch künstlerisch behandelte Lautformung weckt, zurückwirkend, in der Seele eine engere Verbindung der ordnenden Verstandeskräfte mit bildlich schaffender Phantasie, woraus also die Verschlingung der sich nach auſsen und nach innen, nach dem Geist und nach der Natur hin bewegenden Kräfte ein erhöhtes Leben und eine harmonische Regsamkeit schöpft.

Die Bezeichnungsmittel der Worteinheit in der Rede sind Pause, Buchstabenveränderung und Accent.

Die Pause kann nur zur Andeutung der äuſseren Einheit dienen; innerhalb des Wortes würde sie, gerade umgekehrt, seine Einheit zerstören. In der Rede aber ist ein flüchtiges, nur dem geübten Ohre merkbares, Innehalten der Stimme am Ende der Wörter, um die Elemente des Gedanken kenntlich zu machen, natürlich. Indeſs steht mit dem Streben nach der Bezeichnung der Einheit des Begriffs das gleich nothwendige nach der Verschlingung des Satzes, die lautbar werdende Einheit des Begriffs mit der Einheit des Gedanken im Gegensatz; und Sprachen, in welchen sich ein richtig und fein fühlender Sinn offenbart, machen die doppelte Absicht kund, und ebnen jenen Gegensatz, oft noch indem sie ihn verstärken, wieder durch andre Mittel. Ich werde die erläuternden Beispiele hier immer aus dem Sanskrit hernehmen ([1]), weil diese Sprache glücklicher und erschöpfender, als irgend eine andere, die Worteinheit behandelt, und auch ein Alphabet besitzt, das mehr, als die unsrigen, die genaue Aussprache vor dem Ohre auch dem Auge graphisch darzustellen bemüht ist. Das Sanskrit nun gestattet nicht jedem Buchstaben, ein Wort zu beschlieſsen, und erkennt also dadurch schon die selbstständige Individualität des Wortes an, sanctionirt auch seine Absonderung in der Rede dadurch, daſs es die Veränderungen in Berührung tretender Buchstaben bei den schlieſsenden und anfangenden anders, als in der Mitte der Wörter, regelt.

([1]) Ich entlehne die einzelnen in dieser Schrift über den Sanskritischen Sprachbau erwähnten Data, auch wo ich die Stellen nicht besonders anführe, aus Bopp's Grammatik, und gestehe gern, daſs ich die klarere Einsicht in denselben allein diesem classischen Werke verdanke, da keine der früheren Sprachlehren, wie verdienstvoll auch einige in andrer Hinsicht sind, sie in gleichem Grade gewährt. Sowohl die Sanskrit-Grammatik in ihren verschiedenen Ausgaben, als die später erschienene vergleichende, und die einzelnen akademischen Abhandlungen, welche eine ebenso fruchtbare, als talentvolle Vergleichung des Sanskrits mit den verwandten Sprachen enthalten, werden immer wahre Muster tiefer und glücklicher Durchschauung, ja oft kühner Ahndung, der Analogie der grammatischen Formen bleiben; und das Sprachstudium verdankt ihnen schon jetzt die bedeutendsten Fortschritte in einer zum Theil neu eröffneten Bahn. Schon im Jahre 1816 legte Bopp in seinem Conjugationssystem der Indier den Grund zu den Untersuchungen, die er später, und immer in der nämlichen Richtung, so glücklich verfolgte.

Zugleich aber folgt in ihr mehr, als in einer andren Sprache ihres Stammes, der Verschlingung des Gedanken auch die Verschmelzung der Laute, so daſs, auf den ersten Anblick, die Worteinheit durch die Gedankeneinheit zerstört zu werden scheint. Wenn sich der End- und der Anfangsvocal in einen dritten verwandeln, so entsteht dadurch unläugbar eine Lauteinheit beider Wörter. Wo Endconsonanten sich vor Anfangsvocalen verändern, ist dies zwar wohl darum nicht der Fall, weil der Anfangsvocal, immer von einem gelinden Hauche begleitet, sich nicht in dem Verstande an den Endconsonanten anschlieſst, in welchem das Sanskrit den Consonanten mit dem in derselben Sylbe auf ihn folgenden Vocal als unlösbar Eins betrachtet. Indeſs stört diese Consonantenveränderung immer die Andeutung der Trennung der einzelnen Wörter. Diese leise Störung kann aber dieselbe im Geiste des Hörers nie wirklich aufheben, nicht einmal die Anerkennung derselben bedeutend schwächen. Denn einestheils finden gerade die beiden Hauptgesetze der Veränderung zusammenstoſsender Wörter, die Verschmelzung der Vocale und die Verwandlung dumpfer Consonanten in tönende vor Vocalen, innerhalb desselben Wortes nicht statt, andrentheils aber ist im Sanskrit die innere Worteinheit so klar und bestimmt geordnet, daſs man in aller Lautverschlingung der Rede nie verkennen kann, daſs es selbstständige Lauteinheiten sind, die nur in unmittelbare Berührung mit einander treten. Wenn übrigens die Lautverschlingung der Rede für die feine Empfindlichkeit des Ohres und für das lebendige Dringen auf die symbolische Andeutung der Einheit des Gedanken spricht, so ist es doch merkwürdig, daſs auch andre Indische Sprachen, namentlich die Telingische, welchen man keine, aus ihnen selbst entsprungene, groſse Cultur zuschreiben kann, diese, mit den innersten Lautgewohnheiten eines Volks zusammenhängende und daher wohl nicht leicht bloſs aus einer Sprache in

S

die andere übergehende Eigenthümlichkeit besitzen. An sich ist das Verschlingen aller Laute der Rede in dem ungebildeten Zustande der Sprache natürlicher, da das Wort erst aus der Rede abgeschieden werden muſs; im Sanskrit aber ist diese Eigenthümlichkeit zu einer inneren und äuſseren Schönheit der Rede geworden, die man darum nicht geringer schätzen darf, weil sie, gleichsam als ein dem Gedanken nicht nothwendiger Luxus, entbehrt werden könnte. Es giebt offenbar eine, von dem einzelnen Ausdruck verschiedene, Rückwirkung der Sprache auf den Gedanken erzeugenden Geist selbst, und für diese geht keiner ihrer, auch einzeln entbehrlich scheinenden Vorzüge verloren.

Die innere Worteinheit kann wahrhaft nur in Sprachen zum Vorschein kommen, welche durch Umkleidung des Begriffs mit seinen Nebenbestimmungen den Laut zur Mehrsylbigkeit erweitern, und innerhalb dieser mannigfaltige Buchstabenveränderungen zulassen. Der auf die Schönheit des Lauts gerichtete Sprachsinn behandelt alsdann diese innere Sphäre des Wortes nach allgemeinen und besondren Gesetzen des Wohllauts und des Zusammenklanges. Allein auch der Articulationssinn wirkt, und zwar hauptsächlich auf diese Bildungen mit, indem er bald Laute zu verschiedener Bedeutsamkeit umändert, bald aber auch solche, die auch selbstständige Geltung besitzen, dadurch, daſs sie nun bloſs als Zeichen von Nebenbestimmungen gebraucht werden, in sein Gebiet herüberzieht. Denn ihre ursprünglich sächliche Bedeutung wird jetzt zu einer symbolischen, der Laut selbst wird durch die Unterordnung unter einen Hauptbegriff oft bis zum einfachen Elemente abgeschliffen, und erhält daher, auch bei verschiedenem Ursprunge, eine ähnliche Gestalt mit den durch den Articulationssinn wirklich gebildeten, rein symbolischen. Je reger und thätiger der Articulationssinn in der beständigen Verschmelzung des Begriffs mit dem Laute ist, desto schneller geht diese Operation von statten.

Vermittelst dieser, hier zusammenwirkenden Ursachen entspringt nun ein, zugleich den Verstand und das ästhetische Gefühl befriedigender Wortbau, in welchem eine genaue Zergliederung, von dem Stammworte ausgehend, von jedem hinzugekommenen, ausgestofsenen oder veränderten Buchstaben aus Gründen der Bedeutsamkeit oder des Lauts Rechenschaft zu geben bemüht sein muſs. Sie kann aber dies Ziel auch wirklich wenigstens insofern erreichen, als sie jeder solcher Veränderung erklärende Analogieen an die Seite zu stellen vermag. Der Umfang und die Mannigfaltigkeit dieses Wortbaues ist in den Sprachen am gröſsten und am befriedigendsten für den Verstand und das Ohr, welche den ursprünglichen Wortformen kein einförmig bestimmtes Gepräge aufdrücken, und sich zur Andeutung der Nebenbestimmungen, vorzugsweise vor der inneren rein symbolischen Buchstabenveränderung, der Anbildung bedienen. Das, wenn man es mit mechanischer Anfügung verwechselt, ursprünglich roher und ungebildeter scheinende Mittel übt, durch die Stärke des Flexionssinns auf eine höhere Stufe gestellt, unläugbar hierin einen Vorzug vor dem in sich feineren und kunstvolleren aus. Es liegt gewiſs groſsentheils in dem zweisylbigen Wurzelbaue und in der Scheu vor Zusammensetzung, daſs der Wortbau in den Semitischen Sprachen, ungeachtet des sich in ihm so bewundrungswürdig mannigfaltig und sinnreich offenbarenden Flexions- und Articulationssinnes, doch bei weitem nicht der Mannigfaltigkeit, dem Umfange und der Angemessenheit zu den gesammten Zwecken der Sprache, wie sie der Sanskritische zeigt, gleichkommt.

Das Sanskrit bezeichnet durch den Laut die verschiedenen Grade der Einheit, zu deren Unterscheidung der innere Sprachsinn ein Bedürfnifs fühlt. Es bedient sich dazu hauptsächlich einer verschiedenartigen Behandlung der als verschiedene Begriffselemente in demselben Wort zusammentretenden Sylben und einzelnen Laute in den Buchstaben, in welchen sich dieselben berühren. Ich habe schon oben angeführt, dafs diese Behandlung eine verschiedene bei getrennten Worten und in der Wortmitte ist. Denselben Weg verfolgt die Sprache nun weiter; und wenn man die Regeln für diese beiden Fälle als zwei grofse einander entgegengesetzte Classen bildend ansieht, so deutet die Sprache, von der mehr lockren zur festeren Verbindung hin, die Worteinheit in folgenden Abstufungen an:

bei zusammengesetzten Wörtern,
bei mit Präfixen verbundenen, meistentheils Verben,
bei solchen, die durch Suffixa (*Taddhita*-Suffixe) aus in der Sprache vorhandenen Grundwörtern gebildet sind,
bei solchen (*Kridanta*-Wörtern), welche durch Suffixa aus Wurzeln, also aus Wörtern, die eigentlich aufserhalb der Sprache liegen, abgeleitet werden,
bei den grammatischen Declinations- und Conjugationsformen.

Die beiden zuerst genannten Gattungen der Wörter folgen im Ganzen den Anfügungsregeln getrennter Wörter, die drei letzten denen der Wortmitte. Doch giebt es hierin, wie sich von selbst versteht, einzelne Ausnahmen; und der ganzen hier aufgestellten Abstufung liegt natürlich keine für jede Classe absolute Verschiedenheit der Regeln, sondern nur ein, aber sehr entschiedenes, gröfseres oder geringeres Annähern an die beiden Hauptclassen zum Grunde. In den Ausnahmen selbst aber verräth sich oft wieder auf sinnvolle Weise die Absicht festerer Vereinigung. So übt bei getrennten Wörtern eigentlich, wenn man Eine, nur scheinbare Ausnahme hinwegnimmt, der Endconsonant eines vorhergehenden Worts niemals eine Veränderung des Anfangsbuchstaben des nachfolgenden; dagegen findet dies bei einigen zusammengesetzten Wörtern und bei Präfixen auf eine Weise statt, die bisweilen noch auf den zweiten Anfangsconsonanten Einfluſs hat, wie wenn aus अग्नि, *agni*, Feuer, und स्तोम, *stôma*, Opfer, verbunden अग्निष्टोम, *agnishtôma*, Brandopfer, wird. Durch diese Entfernung von den Anfügungsregeln getrennter Wörter deutet die Sprache offenbar ihr Gefühl der Forderung der Worteinheit an. Dennoch ist es nicht zu läugnen, daſs die zusammengesetzten Wörter im Sanskrit durch die übrige und allgemeinere Behandlung der sich in ihnen berührenden End- und Anfangsbuchstaben und durch den Mangel von Verbindungslauten, deren sich die Griechische Sprache immer in diesem Falle bedient, den getrennten Wörtern zu sehr gleichkommen. Die, uns freilich unbekannte, Betonung kann dies kaum aufgehoben haben. Wo das erste Glied der Zusammensetzung seine grammatische Beugung beibehält, liegt die Verbindung wirklich allein im Sprachgebrauch, der entweder diese Wörter immer verknüpft, oder sich des letzten Gliedes niemals einzeln bedient. Allein auch der Mangel der Beugungen bezeichnet die Einheit dieser Wörter mehr nur vor dem Verstande, ohne daſs sie durch Verschmelzung der Laute vor dem Ohre Gültigkeit erhält. Wo Grundform und Casusendung im Laute zusammenfallen, läſst es die Sprache ohne ausdrückliche Bezeichnung, ob ein Wort für sich steht, oder Element eines zusammengesetzten ist. Ein langes Sanskritisches Compositum ist daher, der ausdrücklichen grammatischen Andeutung nach, weniger ein einzelnes Wort, als eine Reihe beugungslos an einander gestellter Wörter; und es ist ein richtiges Gefühl der Griechischen Sprache, ihr Compositum nie durch zu groſse Länge dahin ausarten zu lassen. Allein auch das Sanskrit beweist wieder in andren Eigenthümlichkeiten, wie sinnvoll es bisweilen die Einheit dieser Wörter anzudeuten versteht; so z. B., wenn es zwei oder mehrere Substantiva, welches Geschlechtes sie sein mögen, in Ein geschlechtsloses zusammenfaſst.

Unter den Classen von Wörtern, welche den Anfügungsgesetzen der Wortmitte folgen, stehen die Kridanta-Wörter und die grammatisch flectirten einander am nächsten; und wenn es zwischen denselben Spuren noch innigerer Verbindung giebt, so liegen sie eher in dem Unterschiede der Casus- und Verbalendungen. Die Krit-Suffixa verhalten sich durchaus wie die letzteren. Denn sie bearbeiten unmittelbar die Wurzel, die sie erst eigentlich in die Sprache einführen, indeſs die Casusendungen, hierin den Taddhita-Suffixen gleich, sich an schon durch die Sprache selbst gegebene Grundwörter anschlieſsen. Am festesten ist die Innigkeit der Lautverschmelzung mit Recht in den Beugungen des Verbums, da sich der Verbalbegriff auch vor dem Verstande am wenigsten von seinen Nebenbestimmungen trennen läſst.

Ich habe hier nur zu zeigen bezweckt, auf welche Weise die Wohllautsgesetze bei sich berührenden Buchstaben, nach den Graden der inneren Worteinheit, von einander abweichen. Man muſs sich aber wohl hüten, etwas eigentlich Absichtliches hierin zu finden, so wie überhaupt, was ich schon einmal bemerkt habe, das Wort Absicht, von Sprachen gebraucht, mit Vorsicht verstanden werden muſs. Insofern man sich darunter gleichsam Verabredung, oder auch nur vom Willen ausgehendes Streben nach einem deutlich vorgestellten Ziele denkt, ist, woran man nicht zu oft erinnern kann, Absicht den Sprachen fremd. Sie äuſsert sich immer nur in einem ursprünglich instinctartigen Gefühl. Ein solches Gefühl der Begriffseinheit nun ist hier, meiner Überzeugung nach, allerdings in den Laut übergegangen, und eben weil es ein Gefühl ist, nicht überall in gleichem Maaſse und gleicher Consequenz. Mehrere der einzelnen Abweichungen der Anfügungsgesetze von einander entspringen zwar phonetisch aus der Natur der Buchstaben selbst. Da nun alle grammatisch geformten Wörter immer in derselben Verbindung der Anfangs- und Endbuchstaben dieser Elemente vorkommen, bei getrennten und selbst bei zusammengesetzten Wörtern aber dieselbe Berührung nur wechselnd und einzeln wiederkehrt, so bildet sich bei den ersteren natürlich leicht eine eigne, alle Elemente inniger verschmelzende Aussprache, und man kann daher das Gefühl der Worteinheit in diesen Fällen als hieraus, mithin auf dem umgekehrten Wege, als ich es oben gethan, entstanden ansehen. Indefs bleibt doch der Einflufs jenes inneren Einheitsgefühls der primitive, da es aus ihm herausfliefst, dafs überhaupt die grammatischen Anfügungen dem Stammwort einverleibt werden, und nicht, wie in einigen Sprachen, abgesondert stehen bleiben. Für die phonetische Wirkung ist es von wichtigem Einflufs, dafs sowohl die Casusendungen, als die Suffixa, nur mit gewissen Consonanten anfangen, und daher nur eine bestimmte Anzahl von Verbindungen eingehen können, die bei den Casusendungen am beschränktesten, bei den Krit-Suffixen und Verbalendungen gröfser ist, bei den Taddhita-Suffixen aber sich noch mehr erweitert.

Aufser der Verschiedenheit der Anfügungsgesetze der sich in der Wortmitte berührenden Consonanten, giebt es in den Sprachen noch eine andere, seine innere Einheit noch bestimmter bezeichnende, Lautbehandlung des Wortes, nämlich diejenige, welche seiner Gesammtbildung Einflufs auf die Veränderung der einzelnen Buchstaben, namentlich der Vocale, verstattet. Dies geschieht, wenn die Anschliefsung mehr oder weniger gewichtiger Sylben auf die schon im Wort vorhandenen Vocale Einflufs ausübt, wenn ein beginnender Zuwachs des Wortes Verkürzungen oder Ausstofsungen am Ende desselben hervorbringt, wenn anwachsende Sylben ihren

Vocal denen des Wortes oder diese sich ihm assimiliren, oder wenn Einer Sylbe durch Lautverstärkung oder durch Lautveränderung ein die übrigen des Wortes vor dem Ohre beherrschendes Übergewicht gegeben wird. Jeder dieser Fälle kann, wo er nicht rein phonetisch ist, als unmittelbar symbolisch für die innere Worteinheit betrachtet werden. Im Sanskrit erscheint diese Lautbehandlung in mehrfacher Gestalt, und immer mit merkwürdiger Rücksicht auf die Klarheit der logischen und die Schönheit der ästhetischen Form. Das Sanskrit assimilirt daher nicht die Stammsylbe, deren Festigkeit erhalten werden muſs, den Endungen, es erlaubt sich aber wohl Erweiterungen des Stammvocals, aus deren regelmäſsiger Wiederkehr in der Sprache das Ohr den ursprünglichen leicht wiedererkennt. Es ist dies eine von feinem Sprachsinn zeugende Bemerkung Bopp's, die er sehr richtig so ausdrückt, daſs die hier in Rede stehende Veränderung des Stammvocals im Sanskrit nicht qualitativ, sondern quantitativ ist ([1]). Die qualitative Assimilation entsteht aus Nachlässigkeit der Aussprache, oder aus Gefallen an gleichförmig klingenden Sylben; in der quantitativen Umstellung des Zeitmaaſses spricht sich ein höheres und feineres Wohllautsgefühl aus. In jener wird der bedeutsame Stammvocal geradezu dem Laute geopfert, in dieser bleibt er in der Erweiterung dem Ohre und dem Verstande gleich gegenwärtig.

Einer Sylbe eines Worts in der Aussprache ein das ganze Wort beherrschendes Übergewicht zu geben, besitzt das Sanskrit im *Guna* und *Wriddhi* zwei so kunstvoll ausgebildete, und mit

---

([1]) Jahrbücher für wissenschaftliche Kritik. 1827. S. 281. Bopp macht diese Bemerkung nur bei Gelegenheit der unmittelbar anfügenden Abwandlungen. Das Gesetz scheint mir aber allgemein durchgehend zu sein. Selbst die scheinbarste Einwendung dagegen, die Verwandlung des *r*-Vocals in *ur* in den gunalosen Beugungen des Verbums कृ, *kri*, (कुरुतस्, *kurutas*) läſst sich anders erklären.

der übrigen Lautverwandtschaft so eng verknüpfte Mittel, daſs sie in dieser Ausbildung und in diesem Zusammenhange ihm ausschlieſslich eigenthümlich geblieben sind. Keine der Schwestersprachen hat diese Lautveränderungen, ihrem Systeme und ihrem Geiste nach, in sich aufgenommen; nur einzelne Bruchstücke sind als fertige Resultate in einige übergegangen. Guna und Wriddhi bilden bei *a* eine Verlängerung, aus *i* und *u* die Diphthongen *é* und *ó*, ändern das Vocal-*r* in *ar* und *ár* um (¹), und verstärken *é* und *ó* durch neue Diphthongisirung zu *ai* und *au*. Wenn auf das durch Guna und Wriddhi entstandene *é* und *ai*, *ó* und *au* ein Vocal folgt, so lösen sich diese Diphthongen in *ay* und *áy*, *aw* und *áw* auf. Hierdurch entsteht eine doppelte Reihe fünffacher Lautveränderungen, welche durch bestimmte Gesetze der Sprache und durch ihre beständige Rückkehr im Gebrauche derselben dennoch immer zu dem gleichen Urlaute zurückführen. Die Sprache erhält dadurch eine Mannigfaltigkeit wohltönender Lautverknüpfungen, ohne dem Verständniſs im mindesten Eintrag zu thun. Im Guna und Wriddhi tritt jedesmal ein Laut an die Stelle eines andren. Doch darf man darum Guna und Wriddhi nicht als einen bloſsen, sonst in vielen Sprachen gewöhnlichen, Vocalwechsel ansehen. Der wichtige Unterschied zwischen beiden liegt darin, daſs bei dem Vocalwechsel der Grund des an die Stelle eines andren gesetzten Vocals immer, wenigstens zum Theil, dem ursprünglichen der veränderten Sylbe fremd ist, bald in grammatisch unterscheidendem Streben, bald im Assimilationsgesetz, oder in irgend einer andren Ursach gesucht

---

(¹) Hr. Dr. Lepsius erklärt auf eine die Analogie dieser Lautumstellungen sinnreich erweiternde Weise *ar* und *ár* für Diphthongen des *r*-Vocals. Man lese hierüber seine, der Sprachforschung eine neue Bahn vorzeichnende, an scharfsinnigen Erörterungen reichhaltige Schrift: Paläographie als Mittel für die Sprachforschung, S. 46 - 49, §. 36 - 39, selbst nach.

T

werden muſs, und daſs daher der neue Laut nach Verschiedenheit der Umstände wechseln kann, da er bei Guna und Wriddhi immer gleichförmig aus dem Urlaut der veränderten Sylbe selbst, ihr allein angehörend, entspringt. Wenn man daher den Guna-Laut वेद्मि, *wêdmi*, und den, nach der Boppschen Erklärung, durch Assimilation entstehenden तेनिम, *ténima*, mit einander vergleicht, so ist das hineingekommene *é* in der ersteren Form aus dem *i* der veränderten, in der letzteren aus dem der nachfolgenden Sylbe entstanden.

Guna und Wriddhi sind Verstärkungen des Grundlauts, und zwar nicht bloſs gegen diesen, sondern auch gegen einander selbst, gleichsam wie Comparativus und Superlativus, in gleichem quantitativen Maaſse steigende Verstärkungen des einfachen Vocals. In der Breite der Aussprache und dem Laute vor dem Ohre ist diese Steigerung unverkennbar; sie zeigt sich aber in einem schlagenden Beispiel auch in der Bedeutung bei dem durch Anhängung von *ya* gebildeten Participium des Passiv-Futurum. Denn der einfache Begriff fordert dort nur Guna, der verstärkte, mit Nothwendigkeit verknüpfte aber Wriddhi: स्तव्य, *stawya*, ein Preiswürdiger, स्ताव्य, *stâwya*, ein nothwendig und auf alle Weise zu Preisender. Der Begriff der Verstärkung erschöpft aber nicht die besondre Natur dieser Lautveränderungen. Zwar muſs man hier das Wriddhi von *a* ausnehmen, das aber auch nur gewissermaſsen in seiner grammatischen Anwendung, durchaus nicht seinem Laut nach, in diese Classe gehört. Bei allen übrigen Vocalen und Diphthongen liegt das Charakteristische dieser Verstärkungen darin, daſs durch sie eine, vermittelst der Verbindung ungleichartiger Vocale oder Diphthongen hervorgebrachte, Umbeugung des Lautes entsteht. Denn allem Guna und Wriddhi liegt eine Verbindung von *a* mit den übrigen Vocalen oder Diphthongen zum Grunde, man mag nun annehmen, daſs im

Buchstabenveränderung. §. 15.

Guna ein kurzes, im Wriddhi ein langes *a* vor den einfachen Vocal, oder daſs immer ein kurzes *a*, im Guna vor den einfachen Vocal, im Wriddhi vor den schon durch Guna verstärkten tritt (¹). Die bloſse Entstehung verlängerter Vocale durch Verbindung gleichartiger wird, soviel mir bekannt ist, das einzige *a* ausgenommen, auch von den Indischen Grammatikern nicht zum Wriddhi gerechnet. Da nun in Guna und Wriddhi immer ein sehr verschieden auf das Ohr einwirkender Laut entsteht, und seinen Grund ausschlieſslich in dem Urlaut der Sylbe selbst findet, so gehen die Guna- und Wriddhi-Laute auf eine, mit Worten nicht zu beschreibende, aber dem Ohre deutlich vernehmbare Weise aus der inneren Tiefe der Sylbe selbst hervor. Wenn daher Guna, das im Verbum so häufig die Stammsylbe verändert, eine bestimmte Charakteristik gewisser grammatischer Formen wäre, so würde man diese, auch der sinnlichen Erscheinung nach, buchstäblich Entfaltungen aus dem Innern der Wurzel, und in prägnanterem Sinne, als in den Semitischen Sprachen, wo bloſs symbolischer Vocal-

---

(¹) Bopp vertheidigt (Lateinische Sanskrit-Grammatik. r. 33.) die erstere dieser Meinungen. Wenn es mir aber erlaubt ist, von diesem gründlichen Forscher abzuweichen, so möchte ich mich für die letztere erklären. Bei der Boppschen Annahme läſst sich kaum noch der enge Zusammenhang des Guna und Wriddhi mit den allgemeinen Lautgesetzen der Sprache retten, da ungleiche einfache Vocale, ohne daſs es irgend auf ihre Länge oder Kürze ankommt, immer in die, allerdings schwächeren, Diphthongen des Guna übergehen. Da die Natur des Diphthongen auch wesentlich nur in der Ungleichheit der Töne liegt, so ist es begreiflich, daſs Länge und Kürze von dem neuen Laute, ohne zurückbleibenden Unterschied, verschlungen werden. Erst wenn eine neue Ungleichartigkeit in das Spiel tritt, entsteht eine Verstärkung des Diphthongen. Ich glaube daher nicht, daſs die Guna-Diphthongen ursprünglich gerade aus kurzen Vocalen zusammenschmelzen. Daſs sie gegen die Diphthongen des Wriddhi bei ihrer Auflösung ein kurzes *a* annehmen (*ay, aw* gegen *áy, áw*), läſst sich auf andere Weise erklären. Da der Unterschied der beiden Lauterweiterungen nicht am Halbvocal kenntlich gemacht werden konnte, so muſste er in die Quantität des Vocals der neuen Sylbe fallen. Dasselbe gilt vom Vocal-*r*.

wechsel vorgeht, nennen können (¹). Es ist dies aber durchaus nicht der Fall, da das Guna nur eine der Nebengestaltungen ist, welche das Sanskrit den Verbalformen, aufser ihren wahren Charakteristiken, nach bestimmten Gesetzen beigiebt. Es ist, seiner Natur nach, eine rein phonetische, und, soweit wir seine Gründe einzusehen vermögen, auch allein aus den Lauten erklärbare Erscheinung, und nicht einzeln bedeutsam oder symbolisch. Der einzige Fall in der Sprache, den man hiervon ausnehmen muſs, ist die Gunirung des Verdoppelungsvocals in den Intensivverben. Diese zeigt um so mehr den verstärkenden Ausdruck an, welchen die Sprache, auf eine sonst ungewöhnliche Weise, in diese Formen zu legen beabsichtigt, als die Verdoppelung sonst den langen Vocal zu verkürzen pflegt, und als das Guna hier auch, wie sonst nicht, bei langen Mittelvocalen der Wurzel statt findet.

Dagegen kann man es wohl in vielen Fällen als Symbol der inneren Worteinheit ansehen, indem diese, sich stufenweis in der Vocalsphäre bewegenden Lautveränderungen eine weniger materielle, entschiednere und enger verbundene Wortverschmelzung hervorbringen, als die Veränderungen sich berührender Consonanten. Sie gleichen hierin gewissermaſsen dem Accent, indem die gleiche Wirkung, das Übergewicht einer vorherrschenden Sylbe, im Accent durch die Tonhöhe, im Guna und Wriddhi durch die erweiterte

---

(¹) Dies hat vielleicht wesentlich beigetragen, Friedrich Schlegel zu seiner, allerdings nicht zu billigenden, Theorie einer Eintheilung aller Sprachen (Sprache und Weisheit der Indier. S. 50.) zu führen. Es ist aber bemerkenswerth, und, wie es mir scheint, zu wenig anerkannt, daſs dieser tiefe Denker und geistvolle Schriftsteller der erste Deutsche war, der uns auf die merkwürdige Erscheinung des Sanskrits aufmerksam machte, und daſs er schon in einer Zeit bedeutende Fortschritte darin gethan hatte, wo man von allen jetzigen zahlreichen Hülfsmitteln zur Erlernung der Sprache entblöſst war. Selbst Wilkins Grammatik erschien erst in demselben Jahre, als die angeführte Schlegelsche Schrift.

Lautumbeugung hervorgebracht wird. Wenn sie daher auch nur in bestimmten Fällen die innere Worteinheit begleiten, so sind sie doch immer einer der verschiedenen Ausdrücke, deren sich die, bei weitem nicht immer dieselben Wege verfolgende Sprache zur Andeutung derselben bedient. Es mag auch hierin liegen, daſs sie den sylbenreichen, langen Formen der zehnten Verbalclasse und der mit dieser verwandten Causalverben ganz besonders eigenthümlich sind. Wenn sie sich freilich auf der andren Seite auch bei ganz kurzen finden, so ist darum doch nicht zu läugnen, daſs sie bei den langen das abgebrochene Auseinanderfallen der Sylben verhindern, und die Stimme nöthigen, sie fest zusammenzuhalten. Sehr bedeutsam scheint es auch in dieser Beziehung, daſs das Guna in den Wortgattungen der festesten Einheit, den Kridanta-Wörtern und Verbalendungen, herrschend ist, und in ihnen gewöhnlich die Wurzelsylbe trifft, dagegen nie auf der Stammsylbe der Declinationsbeugungen, oder der durch Taddhita-Suffixe gebildeten Wörter vorkommt.

Das Wriddhi findet eine doppelte Anwendung. Auf der einen Seite ist es, wie das Guna, rein phonetisch, und steigert dasselbe entweder nothwendig oder nach der Willkühr des Sprechenden; auf der andren Seite ist es bedeutsam und rein symbolisch. In der ersteren Gestalt trifft es vorzugsweise die Endvocale, so wie auch die langen unter diesen, was sonst nicht geschieht, Guna annehmen. Es entsteht dies daraus, daſs die Erweiterung eines Endvocals keine Beschränkung vor sich findet. Es ist dasselbe Princip, das im Javanischen im gleichen Falle das dem Consonanten einverleibte *a* als dunkles *o* auslaufen läſst. Die Bedeutsamkeit des Wriddhi zeigt sich besonders bei den Taddhita-Suffixen, und scheint ihren ursprünglichen Sitz in den Geschlechtsbenennungen, den Collectiv- und abstracten Substantiven zu haben. In allen diesen Fällen erweitert sich der ursprünglich einfache concrete Begriff. Dieselbe

Erweiterung wird aber auch metaphorisch auf andre Fälle, wenn auch nicht in gleicher Beständigkeit, übergetragen. Daher mag es kommen, dafs die durch Taddhita-Suffixe gebildeten Adjectiva bald Wriddhi annehmen, bald den Vocal unverändert lassen. Denn das Adjectivum kann als concrete Beschaffenheit, aber auch als die ganze Menge von Dingen, an welchen es erscheint, unter sich befassend angesehen werden.

Die Annahme oder der Mangel des Guna bildet im Verbum in grammatisch genau bestimmten Fällen einen Gegensatz zwischen gunirten und gunalosen Formen der Abwandlung. Bisweilen, aber viel seltener, wird ein gleicher Gegensatz durch den bald nothwendigen, bald willkührlichen Gebrauch des Wriddhi gegen Guna hervorgebracht. Bopp hat zuerst diesen Gegensatz auf eine Weise, die, wenn sie auch einige Fälle gewissermafsen als Ausnahme übersehen mufs, doch gewifs im Ganzen vollkommen befriedigend erscheint, aus der Wirkung der Lautschwere oder Lautleichtigkeit der Endungen auf den Wurzelvocal erklärt. Die erstere verhindert nämlich seine Erweiterung, welche die letztere hervorzulocken scheint, und das Eine und das Andere findet überall da statt, wo sich die Endung unmittelbar an die Wurzel anschliefst, oder auf ihrem Wege dahin einen des Guna fähigen Vocal antrifft. Wo aber der Einflufs der Beugungssylbe durch einen andren, dazwischentretenden Vocal, oder einen Consonanten gehemmt wird, mithin die Abhängigkeit des Wurzelvocals von ihr aufhört, läfst sich der Gebrauch und Nichtgebrauch des Guna, obgleich er auch da in bestimmten Fällen regelmäfsig eintritt, auf keine Weise aus den Lauten erklären, und dieser Unterschied der Wurzelsylbe sich also überhaupt in der Sprache auf kein ganz allgemeines Gesetz zurückführen. Die wahrhafte Erklärung der Anwendung und Nichtanwendung des Guna überhaupt scheint mir nur aus der Geschichte der Abwandlungsformen des

Verbums geschöpft werden zu können. Dies ist aber ein noch sehr dunkles Gebiet, in dem wir nur fragmentarisch Einzelnes zu errathen vermögen. Vielleicht gab es ehemals, nach Verschiedenheit der Dialekte oder Zeiten, zweierlei Gattungen der Abwandlung, mit und ohne Guna, aus deren Mischung die jetzige Gestaltung in der uns vorliegenden Niedersetzung der Sprache entsprang. In der That scheinen auf eine solche Vermuthung einige Classen der Wurzeln zu führen, die sich zugleich, und gröfstentheils in der nämlichen Bedeutung, mit und ohne Guna abwandeln lassen, oder ein durchgängiges Guna annehmen, wo die übrige Analogie der Sprache den oben erwähnten Gegensatz erfordern würde. Dies letztere geschieht nur in einzelnen Ausnahmen; das erstere aber findet bei allen Verben statt, die zugleich nach der ersten und sechsten Classe conjugirt werden, so wie in denjenigen der ersten Classe, welche ihr vielförmiges Präteritum nach der sechsten Gestaltung, bis auf das fehlende Guna, ganz gleichförmig mit ihrem Augment-Präteritum, bilden. Diese ganze, dem Griechischen zweiten Aorist entsprechende, sechste Gestaltung dürfte wohl nichts andres, als ein wahres Augment-Präteritum einer gunalosen Abwandlung sein, neben welcher eine mit Guna (unser jetziges Augment-Präteritum der Wurzeln der ersten Classe) bestanden hat. Denn es ist mir sehr wahrscheinlich, dafs es im wahren Sinne des Wortes im Sanskrit nur zwei, nicht, wie wir jetzt zählen, drei Präterita giebt, so dafs die Bildungen des angeblich dritten, nämlich des vielförmigen, nur Nebenformen, aus anderen Epochen der Sprache herstammend, sind.

Wenn man auf diese Weise eine ursprünglich zwiefache Conjugation, mit und ohne Guna, in der Sprache annimmt, so entsteht gewissermafsen die Frage, ob da, wo die Gewichtigkeit der Endungen einen Gegensatz hervorbringt, das Guna verdrängt oder angenommen worden ist? und man mufs sich unbedenklich für das erstere erklären. Lautveränderungen, wie Guna und Wriddhi, lassen sich nicht einer Sprache einimpfen, sie gehen, nach Grimm's vom deutschen Ablaut gebrauchtem glücklichem Ausdruck, bis auf den Grund und Boden derselben, und können in ihrem Ursprunge sich aus den dunklen und breiten Diphthongen, die wir auch in andren Sprachen antreffen, erklären lassen. Das Wohllautsgefühl kann diese gemildert und zu einem quantitativ bestimmten Verhältnifs geregelt haben. Dieselbe Neigung der Sprachwerkzeuge zur Vocalerweiterung kann aber auch in einem glücklich organisirten Volksstamm unmittelbar in rhythmischer Haltung hervorgebrochen sein. Denn es ist nicht nothwendig, und kaum einmal rathsam, sich jede Trefflichkeit einer gebildeten Sprache als stufenartig und allmälig entstanden zu denken.

Der Unterschied zwischen rohem Naturlaut und geregeltem Ton zeigt sich noch bei weitem deutlicher an einer andren, zur inneren Wortausbildung wesentlich beitragenden Lautform, der Reduplication. Die Wiederholung der Anfangssylbe eines Wortes, oder auch des ganzen Wortes selbst, ist, bald in verstärkender Bedeutsamkeit zu mannigfachem Ausdruck, bald als blofse Lautgewohnheit, den Sprachen vieler ungebildeten Völker eigen. In anderen, wie in einigen des Malayischen Stammes, verräth sie schon dadurch einen Einflufs des Lautgefühls, dafs nicht immer der Wurzelvocal, sondern gelegentlich ein verwandter wiederholt wird. Im Sanskrit aber wird die Reduplication so genau dem jedesmaligen inneren Wortbau angemessen modificirt, dafs man fünf oder sechs verschiedene, durch die Sprache vertheilte, Gestaltungen derselben zählen kann. Alle aber fliefsen aus dem doppelten Gesetz der Anpassung dieser Vorschlagssylbe an die besondere Form des Wortes und aus dem der Beförderung der inneren Worteinheit. Einige sind zugleich für bestimmte grammatische Formen bezeichnend. Die Anpassung ist bisweilen so künstlich, daſs die eigentlich dem Worte voranzugehen bestimmte Sylbe dasselbe spaltet, und sich zwischen seinen Anfangsvocal und Endconsonanten stellt, was vielleicht darin seinen Grund hat, daſs dieselben Formen auch den Vorschlag des Augments verlangen, und diese beiden Vorschlagssylben sich, als solche, an vocalisch anlautenden Wurzeln nicht hätten auf unterscheidbare Weise andeuten lassen. Die Griechische Sprache, in welcher Augment und Reduplication wirklich in diesen Fällen im *augmentum temporale* zusammenflieſsen, hat zur Erreichung desselben Zweckes ähnliche Formen entwickelt ([1]). Es ist dies ein merkwürdiges Beispiel, wie, bei regem und lebendigem Articulationssinn, die Lautformung sich eigne und wunderbar scheinende Bahnen bricht, um den innerlich organisirenden Sprachsinn in allen seinen verschiedenen Richtungen, jede kenntlich erhaltend, zu begleiten.

Die Absicht, das Wort fest mit dem Vorschlage zu verbinden, äuſsert sich im Sanskrit bei den consonantischen Wurzeln durch die Kürze des Wiederholungsvocals, auch gegen einen langen Wurzellaut, so daſs der Vorschlag vom Worte übertönt werden soll. Die einzigen zwei Ausnahmen von dieser Verkürzung in der Sprache haben wieder ihren eigenthümlichen, den allgemeinen überwiegenden Grund, bei den Intensivverben die Andeutung ihrer Verstärkung, bei dem vielförmigen Präteritum der Causalverba das euphonisch geforderte Gleichgewicht zwischen dem Wiederholungs-

---

[1] In einer, von mir im Jahre 1828 im Französischen Institute gelesenen Abhandlung: über die Verwandtschaft des Griechischen Plusquamperfectum, der reduplicirenden Aoriste und der Attischen Perfecta mit einer Sanskritischen Tempusbildung, habe ich die Übereinstimmung und die Verschiedenheit beider Sprachen in diesen Formen ausführlich auseinandergesetzt, und dieselbe aus ihren Gründen herzuleiten versucht.

und Wurzelvocal. Bei vocalisch anlautenden Wurzeln fällt da, wo sich die Reduplication durch Verlängerung des Anfangsvocals ankündigt, das Übergewicht des Lautes auf die Anfangssylbe, und befördert dadurch, wie wir es beim Guna gesehen, die enge Verbindung der übrigen, dicht an sie angeschlossenen Sylben. Die Reduplication ist in den meisten Fällen ein wirkliches Kennzeichen bestimmter grammatischer Formen, oder doch eine, sie charakteristisch begleitende Lautmodification. Nur in einem kleinen Theil der Verben (in denen der dritten Classe) ist sie diesen an sich eigen. Aber auch hier, wie beim Guna, wird man auf die Vermuthung geführt, dafs sich in einer früheren Zeit der Sprache Verba mit und ohne Reduplication abwandeln liefsen, ohne dadurch, weder in sich, noch in ihrer Bedeutung, eine Veränderung zu erfahren. Denn das Augment-Präteritum und das vielförmige einiger Verba der dritten Classe unterscheiden sich blofs durch die Anwendung oder den Mangel der Reduplication. Dies erscheint bei dieser Lautform noch natürlicher, als bei dem Guna. Denn die Verstärkung der Aussage durch den Laut vermittelst der Wiederholung kann ursprünglich nur die Wirkung der Lebendigkeit des individuellen Gefühls sein, und daher, auch wenn sie allgemeiner und geregelter wird, leicht zu wechselndem Gebrauche Anlafs geben.

Das, in seiner Andeutung der vergangenen Zeit der Reduplication verwandte Augment wird gleichfalls auf eine die Worteinheit befördernde Weise bei Wurzeln mit anlautenden Vocalen behandelt, und zeigt darin einen merkwürdigen Gegensatz gegen den Verneinung andeutenden gleichlautenden Vorschlag. Denn da das *Alpha privativum* sich blofs mit Einschiebung eines *n* vor diese Wurzeln stellt, verschmilzt das Augment mit ihrem Anfangsvocal, und zeigt also schon dadurch die ihm, als Verbalform, bestimmte gröfsere Innigkeit der Verbindung an. Es überspringt aber in dieser Verschmelzung das durch dieselbe entstehende Guna, und erweitert sich zu Wriddhi, wohl offenbar darum, weil das Gefühl für die innere Worteinheit diesem das Wort zusammenhaltenden Anfangsvocal ein so grofses Übergewicht, als möglich, geben will. Zwar trifft man in einer andren Verbalform, im reduplicirten Präteritum, in einigen Wurzeln auch die Einschiebung des *n* an; der Fall steht aber ganz einzeln in der Sprache da, und die Anfügung ist mit einer Verlängerung des Vorschlagsvocals verbunden.

Aufser den hier kurz berührten, besitzen tonreiche Sprachen noch eine Reihe anderer Mittel, die alle das Gefühl des Bedürfnisses ausdrücken, dem Worte einen, innere Fülle und Wohllaut vereinenden, organischen Bau zu geben. Man kann im Sanskrit hierher die Vocalverlängerung, den Vocalwechsel, die Verwandlung des Vocals in einen Halbvocal, die Erweiterung desselben zur Sylbe durch nachfolgenden Halbvocal und gewissermafsen die Einschiebung eines Nasenlautes rechnen, ohne der Veränderungen zu gedenken, welche die allgemeinen Gesetze der Sprache in den sich in der Wortmitte berührenden Buchstaben hervorbringen. In allen diesen Fällen entspringt die letzte Bildung des Lautes zugleich aus der Beschaffenheit der Wurzel und der Natur der grammatischen Anfügungen. Zugleich äufsern sich aber die Selbstständigkeit und Festigkeit, die Verwandtschaft und der Gegensatz, und das Lautgewicht der einzelnen Buchstaben bald in ursprünglicher Harmonie, bald in einem, immer von dem organisirenden Sprachsinn schön geschlichteten Widerstreite. Noch deutlicher verräth sich die auf die Bildung des Ganzen des Wortes gerichtete Sorgfalt in dem Compensationsgesetze, nach welchem in einem Theile des Worts vorgefallene Verstärkung oder Schwächung, zur Herstellung des Gleichgewichts, eine entgegengesetzte Veränderung in einem anderen Theile desselben nach sich zieht. Hier, in dieser letzten Ausbildung, wird von der qualitativen Beschaffenheit der Buchstaben abgesehen. Der Sprachsinn hebt nur die körperlosere quantitative heraus, und behandelt das Wort, gleichsam metrisch, als eine rhythmische Reihe. Das Sanskrit enthält hierin so merkwürdige Formen, als sich nicht leicht in anderen Sprachen antreffen lassen. Das vielförmige Präteritum der Causalverba (die siebente Bildung bei Bopp), zugleich versehen mit Augment und Reduplication, liefert hierzu ein in jeder Rücksicht merkwürdiges Beispiel. Da in den Formen dieser Gestaltung dieses Tempus auf das, immer kurze Augment bei consonantisch anlautenden Wurzeln unmittelbar die Wiederholungs- und Wurzelsylbe auf einander folgen, so bemüht sich die Sprache, den Vocalen dieser beiden ein bestimmtes metrisches Verhältnifs zu geben. Mit wenigen Ausnahmen, wo diese beiden Sylben pyrrhichisch (अजगदं, *ajagadam*, ⏑⏑⏑⏑, von गद्, *gad*, reden) oder spondäisch (अदध्रादं, *adadhrâdam*, ⏑–-⏑, von ध्राड्, *dhrâd*, abfallen, welken) klingen, steigen sie entweder jambisch (अदुदूषं, *adudûsham*, ⏑⏑-⏑, von दुष्, *dush*, sündigen, sich beflecken) auf, oder senken sich, was die Mehrheit der Fälle ausmacht, trochäisch (अचीकलं, *achíkalam*, ⏑-⏑⏑, von कल्, *kal*, schleudern, schwingen), und lassen bei denselben Wurzeln selten der Aussprache die Wahl zwischen diesem doppelten Vocalmaafs. Untersucht man nun das, auf den ersten Anblick sehr verwickelte, quantitative Verhältnifs dieser Formen, so findet man, dafs die Sprache dabei ein höchst einfaches Verfahren befolgt. Sie wendet nämlich, indem sie eine Veränderung mit der Wurzelsylbe vornimmt, lediglich das Gesetz der Lautcompensation an. Denn sie stellt, nach einer vorgenommenen Verkürzung der Wurzelsylbe, blofs das Gleichgewicht durch Verlängerung der Wiederholungssylbe wieder her, woraus die trochäische Senkung entsteht, an welcher die Sprache, wie es scheint, hier ein besonderes Wohlgefallen fand. Die Veränderung der Quantität der Wurzelsylbe scheint das höhere, auf die Erhaltung der Stammsylben gerichtete Gesetz zu verletzen. Genauere Nachforschung aber zeigt, daſs dies keinesweges der Fall ist. Denn diese Präterita werden nicht aus der primitiven, sondern aus der schon grammatisch veränderten Causalwurzel gebildet. Die verkürzte Länge ist daher in der Regel nur der Causalwurzel eigen. Wo die Sprache in diesen Bildungen auf eine primitiv stammhafte Länge, oder gar auf einen solchen Diphthongen stöſst, giebt sie ihr Vorhaben auf, läſst die Wurzelsylbe unverändert, und verlängert nun auch nicht die, der allgemeinen Regel nach kurze Wiederholungssylbe. Aus dieser, sich dem in diesen Formen eigentlich beabsichtigten Verfahren entgegenstellenden Schwierigkeit entspringt der jambische Aufschwung, der das natürliche, unveränderte Quantitäts-Verhältniſs ist. Zugleich beachtet die Sprache die Fälle, wo die Länge der Sylbe nicht aus der Natur des Vocals, sondern aus dessen Stellung vor zwei auf einander folgenden Consonanten herflieſst. Sie häuft nicht zwei Verlängerungsmittel, und läſst also auch in der trochäischen Senkung den Wiederholungsvocal vor zwei Anfangsconsonanten der Wurzel unverlängert. Bemerkenswerth ist es, daſs auch die eigentlich Malayische Sprache eine solche Sorgfalt, die Einheit des Worts bei grammatischen Anfügungen zu erhalten, und dasselbe als ein euphonisches Lautganzes zu behandeln, durch Quantitäts-Versetzung der Wurzelsylben zeigt. Die angeführten Sanskritischen Formen sind, ihrer Sylbenfulle und ihres Wohllauts wegen, die deutlichsten Beispiele, was eine Sprache aus einsylbigen Wurzeln zu entfalten vermag, wenn sie mit einem reichen Alphabete ein festes und durch Feinheit des Ohres den zartesten Anklängen der Buchstaben folgendes Lautsystem verbindet, und Anbildung und innere Veränderung, wieder nach bestimmten Regeln aus mannigfaltigen und fein unterschiedenen grammatischen Gründen, hinzutreten (¹).

§. 16.

Eine andere, der Natur der Sache nach allen Sprachen gemeinschaftliche, in den todten, aber uns nur da noch kenntliche Worteinheit, wo die Flüchtigkeit der Aussprache durch uns verständliche Zeichen festgehalten wird, liegt im Accent. Man kann nämlich an der Sylbe dreierlei phonetische Eigenschaften unterscheiden: die eigenthümliche Gattung ihrer Laute, ihr Zeitmaaſs, und ihre Betonung. Die beiden ersten werden durch ihre eigne Natur bestimmt, und machen gleichsam ihre körperliche Gestalt aus; der Ton aber (unter welchem ich hier immer den Sprachton, nicht die metrische Arsis verstehe) hängt von der Freiheit des Redenden ab, ist eine ihr von ihm mitgetheilte Kraft, und gleicht einem ihr eingehauchten fremden Geist. Er schwebt, wie ein noch seelenvolleres Princip, als die materielle Sprache selbst ist, über der Rede, und ist der unmittelbare Ausdruck der Geltung, welche der Sprechende ihr und jedem ihrer Theile aufprägen will. An sich ist jede Sylbe der Betonung fähig. Wenn aber unter mehreren nur Eine den Ton wirklich erhält, wird dadurch die Betonung der sie unmittelbar begleitenden, wenn der Sprechende nicht auch unter diesen eine ausdrücklich vorlauten läſst, aufgehoben, und diese Auf-

---

(¹) Was ich hier über diese Form des Präteritums der Causalverba sage, habe ich aus einer ausführlichen, schon vor Jahren über diese Tempusformen ausgearbeiteten Abhandlung ausgezogen. Ich bin in derselben alle Wurzeln der Sprache, nach Anleitung der zu solchen Arbeiten vortrefflichen Forsterschen Grammatik, durchgegangen, habe die verschiedenen Bildungen auf ihre Gründe zurückzuführen gesucht, und auch die einzelnen Ausnahmen angemerkt. Die Arbeit ist aber ungedruckt geblieben, weil es mir schien, daſs eine so specielle Ausführung sehr selten vorkommender Formen nur sehr wenige Leser interessiren könnte.

hebung bringt eine Verbindung der tonlos werdenden mit der betonten und dadurch vorwaltenden und sie beherrschenden hervor. Beide Erscheinungen, die Tonaufhebung und die Sylbenverbindung, bedingen einander, und jede zieht unmittelbar und von selbst die andere nach sich. So entsteht der Wortaccent und die durch ihn bewirkte Worteinheit. Kein selbstständiges Wort läfst sich ohne einen Accent denken, und jedes Wort kann nicht mehr als Einen Hauptaccent haben. Es zerfiele mit zweien in zwei Ganze und würde mithin zu zwei Wörtern. Dagegen kann es allerdings in einem Worte Nebenaccente geben, die entweder aus der rhythmischen Beschaffenheit des Wortes, oder aus Nüancirungen der Bedeutung entspringen (¹).

Die Betonung unterliegt mehr, als irgend ein anderer Theil der Sprache, dem doppelten Einflufs der Bedeutsamkeit der Rede und der metrischen Beschaffenheit der Laute. Ursprünglich, und in ihrer wahren Gestalt, geht sie unstreitig aus der ersteren hervor.

(¹) Die sogenannten accentlosen Wörter der Griechischen Sprache scheinen mir dieser Behauptung nicht zu widersprechen. Es würde mich aber zu weit von meinem Hauptgegenstande abführen, wenn ich hier zu zeigen versuchte, wie sie meistentheils sich, als dem Accent des nachfolgenden Wortes vorangehende Sylben, vorn an dasselbe anschliefsen in den Wortstellungen aber, welche eine solche Erklärung nicht zulassen (wie οὐκ in Sophocles. *Oedipus Rex. v.* 334-336. *Ed. Brunckii.*), wohl in der Aussprache eine schwache, nur nicht bezeichnete, Betonung besafsen. Dafs jedes Wort nur Einen Hauptaccent haben kann, sagen die Lateinischen Grammatiker ausdrücklich. Cicero. *Orat.* 18. *natura, quasi modularetur hominum orationem, in omni verbo posuit acutam vocem, nec una plus.* Die Griechischen Grammatiker behandeln die Betonung überhaupt mehr wie eine Beschaffenheit der Sylbe, als des Wortes. In ihnen ist mir keine Stelle bekannt, welche die Accent-Einheit des letzteren als allgemeinen Canon ausspräche. Vielleicht liefsen sie sich durch die Fälle irre machen, in welchen ein Wort wegen enklitischer Sylben zwei Accentzeichen erhält, wo aber wohl das der Anlehnung zugehörende immer nur einen Nebenaccent bildete. Dennoch fehlt es auch bei ihnen nicht an bestimmten Andeutungen jener nothwendigen Einheit. So sagt Arcadius (περὶ τόνων. *Ed. Barkeri. p.* 190.) von Aristophanes: τὸν μὲν ὀξὺν τόνον ἐν ἅπαντι μέρει καθαρῷ τόνου ἅπαξ ἐμφαίνεσθαι δοκιμάσας.

Je mehr aber der Sinn einer Nation auch auf rhythmische und musikalische Schönheit gerichtet ist, desto mehr Einfluſs wird auch diesem Erforderniſs auf die Betonung verstattet. Es liegt aber in dem Betonungstriebe, wenn der Ausdruck erlaubt ist, weit mehr, als die auf das bloſse Verständniſs gehende Bedeutsamkeit. Es drückt sich darin ganz vorzugsweise auch der Drang aus, die intellectuelle Stärke des Gedanken und seiner Theile weit über das Maaſs des bloſsen Bedürfnisses hinaus zu bezeichnen. Dies ist in keiner andren Sprache so sichtbar, als in der Englischen, wo der Accent sehr häufig das Zeitmaaſs, und sogar die eigenthümliche Geltung der Sylben verändernd, mit sich fortreiſst. Nur mit dem höchsten Unrecht würde man dies einem Mangel an Wohllautsgefühl zuschreiben. Es ist im Gegentheil nur die, mit dem Charakter der Nation zusammenhängende, intellectuelle Energie, bald die rasche Gedanken-Entschlossenheit, bald die ernste Feierlichkeit, welche das durch den Sinn hervorgehobene Element auch in der Aussprache über alle andren überwiegend zu bezeichnen strebt. Aus der Verbindung dieser Eigenthümlichkeit mit den, oft in groſser Reinheit und Schärfe aufgefaſsten Wohllautsgesetzen entspringt der in Absicht auf Betonung und Aussprache wahrhaft wundervolle Englische Wortbau [1]. Wäre das Bedürfniſs starker und scharf

---

[1] Diesen interessanten und zugleich schwierigsten Theil der Englischen Aussprache, die Betonung, hat Buschmann in seinem Lehrbuche der Englischen Aussprache ausführlich behandelt und gröſstentheils selbst geschaffen. Er giebt für dieselbe im Wesentlichen drei Richtungen an: die Betonung der Stammsylbe oder ersten Sylbe (§. 2-15. §. 26. 27. u. 33.), die Beibehaltung der fremden Betonung (§. 16-22.), und eine merkwürdige Attraction des Tones durch Endungen (§. 23-25.), zwischen welchen, wie besonders in §. 28-32. und in Anm. 34. entwickelt ist, die Sprache in ihrem nicht-Germanischen Wortvorrathe oft rathlos herumtappt. — Den von mir oben berührten Nebenaccent versucht Buschmann (§. 75-78.) für die Englische Sprache nach einer Sylben-Distanz (von zwei, und, aus Gründen ursprünglicher Bedeutsamkeit, gelegentlich von drei Sylben) festzustellen.

nüancirter Betonung nicht so tief in dem Englischen Charakter gegründet, so würde auch das Bedürfniſs der öffentlichen Beredsamkeit nicht zur Erklärung der groſsen Aufmerksamkeit hinreichen, welche auf diesen Theil der Sprache in England so sichtbar gewandt wird. Wenn alle andren Theile der Sprache mehr mit den intellectuellen Eigenthümlichkeiten der Nationen in Verbindung stehen, so hängt die Betonung zugleich näher und auf innigere Weise mit dem Charakter zusammen.

Die Verknüpfung der Rede bietet auch Fälle dar, wo gewichtlosere Wörter sich an gewichtigere durch die Betonung anschlieſsen, ohne doch mit ihnen in eines zu verschmelzen. Dies ist der Zustand der Anlehnung, der Griechischen ἔγκλισις. Das gewichtlosere Wort giebt alsdann seine Unabhängigkeit, nicht aber seine Selbstständigkeit, als getrenntes Element der Rede, auf. Es verliert seinen Accent, und fällt in das Gebiet des Accents des gewichtigeren Wortes. Erhält aber dies Gebiet durch diesen Zuwachs eine den Gesetzen der Sprache zuwiderlaufende Ausdehnung, so verwandelt das gewichtigere Wort, indem es zwei Accente annimmt, seine tonlose Endsylbe in eine scharfbetonte, und schlieſst dadurch das gewichtlosere an sich an ([1]). Durch diese Anschlieſsung soll aber die natürliche Wortabtheilung nicht gestört werden; dies beweist deutlich das Verfahren der enklitischen Betonung in einigen besonderen Fällen. Wenn zwei enklitische Wörter auf einander folgen, so fällt das letztere, seiner Betonung nach, nicht, wie das erstere, in das Gebiet des gewichtigeren Worts, sondern

---

([1]) Dies nennen die Griechischen Grammatiker den schlummernden Ton der Sylbe erwecken. Sie bedienen sich auch des Ausdrucks des Zurückwerfens des Tones (ἀναβιβάζειν τὸν τόνον). Diese letztere Metapher ist aber weniger glücklich. Der ganze Zusammenhang der Griechischen Accentlehre zeigt, daſs das, was hier wirklich vorgeht, das oben Beschriebene ist.

das erstere nimmt für das letztere die scharfe Betonung auf sich. Das enklitische Wort wird also nicht übersprungen, sondern als ein selbstständiges Wort geehrt, und schliefst ein anderes an sich an. Die besondere Eigenthümlichkeit eines solchen enklitischen Wortes macht sogar, was das eben Gesagte noch mehr bestätigt, ihren Einfluſs auf die Art der Betonung geltend. Denn da ein Circumflex sich nicht in einen Acutus verwandeln kann, so wird, wenn von zwei auf einander folgenden enklitischen Wörtern das erste circumflectirt ist, das ganze Anlehnungsverfahren unterbrochen, und das zweite enklitische Wort behält alsdann seine ursprüngliche Betonung (¹). Ich habe diese Einzelnheiten nur angeführt, um zu zeigen, wie sorgfältig Nationen, welche die Richtung ihres Geistes auf sehr hohe und feine Ausbildung ihrer Sprache geführt hat, auch die verschiedenen Grade der Worteinheit bis zu den Fällen herab andeuten, wo weder die Trennung, noch die Verschmelzung vollständig und entschieden ist.

§. 17.

Das grammatisch gebildete Wort, wie wir es bisher in der Zusammenfügung seiner Elemente und in seiner Einheit, als ein Ganzes, betrachtet haben, ist bestimmt, wieder als Element in den Satz einzutreten. Die Sprache muſs also hier eine zweite, höhere Einheit bilden, höher, nicht blofs weil sie von gröſserem Umfange ist, sondern auch weil sie, indem der Laut nur nebenher auf sie einwirken kann, ausschliefslicher von der ordnenden inneren Form des Sprachsinnes abhängt. Sprachen, die, wie das Sanskrit, schon in die Einheit des Wortes seine Beziehungen zum Satze verflechten, lassen den letzteren in die Theile zerfallen, in welchen er sich,

---

(¹) z. B. Ilias. I. v. 178. θεός που σοί τόγ' ἔδωκεν.

seiner Natur nach, vor dem Verstande darstellt; sie bauen aus diesen Theilen seine Einheit gleichsam auf. Sprachen, die, wie die Chinesische, jedes Stammwort veränderungslos starr in sich einschließen, thun zwar dasselbe, und fast in noch strengerem Verstande, da die Wörter ganz vereinzelt dastehen; sie kommen aber bei dem Aufbau der Einheit des Satzes dem Verstande, theils nur durch lautlose Mittel, wie z. B. die Stellung ist, theils durch eigne, wieder abgesonderte Wörter zu Hülfe. Es giebt aber, wenn man jene beiden zusammennimmt, ein zweites, beiden entgegengesetztes Mittel, das wir hier jedoch besser als ein drittes betrachten, die Einheit des Satzes für das Verständniſs festzuhalten, nämlich ihn mit allen seinen nothwendigen Theilen nicht wie ein aus Worten zusammengesetztes Ganzes, sondern wirklich als ein einzelnes Wort zu behandeln.

Wenn man, wie es ursprünglich richtiger ist, da jede, noch so unvollständige Aussage in der Absicht des Sprechenden wirklich einen geschlossenen Gedanken ausmacht, vom Satze ausgeht, so zerschlagen Sprachen, welche sich dieses Mittels bedienen, die Einheit des Satzes gar nicht, sondern streben vielmehr in ihrer Ausbildung, sie immer fester zusammenzuknüpfen. Sie verrücken aber sichtbar die Gränzen der Worteinheit, indem sie dieselbe in das Gebiet der Satzeinheit hinüberziehen. Die richtige Unterscheidung beider geht daher allein, da die Chinesische Methode das Gefühl der Satzeinheit zu schwach in die Sprache überführt, von den wahren Flexionssprachen aus; und die Sprachen beweisen nur dann, daſs die Flexion in ihrem wahren Geiste ihr ganzes Wesen durchdrungen hat, wenn sie auf der einen Seite die Worteinheit bis zur Vollendung ausbilden, auf der andren aber zugleich dieselbe in ihrem eigentlichen Gebiete festhalten, den Satz in alle seine nothwendigen Theile trennen, und erst aus ihnen seine Einheit wieder aufbauen. Insofern

164 *Einverleibungssystem der Sprachen.*

gehören Flexion, Worteinheit und Gliederung des Satzes dergestalt enge zusammen, daſs eine unvollkommene Ausbildung des einen oder des andren dieser Stücke immer sicher beweist, daſs keines in seinem ganz reinen, ungetrübten Sinn in der Sprachbildung vorgewaltet hat. Jenes dreifache Verfahren nun, das sorgfältige grammatische Zurichten des Wortes zur Satzverknüpfung, die ganz indirecte und gröſstentheils lautlose Andeutung derselben, und das enge Zusammenhalten des ganzen Satzes, soviel es immer möglich ist, in Einer zusammen ausgesprochenen Form, erschöpft die Art, wie die Sprachen den Satz aus Wörtern zusammenfügen. Von allen drei Methoden finden sich in den meisten Sprachen einzelne, stärkere oder schwächere Spuren. Wo aber eine derselben bestimmt vorwaltet und zum Mittelpunkt des Organismus wird, da lenkt sie auch den ganzen Bau, in strengerer oder loserer Consequenz, nach sich hin. Als Beispiele des stärksten Vorwaltens jeder derselben lassen sich das Sanskrit, die Chinesische und, wie ich gleich ausführen werde, die Mexicanische Sprache aufstellen.

Um die Verknüpfung des einfachen Satzes in Eine lautverbundene Form hervorzubringen, hebt die letztere [1] das Verbum, als

---

[1] Ich erlaube mir hier eine Bemerkung über die Aussprache des Namens Mexico. Wenn wir dem *x* in diesem Worte den bei uns üblichen Laut geben, so ist dies freilich unrichtig. Wir würden uns aber noch weiter von der wahren einheimischen Aussprache entfernen, wenn wir der Spanischen, in der neuesten, noch tadelnswürdigeren Schreibung Mejico ganz unwiederruflich gewordenen, durch den Gurgellaut *ch* folgten. Der einheimischen Aussprache gemäſs, ist der dritte Buchstabe des Namens des Kriegsgottes Mexitli und des davon herkommenden der Stadt Mexico ein starker Zischlaut, wenn sich auch nicht genau angeben läſst, in welchem Grade derselbe sich unserm *sch* nähert. Hierauf wurde ich zuerst dadurch geführt, daſs Castilien auf Mexicanische Weise Caxtil, und in der verwandten Cora-Sprache das Spanische *pesar*, wägen, *pexuvi* geschrieben wird. Noch deutlicher fand ich diese Muthmaſsung bestätigt durch Gilij's Art, das im Mexicanischen gebrauchte *x* Italienisch durch *sc* wiederzugeben. (*Saggio di storia Americana.* III. 343.) Da ich denselben oder einen ähnlichen Zischlaut auch in mehreren anderen

Gliederung des Satzes. §. 17.

den wahren Mittelpunkt desselben, heraus, fügt, soviel es möglich ist, die regierenden und regierten Theile des Satzes an dasselbe an, und giebt dieser Verknüpfung durch Lautformung das Gepräge eines verbundenen Ganzen: $\overset{1.}{ni}$-$\overset{2.}{naca}$-$\overset{3.}{qua}$, ich $\overset{1.}{esse}$ $\overset{3.}{Fleisch}$$\overset{2.}{}$. Man könnte diese Verbindung des Substantivs mit dem Verbum als ein zusammengesetztes Verbum, gleich dem Griechischen κρεωφαγέω, ansehen; die Sprache nimmt es aber offenbar anders. Denn wenn aus irgend einem Grunde das Substantivum nicht selbst einverleibt wird, so ersetzt sie es durch das Pronomen der dritten Person, zum deutlichen Beweise, daſs sie mit dem Verbum, und in ihm enthalten, zugleich das Schema der Construction zu haben verlangt: $\overset{1.}{ni}$-$\overset{2.}{c}$-$\overset{3.}{qua}$ $\overset{4.}{in}$ $\overset{5.}{nacatl}$, $\overset{1.}{ich}$ $\overset{3.}{esse}$ $\overset{2.}{es}$, $\overset{4.}{das}$ $\overset{5.}{Fleisch}$. Der Satz soll, seiner Form nach, schon im Verbum abgeschlossen erscheinen, und wird nur nachher, gleichsam durch Apposition, näher bestimmt. Das Verbum läſst

---

Amerikanischen Sprachen von den Spanischen Sprachlehrern mit *x* geschrieben fand, so erklärte ich mir diese Sonderbarkeit aus dem Mangel des *sch*-Lauts in der Spanischen Sprache. Weil die Spanischen Grammatiker in ihrem eignen Alphabete keinen ihm entsprechenden fanden, so wählten sie zu seiner Bezeichnung das bei ihnen zweideutige und ihrer Sprache selbst fremde *x*. Späterhin fand ich dieselbe Erklärung dieser Buchstabenverwechselung bei dem Ex-Jesuiten Camaño, der geradezu den in der Chiquitischen Sprache (im Innern von Südamerika) mit *x* geschriebenen Laut mit dem Deutschen *sch* und dem Französischen *ch* vergleicht und denselben Grund für den Gebrauch des *x* angiebt. Diese Äuſserung findet sich in seiner sehr systematischen und vollständigen handschriftlichen Chiquitischen Grammatik, die ich der Güte des Etatsraths von Schlözer als ein Geschenk aus dem Nachlasse seines Vaters verdanke. Daſs das *x* der Spanier in den Amerikanischen Sprachen einen solchen Laut vertritt, hat mir zuletzt noch Buschmann, nach den von ihm an Ort und Stelle gemachten Beobachtungen, ausdrücklich bestätigt; und er giebt der Sache die erweiternde Fassung: daſs die Spanier durch diesen Buchstaben die zwischen dem Deutschen *sch* und dem ihnen gleich unbekannten Französischen *j* liegenden Laute, so wie diese selbst, bezeichnen. Um der einheimischen Aussprache nahe zu bleiben, müſste man also die Hauptstadt Neuspaniens ungefähr wie die Italiener aussprechen; genauer genommen aber so, daſs der Laut zwischen Messico und Meschico fiele.

sich gar nicht ohne diese vervollständigenden Nebenbestimmungen nach Mexicanischer Vorstellungsweise denken. Wenn daher kein bestimmtes Object dasteht, so verbindet die Sprache mit dem Verbum ein eignes, in doppelter Form für Personen und Sachen gebrauchtes, unbestimmtes Pronomen: *ni-tla-qua*, ich esse etwas, *ni-te-tla-maca*, ich gebe jemandem etwas. Ihre Absicht, diese Zusammenfügungen als ein Ganzes erscheinen zu lassen, bekundet die Sprache auf das deutlichste. Denn wenn ein solches, den Satz selbst, oder gleichsam sein Schema in sich fassendes Verbum in eine vergangene Zeit gestellt wird, und dadurch das Augment *o* erhält, so stellt sich dieses an den Anfang der Zusammenfügung, was klar anzeigt, daß jene Nebenbestimmungen dem Verbum immer und nothwendig angehören, das Augment aber ihm nur gelegentlich, als Vergangenheits-Andeutung, hinzutritt. So ist von *ni-nemi*, ich lebe, das als ein intransitives Verbum keine andren Pronomina mit sich führen kann, das Perfectum *o-ni-nen*, ich habe gelebt, von *maca*, geben, *o-ni-c-te-maca-c*, ich habe es jemandem gegeben. Noch wichtiger aber ist es, daß die Sprache für die zur Einverleibung gebrauchten Wörter sehr sorgfältig eine absolute und eine Einverleibungsform unterscheidet, eine Vorsicht, ohne welche diese ganze Methode mißlich für das Verständniß werden würde, und die man daher als die Grundlage derselben anzusehen hat. Die Nomina legen in der Einverleibung, ebenso wie in zusammengesetzten Wörtern, die Endungen ab, welche sie im absoluten Zustande immer begleiten, und sie als Nomina charakterisiren. Fleisch, das wir im Vorigen einverleibt als *naca* fanden, heißt absolut *nacatl* ([1]). Von

---

([1]) Der Endlaut dieses Wortes, der durch seine häufige Wiederkehr gewissermaßen zum charakteristischen der Mexicanischen Sprache wird, findet sich bei den Spanischen Sprachlehrern durchaus mit *tl* geschrieben. Tapia Zenteno (*Arte novissima de lengua Mexicana.* 1753. pag. 2. 3.) nur bemerkt, daß die beiden Conso-

Gliederung des Satzes. §. 17.

den einverleibten Pronominen wird keines in gleicher Form abgesondert gebraucht. Die beiden unbestimmten kommen im absoluten Zustande gar nicht in der Sprache vor. Die auf ein bestimmtes Object gehenden haben eine von ihrer selbstständigen mehr oder

---

nanten zwar im Anfange und in der Mitte der Wörter wie im Spanischen ausgesprochen würden, dagegen am Ende nur Einen, sehr schwer zu erlernenden Laut bildeten. Nachdem er diesen sehr undeutlich beschrieben hat, tadelt er ausdrücklich, wenn *tlatlacolli*, Sünde, und *tlamantli*, Schicht, *claclacolli* und *clamancli* ausgesprochen würden. Da ich aber, durch die gefällige Vermittelung meines Bruders, Herrn Alaman und Herrn Castorena, einen Mexicanischen Eingebornen, über diesen Punkt schriftlich befragte, erhielt ich zur Antwort, dafs die heutige Aussprache des *tl* allgemein und in allen Fällen die von *cl* ist. Hierfür zeugt auch das in das Spanische aufgenommene, in Mexico ganz gewöhnliche Wort *claco*, eine Kupfermünze, einen halben *quartillo*, d. h. den achten Theil eines Reals, betragend, das Mexicanische *tlaco*, halb. Der Cora-Sprache fehlt das *l*, und sie nimmt daher bei Mexicanischen Wörtern nur den ersten Buchstaben des *tl* in sich auf. Aber auch die Spanischen Grammatiker dieser Sprache setzen dann immer ein *t* (nie ein *c*), so dafs *tlatoani*, Gouverneur, *tatoani* lautet. Dasselbe *t* für das Mexicanische *tl* findet sich auch in der, wie mir Buschmann sagt, eine sehr merkwürdige Verwandtschaft mit dem Mexicanischen zeigenden Cahita-Sprache, in der Mexicanischen Provinz Cinaloa, einer Sprache, deren Namen ich noch nirgends erwähnt gefunden habe und die mir erst durch Buschmann bekannt geworden ist, wo z. B. das oben angeführte Wort *tlatlacolli* für Sünde die Form *tatacoli* hat. (*Manual para administrar á los Indios del idioma Cahita los santos sacramentos.* Mexico. 1740. pag. 63.) Ich schrieb den Herren Alaman und Castorena noch einmal, und stellte ihnen die aus der Cora-Sprache hervorgehende Einwendung entgegen. Die Antwort blieb aber dieselbe, als zuvor. An der heutigen Aussprache ist daher nicht zu zweifeln. Man geräth nur in Verlegenheit, ob man annehmen soll, dafs die Aussprache sich mit der Zeit verändert hat, von *t* zu *k* übergegangen ist, oder ob die Ursach darin liegt, dafs der dem *l* vorhergehende Laut ein dunkler zwischen *t* und *k* schwebender ist? Auch in der Aussprache von Eingebornen von Tahiti und den Sandwich-Inseln habe ich selbst erprobt, dafs diese Laute kaum von einander zu unterscheiden sind. Ich halte den zuletzt angedeuteten Grund für den richtigen. Die Spanier, welche sich zuerst ernsthaft mit der Sprache beschäftigten, mochten den dunklen Laut wie ein *t* auffassen; und da sie ihn auf diese Weise in ihre Schreibung aufnahmen, so mag man hierbei stehen geblieben sein. Auch aus Tapia Zenteno's Äufserung scheint eine gewisse Unentschiedenheit des Lautes hervorzugehen, die er nur nicht in ein nach Spanischer Weise deutliches *cl* ausarten lassen will.

weniger verschiedene Form. Die beschriebene Methode zeigt aber schon von selbst, daſs die Einverleibungsform eine doppelte sein müsse, eine für das regierende und eine für das regierte Pronomen. Die selbstständigen persönlichen Pronomina können zwar den hier geschilderten Formen zu besonderem Nachdruck vorgesetzt werden, die sich auf sie beziehenden einverleibten bleiben aber darum nicht weg. Das in einem eigenen Worte ausgedrückte Subject des Satzes wird nicht einverleibt; sein Vorhandensein zeigt sich aber an der Form dadurch, daſs in dieser allemal bei der dritten Person ein sie andeutendes regierendes Pronomen fehlt.

Wenn man die Verschiedenheit der Art überschlägt, in welcher sich auch der einfache Satz dem Verstande darstellen kann, so sieht man leicht ein, daſs das strenge Einverleibungssystem nicht durch alle verschiedenen Fälle durchgeführt werden kann. Es müssen daher oft Begriffe in einzelnen Wörtern aus der Form, welche sie nicht alle umschlieſsen kann, herausgestellt werden. Die Sprache verfolgt aber hierbei immer die einmal gewählte Bahn, und ersinnt, wo sie auf Schwierigkeiten stöſst, neue künstliche Abhelfungsmittel. Wenn also z. B. eine Sache in Beziehung auf einen andren, für oder wider ihn, geschehen soll, und nun das bestimmte regierte Pronomen, da es sich auf zwei Objecte beziehen müſste, Undeutlichkeit erregen würde, so bildet sie, vermittelst einer zuwachsenden Endung, eine eigne Gattung solcher Verben, und verfährt übrigens wie gewöhnlich. Das Schema des Satzes liegt nun wieder vollständig in der verknüpften Form, die Andeutung einer verrichteten Sache im regierten Pronomen, die Nebenbeziehung auf einen andren in der Endung; und sie kann jetzt mit Sicherheit des Verständnisses diese beiden Objecte, ohne sie mit Kennzeichen ihrer Beziehung auszustatten, auſserhalb nachfolgen lassen: *chihua*, machen, *chihui-lia,* für oder wider jemand machen, mit Veränderung des *a*

Gliederung des Satzes. §. 17.

in *i* nach dem Assimilationsgesetz, *ni-c-chihui-lia* in *no-piltzin ce calli*, ich mache es für der mein Sohn ein Haus.

Die Mexicanische Einverleibungsmethode zeugt darin von einem richtigen Gefühle der Bildung des Satzes, dafs sie die Bezeichnung seiner Beziehungen gerade an das Verbum anknüpft, also an den Punkt, in welchem sich derselbe zur Einheit zusammenschlingt. Sie unterscheidet sich dadurch wesentlich und vortheilhaft von der Chinesischen Andeutungslosigkeit, in welcher das Verbum nicht einmal sicher durch seine Stellung, sondern oft nur materiell an seiner Bedeutung kenntlich ist. In den bei verwickelteren Sätzen aufserhalb des Verbums stehenden Theilen aber kommt sie der letzteren wieder vollkommen gleich. Denn indem sie ihre ganze Andeutungs-Geschäftigkeit auf das Verbum wirft, läfst sie das Nomen durchaus beugungslos. Dem Sanskritischen Verfahren nähert sie sich zwar insofern, als sie den, die Theile des Satzes verknüpfenden Faden wirklich angiebt; übrigens aber steht sie mit demselben in einem merkwürdigen Gegensatz. Das Sanskrit bezeichnet auf ganz einfache und natürliche Weise jedes Wort als constitutiven Theil des Satzes. Die Einverleibungsmethode thut dies nicht, sondern läfst, wo sie nicht Alles in Eins zusammenschlagen kann, aus dem Mittelpunkte des Satzes Kennzeichen, gleichsam wie Spitzen, ausgehen, die Richtungen anzuzeigen, in welchen die einzelnen Theile, ihrem Verhältnifs zum Satze gemäfs, gesucht werden müssen. Des Suchens und Rathens wird man nicht überhoben, vielmehr durch die bestimmte Art der Andeutung in das entgegengesetzte System der Andeutungslosigkeit zurückgeworfen. Wenn aber auch dies Verfahren auf diese Weise etwas mit den beiden übrigen gemein hat, so würde man seine Natur dennoch verkennen, wenn man es als eine Mischung von beiden ansehen, oder es so auffassen wollte, als hätte nur der innere Sprachsinn nicht die Kraft besessen, das

Andeutungssystem durch alle Theile der Sprache durchzuführen. Es liegt vielmehr offenbar in dieser Mexicanischen Satzbildung eine eigenthümliche Vorstellungsweise. Der Satz soll nicht construirt, nicht aus Theilen allmälig aufgebaut, sondern als zur Einheit geprägte Form auf Einmal hingegeben werden.

Wenn man es wagt, in die Uranfänge der Sprache hinabzusteigen, so verbindet zwar der Mensch gewiſs immer mit jedem, als Sprache, ausgestoſsenen Laute innerlich einen vollständigen Sinn, also einen geschlossenen Satz, stellt nicht bloſs, seiner Absicht nach, ein vereinzeltes Wort hin, wenn auch seine Aussage, nach unserer Ansicht, nur ein solches enthält. Darum aber kann man sich das ursprüngliche Verhältniſs des Satzes zum Worte nicht so denken, als würde ein schon in sich vollständiger und ausführlicher nur nachher durch Abstraction in Wörter zerlegt. Denkt man sich, wie es doch das Natürlichste ist, die Sprachbildung successiv, so muſs man ihr, wie allem Entstehen in der Natur, ein Evolutionssystem unterlegen. Das sich im Laut äuſsernde Gefühl enthält Alles im Keime, im Laute selbst aber ist nicht Alles zugleich sichtbar. Nur wie das Gefühl sich klarer entwickelt, die Articulation Freiheit und Bestimmtheit gewinnt, und das mit Glück versuchte gegenseitige Verständniſs den Muth erhöht, werden die erst dunkel eingeschlossenen Theile nach und nach heller, und treten in einzelnen Lauten hervor. Mit diesem Gange hat das Mexicanische Verfahren eine gewisse Ähnlichkeit. Es stellt zuerst ein verbundenes Ganzes hin, das formal vollständig und genügend ist; es bezeichnet ausdrücklich das noch nicht individuell Bestimmte als ein unbestimmtes Etwas durch das Pronomen, malt aber nachher dies unbestimmt Gebliebene einzeln aus. Es folgt aus diesem Gange von selbst, daſs, da den einverleibten Wörtern die Endungen fehlen, welche sie im selbstständigen Zustande besitzen, man sich dies in der

Wirklichkeit der Spracherfindung nicht als ein Abwerfen der Endungen zum Behuf der Einverleibung, sondern als ein Hinzufügen im Zustande der Selbstständigkeit denken muſs. Man darf mich darum nicht so miſsverstehen, als schiene mir deshalb der Mexicanische Sprachbau jenen Uranfängen näher zu liegen. Die Anwendung von Zeitbegriffen auf die Entwickelung einer so ganz im Gebiete der nicht zu berechnenden ursprünglichen Seelenvermögen liegenden menschlichen Eigenthümlichkeit, als die Sprache, hat immer etwas sehr Miſsliches. Offenbar ist auch die Mexicanische Satzbildung schon eine sehr kunstvoll und oft bearbeitete Zusammenfügung, die von jenen Urbildungen nur den allgemeinen Typus beibehalten hat, übrigens aber schon durch die regelmäſsige Absonderung der verschiedenen Arten des Pronomens an eine Zeit erinnert, in welcher eine klarere grammatische Vorstellungsweise herrscht. Denn diese Zusammenfügungen am Verbum haben sich schon harmonisch und in gleichem Grade, wie die Zusammenbildung in eine Worteinheit und die Beugungen des Verbums selbst, ausgebildet. Das Unterscheidende liegt nur darin, daſs, was in den Uranfängen gleichsam die unentwickelt in sich schlieſsende Knospe ausmacht, in der Mexicanischen Sprache als ein zusammengebildetes Ganzes vollständig und unzertrennbar hingelegt wird, da die Chinesische es ganz dem Hörer überläſst, die, kaum irgend durch Laute angedeutete Zusammenfügung aufzusuchen, und die lebendigere und kühnere Sanskritische sich gleich den Theil in seiner Beziehung zum Ganzen, sie fest bezeichnend, vor Augen stellt.

Die Malayischen Sprachen folgen zwar nicht dem Einverleibungssysteme, haben aber darin mit demselben eine gewisse Ähnlichkeit, daſs sie die Richtungen, welche der Gang des Satzes nimmt, durch sorgfältige Bezeichnung der intransitiven, transitiven oder causalen Natur des Verbums angeben, und dadurch den Mangel an Beugungen für das Verständniſs des Satzes zu ersetzen suchen. Einige von ihnen häufen Bestimmungen aller Art auf diese Weise am Verbum, so daſs sie sogar gewissermaſsen daran ausdrücken, ob es im Singularis oder Pluralis steht. Es wird daher auch durch Bezeichnung am Verbum der Wink gegeben, wie man die anderen Theile des Satzes darauf beziehen soll. Auch ist das Verbum bei ihnen nicht durchaus beugungslos. Der Mexicanischen kann man am Verbum, in welchem die Zeiten durch einzelne Endbuchstaben und zum Theil offenbar symbolisch bezeichnet werden, Flexionen und ein gewisses Streben nach Sanskritischer Worteinheit nicht absprechen.

Ein gleichsam geringerer Grad des Einverleibungsverfahrens ist es, wenn Sprachen zwar dem Verbum nicht zumuthen, ganze Nomina in den Schooſs seiner Beugungen aufzunehmen, allein doch an ihm nicht bloſs das regierende Pronomen, sondern auch das regierte ausdrücken. Auch hierin giebt es verschiedene Nüancen, je nachdem diese Methode sich mehr oder weniger tief in der Sprache festgesetzt hat, und je nachdem diese Andeutung auch da gefordert wird, wo der ausdrückliche Gegenstand der Handlung selbstständig nachfolgt. Wo diese Beugungsart des Verbums mit dem, in dasselbe verwebten, nach verschiedenen Richtungen hin bedeutsamen Pronomen seine volle Ausbildung erreicht hat, wie in einigen Nordamerikanischen Sprachen und in der Vaskischen, da wuchert eine schwer zu übersehende Anzahl von verbalen Beugungsformen auf. Mit bewundrungswürdiger Sorgfalt aber ist die Analogie ihrer Bildung dergestalt festgehalten, daſs das Verständniſs an einem leicht zu erkennenden Faden durch dieselben hindurchläuft. Da in diesen Formen häufig dieselbe Person des Pronomens in verschiedenen Beziehungen als handelnd, als directer und indirecter Gegenstand der Handlung wiederkehrt, und diese Sprachen gröſstentheils aller Declinationsbeugungen ermangeln, so muſs es entweder dem Laut nach verschiedene Pronominal-Affixa in ihnen geben, oder auf irgend eine andre Weise dem möglichen Miſsverständniſs vorgebeugt werden. Hierdurch entsteht nun oft ein höchst kunstvoller Bau des Verbums. Als ein vorzügliches Beispiel eines solchen kann man die Massachusetts-Sprache in Neu-England, einen Zweig des groſsen Delaware-Stamms, anführen. Mit den gleichen Pronominal-Affixen, zwischen denen sie nicht, wie die Mexicanische, einen Lautunterschied macht, bestimmt sie in ihrer verwickelten Conjugation alle vorkommenden Beugungen. Sie bedient sich dazu hauptsächlich des Mittels, in bestimmten Fällen die leidende Person zu präfigiren, so daſs man, wenn man einmal die Regel eingesehen hat, gleich am Anfangsbuchstaben der Form die Gattung erkennt, zu welcher sie gehört. Da aber auch dies Mittel nicht vollkommen ausreicht, so verbindet sie damit andere, namentlich einen Endungslaut, der, wenn die beiden ersten Personen die leidenden sind, die dritte als wirkend bezeichnet. Dieser Umstand, die verschiedene Bedeutung des Pronomens durch den Ort seiner Stellung im Verbum anzudeuten, hat mir immer sehr merkwürdig geschienen, indem er entweder eine bestimmte Vorstellungsweise in dem Geiste des Volkes voraussetzt, oder darauf hinführt, daſs das Ganze der Conjugation gleichsam dunkel dem Sprachsinne vorgeschwebt habe, und dieser nun willkührlich sich der Stellung als Unterscheidungsmittels bediente. Mir ist jedoch das Erstere bei weitem wahrscheinlicher. Zwar scheint es auf den ersten Anblick in der That willkührlich, wenn die erste Person, als regierte, da suffigirt wird, wo die zweite die handelnde ist, dagegen dem Verbum da vorangeht, wo die dritte als wirkend auftritt, wenn man mithin immer du greifst mich und mich greift er, nicht umgekehrt, sagt. Indeſs mag doch ein Grund darin liegen, daſs die beiden ersten Personen einen höheren Grad von Lebendigkeit vor der Phantasie des Volkes ausübten, und daſs das Wesen dieser Formen, wie es nicht unnatürlich zu denken ist, von der betroffenen, leidenden Person ausging. Unter den beiden ersten scheint wieder die zweite das Übergewicht zu haben; denn die dritte wird, als leidende, nie präfigirt, und die zweite hat in demselben Zustand nie eine andre Stellung. Wo aber die zweite, als wirkend, mit der ersten, als leidenden, zusammenkommt, behauptet die zweite, indem die Sprache auf andre Weise für die Vermeidung der Verwechslung sorgt, dennoch ihren vorzüglicheren Platz. Auch spricht für diese Ansicht, daſs in der Sprache des Hauptzweiges des Delaware-Stammes, in der Lenni Lenape-Sprache, die Stellung des Pronomens in diesen Formen dieselbe ist. Auch die Mundart der unter uns durch den geistvollen Cooperschen Roman bekannt gewordenen Mohegans (eigentlich Muhhekaneew) scheint sich hiervon nicht zu entfernen. Immer aber bleibt das Gewebe dieser Conjugation so künstlich, daſs man sich des Gedanken nicht erwehren kann, daſs auch hier, wie schon weiter oben von der Sprache überhaupt bemerkt worden ist, die Bildung jedes Theiles in Beziehung auf das dunkel gefühlte Ganze gemacht worden sei. Die Grammatiken geben bloſs Paradigmen, und enthalten keine Zergliederung des Baues. Ich habe mich aber durch eine solche genaue, in weitläuftige Tabellen gebrachte, aus Eliot's [1] Paradigmen vollständig von der in dem anscheinenden Chaos herrschenden Regelmäſsigkeit überzeugt. Die Mangelhaftigkeit der Hülfsmittel

---

[1] John Eliot. *Massachusetts Grammar*, herausgegeben von John Pickering. Boston. 1822. Man vergleiche auch David Zeisberger's *Delaware Grammar*, übersetzt von Du Ponceau. Philadelphia. 1827. und Jonath. Edwards *observations on the language of the Muhhekaneew Indians*, herausgegeben von John Pickering. 1823.

erlaubt der Zergliederung nicht immer, durch alle Theile jeder Form durchzudringen, und besonders nicht, das, was die Grammatiker nur als Wohllautsbuchstaben ansehen, von allen charakteristischen zu scheiden. Durch den gröfsten Theil der Beugungen aber führen die erkannten Regeln; und wo hiernach Fälle zweifelhaft bleiben, läfst sich die Bedeutung der Form doch immer dadurch zeigen, dafs sie aus bestimmt anzugebenden Gründen keine andere sein kann. Dennoch ist es kein glücklicher Wurf, wenn die innere Organisation eines Volkes, verbunden mit äufseren Umständen, den Sprachbau auf diese Bahn führt. Die grammatischen Formen fügen sich für den Verstand und den Laut in zu grofse und unbehülfliche Massen zusammen. Die Freiheit der Rede fühlt sich gebunden, indem sie sich, anstatt den in seinen Verknüpfungen wechselnden Gedanken aus einzelnen Elementen zusammenzusetzen, grofsentheils ein für allemal gestempelter Ausdrücke bedienen mufs, von welchen sie nicht einmal aller Theile in jedem Augenblicke bedarf. Dabei ist die Verbindung innerhalb dieser zusammengesetzten Formen doch zu locker und zu lose, als dafs ihre einzelnen Theile zu wahrer Worteinheit in einander verschmelzen könnten.

So leidet die Verbindung bei nicht organisch richtig vorgenommener Trennung. Der hier erhobene Vorwurf trifft das ganze Einverleibungsverfahren. Die Mexicanische Sprache macht zwar dadurch die Worteinheit wieder stärker, dafs sie weniger Bestimmungen durch Pronomina in die Verbalbeugungen verwebt, niemals auf diese Weise zwei bestimmte regierte Gegenstände andeutet, sondern die Bezeichnung der indirecten Beziehung, wenn zugleich eine directe da ist, in die Endung des Verbums selbst legt; allein sie verknüpft immer auch, was besser unverbunden wäre. In Sprachen, welche einen hohen Sinn für die Worteinheit verrathen, ist zwar auch bisweilen die Andeutung des regierten Pronomens an der Verbalform eingedrungen, wie z. B. im Hebräischen diese regierten Pronomina suffigirt werden. Allein die Sprache giebt hier selbst zu erkennen, welchen Unterschied sie zwischen diesen Pronominen und denen der handelnden Personen, welche wesentlich zur Natur des Verbums selbst gehören, macht. Denn indem sie diese letzteren in die allerengste Verbindung mit dem Stamme setzt, hängt sie die ersteren locker an, ja trennt sie bisweilen gänzlich vom Verbum, und stellt sie für sich hin.

Die Sprachen, welche auf diese Weise die Gränzen der Wort- und Satzbildung in einander überführen, pflegen der Declination zu ermangeln, entweder gar keine Casus zu haben, oder, wie die Vaskische, den Nominativus nicht immer im Laut vom Accusativus zu unterscheiden. Man darf aber dies nicht als die Ursache jener Einfügung des regierten Objects ansehen, als wollten sie gleichsam der aus dem Declinationsmangel entstehenden Undeutlichkeit vorbeugen. Dieser Mangel ist vielmehr die Folge jenes Verfahrens. Denn der Grund dieser ganzen Verwechslung dessen, was dem Theile und was dem Ganzen des Satzes gebührt, liegt darin, dafs dem Geiste bei der Organisation der Sprache nicht der richtige Begriff der einzelnen Redetheile vorgeschwebt hat. Aus diesem würde unmittelbar selbst zugleich die Declination des Nomens und die Beschränkung der Verbalformen auf ihre wesentlichen Bestimmungen hervorgesprungen sein. Gerieth man aber, statt dessen, zuerst auf den Weg, das blofs in der Construction Zusammengehörende auch im Worte eng zusammenzuhalten, so erschien natürlich die Ausbildung des Nomens minder nothwendig. Sein Bild war in der Phantasie des Volkes nicht als Theils des Satzes vorherrschend, sondern wurde blofs als erklärender Begriff nachgebracht. Das Sanskrit hat sich von dieser Verwebung regierter Pronomina in das Verbum durchaus frei erhalten.

Ich habe bisher einer andren Verbindung des Pronomens in Fällen, wo es natürlicher unverbunden steht, nämlich des Besitzpronomens mit dem Nomen, nicht erwähnt, weil derselben zugleich, und sogar hauptsächlich, etwas anderes, als das, wovon wir hier reden, zum Grunde liegt. Die Mexicanische Sprache hat eine eigen für das Besitzpronomen bestimmte Abkürzung, und das Pronomen umschlingt auf diese Weise in zwei abgesonderten Formen die beiden Haupttheile der Sprache. Im Mexicanischen, und nicht bloſs in dieser Sprache, hat diese Verbindung zugleich eine syntaktische Anwendung, und gehört daher genau hierher. Man bedient sich nämlich der Zusammenfügung des Pronomens der dritten Person mit dem Nomen als einer Andeutung des Genitiv-Verhältnisses, indem man das im Genitiv stehende Nomen nachfolgen läſst, sein Haus der Gärtner, statt das Haus des Gärtners, sagt. Man sieht, daſs dies gerade dasselbe Verfahren, als bei dem ein nachgesetztes Substantiv regierenden Verbum, ist.

Die Verbindungen mit dem Besitzpronomen sind im Mexicanischen nicht bloſs überhaupt viel häufiger, als die Hinzufügung desselben unsrer Vorstellungsweise nothwendig erscheint, sondern mit gewissen Begriffen, z. B. denen der Verwandtschaftsgrade und der Glieder des menschlichen Körpers, ist dies Pronomen gleichsam unablöslich verwachsen. Wo keine einzele Person zu bestimmen ist, fügt man dem Verwandtschaftsgrade das unbestimmte persönliche Pronomen, den Gliedmaſsen des Körpers das der ersten Person des Plurals hinzu. Man sagt daher nicht leicht *nantli*, die Mutter, sondern gewöhnlich *te-nan*, jemandes Mutter, und ebensowenig *maitl*, die Hand, sondern *to-ma*, unsere Hand. Auch in vielen anderen Amerikanischen Sprachen geht das Anknüpfen dieser Begriffe an das Besitzpronomen bis zur anscheinenden Unmöglichkeit der Trennung davon. Hier ist der Grund nun wohl offenbar

Z

kein syntaktischer, sondern liegt vielmehr noch tiefer in der Vorstellungsweise des Volks. Wo der Geist noch wenig an Abstraction gewöhnt ist, faſst er in Eins, was er oft an einander anknüpft; und was der Gedanke schwer oder überall nicht zu sondern vermag, das verbindet die Sprache, wo sie überhaupt zu solchen Verknüpfungen hinneigt, in Ein Wort. Solche Wörter erhalten nachher, als ein für allemal gestempelte Gepräge, Umlauf, und die Sprechenden denken nicht mehr daran, ihre Elemente zu trennen. Die beständige Beziehung der Sache auf die Person liegt überdies in der ursprünglicheren Ansicht des Menschen, und beschränkt sich erst bei steigender Cultur auf die Fälle, in welchen sie wirklich nothwendig ist. In allen Sprachen, welche stärkere Spuren jenes früheren Zustandes enthalten, spielt daher das persönliche Pronomen eine wichtigere Rolle. In dieser Ansicht bestätigen mich auch einige andere Erscheinungen. Im Mexicanischen bemächtigen sich die Besitzpronomina dergestalt des Wortes, daſs die Endungen desselben gewöhnlich verändert werden, und diese Verknüpfungen durchaus eine ihnen eigne Pluralendung haben. Eine solche Umgestaltung des ganzen Wortes beweist sichtbar, daſs es auch innerlich als ein neuer individueller Begriff, nicht als eine bloſs gelegentlich in der Rede vorkommende Verknüpfung zweier verschiedener angesehen wird. In der Hebräischen Sprache zeigt sich der Einfluſs der verschiedenen Festigkeit der Begriffsverknüpfung auf die Wortverknüpfung in besonders bedeutsamen Nüancen. Am festesten und engsten schlieſsen sich, wie schon oben bemerkt worden ist, an den Stamm die Pronomina der handelnden Person des Verbums an, weil dieses sich gar nicht ohne sie denken läſst. Die dann folgende festere Verbindung gehört dem Besitzpronomen an, und am losesten tritt das Pronomen des Objects des Verbums zu dem Stamme hinzu. Nach rein logischen Gründen, sollte bei den beiden letzten Fällen, wenn man überhaupt in ihnen einen Unterschied gestatten wollte, die größere Festigkeit auf der Seite des vom Verbum regierten Objects sein. Denn offenbar wird dieses nothwendiger vom transitiven Verbum, als das Besitzpronomen im Allgemeinen vom Nomen, gefordert. Daß die Sprache hier den entgegengesetzten Weg wählt, kann kaum einen andren Grund, als den, haben, daß dies Verhältniß in den Fällen, die es am häufigsten mit sich führt, sich dem Volke in individueller Einheit darstellte.

Wenn man zu dem Einverleibungssysteme, wie man, streng genommen, thun muß, alle die Fälle rechnet, wo dasjenige, was einen eignen Satz bilden könnte, in eine Wortform zusammengezogen wird, so finden sich Beispiele desselben auch in Sprachen, die ihm übrigens fremd sind. Sie kommen aber alsdann gewöhnlich so vor, daß sie in zusammengesetzten Sätzen zur Vermeidung von Zwischensätzen gebraucht werden. Wie die Einverleibung im einfachen Satze mit der Beugungslosigkeit des Nomens zusammenhängt, so ist dies hier entweder mit dem Mangel eines Relativpronomens und gehöriger Conjunctionen, oder mit der geringeren Gewohnheit der Fall, sich dieser Verbindungsmittel zu bedienen. In den Semitischen Sprachen ist der Gebrauch des *status constructus*, auch in diesen Fällen, weniger auffallend, da sie überhaupt der Einverleibung nicht abgeneigt sind. Allein auch im Sanskrit brauche ich hier nur an die in *twâ* und *ya* ausgehenden sogenannten beugungslosen Participia, und selbst an die Composita zu erinnern, die, wie die *Bahuwrîhi's*, ganze Relativsätze in sich schließen. Die letzteren sind nur in geringerem Maaße in die Griechische Sprache übergegangen, welche überhaupt auch von dieser Art der Einverleibung einen weniger häufigen Gebrauch macht. Sie bedient sich mehr des Mittels verknüpfender Conjunctionen. Sie vermehrt sogar lieber die Arbeit des Geistes durch unverbunden gelassene Constructionen, als sie durch allzu grofse Zusammenziehungen dem Periodenbau eine gewisse Ungelenkigkeit aufbürdet, von welcher, in Vergleichung mit ihr, das Sanskrit nicht immer ganz frei zu sprechen ist. Es ist hier der nämliche Fall, als da, wo die Sprachen überhaupt als Eins geprägte Wortformen in Sätze auflösen. Nur braucht der Grund zu diesem Verfahren nicht immer die Abstumpfung der Formen bei geschwächter Bildungskraft der Sprachen zu sein. Auch da, wo sich eine solche nicht annehmen läfst, kann die Gewöhnung an richtigere und kühnere Trennung der Begriffe auflösen, was, zwar sinnlich und lebendig, allein dem Ausdruck der wechselnden und geschmeidigen Gedankenverknüpfung weniger angemessen, in Eins zusammengegossen war. Die Gränzbestimmung, was und wie viel in Einer Form verbunden werden kann, erfordert einen zarten und feinen grammatischen Sinn, wie er unter allen Nationen wohl vorzugsweise den Griechen ursprünglich eigen war, und sich in ihrem, durchaus mit reichem und sorgfältigem Gebrauche der Sprache verschlungenen Leben bis zur höchsten Verfeinerung ausbildete.

§. 18.

Die grammatische Formung entspringt aus den Gesetzen des Denkens durch Sprache, und beruht auf der Congruenz der Lautformen mit denselben. Eine solche Congruenz mufs auf irgend eine Weise in jeder Sprache vorhanden sein; der Unterschied liegt nur in den Graden, und die Schuld mangelnder Vollendung kann das nicht gehörig deutliche Hervorspringen jener Gesetze in der Seele oder die nicht ausreichende Geschmeidigkeit des Lautsystemes treffen. Der Mangel in dem einen Punkte wirkt aber immer zugleich auf den andren zurück. Die Vollendung der Sprache fordert, dafs jedes Wort als ein bestimmter Redetheil gestempelt sei, und diejenigen Beschaffenheiten an sich trage, welche die philosophische Zergliederung der Sprache an ihm erkennt. Sie setzt dadurch selbst Flexion voraus. Es fragt sich nun also, auf welche Weise der einfachste Theil der vollendeten Sprachbildung, die Ausprägung eines Wortes zum Redetheil durch Flexion, in dem Geiste eines Volkes vor sich gehend gedacht werden kann? Reflectirendes Bewufstsein der Sprache läfst sich bei ihrem Ursprunge nicht voraussetzen, und würde auch keine schöpferische Kraft für die Lautformung in sich tragen. Jeder Vorzug, den eine Sprache in diesen wahrhaft vitalen Theilen ihres Organismus besitzt, geht ursprünglich aus der lebendigen, sinnlichen Weltanschauung hervor. Weil aber die höchste und von der Wahrheit am wenigsten abirrende Kraft aus der reinsten Zusammenstimmung aller Geistesvermögen, deren idealischste Blüthe die Sprache selbst ist, entspringt, so wirkt das aus der Weltanschauung Geschöpfte von selbst auf die Sprache zurück. So ist es nun auch hier. Die Gegenstände der äufseren Anschauung, so wie der innern Empfindung, stellen sich in zwiefacher Beziehung dar, in ihrer besondren qualitativen Beschaffenheit, welche sie individuell unterscheidet, und in ihrem allgemeinen, sich für die gehörig regsame Anschauung immer auch durch etwas in der Erscheinung und dem Gefühl offenbarenden Gattungsbegriff; der Flug eines Vogels z. B. als diese bestimmte Bewegung durch Flügelkraft, zugleich aber als die unmittelbar vorübergehende, und nur an diesem Vorübergehen festzuhaltende Handlung; und auf ähnliche Weise in allen andren Fällen. Eine aus der regsten und harmonischsten Anstrengung der Kräfte hervorgehende Anschauung erschöpft alles sich in dem Angeschauten Darstellende, und vermischt nicht das Einzelne, sondern legt es in Klarheit aus einander. Aus dem Erkennen jener doppelten Beziehung der Gegenstände nun, dem Gefühle ihres richtigen Verhältnisses, und der Lebendigkeit des von jeder einzelnen hervorgebrachten Eindrucks, entspringt, wie von selbst, die Flexion, als der sprachliche Ausdruck des Angeschauten und Gefühlten.

Es ist aber zugleich merkwürdig zu sehen, auf welchem verschiedenen Wege die geistige Ansicht hier zur Satzbildung gelangt. Sie geht nicht von seiner Idee aus, setzt ihn nicht mühevoll zusammen, sondern gelangt zu ihm, ohne es noch zu ahnden, indem sie nur dem scharf und vollständig aufgenommenen Eindruck des Gegenstandes Gestaltung im Laute ertheilt. Indem dies jedesmal richtig und nach demselben Gefühle geschieht, ordnet sich der Gedanke aus den so gebildeten Wörtern zusammen. In ihrem wahren, inneren Wesen ist die hier erwähnte geistige Verrichtung ein unmittelbarer Ausfluſs der Stärke und Reinheit des ursprünglich im Menschen liegenden Sprachvermögens. Anschauung und Gefühl sind nur gleichsam die Handhaben, an welchen sie in die äuſsere Erscheinung herübergezogen wird; und dadurch ist es begreiflich, daſs in ihrem letzten Resultate so unendlich mehr liegt, als diese, an sich betrachtet, darzubieten scheint. Die Einverleibungsmethode befindet sich, streng genommen, in ihrem Wesen selbst in wahrem Gegensatze mit der Flexion, indem diese vom Einzelnen, sie aber vom Ganzen ausgeht. Nur theilweise kann sie durch den siegreichen Einfluſs des inneren Sprachsinnes wieder zu ihr zurückkehren. Immer aber verräth sich in ihr, daſs durch seine geringere Stärke die Gegenstände sich nicht in gleicher Klarheit und Sonderung der in ihnen das Gefühl einzeln berührenden Punkte vor der Anschauung darlegen. Indem sie aber dadurch auf ein anderes Verfahren geräth, erlangt sie durch das lebendige Verfolgen dieser neuen Bahn wieder eine eigenthümliche Kraft und Frische der Gedankenverknüpfung. Die Beziehung der Gegenstände auf ihre allgemeinsten Gattungsbegriffe, welchen die Redetheile entsprechen, ist eine ideale, und ihr allgemeinster und reinster symbolischer Ausdruck wird von der Persönlichkeit hergenommen, die sich zugleich, auch sinnlich, als ihre natürlichste Bezeichnung darstellt. So knüpft sich das weiter oben von der sinnvollen Verwebung der Pronominalstämme in die grammatischen Formen Gesagte wieder hier an.

Ist einmal Flexion in einer Sprache wahrhaft vorwaltend, so folgt die fernere Ausspinnung des Flexionssystems nach vollendeter grammatischer Ansicht von selbst; und es ist schon oben angedeutet worden, wie die weitere Entwicklung sich bald neue Formen schafft, bald sich in vorhandene, aber bis dahin nicht in verschiedener Bedeutsamkeit gebrauchte, auch bei Sprachen desselben Stammes, hineinbaut. Ich darf hier nur an die Entstehung des Griechischen Plusquamperfectums aus einer blofs verschiedenen Form eines Sanskritischen Aoristes erinnern. Denn bei dem, nie zu übergehenden Einflufs der Lautformung auf diesen Punkt darf man nicht mit einander verwechseln, ob die letztere auf die Unterscheidung der mannigfaltigen grammatischen Begriffe beschränkend einwirkt, oder dieselben nur nicht vollständig in sich aufgenommen hat. Es kann, auch bei der richtigsten Sprachansicht, in früherer Periode der Sprache ein Übergewicht der sinnlichen Formenschöpfung geben, in welchem einem und demselben grammatischen Begriff eine Mannigfaltigkeit von Formen entspricht. Die Wörter stellten sich in diesen früheren Perioden, wo der innerlich schöpferische Geist des Menschen ganz in die Sprache versenkt war, selbst als Gegenstände dar, ergriffen die Einbildungskraft durch ihren Klang, und machten ihre besondre Natur in Vielförmigkeit vorherrschend geltend. Erst später und allmälig gewann die Bestimmtheit und die Allgemeinheit des grammatischen Begriffs Kraft und Gewicht, bemächtigte sich der Wörter und unterwarf sie ihrer Gleichförmigkeit. Auch im Griechischen, besonders in der Homerischen Sprache, haben sich bedeutende Spuren jenes früheren Zustandes erhalten. Im Ganzen aber zeigt sich gerade in diesem Punkte der merkwürdige Unterschied zwischen dem Griechischen und dem Sanskrit, daſs das erstere die Formen genauer nach den grammatischen Begriffen umgränzt, und ihre Mannigfaltigkeit sorgfältiger benutzt, feinere Abstufungen derselben zu bezeichnen; wogegen das Sanskrit die technischen Bezeichnungsmittel mehr heraushebt, sie auf der einen Seite in gröſserem Reichthum anwendet, auf der andren aber dennoch besser, einfacher und mit weniger zahlreichen Ausnahmen festhält.

§. 19.

Da die Sprache, wie ich bereits öfter im Obigen bemerkt habe, immer nur ein ideales Dasein in den Köpfen und Gemüthern der Menschen, niemals, auch in Stein oder Erz gegraben, ein materielles besitzt, und auch die Kraft der nicht mehr gesprochenen, insofern sie noch von uns empfunden werden kann, groſsentheils von der Stärke unsres eignen Wiederbelebungsgeistes abhängt, so kann es in ihr ebensowenig, als in den unaufhörlich fortflammenden Gedanken der Menschen selbst, einen Augenblick wahren Stillstandes geben. Es ist ihre Natur, ein fortlaufender Entwicklungsgang unter dem Einflusse der jedesmaligen Geisteskraft der Redenden zu sein. In diesem Gange entstehen natürlich zwei bestimmt zu unterscheidende Perioden, die eine, wo der lautschaffende Trieb der Sprache noch im Wachsthum und in lebendiger Thätigkeit ist, die andre, wo, nach vollendeter Gestaltung wenigstens der äuſseren Sprachform, ein scheinbarer Stillstand eintritt und dann eine sichtbare Abnahme jenes schöpferischen sinnlichen Triebes folgt. Allein auch aus der Periode der Abnahme können neue Lebensprincipe und neu gelingende Umgestaltungen der Sprache hervorgehen, wie ich in der Folge näher berühren werde.

In dem Entwicklungsgange der Sprachen überhaupt wirken zwei sich gegenseitig beschränkende Ursachen zusammen, das ursprünglich die Richtung bestimmende Princip, und der Einfluſs des schon hervorgebrachten Stoffes, dessen Gewalt immer in umgekehrtem Verhältniſs mit der sich geltend machenden Kraft des Princips steht. An dem Vorhandensein eines solchen Princips in jeder Sprache kann nicht gezweifelt werden. So wie ein Volk, oder eine menschliche Denkkraft überhaupt, Sprachelemente in sich aufnimmt, muſs sie dieselben, selbst unwillkührlich und ohne zum deutlichen Bewuſstsein davon zu gelangen, in eine Einheit verbinden, da ohne diese Operation weder ein Denken durch Sprache im Individuum, noch ein gegenseitiges Verständniſs, möglich wäre. Eben dies müſste man annehmen, wenn man bis zu einem ersten Hervorbringen einer Sprache aufsteigen könnte. Jene Einheit aber kann nur die eines ausschlieſslich vorwaltenden Princips sein. Nähert sich dies Princip dem allgemeinen sprachbildenden Principe im Menschen so weit, als dies die nothwendige Individualisirung desselben erlaubt, und durchdringt es die Sprache in voller und ungeschwächter Kraft, so wird diese alle Stadien ihres Entwickelungsganges dergestalt durchlaufen, daſs an die Stelle einer schwindenden Kraft immer wieder eine neue, der sich fortschlingenden Bahn angemessene eintritt. Denn es ist jeder intellectuellen Entwicklung eigen, daſs die Kraft eigentlich nicht abstirbt, sondern nur in ihren Functionen wechselt, oder eines ihrer Organe durch ein anderes ersetzt. Mischt sich aber schon dem ersten Principe etwas nicht in der Nothwendigkeit der Sprachform Gegründetes bei, oder durchdringt das Princip nicht wahrhaft den Laut, oder schlieſst sich an einen nicht rein organischen Stoff zu noch größerer Abweichung anderes gleich Verbildetes an, so stellt sich dem natürlichen Entwickelungsgange eine fremde Gewalt gegenüber, und die Sprache kann nicht, wie es sonst bei jeder richtigen Entwicklung intellectueller Kräfte der Fall sein muſs, durch die Verfolgung ihrer Bahn selbst neue Stärke gewinnen. Auch hier, wie bei der Bezeichnung der mannigfaltigen Gedankenverknüpfungen, bedarf die Sprache der Freiheit; und man kann es als ein sicheres Merkmal des reinsten und gelungensten Sprachbaues ansehen, wenn in demselben die Formung der Wörter und der Fügungen keine andren Beschränkungen erleidet, als nothwendig sind, mit der Freiheit auch Gesetzmäſsigkeit zu verbinden, d. h. der Freiheit durch Schranken ihr eignes Dasein zu sichern. Mit dem richtigen Entwicklungsgange der Sprache steht der des intellectuellen Vermögens überhaupt in natürlichem Einklange. Denn da das Bedürfniſs des Denkens die Sprache im Menschen weckt, so muſs, was rein aus ihrem Begriffe abflieſst, auch nothwendig das gelingende Fortschreiten des Denkens befördern. Versänke aber auch eine mit solcher Sprache begabte Nation durch andere Ursachen in Geistesträgheit und Schwäche, so würde sie sich immer an ihrer Sprache selbst leichter aus diesem Zustande hervorarbeiten können. Umgekehrt muſs das intellectuelle Vermögen aus sich selbst Hebel seines Aufschwunges finden, wenn ihm eine von jenem richtigen und natürlichen Entwickelungsgange abweichende Sprache zur Seite steht. Es wird alsdann durch die aus ihm selbst geschöpften Mittel auf die Sprache einwirken, nicht zwar schaffend, da ihre Schöpfungen nur das Werk ihres eignen Lebenstriebes sein können, allein in sie hineinbauend, ihren Formen einen Sinn leihend und eine Anwendung verstattend, den sie nicht hineingelegt und zu der sie nicht geführt hatte.

Wir können nun in der zahllosen Mannigfaltigkeit der vorhandenen und untergegangenen Sprachen einen Unterschied feststellen, der für die fortschreitende Bildung des Menschengeschlechts von entschiedener Wichtigkeit ist, nämlich den zwischen Sprachen, die sich aus reinem Principe in gesetzmäfsiger Freiheit kräftig und consequent entwickelt haben, und zwischen solchen, die sich dieses Vorzuges nicht rühmen können. Die ersten sind die gelungenen Früchte des in mannigfaltiger Bestrebung im Menschengeschlecht wuchernden Sprachtriebes. Die letzten haben eine abweichende Form, in welcher zwei Dinge zusammentreffen, Mangel an Stärke des ursprünglich immer im Menschen rein liegenden Sprachsinnes, und eine einseitige, aus dem Umstande entspringende Verbildung, dafs an eine nicht aus der Sprache nothwendig herfliefsende Lautform andere, durch sie an sich gerissen, angeschlossen werden.

Die obigen Untersuchungen geben einen Leitfaden an die Hand, dies in den wirklichen Sprachen, wie sehr man auch anfangs in ihnen eine verwirrende Menge von Einzelnheiten zu sehen glaubt, zu erforschen und in einfacher Gestalt darzustellen. Denn wir haben gesucht zu zeigen, worauf es in den höchsten Principien ankommt, und dadurch Punkte festzustellen, zu welchen sich die Sprachzergliederung erheben kann. Wie auch diese Bahn noch wird erhellt und geebnet werden können, so begreift man die Möglichkeit, in jeder Sprache die Form aufzufinden, aus welcher die Beschaffenheit ihres Baues fliefst, und sieht nun in dem eben Entwickelten den Maafsstab ihrer Vorzüge und ihrer Mängel.

Wenn es mir gelungen ist, die Flexionsmethode in ihrer ganzen Vollständigkeit zu schildern, wie sie allein dem Worte vor dem Geiste und dem Ohre die wahre innere Festigkeit verleiht, und zugleich mit Sicherheit die Theile des Satzes, der nothwendigen Gedankenverschlingung gemäfs, auseinanderwirft, so bleibt es unzweifelhaft, daſs sie ausschlieſslich das reine Princip des Sprachbaues in sich bewahrt. Da sie jedes Element der Rede in seiner zwiefachen Geltung, seiner objectiven Bedeutung und seiner subjectiven Beziehung auf den Gedanken und die Sprache, nimmt, und dies Doppelte in seinem verhältnifsmäfsigen Gewichte durch danach zugerichtete Lautformen bezeichnet, so steigert sie das ursprünglichste Wesen der Sprache, die Articulation und die Symbolisirung, zu ihren höchsten Graden. Es kann daher nur die Frage sein, in welchen Sprachen diese Methode am consequentesten, vollständigsten und freiesten bewahrt ist. Den Gipfel hierin mag keine wirkliche Sprache erreicht haben. Allein einen Unterschied des Grades sahen wir oben zwischen den Sanskritischen und Semitischen Sprachen: in den letzteren die Flexion in ihrer wahrsten und unverkennbarsten Gestalt und verbunden mit der feinsten Symbolisirung, allein nicht durchgeführt durch alle Theile der Sprache, und beschränkt durch mehr oder minder zufällige Gesetze, die zweisylbige Wortform, die ausschlieſslich zu Flexionsbezeichnung verwendeten Vocale, die Scheu vor Zusammensetzung; in den ersteren die Flexion durch die Festigkeit der Worteinheit von jedem Verdachte der Agglutination gerettet, durch alle Theile der Sprache durchgeführt und in der höchsten Freiheit in ihr waltend.

Verglichen mit dem einverleibenden und ohne wahre Worteinheit lose anfügenden Verfahren, erscheint die Flexionsmethode als ein geniales, aus der wahren Intuition der Sprache hervorgehendes Princip. Denn indem solche Sprachen ängstlich bemüht sind, das Einzelne zum Satz zu vereinigen, oder den Satz gleich auf einmal vereint darzustellen, stempelt sie unmittelbar den Theil der jedesmaligen Gedankenfügung gemäſs, und kann, ihrer Natur nach, in der Rede gar nicht sein Verhältnifs zu dieser von ihm trennen. Schwäche des sprachbildenden Triebes läſst bald, wie im Chinesischen, die Flexionsmethode nicht in den Laut übergehen, bald, wie in den Sprachen, welche einzeln ein Einverleibungsverfahren befolgen, nicht frei und allein vorwalten. Die Wirkung des reinen Princips kann aber auch zugleich durch einseitige Verbildung gehemmt werden, wenn eine einzelne Bildungsform, wie z. B. im Malayischen die Bestimmung des Verbums durch modificirende Präfixe, bis zur Vernachlässigung aller andren herrschend wird.

Wie verschieden aber auch die Abweichungen von dem reinen Principe sein mögen, so wird man jede Sprache doch immer danach charakterisiren können, inwiefern in ihr der Mangel von Beziehungs-Bezeichnungen, das Streben, solche hinzuzufügen und zu Beugungen zu erheben, und der Nothbehelf, als Wort zu stempeln, was die Rede als Satz darstellen sollte, sichtbar ist. Aus der Mischung dieser Principe wird das Wesen einer solchen Sprache hervorgehen, allein in der Regel sich aus der Anwendung derselben eine noch individuellere Form entwickeln. Denn wo die volle Energie der leitenden Kraft nicht das richtige Gleichgewicht bewahrt, da erlangt leicht ein Theil der Sprache vor dem andren ungerechterweise eine unverhältnifsmäfsige Ausbildung. Hieraus und aus anderen Umständen können einzelne Trefflichkeiten auch in Sprachen entstehen, in welchen man sonst nicht gerade den Charakter erkennen kann, vorzüglich geeignete Organe des Denkens zu sein. Niemand kann läugnen, dafs das Chinesische des alten Styls dadurch, dafs lauter gewichtige Begriffe unmittelbar an einander treten, eine ergreifende Würde mit sich führt, und dadurch eine einfache Gröfse erhält, dafs es gleichsam, mit Abwerfung aller unnützen Nebenbeziehungen, nur zum reinen Gedanken vermittelst der Sprache zu entfliehen scheint. Das eigentlich Malayische wird wegen seiner Leichtigkeit und der grofsen Einfachheit seiner Fügungen nicht mit Unrecht gerühmt. Die Semitischen Sprachen bewahren eine bewundrungswürdige Kunst in der feinen Unterscheidung der Bedeutsamkeit vieler Vocalabstufungen. Das Vaskische besitzt im Wortbau und in der Redefügung eine besondere, aus der Kürze und der Kühnheit des Ausdrucks hervorgehende Kraft. Die Delaware-Sprache, und auch andere Amerikanische, verbinden mit einem einzigen Worte eine Zahl von Begriffen, zu deren Ausdruck wir vieler bedürfen würden. Alle diese Beispiele beweisen aber nur, daſs der menschliche Geist, in welche Bahn er sich auch einseitig wirft, immer etwas Groſses und auf ihn befruchtend und begeisternd Zurückwirkendes hervorzubringen vermag. Über den Vorzug der Sprachen vor einander entscheiden diese einzelnen Punkte nicht. Der wahre Vorzug einer Sprache ist nur der, sich aus einem Princip und in einer Freiheit zu entwickeln, die es ihr möglich machen, alle intellectuelle Vermögen des Menschen in reger Thätigkeit zu erhalten, ihnen zum genügenden Organ zu dienen, und durch die sinnliche Fülle und geistige Gesetzmäſsigkeit, welche sie bewahrt, ewig anregend auf sie einzuwirken. In dieser formalen Beschaffenheit liegt Alles, was sich wohlthätig für den Geist aus der Sprache entwickeln läſst. Sie ist das Bett, in welchem er seine Wogen im sichren Vertrauen fortbewegen kann, daſs die Quellen, welche sie ihm zuführen, niemals versiegen werden. Denn wirklich schwebt er auf ihr, wie auf einer unergründlichen Tiefe, aus der er aber immer mehr zu schöpfen vermag, je mehr ihm schon daraus zugeflossen ist. Diesen formalen Maaſsstab also kann man allein an die Sprachen anlegen, wenn man sie unter eine allgemeine Vergleichung zu bringen versucht.

§. 20.

Mit dem grammatischen Baue, wie wir ihn bisher im Ganzen und Groſsen betrachtet haben, und der äuſserlichen

der Sprachen. §. 20.

Structur der Sprache überhaupt ist jedoch ihr Wesen bei weitem nicht erschöpft, und ihr eigentlicher und wahrer Charakter beruht noch auf etwas viel Feinerem, tiefer Verborgenem und der Zergliederung weniger Zugänglichem. Immer aber bleibt jenes, vorzugsweise bis hierher betrachtete, die nothwendige, sichernde Grundlage, in welcher das Feinere und Edlere Wurzel fassen kann. Um dies deutlicher darzustellen, ist es nothwendig, einen Augenblick wieder auf den allgemeinen Entwicklungsgang der Sprachen zurückzublicken. In der Periode der Formenbildung sind die Nationen mehr mit der Sprache, als mit dem Zwecke derselben, mit dem, was sie bezeichnen sollen, beschäftigt. Sie ringen mit dem Gedankenausdruck, und dieser Drang, verbunden mit der begeisternden Anregung des Gelungenen, bewirkt und erhält ihre schöpferische Kraft. Die Sprache entsteht, wenn man sich ein Gleichnifs erlauben darf, wie in der physischen Natur ein Krystall an den andren anschiefst. Die Bildung geschieht allmälig, aber nach einem Gesetz. Diese anfänglich stärker vorherrschende Richtung auf die Sprache, als auf die lebendige Erzeugung des Geistes, liegt in der Natur der Sache; sie zeigt sich aber auch an den Sprachen selbst, die, je ursprünglicher sie sind, desto reichere Formenfülle besitzen. Diese schiefst in einigen sichtbar über das Bedürfnifs des Gedanken über, und mäfsigt sich daher in den Umwandlungen, welche die Sprachen gleichen Stammes unter dem Einflufs reiferer Geistesbildung erfahren. Wenn diese Krystallisation geendigt ist, steht die Sprache gleichsam fertig da. Das Werkzeug ist vorhanden, und es fällt nun dem Geiste anheim, es zu gebrauchen und sich hineinzubauen. Dies geschieht in der That; und durch die verschiedene Weise, wie er sich durch dasselbe ausspricht, empfängt die Sprache Farbe und Charakter.

Man würde indefs sehr irren, wenn man, was ich hier mit

Absicht zur deutlichen Unterscheidung grell von einander gesondert habe, auch in der Natur für so geschieden halten wollte. Auch auf die wahre Structur der Sprache und den eigentlichen Formenbau hat die fortwährende Arbeit des Geistes in ihrem Gebrauche einen bestimmten und fortlaufenden Einfluſs; nur ist derselbe feiner, und entzieht sich bisweilen dem ersten Anblick. Auch kann man keine Periode des Menschengeschlechtes oder eines Volkes als ausschlieſslich und absichtlich sprachentwickelnd ansehen. Die Sprache wird durch Sprechen gebildet, und das Sprechen ist Ausdruck des Gedanken oder der Empfindung. Die Denk- und Sinnesart eines Volkes, durch welche, wie ich eben sagte, seine Sprache Farbe und Charakter erhält, wirkt schon von den ersten Anfängen auf dieselbe ein. Dagegen ist es gewiſs, daſs, je weiter eine Sprache in ihrer grammatischen Structur vorgerückt ist, sich immer weniger Fälle ergeben, welche einer neuen Entscheidung bedürfen. Das Ringen mit dem Gedankenausdruck wird daher schwächer; und je mehr sich der Geist nun des schon Geschaffnen bedient, desto mehr erschlafft sein schöpferischer Trieb und mit ihm auch seine schöpferische Kraft. Auf der andren Seite wächst die Menge des in Bauten hervorgebrachten Stoffs, und diese, nun auf den Geist zurückwirkende, äuſsere Masse macht ihre eigenthümlichen Gesetze geltend und hemmt die freie und selbstständige Einwirkung der Intelligenz. In diesen zwei Punkten liegt dasjenige, was in dem oben erwähnten Unterschiede nicht der subjectiven Ansicht, sondern dem wirklichen Wesen der Sache angehört. Man muſs also, um die Verflechtung des Geistes in die Sprache genauer zu verfolgen, dennoch den grammatischen und lexicalischen Bau der letzteren gleichsam als den festen und äuſseren von dem **inneren Charakter** unterscheiden, der, wie eine Seele, in ihr wohnt, und die Wirkung hervorbringt, mit welcher uns jede Sprache, so wie wir nur anfangen, ihrer mächtig zu werden, eigenthümlich ergreift. Es ist damit auf keine Weise gemeint, daſs diese Wirkung dem äuſseren Baue fremd sei. Das individuelle Leben der Sprache erstreckt sich durch alle Fibern derselben und durchdringt alle Elemente des Lautes. Es soll nur darauf aufmerksam gemacht werden, daſs jenes Reich der Formen nicht das einzige Gebiet ist, welches der Sprachforscher zu bearbeiten hat, und daſs er wenigstens nicht verkennen muſs, daſs es noch etwas Höheres und Ursprünglicheres in der Sprache giebt, von dem er, wo das Erkennen nicht mehr ausreicht, doch das Ahnden in sich tragen muſs. In Sprachen eines weit verbreiteten und vielfach getheilten Stammes läſst sich das hier Gesagte mit einfachen Beispielen belegen. Sanskrit, Griechisch und Lateinisch haben eine nahe verwandte und in sehr vielen Stücken gleiche Organisation der Wortbildung und der Redefügung. Jeder aber fühlt die Verschiedenheit ihres individuellen Charakters, die nicht bloſs eine, in der Sprache sichtbar werdende, des Charakters der Nationen ist, sondern, tief in die Sprachen selbst eingewachsen, den eigenthümlichen Bau jeder bestimmt. Ich werde daher bei diesem Unterschiede zwischen dem Principe, aus welchem sich, nach dem Obigen, die Structur der Sprache entwickelt, und dem eigentlichen Charakter dieser hier noch verweilen, und schmeichle mir, sicher sein zu können, daſs dieser Unterschied weder als zu schneidend angesehen, noch auf der andren Seite als bloſs subjectiv verkannt werde.

Um den Charakter der Sprachen, insofern wir ihn dem Organismus entgegensetzen, genauer zu betrachten, müssen wir auf den Zustand nach Vollendung ihres Baues sehen. Das freudige Staunen über die Sprache selbst, als ein immer neues Erzeugniſs des Augenblicks, mindert sich allmälig. Die Thätigkeit der Nation geht von der Sprache mehr auf ihren Gebrauch über, und diese beginnt mit dem eigenthümlichen Volksgeiste eine Laufbahn, in der keiner beider Theile sich von dem andren unabhängig nennen kann, jeder aber sich der begeisternden Hülfe des andren erfreut. Die Bewunderung und das Gefallen wenden sich nun zu Einzelnem glücklich ausgedrückten. Lieder, Gebetsformeln, Sprüche, Erzählungen erregen die Begierde, sie der Flüchtigkeit des vorübereilenden Gesprächs zu entreifsen, werden aufbewahrt, umgeändert und nachgebildet. Sie werden die Grundlage der Litteratur; und diese Bildung des Geistes und der Sprache geht allmälig von der Gesammtheit der Nation auf Individuen über, und die Sprache kommt in die Hände der Dichter und Lehrer des Volkes, welchen sich dieses nach und nach gegenüberstellt. Dadurch gewinnt die Sprache eine zwiefache Gestalt, aus welcher, so lange der Gegensatz sein richtiges Verhältnifs behält, für sie zwei sich gegenseitig ergänzende Quellen, der Kraft und der Läuterung, entspringen.

Neben diesen, lebendig in ihren Werken die Sprache gestaltenden Bildnern stehen dann die eigentlichen Grammatiker auf, und legen die letzte Hand an die Vollendung des Organismus. Es ist nicht ihr Geschäft, zu schaffen; durch sie kann in einer Sprache, der es sonst daran fehlt, weder Flexion, noch Verschlingung der End- und Anfangslaute volksmäfsig werden. Aber sie werfen aus, verallgemeinern, ebnen Ungleichheiten, und füllen übrig gebliebene Lücken. Von ihnen kann man mit Recht in Flexionssprachen das Schema der Conjugationen und Declinationen herleiten, indem sie erst die Totalität der darunter begriffenen Fälle, zusammengestellt, vor das Auge bringen. In diesem Gebiete werden sie, indem sie selbst aus dem unendlichen Schatze der vor ihnen liegenden Sprache schöpfen, gesetzgebend. Da sie eigentlich zuerst den Begriff solcher Schemata in das Bewufstsein einführen, so können dadurch Formen, die alles eigentlich Bedeutsame verloren haben, blofs durch die Stelle, die sie in dem Schema einnehmen, wieder bedeutsam werden. Solche Bearbeitungen einer und derselben Sprache können in verschiedenen Epochen auf einander folgen; immer aber muſs, wenn die Sprache zugleich volksthümlich und gebildet bleiben soll, die Regelmäſsigkeit ihrer Strömung von dem Volke zu den Schriftstellern und Grammatikern, und von diesen zurück zu dem Volke ununterbrochen fortrollen.

So lange der Geist eines Volks in lebendiger Eigenthümlichkeit in sich und auf seine Sprache fortwirkt, erhält diese Verfeinerungen und Bereicherungen, die wiederum einen anregenden Einfluſs auf den Geist ausüben. Es kann aber auch hier in der Folge der Zeit eine Epoche eintreten, wo die Sprache gleichsam den Geist überwächst, und dieser in eigner Erschlaffung, nicht mehr selbstschöpferisch, mit ihren aus wahrhaft sinnvollem Gebrauch hervorgegangenen Wendungen und Formen ein immer mehr leeres Spiel treibt. Dies ist dann ein zweites Ermatten der Sprache, wenn man das Absterben ihres äuſseren Bildungstriebes als das erste ansieht. Bei dem zweiten welkt die Blüthe des Charakters, von diesem aber können Sprachen und Nationen wieder durch den Genius einzelner groſser Männer geweckt und emporgerissen werden.

Ihren Charakter entwickelt die Sprache vorzugsweise in den Perioden ihrer Litteratur und in der vorbereitend zu dieser hinführenden. Denn sie zieht sich alsdann mehr von den Alltäglichkeiten des materiellen Lebens zurück, und erhebt sich zu reiner Gedankenentwickelung und freier Darstellung. Es scheint aber wunderbar, daſs die Sprachen, auſser demjenigen, den ihnen ihr äuſserer Organismus giebt, sollten einen eigenthümlichen Charakter besitzen können, da jede bestimmt ist, den verschiedensten Individualitäten zum Werkzeug zu dienen. Denn ohne des Unterschiedes der Geschlechter und des Alters zu gedenken, so umschlieſst eine Nation wohl alle Nüancen menschlicher Eigenthümlichkeit. Auch diejenigen, die, von derselben Richtung ausgehend, das gleiche Geschäft treiben, unterscheiden sich in der Art zu ergreifen und auf sich zurückwirken zu lassen. Diese Verschiedenheit wächst aber noch für die Sprache, da diese in die geheimsten Falten des Geistes und des Gemüthes eingeht. Jeder nun braucht dieselbe zum Ausdruck seiner besondersten Eigenthümlichkeit; denn sie geht immer von dem Einzelnen aus, und jeder bedient sich ihrer zunächst nur für sich selbst. Dennoch genügt sie jedem dazu, insofern überhaupt immer dürftig bleibende Worte dem Drange des Ausdrucks der innersten Gefühle zusagen. Es läfst sich auch nicht behaupten, dafs die Sprache, als allgemeines Organ, diese Unterschiede mit einander ausgleicht. Sie baut wohl Brücken von einer Individualität zur andren, und vermittelt das gegenseitige Verständnifs; den Unterschied selbst aber vergröfsert sie eher, da sie durch die Verdeutlichung und Verfeinerung der Begriffe klarer ins Bewufstsein bringt, wie er seine Wurzeln in die ursprüngliche Geistesanlage schlägt. Die Möglichkeit, so verschiedenen Individualitäten zum Ausdruck zu dienen, scheint daher eher in ihr selbst vollkommene Charakterlosigkeit vorauszusetzen, die sie doch aber sich auf keine Weise zu Schulden kommen läfst. Sie umfafst in der That die beiden entgegengesetzten Eigenschaften, sich als Eine Sprache in derselben Nation in unendlich viele zu theilen, und, als diese vielen, gegen die Sprachen anderer Nationen mit bestimmtem Charakter, als Eine, zu vereinigen. Wie verschieden jeder dieselbe Muttersprache nimmt und gebraucht, findet man, wenn es nicht schon das gewöhnliche Leben deutlich zeigte, in der Vergleichung bedeutender Schriftsteller, deren jeder sich seine eigne Sprache bildet. Die Verschiedenheit des Charakters mehrerer Sprachen ergiebt sich aber beim ersten Anblick, wie z. B. beim Sanskrit, dem Griechischen und Lateinischen, aus ihrer Vergleichung.

Untersucht man nun genauer, wie die Sprache diesen Gegensatz vereinigt, so liegt die Möglichkeit, den verschiedensten Individualitäten zum Organe zu dienen, in dem tiefsten Wesen ihrer Natur. Ihr Element, das Wort, bei dem wir, der Vereinfachung wegen, stehen bleiben können, theilt nicht, wie eine Substanz, etwas schon Hervorgebrachtes mit, enthält auch nicht einen schon geschlossenen Begriff, sondern regt blofs an, diesen mit selbstständiger Kraft, nur auf bestimmte Weise, zu bilden. Die Menschen verstehen einander nicht dadurch, dafs sie sich Zeichen der Dinge wirklich hingeben, auch nicht dadurch, dafs sie sich gegenseitig bestimmen, genau und vollständig denselben Begriff hervorzubringen, sondern dadurch, dafs sie gegenseitig in einander dasselbe Glied der Kette ihrer sinnlichen Vorstellungen und inneren Begriffserzeugungen berühren, dieselbe Taste ihres geistigen Instruments anschlagen, worauf alsdann in jedem entsprechende, nicht aber dieselben Begriffe hervorspringen. Nur in diesen Schranken und mit diesen Divergenzen kommen sie auf dasselbe Wort zusammen. Bei der Nennung des gewöhnlichsten Gegenstandes, z. B. eines Pferdes, meinen sie alle dasselbe Thier, jeder aber schiebt dem Worte eine andere Vorstellung, sinnlicher oder rationeller, lebendiger als einer Sache, oder näher den todten Zeichen u. s. f., unter. Daher entsteht in der Periode der Sprachbildung in einigen Sprachen die Menge der Ausdrücke für denselben Gegenstand. Es sind ebenso viele Eigenschaften, unter welchen er gedacht worden ist, und deren Ausdruck man an seine Stelle gesetzt hat. Wird nun aber auf diese Weise das Glied der Kette, die Taste des Instrumentes berührt, so erzittert das Ganze; und was, als Begriff, aus der Seele hervorspringt, steht in Einklang mit allem, was das einzelne Glied bis auf die weiteste Entfernung umgiebt. Die von dem Worte in Verschiedenen geweckte Vorstellung trägt das Gepräge der Eigenthümlichkeit eines jeden, wird aber von allen mit demselben Laute bezeichnet.

Die sich innerhalb derselben Nation befindenden Individualitäten umschliefst aber die nationelle Gleichförmigkeit, die wiederum jede einzelne Sinnesart von der ihr ähnlichen in einem andren Volke unterscheidet. Aus dieser Gleichförmigkeit und aus der der besonderen jeder Sprache eignen Anregung entspringt der Charakter der letzteren. Jede Sprache empfängt eine bestimmte Eigenthümlichkeit durch die der Nation, und wirkt gleichförmig bestimmend auf diese zurück. Der nationelle Charakter wird zwar durch Gemeinschaft des Wohnplatzes und des Wirkens unterhalten, verstärkt, ja bis zu einem gewissen Grad hervorgebracht; eigentlich aber beruht er auf der Gleichheit der Naturanlage, die man gewöhnlich aus Gemeinschaft der Abstammung erklärt. In dieser liegt auch gewifs das undurchdringliche Geheimnifs der tausendfältig verschiedenen Verknüpfung des Körpers mit der geistigen Kraft, welche das Wesen jeder menschlichen Individualität ausmacht. Es kann nur die Frage sein, ob es keine andere Erklärungsweise der Gleichheit der Naturanlagen geben könne? und auf keinen Fall darf man hier die Sprache ausschliefsen. Denn in ihr ist die Verbindung des Lautes mit seiner Bedeutung etwas mit jener Anlage gleich Unerforschliches. Man kann Begriffe spalten, Wörter zergliedern, so weit man es vermag, und man tritt darum dem Geheimnifs nicht näher, wie eigentlich der Gedanke sich mit dem Worte verbindet. In ihrer ursprünglichsten Beziehung auf das Wesen der Individualität sind also der Grund aller Nationalität und die Sprache einander unmittelbar gleich. Allein die letztere wirkt augenscheinlicher und stärker darauf ein, und der Begriff einer Nation mufs vorzugsweise auf sie gegründet werden. Da die Entwicklung seiner menschlichen Natur im Menschen von der der Sprache abhängt, so ist durch diese unmittelbar selbst der Begriff der Nation als der eines auf bestimmte Weise sprachbildenden Menschenhaufens gegeben.

Die Sprache aber besitzt auch die Kraft, zu entfremden und einzuverleiben, und theilt durch sich selbst den nationellen Charakter, auch bei verschiedenartiger Abstammung, mit. Dies unterscheidet namentlich eine Familie und eine Nation. In der ersteren ist unter den Gliedern factisch erkennbare Verwandtschaft; auch kann dieselbe Familie in zwei verschiedenen Nationen fortblühen. Bei den Nationen kann es noch zweifelhaft scheinen, und macht bei weit verbreiteten Stämmen eine wichtige Betrachtung aus, ob alle dieselben Sprachen Redenden einen gemeinschaftlichen Ursprung haben, oder ob diese ihre Gleichförmigkeit aus uranfänglicher Naturanlage, verbunden mit Verbreitung über einen gleichen Erdstrich, unter dem Einfluſs gleichförmig wirkender Ursachen, entstanden ist? Welche Bewandtniſs es aber auch mit den, uns unerforschlichen, ersten Ursachen haben möge, so ist es gewiſs, daſs die Entwicklung der Sprache die nationellen Verschiedenheiten erst in das hellere Gebiet des Geistes überführt. Sie werden durch sie zum Bewuſstsein gebracht, und erhalten von ihr Gegenstände, in denen sie sich nothwendig ausprägen müssen, die der deutlichen Einsicht zugänglicher sind, und an welchen zugleich die Verschiedenheiten selbst feiner und bestimmter ausgesponnen erscheinen. Denn indem die Sprache den Menschen bis auf den ihm erreichbaren Punkt intellectualisirt, wird immer mehr der dunklen Region der unentwickelten Empfindung entzogen. Dadurch nun erhalten die Sprachen, welche die Werkzeuge dieser Entwicklung sind, selbst einen so bestimmten Charakter, daſs der der Nation besser an ihnen, als an den Sitten, Gewohnheiten und Thaten jener, erkannt werden kann. Es entspringt hieraus, wenn Völker, welchen eine Litteratur mangelt, und in deren Sprachgebrauch wir nicht tief genug eindringen, uns oft gleichförmiger erscheinen, als sie sind. Wir erkennen nicht die sie unterscheidenden Züge, weil nicht das Medium sie uns zuführt, welches sie uns sichtbar machen würde.

Wenn man den Charakter der Sprachen von ihrer äuſseren Form, unter welcher allein eine bestimmte Sprache gedacht werden kann, absondert, und beide einander gegenüberstellt, so besteht er in der Art der Verbindung des Gedanken mit den Lauten. Er ist, in diesem Sinne genommen, gleichsam der Geist, welcher sich in der Sprache einheimisch macht, und sie, wie einen aus ihm herausgebildeten Körper, beseelt. Er ist eine natürliche Folge der fortgesetzten Einwirkung der geistigen Eigenthümlichkeit der Nation. Indem diese die allgemeinen Bedeutungen der Wörter immer auf dieselbe individuelle Weise aufnimmt und mit den gleichen Nebenideen und Empfindungen begleitet, nach denselben Richtungen hin Ideenverbindungen eingeht, und sich der Freiheit der Redefügungen in demselben Verhältniſs bedient, in welchem das Maaſs ihrer intellectuellen Kühnheit zu der Fähigkeit ihres Verständnisses steht, ertheilt sie der Sprache eine eigenthümliche Farbe und Schattirung, welche diese fixirt und so in demselben Gleise zurückwirkt. Aus jeder Sprache läſst sich daher auf den Nationalcharakter zurückschlieſsen. Auch die Sprachen roher und ungebildeter Völker tragen diese Spuren in sich, und lassen dadurch oft Blicke in intellectuelle Eigenthümlichkeiten werfen, die man auf dieser Stufe mangelnder Bildung nicht erwarten sollte. Die Sprachen der Amerikanischen Eingebornen sind reich an Beispielen dieser Gattung; an kühnen Metaphern, richtigen, aber unerwarteten Zusammenstellungen von Begriffen, an Fällen, wo leblose Gegenstände durch eine sinnreiche Ansicht ihres auf die Phantasie wirkenden Wesens in die Reihe der lebendigen versetzt werden u. s. f. Denn da diese

Sprachen grammatisch nicht den Unterschied der Geschlechter, wohl aber, und in sehr ausgedehntem Umfange, den lebloser und lebendiger Gegenstände beachten, so geht ihre Ansicht hiervon aus der grammatischen Behandlung hervor. Wenn sie die Gestirne mit dem Menschen und den Thieren grammatisch in dieselbe Classe versetzen, so sehen sie offenbar die ersteren als sich durch eigne Kraft bewegende, und wahrscheinlich auch als die menschlichen Schicksale von oben herab leitende, mit Persönlichkeit begabte Wesen an. In diesem Sinn die Wörterbücher der Mundarten solcher Völker durchzugehen, gewährt ein eignes, auf die mannigfaltigsten Betrachtungen führendes Vergnügen; und wenn man zugleich bedenkt, daſs die Versuche beharrlicher Zergliederung der Formen solcher Sprachen, wie wir im Vorigen gesehen haben, die geistige Organisation entdecken lassen, aus welcher ihr Bau entspringt, so verschwindet alles Trockne und Nüchterne aus dem Sprachstudium. In jedem seiner Theile führt es zu der inneren geistigen Gestaltung zurück, welche alle Menschenalter hindurch die Trägerin der tiefsten Ansichten, der reichsten Gedankenfülle und der edelsten Gefühle ist.

Bei den Völkern aber, bei denen wir nur in den einzelnen Elementen ihrer Sprache die Kennzeichen ihrer Eigenthümlichkeit auffinden können, läſst sich selten oder nie ein zusammenhängendes Bild von der letzteren entwerfen. Wenn dies überall ein schwieriges Geschäft ist, so wird es nur da wahrhaft möglich, wo Nationen in einer mehr oder weniger ausgedehnten Litteratur ihre Weltansicht niedergelegt und in zusammenhängender Rede der Sprache eingeprägt haben. Denn die Rede enthält auch in Absicht der Geltung ihrer einzelnen Elemente und in den Nüancen ihrer Fügungen, welche sich nicht gerade auf grammatische Regeln zurückführen lassen, unendlich viel, was, wenn sie in diese Elemente zerschlagen ist, man nicht mehr an denselben erkennbar zu fassen vermag. Ein Wort hat meistentheils seine vollständige Geltung erst durch die Verbindung, in der es erscheint. Diese Gattung der Sprachforschung erfordert daher eine kritisch genaue Bearbeitung der in einer Sprache vorhandenen **schriftlichen Denkmäler**, und findet einen meisterhaft vorbereiteten Stoff in der philologischen Behandlung der **Griechischen und Lateinischen Schriftsteller**. Denn wenn auch immer bei dieser das Studium der ganzen Sprache selbst der höchste Gesichtspunkt ist, so geht sie dennoch zunächst von den in ihr übrigen Denkmälern aus, strebt, dieselben in möglichster Reinheit und Treue herzustellen und zu bewahren, und sie zu zuverlässiger Kenntniſs des Alterthums zu benutzen. So enge auch die **Zergliederung der Sprache**, die Aufsuchung ihres Zusammenhanges mit verwandten, und die nur auf diesem Wege erreichbare Erklärung ihres Baues mit der Bearbeitung der **Sprachdenkmäler** verbunden bleiben muſs, so sind es doch sichtbar zwei verschiedene Richtungen des Sprachstudiums, die verschiedene Talente erfordern und unmittelbar auch verschiedene Resultate hervorbringen. Es wäre vielleicht nicht unrichtig, auf diese Weise **Linguistik und Philologie** zu unterscheiden, und ausschlieſslich der letzteren die engere Bedeutung zu geben, die man bisher damit zu verbinden pflegte, die man aber in den letztverflossenen Jahren, besonders in Frankreich und England, auf jede Beschäftigung mit irgend einer Sprache ausgedehnt hat. Gewiſs ist es wenigstens, daſs die Sprachforschung, von welcher hier die Rede ist, sich nur auf eine in dem hier aufgestellten Sinne wahrhaft philologische Behandlung der Sprachdenkmäler stützen kann. Indem die groſsen Männer, welche dies Fach der Gelehrsamkeit in den letzten Jahrhunderten verherrlicht haben, mit gewissenhafter Treue, und bis zu den kleinsten Modificationen des Lautes herab, den Sprachgebrauch jedes Schriftstellers feststellen, zeigt sich die

Sprache beständig unter dem beherrschenden Einfluſs geistiger Individualität, und gewährt eine Ansicht dieses Zusammenhanges, durch die es zugleich möglich wird, die einzelnen Punkte aufzusuchen, an welchen er haftet. Man lernt zugleich, was dem Zeitalter, der Localität und dem Individuum angehört, und wie die allgemeine Sprache alle diese Unterschiede umfaſst. Das Erkennen der Einzelnheiten aber ist immer von dem Eindruck eines Ganzen begleitet, ohne daſs die Erscheinung durch Zergliederung etwas an ihrer Eigenthümlichkeit verliert.

Sichtbar wirkt auf die Sprache nicht bloſs die ursprüngliche Anlage der **Nationaleigenthümlichkeit** ein, sondern jede durch die Zeit herbeigeführte **Abänderung der inneren Richtung**, und jedes äuſsere Ereigniſs, welches die Seele und den Geistesschwung der Nation hebt oder niederdrückt, vor allem aber der Impuls ausgezeichneter Köpfe. Ewige Vermittlerin zwischen dem Geiste und der Natur, bildet sie sich nach jeder Abstufung des ersteren um, nur daſs die Spuren davon immer feiner und schwieriger im Einzelnen zu entdecken werden, und die Thatsache sich nur im Totaleindruck offenbart. Keine Nation könnte die Sprache einer andren mit dem ihr selbst eigenen Geiste beleben und befruchten, ohne sie eben dadurch zu einer verschiedenen umzubilden. Was aber schon weiter oben von aller Individualität bemerkt worden ist, gilt auch hier. Darum, daſs unter verschiedenen jede, weil sie Eine bestimmte Bahn verfolgt, alle andren ausschlieſst, können dennoch mehrere in einem allgemeinen Ziele zusammentreffen. Der **Charakterunterschied** der Sprachen braucht daher nicht nothwendig in absoluten Vorzügen der einen vor der andren zu bestehen. Die Einsicht in die Möglichkeit der Bildung eines solchen Charakters erfordert aber noch eine genauere Betrachtung des Standpunkts, aus dem eine Nation ihre

Sprache innerlich behandeln muſs, um ihr ein solches Gepräge aufzudrücken.

Wenn eine Sprache bloſs und ausschlieſslich zu den **Alltagsbedürfnissen** des Lebens gebraucht würde, so gälten die Worte bloſs als Repräsentanten des auszudrückenden Entschlusses oder Begehrens, und es wäre von einer **inneren**, die Möglichkeit einer Verschiedenheit zulassenden, **Auffassung** gar nicht in ihr die Rede. Die materielle Sache oder Handlung träte in der Vorstellung des Sprechenden und Erwiedernden sogleich und unmittelbar an die Stelle des Wortes. Eine solche wirkliche Sprache kann es nun glücklicherweise unter immer doch denkenden und empfindenden Menschen nicht geben. Es lieſsen sich höchstens mit ihr die Sprachmischungen vergleichen, welche der Verkehr unter Leuten von ganz verschiedenen Nationen und Mundarten hier und dort, vorzüglich in Seehäfen, wie die *lingua franca* an den Küsten des Mittelmeeres, bildet. Auſserdem behaupten die individuelle **Ansicht** und das **Gefühl** immer zugleich ihre Rechte. Ja es ist sogar sehr wahrscheinlich, daſs der erste Gebrauch der Sprache, wenn man bis zu demselben hinaufzusteigen vermöchte, ein bloſser Empfindungsausdruck gewesen sei. Ich habe mich schon weiter oben (S. 59.) gegen die Erklärung des Ursprungs der Sprachen aus der **Hülflosigkeit** des Einzelnen ausgesprochen. Nicht einmal der Trieb der **Geselligkeit** entspringt unter den Geschöpfen aus der Hülflosigkeit. Das stärkste Thier, der Elephant, ist zugleich das geselligste. Überall in der Natur entwickelt sich Leben und Thätigkeit aus innerer **Freiheit**, deren Urquell man vergeblich im Gebiete der Erscheinungen sucht. In jeder Sprache aber, auch der am höchsten gebildeten, kommt einzeln der hier erwähnte Gebrauch derselben vor. Wer einen Baum zu fällen befiehlt, denkt sich nichts, als den bezeichneten Stamm, bei dem Worte; ganz anders aber ist es, wenn dasselbe, auch ohne Beiwort und Zusatz, in einer Naturschilderung oder einem Gedichte erscheint. Die Verschiedenheit der auffassenden Stimmung giebt denselben Lauten eine auf verschiedene Weise gesteigerte Geltung, und es ist, als wenn bei jedem Ausdruck etwas durch ihn nicht absolut Bestimmtes gleichsam überschwankte.

Dieser Unterschied liegt sichtbar darin, ob die Sprache auf ein inneres Ganzes des Gedankenzusammenhanges und der Empfindung bezogen, oder mit vereinzelter Seelenthätigkeit einseitig zu einem abgeschlofsnen Zwecke gebraucht wird. Von dieser Seite wird sie ebensowohl durch blofs wissenschaftlichen Gebrauch, wenn dieser nicht unter dem leitenden Einflufs höherer Ideen steht, als durch das Alltagsbedürfnifs des Lebens, ja, da sich diesem Empfindung und Leidenschaft beimischen, noch stärker beschränkt. Weder in den Begriffen, noch in der Sprache selbst, steht irgend etwas vereinzelt da. Die Verknüpfungen wachsen aber den Begriffen nur dann wirklich zu, wenn das Gemüth in innerer Einheit thätig ist, wenn die volle Subjectivität einer vollendeten Objectivität entgegenstrahlt. Dann wird keine Seite, von welcher der Gegenstand einwirken kann, vernachlässigt, und jede dieser Einwirkungen läfst eine leise Spur in der Sprache zurück. Wenn in der Seele wahrhaft das Gefühl erwacht, dafs die Sprache nicht blofs ein Austauschungsmittel zu gegenseitigem Verständnifs, sondern eine wahre Welt ist, welche der Geist zwischen sich und die Gegenstände durch die innere Arbeit seiner Kraft setzen mufs, so ist sie auf dem wahren Wege, immer mehr in ihr zu finden und in sie zu legen.

Wo ein solches Zusammenwirken der in bestimmte Laute eingeschlossenen Sprache und der, ihrer Natur nach, immer weiter greifenden inneren Auffassung lebendig ist, da betrachtet der Geist die Sprache, wie sie denn in der That in ewiger Schöpfung begriffen ist, nicht als geschlossen, sondern strebt unaufhörlich, Neues zuzuführen, um es, an sie geheftet, wieder auf sich zurückwirken zu lassen. Dies setzt aber ein Zwiefaches voraus, ein Gefühl, daſs es etwas giebt, was die Sprache nicht unmittelbar enthält, sondern der Geist, von ihr angeregt, ergänzen muſs, und den Trieb, wiederum alles, was die Seele empfindet, mit dem Laut zu verknüpfen. Beides entquillt der lebendigen Überzeugung, daſs das Wesen des Menschen Ahndung eines Gebietes besitzt, welches über die Sprache hinausgeht, und das durch die Sprache eigentlich beschränkt wird; daſs aber wiederum sie das einzige Mittel ist, dies Gebiet zu erforschen und zu befruchten, und daſs sie gerade durch technische und sinnliche Vollendung einen immer gröſseren Theil desselben in sich zu verwandeln vermag. Diese Stimmung ist die Grundlage des Charakterausdrucks in den Sprachen; und je lebendiger dieselbe in der doppelten Richtung, nach der sinnlichen Form der Sprache und nach der Tiefe des Gemüths hin, wirkt, desto klarer und bestimmter stellt sich die Eigenthümlichkeit in der Sprache dar. Sie gewinnt gleichsam an Durchsichtigkeit, und läſst in das Innere des Sprechenden schauen.

Dasjenige, was auf diese Weise durch die Sprache durchscheint, kann nicht etwas einzeln, objectiv und qualitativ Andeutendes sein. Denn jede Sprache würde alles andeuten können, wenn das Volk, dem sie angehört, alle Stufen seiner Bildung durchliefe. Jede hat aber einen Theil, der entweder nur noch jetzt verborgen ist, oder, wenn sie früher untergeht, ewig verborgen bleibt. Jede ist, wie der Mensch selbst, ein sich in der Zeit allmälig entwickelndes Unendliches. Jenes Durchschimmernde ist daher etwas alle Andeutungen subjectiv und eher quantitativ Modificirendes. Es erscheint darin nicht als Wirkung, sondern die wirkende Kraft äuſsert sich unmittelbar, als solche, und eben darum auf eine eigne, schwerer zu erkennende Weise, die Wirkungen gleichsam nur mit ihrem Hauche umschwebend. Der Mensch stellt sich der Welt immer in Einheit gegenüber. Es ist immer dieselbe Richtung, dasselbe Ziel, dasselbe Maaſs der Bewegung, in welchen er die Gegenstände erfaſst und behandelt. Auf dieser Einheit beruht seine Individualität. Es liegt aber in dieser Einheit ein Zwiefaches, obgleich wieder einander Bestimmendes, nämlich die Beschaffenheit der wirkenden Kraft und die ihrer Thätigkeit, wie sich in der Körperwelt der sich bewegende Körper von dem Impulse unterscheidet, welcher die Heftigkeit, Schnelligkeit und Dauer seiner Bewegung bestimmt. Das Erstere haben wir im Sinn, wenn wir einer Nation mehr lebendige Anschaulichkeit und schöpferische Einbildungskraft, mehr Neigung zu abgezogenen Ideen, oder eine bestimmtere praktische Richtung zuschreiben; das Letztere, wenn wir eine vor der andren heftig, veränderlich, schneller in ihrem Ideengange, beharrender in ihren Empfindungen nennen. In Beidem unterscheiden wir also das Sein von dem Wirken, und stellen das erstere, als unsichtbare Ursach, dem in die Erscheinung tretenden Denken, Empfinden und Handeln gegenüber. Wir meinen aber dann nicht dieses oder jenes einzelne Sein des Individuums, sondern das allgemeine, das in jedem einzelnen bestimmend hervortritt. Jede erschöpfende Charakterschilderung muſs dies Sein als Endpunkt ihrer Forschung vor Augen haben.

Wenn man nun die gesammte innere und äuſsere Thätigkeit des Menschen bis zu ihren einfachsten Endpunkten verfolgt, so findet man diese in der Art, wie er die Wirklichkeit als Object, das er aufnimmt, oder als Materie, die er gestaltet, mit sich verknüpft, oder auch unabhängig von ihr sich eigene Wege bahnt. Wie tief und auf welche Weise der Mensch in die Wirklichkeit Wurzel schlägt, ist das ursprünglich charakteristische Merkmal seiner

Individualität. Die Arten jener **Verknüpfung** können zahllos sein, je nachdem sich die Wirklichkeit oder die **Innerlichkeit**, deren keine die andre ganz zu entbehren vermag, von einander zu trennen versuchen, oder sich mit einander in verschiedenen Graden und Richtungen verbinden.

Man darf aber nicht glauben, daſs ein solcher Maaſsstab bloſs bei schon **intellectuell gebildeten Nationen** anwendbar sei. In den Äuſserungen der Freude eines Haufens von **Wilden** wird sich unterscheiden lassen, wie weit sich dieselbe von der bloſsen Befriedigung der Begierde unterscheidet, und ob sie, als ein wahrer Götterfunke, aus dem inneren Gemüthe als wahrhaft menschliche Empfindung, bestimmt, einmal in Gesang und Dichtung aufzublühen, hervorbricht. Wenn aber auch, wie daran kein Zweifel sein kann, der **Charakter der Nation** sich an allem ihr wahrhaft Eigenthümlichen offenbart, so leuchtet er vorzugsweise durch die **Sprache** durch. Indem sie mit allen Äuſserungen des Gemüths verschmilzt, bringt sie schon darum das immer sich gleich bleibende, individuelle Gepräge öfter zurück. Sie ist aber auch selbst durch so zarte und innige Bande mit der **Individualität** verknüpft, daſs sie immer wieder eben solche an das Gemüth des Hörenden heften muſs, um vollständig verstanden zu werden. Die ganze Individualität des Sprechenden wird daher von ihr in den andren übergetragen, nicht um seine eigne zu verdrängen, sondern um aus der fremden und eignen einen neuen, fruchtbaren Gegensatz zu bilden.

Das Gefühl des Unterschiedes zwischen dem **Stoff**, den die Seele aufnimmt und erzeugt, und der in dieser doppelten Thätigkeit treibenden und stimmenden **Kraft**, zwischen der Wirkung und dem wirkenden **Sein**, die richtige und verhältniſsmäſsige Würdigung beider, und die gleichsam hellere Gegenwart des, dem Grade nach, obenan stehenden vor dem Bewuſstsein liegt nicht gleich stark in jeder nationellen Eigenthümlichkeit. Wenn man den Grund des Unterschiedes hiervon tiefer untersucht, so findet man ihn in der mehr oder minder empfundenen Nothwendigkeit des Zusammenhanges aller Gedanken und Empfindungen des Individuums durch die ganze Zeit seines Daseins, und des gleichen in der Natur geahndeten und geforderten. Was die Seele hervorbringen mag, so ist es nur Bruchstück; und je beweglicher und lebendiger ihre Thätigkeit ist, desto mehr regt sich alles, in verschiedenen Abstufungen mit dem Hervorgebrachten Verwandte. Über das Einzelne schießt also immer etwas, minder bestimmt Auszudrückendes, über, oder vielmehr an das Einzelne hängt sich die Forderung weiterer Darstellung und Entwicklung, als in ihm unmittelbar liegt, und geht durch den Ausdruck in der Sprache in den andren über, der gleichsam eingeladen wird, in seiner Auffassung das Fehlende harmonisch mit dem Gegebenen zu ergänzen. Wo der Sinn hierfür lebendig ist, erscheint die Sprache mangelhaft und dem vollen Ausdruck ungenügend, da im entgegengesetzten Fall kaum die Ahndung entsteht, daß über das Gegebene hinaus noch etwas fehlen könne. Zwischen diesen beiden Extremen aber befindet sich eine zahllose Menge von Mittelstufen, und sie selbst gründen sich offenbar auf vorherrschende Richtung nach dem Inneren des Gemüths und nach der äußeren Wirklichkeit.

Die Griechen, welche in diesem ganzen Gebiete das lehrreichste Beispiel abgeben, verbanden in ihrer Dichtung überhaupt, besonders aber in der lyrischen, mit den Worten Gesang, Instrumentalmusik, Tanz und Geberde. Daß sie dies aber nicht bloß thaten, um den sinnlichen Eindruck zu vermehren und zu vervielfachen, sieht man deutlich daraus, daß sie allen diesen einzelnen Einwirkungen einen gleichförmigen Charakter beigaben. Musik, Tanz, und die Rede im Dialekte mußten sich einer und ebenderselben ursprünglich nationellen Eigenthümlichkeit unterwerfen, Dorisch, Äolisch, oder von einer anderen Tonart und andrem Dialekte sein. Sie suchten also das Treibende und Stimmende in der Seele auf, um die Gedanken des Liedes in einer bestimmten Bahn zu erhalten und durch die, nicht als Idee geltende Regung des Gemüthes in dieser Bahn zu beleben und zu verstärken. Denn wie in der Dichtung und dem Gesange die Worte und ihr Gedankengehalt vorwalten, und die begleitende Stimmung und Anregung ihnen nur zur Seite steht, so verhält es sich umgekehrt in der Musik. Das Gemüth wird nur zu Gedanken, Empfindungen und Handlungen angefeuert und begeistert. Diese müssen in eigner Freiheit aus dem Schoofse dieser Begeistrung hervorgehen, und die Töne bestimmen sie nur insofern, als in den Bahnen, in welche sie die Regung einleiten, sich nur bestimmte entwickeln können. Das Gefühl des Treibenden und Stimmenden im Gemüth ist aber nothwendig immer, wie es sich hier bei den Griechen zeigt, ein Gefühl vorhandener oder geforderter Individualität, da die Kraft, welche alle Seelenthätigkeit umschliefst, nur eine bestimmte sein, und nur in einer solchen Richtung wirken kann.

Wenn ich daher im Vorigen von etwas über den Ausdruck Überschiefsendem, ihm selbst Mangelndem, sprach, so darf man sich darunter durchaus nichts Unbestimmtes denken. Es ist vielmehr das Allerbestimmteste, weil es die letzten Züge der Individualität vollendet, was das, seiner Abhängigkeit vom Objecte, und der von ihm geforderten allgemeinen Gültigkeit wegen, immer minder individualisirende Wort vereinzelt nicht zu thun vermag. Wenn daher auch dasselbe Gefühl eine mehr innerliche, sich nicht auf die Wirklichkeit beschränkende Stimmung voraussetzt, und nur aus einer solchen entspringen kann, so führt es darum nicht von der lebendigen Anschauung in abgezogenes Denken zurück. Es weckt vielmehr, da es von der eignen Individualität ausgeht, die Forderung der höchsten Individualisirung des Objects, die nur durch das Eindringen in alle Einzelnheiten der sinnlichen Auffassung und durch die höchste Anschaulichkeit der Darstellung erreichbar ist. Dies zeigen eben wieder die Griechen. Ihr Sinn ging vorzugsweise auf das, was die Dinge sind, und wie sie erscheinen, nicht einseitig auf dasjenige hin, wofür sie im Gebrauche der Wirklichkeit gelten. Ihre Richtung war daher ursprünglich eine innere und intellectuelle. Dies beweist ihr ganzes Privat- und öffentliches Leben, da Alles in demselben theils ethisch behandelt, theils mit Kunst begleitet, und meistentheils gerade das Ethische in die Kunst selbst verflochten wurde. So erinnert bei ihnen fast jede äussere Gestaltung, oft mit Gefährdung und selbst wahrem Nachtheil der praktischen Tauglichkeit, an eine innere. Eben darum nun gingen sie in allen geistigen Thätigkeiten auf die Auffassung und Darstellung des Charakters aus, immer aber mit dem Gefühle, dass nur das vollendete Eindringen in die Anschauung ihn zu erkennen und zu zeichnen vermag, und dass das an sich nie völlig auszudrückende Ganze derselben nur aus einer, vermittelst richtigen, gerade auf jene Einheit hinstrebenden Tacts geordneten, Verknüpfung der Einzelnheiten hervorspringen kann. Dies macht besonders ihre frühere Dichtung, namentlich die Homerische, so durch und durch plastisch. Die Natur wird, wie sie ist, die Handlung, selbst die kleinste, z. B. das Anlegen der Rüstung, wie sie allmälig fortschreitet, vor die Augen gestellt; und aus der Schilderung geht immer der Charakter hervor, ohne dass sie je zu einer blossen Herzählung des Geschehenen herabsinkt. Dies aber wird nicht sowohl durch eine Auswahl des Geschilderten bewirkt, als dadurch, dass die gewaltige Kraft des vom Gefühle der Individualität beseelten und nach Individualisirung strebenden Sängers seine

Dichtung durchströmt und sich dem Hörer mittheilt. Vermöge dieser geistigen Eigenthümlichkeit, wurden die Griechen durch ihre Intellectualität in die ganze lebendige Mannigfaltigkeit der Sinnenwelt, und von dieser, da sie in ihr doch etwas, das nur der Idee angehören kann, suchten, wieder zur Intellectualität zurückgedrängt. Denn ihr Ziel war immer der Charakter, nicht blofs das Charakteristische, da das Erahnden des ersteren gänzlich vom Haschen nach diesem verschieden ist. Diese Richtung auf den wahren, individuellen Charakter zog dann zugleich zu dem Idealischen hin, da das Zusammenwirken der Individualitäten auf die höchste Stufe der Auffassung, auf das Streben führt, das Individuelle als Beschränkung zu vernichten, und nur als leise Gränze bestimmter Gestaltung zu erhalten. Daraus entsprang die Vollendung der Griechischen Kunst, die Nachbildung der Natur aus dem Mittelpunkte des lebendigen Organismus jedes Gegenstandes, gelingend durch das den Künstler neben der vollständigsten Durchschauung der Wirklichkeit beseelende Streben nach höchster Einheit des Ideals.

Es liegt aber auch in der historischen Entwicklung des Griechischen Völkerstammes etwas, das die Griechen vorzugsweise zur Ausbildung des Charakteristischen hinwies, nämlich die Vertheilung in einzelne in Dialekt und Sinnesart verschiedne Stämme, und die durch mannigfaltige Wanderungen und inwohnende Beweglichkeit bewirkte geographische Mischung derselben. Alle umschlofs das allgemeine Griechenthum, und trug in jeden in allen Äufserungen seiner Thätigkeit, von der Verfassung des Staats bis zur Tonart des Flötenspielers, zugleich sein eigenthümliches Gepräge über. Geschichtlich gesellte sich nun hierzu der andre begünstigende Umstand, dafs keiner dieser Stämme den andren unterdrückte, sondern alle in einer gewissen Gleichheit des Strebens aufblühten, keiner der einzelnen Dialekte der Sprache zum blofsen

Volksdialekte herabgesetzt, oder zum höheren allgemeinen erhoben wurde, und dafs dies gleiche Aufspriefsen der Eigenthümlichkeit gerade in der Periode der lebendigsten und kraftvollsten Bildung der Sprache und der Nation am stärksten und entschiedensten war. Hieraus bildete nun der Griechische Sinn, in Allem darauf gerichtet, das Höchste aus dem bestimmt Individuellsten hervorgehen zu lassen, etwas, das sich bei keinem andren Volke in dem Grade zeigt. Er behandelte nämlich diese ursprünglichen Volkseigenthümlichkeiten als Gattungen der Kunst, und führte sie auf diese Weise in die Architektur, Musik, Dichtung und in den edleren Gebrauch der Sprache ein ([1]). Das blofs Volksmäfsige wurde ihnen genommen, Laute und Formen wurden in den Dialekten geläutert und dem Gefühle der Schönheit und des Zusammenklanges unterworfen. So veredelt, erhoben sie sich zu eignen Charakteren des Styls und der Dichtung, fähig, in ihren sich ergänzenden Gegensätzen idealisch zusammenzustreben. Ich brauche kaum zu bemer-

---

[1] Den engen Zusammenhang zwischen der Volksthümlichkeit der verschiedenen Griechischen Stämme und ihrer Dichtung, Musik, Tanz- und Geberdenkunst, und selbst ihrer Architektur, hat Böckh in den seine Ausgabe des Pindar begleitenden Abhandlungen, in welchen dem Studium des Lesers ein reicher Schatz mannigfaltiger und grofsentheils bis dahin verborgener Gelehrsamkeit in methodisch fafslicher Anordnung dargeboten wird, in klares und volles Licht gestellt. Denn er begnügt sich nicht, den Charakter der Tonarten in allgemeinen Ausdrücken zu schildern, sondern geht in die einzelnen metrischen und musikalischen Punkte ein, an welche ihre Verschiedenheit sich anknüpft, was vor ihm niemals auf diese gründlich historische und genau wissenschaftliche Weise geschehen war. Es wäre ungemein zu wünschen, dafs dieser die ausgedehnteste Kenntnifs der Sprache mit einer seltenen Durchschauung des Griechischen Alterthums in allen seinen Theilen und nach allen seinen Richtungen hin verbindende Philologe recht bald seinen Entschlufs ausführte, dem Einflufs des Charakters und der Sitten der einzelnen Griechischen Stämme auf ihre Musik, Poesie und Kunst eine eigne Schrift zu widmen, um diesen wichtigen Gegenstand in seinem ganzen Umfange abzuhandeln. Man sehe seine Äufserungen über ein solches Vorhaben in seiner Ausgabe des Pindar, *Tom. I. de metris Pindari.* p. 253. *nt.* 14., besonders aber p. 279.

ken, daſs ich hier, was die Dialekte und die Dichtung betrifft, nur von dem Gebrauch verschiedener Tonarten und Dialekte in der lyrischen, und dem Unterschiede der Chöre und des Dialogs in der tragischen Poesie rede, nicht von den Fällen, wo in der Komödie verschiedene Dialekte den handelnden Personen in den Mund gelegt werden. Diese Fälle haben mit jenen durchaus nichts gemein, und finden sich wohl mehr oder weniger in den Litteraturen aller Völker.

In den Römern, wie sich ihre Eigenthümlichkeit auch in ihrer Sprache und Litteratur darstellt, offenbart sich viel weniger das Gefühl der Nothwendigkeit, die Äuſserungen des Gemüths zugleich mit dem unmittelbaren Einfluſs der treibenden und stimmenden Kraft auszustatten. Ihre Vollendung und Gröſse entwickelt sich auf einem anderen, dem Gepräge, das sie ihren äuſseren Schicksalen aufdrückten, homogeneren Wege. Dagegen spricht sich jenes Gefühl in der Deutschen Sinnesart vielleicht nicht weniger stark, als bei den Griechen, aus, nur daſs, so wie diese die äuſsere Anschauung, wir mehr die innere Empfindung zu individualisiren geneigt sind.

Ich habe das Gefühl, daſs alles sich im Gemüthe Erzeugende, als Ausfluſs Einer Kraft, ein groſses Ganzes ausmacht, und daſs das Einzelne, gleichsam von dem Hauche jener Kraft, Merkzeichen seines Zusammenhanges mit diesem Ganzen an sich tragen muſs, bis hierher mehr in seinem Einflusse auf die einzelnen Äuſserungen betrachtet. Es übt aber auch eine nicht minder bedeutende Rückwirkung auf die Art aus, wie jene Kraft, als erste Ursache aller Geisteserzeugungen, zum Bewuſstsein ihrer selbst gelangt. Das Bild seiner ursprünglichen Kraft kann aber dem Menschen nur als ein Streben in bestimmter Bahn erscheinen, und eine solche setzt ein Ziel voraus, welches kein andres, als das menschliche Ideal, sein kann. In diesem Spiegel erblicken wir die Selbstanschauung der Nationen. Der erste Beweis ihrer höheren Intellectualität und ihrer tiefer eingreifenden Innerlichkeit ist es nun, wenn sie dies Ideal nicht in die Schranken der Tauglichkeit zu bestimmten Zwecken einschliefsen, sondern, woraus innere Freiheit und Allseitigkeit hervorgeht, dasselbe als etwas, das seinen Zweck nur in seiner eignen Vollendung suchen kann, als ein allmäliges Aufblühen zu nie endender Entwicklung betrachten. Allein auch diese erste Bedingung in gleicher Reinheit vorausgesetzt, entstehen aus der Verschiedenheit der individuellen Richtung nach der sinnlichen Anschauung, der inneren Empfindung und dem abgezogenen Denken verschiedene Erscheinungen. In jeder derselben strahlt die den Menschen umgebende Welt, von einer andren Seite in ihn aufgenommen, in verschiedener Form aus ihm zurück. In der äufseren Natur, um einen solchen Zug hier herauszuheben, bildet Alles eine stätige Reihe, gleichzeitig vor dem Auge, auf einander folgend in der Entwicklung der Zustände aus einander. Ebenso sehr ist dies in der bildenden Kunst der Fall. Bei den Griechen, denen es verliehen war, immer die vollste und zarteste Bedeutung aus der sinnlichen, äufseren Anschauung zu ziehen, ist vielleicht, was ihre geistige Thätigkeit betrifft, der am meisten charakteristische Zug ihre Scheu vor allem Übermäfsigen und Übertriebenen, die inwohnende Neigung, bei aller Regsamkeit und Freiheit der Einbildungskraft, aller scheinbaren Ungebundenheit der Empfindung, aller Veränderlichkeit der Gemüthstimmung, aller Beweglichkeit, von Entschlussen zu Entschlüssen überzugehen, dennoch immer Alles, was sich in ihnen gestaltete, innerhalb der Gränzen des Ebenmaafses und des Zusammenklanges zu halten. Sie besafsen in höherem Grade, als irgend ein anderes Volk, Tact und Geschmack; und der sich in allen ihren Werken offenbarende zeichnet sich noch vorzugsweise dadurch aus, daſs die Verletzung der Zartheit des Gefühls niemals auf Kosten seiner Stärke oder der Naturwahrheit vermieden wird. Die innere Empfindung erlaubt, auch ohne von der richtigen Bahn abzuweichen, stärkere Gegensätze, schroffere Übergänge, Spaltungen des Gemüths in unheilbare Kluft. Alle diese Erscheinungen bieten daher, — und dies beginnt schon bei den Römern —, die Neueren dar.

Das Feld der Verschiedenheit geistiger Eigenthümlichkeit ist von unmeſsbarer Ausdehnung und unergründlicher Tiefe. Der Gang der gegenwärtigen Betrachtungen erlaubte mir aber nicht, es ganz unberührt zu lassen. Dagegen kann es scheinen, daſs ich den Charakter der Nationen zu sehr in der inneren Stimmung des Gemüths gesucht habe, da er sich vielmehr lebendig und anschaulich in der Wirklichkeit offenbart. Er äuſsert sich, wenn man die Sprache und ihre Werke ausnimmt, in Physiognomie, Körperbau, Tracht, Sitten, Lebensweise, Familien- und bürgerlichen Einrichtungen, und vor Allem in dem Gepräge, welches die Völker eine Reihe von Jahrhunderten hindurch ihren Werken und Thaten aufdrücken. Dies lebendige Bild scheint in einen Schatten verwandelt, wenn man die Gestaltung des Charakters in der Gemüthsstimmung sucht, welche diesen lebendigen Äuſserungen zum Grunde liegt. Um aber den Einfluſs desselben auf die Sprache zu zeigen, schien es mir nicht möglich, dies Verfahren zu umgehen. Die Sprache läſst sich nicht unmittelbar mit jenen thatsächlichen Äuſserungen überall in Verbindung bringen. Es muſs das Medium gefunden werden, in welchem beide einander begegnen, und, aus Einer Quelle entspringend, ihre verschiedenen Wege einschlagen. Dies aber ist offenbar nur das Innerste des Gemüths selbst.

Ebenso schwierig, als die Abgränzung der geistigen Individualität, ist die Beantwortung der Frage, wie sie in den Sprachen Wurzel schlägt? woran der Charakter der Sprachen in ihnen haftet? an welchem ihrer Theile erkennbar ist? Die geistige Eigenthümlichkeit der Nationen wird, indem sie sich der Sprachen bedienen, in allen Stadien des Lebens derselben sichtbar. Ihr Einfluſs modificirt die Sprachen verschiedener Stämme, mehrere desselben Stammes, Mundarten einer einzelnen, ja endlich dieselbe, sich äuſserlich gleich bleibende, Mundart nach Verschiedenheit der Zeitalter und der Schriftsteller. Der Charakter der Sprache vermischt sich dann mit dem des Styls, bleibt aber immer der Sprache eigenthümlich, da nur gewisse Arten des Styls jeder Sprache leicht und natürlich sind. Macht man zwischen diesen hier aufgezählten Fällen den Unterschied, ob auch die Laute in den Wörtern und Beugungen verschieden sind, wie es sich in immer absteigenden Graden von den Sprachen verschiedenen Stammes an bis zu den Dialekten zeigt, oder ob der Einfluſs, indem jene äuſsere Form ganz oder doch wesentlich dieselbe bleibt, nur in dem Gebrauche der Wörter und Fügungen liegt, so ist in dem letzteren Falle die Einwirkung des Geistes, da die Sprache hier schon zu hoher intellectueller Ausbildung gelangt sein muſs, sichtbarer, aber feiner, in dem ersteren mächtiger, aber dunkler, da sich der Zusammenhang der Laute mit dem Gemüthe nur in wenigen Fällen bestimmt und scharf erkennen und schildern läſst. Doch kann, selbst in Dialekten, kleine und im Ganzen die Sprache wenig verändernde Umbildung einzelner Vocale mit Recht auf die Gemüthsbeschaffenheit des Volkes bezogen werden, wie schon die Griechischen Grammatiker von dem männlicheren Dorischen *a* gegen das weichlichere Ionische *ae* (*η*) bemerken.

In der Periode der ursprünglichen Sprachbildung, in welche wir auf unsrem Standpunkte die nicht von einander abzuleitenden

Sprachen verschiedener Stämme setzen müssen, waltet das Streben, die Sprache nur erst wahrhaft, dem eignen Bewufstsein anschaulich und dem Hörenden verständlich, aus dem Geiste herauszubauen, gleichsam die Schöpfung ihrer Technik, zu sehr vor, um nicht den Einflufs der individuellen Geistesstimmung, die ruhiger und klarer aus dem späteren Gebrauche hervorleuchtet, einigermafsen zu verdunkeln. Doch wirkt gerade dazu die ursprüngliche Charakteranlage der Völker gewifs am mächtigsten und einflufsreichsten mit. Dies sehen wir gleich an zwei Punkten, die, da sie die gesammte intellectuelle Anlage charakterisiren, eine Menge anderer zugleich bestimmen. Die verschiedenen, oben nachgewiesenen Wege, auf welchen die Sprachen die Verknüpfung der Sätze bezwecken, machen den wichtigsten Theil ihrer Technik aus. Gerade hierin nun enthüllt sich erstlich die Klarheit und Bestimmtheit der logischen Anordnung, welche allein der Freiheit des Gedankenflugs eine sichere Grundlage verleiht, und zugleich Gesetzmäfsigkeit und Ausdehnung der Intellectualität darthut, und zweitens das mehr oder minder durchscheinende Bedürfnifs nach sinnlichem Reichthum und Zusammenklang, die Forderung des Gemüths, was nur irgend innerlich wahrgenommen und empfunden wird, auch äufserlich mit Laut zu umkleiden. Allein gewifs liegen auch in dieser technischen Form der Sprachen noch Beweise anderer und mehr specieller Geistes-Individualitäten der Nationen, wenn sie gleich sich minder gewifs aus ihnen herleiten lassen. Sollte nicht z. B. die feine Unterscheidung zahlreicher Vocalmodificationen und Vocalstellungen und die sinnvolle Anwendung derselben, verbunden mit der Beschränkung auf dies Verfahren und der Abneigung gegen Zusammensetzung, ein Übergewicht scharfsinnig und spitzfindig sondernden Verstandes in den Völkern Semitischen Stammes, besonders den Arabern, verrathen und befördern? Hiermit scheint zwar der Bilderreichthum der Arabischen Sprache in Contrast zu stehen. Wenn es aber nicht selbst eine spitzfindige Sonderung der Begriffe ist, so möchte ich sagen, daſs jener Bilderreichthum in den einmal geformten Wörtern liegt, dagegen die Sprache selbst, hierin mit dem Sanskrit und dem Griechischen verglichen, einen viel geringeren Reichthum von Mitteln enthält, immerfort Dichtung jeder Gattung aus sich hervorsprieſsen zu lassen. Gewiſs wenigstens scheint es mir, daſs man einen Zustand der Sprache, in welchem sie, als treues Abbild einer solchen Periode, viel dichterisch geformte Elemente enthält, von demjenigen unterscheiden muſs, wo ihrem Organismus selbst in Lauten, Formen, freigelassenen Verknüpfungen und Redefügungen unzerstörbare Keime ewig sprossender Dichtung eingepflanzt sind. In dem ersteren erkaltet nach und nach die einmal geprägte Form, und ihr dichterischer Gehalt wird nicht mehr begeisternd empfunden. In dem letzteren kann die dichterische Form der Sprache sich in immer neuer Frische nach der Geistescultur des Zeitalters und dem Genie der Dichter selbsterzeugten Stoff aneignen. Das bereits oben bei Gelegenheit des Flexionssystems Bemerkte findet sich auch hier bestätigt. Der wahre Vorzug einer Sprache besteht darin, den Geist durch die ganze Folge seiner Entwicklungen zu gesetzmäſsiger Thätigkeit und Ausbildung seiner einzelnen Vermögen zu stimmen, oder, um es von Seiten der geistigen Einwirkung auszudrücken, das Gepräge einer solchen reinen, gesetzmäſsigen und lebendigen Energie an sich zu tragen.

Allein auch da, wo das Formensystem mehrerer Sprachen im Ganzen dasselbe ist, wie im Sanskrit, Griechischen, Römischen und Deutschen, in welchen allen Flexion, zugleich durch Vocalwechsel und Anbildung, selten durch jenen, gewöhnlich durch diese bewirkt, herrscht, können in der Anwendung dieses Systems wichtige, durch die geistige Eigenthümlichkeit bewirkte Unterschiede liegen. Einer der wichtigsten ist das mehr oder minder sichtbare Vorwalten richtiger und vollständiger **grammatischer Begriffe** und die Vertheilung der verschiedenen Lautformen unter dieselben. Je nachdem dies in einem Volke bei der höheren Bearbeitung seiner Sprache herrschend wird, kehrt sich die Aufmerksamkeit von der sinnlichen Lautfülle und Mannigfaltigkeit der Formen auf die Besimmtheit und die scharf abgegränzte Feinheit ihres Gebrauchs. Dies kann daher auch in derselben Sprache in verschiedenen Zeiten gefunden werden. Eine solche sorgfältige Beziehung der Formen auf die grammatischen Begriffe zeigt die Griechische Sprache durchaus; und wenn man auch auf den Unterschied zwischen einigen ihrer Dialekte Rücksicht nimmt, so verräth sie zugleich eine Neigung, sich der zu üppigen Lautfülle der zu volltönenden Formen zu entledigen, sie zusammenzuziehen, oder durch kürzere zu ersetzen. Das jugendliche Aufrauschen der Sprache in ihrer **sinnlichen** Erscheinung concentrirt sich mehr auf ihre Angemessenheit zum inneren **Gedankenausdruck**. Hierzu trägt die Zeit auf doppelte Weise bei, indem auf der einen Seite der Geist sich im fortschreitenden Entwicklungsgange immer mehr zu der inneren Thätigkeit hinneigt, und indem auf der andren auch die Sprache sich im Verlauf ihres Gebrauches da, wo die geistige Eigenthümlichkeit nicht alle ursprünglich bedeutsamen Laute unversehrt bewahrt, abschleift und vereinfacht. Auch im Griechischen ist, gegen das Sanskrit gehalten, schon das Letztere sichtbar, allein nicht in dem Grade, dafs man hierin allein einen genügenden Erklärungsgrund finden könnte. Wenn in dem Griechischen Formengebrauch in der That, wie es mir scheint, eine mehr gereifte intellectuelle Tendenz liegt, so entspringt sie wahrhaft aus dem der Nation inwohnenden Sinne für schnelle, feine und scharf gesonderte Gedankenentwicklung. Die Deutsche höhere Bildung dagegen hat unsere Sprache schon auf einem Punkte der Abschleifung und der Abstumpfung bedeutsamer Laute gefunden, so dafs bei uns geringere Hinneigung zu sinnlicher Anschaulichkeit und gröfseres Zurückziehen auf die Empfindung allerdings auch darin ihren Grund gehabt haben kann. In der Römischen Sprache ist sehr üppige Lautfülle und grofse Freiheit der Phantasie über die Lautformung nie ausgegossen gewesen; der männlichere, ernstere und viel mehr auf die Wirklichkeit und auf den unmittelbar in ihr gültigen Theil des Intellectuellen gerichtete Sinn des Volkes gestattete wohl kein so üppiges und freies Aufspriefsen der Laute. Den Griechischen grammatischen Formen kann man, als Folge der grofsen Beweglichkeit Griechischer Phantasie und der Zartheit des Schönheitssinnes, auch wohl, ohne zu irren, vorzugsweise vor den übrigen des Stammes, gröfsere Leichtigkeit, Geschmeidigkeit und gefälligere Anmuth zuschreiben.

Auch das Maafs, in welchem die Nationen von den technischen Mitteln ihrer Sprachen Gebrauch machen, ist nach ihrer verschiedenen Geisteseigenthümlichkeit verschieden. Ich erinnere hier nur an die Bildung zusammengesetzter Wörter. Das Sanskrit bedient sich derselben innerhalb der weitesten Gränzen, die sich eine Sprache überhaupt leicht erlauben darf, die Griechen auf viel beschränktere Weise und nach Verschiedenheit der Dialekte und des Styls. In der Römischen Litteratur findet sie sich vorzugsweise bei den ältesten Schriftstellern, und wird von der fortschreitenden Cultur der Sprache mehr ausgeschlossen.

Erst bei genauerer Erwägung, aber dann klar und deutlich, findet man den Charakter der verschiedenen Weltauffassung der Völker an der Geltung der Wörter haftend. Ich habe schon im Vorigen (S. 197. 204. 205.) ausgeführt, dafs nicht leicht irgend ein

Wort, es müßte denn augenblicklich bloß als materielles Zeichen seines Begriffes gebraucht werden, von verschiedenen Individuen auf dieselbe Weise in die Vorstellung aufgenommen wird. Man kann daher geradezu behaupten, daß in jedem etwas nicht wieder mit Worten zu Unterscheidendes liegt, und daß die Wörter mehrerer Sprachen, wenn sie auch im Ganzen gleiche Begriffe bezeichnen, doch niemals wahre Synonyma sind. Eine Definition kann sie, genau und streng genommen, nicht umschließen, und oft läßt sich nur gleichsam die Stelle andeuten, die sie in dem Gebiete, zu dem sie gehören, einnehmen. Auf welche Weise dies sogar bei Bezeichnungen körperlicher Gegenstände der Fall ist, habe ich gleichfalls schon erwähnt. Das wahre Gebiet verschiedener Wortgeltung aber ist die Bezeichnung geistiger Begriffe. Hier drückt selten ein Wort, ohne sehr sichtbare Unterschiede, den gleichen mit dem Worte einer anderen Sprache aus. Wo wir, wie bei den Sprachen roher und ungebildeter Völker, von den feineren Nüancen der Wörter keinen Begriff haben, scheint uns wohl oft das Gegentheil statt zu finden. Allein die auf andere, hochgebildete Sprachen gerichtete Aufmerksamkeit verwahrt vor solcher übereilten Ansicht; und es ließe sich eine fruchtbare Vergleichung solcher Ausdrücke derselben Gattung, eine Synonymik mehrerer Sprachen, wie sie von einzelnen Sprachen vorhanden sind, aufstellen. Bei Nationen von großer Geistesregsamkeit bleibt aber diese Geltung, wenn man sie bis in die feinsten Abstufungen verfolgt, gleichsam im beständigen Flusse. Jede Zeit, jeder selbstständige Schriftsteller fügt unwillkührlich hinzu, oder ändert ab, da er nicht vermeiden kann, seine Individualität an seine Sprache zu heften, und diese ein anderes Bedürfniß des Ausdrucks ihr entgegenträgt. Es wird in diesen Fällen lehrreich, eine doppelte Vergleichung, der für den im Ganzen gleichen Begriff in mehreren Sprachen gebräuchlichen Wörter, und derjenigen derselben Sprache, welche zu der gleichen Gattung gehören, vorzunehmen. In der letzteren zeichnet sich die geistige Eigenthümlichkeit in ihrer Gleichförmigkeit und Einheit; es ist immer dieselbe, die sich den objectiven Begriffen beimischt. In der ersteren erkennt man, wie derselbe Begriff, z. B. der der Seele, von verschiedenen Seiten aufgefaſst wird, und lernt dadurch gleichsam den Umfang menschlicher Vorstellungsweise auf geschichtlichem Wege kennen. Diese kann durch einzelne Sprachen, ja durch einzelne Schriftsteller erweitert werden. In beiden Fällen entsteht das Resultat theils durch die verschieden angespannte und zusammenwirkende Geistesthätigkeit, theils durch die mannigfaltigen Verknüpfungen, in welche der Geist, in dem nichts jemals einzeln dasteht, die Begriffe bringt. Denn es ist hier von dem aus der Fülle des geistigen Lebens hervorströmenden Ausdruck die Rede, nicht von der Gestaltung der Begriffe durch die Schule, welche sie auf ihre nothwendigen Kennzeichen beschränkt. Aus dieser systematisch genauen Beschränkung und Feststellung der Begriffe und ihrer Zeichen entsteht die wissenschaftliche Terminologie, die wir im Sanskrit in allen Epochen des Philosophirens und in allen Gebieten des Wissens ausgebildet finden, da der Indische Geist vorzugsweise auf die Sonderung und Aufzählung der Begriffe hinging. Die oben angedeutete doppelte Vergleichung bringt die bestimmte und feine Sonderung des Subjectiven und Objectiven in die Klarheit des Bewuſstseins, und zeigt, wie beide immer wechselsweise auf einander wirken, und die Erhöhung und Veredlung der schaffenden Kraft mit der harmonischen Zusammenwölbung der Erkenntniſs gleichen Schritt hält.

Von der hier entwickelten Ansicht sind irrige oder mangelhafte Auffassungen der Begriffe ausgeschlossen geblieben. Es handelte sich hier nur von dem auf verschiedenen Bahnen gemeinschaftlichen geregelten und energischen Streben nach dem Ausdruck von Begriffen, von der Auffassung derselben in ihrer Abspiegelung in der geistigen Individualität von unendlich vielen Seiten. Es kommt aber natürlich bei der Aufsuchung der Geisteseigenthümlichkeiten in der Sprache vor Allem auch die richtige Abtheilung der Begriffe in Betrachtung. Denn wenn z. B. zwei oft, aber doch nicht nothwendig, verbundene in einer Sprache in demselben Worte zusammengefaſst werden, so kann es an einem reinen Ausdruck für jeden derselben allein fehlen. Ein Beispiel findet man in einigen Sprachen an den Ausdrücken für Wollen, Wünschen und Werden. Des Einflusses des Geistes auf die Art der Bezeichnung der Begriffe nach Maaſsgabe der Verwandtschaft der letzteren, welche Gleichheit der Laute herbeiführt, und in Bezug auf die dabei gebrauchten Metaphern, ist es kaum nothwendig hier noch besonders zu erwähnen.

Weit mehr aber, als bei den einzelnen Wörtern, zeichnet sich die intellectuelle Verschiedenheit der Nationen in den Fügungen der Rede, in dem Umfange, welchen sie den Sätzen zu geben vermag, und in der innerhalb dieser Gränzen zu erreichenden Mannigfaltigkeit. Hierin liegt das wahre Bild des Ganges und der Verkettung der Gedanken, an die sich die Rede nicht wahrhaft anzuschlieſsen vermag, wenn nicht die Sprache den gehörigen Reichthum und die begeisternde Freiheit der Fügungen besitzt. Alles, was die Arbeit des Geistes in sich, ihrer Form nach, ist, erscheint hier in der Sprache, und wirkt ebenso wieder auf das Innere zurück. Die Abstufungen sind hier unzählig, und das Einzelne, was die Wirkung hervorbringt, läſst sich nicht immer genau und bestimmt in Worten darstellen. Aber der dadurch hervorgebrachte verschiedene Geist schwebt, wie ein leiser Hauch, über dem Ganzen.

Poesie und Prosa. §. 20.

Ich habe bis hierher einzelne Punkte des gegenseitigen Einflusses des Charakters der Nationen und der Sprachen berührt. Es giebt aber zwei Erscheinungen in den letzteren, in welchen nicht nur alle am entschiedensten zusammentreffen, sondern wo sich auch dermafsen der Einflufs des Ganzen offenbart, dafs selbst der Begriff des Einzelnen daraus verschwindet, die Poesie und die Prosa. Man mufs sie Erscheinungen der Sprache nennen, da schon die ursprüngliche Anlage dieser vorzugsweise die Richtung zu der einen oder andren, oder, wo die Form wahrhaft grofsartig ist, zur gleichen Entwicklung beider in gesetzmäfsigem Verhältnifs giebt, und auch wieder in ihrem Verlaufe darauf zurückwirkt. In der That aber sind sie zuerst Entwicklungsbahnen der Intellectualität selbst, und müssen sich, wenn ihre Anlage nicht mangelhaft ist, und ihr Lauf keine Störungen erleidet, nothwendig aus ihr entspinnen. Sie erfordern daher das sorgfältigste Studium nicht nur in ihrem Verhältnifs zu einander überhaupt, sondern auch insbesondere in Beziehung auf die Zeit ihrer Entstehung.

Wenn man beide zugleich von der in ihnen am meisten concreten und idealen Seite betrachtet, so schlagen sie zu ähnlichem Zweck verschiedene Pfade ein. Denn beide bewegen sich von der Wirklichkeit aus zu einem ihr nicht angehörenden Etwas. Die Poesie fafst die Wirklichkeit in ihrer sinnlichen Erscheinung, wie sie äufserlich und innerlich empfunden wird, auf, ist aber unbekümmert um dasjenige, wodurch sie Wirklichkeit ist, stöfst vielmehr diesen ihren Charakter absichtlich zurück. Die sinnliche Erscheinung verknüpft sie sodann vor der Einbildungskraft, und führt durch sie zur Anschauung eines künstlerisch idealischen Ganzen. Die Prosa sucht in der Wirklichkeit gerade die Wurzeln, durch welche sie am Dasein haftet, und die Fäden ihrer Verbindungen mit demselben. Sie verknüpft alsdann auf intellectuellem Wege Thatsache mit Thatsache und Begriffe mit Begriffen, und strebt nach einem **objectiven Zusammenhang in einer Idee**. Der Unterschied beider ist hier so gezeichnet, wie er nach ihrem wahren Wesen im Geiste sich ausspricht. Sieht man blofs auf die mögliche Erscheinung in der Sprache, und auch in dieser nur auf eine, in der Verbindung höchst mächtige, aber vereinzelt fast gleichgültige Seite derselben, so kann die innere prosaische Richtung in gebundener, und die poetische in freier Rede ausgeführt werden, meistentheils aber nur auf Kosten beider, so dafs das poetisch ausgedrückte Prosaische weder den Charakter der Prosa, noch den der Poesie ganz an sich trägt, und ebenso in Prosa gekleidete Poesie. Der poetische Gehalt führt gewaltsam auch das poetische Gewand herbei; und es fehlt nicht an Beispielen, dafs Dichter im Gefühle dieser Gewalt das in Prosa Begonnene in Versen vollendet haben. Beiden gemeinschaftlich, um zu ihrem wahren Wesen zurückzukehren, ist die Spannung und der Umfang der Seelenkräfte, welche die Verbindung der **vollen Durchdringung der Wirklichkeit** mit dem Erreichen eines **idealen Zusammenhanges** unendlicher Mannigfaltigkeit erfordert, und die Sammlung des Gemüthes auf die consequente Verfolgung des bestimmten Pfades. Doch mufs diese wieder so aufgefafst werden, dafs sie die Verfolgung des entgegengesetzten im Geiste der Nation nicht ausschliefst, sondern vielmehr befördert. Beide, die poetische und prosaische Stimmung, müssen sich zu dem Gemeinsamen ergänzen, den Menschen tief in die Wirklichkeit Wurzel schlagen zu lassen, aber nur, damit sein Wuchs sich desto fröhlicher über sie in ein freieres Element erheben kann. Die Poesie eines Volkes hat nicht den höchsten Gipfel erreicht, wenn sie nicht in ihrer Vielseitigkeit und in der freien Geschmeidigkeit ihres Schwunges zugleich die Möglichkeit einer entsprechenden Entwicklung in Prosa verkündet. Da der menschliche Geist, in Kraft und Freiheit gedacht, zu der Gestaltung von beiden gelangen mufs, so erkennt man die eine an der andren, wie man dem Bruchstück eines Bildwerks ansieht, ob es Theil einer Gruppe gewesen ist.

Die Prosa kann aber auch bei blofser Darstellung des Wirklichen und bei ganz äufserlichen Zwecken stehen bleiben, gewissermafsen nur Mittheilung von Sachen, nicht Anregung von Ideen oder Empfindungen sein. Dann weicht sie nicht von der gewöhnlichen Rede ab, und erreicht nicht die Höhe ihres eigentlichen Wesens. Sie ist dann nicht eine Entwicklungsbahn der Intellectualität zu nennen, und hat keine formale, sondern nur materielle Beziehungen. Wo sie den höheren Weg verfolgt, bedarf sie, um zum Ziele zu gelangen, auch tiefer in das Gemüth eingreifender Mittel, und erhebt sich dann zu derjenigen veredelten Rede, von der allein gesprochen werden kann, wenn man sie als Gefährtin der Poesie auf der intellectuellen Laufbahn der Nationen betrachtet. Sie verlangt alsdann das Umfassen ihres Gegenstandes mit allen vereinten Kräften des Gemüths, woraus zugleich eine Behandlung entsteht, welche denselben als nach allen Seiten Strahlen aussendend zeigt, auf die er Wirkung ausüben kann. Der sondernde Verstand ist nicht allein thätig, die übrigen Kräfte wirken mit, und bilden die Auffassung, die man mit höherem Ausdruck die geistvolle nennt. In dieser Einheit trägt der Geist auch, aufser der Bearbeitung des Gegenstandes, das Gepräge seiner eignen Stimmung in die Rede über. Die Sprache, durch den Schwung des Gedanken gehoben, macht ihre Vorzüge geltend, ordnet sie aber dem hier gesetzgebenden Zwecke unter. Die sittliche Gefühlsstimmung theilt sich der Sprache mit, und die Seele leuchtet aus dem Style hervor. Auf eine ihr ganz eigenthümliche Weise offenbart sich aber in der Prosa durch die Unterordnung und Gegeneinanderstellung der Sätze die der Gedankenentwicklung entsprechende logische Eurhythmie, welche der prosaischen Rede in der allgemeinen Erhebung durch ihren besondren Zweck geboten wird. Wenn sich der Dichter dieser zu sehr überläfst, so macht er die Poesie der rhetorischen Prosa ähnlich. Indem nun alles hier einzeln Genannte in der geistvollen Prosa zusammenwirkt, zeichnet sich in ihr die ganze lebendige Entstehung des Gedanken, das Ringen des Geistes mit seinem Gegenstande. Wo dieser es erlaubt, gestaltet sich der Gedanke wie eine freie, unmittelbare Eingebung, und ahmt auf dem Gebiete der Wahrheit die selbstständige Schönheit der Dichtung nach.

Aus allem diesem ergiebt sich, dafs Poesie und Prosa durch dieselben allgemeinen Forderungen bedingt sind. In beiden mufs ein von innen entstehender Schwung den Geist heben und tragen. Der Mensch in seiner ganzen Eigenthümlichkeit mufs sich mit dem Gedanken nach der äufseren und inneren Welt hinbewegen, und, indem er Einzelnes erfafst, auch dem Einzelnen die Form lassen, die es an das Ganze knüpft. In ihren Richtungen aber und den Mitteln ihres Wirkens sind beide verschieden, und können eigentlich nie mit einander vermischt werden. In Rücksicht auf die Sprache ist auch besonders zu beachten, dafs die Poesie in ihrem wahren Wesen von Musik unzertrennlich ist, die Prosa dagegen sich ausschliefslich der Sprache anvertraut. Wie genau die Poesie der Griechen mit Instrumentalmusik verbunden war, ist bekannt, und das Gleiche gilt von der lyrischen Poesie der Hebräer. Auch von der Einwirkung der verschiedenen Tonarten auf die Poesie ist oben gesprochen worden. Wie poetisch Gedanke und Sprache sein möge, fühlt man sich, wenn das musikalische Element fehlt, nicht auf dem wahren Gebiete der Poesie. Daher der natürliche Bund zwischen grofsen Dichtern und Componisten, obgleich die Neigung der Musik, sich in unbeschränkter Selbstständigkeit zu entwickeln, auch wohl die Poesie absichtlich in Schatten stellt.

Genau genommen, läfst sich nie sagen, dafs die Prosa aus der Poesie hervorgeht. Auch wo beide, wie in der Griechischen Litteratur, historisch (¹) in der That so erscheinen, kann dies doch nur richtig so erklärt werden, dafs die Prosa aus einem durch die ächteste und mannigfaltigste Poesie Jahrhunderte lang bearbeiteten Geiste und in einer auf diese Weise gebildeten Sprache entsprang. Beides aber ist wesentlich verschieden. Der Keim zur Griechischen Prosa lag, wie der zur Poesie, schon ursprünglich im Griechischen Geiste, durch dessen Individualität auch beide, ihrem Wesen unbeschadet, einander in ihrem eigenthümlichen Gepräge entsprechen. Schon die Griechische Poesie zeigt den weiten und freien Aufflug des Geistes, der das Bedürfnifs der Prosa hervorbringt. Beider Entwicklung war vollkommen naturgemäfs aus gemeinschaftlichem Ursprung und einem beide zugleich umfassenden intellectuellen Drange, der nur durch äufsere Umstände hätte an der Vollendung seiner Entfaltung verhindert werden können. Noch weniger läfst sich die höhere Prosa als durch eine, noch so sehr von dem bestimmten Zwecke der Rede und feinem Geschmack geminderte, Beimischung **poetischer Elemente** entstehend erklären. Die Unterschiede beider in ihrem Wesen üben ihre Wirkung natürlich auch in der **Sprache** aus, und die poetische und prosaische haben jede ihre Eigenthümlichkeiten in der **Wahl der Ausdrücke**, der gramma-

---

(¹) Eine sehr geistvolle und von tiefer und gründlicher Lesung der Alten zeugende Übersicht des Ganges der Griechischen Litteratur in Absicht auf Redefügung und Styl giebt die Einleitung zu Bernhardy's wissenschaftlicher Syntax der Griechischen Sprache.

tischen Formen und Fügungen. Viel weiter aber, als durch diese Einzelnheiten, werden sie durch den in ihrem tieferen Wesen gegründeten Ton des Ganzen auseinandergehalten. Der Kreis des Poetischen ist, wie unendlich und unerschöpflich auch in seinem Innern, doch immer ein geschlossener, der nicht Alles in sich aufnimmt, oder dem Aufgenommenen nicht seine ursprüngliche Natur läfst; der durch keine äufsere Form gebundene Gedanke kann sich in freier Entwickelung nach allen Seiten hin weiter bewegen, sowohl in der Auffassung des Einzelnen, als in der Zusammenfügung der allgemeinen Idee. Insofern liegt das Bedürfnifs zur Ausbildung der Prosa in dem Reichthum und der Freiheit der Intellectualität, und macht die Prosa gewissen Perioden der geistigen Bildung eigenthümlich. Sie hat aber auch noch eine andre Seite, durch welche sie reizt, und sich dem Gemüthe einschmeichelt: ihre nahe Verwandtschaft mit den Verhältnissen des gewöhnlichen Lebens, das durch ihre Veredlung in seiner Geistigkeit gesteigert werden kann, ohne darum an Wahrheit und natürlicher Einfachheit zu verlieren. Von dieser Seite her kann sogar die Poesie die prosaische Einkleidung wählen, um gleichsam die Empfindung in ihrer ganzen Reinheit und Wahrheit darzustellen. Wie der Mensch selbst der Sprache, als das Gemüth begränzend und seine reinen Äufserungen entstellend, abhold sein, und sich nach einem Empfinden und Denken ohne ein solches Medium sehnen kann, ebenso kann er sich durch Ablegung alles ihres Schmuckes, auch in der höchsten poetischen Stimmung, zu der Einfachheit der Prosa flüchten. Die Poesie trägt, ihrem Wesen nach, immer auch eine äufsere Kunstform an sich. Es kann aber in der Seele eine Neigung zur Natur, im Gegensatz mit der Kunst, jedoch dergestalt geben, dafs dem Gefühl der Natur übrigens ihr ganzer idealer Gehalt bewahrt wird; und dies scheint in der That den neuern gebildeten Völkern eigen zu sein. Gewiſs wenigstens, — und dies hängt zugleich mit der, bei gleicher Tiefe, weniger sinnlichen Formung unsrer Sprache zusammen —, liegt dies in unserer Deutschen Sinnesart. Der Dichter kann alsdann absichtlich den Verhältnissen des wirklichen Lebens nahe bleiben, und, wenn die Macht seines Genies dazu hinreicht, ein ächt poetisches Werk in prosaischer Einkleidung ausführen. Ich brauche hier nur an Göthe's Werther zu erinnern, von dem jeder Leser fühlen wird, wie nothwendig die äuſsere Form mit dem inneren Gehalte zusammenhängt. Ich erwähne dies jedoch nur, um zu zeigen, wie aus ganz verschiednen Seelenstimmungen Stellungen der Poesie und Prosa gegen einander und Verknüpfungen ihres inneren und äuſseren Wesens entstehen können, welche alle auf den Charakter der Sprache Einfluſs haben, aber auch alle wieder, was uns noch sichtbarer ist, ihre Rückwirkung erfahren.

Die Poesie und Prosa selbst erhalten aber auch, jede für sich, eine eigenthümliche Färbung. In der Griechischen Poesie herrschte, in Gemäſsheit mit der allgemeinen intellectuellen Eigenthümlichkeit, die äuſsere Kunstform vor allem Übrigen vor. Dies entsprang zugleich aus ihrer regen und durchgängigen Verknüpfung mit der Musik, allein auch vorzüglich aus dem feinen Tact, mit welchem dieses Volk die inneren Wirkungen auf das Gemüth abzuwägen und auszugleichen verstand. So kleidete sich die alte Komödie in das reichste und mannigfaltigste rhythmische Gewand. Je tiefer sie oft in Schilderungen und Ausdrücken zum Gewöhnlichen und sogar zum Gemeinen hinabstieg, desto mehr fühlte sie die Nothwendigkeit, durch die Gebundenheit der äuſseren Form Haltung und Schwung zu gewinnen. Die Verbindung des hochpoetischen Tones mit der durchaus praktischen, altväterlichen, auf Sitteneinfachheit und Bürgertugend gerichteten Gediegenheit der gehaltvollen Parabasen ergreift nun, wie man lebhaft beim Lesen des Aristophanes fühlt, das Gemüth in einem sich in seinem Tiefsten wieder vereinigenden Gegensatze. Auch war den Griechen die Einmischung der Prosa in die Poesie, wie wir sie bei den Indiern und Shakspeare finden, schlechterdings fremd. Das empfundene Bedürfniſs, sich auf der Bühne dem Gespräch zu nähern, und das richtige Gefühl, daſs auch die ausführlichste Erzählung, einer spielenden Person in den Mund gelegt, sich von dem epischen Vortrage des Rhapsoden, an den sie übrigens immer lebhaft erinnerte, unterscheiden muſste, lieſs für diese Theile des Dramas eigne Sylbenmaaſse entstehen, gleichsam Vermittler zwischen der Kunstform der Poesie und der natürlichen Einfachheit der Prosa. Auf diese selbst wirkte aber dieselbe allgemeine Stimmung ein, und gab auch ihr eine äuſserlich kunstvollere Gestaltung. Die nationelle Eigenthümlichkeit zeigt sich besonders in der kritischen Ansicht und der Beurtheilung der groſsen Prosaisten. Die Ursach ihrer Trefflichkeit wird da, wo wir einen ganz andren Weg einschlagen würden, vorzüglich in Feinheiten des Numerus, kunstvollen Redefiguren und in Äuſserlichkeiten des Periodenbaues gesucht. Die Zusammenwirkung des Ganzen, die Anschauung der inneren Gedankenentwicklung, von welcher der Styl nur ein Abglanz ist, scheint uns bei Lesung solcher Schriften, wie z. B. der in diese Materie einschlagenden Bücher des Dionysius von Halikarnaſs, gänzlich zu verschwinden. Es ist indeſs nicht zu läugnen, daſs, Einseitigkeiten und Spitzfindigkeiten dieser Art der Kritik abgerechnet, die Schönheit jener groſsen Muster mit auf diesen Einzelnheiten beruht; und das genauere Studium dieser Ansicht führt uns zugleich tiefer in die Eigenthümlichkeit des Griechischen Geistes ein. Denn die Werke des Genies üben doch ihre Wirkung nur durch die Art, wie sie von den Nationen aufgefaſst werden, aus; und gerade die Einwirkung auf die Sprachen, mit der wir es hier zu thun haben, hängt vorzugsweise von dieser Auffassung ab.

Die fortschreitende **Bildung des Geistes** führt zu einer Stufe, wo er, gleichsam aufhörend zu ahnden und zu vermuthen, die Erkenntnifs zu begründen und ihren Inbegriff in Einheit zusammenzufügen strebt. Es ist dies die Epoche der Entstehung der **Wissenschaft** und der sich aus ihr entwickelnden **Gelehrsamkeit**; und dieser Moment kann nicht anders, als im höchsten Grade einflufsreich auf die Sprache sein. Von der sich in der Schule der Wissenschaft bildenden Terminologie habe ich schon oben (S. 223.) gesprochen. Des allgemeinen Einflusses aber dieser Epoche ist es hier der Ort zu erwähnen, da die Wissenschaft in strengem Verstande die **prosaische** Einkleidung fordert, und eine poetische ihr nur zufällig zu Theil werden kann. In diesem Gebiete nun hat der Geist es ausschliefslich mit **Objectivem** zu thun, mit Subjectivem nur insofern, als dies Nothwendigkeit enthält; er sucht **Wahrheit** und Absonderung alles äufseren und inneren Scheins. Die Sprache erhält also erst durch diese Bearbeitung die letzte Schärfe in der Sonderung und Feststellung der **Begriffe**, und die reinste Abwägung der zu Einem Ziele zusammenstrebenden **Sätze** und ihrer Theile. Da sich aber durch die wissenschaftliche Form des Gebäudes der Erkenntnifs und die Feststellung des Verhältnisses der letzteren zu dem erkennenden Vermögen dem Geiste etwas ganz Neues aufthut, welches alles Einzelne an Erhabenheit übertrifft, so wirkt dies zugleich auf die **Sprache** ein, giebt ihr einen Charakter höheren Ernstes und einer, die Begriffe zur höchsten Klarheit bringenden **Stärke**. Auf der andren Seite erheischt aber ihr Gebrauch in diesem Gebiete **Kälte** und **Nüchternheit** und in den **Fügungen** Vermeidung jeder kunstvolleren, der Leichtigkeit des Verständnisses schädlichen und dem blofsen Zwecke der Darstellung des Objectes unangemessenen **Verschlingung**. Der wissenschaftliche Ton der Prosa ist also ein ganz anderer, als der bisher geschilderte. Die Sprache soll, ohne eigne Selbstständigkeit geltend zu machen, sich nur dem Gedanken so eng, als möglich, anschliefsen, ihn begleiten und darstellen. In dem uns übersehbaren Gange des menschlichen Geistes kann mit Recht Aristoteles der Gründer der Wissenschaft und des auf sie gerichteten Sinnes genannt werden. Obgleich das Streben danach natürlich viel früher entstand, und die Fortschritte allmälig waren, so schlofs es sich doch erst mit ihm zur Vollendung des Begriffes zusammen. Als wäre dieser plötzlich in bis dahin unbekannter Klarheit in ihm hervorgebrochen, zeigt sich zwischen seinem Vortrage und der Methodik seiner Untersuchungen, und zwischen der seiner unmittelbarsten Vorgänger eine entschiedene, nicht stufenweis zu vermittelnde Kluft. Er forschte nach Thatsachen, sammelte dieselben, und strebte, sie zu allgemeinen Ideen hinzuleiten. Er prüfte die vor ihm aufgebauten Systeme, zeigte ihre Unhaltbarkeit, und bemühte sich, dem seinigen eine auf tiefer Ergründung des erkennenden Vermögens im Menschen ruhende Basis zu geben. Zugleich brachte er alle Erkenntnisse, die sein riesenmäfsiger Geist umfafste, in einen nach Begriffen geordneten Zusammenhang. Aus einem solchen, zugleich tief strebenden und weitumfassenden, gleich streng auf Materie und Form der Erkenntnifs gerichteten Verfahren, in welchem die Erforschung der Wahrheit sich vorzüglich durch scharfe Absonderung alles verführerischen Scheins auszeichnete, mufste bei ihm eine Sprache entstehen, die einen auffallenden Gegensatz mit der seines unmittelbaren Vorgängers und Zeitgenossen, des Plato, bildete. Man kann beide in der That nicht in dieselbe Entwickelungsperiode stellen, mufs die Platonische Diction als den Gipfel einer nachher nicht wieder erstandenen, die Aristotelische als eine neue

Epoche beginnend ansehen. Hierin erblickt man aber auffallend die Wirkung der eigenthümlichen Behandlungsart der philosophischen Erkenntnifs. Man irrte gewifs sehr, wenn man Aristoteles, mehr von Anmuth entblöfste, schmucklose und unläugbar oft harte Sprache einer natürlichen Nüchternheit und gleichsam Dürftigkeit seines Geistes zuschreiben wollte. Musik und Dichtung hatten einen grofsen Theil seiner Studien beschäftigt. Ihre Wirkung war, wie man schon an den wenigen von ihm übrigen Urtheilen in diesem Gebiete sieht, tief in ihn eingegangen, und nur angeborne Neigung konnte ihn zu diesem Zweige der Litteratur geführt haben. Wir besitzen noch einen Hymnus voll dichterischen Schwunges von ihm; und wenn seine exoterischen Schriften, besonders die Dialogen, auf uns gekommen wären, so würde unser Urtheil über den Umfang seines Styles wahrscheinlich ganz verschieden ausfallen. Einzelne Stellen seiner auf uns gekommenen Schriften, besonders der Ethik, zeigen, zu welcher Höhe er sich zu erheben vermochte. Die wahrhaft tiefe und abgezogne Philosophie hat auch ihre eignen Wege, zu einem Gipfel grofser Diction zu gelangen. Die Gediegenheit und selbst die Abgeschlossenheit der Begriffe giebt, wo die Lehre aus ächt schöpferischem Geiste hervorgeht, auch der Sprache eine mit der inneren Tiefe zusammenpassende Erhabenheit.

Eine Gestaltung des philosophischen Styls von ganz eigenthümlicher Schönheit findet sich auch bei uns in der Verfolgung abgezogener Begriffe in Fichte's und Schelling's Schriften und, wenn auch nur einzeln, aber dann wahrhaft ergreifend, in Kant. Die Resultate factisch wissenschaftlicher Untersuchungen sind vorzugsweise nicht allein einer ausgearbeiteten und sich aus tiefer und allgemeiner Ansicht des Ganzen der Natur von selbst hervorbildenden grofsartigen Prosa fähig, sondern eine solche befördert die wissenschaftliche Untersuchung selbst, indem sie den Geist entzündet, der allein in ihr zu grofsen Entdeckungen führen kann. Wenn ich hier der in dies Gebiet einschlagenden Werke meines Bruders erwähne, so glaube ich nur ein allgemeines, oft ausgesprochenes Urtheil zu wiederholen.

Das Feld des Wissens kann sich von allen Punkten aus zum Allgemeinen zusammenwölben; und gerade diese Erhebung und die genaueste und vollständigste Bearbeitung der thatsächlichen Grundlagen hängen auf das innigste zusammen. Nur wo die Gelehrsamkeit und das Streben nach ihrer Erweiterung nicht von dem ächten Geiste durchdrungen sind, leidet auch die Sprache; alsdann ist dies eine der Seiten, von welcher der Prosa, ebenso wie vom Herabsinken des gebildeten, ideenreichen Gespräches zu alltäglichem oder conventionellem, Verfall droht. Die Werke der Sprache können nur gedeihen, so lange der auf seine eigne sich erweiternde Ausbildung und auf die Verknüpfung des Weltganzen mit seinem Wesen gerichtete Schwung des Geistes sie mit sich emporträgt. Dieser Schwung erscheint in unzähligen Abstufungen und Gestalten, strebt aber immer zuletzt, auch wo der Mensch sich dessen nicht einzeln bewufst ist, seinem angeborenen Triebe gemäfs, nach jener grofsen Verknüpfung. Wo sich die intellectuelle Eigenthümlichkeit der Nation nicht kräftig genug zu dieser Höhe erhebt, oder die Sprache im intellectuellen Sinken eines gebildeten Volkes von dem Geiste verlassen wird, dem sie allein ihre Kraft und ihr blühendes Leben verdanken kann, entsteht nie eine grofsartige Prosa, oder zerfällt, wenn sich das Schaffen des Geistes zu gelehrtem Sammeln verflacht.

Die Poesie kann nur einzelnen Momenten des Lebens und einzelnen Stimmungen des Geistes angehören, die Prosa begleitet den Menschen beständig und in allen Äufserungen seiner geistigen Thätigkeit. Sie schmiegt sich jedem Gedanken und jeder Empfindung an; und wenn sie sich in einer Sprache durch Bestimmtheit, helle Klarheit, geschmeidige Lebendigkeit, Wohllaut und Zusammenklang zu der Fähigkeit, sich von jedem Punkte aus zu dem freiesten Streben aufzuschwingen, aber zugleich zu dem feinen Tact ausgebildet hat, wo und wie weit ihr diese Erhebung in jedem einzelnen Falle zusteht, so verräth und befördert sie einen ebenso freien, leichten, immer gleich behutsam fortstrebenden Gang des Geistes. Es ist dies der höchste Gipfel, den die Sprache in der Ausbildung ihres Charakters zu erreichen vermag, und der daher, von den ersten Keimen ihrer äußeren Form an, der breitesten und sichersten Grundlagen bedarf.

Bei einer solchen Gestaltung der Prosa kann die Poesie nicht zurückgeblieben sein, da beide aus gemeinschaftlicher Quelle fließen. Sie kann aber einen hohen Grad der Trefflichkeit erreichen, ohne daß auch die Prosa zur gleichen Entwicklung in der Sprache gelangt. Vollendet wird der Kreis dieser letzteren immer nur durch beide zugleich. Die Griechische Litteratur bietet uns, wenn auch mit großen und bedaurungswürdigen Lücken, den Gang der Sprache in dieser Rücksicht vollständiger und reiner dar, als er uns sonst irgendwo erscheint. Ohne erkennbaren Einfluß fremder gestalteter Werke, wodurch der fremder Ideen nicht ausgeschlossen wird, entwickelt sie sich von Homer bis zu den Byzantinischen Schriftstellern durch alle Phasen ihres Laufes allein aus sich selbst, und aus den Umgestaltungen des nationellen Geistes durch innere und äußere geschichtliche Umwälzungen. Die Eigenthümlichkeit der Griechischen Volksstämme bestand in einer, immer zugleich nach Freiheit und Obermacht, die aber auch meistentheils gern den Unterworfenen den Schein der ersteren erhielt, ringenden volksthümlichen Beweglichkeit. Gleich den Wellen des sie umgebenden, eingeschlossenen Meeres, brachte diese innerhalb derselben mäßigen

Gränzen unaufhörliche Veränderungen, Wechsel der Wohnsitze, der Größe und der Herrschaft hervor, und gab dem Geiste beständig neue Nahrung und Antrieb, sich in jeder Art der Thätigkeit zu ergießen. Wo die Griechen, wie bei Anlegung von Pflanzstädten, in die Ferne wirkten, herrschte der gleiche volksthümliche Geist. So lange dieser Zustand währte, durchdrang dies innerliche nationelle Princip die Sprache und ihre Werke. In dieser Periode fühlt man lebendig den inneren fortschreitenden Zusammenhang aller Geistesproducte, das lebhafte Ineinandergreifen der Poesie und der Prosa, und aller Gattungen beider. Als aber seit Alexander Griechische Sprache und Litteratur durch Eroberung ausgebreitet wurde und später, als besiegtem Volke angehörend, sich mit dem weltbeherrschenden der Sieger verband, erhoben sich zwar noch ausgezeichnete Köpfe und poetische Talente, aber das beseelende Princip war erstorben, und mit ihm das lebendige, aus der Fülle seiner eignen Kraft entspringende Schaffen. Die Kunde eines großen Theils des Erdbodens wurde nun erst wahrhaft eröffnet, die wissenschaftliche Beobachtung und die systematische Bearbeitung des gesammten Gebietes des Wissens war, in wahrhaft welthistorischer Verbindung eines thaten- und eines ideenreichen außerordentlichen Mannes, durch Aristoteles Lehre und Vorbild dem Geiste klar geworden. Die Welt der Objecte trat mit überwiegender Gewalt dem subjectiven Schaffen gegenüber; und noch mehr wurde dieses durch die frühere Litteratur niedergedrückt, welche, da ihr beseelendes Princip mit der Freiheit, aus der es quoll, verschwunden war, auf einmal wie eine Macht erscheinen mußte, mit der, wenn auch vielfache Nachahmungen versucht wurden, doch kein wahrer Wetteifer zu wagen war. Von dieser Epoche an beginnt also ein allmäliges Sinken der Sprache und Litteratur. Die wissenschaftliche Thätigkeit wandte sich aber nun auf die Bearbeitung beider, wie sie aus dem reinsten

Zustande ihrer Blüthe übrig waren, so dafs zugleich ein grofser Theil der Werke aus den besten Epochen, und die Art, wie sich diese Werke in der absichtlich auf sie gerichteten Betrachtung späterer Generationen desselben, sich immer gleichen, aber durch äufsere Schicksale herabgedrückten Volkes abspiegelten, auf uns gekommen sind.

Vom Sanskrit läfst sich, unserer Kenntnifs der Litteratur desselben nach, nicht mit Sicherheit beurtheilen, bis auf welchen Grad und Umfang auch die Prosa in ihm ausgebildet war. Die Verhältnisse des bürgerlichen und gesellig̈en Lebens boten aber in Indien schwerlich die gleichen Veranlassungen zu dieser Ausbildung dar. Der Griechische Geist und Charakter ging schon an sich mehr, als vielleicht je bei einer Nation der Fall war, auf solche Vereinigungen hin, in welchen das Gespräch, wenn nicht der alleinige Zweck, doch die hauptsächlichste Würze war. Die Verhandlungen vor Gericht und in der Volksversammlung forderten Überzeugung wirkende und die Gemüther lenkende Beredsamkeit. In diesen und ähnlichen Ursachen kann es liegen, wenn man auch künftig unter den Überresten der Indischen Litteratur nichts entdeckt, was man im Style den Griechischen Geschichtsschreibern, Rednern und Philosophen an die Seite stellen könnte. Die reiche, beugsame, mit allen Mitteln, durch welche die Rede Gediegenheit, Würde und Anmuth erhält, ausgestattete Sprache bewahrt sichtbar alle Keime dazu in sich, und würde in der höheren prosaischen Bearbeitung noch ganz andere Charakterseiten, als wir an ihr jetzt kennen, entwickelt haben. Dies beweist schon der einfache, anmuthvolle, auf bewundrungswürdige Weise zugleich durch getreue und zierliche Schilderung und eine ganz eigenthümliche Verstandesschärfe anziehende Ton der Erzählungen des Hitôpadêsa.

Die Römische Prosa stand in einem ganz andren Verhältnisse zur Poesie, als die Griechische. Hierauf wirkte bei den Römern gleich stark ihre Nachahmung der Griechischen Muster, und ihre eigne, überall hervorleuchtende Originalität. Denn sie drückten ihrer Sprache und ihrem Style sichtbar das Gepräge ihrer inneren und äuſseren politischen Entwicklung auf. Mit ihrer Litteratur in ganz andre Zeitverhältnisse versetzt, konnte bei ihnen keine ursprünglich naturgemäſse Entwicklung statt finden, wie wir sie bei den Griechen vom Homerischen Zeitalter an, und durch den dauernden Einfluſs jener frühesten Gesänge, wahrnehmen. Die groſse, originelle Römische Prosa entspringt unmittelbar aus dem Gemüth und Charakter, dem männlichen Ernst, der Sittenstrenge und der ausschlieſsenden Vaterlandsliebe, bald an sich, bald im Contraste mit späterer Verderbniſs. Sie hat viel weniger eine bloſs intellectuelle Farbe, und muſs, aus allen diesen Gründen zusammengenommen, der naiven Anmuth einiger Griechischen Schriftsteller entbehren, welche bei den Römern nur in poetischer Stimmung, da die Poesie das Gemüth in jeden Zustand zu versetzen vermag, hervortritt. Überhaupt erscheinen fast in allen Vergleichungen, die sich zwischen Griechischen und Römischen Schriftstellern anstellen lassen, die ersteren minder feierlich, einfacher und natürlicher. Hieraus entsteht ein mächtiger Unterschied zwischen der Prosa beider Nationen; und es ist kaum glaublich, daſs ein Schriftsteller wie Tacitus von den Griechen seiner Zeit wahrhaft empfunden worden sei. Eine solche Prosa muſste um so mehr auch anders auf die Sprache einwirken, als beide den gleichen Impuls von derselben Nationaleigenthümlichkeit empfingen. Eine gleichsam unbeschränkte, sich jedem Gedanken hingebende, jede Bahn des Geistes mit gleicher Leichtigkeit verfolgende, und gerade in dieser Allseitigkeit und nichts zurückstoſsenden Beweglichkeit ihren wahren Charakter findende Geschmeidigkeit konnte aus solcher Prosa nicht entspringen und ebenso wenig eine solche erzeugen. Ein Blick in die Prosa der neuren Nationen würde in noch verwickeltere Betrachtungen führen, da die Neueren, wo sie nicht selbst original sind, nicht vermeiden konnten, verschieden von den Römern und Griechen angezogen zu werden, zugleich aber ganz neue Verhältnisse auch eine bis dahin unbekannte Originalität in ihnen erzeugten.

Es ist seit den meisterhaften Wolfischen Untersuchungen über die Entstehung der Homerischen Gedichte wohl allgemein anerkannt, dafs die Poesie eines Volkes noch lange nach der Erfindung der Schrift unaufgezeichnet bleiben kann, und dafs beide Epochen durchaus nicht nothwendig zusammenfallen. Bestimmt, die Gegenwart des Augenblicks zu verherrlichen und zur Begehung festlicher Gelegenheiten mitzuwirken, war die Poesie in den frühesten Zeiten zu innig mit dem Leben verknüpft, ging zu freiwillig zugleich aus der Einbildungskraft des Dichters und der Auffassung der Hörer hervor, als dafs ihr die Absichtlichkeit kalter Aufzeichnung nicht hätte fremd bleiben sollen. Sie entströmte den Lippen des Dichters, oder der Sängerschule, welche seine Gedichte in sich aufgenommen hatte; es war ein lebendiger, mit Gesang und Instrumentalmusik begleiteter Vortrag. Die Worte machten von diesem nur einen Theil aus, und waren mit ihm unzertrennlich verbunden. Dieser ganze Vortrag wurde der Folgezeit zugleich überliefert, und es konnte nicht in den Sinn kommen, das so fest Verschlungene absondern zu wollen. Nach der ganzen Weise, wie in dieser Periode des geistigen Volkslebens die Poesie in demselben Wurzel schlug, entstand gar nicht der Gedanke der Aufzeichnung. Diese setzte erst die Reflexion voraus, die sich immer aus der, eine Zeit hindurch blofs natürlich geübten Kunst entwickelt, und eine gröfsere Entfaltung der Verhältnisse des bürgerlichen Lebens, welche den Sinn hervorruft, die Thätigkeiten zu sondern und ihre Erfolge dauernd zusammenwirken zu lassen. Erst dann konnte die Verbindung der Poesie mit dem Vortrag und dem augenblicklichen Lebensgenufs loser werden. Die Nothwendigkeit der poetischen Wortstellung und das Metrum machten es auch grofsentheils überflüssig, der Überlieferung vermittelst des Gedächtnisses durch Schrift zu Hülfe zu kommen.

Bei der Prosa verhielt sich dies alles ganz anders. Die Hauptschwierigkeit läfst sich zwar, meiner Überzeugung nach, hier nicht in der Unmöglichkeit suchen, längere ungebundene Rede dem Gedächtnifs anzuvertrauen. Es giebt gewifs bei den Völkern auch blofs nationelle, durch mündliche Überlieferung aufbewahrte Prosa, bei welcher die Einkleidung und der Ausdruck sicher nicht zufällig sind. Wir finden in den Erzählungen von Nationen, welche gar keine Schrift besitzen, einen Gebrauch der Sprache, eine Art des Styls, denen man es ansieht, dafs sie gewifs nur mit kleinen Veränderungen von Erzähler zu Erzähler übergegangen sind. Auch die Kinder bedienen sich bei Wiederholung gehörter Erzählungen gewöhnlich gewissenhaft derselben Ausdrücke. Ich brauche hier nur an die Erzählung von Tangaloa auf den Tonga-Inseln zu erinnern ([1]). Unter den Vasken gehen noch heute solche unaufgezeichnet bleibenden Mährchen herum, die, zum sichtbaren Beweise, dafs auch, und ganz vorzüglich, die äufsere Form dabei beobachtet wird, nach der Versicherung der Eingebornen, allen ihren Reiz und ihre natürliche Grazie durch Übertragung in das Spanische verlieren. Das Volk ist ihnen dergestalt ergeben, dafs sie, ihrem Inhalte nach, in verschiedene Classen getheilt werden. Ich hörte selbst ein solches, unserer Sage vom Hamelnschen Rattenfänger ganz ähnliches, erzählen; andere stellen, nur auf verschiedene Weise

---

[1] Mariner. Th. II. S. 377.

Poesie und Prosa. §. 20.

verändert, Mythen des Hercules, und ein ganz locales von einer kleinen, dem Lande vorliegenden Insel ([1]) die Geschichte Hero's und Leander's, auf einen Mönch und seine Geliebte übertragen, dar. Allein die Aufzeichnung, zu welcher der Gedanke bei der frühesten Poesie gar nicht entsteht, liegt dennoch bei der Prosa nothwendig und unmittelbar, auch ehe sie sich zur wahrhaft kunstvollen erhebt, in dem ursprünglichen Zweck. Thatsachen sollen erforscht oder dargestellt, Begriffe entwickelt und verknüpft, also etwas Objectives ausgemittelt werden. Die Stimmung, welche dies hervorzubringen strebt, ist eine nüchterne, auf Forschung gerichtete, Wahrheit von Schein sondernde, dem Verstande die Leitung des Geschäfts übertragende. Sie stößt also zuerst das Metrum zurück, nicht gerade wegen der Schwierigkeit seiner Fesseln, sondern weil das Bedürfniß danach in ihr nicht gegründet sein kann, ja vielmehr der Allseitigkeit des überall hin forschenden und verknüpfenden Verstandes eine die Sprache nach einem bestimmten Gefühle einengende Form nicht zusagt. Aufzeichnung wird nun hierdurch und durch das ganze Unternehmen wünschenswerth, ja selbst unentbehrlich. Das Erforschte und selbst der Gang der Forschung muß in allen Einzelnheiten fest und sicher dastehen. Der Zweck selbst ist möglichste Vereinigung: Geschichte soll das sonst im Laufe der Zeit Verfliegende erhalten, Lehre zu weiterer Entwickelung ein Geschlecht an das andere knüpfen. Die Prosa begründet auch erst das namentliche Heraustreten Einzelner aus der Masse in Geisteserzeugnissen, da die Forschung persönliche Erkundigungen, Besuche fremder Länder und eigen gewählte Methoden der Verknüpfung mit sich führt, die Wahrheit, besonders in Zeiten, wo andere Beweise mangeln, eines Gewährsmannes bedarf, und der

---

([1]) Izaro in der Bucht von Bermeo.

Geschichtsschreiber nicht, wie der Dichter, seine Beglaubigung vom Olymp ableiten kann. Die sich in einer Nation entwickelnde Stimmung zur Prosa mufs daher die Erleichterung der Schriftmittel suchen, und kann durch die schon vorhandene angeregt werden.

In der Poesie entstehen durch den natürlichen Gang der Bildung der Völker zwei, gerade durch die Entbehrung und den Gebrauch der Schrift zu bezeichnende, verschiedene Gattungen ([1]), eine gleichsam vorzugsweise natürliche, der Begeistrung ohne Absicht und Bewufstsein der Kunst entströmende, und eine spätere kunstvollere, doch darum nicht minder dem tiefsten und ächtesten Dichtergeist angehörende. Bei der Prosa kann dies nicht auf dieselbe Weise und noch weniger in denselben Perioden statt finden. Allein in anderer Art ist dasselbe auch bei ihr der Fall. Wenn sich nämlich in einem für Prosa und Poesie glücklich organisirten Volke Gelegenheiten ausbilden, wo das Leben frei hervorströmender Beredsamkeit bedarf, so ist hier, nur auf andere Weise, eine ähnliche Verknüpfung der Prosa mit dem Volksleben, als wir sie oben bei der Poesie gefunden haben. Sie stöfst dann auch, so lange sie ohne Bewufstsein absichtlicher Kunst fortdauert, die todte und kalte Aufzeichnung zurück. Dies war wohl gewifs in den grofsen Zeiten Athens zwischen dem Perserkriege und dem Peloponnesischen und noch später der Fall. Redner wie Themistokles, Perikles und Al-

---

([1]) Unübertrefflich gesagt und mit eignem Dichtergefühl empfunden ist in der Vorrede zu A. W. v. Schlegel's Râmâyana die Auseinandersetzung über die früheste Poesie bei den Griechen und Indiern. Welcher Gewinn wäre es für die philosophische und ästhetische Würdigung beider Litteraturen und für die Geschichte der Poesie, wenn es diesem, vor allen andren mit den Gaben dazu ausgestatteten Schriftsteller gefiele, die Litteraturgeschichte der Indier zu schreiben, oder doch einzelne Theile derselben, namentlich die dramatische Poesie, zu bearbeiten, und einer ebenso glücklichen Kritik zu unterwerfen, als das Theater anderer Nationen von seiner wahrhaft genialen Behandlung erfahren hat.

cibiades entwickelten gewifs mächtige Rednertalente; von den beiden letzteren wird dies ausdrücklich herausgehoben. Dennoch sind von ihnen keine Reden, da die in den Geschichtsschreibern natürlich nur diesen angehören, auf uns gekommen, und auch das Alterthum scheint keine ihnen mit Sicherheit beigelegte Schriften besessen zu haben. Zu Alcibiades Zeit gab es zwar schon aufgezeichnete und sogar von andren, als ihren Verfassern, gehalten zu werden bestimmte Reden; es lag aber doch in allen Verhältnissen des Staatslebens jener Periode, dafs diese Männer, welche wirklich Lenker des Staates waren, keine Veranlassung fanden, ihre Reden, weder ehe sie dieselben hielten, noch nachher, niederzuschreiben. Dennoch bewahrt diese natürliche Beredsamkeit gewifs ebenso, wie jene Poesie, nicht nur den Keim, sondern war in vielen Stücken das unübertroffene Vorbild der späteren kunstvolleren. Hier aber, wo von dem Einflusse beider Gattungen auf die Sprache die Rede ist, konnte die nähere Erwägung dieses Verhältnisses nicht übergangen werden. Die späteren Redner empfingen die Sprache aus einer Zeit, wo schon in bildender und dichtender Kunst so Grofses und Herrliches das Genie der Redner angeregt und den Geschmack des Volkes gebildet hatte, in einer ganz andren Fülle und Feinheit, als deren sie sich früher zu rühmen vermöchte. Etwas sehr Ähnliches mufste das lebendige Gespräch in den Schulen der Philosophen darbieten.

§. 21.

Es ist bewundrungswürdig zu sehen, welche lange Reihe von Sprachen gleich glücklichen Baues und gleich anregender Wirkung auf den Geist diejenige hervorgebracht hat, die wir an die Spitze des Sanskritischen Stammes stellen müssen, wenn wir einmal überhaupt in jedem Stamme Eine Ur- oder Muttersprache voraussetzen. Um nur die uns am meisten nahe liegenden Momente hier aufzuzählen, so finden wir zuerst das Zend und das Sanskrit in enger Verwandtschaft, aber auch in merkwürdiger Verschiedenheit, das eine und das andre von dem lebendigsten Principe der Fruchtbarkeit und Gesetzmäfsigkeit in Wort- und Formenbildung durchdrungen. Dann gingen aus diesem Stamm die beiden Sprachen unsrer classischen Gelehrsamkeit hervor, und, wenn auch in späterer wissenschaftlicher Entwickelung, der ganze Germanische Sprachzweig. Endlich, als die Römische Sprache durch Verderbnifs und Verstümmlung entartete, blühten, wie mit erneuerter Lebenskraft, aus derselben die Romanischen Sprachen auf, welchen unsere heutige Bildung so unendlich viel verdankt. Jene Ursprache bewahrte also ein Lebensprincip in sich, an welchem sich wenigstens drei Jahrtausende hindurch der Faden der geistigen Entwickelung des Menschengeschlechts fortzuspinnen vermochte, und das selbst aus dem Verfallnen und Zersprengten neue Sprachbildungen zu regeneriren, Kraft besafs.

Man hat wohl in der Völkergeschichte die Frage aufgeworfen, was aus den Weltbegebenheiten geworden sein würde, wenn Carthago Rom besiegt und das Europäische Abendland beherrscht hätte. Man kann mit gleichem Rechte fragen: in welchem Zustande sich unsre heutige Cultur befinden würde, wenn die Araber, wie sie es eine Zeit hindurch waren, im alleinigen Besitz der Wissenschaft geblieben wären, und sich über das Abendland verbreitet hätten? Weniger günstiger Erfolg scheint mir in beiden Fällen nicht zweifelhaft. Derselben Ursache, welche die Römische Weltherrschaft hervorbrachte, dem Römischen Geist und Charakter, nicht äufseren, mehr zufälligen Schicksalen, verdanken wir den mächtigen Einflufs dieser Weltherrschaft auf unsere bürgerlichen Einrichtungen, Gesetze, Sprache und Cultur. Durch die Richtung auf diese Bildung und durch innere Stammverwandtschaft wurden wir wirklich für Griechischen Geist und Griechische Sprache empfänglich, da die Araber vorzugsweise nur an den wissenschaftlichen Resultaten Griechischer Forschung hingen. Sie würden, auch auf der Grundlage desselben Alterthums, nicht das Gebäude der Wissenschaft und Kunst aufzuführen vermocht haben, dessen wir uns mit Recht rühmen.

Nimmt man nun dies als richtig an, so fragt sich, ob dieser Vorzug der Völker Sanskritischen Stammes in ihren intellectuellen Anlagen, oder in ihrer Sprache, oder in günstigeren geschichtlichen Schicksalen zu suchen ist? Es springt in die Augen, daſs man keine dieser Ursachen als allein wirkend ansehen darf. Sprache und intellectuelle Anlagen lassen sich in ihrer beständigen Wechselwirkung nicht von einander trennen, und auch die geschichtlichen Schicksale möchten, wenn uns gleich der Zusammenhang bei weitem nicht in allen Punkten durchschimmert, von dem inneren Wesen der Völker und Individuen so unabhängig nicht sein. Dennoch muſs jener Vorzug sich an irgend etwas in der Sprache erkennen lassen; und wir haben daher hier noch, vom Beispiele des Sanskritischen Sprachstammes ausgehend, die Frage zu untersuchen, woran es liegt, daſs eine Sprache vor der andren ein stärker und mannigfaltiger aus sich heraus erzeugendes Lebensprincip besitzt? Die Ursach liegt, wie man hier deutlich sieht, in zwei Punkten, darin, daſs es ein Stamm von Sprachen, keine einzelne ist, wovon wir hier reden, dann aber in der individuellen Beschaffenheit des Sprachbaues selbst. Ich bleibe hier zunächst bei der letzteren stehen, da ich auf die besondren Verhältnisse der einen Stamm bildenden Sprachen erst in der Folge zurückkommen kann.

Es ergiebt sich von selbst, daſs die Sprache, deren Bau dem Geiste am meisten zusagt und seine Thätigkeit am lebendigsten anregt, auch die dauerndste Kraft besitzen muſs, alle neue Gestaltungen aus sich hervorgehen zu lassen, welche der Lauf der Zeit und die Schicksale der Völker herbeiführen. Eine solche auf die ganze Sprachform verweisende Beantwortung der aufgeworfenen Frage ist aber viel zu allgemein, und giebt, genau genommen, nur die Frage in anderen Worten zurück. Wir bedürfen aber hier einer auf specielle Punkte führenden; und eine solche scheint mir auch möglich. Die Sprache, im einzelnen Wort und in der verbundenen Rede, ist ein Act, eine wahrhaft schöpferische Handlung des Geistes; und dieser Act ist in jeder Sprache ein individueller, in einer von allen Seiten bestimmten Weise verfahrend. Begriff und Laut, auf eine ihrem wahren Wesen gemäſse, nur an der Thatsache selbst erkennbare Weise verbunden, werden als Wort und als Rede hinausgestellt, und dadurch zwischen der Auſsenwelt und dem Geiste etwas von beiden Unterschiedenes geschaffen. Von der Stärke und Gesetzmäſsigkeit dieses Actes hängt die Vollendung der Sprache in allen ihren einzelnen Vorzügen, welchen Namen sie immer führen mögen, ab, und auf ihr beruht also auch das in ihr lebende, weiter erzeugende Princip. Es ist aber nicht einmal nöthig, auch der Gesetzmäſsigkeit dieses Actes zu erwähnen; denn diese liegt schon im Begriffe der Stärke. Die volle Kraft entwickelt sich immer nur auf dem richtigen Wege. Jeder unrichtige stöſst auf eine die vollkommene Entwicklung hemmende Schranke. Wenn also die Sanskritischen Sprachen mindestens drei Jahrtausende hindurch Beweise ihrer zeugenden Kraft gegeben haben, so ist dies lediglich eine Wirkung der Stärke des spracherschaffenden Actes in den Völkern, welchen sie angehörten.

Wir haben im Vorigen (§. 12.) ausführlich von der Zusammenfügung der inneren Gedankenform mit dem Laute gesprochen, und in ihr eine Synthesis erkannt, die, was nur durch einen wahrhaft schöpferischen Act des Geistes möglich ist, aus den beiden zu verbindenden Elementen ein drittes hervorbringt, in welchem das einzelne Wesen beider verschwindet. Diese Synthesis ist es, auf deren Stärke es hier ankommt. Der Völkerstamm wird in der Spracherzeugung der Nationen den Sieg erringen, welcher diese Synthesis mit der gröfsten Lebendigkeit und der ungeschwächtesten Kraft vollbringt. In allen Nationen mit unvollkommneren Sprachen ist diese Synthesis von Natur schwach, oder wird durch irgend einen hinzutretenden Umstand gehemmt und gelähmt. Allein auch diese Bestimmungen zeigen noch zu sehr im Allgemeinen, was sich doch in den Sprachen selbst bestimmt und als Thatsache nachweisen läfst.

Es giebt nämlich Punkte im grammatischen Baue der Sprachen, in welchen jene Synthesis und die sie hervorbringende Kraft gleichsam nackter und unmittelbarer ans Licht treten, und mit denen der ganze übrige Sprachbau dann auch nothwendig im engsten Zusammenhange steht. Da die Synthesis, von welcher hier die Rede ist, keine Beschaffenheit, nicht einmal eigentlich eine Handlung, sondern ein wirkliches, immer augenblicklich vorübergehendes Handeln selbst ist, so kann es für sie kein besonderes Zeichen an den Worten geben, und das Bemühen, ein solches Zeichen zu finden, würde schon an sich den Mangel der wahren Stärke des Actes durch die Verkennung seiner Natur beurkunden. Die wirkliche Gegenwart der Synthesis mufs gleichsam immateriell sich in der Sprache offenbaren, man mufs inne werden, dafs sie, gleich einem Blitze, dieselbe durchleuchtet und die zu verbindenden Stoffe, wie eine Gluth aus unbekannten Regionen, in einander verschmolzen hat. Dieser Punkt ist zu wichtig, um nicht eines Beispieles zu bedürfen. Wenn in einer Sprache eine Wurzel durch ein Suffix zum Substantivum gestempelt wird, so ist das

Suffix das materielle Zeichen der Beziehung des Begriffs auf die Kategorie der Substanz. Der synthetische Act aber, durch welchen, unmittelbar beim Aussprechen des Wortes, diese Versetzung im Geiste wirklich vor sich geht, hat in dem Worte selbst kein eignes einzelnes Zeichen, sondern sein Dasein offenbart sich durch die Einheit und Abhängigkeit von einander, zu welcher Suffix und Wurzel verschmolzen sind, also durch eine verschiedenartige, indirecte, aber aus dem nämlichen Bestreben fliefsende Bezeichnung.

Wie ich es hier in diesem einzelnen Falle gethan habe, kann man diesen Act überhaupt den Act des selbstthätigen Setzens durch Zusammenfassung (Synthesis) nennen. Er kehrt überall in der Sprache zurück. Am deutlichsten und offenbarsten erkennt man ihn in der Satzbildung, dann in den durch Flexion oder Affixe abgeleiteten Wörtern, endlich überhaupt in allen Verknüpfungen des Begriffs mit dem Laute. In jedem dieser Fälle wird durch Verbindung etwas Neues geschaffen, und wirklich als etwas (ideal) für sich Bestehendes gesetzt. Der Geist schafft, stellt sich aber das Geschaffene durch denselben Act gegenüber, und läfst es, als Object, auf sich zurückwirken. So entsteht aus der sich im Menschen reflectirenden Welt zwischen ihm und ihr die ihn mit ihr verknüpfende und sie durch ihn befruchtende Sprache. Auf diese Weise wird es klar, wie von der Stärke dieses Actes das ganze eine bestimmte Sprache durch alle Perioden hindurch beseelende Leben abhängt.

Wenn man nun aber zum Behuf der historischen und praktischen Prüfung und Beurtheilung der Sprachen, von der ich mich in dieser Untersuchung niemals entferne, nachforscht, woran die Stärke dieses Actes in ihrem Baue erkennbar ist, so zeigen sich vorzüglich drei Punkte, an welchen er haftet, und bei denen man den Mangel seiner ursprünglichen Stärke durch ein Bemühen, denselben auf anderem Wege zu ersetzen, angedeutet findet. Denn auch hier äufsert sich, worauf wir schon im Vorigen mehrmals zurückgekommen sind, dafs das richtige Verlangen der Sprache (also z. B. im Chinesischen die Abgränzung der Redetheile) im Geiste immer vorhanden, allein nicht immer so durchgreifend lebendig ist, dafs es sich auch wieder im Laute darstellen sollte. Es entsteht alsdann im äufseren grammatischen Baue eine durch den Geist zu ergänzende Lücke, oder Ersetzung durch unadäquate Analoga. Auch hier also kommt es auf eine solche Auffindung des synthetischen Actes im Sprachbaue an, die nicht blofs seine Wirksamkeit im Geiste, sondern seinen wahren Übergang in die Lautformung nachweist. Jene drei Punkte sind nun das Verbum, die Conjunction, und das Pronomen relativum; und wir müssen bei jedem derselben noch einige Augenblicke verweilen.

Das Verbum (um zuerst von diesem allein zu sprechen) unterscheidet sich vom Nomen und von den andren, möglicherweise im einfachen Satze vorkommenden Redetheilen mit schneidender Bestimmtheit dadurch, dafs ihm allein der Act des synthetischen Setzens als grammatische Function beigegeben ist. Es ist ebenso, als das declinirte Nomen, in der Verschmelzung seiner Elemente mit dem Stammworte durch einen solchen Act entstanden, es hat aber auch diese Form erhalten, um die Obliegenheit und das Vermögen zu besitzen, diesen Act in Absicht des Satzes wieder selbst auszuüben. Es liegt daher zwischen ihm und den übrigen Wörtern des einfachen Satzes ein Unterschied, der, diese mit ihm zur gleichen Gattung zu zählen, verbietet. Alle übrigen Wörter des Satzes sind gleichsam todt daliegender, zu verbindender Stoff, das Verbum allein ist der Leben enthaltende und Leben verbreitende Mittelpunkt. Durch einen und ebendenselben synthetischen Act knüpft es durch das Sein das Prädicat mit dem Subjecte zusammen, allein so, daß das Sein, welches mit einem energischen Prädicate in ein Handeln übergeht, dem Subjecte selbst beigelegt, also das bloß als verknüpfbar Gedachte zum Zustande oder Vorgange in der Wirklichkeit wird. Man denkt nicht bloß den einschlagenden Blitz, sondern der Blitz ist es selbst, der herniederfährt; man bringt nicht bloß den Geist und das Unvergängliche als verknüpfbar zusammen, sondern der Geist ist unvergänglich. Der Gedanke, wenn man sich so sinnlich ausdrücken könnte, verläßt durch das Verbum seine innere Wohnstätte und tritt in die Wirklichkeit über.

Wenn nun hierin die unterscheidende Natur und die eigenthümliche Function des Verbums liegt, so muß die grammatische Gestaltung desselben in jeder einzelnen Sprache kund geben, ob und auf welche Weise sich gerade diese charakteristische Function in der Sprache andeutet? Man pflegt wohl, um einen Begriff von der Beschaffenheit und dem Unterschiede der Sprachen zu geben, anzuführen, wie viel Tempora, Modi und Conjugationen das Verbum in ihnen hat, die verschiednen Arten der Verba aufzuzählen u. s. f. Alle hier genannten Punkte haben ihre unbestreitbare Wichtigkeit. Allein über das wahre Wesen des Verbums, insofern es der Nerv der ganzen Sprache ist, lassen sie ohne Belehrung. Das, worauf es ankommt, ist, ob und wie sich am Verbum einer Sprache seine synthetische Kraft, die Function, vermöge welcher es Verbum ist? ([1]) äußert; und diesen Punkt läßt man nur zu häufig ganz unberührt. Man geht auf diese Weise nicht tief genug und nicht bis zu den wahren inneren Bestrebungen der Sprachformung zurück, sondern bleibt bei den Äußerlichkeiten des Sprachbaues stehen, ohne zu bedenken, daß diese erst dadurch Bedeutung er-

---

([1]) Ich habe diese Frage in Absicht der uns grammatisch bekannten Amerikanischen Sprachen in einer eignen, in einer der Classensitzungen der Berliner Akademie gelesenen Abhandlung zu beantworten versucht.

langen, daſs zugleich ihr Zusammenhang mit jenen tiefer liegenden Richtungen dargethan wird.

Im Sanskrit beruht die Andeutung der zusammenfassenden Kraft des Verbums allein auf der grammatischen Behandlung dieses Redetheiles, und läſst, da sie durchaus seiner Natur folgt, schlechterdings nichts zu vermissen übrig. Wie das Verbum sich in dem hier in Rede stehenden Punkte von allen übrigen Redetheilen des einfachen Satzes dem Wesen nach unterscheidet, so hat es im Sanskrit durchaus nichts mit dem Nomen gemein, sondern beide stehen vollkommen rein und geschieden da. Man kann zwar aus dem geformten Nomen in gewissen Fällen abgeleitete Verba bilden. Dies ist aber weiter nichts, als daſs das Nomen, ohne Rücksicht auf diese seine besondere Natur, wie ein Wurzelwort behandelt wird. Seine Endung, also gerade sein grammatisch bezeichnender Theil, erfährt dabei mehrfache Änderungen. Auch kommt gewöhnlich, auſser der in der Abwandlung liegenden Verbalbehandlung, noch eine Sylbe oder ein Buchstabe hinzu, welcher zu dem Begriffe des Nomens einen zweiten, einer Handlung, fügt. Dies ist in der Sylbe काम्य्, *kâmy*, von काम, *kâma*, Verlangen, unmittelbar deutlich. Sollten aber auch die übrigen Einschiebsel andrer Art, wie *y*, *sy* u. s. f., keine reale Bedeutung besitzen, so drücken sie ihre Verbalbeziehungen dadurch formal aus, daſs sie bei den primitiven, aus wahren Wurzeln entstehenden Verben gleichfalls, und wenn man in die Untersuchung der einzelnen Fälle eingeht, auf sehr analoge Weise Platz finden. Daſs Nomina ohne solchen Zusatz in Verba übergehen, ist bei weitem der seltenste Fall. Überhaupt hat aber von dieser ganzen Verwandlung der Nomina in Verba die ältere Sprache nur sehr sparsamen Gebrauch gemacht.

Wie zweitens das Verbum in seiner hier betrachteten Function niemals substanzartig ruht, sondern immer in einem einzelnen, von allen Seiten bestimmten Handeln erscheint, so vergönnt ihm auch die Sprache keine Ruhe. Sie bildet nicht, wie beim Nomen, erst eine Grundform, an welche sie die Beziehungen anhängt; und selbst ihr Infinitiv ist nicht verbaler Natur, sondern ein deutlich, auch nicht aus einem Theile des Verbums, sondern aus der Wurzel selbst abgeleitetes Nomen. Dies ist nun zwar ein Mangel in der Sprache zu nennen, welche wirklich die ganz eigenthümliche Natur des Infinitivs zu verkennen scheint. Es beweist aber nur noch mehr, wie sorgfältig sie jeden Schein der Nominalbeschaffenheit von dem Verbum zu entfernen bemüht ist. Das Nomen ist eine Sache, und kann, als solche, Beziehungen eingehen, und die Zeichen derselben annehmen. Das Verbum ist, als augenblicklich verfliegende Handlung, nichts als ein Inbegriff von Beziehungen; und so stellt es die Sprache in der That dar. Ich brauche hier kaum zu bemerken, daſs es wohl niemandem einfallen kann, die Classensylben der speciellen Tempora des Sanskritischen Verbums als den Grundformen des Nomens entsprechend anzusehen. Wenn man die Verba der vierten und zehnten Classe ausnimmt, von welchen sogleich weiter unten die Rede sein wird, so bleiben nur Vocale, mit oder ohne eingeschobene Nasenlaute, übrig, also sichtbar nur phonetische Zusätze zu der in die Verbalform übergehenden Wurzel.

Wie endlich drittens überhaupt in den Sprachen die innere Gestaltung eines Redetheils sich ohne directes Lautzeichen durch die symbolische Lauteinheit der grammatischen Form ankündigt, so kann man mit Wahrheit behaupten, daſs diese Einheit in den Sanskritischen Verbalformen noch viel enger, als in den nominalen, geschlossen ist. Ich habe schon im Vorigen darauf aufmerksam gemacht, daſs das Nomen in seiner Abwandlung niemals einen Stammvocal, wie das Verbum so häufig, durch Gunirung steigert. Die Sprache scheint hierin offenbar eine Absonderung des Stammes von dem Suffix, die sie im Verbum gänzlich verlöscht, im Nomen noch allenfalls dulden zu wollen. Mit Ausnahme der Pronominal-Suffixa in den Personenendungen, ist auch die Bedeutung der nicht blofs phonetischen Elemente der Verbalbildungen viel schwieriger zu entdecken, als dies wenigstens in einigen Punkten der Nominalbildung der Fall ist. Wenn man als die Scheidewand der von dem wahren Begriff der grammatischen Formen ausgehenden (flectirenden) und der unvollkommen zu ihnen hinstrebenden (agglutinirenden) Sprachen den zwiefachen Grundsatz aufstellt: aus der Form ein einzeln ganz unverständliches Zeichen zu bilden, oder zwei bedeutsame Begriffe nur eng an einander zu heften, so tragen in der ganzen Sanskritsprache die Verbalformen den ersteren am deutlichsten an sich. Diesem Gange zufolge, ist die Bezeichnung jeder einzelnen Beziehung nicht dieselbe, sondern nur analogisch gleichförmig, und der einzelne Fall wird besonders, nur mit Bewahrung der allgemeinen Analogie, nach den Lauten der Bezeichnungsmittel und des Stammes behandelt. Daher haben die einzelnen Bezeichnungsmittel verschiedene, nur immer auf bestimmte Fälle anzuwendende Eigenheiten, wie ich hieran schon oben (S. 152-155.) bei Gelegenheit des Augments und der Reduplication erinnert habe. Wahrhaft bewundrungswürdig ist die Einfachheit der Mittel, mit welchen die Sprache eine so ungemein grofse Mannigfaltigkeit der Verbalformen hervorbringt. Die Unterscheidung derselben ist aber nur eben dadurch möglich, dafs alle Umänderungen der Laute, sie mögen blofs phonetisch oder bezeichnend sein, auf verschiedenartige Weise verbunden werden, und nur die besondere unter diesen vielfachen Combinationen den einzelnen Abwandlungsfall stempelt, der alsdann auch blofs dadurch, dafs er gerade diese Stelle im Conjugations-Schema einnimmt, bezeichnend bleibt, selbst wenn die Zeit gerade seine bedeutsamen Laute abgeschliffen hat. Personenendungen, die symbolischen Bezeichnungen durch Augment und Reduplication, die, wahrscheinlich blofs auf den Klang bezogenen Laute, deren Einschiebung die Verbalclassen andeutet, sind die hauptsächlichen Elemente, aus welchen die Verbalformen zusammengesetzt werden. Aufser denselben giebt es nur zwei Laute, *i* und *s*, welche da, wo sie nicht auch blofs phonetischen Ursprungs sind, als wirkliche Bezeichnungen von Gattungen, Zeiten und Modi des Verbums gelten müssen. Da mir in diesen ein besonders feiner und sinnvoller Gebrauch ursprünglich für sich bedeutsamer Wörter grammatisch bezeichnet zu liegen scheint, so verweile ich bei ihnen noch einen Augenblick länger.

Bopp hat zuerst mit grofsem Scharfsinn und unbestreitbarer Gewifsheit das erste Futurum und eine der Formationen des vielförmigen Augment-Präteritums als zusammengesetzt aus einem Stammwort und dem Verbum अस्, *as*, sein, nachgewiesen. Haughton glaubt auf gleich sinnreiche Weise in dem *ya* der Passiva das Verbum gehen, इ, *i*, oder या, *yá*, zu entdecken. Auch da, wo sich *s* oder *sy* zeigt, ohne dafs die Gegenwart des Verbums *as* in seiner eignen Abwandlung so sichtbar, als in den oben erwähnten Zeiten, ist, kann man diese Laute als von *as* herstammend betrachten; und es ist dies zum Theil auch von Bopp bereits geschehen. Erwägt man dies, und nimmt man zugleich alle Fälle zusammen, wo *i* oder von ihm abstammende Laute in den Verbalformen bedeutsam zu sein scheinen, so zeigt sich hier am Verbum etwas Ähnliches, als wir oben am Nomen gefunden haben. Wie dort das Pronomen in verschiedener Gestalt Beugungsfälle bildet, so thun dasselbe hier zwei Verba der allgemeinsten Bedeutung. Sowohl dieser Bedeutung, als dem Laute nach, verräth sich in dieser Wahl die Absicht der Sprache, sich der Zusammensetzung nicht zur wahren Verbindung zweier bestimmten Verbalbegriffe zu bedienen, wie wenn andere

Verbum. §. 21.

Sprachen die Verbalnatur durch den Zusatz des Begriffes **thun** oder **machen** andeuten, sondern, auf der eignen Bedeutung des zugesetzten Verbums nur leise fußend, sich seines Lautes als bloßen Andeutungsmittels zu bedienen, in welche Kategorie des Verbums die einzelne in Rede stehende Form gesetzt werden soll. Gehen ließ sich auf eine unbestimmbare Menge von Beziehungen des Begriffes anwenden. Die Bewegung zu einer Sache hin kann von Seiten ihrer Ursach als willkührlich oder unwillkührlich, als ein thätiges Wollen oder leidendes Werden, von Seiten der Wirkung als ein Hervorbringen, Erreichen u. s. f. angesehen werden. Von phonetischer Seite aber war der *i*-Vocal gerade der schicklichste, um wesentlich als Suffix zu dienen, und diese Zwitterrolle zwischen Bedeutsamkeit und Symbolisirung gerade so zu spielen, daß die erstere, wenn auch der Laut von ihr ausging, dabei ganz in Schatten gestellt wurde. Denn er dient schon an sich im Verbum häufig als Zwischenlaut, und seine euphonischen Veränderungen in *y* und *ay* vermehren die Mannigfaltigkeit der Laute in der Gestaltung der Formen; *a* gewährte diesen Vortheil nicht, und *u* hat einen zu eigenthümlichen schweren Laut, um so häufig zu immaterieller Symbolisirung zu dienen. Vom *s* des Verbums **sein** läßt sich nicht dasselbe, aber doch auch Ähnliches sagen, da es auch zum Theil phonetisch gebraucht wird, und seinen Laut nach Maaßgabe des ihm vorangehenden Vocals verändert ([1]).

([1]) Wenn ich es hier versuche, der Behauptung Haughton's (Ausg. des Manu. Th. I. S. 329.) eine größere Ausdehnung zu geben, so schmeichle ich mir, daß dieser treffliche Gelehrte dies vielleicht selbst gethan haben würde, wenn es ihm nicht an der angeführten Stelle, wie es scheint, weniger um diese etymologische Muthmaßung, als um die logische Feststellung des Verbum neutrum und des Passivums zu thun gewesen wäre. Denn man muß offenherzig gestehen, daß der Begriff des Gehens durchaus nicht gerade mit dem des Passivums an sich, sondern erst dann einigermaßen übereinstimmt, wenn man dies, mehr in Verbindung mit dem Begriff des

Wie in den Sprachen eine Entwickelung immer aus der andren, so daſs die frühere dadurch bestimmend wird, hervorgeht, und wie sich vorzüglich im Sanskrit der Faden dieser Entwickelungen hauptsächlich an den Lautformen fortspinnen läſst, davon ist das Passivum der Sanskrit-Grammatik ein auffallender Beweis. Nach richtigen grammatischen Begriffen ist diese Verbalgattung immer nur ein Correlatum des Activums, und zwar eine eigentliche Umkehrung desselben. Indem aber, dem Sinne nach, der Wirkende zum Leidenden, und umgekehrt, wird, soll, der grammatischen Form nach, dennoch der Leidende das Subject des Verbums sein, und der Wirkende von diesem regiert werden. Von dieser, einzig richtigen Seite hat die grammatische Formenbildung das Passivum im Sanskrit nicht aufgefaſst, wie sich überhaupt, am deutlichsten aber da verräth, wo der Infinitiv des Passivums ausgedrückt

---

Verbum neutrum, als ein Werden betrachtet. So erscheint es auch, nach Haughton's Anführung, im Hindostanischen, wo es dem Sein entgegensteht. Auch die neueren Sprachen, welchen es an einem den Übergang zum Sein direct und ohne Metapher ausdrückenden Worte, wie es das Griechische γίνεσθαι, das Lateinische *fieri* und unser *werden* ist, fehlt, nehmen zu dem bildlichen Ausdruck des Gehens ihre Zuflucht, nur daſs sie es sinnvoller, sich gleichsam an das Ziel des Ganges stellend, als ein Kommen auffassen: *diventare, divenire, devenir, to become*. Im Sanskrit muſs daher immer, auch bei der Voraussetzung der Richtigkeit jener Etymologie, die Hauptkraft des Passivums in der neutralen Conjugation (der des *Atmanépadam*) liegen, und die Verbindung dieser mit dem Gehen erst das Gehen, auf sich selbst bezogen, als eine innerliche, nicht nach auſsen zu bewirkende Veränderung bezeichnen. Es ist in dieser Hinsicht nicht unmerkwürdig, und hätte von Haughton für seine Meinung angeführt werden können, daſs die Intensiva nur im *Atmanépadam* die Zwischensylbe *ya* annehmen, was eine besondere Verwandtschaft des *ya* mit dieser Abwandlungsform verräth. Auf den ersten Anblick ist es auffallend, daſs sowohl im Passivum, als bei dem Intensivum, das *ya* in den generellen Zeiten, auf welche der Classenunterschied nicht wirkt, hinwegfällt. Es scheint mir aber dies gerade ein neuer Beweis, daſs das Passivum sich aus dem Verbum neutrum der vierten Verbalclasse entwickelte, und daſs die Sprache, überwiegend dem Gange der Formen folgend, die aus jener Classe entnommene Kennsylbe nicht über sie hinausführen wollte. Das *sy* der Desiderativa, welches auch seine Bedeutung sein

werden soll. Zugleich aber bezeichnet das Passivum etwas mit der Person Vorgehendes, sich auf sie, mit Ausschliefsung ihrer Thätigkeit, innerlich Beziehendes. Da nun die Sanskritsprache unmittelbar darauf gekommen war, das Wirken nach aufsen und das Erfahren im Innern in der ganzen Abwandlung des Verbums von einander zu trennen, so fafste sie, der Form nach, auch das Passivum von dieser Seite auf. Dadurch entstand es wohl, dafs diejenige Verbalclasse, die vorzugsweise jene innere Abwandlungsart verfolgte, auch zur Kennsylbe des Passivums die Veranlassung gab. Ist nun aber das Passivum in seinem richtigen Begriff, gleichsam als die Vereinigung eines zwischen Bedeutung und Form liegenden und unaufgehoben bleibenden Widerspruchs, schwierig, so ist es in der Zusammenschliefsung mit der im Subjecte selbst befangenen Handlung nicht adäquat aufzufassen, und kaum von Nebenbegriffen

---

möge, haftet auch in jenen Zeiten an den Formen, und erfährt nicht die Beschränkung der Classen-Tempora, weil es nicht mit diesen zusammenhängt. Viel natürlicher, als auf das Passivum, pafst der Begriff des Gehens auf die durch Anfügung eines *y* geformten Denominativa, die ein Verlangen, Aneignen, Nachbilden einer Sache andeuten. Auch in den Causalverben kann derselbe Begriff vorgewaltet haben; und es möchte daher doch vielleicht nicht zu mifsbilligen sein, sondern vielmehr für eine Erinnerung der Abstammung gelten können, wenn die Indischen Grammatiker als die Kennsylbe dieser Verba *i*, und *ay* nur als die nothwendige phonetische Erweiterung davon ansehen. (Vergl. Bopp's Lat. Sanskrit-Gramm. S. 142. Anm. 233.) Die Vergleichung der ganz gleichmäfsig gebildeten Denominativa macht dies sehr wahrscheinlich. In den durch काम्य्, *kámy*, aus Nominen gebildeten Verben scheint diese Zusatzsylbe eine Zusammensetzung von काम, *káma*, Begierde, und इ, *i*, gehen, also selbst ein vollständiges eignes Denominativverbum. Wenn es erlaubt ist, Muthmafsungen weiter auszudehnen, so liefse sich das *sy* der Desiderativverba als ein Gehen in den Zustand erklären, was zugleich auf die Etymologie des zweiten Futurums Anwendung fände. Was Bopp (über das Conjugationssystem der Sanskritsprache. S. 29-33. *Annals of oriental literature*. S. 45-50.) sehr scharfsinnig und richtig zuerst über die Verwandtschaft des Potentialis und zweiten Futurums ausgeführt hat, kann sehr gut hiermit vereinigt werden. Den Desiderativen scheinen die Denominativa mit der Kennsylbe *sya* und *asya* nachgebildet.

rein zu erhalten. In der ersteren Beziehung sieht man, wie einige Sprachen, z. B. die Malayischen, und unter diesen am sinnreichsten die Tagalische, mühsam danach streben, eine Art von Passivum hervorzubringen. In der letzteren Beziehung wird es klar, dafs der reine Begriff, den die spätere Sanskritsprache, wie wir aus ihren Werken sehen, richtig auffafste, in die frühere Sprachformung durchaus nicht überging. Denn anstatt dem Passivum einen durch alle Tempora gleichförmig oder analog durchgehenden Ausdruck zu geben, knüpft sie dasselbe an die vierte Classe der Verba, und läfst es ihre Kennsylbe an den Gränzen derselben ablegen, indem sie sich in den nicht innerhalb dieser Schranken befindlichen Formen an unvollkommner Bezeichnung begnügt.

Im Sanskrit also, um zu unsrem Hauptgegenstande zurückzukehren, hat das Gefühl der zusammenfassenden Kraft des Verbums die Sprache vollständig durchdrungen. Es hat sich in derselben nicht blofs einen entschiednen, sondern gerade den ihm allein zusagenden Ausdruck, einen rein symbolischen geschaffen, ein Beweis seiner Stärke und Lebendigkeit. Denn ich habe schon oft in diesen Blättern bemerkt, dafs, wo die Sprachform klar und lebendig im Geiste dasteht, sie in die, sonst die äufsere Sprachbildung leitende, äufsere Entwickelung eingreift, sich selbst geltend macht, und nicht zugiebt, dafs im blofsen Fortspinnen angefangener Fäden, statt der reinen Formen, gleichsam Surrogate derselben gebildet werden. Das Sanskrit giebt uns hier zugleich vom Gelingen und Mifslingen in diesem Punkt passende Beispiele. Die Function des Verbums drückt es rein und entscheidend aus, in der Bezeichnung des Passivums läfst es sich auf der Verfolgung des äufseren Weges irre leiten.

Eine der natürlichsten und allgemeinsten Folgen der inneren Verkennung, oder vielmehr der nicht vollen Anerkennung der Verbalfunction ist die Verdunkelung der Gränzen zwischen Nomen und

Verbum. Dasselbe Wort kann als beide Redetheile gebraucht werden; jedes Nomen läfst sich zum Verbum stempeln; die Kennzeichen des Verbums modificiren mehr seinen Begriff, als sie seine Function charakterisiren; die der Tempora und Modi begleiten das Verbum in eigner Selbstständigkeit, und die Verbindung des Pronomens ist so lose, dafs man gezwungen wird, zwischen demselben und dem angeblichen Verbum, welches eher eine Nominalform mit Verbalbedeutung ist, das Verbum sein im Geiste zu ergänzen. Hieraus entsteht natürlich, dafs wahre Verbalbeziehungen zu Nominalbeziehungen hingezogen werden, und beide auf die mannigfaltigste Weise in einander übergehen. Alles hier Gesagte trifft vielleicht nirgends in so hohem Grade zusammen, als im Malayischen Sprachstamm, der auf der einen Seite, mit wenigen Ausnahmen, an Chinesischer Flexionslosigkeit leidet, und auf der andren nicht, wie die Chinesische Sprache, die grammatische Formung mit verschmähender Resignation zurückstöfst, sondern dieselbe sucht, einseitig erreicht, und in dieser Einseitigkeit wunderbar vervielfältigt. Von den Grammatikern als vollständige durch ganze Conjugationen durchgeführte Bildungen lassen sich deutlich als wahre Nominalformen nachweisen; und obgleich das Verbum keiner Sprache fehlen kann, so wandelt dennoch den, welcher den wahren Ausdruck dieses Redetheiles sucht, in den Malayischen Sprachen gleichsam ein Gefühl seiner Abwesenheit an. Dies gilt nicht blofs von der Sprache auf Malacca, deren Bau überhaupt von noch gröfserer Einfachheit, als der der übrigen ist, sondern auch von der, in der Malayischen Weise sehr formenreichen Tagalischen. Merkwürdig ist es, dafs im Javanischen, durch die blofse Veränderung des Anfangsbuchstaben in einen andren derselben Classe, Nominal- und Verbalformen wechselsweise in einander übergehen. Dies scheint auf den ersten Anblick eine wirklich symbolische Bezeichnung;

ich habe aber im zweiten Buche meiner Abhandlung über die Kawi-Sprache gezeigt, daſs diese Buchstabenveränderung nur die Folge der Abschleifung eines Präfixes im Laufe der Zeit ist. Ich verbreite mich nur hier nicht ausführlicher über diesen Gegenstand, da er im zweiten und dritten Buche jener Schrift von mir ausführlich erörtert worden ist.

In den Sprachen, in welchen das Verbum gar keine, oder sehr unvollkommene Kennzeichen seiner wahren Function besitzt, fällt es von selbst, mehr oder weniger, mit dem Attributivum, also einem Nomen, zusammen, und das eigentliche Verbum, welches das wirkliche Setzen des Gedachten andeutet, muſs, als Verbum sein, zu dem Subject und diesem Attributivum geradezu ergänzt werden. Eine solche Auslassung des Verbums da, wo einer Sache bloſs eine Eigenschaft beigelegt werden soll, ist auch den höchstgebildeten Sprachen nicht fremd. Namentlich trifft man sie häufig im Sanskrit und Lateinischen, seltner im Griechischen an. Neben einem vollkommen ausgebildeten Verbum hat sie mit der Charakterisirung des Verbums nichts zu schaffen, sondern ist bloſs eine Art der Satzbildung. Dagegen geben einige der Sprachen, welche in ihrem Bau den Verbalausdruck nur mit Mühe erringen, diesen Constructionen eine besondere Form, und ziehen dieselben dadurch gewissermaſsen in den Bau des Verbums hinein. So kann man im Mexicanischen ich liebe sowohl durch *ni-tlazotla,* als durch *ni-tlazotla-ni* ausdrücken. Das Erstere ist die Verbindung des Verbalpronomens mit dem Stamme des Verbums, das Letztere die gleiche mit dem Participium, insofern nämlich gewisse Mexicanische Verbaladjectiva, ob sie gleich nicht den Begriff des Verlaufs der Handlung (das Element, aus welchem erst vermittelst der Verbindung mit den drei Stadien der Zeit das eigentliche Tempus entsteht ([1])) enthalten,

---

([1]) Ich folge nämlich der, wie es mir scheint, mit Unrecht jetzt zu oft verlasse-

doch in der Rücksicht Participia heifsen können, als sie activer, passiver oder reflexiver Bedeutung sind. Vetancurt macht in seiner Mexicanischen Grammatik (¹) die zweite der obigen Mexicanischen Formen zu einem Gewohnheit andeutenden Tempus. Dies ist zwar eine offenbar irrige Ansicht, da eine solche Form im Verbum kein Tempus sein könnte, sondern, was nicht der Fall ist, durch die Tempora durchflectirt werden müfste. Man sieht aber aus Vetancurt's genauerer Bestimmung der Bedeutung des Ausdrucks, dafs derselbe nichts andres, als die Verbindung eines Pronomens und eines Nomens mit ausgelassenem Verbum sein, ist. Ich liebe hat den reinen Verbalausdruck; ich bin ein Liebender (d. h. ich pflege zu lieben) ist, genau genommen, keine Verbalform, sondern ein Satz. Die Sprache aber stempelt diese Construction gewissermafsen zum Verbum, da sie in derselben nur den Gebrauch des Verbalpronomens erlaubt. Sie behandelt auch das Attributivum dadurch wie ein Verbum, dafs sie demselben die von ihm regierten Wörter beigiebt: *ni-te-tla-namaca-ni*, ich (bin) ein jemandem etwas Verkaufender, d. i. ich pflege zu verkaufen, bin Kaufmann.

Die, gleichfalls Neuspanien angehörende Mixteca-Sprache unterscheidet den Fall, wo das Attributivum, als schon dem Substantivum anhängend, bezeichnet, und wo es demselben erst durch den Verbalausdruck beigelegt wird, durch die Stellung beider Rede-

---

nen Theorie der Griechischen Grammatiker, nach welcher jedes Tempus aus der Verbindung einer der drei Zeiten mit einem der drei Stadien des Verlaufs der Handlung besteht, und die Harris in seinem Hermes und Reitz in, leider zu wenig bekannten akademischen Abhandlungen vortrefflich ins Licht gesetzt haben, Wolf aber durch die genaue Bestimmung der drei Aoriste erweitert hat. Das Verbum ist das Zusammenfassen eines energischen Attributivums (nicht eines blofs qualitativen) durch das Sein. Im energischen Attributivum liegen die Stadien der Handlung, im Sein die der Zeit. Dies hat Bernhardi, meiner Überzeugung nach, richtig begründet und erwiesen.

(¹) *Arte de lengua Mexicana.* Mexico. 1673. S. 6.

theile. Im ersteren muſs das Attributivum auf das Substantivum folgen, im letzteren demselben vorausgehen: *naha quadza*, die böse Frau, *quadza naha*, die Frau ist böse (¹).

Das Unvermögen, den Ausdruck des zusammenfassenden Seins unmittelbar in die Form des Verbums zu legen, welches in den eben genannten Fällen diesen Ausdruck gänzlich fehlen läſst, kann auch im Gegentheil dahin führen, ihn ganz materiell da eintreten zu lassen, wo er auf diese Weise nicht stehen soll. Dies geschieht, wenn zu einem wahrhaft attributiven Verbum (er geht, er fliegt) das Sein in einem wirklichen Hülfsverbum herbeigezogen wird (er ist gehend, fliegend). Doch hilft dies Auskunftsmittel eigentlich der Verlegenheit des sprachbildenden Geistes nicht ab. Da dies Hülfsverbum selbst die Form eines Verbums haben muſs, und wieder nur die Verbindung des Seins mit einem energischen Attributiv sein kann, so entsteht immer wieder die nämliche, und der Unterschied ist bloſs der, daſs, da dieselbe sonst bei jedem Verbum zurückkehrt, sie hier nur in Einem festgehalten wird. Auch zeigt das Gefühl der Nothwendigkeit eines solchen Hülfsverbums, daſs der Sprachbildung, wenn sie auch nicht die Kraft besessen hat, der wahren Function des Verbums einen richtigen Ausdruck zu schaffen, dennoch der Begriff derselben gegenwärtig gewesen ist. Es würde unnütz sein, für eine in den Sprachen, theils bei der ganzen Verbalbildung, theils bei der einzelner Abwandlungen, häufig vorkommende Sache Beispiele anführen zu wollen. Dagegen verweile ich einige Augenblicke bei einem interessanteren und seltneren Falle, nämlich bei dem, wo die Function des Hülfsverbums (der Hinzufügung des Seins) einem andren Redetheil, als dem Verbum selbst, nämlich dem Pronomen, auf übrigens ganz gleiche Weise zugetheilt ist.

(¹) *Arte Mixteca, compuesta por Fr. Antonio de los Reyes.*

Verbum. §. 21.

In der Sprache der Yarura, einer Völkerschaft am Casanare und unteren Orinoco, wird die ganze Conjugation auf die einfachste Weise durch die Verbindung des Pronomens mit den Partikeln der Tempora gebildet. Diese Verbindungen machen für sich das Verbum sein, und einem Worte suffigirt, die Abwandlungssylben desselben aus. Ein eigner Wurzellaut, der nicht zum Pronomen oder zu den Tempus-Partikeln gehörte, fehlt dem Verbum sein gänzlich; und da das Präsens keine eigne Partikel hat, so bestehen die Personen desselben bloſs aus den Personen des Pronomens selbst, die sich nur als Abkürzungen von dem selbstständigen Pronomen unterscheiden (¹). Die drei Personen des Singulars des Verbums sein heiſsen daher *que, mé, di* (²), und in buchstäblicher Übersetzung bloſs ich, du, er. Im Imperfectum wird diesen Sylben *ri* vorgesetzt, *ri-que*, ich war, und verbunden mit einem Nomen, *ui ri-di*, Wasser war (vorhanden), als wahres Verbum aber *jura-ri-di*, er aſs. Hiernach also bedeutete *que* ich bin,

---

(¹) Zwischen dem selbstständigen Pronomen *coddé*, ich, und der entsprechenden Verbalcharakteristik *que* ist zwar der Unterschied scheinbar gröſser. Das selbstständige Pronomen aber lautet im Accusativ *qua*; und aus der Vergleichung von *coddé* mit dem Demonstrativpronomen *oddé* sieht man deutlich, daſs der Wurzellaut der ersten Person nur im *k*-Laut besteht, *coddé* aber eine zusammengesetzte Form ist.

(²) Die Nachrichten von dieser Sprache hat uns der sorgsame Fleiſs des würdigen Hervas erhalten. Er hatte den lobenswürdigen Gedanken, die aus Amerika und Spanien vertriebnen Jesuiten, welche sich in Italien niedergelassen hatten, zur Aufzeichnung ihrer Erinnerungen der Sprachen der Amerikanischen Eingebornen, bei denen sie Missionare gewesen waren, zu veranlassen. Ihre Mittheilungen sammelte er und arbeitete sie, wo es nöthig war, um, so daſs hieraus eine Reihe handschriftlicher Grammatiken von Sprachen entstand, über die uns zum Theil alle sonstigen Nachrichten fehlen. Ich habe diese Sammlung schon, als ich Gesandter in Rom war, für mich abschreiben, allein diese Abschriften durch die gütige Mitwirkung des jetzigen Preuſs. Gesandten in Rom, Hrn. Bunsen, noch einmal mit der, seit Hervas Tode im Collegio Romano niedergelegten Urschrift genau vergleichen lassen. Die Mittheilungen über die Yarura-Sprache rühren vom Ex-Jesuiten Forneri her.

und diese Form des Pronomens drückte eigentlich die Function des Verbums aus. Indefs kann diese Verbindung des Pronomens mit den Zeitpartikeln niemals allein für sich gebraucht werden, sondern immer nur so, dafs dadurch vermittelst eines andren Wortes, das aber jeder Redetheil sein kann, ein Satz gebildet wird. *Que, di* heifsen niemals allein ich bin, er ist, wohl aber *ui di* es ist Wasser, *jura-n-di*, mit euphonischem *n*, er isset. Genau untersucht, ist daher die grammatische Form dieser Redensarten nicht das, wovon ich hier spreche, eine Einverleibung des Begriffs des Seins in das Pronomen, sondern der im Vorigen besprochene Fall einer Auslassung und Ergänzung des Verbums sein bei der Zusammenstellung des Pronomens mit einem andren Worte. Die obige Zeitpartikel *ri* ist übrigens nichts andres, als ein Entfernung anzeigendes Wort. Ihr steht gegenüber die Partikel *re*, welche als Charakteristik des Conjunctivs angegeben wird. Dies *re* ist aber blofs die Präposition in, die in mehreren Amerikanischen Sprachen eine ähnliche Anwendung findet. Sie bildet ein Analogon eines Gerundiums: *jura-re*, im Essen, *edendo*; und dies Gerundium wird dann durch Vorsetzung des selbstständigen Pronomens zum Conjunctiv oder Optativ gestempelt: wenn ich, oder dafs ich äfse. Hier wird der Begriff des Seins mit der Charakteristik des Conjunctivs verbunden, und es fallen daher die, sonst unveränderlich mit ihm verknüpften, Verbalsuffixa der Personen hinweg, indem das selbstständige Pronomen vorgesetzt wird. Wirklich nimmt Forneri *re, ri-re* als Gerundia der Gegenwart und der Vergangenheit in sein Paradigma des Verbums sein auf, und übersetzt sie: wenn ich wäre, wenn ich gewesen wäre.

So wie hier die Sprache zwar eine eigne Form des Pronomens bestimmt, mit welcher beständig und ausschliefslich der Begriff des Seins verbunden ist, allein der Fall, von dem wir hier reden, dafs nämlich dieser Begriff dem Pronomen selbst einverleibt sei, doch nicht rein vorhanden war, ebenso ist es auch, nur wieder auf verschiedene Weise, in der Huasteca-Sprache, die in einem Theile von Neuspanien gesprochen wird. Auch in ihr verbinden sich die Pronomina, jedoch nur die selbstständigen, mit einer Zeitpartikel, und machen alsdann das Verbum sein aus. Sie nähern sich diesem in seinem wahren Begriffe um so mehr, als diese Verbindungen, wie in der Yarura-Sprache nicht der Fall war, auch ganz allein stehen können: *nânâ-itz*, ich war, *tâtâ-itz*, du warst, u. s. w. Beim Verbum attributivum werden die Personen durch andere Pronominalformen angedeutet, welche dem Besitzpronomen sehr nahe kommen. Allein der Ursprung der mit dem Pronomen verbundenen Partikel ist zu unbekannt, als dafs sich entscheiden liefse, ob nicht in derselben eine eigne Verbalwurzel enthalten ist. Jetzt dient sie zwar allerdings in der Sprache zur Charakteristik der Tempora der Vergangenheit, beim Imperfectum beständig und ausschliefslich, bei den anderen Zeiten nach besondren Regeln. Die Bergbewohner, bei welchen sich doch wohl die älteste Sprache erhalten hat, sollen aber einen allgemeineren Gebrauch von dieser Sylbe machen und sie auch dem Präsens und Futurum hinzufügen. Bisweilen wird sie auch einem Verbum angehängt, um Heftigkeit der Handlung anzudeuten; und in diesem Sinne, als Verstärkung (wie auch in so vielen Sprachen die Reduplication das Perfectum verstärkend begleitet), könnte sie wohl nach und nach zur ausschliefslichen Charakteristik der Zeiten der Vergangenheit geworden sein ([1]).

In der Maya-Sprache, welche auf der Halbinsel Yucatan

([1]). *Noticia de la lengua Huasteca que dà Carlos de Tapia Zenteno.* Mexico. 1767. S. 18.

gesprochen wird, findet sich dagegen der Fall, von dem wir hier reden, rein und vollständig (¹). Sie besitzt ein Pronomen, welches, allein gebraucht, durch sich selbst das Verbum sein ausmacht, und beweist eine höchst merkwürdige Sorgfalt, die wahre Function des Verbums immer durch ein eignes, besonders dazu bestimmtes Element anzuzeigen. Das Pronomen ist nämlich zwiefach. Die eine Gattung desselben führt den Begriff des Seins mit sich, die andere besitzt diese Eigenschaft nicht, verbindet sich aber auch mit dem Verbum. Die erstere dieser Gattungen theilt sich in zwei Unterarten, von welchen die eine die Bedeutung des Seins nur in Verbindung mit einem andren Worte hinzubringt, die andre aber dieselbe unmittelbar in sich enthält. Diese letztere Unterart bildet, da sie sich auch mit den Partikeln der Tempora verbindet (die der Sprache jedoch im Präsens und Perfectum fehlen), vollkommen das Verbum sein. In den beiden ersten Personen des Singulars und Plurals lauten diese Pronomina *Pedro en*, ich bin Peter, und so analogisch fort: *ech*, *on*, *ex*; dagegen *ten*, ich bin, *tech*, du bist, *toon*, wir sind, *teex*, ihr seid. Ein selbstständiges Pronomen, aufser den hier genannten drei Gattungen, giebt es nicht, sondern die zugleich als Verbum sein dienende (*ten*) wird dazu gebraucht. Die den Begriff des Seins nicht mit sich führende wird allemal affigirt, und *en* hat durchaus keinen andren, als den angeführten Gebrauch. Wo das Verbum die erste Gattung des Pronomens entbehrt, verbindet es sich regelmäfsig mit der zweiten. Alsdann aber fin-

---

(¹) Was ich von dieser Sprache kenne, ist aus Hervas handschriftlicher Grammatik entnommen. Er hatte diese Grammatik theils aus schriftlichen Mittheilungen des Ex-Jesuiten Domingo Rodriguez, theils aus der gedruckten Grammatik des Franziscaner-Geistlichen Gabriel de S. Buenaventura (Mexico. 1684.) geschöpft, welche er in der Bibliothek des Collegio Romano fand. Ich habe mich vergebens bemüht, diese Grammatik in der gedachten Bibliothek wiederzufinden. Sie scheint verloren gegangen zu sein.

det sich in den Formen desselben ein Element (*cah* und *ah*, nach bestimmten Regeln abwechselnd), welches bei der Zergliederung desselben, wenn man alle das Verbum gewöhnlich begleitende Elemente (Personen, Zeit, Modus u. s. f.) absondert, übrig bleibt. *En*, *ten*, *cah* und *ah* erscheinen daher in allen Verbalformen, jedoch immer so, daſs eine dieser Sylben die übrigen ausschlieſst, woraus schon für sich hervorgeht, daſs alle Ausdruck der Verbalfunction sind, so daſs eine nicht fehlen kann, dagegen jede den Gebrauch der andren überflüssig macht. Ihre Anwendung unterliegt nun bestimmten Regeln. *En* wird bloſs beim intransitiven Verbum, und auch bei ihm nicht im Präsens und Imperfectum, sondern nur in den übrigen Zeiten gebraucht, *ah*, mit demselben Unterschiede, bei den transitiven Verben, *cah* bei allen Verben ohne Unterschied, jedoch nur im Präsens und Imperfectum. *Ten* findet sich bloſs in einer angeblich anomalen Conjugation. Untersucht man diese genauer, so führt sie die Bedeutung einer Gewohnheit oder eines bleibenden Zustandes mit sich, und die Form erhält, mit Wegwerfung von *cah* und *ah*, Endungen, die zum Theil auch die sogenannten Gerundia bilden. Es geht also hier eine Verwandlung einer Verbalform in eine Nominalform vor sich, und diese Nominalform bedarf nun des wahren Verbums sein, um wieder zum Verbum zu werden. Insofern stimmen diese Formen gänzlich mit dem oben erwähnten Mexicanischen Gewohnheits-Tempus überein. Bemerken muſs ich noch, daſs in dieser Vorstellungsweise der Begriff der transitiven Verba auf solche beschränkt wird, welche wirklich einen Gegenstand auſser sich regieren. Unbestimmt gebrauchte, wahre Activa, lieben, tödten, so wie diejenigen, welche, wie das Griechische οἰκοδομέω, den regierten Gegenstand in sich enthalten, werden als intransitiv behandelt.

Es wird schon dem Leser aufgefallen sein, daſs die beiden

Unterarten der ersten Pronominalgattung sich blofs durch ein vorgesetztes *t* unterscheiden. Da sich dies *t* gerade in demjenigen Pronomen findet, welches durch sich selbst Verbalbedeutung hat, so ist die natürliche Vermuthung die, dafs es den Wurzellaut eines Verbums ausmacht, so dafs, genauer ausgedrückt, nicht das Pronomen in der Sprache als Verbum sein, sondern umgekehrt dies Verbum als Pronomen gebraucht würde. Die unzertrennliche Verbindung der Existenz mit der Person bliebe alsdann dieselbe, die Ansicht aber wäre dennoch verschieden. Dafs *ten* und die übrigen von ihm abhängigen Formen wirklich auch als blofs selbstständige Pronomina gebraucht werden, sieht man aus dem Mayischen Vaterunser ([1]). In der That halte auch ich dies *t* für einen Stammlaut, allein nicht eines Verbums, sondern des Pronomens selbst. Hierfür spricht der für die dritte Person geltende Ausdruck. Dieser ist nämlich gänzlich von den beiden ersten verschieden, und im Singular für beide das Verbum sein ausdrückende Gattungen *lai-lo*, im Plural für die nicht als Verbum dienende Gattung *ob*, für die andre *loob*. Wäre nun *t* Wurzellaut eines Verbums, so liefse sich dies auf keine Weise erklären. Da aber mehrere Sprachen eine Schwierigkeit finden, die dritte Person in ihrem reinen Begriffe aufzufassen und vom Demonstrativpronomen zu trennen, so kann es nicht auffallend erscheinen, dafs die beiden ersten Personen einen nur ihnen eigenthümlichen Stammlaut haben. Wirklich wird in der Mayischen Sprache ein angebliches Pronomen relativum *lai* aufgeführt, und auch andre Amerikanische Sprachen besitzen durch mehrere oder alle Personen des Pronomens durchgehende Stammlaute. In der Sprache der Maipuren findet sich die dritte Per-

---

[1] Adelung's Mithridates. Th. III. Abth. 3. S. 20., wo nur Vater das Pronomen nicht richtig erkannt, und die Deutschen Wörter unrichtig auf die Mayischen vertheilt hat.

son, nur mit verschiedenem Zusatz, in den beiden ersten wieder, gleichsam als hiefsen, wenn die dritte vielleicht ursprünglich Mensch bedeutete, die beiden ersten der Ich-Mensch und der Du-Mensch. Bei den Achaguas haben alle drei Personen des Pronomens die gleiche Endsylbe. Beide diese Völkerschaften wohnen zwischen dem Rio Negro und dem oberen Orinoco. Zwischen den beiden Hauptgattungen des Mayischen Pronomens ist nur in einigen Personen eine Verwandtschaft der Laute, in andren herrscht dagegen grofse Verschiedenheit. Das *t* findet sich in dem affigirten Pronomen nirgends. Das *ex* und *ob* der zweiten und dritten Pluralperson des mit der Bedeutung des Seins verbundenen Pronomens ist gänzlich in dieselben Personen des andren, diese Bedeutung nicht mit sich führenden, Pronomens übergegangen. Da aber diese Sylben hier der zweiten und dritten Person des Singulars nur als Endungen beigefügt sind, so erkennt man, dafs sie, von jenem, vielleicht älteren, Pronomen entnommen, dem andren blofs als Pluralzeichen dienen.

Cah und *ah* unterscheiden sich auch nur durch den hinzugefügten Consonanten, und dieser scheint mir ein wahrer Verbalwurzellaut, der, verbunden mit *ah*, ein Hülfsverbum sein bildet. Wo *cah* einem Verbum beständig einverleibt ist, führt es den Begriff der Heftigkeit mit sich; und dadurch mag es gekommen sein, dafs die Sprache sich dessen bedient hat, alle Handlungen, da in jeder Kraft und Beweglichkeit liegt, zu bezeichnen. Mit wahrhaft feinem Tact aber ist *cah* doch nur der Lebendigkeit der währenden Handlung, also dem Präsens und Imperfectum, aufbehalten worden. Dafs *cah* wirklich als ein Verbalstamm behandelt wird, beweist die Verschiedenheit der Stellung des affigirten Pronomens in den Formen mit *cah* und mit *ah*. In den ersteren steht dies Pronomen immer unmittelbar vor dem *cah*, in den andren nicht vor dem *ah*, sondern vor dem attributiven Verbum. Da es sich nun immer einem Stammwort, Nomen oder Verbum, präfigirt, so beweist dies deutlich, dafs *ah* in diesen Formen keines von beiden ist, dafs es dagegen mit *cah* eine andere Bewandtnifs hat. So ist von *canan*, bewachen, die erste Person des Singulars im Präsens *canan-in-cah*, dagegen dieselbe Person im Perfectum *in-canan-t-ah*. *In* ist Pron. 1. sing., das dazwischengeschobene *t* ein euphonischer Laut. *Ah* hat in der Sprache als Präfix einen mehrfachen Gebrauch, indem es Charakteristik des männlichen Geschlechtes, der Ortsbewohner, endlich der aus Activverben gebildeten Nomina ist. Es mag daher aus einem Substantivum zum Demonstrativpronomen und endlich zum Affixum geworden sein. Da es, seinem Ursprunge nach, weniger geeignet ist, die heftige Beweglichkeit des Verbums anzuzeigen, so bleibt es für die Bezeichnung der Tempora, welche der unmittelbaren Erscheinung ferner liegen. Dieselben Tempora intransitiver Verba verlangen noch mehr, um in das Verbum einzutreten, von dem blofs ruhenden Begriff des Seins, und begnügen sich daher mit demjenigen Pronomen, bei welchem dieser immer hinzugedacht wird. So bezeichnet die Sprache verschiedene Grade der Lebendigkeit der Erscheinungen, und bildet daraus ihre Conjugationsformen auf eine künstlichere Weise, als es selbst die hochgebildeten Sprachen thun, allein nicht auf einem so einfachen, naturgemäfsen, die Functionen der verschiedenen Redetheile richtig abgränzenden Wege. Der Bau des Verbums ist daher immer fehlerhaft; es leuchtet doch aber sichtbar das Gefühl der wahren Function des Verbums, und ein sogar ängstliches Bemühen, es nicht dafür an einem Ausdruck fehlen zu lassen, daraus hervor.

Das affigirte Pronomen der zweiten Hauptgattung dient auch als Besitzpronomen bei Substantiven. Es verräth ein völliges Mifskennen des Unterschiedes zwischen Nomen und Verbum, dem letzteren ein Besitzpronomen zuzutheilen, unser Essen mit wir essen zu verwechseln. Dies scheint mir jedoch in den Sprachen, welche sich dessen schuldig machen, mehr ein Mangel der gehörigen Absonderung der verschiedenen Pronominalgattungen von einander. Denn offenbar wird der Irrthum geringer, wenn der Begriff des Besitzpronomens selbst nicht in seiner eigentlichen Schärfe aufgefaſst wird; und dies ist, wie ich glaube, hier der Fall. Fast in allen Amerikanischen Sprachen geht das Verständniſs ihres Baues gleichsam vom Pronomen aus, und dies schlingt sich in zwei groſsen Zweigen, als Besitzpronomen um das Nomen, als regierend oder regiert um das Verbum, und beide Redetheile bleiben meistentheils immer mit ihm verbunden. Gewöhnlich besitzt die Sprache hierfür auch verschiedene Pronominalformen. Wo dies aber nicht der Fall ist, verbindet sich der Begriff der Person schwankend und unbestimmt mit dem einen und dem anderen Redetheil. Der Unterschied beider Fälle wird wohl empfunden, aber nicht mit der formalen Schärfe und Bestimmtheit, welche der Übergang in die Lautbezeichnung erfordert. Bisweilen deutet sich aber die Empfindung des Unterschiedes doch auf andre Weise, als durch die genaue Absonderung eines doppelten Pronomens, an. In der Sprache der Betoi, die auch um den Casanare und unteren Orinoco herum wohnen, hat das Pronomen, wenn es sich mit dem Verbum, als regierend, verbindet, eine von der des Besitzpronomens beim Nomen verschiedene Stellung. Das Besitzpronomen wird nämlich vorn, das die Person des Verbums begleitende hinten angehängt; die Verschiedenheit der Laute besteht nur in einer durch die Anfügung hervorgebrachten Abkürzung. So heiſst *rau tucu* mein Haus, aber *humasoi-rrù* Mensch bin ich und *ajoi-rrù* ich bin. Im letzteren Worte ist mir die Bedeutung der Wurzelsylbe unbekannt. Diese Suffigirung des Pronomens findet aber nur da statt, wo dasselbe aoristisch ohne specielle Zeitbestimmung mit einem andren Worte verbunden wird. Das Pronomen bildet alsdann mit diesem Worte Einen Wortlaut, und es entsteht wirklich eine Verbalform. Denn der Accent geht in diesen Fällen von dem verbundenen Worte auf das Pronomen über. Dies ist also gleichsam ein symbolisches Zeichen der Beweglichkeit der Handlung, wie auch im Englischen da, wo dasselbe zweisylbige Wort als Nomen und als Verbum gebraucht werden kann, die Oxytonirung die Verbalform andeutet. Im Chinesischen findet sich zwar auch die Bezeichnung des Überganges vom Nomen zum Verbum, und umgekehrt, durch den Accent, allein nicht in symbolischer Beziehung auf die Natur des Verbums, da derselbe Accent unverändert den doppelten Übergang ausdrückt, und nur andeutet, daſs das Wort zu dem seiner natürlichen Bedeutung und seinem gewöhnlichen Gebrauche entgegengesetzten Redetheil wird (¹).

Ich habe die obige Auseinandersetzung der Mayischen Conjugation nicht durch die Erwähnung einer Ausnahme unterbrechen mögen, die ich jedoch hier kurz nachholen will. Das Futurum unterscheidet sich nämlich in seiner Bildung gänzlich von den übrigen Zeiten. Es verbindet zwar seine Kennsylben mit *ten,* führt aber niemals weder *cah,* noch *ah* mit sich, besitzt eigne Suffixa, entbehrt auch bei gewissen Veränderungen seiner Form alle; besonders steht es der Sylbe *ah* entgegen. Denn es schneidet dieselbe auch da ab, wo diese Sylbe wirkliche Endung des Stammverbums ist. Es würde hier zu weit führen, in die Untersuchung einzugehen, ob diese Abweichungen aus der Natur der eigenthümlichen Suffixa des Futurums, oder aus andren Gründen entstehen. Gegen das oben Gesagte kann aber diese Ausnahme nichts beweisen. Vielmehr bestätigt die Abneigung gegen die Partikel *ah* die oben

---

(¹) S. meine Schrift *Lettre à Monsieur Abel-Rémusat.* S. 23.

derselben beigelegte Bedeutung, da die Ungewifsheit der Zukunft nicht die Lebendigkeit eines Pronomens hervorruft, und mit der einer wirklich dagewesenen Erscheinung contrastirt.

Wo die Sprachen zwar den Weg einschlagen, die Function des Verbums durch die engere Verknüpfung seiner immer wechselnden Modificationen mit der Wurzel symbolisch anzudeuten, da ist es, wenn sie auch das Ziel nicht vollkommen erreichen, ein günstiges Zeichen für ihr richtiges Gefühl derselben, wenn sie die Enge dieser Verbindung vorzugsweise mit dem Pronomen bezwecken. Sie nähern sich dann immer mehr der Verwandlung des Pronomens in die Person und somit der wahren Verbalform, in welcher die formale Andeutung der Personen (die durch die blofse Vorausschickung des selbstständigen Pronomens nicht erreicht wird) der wesentlichste Punkt ist. Alle übrigen Modificationen des Verbums (die Modi abgerechnet, die mehr der Satzbildung angehören) können auch den, mehr dem Nomen gleichenden, erst durch die Verbalfunction in Bewegung zu setzenden Theil des Verbums charakterisiren. Hierin vorzüglich liegt der Grund, dafs in den Malayischen Sprachen, in gewisser Ähnlichkeit mit dem Chinesischen, die Verbalnatur so wenig sichtbar hervorspringt. Die bestimmte Neigung der Amerikanischen, das Pronomen auf irgend eine Weise zu affigiren, führt dieselben hierin auf einen richtigeren Weg. Werden alle Modificationen des Verbums wirklich mit der Wurzelsylbe verknüpft, so beruht die Vollkommenheit der Verbalformen nur auf der Enge der Verknüpfung, auf dem Umstande, ob sich die im Verbum liegende Kraft des Setzens energischer als flectirend, oder träger als agglutinirend erweist.

Gleich stark, als das Verbum, beruht in den Sprachen die richtige und genügende Bildung von Conjunctionen auf der Thätigkeit derselben Kraft des sprachbildenden Geistes, von der wir hier reden. Denn die Conjunction, im eigentlichen Sinne des Ausdrucks genommen, zeigt die Beziehungen zweier Sätze auf einander an; und es liegt daher ein doppeltes Zusammenfassen, eine verwickeltere Synthesis in ihr. Jeder Satz muſs als Eins genommen, diese Einheiten müssen aber wieder in eine gröſsere verknüpft, und der vorhergehende Satz so lange schwebend vor der Seele erhalten werden, bis der nachfolgende der ganzen Aussage die vollendete Bestimmung giebt. Die Satzbildung erweitert sich hier zur Periode, und die Conjunctionen theilen sich in die leichteren, die nur Sätze verbinden und trennen, und in die schwierigeren, welche einen Satz von dem andren abhängig machen. In diesen, gleichsam gerade fortlaufenden oder verschlungenen Gang der Periode setzten schon Griechische Grammatiker das Kennzeichen des einfacheren und des sich kunstvoll erhebenden Styls. Die bloſs verbundenen Sätze laufen in unbestimmter Folge nach einander hin, und gestalten sich nicht zu einem, Anfang und Ende auf einander beziehenden Ganzen, da hingegen die wahrhaft zur Periode verknüpften sich, gleich den Steinen eines Gewölbes, gegenseitig stützen und halten [1]. Die weniger gebildeten Sprachen haben gewöhnlich Mangel an Conjunctionen, oder bedienen sich dazu nur mittelbar zu diesem Gebrauch passender, ihm nicht ausschlieſslich gewidmeter Wörter, und lassen sehr oft die Sätze unverbunden auf einander folgen. Auch die von einander abhängigen werden, soviel es irgend geschehen kann, in gerade fortlaufende verwandelt; und hiervon tragen selbst ausgebildete Sprachen noch die Spuren an sich. Wenn wir z. B. sagen: ich sehe, daſs du fertig bist, so ist das gewiſs nichts andres, als ich sehe das: du bist fertig, nur daſs das richtige grammatische Gefühl in späterer

---

[1] Demetrius *de elocutione.* §. 11-13.

Zeit die Abhängigkeit des Folgesatzes symbolisch durch die Umstellung des Verbums angedeutet hat.

Am schwierigsten für die grammatische Auffassung ist das in dem Pronomen relativum vorgehende synthetische Setzen. Zwei Sätze sollen dergestalt verbunden werden, daſs der eine einen bloſsen Beschaffenheitsausdruck eines Nomens des andren ausmacht. Das Wort, durch welches dies geschieht, muſs daher zugleich Pronomen und Conjunction sein, das Nomen durch Stellvertretung darstellen, und einen Satz regieren. Sein Wesen geht sogleich verloren, als man sich nicht die beiden in ihm verbundenen Redetheile, einander modificirend, als untheilbar zusammendenkt. Die Beziehung beider Sätze auf einander fordert endlich, daſs das Conjunctions-Pronomen (das Relativum) in dem Casus stehe, welchen das Verbum des relativen Satzes erfordert, dennoch aber, welches dieser Casus immer sein möge, den Satz selbst, an dessen Spitze stehend, regiere. Hier häufen sich offenbar die Schwierigkeiten, und der ein Pronomen relativum mit sich führende Satz kann erst vermittelst des andren vollständig aufgefaſst werden. Ganz dem Begriffe dieses Pronomens entsprechen können nur die Sprachen, in welchen das Nomen declinirbar ist. Allein auch von diesem Erforderniſs abgesehen, wird es den meisten, weniger gebildeten Sprachen unmöglich, einen wahren Ausdruck dieser Satzbezeichnung zu finden, das Relativpronomen fehlt ihnen wirklich; sie umgehen, so viel als möglich, den Gebrauch desselben; wo dies aber durchaus nicht geschehen kann, bedienen sie sich mehr oder weniger geschickt dessen Stelle vertretender Constructionen.

Eine solche, aber in der That sinnreiche, ist in der Quichua-Sprache, der allgemeinen Peruanischen, üblich. Die Folge der Sätze wird umgekehrt, der relative geht, als selbstständige und einfache Aussage, voran, der Hauptsatz folgt ihm nach. Im relativen aber wird das Wort, auf welches die Beziehung trifft, weggelassen, und eben dies Wort, mit ihm vorausgeschicktem Demonstrativpronomen, an die Spitze des Hauptsatzes und in den von dessen Verbum regierten Casus gestellt. Anstatt also zu sagen: der Mensch, welcher auf Gottes Gnade vertraut, erlangt dieselbe; dasjenige, was du jetzt glaubst, wirst du künftig im Himmel offenbart sehen; ich werde den Weg gehen, welchen du mich führst; sagt man: er vertraut auf Gottes Gnade, dieser Mensch erlangt dieselbe; du glaubst jetzt, dieses wirst du künftig im Himmel offenbart sehen; du führst mich, diesen Weg werde ich gehen. In diesen Constructionen ist die wesentliche Bedeutung der Relativsätze, daſs nämlich ein Wort nur unter der im Relativsatze enthaltenen Bestimmung gedacht werden soll, nicht nur erhalten, sondern auch gewissermafsen symbolisch ausgedrückt. Der Relativsatz, auf den sich die Aufmerksamkeit zuerst sammeln soll, geht voraus, und ebenso stellt sich das durch ihn bestimmte Nomen an die Spitze des Hauptsatzes, wenn seine Construction ihm auch sonst eine andere Stelle anweisen würde. Allein alle grammatischen Schwierigkeiten der Fügung sind umgangen. Die Abhängigkeit beider Sätze bleibt ohne Ausdruck; die künstliche Methode, den Relativsatz immer durch das Pronomen regieren zu lassen, wenn auch dasselbe eigentlich von seinem Verbum regiert wird, fällt ganz hinweg. Es giebt überhaupt gar kein Relativpronomen in diesen Fügungen. Es wird aber dem Nomen das gewöhnliche und leicht zu fassende Demonstrativpronomen beigegeben, so daſs die Sprache sichtbar die Wechselbeziehung beider Pronomina auf einander dunkel gefühlt, allein dieselbe von der leichteren Seite aus angedeutet hat. Die Mexicanische Sprache verfährt kürzer in diesem Punkt, aber nicht auf eine der wahren Bedeutsamkeit des Relativsatzes so nahe kommende Weise. Sie stellt vor den Relativsatz das Wort *in*, welches zugleich die Stelle des Demonstrativpronomens und des Artikels vertritt, und knüpft ihn in dieser Gestalt an den Hauptsatz.

Wenn ein Volksstamm in seiner Sprache die Kraft des **synthetischen Setzens** bis zu dem Grade bewahrt, ihm in dem Baue derselben einen genügenden und gerade den geeigneten Ausdruck zu geben, so folgt daraus zunächst eine sich in allen Theilen gleich bleibende glückliche Anordnung ihres Organismus. Wenn das Verbum richtig construirt ist, so müssen es, nach der Art, wie dasselbe den Satz beherrscht, auch die übrigen Redetheile sein. Dieselbe, Gedanken und Ausdruck in ihr richtiges und fruchtbringendstes Verhältniſs setzende Kraft durchdringt sie in allen ihren Theilen; und es kann ihr in dem Leichteren nicht miſslingen, wenn sie die gröſsere Schwierigkeit der satzbildenden Synthesis überwunden hat. Der wahre Ausdruck dieser letzteren kann daher nur ächten Flexionssprachen und unter denselben immer nur denen, die es in höherem Grade sind, eigen sein. Sachausdruck und Beziehung müssen, in richtigem Verhältniſs stehenden Ausdruck finden, die Worteinheit muſs, unter dem Einfluſs des Rhythmus, die höchste Festigkeit besitzen, und der Satz dagegen wieder die seine Freiheit sichernde Trennung der einzelnen Worte zeigen. Diesen ganzen glücklichen Organismus bringt in der Sprache die Kraft der Synthesis, als eine nothwendige Folge, hervor.

Im Innern der Seele aber führt sie das vollendete Übereinstimmen des fortschreitenden Gedanken mit der ihn begleitenden Sprache mit sich. Da Denken und Sprechen sich immer wechselsweise vollenden, so wirkt der richtige Gang in beiden auf eine ununterbrochene Fortschritte verbürgende Weise. Die Sprache, insofern sie materiell ist, und zugleich von äuſseren Einwirkungen abhängt, setzt, sich selbst überlassen, der auf sie wirkenden inneren Form Schwierigkeiten in den Weg, oder schleicht, ohne recht vorwaltendes Eingreifen jener, in ihren Bildungen nach ihr eigenthümlichen Analogieen fort. Wo sie aber, von innerer energischer Kraft durchdrungen, sich durch diese getragen fühlt, erhebt sie sich freudig, und wirkt nun durch ihre materielle Selbstständigkeit zurück. Gerade hier wird ihre bleibende und unabhängige Natur wohlthätig, wenn sie, wie es bei glücklichem Organismus sichtbar der Fall ist, immer neu aufkeimenden Generationen zum begeisternden Werkzeuge dient. Das Gelingen geistiger Thätigkeit in Wissenschaft und Dichtung beruht, aufser den inneren nationellen Anlagen und der Beschaffenheit der Sprache, zugleich auf mannigfaltigen äufseren, bald vorhandenen, bald fehlenden Einflüssen. Da aber der Bau der Sprache, unabhängig von solchen, sich forterhält, so bedarf es nur eines glücklichen Anstofses, um das Volk, dem sie angehört, erkennen zu lassen, dafs es in ihr ein zu ganz anderem Gedankenschwunge geeignetes Werkzeug besitzt. Die nationellen Anlagen erwachen, und ihrem Zusammenwirken mit der Sprache erblüht eine neue Periode. Wenn man die Geschichte der Völker vergleicht, so findet man dies zwar seltener auf die Weise, dafs eine Nation zwei verschiedene und nicht mit einander zusammenhängende Blüthen ihrer Litteratur erlebte. Aber in andrer Beziehung kann man, wie es mir scheint, nicht umhin, ein solches Aufblühen der Völker zu einer höheren geistigen Thätigkeit aus einem Zustande abzuleiten, in welchem sowohl in ihren geistigen Anlagen, als in ihrer Sprache selbst, die Keime der kräftigen Entwickelung schon gleichsam schlummernd und präformirt lagen. Möge man auch ganze Zeitalter von Sängern vor Homer annehmen, so ist gewifs doch die Griechische Sprache auch durch sie nur ausgebildet, nicht aber ursprünglich gebildet worden. Ihr glücklicher Organismus, ihre ächte Flexionsnatur, ihre synthetische Kraft, mit Einem Worte alles das, was die Grundlage

in ihrer Fortentwicklung. §. 21.

und den Nerv ihres Baues ausmacht, war ihr gewifs schon eine unbestimmbare Reihe von Jahrhunderten hindurch eigen. Auf die entgegengesetzte Weise sehen wir auch Völker im Besitze der edelsten Sprachen, ohne dafs sich, unsrer Kenntnifs nach, jemals in denselben eine dem entsprechende Litteratur entwickelt hätte. Der Grund lag also hier in mangelndem Anstofs oder hemmenden Umständen. Ich erinnere hier blofs an die, dem Sanskritischen Stamm, zu dem sie gehört, viel glücklicher, als andere ihrer Schwestern, getreu gebliebene Litthauische Sprache. Wenn ich die hemmenden und fördernden Einflüsse äufsere und zufällige, oder besser historische nenne, so ist dieser Ausdruck wegen der wirklichen Gewalt, welche ihre Gegenwart oder Abwesenheit ausübt, vollkommen richtig. In der Sache selbst aber kann die Wirkung doch nur von innen ausgehen. Es mufs ein Funke geweckt, ein Band, welches gleichsam die Federkraft der Seele sich auszudehnen hindert, gelöst werden; und dies kann urplötzlich, ohne langsame Vorbildungen, geschehen. Das wahre und immer unbegreiflich bleibende Entstehen wird darum nicht erklärbarer, dafs man seinen ersten Moment weiter hinaufschiebt.

Der Einklang der Sprachbildung mit der gesammten Gedankenentwicklung, von dem wir im concreten Sprachbau den geeigneten Ausdruck des synthetischen Setzens als ein glückliches Zeichen betrachtet haben, führt zunächst auf diejenige geistige Thätigkeit, welche allein aus dem Inneren heraus schöpferisch ist. Wenn wir den gelungenen Sprachbau blofs als rückwirkend betrachten, und augenblicklich vergessen, dafs, was er dem Geiste ertheilt, er erst selber von ihm empfing, so gewährt er Kraft der Intellectualität, Klarheit der logischen Anordnung, Gefühl von etwas Tieferem, als sich durch blofse Gedankenzergliederung erreichen läfst, und Begierde, es zu ergründen, Ahndung einer Wechselbeziehung des Geistigen und Sinnlichen, und endlich rhythmisch melodische, auf allgemeine künstlerische Auffassung bezogene Behandlung der Töne, oder befördert alles dies, wo es schon von selbst vorhanden ist. Durch das Zusammenstreben der geistigen Kräfte in der entsprechenden Richtung entsteht daher, so wie nur ein irgend weckender Funke aufsprüht, eine Thätigkeit rein geistiger Gedankenentwicklung; und so ruft ein lebendig empfundener, glücklicher Sprachbau durch seine eigne Natur Philosophie und Dichtung hervor. Das Gedeihen beider läfst aber wieder umgekehrt auf die Lebendigkeit jener Einwirkung der Sprache zurückschliefsen. Die sich fühlende Sprache bewegt sich am liebsten da, wo sie sich herrschend zu sein dünkt, und auch die geistige Thätigkeit äufsert ihre gröfste Kraftanstrengung und erreicht ihre höchste Befriedigung da, wo sie in intellectueller Betrachtung oder in selbstgeschaffener Bildung aus ihrer eignen Fülle schöpft, oder die Endfäden wissenschaftlicher Forschung zusammenknüpft. In diesem Gebiete tritt aber auch am lebendigsten die intellectuelle Individualität hervor. Indem also ein hochvollendeter, aus glücklichen Anlagen entstandener und sie fortdauernd nährender und anregender Sprachbau das Lebensprincip der Sprache sichert, veranlafst und befördert er zugleich die Mannigfaltigkeit der Richtungen, die sich in der oben betrachteten Verschiedenheit der Charaktere der Sprachen desselben Sprachstammes offenbart.

Wie läfst sich aber die hier ausgeführte Behauptung, dafs das fruchtbare Lebensprincip der Sprachen hauptsächlich auf ihrer Flexionsnatur beruht, mit der Thatsache vereinigen, dafs der Reichthum an Flexionen immer im jugendlichsten Alter der Sprachen am gröfsten ist, im Laufe der Zeit aber allmälig abnimmt? Es erscheint wenigstens sonderbar, dafs gerade das einbüfsende Princip das erhaltende sein soll. Das Abschleifen der Flexionen ist eine unläugbare Thatsache. Der die Sprache formende Sinn läſst sie aus verschiedenen Ursachen und in verschiedenen Stadien bald gleichgültig wegfallen, bald macht er sich absichtlich von ihnen los; und es ist sogar richtiger, die Erscheinung auf diese Weise auszudrücken, als die Schuld allein und ausschlieſslich der Zeit beizumessen. Schon in den Formationen der Declination und Conjugation, die gewiſs mehrere Niedersetzungen erfahren haben, werden sichtbar charakteristische Laute immer sorgloser weggeworfen, je mehr sich der Begriff des ganzen, jedem einzelnen Fall seine Stelle von selbst anweisenden Schemas festsetzt. Man opfert kühner dem Wohllaute auf, und vermeidet die Häufung der Kennzeichen, wo die Form schon durch eines gegen die Verwechslung mit andren gesichert ist. Wenn mich meine Wahrnehmungen nicht trügen, so finden diese, gewöhnlich der Zeit zugeschriebene Lautveränderungen weniger in den angeblich roheren, als in den **gebildeten Sprachen** statt, und diese Erscheinung lieſse sich wohl sehr natürlich erklären. Unter Allem, was auf die Sprache einwirkt, ist das **Beweglichste der menschliche Geist** selbst; und sie erfährt also auch die meisten Umgestaltungen von seiner lebendigsten Thätigkeit. Gerade seinem Fortschreiten aber entspricht es, in der steigenden Zuversicht auf die Festigkeit seiner inneren Ansicht zu sorgfältige Modificirung der Laute für überflüssig zu erachten. Gerade aus diesem Princip droht in einer sehr viel späteren Sprachperiode den Flexionssprachen eine weit tiefer in ihr Wesen eingreifende Umänderung. Je gereifter sich der Geist fühlt, desto kühner wirkt er in eignen Verbindungen, und desto zuversichtlicher wirft er die Brücken ab, welche die Sprache dem Verständnisse baut. Zu dieser Stimmung gesellt sich dann leicht Mangel an Gefühl des auf dem Schalle ruhenden dichterischen Reizes. Die Dichtung selbst bahnt sich dann mehr innerliche Wege, auf welchen sie jenes Vorzugs gefahrloser zu entbehren vermag. Es ist also ein Übergang von mehr sinnlicher zu reinerer intellectueller Stimmung des Gemüths, durch welchen die Sprache hier umgestaltet wird. Doch sind die ersten Ursachen nicht immer von der edleren Natur. Rauhere Organe, weniger für die reine und feinere Lautabsonderung geeignet, ein von Natur weniger empfindliches, und musikalisch nicht geübtes Ohr legen den Grund zu der Gleichgültigkeit gegen das tönende Princip in der Sprache. Gleichergestalt kann die vorwaltende praktische Richtung der Sprache Abkürzungen, Auslassungen von Beziehungswörtern, Ellipsen aller Art aufdringen, weil man, nur das Verständnifs bezweckend, alles dazu nicht unmittelbar Nothwendige verschmäht.

Überhaupt mufs die Beziehung des Volksgeistes auf die Sprache durchaus eine andere sein, so lange sich diese noch in der Gährung ihrer ersten Formation befindet, und wenn die schon geformte nur zum Gebrauche des Lebens dient. So lange in jener früheren Periode die Elemente, auch ihrem Ursprunge nach, noch klar vor der Seele stehen, und diese mit ihrer Zusammenfügung beschäftigt ist, hat sie Gefallen an dieser Bildung des Werkzeugs ihrer Thätigkeit, und läfst nichts fallen, was durch irgend eine auszudrückende Nüance des Gefühls festgehalten wird. In der Folge waltet mehr der Zweck des Verständnisses vor, die Bedeutung der Elemente wird dunkler, und die eingeübte Gewohnheit des Gebrauchs macht sorglos über die Einzelnheiten des Baues und die genaue Bewahrung der Laute. An die Stelle der Freude der Phantasie an sinnreicher Vereinigung der Kennzeichen mit volltönendem Sylbenfall tritt Bequemlichkeit des Verstandes und löst die Formen in Hülfsverba und Präpositionen auf. Er erhebt dadurch zugleich den Zweck leichterer Deutlichkeit über die übrigen Vorzüge der Sprache, da allerdings diese analytische Methode die

Anstrengung des Verständnisses vermindert, ja in einzelnen Fällen die Bestimmtheit da vermehrt, wo die synthetische dieselbe schwieriger erreicht. Bei dem Gebrauch dieser grammatischen **Hülfswörter** aber werden die Flexionen entbehrlicher, und verlieren allmälig ihr Gewicht in der Achtsamkeit des Sprachsinnes.

Welches nun immer die Ursache sein mag, so ist es sicher, daſs auf diese Weise ächte Flexionssprachen ärmer an Formen werden, häufig grammatische Wörter an die Stelle derselben setzen, und auf diese Art sich im Einzelnen denjenigen Sprachen nähern können, die sich von ihrem Stamme durch ein ganz verschiedenes und unvollkommneres Princip unterscheiden. Unsere heutige und die Englische Sprache enthalten hiervon häufige Beispiele, die letztere bei weitem mehr, woran mir aber ihre Mischung mit Romanischem Stoff keine Schuld zu tragen scheint, da diese auf ihren grammatischen Bau wenig oder gar keinen Einfluſs ausübt. Daſs aber hieraus eine Einwendung gegen den fruchtbaren Einfluſs der Flexionsnatur, auch auf die späteste Dauer der Sprachen hin, hergenommen werden könne, glaube ich dennoch nicht. Gäbe es auch eine Sanskritische Sprache, die auf dem hier beschriebenen Wege Chinesischem Entbehren der Beziehungszeichen der Redetheile nahe gekommen wäre, so bliebe der Fall dennoch immer gänzlich verschieden. Dem Chinesischen Bau liegt, wie man ihn auch erklären möge, offenbar eine Unvollkommenheit in der Sprachbildung, wahrscheinlich eine, dem Volke eigenthümliche, Gewohnheit der Isolirung der Laute, zusammentreffend mit zu geringer Stärke des inneren, ihre Verbindung und Vermittlung erheischenden Sprachsinns, zum Grunde. In einer solchen Sanskritsprache dagegen hätte sich die ächteste Flexionsnatur mit allen ihren wohlthätigen Einflüssen seit einer unbestimmbaren Reihe von Generationen festgesetzt und dem Sprachsinn seine Gestalt gegeben. In ihrem wahren

Wesen wäre daher solche Sprache immer Sanskritisch geblieben; ihr Unterschied läge nur in einzelnen Erscheinungen, welche das Gepräge nicht austilgen könnten, das die Flexionsnatur der ganzen übrigen Sprache aufgedrückt hätte. Die Nation trüge aufserdem, da sie zu dem gleichen Stamme gehörte, dieselben nationellen Anlagen in sich, welchen der edlere Sprachbau seinen Ursprung verdankte, und fafste mit demselben Geiste und Sinne ihre Sprache auf, wenn auch diese in einzelnen Theilen jenem Geiste äufserlich minder entsprechend wäre. Auch würden immer, wie es namentlich in der Englischen Conjugation der Fall ist, einzelne ächte Flexionen übrig geblieben sein, die den Geist an dem wahren Ursprunge und dem eigentlichen Wesen der Sprache nicht irre werden liefsen. Ein auf diese Weise entstehender geringerer **Formenreichthum und einfacherer Bau** macht daher die Sprachen, wie wir eben an der Englischen und der unsrigen sehen, **keinesweges hoher Vorzüge** unfähig, sondern ertheilt ihnen nur einen **verschiedenen Charakter**. Ihre Dichtung entbehrt zwar dadurch der vollständigen Kräftigkeit eines ihrer hauptsächlichen Elemente. Wenn aber bei einer solchen Nation die Poesie wirklich sänke, oder doch in ihrer Fruchtbarkeit abnähme, so entspränge dies gewifs, ohne Schuld der Sprache, aus tieferen innern Ursachen.

Dem festen, ja man kann wohl sagen, unaustilgbaren Haften des ächten Organismus an den Sprachen, welchen er einmal eigenthümlich geworden ist, verdanken auch die Lateinischen Töchtersprachen ihren reinen grammatischen Bau. Es scheint mir ein hauptsächliches Erfordernifs zur richtigen Beurtheilung der merkwürdigen Erscheinung ihrer Entstehung, darauf Gewicht zu legen, dafs auf den Wiederaufbau der zertrümmerten Römischen Sprache, wenn man allein das grammatisch Formale desselben ins Auge fafst, kein fremder Stoff irgend wesentlich eingewirkt hat. Die Ursprachen der Länder, in welchen die neuen Mundarten aufblühten, scheinen durchaus keinen Antheil daran gehabt zu haben. Vom Vaskischen ist dies gewifs; es gilt aber höchst wahrscheinlich ebenso von den ursprünglich in Gallien herrschenden Sprachen. Die fremden einwandernden Völkerschaften, gröfstentheils von Germanischem, oder den Germanen verwandtem Stamme, haben der Umbildung des Römischen eine grofse Anzahl von Wörtern zugeführt; allein in dem grammatischen Theile lassen sich schwerlich irgend bedeutende Spuren ihrer Mundarten auffinden. Die Völker lassen sich nicht leicht die Form umgestalten, in welche sie den Gedanken zu giefsen gewohnt sind. Der Grund, aus welchem die Grammatik der neuen Sprachen hervorging, war daher wesentlich und hauptsächlich der der zertrümmerten selbst. Aber die Zertrümmerung und den Verfall mufs man, ihren Ursachen nach, schon viel früher, als in der Periode, in welcher sie offenbar wurden, aufsuchen. Die Römische Sprache wurde schon, während des Bestehens der Gröfse des Reichs, in den Provinzen, und nach Verschiedenheit derselben, anders, als in Latium und der Herrscherstadt, gesprochen. Selbst in diesen ursprünglichen Wohnsitzen der Nation mochte die Volkssprache Eigenthümlichkeiten an sich tragen, die erst spät, nach dem Sinken der gebildeten, allgemeiner zum Vorschein kamen. Es entstanden natürlich Abweichungen der Aussprache, Solöcismen in den Constructionen, ja wahrscheinlich schon Erleichterungen der Formen durch Hülfswörter da, wo die gebildete Sprache sie gar nicht oder nur in ganz einzelnen Ausnahmen zuliefs. Die Volkseigenthümlichkeiten mufsten überwiegend werden, als die letztere sich, bei dem Verfalle des Gemeinwesens, nicht mehr durch Litteratur und mündlichen öffentlichen Gebrauch auf ihrer Höhe getragen fühlte (¹). Die provincielle Entartung ging immer weiter, je lockerer die Bande wurden, welche die Provinzen mit dem Ganzen verknüpften.

Diesen doppelten Verfall steigerten endlich die **fremden Einwanderungen** auf den höchsten Punkt. Es war nun nicht mehr ein bloßes Ausarten der herrschend gewesenen Sprache, sondern ein Abwerfen und Zerschlagen ihrer wesentlichsten Formen, oft ein wahres Mißverstehen derselben, immer aber zugleich ein Unterschieben neuer Erhaltungsmittel der Einheit der Rede, geschöpft aus dem vorhandenen Vorrathe, allein oft widersinnig verknüpft. Mitten in allen diesen Veränderungen, blieb aber in der untergehenden Sprache das wesentliche Princip ihres Baues, die reine Unterscheidung des Sach- und Beziehungsbegriffs, und das Bedürfniß, beiden den ihnen eigenthümlichen Ausdruck zu verschaffen, und im Volke das durch die Gewohnheit von Jahrhunderten tief eingedrungene Gefühl hiervon. An jedem Bruchstück der Sprache haftete dies Gepräge; es hätte sich nicht austilgen lassen, wenn die Völker es auch verkannt hätten. Es lag jedoch in diesen selbst, es aufzusuchen, zu enträthseln und zum Wiederaufbau anzuwenden. In dieser, aus der allgemeinen Natur des Sprachsinnes selbst entspringenden, Gleichförmigkeit der neuen Umbildung, verbunden mit der Einheit der in Absicht des Grammatischen unvermischt gebliebenen Muttersprache, muß man die Erklärung der Erscheinung suchen, daß das Verfahren der Romanischen Sprachen in ganz entfernten Länderstrichen sich so gleich bleibt, und oft durch ganz einzelne Übereinstimmungen überrascht. Es sanken **Formen**, nicht

---

(¹) Man vergleiche hierüber, so wie bei diesem ganzen Abschnitt, Diefenbach's höchst lesenswerthe Schrift über die jetzigen Romanischen Schriftsprachen.

aber die Form, die vielmehr ihren alten Geist über die neuen Umgestaltungen ausgofs.

Denn wenn in diesen neueren Sprachen eine Präposition einen Casus ersetzt, so ist der Fall nicht dem gleich, wenn in einer nur Partikeln anfügenden ein Wort den Casus andeutet. Mag auch die ursprüngliche Sachbedeutung desselben verloren gegangen sein, so drückt es doch nicht rein eine Beziehung blofs als solche aus, weil der ganzen Sprache diese Ausdrucksweise nicht eigenthümlich ist, ihr Bau nicht aus der inneren Sprachansicht, welche rein und energisch auf scharfe Abgränzung der Redetheile dringt, herflofs, und der Geist der Nation ihre Bildungen nicht von diesem Standpunkte aus in sich aufnimmt. In der Römischen Sprache war dies Letztere genau und vollkommen der Fall. Die Präpositionen bildeten ein Ganzes solcher Beziehungen, jede forderte, nach ihrer Bedeutung, einen ihr geeigneten Casus; nur mit diesem zusammen bezeichnete sie das Verhältnifs. Diese schöne Übereinstimmung nahmen die, ihrem Ursprunge nach, entarteten Sprachen nicht in sich auf. Allein das Gefühl davon, die Anerkennung der Präposition als eines eignen Redetheiles, ihre wahre Bedeutsamkeit gingen nicht mit unter; und dies ist keine blofs willkührliche Annahme. Es ist auf nicht zu verkennende Weise in der Gestaltung der ganzen Sprache sichtbar, die eine Menge von Lücken in den einzelnen Formen, aber im Ganzen Formalität an sich trägt, ihrem Principe nach, nicht weniger, als ihre Stammmutter, selbst Flexionssprache ist. Das Gleiche findet sich im Gebrauche des Verbums. Wie mangelhaft seine Formen sein mögen, so ist seine synthetisch setzende Kraft dennoch dieselbe, da die Sprache seine Scheidung vom Nomen einmal unauslöschbar in ihrem Gepräge trägt. Auch das in unzähligen Fällen, wo es die Muttersprache nicht selbstständig ausdrückt, gebrauchte Pronomen entspricht, dem Gefühl nach, dem wahren Begriff dieses Redetheils. Wenn es in Sprachen, denen die Bezeichnung der Personen am Verbum fehlt, sich, als Sachbegriff, vor das Verbum stellt, so ist es in den Lateinischen Töchtersprachen, seinem Begriffe nach, wirklich die nur abgelöste, anders gestellte Person. Denn die Unzertrennlichkeit des Verbums und der Person liegt von der Stammmutter her fest in der Sprache, und beurkundet sich sogar in der Tochter durch einzelne übrig gebliebene Endlaute. Überhaupt kommt in dieser, wie in allen Flexionssprachen, die stellvertretende Function des Pronomens mehr an das Licht; und da diese zur reinen Auffassung des Relativpronomens führt, so wird die Sprache auch dadurch in den richtigen Gebrauch dieses letzteren eingeführt. Überall kehrt daher dieselbe Erscheinung zurück. Die zertrümmerte Form ist in ganz verschiedener Weise wieder aufgebaut, aber ihr Geist schwebt noch über der neuen Bildung, und beweist die schwer zerstörbare Dauer des Lebensprincips ächt grammatisch gebildeter Sprachstämme.

Bei aller Gleichförmigkeit der Behandlung des umgebildeten Stoffes, welche die Lateinischen Töchtersprachen im Ganzen beibehalten, liegt doch einer jeden einzelnen ein besonderes Princip in der individuellen Auffassung zum Grunde. Die unzähligen Einzelnheiten, welche der Gebrauch der Sprache nothwendig macht, müssen, wie ich im Vorigen wiederholt angedeutet habe, wo und wie immer gesprochen werden soll, in eine Einheit verknüpft werden; und diese kann, da die Sprache ihre Wurzeln in alle Fibern des menschlichen Geistes einsenkt, nur eine individuelle sein. Dadurch allein, daſs ein verändertes Einheitsprincip, eine neue Auffassung von dem Geiste eines Volkes vorgenommen wird, tritt eben eine neue Sprache in die Wirklichkeit; und wo eine Nation auf ihre Sprache mächtig einwirkende Umwälzungen erfährt, muſs sie die veränderten oder neuen Elemente durch neue Formung zusammenfassen. Wir haben oben von dem Momente im Leben der Nationen geredet, in welchem ihnen die Möglichkeit klar wird, die Sprache, unabhängig von äufserem Gebrauche, zum Aufbau eines Ganzen der Gedanken und der Gefühle hinzuwenden. Wenn auch das Entstehen einer Litteratur, das wir hier in seinem eigentlichen Wesen und vom Standpunkte seiner letzten Vollendung aus bezeichnet haben, in der That nur allmälig und aus dunkel empfundenem Triebe hervorgeht, so ist doch der Beginn immer ein eigenthümlicher Schwung, ein von innen heraus entstehender Drang eines Zusammenwirkens der Form der Sprache und der individuellen des Geistes, aus welchem die ächte und reine Natur beider zurückstrahlt, und das keinen andren Zweck, als eben dies Zurückstrahlen, hat. Die Entwicklungsart dieses Dranges wird die Ideenbahn, welche die Nation bis zum Verfall ihrer Sprache durchläuft. Es ist dies gleichsam eine zweite, höhere Verknüpfung der Sprache zur Einheit; und wie diese sich zur Bildung der äufseren, technischen Form verhält, ist oben bei Gelegenheit des Charakters der Sprachen näher erörtert worden.

Bei dem Übergange der Römischen Sprache in die neueren, aus ihr entstandenen ist diese zwiefache Behandlung der Sprache sehr deutlich zu unterscheiden. Zwei der letzteren, die Rhäto- und Dako-Romanische, sind der wissenschaftlichen nicht theilhaft geworden, ohne dafs sich sagen läfst, dafs ihre technische Form hinter den übrigen zurückstände. Vielmehr hat gerade die Dako-Romanische am meisten Flexionen der Muttersprache beibehalten, und nähert sich aufserdem in der Behandlung derselben der Italienischen. Der Fehler lag also hier nur an äufseren Umständen, am Mangel von Ereignissen und Lagen, welche den Schwung veranlafsten, die Sprache zu höheren Zwecken zu gebrauchen.

Dasselbe war, wenn wir zu einem Falle ähnlicher Art übergehen, unstreitig die Ursach, dafs sich aus dem Verfall des Griechischen nicht eine durch neue Eigenthümlichkeit hervorstechende Sprache erzeugte. Denn sonst ist die Bildung des Neugriechischen in Vielem der der Romanischen Sprachen sehr ähnlich. Da diese Umbildungen grofsentheils im natürlichen Laufe der Sprache liegen, und beide Muttersprachen den gleichen grammatischen Charakter an sich tragen, so ist diese Ähnlichkeit leicht erklärbar, macht aber die Verschiedenheit im letzten Erfolge noch auffallender. Griechenland, als Provinz eines sinkenden, oft Verheerungen durch fremde Völkerzüge ausgesetzten Reiches, konnte nicht die blühend sich emporschwingende Kraft gewinnen, welche im Abendlande die Frische und Regsamkeit neu sich bildender innerer und äufserer Verhältnisse erzeugte. Mit den neuen gesellschaftlichen Einrichtungen, dem gänzlichen Aufhören des Zusammenhanges mit einem in sich zerfallnen Staatskörper, und verstärkt durch die Hinzukunft kräftiger und muthvoller Völkerstämme, mufsten die abendländischen Nationen in allen Thätigkeiten des Geistes und des Charakters neue Bahnen betreten. Die sich hieraus hervorbildende neue Gestaltung führte zugleich eine Verbindung religiösen, kriegerischen und dichterischen Sinnes mit sich, welche auf die Sprache den glücklichsten und entschiedensten Einflufs ausübte. Es blühte diesen Nationen eine neue poetisch schöpferische Jugend auf, und ihr Zustand hierin wurde gewissermafsen dem ähnlich, der sonst durch das Dunkel der Vorzeit von uns getrennt ist.

So gewifs man aber auch diesem äufseren historischen Umschwunge das Aufblühen der neueren abendländischen Sprachen und Litteraturen zu einer Eigenthümlichkeit, in der sie mit der Stammmutter zu wetteifern vermögen, zuschreiben mufs, so wirkte doch, wie es mir scheint, ganz wesentlich noch eine andere, schon weiter oben (S. 288.) im Vorbeigehn berührte Ursache mit, deren

Erwägung, da sie besonders die Sprache angeht, ganz eigentlich in die Reihe dieser Betrachtungen gehört. Die Umänderung, welche die Römische Sprache erlitt, war, ohne allen Vergleich, tiefer eingreifend, gewaltiger und plötzlicher, als die, welche die Griechische erfuhr. Sie glich einer wahren Zertrümmerung, da die des Griechischen sich mehr in den Schranken blofs einzelner Verstümmelungen und Formenauflösungen erhielt. Man erkennt an diesem Beispiele eine, auch durch andere in der Sprachgeschichte bestätigte, doppelte Möglichkeit des Überganges einer formenreichen Sprache in eine formlosere. In der einen zerfällt der kunstvolle Bau, und wird, nur weniger vollkommen, wiedergeschaffen. In der anderen werden der sinkenden Sprache nur einzelne, wieder vernarbende, Wunden geschlagen; es entsteht keine reine neue Schöpfung, die veraltete Sprache dauert, nur in beklagenswerther Entstellung, fort. Da das Griechische Kaiserthum, seiner Hinfälligkeit und Schwäche ungeachtet, noch lange bestand, so dauerte auch die alte Sprache länger fort, und stand, wie ein Schatz, aus dem sich immer schöpfen, ein Kanon, auf den sich immer zurückkommen liefs, noch lange da. Nichts beweist so überzeugend den Unterschied zwischen der Neugriechischen und den Romanischen Sprachen in diesem Punkte, als der Umstand, dafs der Weg, auf welchem man die erstere in der neuesten Zeit zu heben und zu läutern versucht hat, immer der der möglichsten Annäherung an das Altgriechische gewesen ist. Selbst einem Spanier oder Italiener konnte der Gedanke einer solchen Möglichkeit nicht beikommen. Die Romanischen Nationen sahen sich wirklich auf neue Bahnen hingeschleudert, und das Gefühl des unabweislichen Bedürfnisses beseelte sie mit dem Muthe, sie zu ebnen und in den ihrem individuellen Geiste angemessenen Richtungen zum Ziele zu führen, da eine Rückkehr unmöglich war. Von einer andren Seite aus betrachtet, befindet sich aber gerade durch diese Verschiedenheit die Neugriechische Sprache in einer günstigeren Lage. Es besteht ein mächtiger Unterschied zwischen den Sprachen, welche, wie verwandt aufkeimende desselben Stammes, auf dem Wege innerer Entwickelung aus einander fortsprießen, und zwischen solchen, die sich auf dem Verfall und den Trümmern andrer, also durch die Einwirkung äußerer Umstände, erheben. In den ersteren, durch gewaltsame Revolutionen und bedeutende Mischungen mit fremden ungetrübten, läßt sich, mehr oder weniger, von jedem Ausdrucke, Worte oder Form aus in eine unabsehbare Tiefe zurückgehen. Denn sie bewahren größtentheils die Gründe derselben in sich; und nur sie können sich rühmen, sich selbst zu genügen und innerhalb ihrer Gränzen nachzuweisende Consequenz zu besitzen. In dieser Lage befinden sich Töchtersprachen in dem Sinne, wie es die Romanischen sind, offenbar nicht. Sie ruhen gänzlich auf der einen Seite auf einer nicht mehr lebenden, auf der anderen auf fremden Sprachen. Alle Ausdrücke führen daher, wie man ihrem Ursprunge nachgeht, meistentheils durch eine ganz kurze Reihe vermittelnder Gestaltungen, auf ein fremdes, dem Volke unbekanntes Gebiet. Selbst in dem, wenig oder gar nicht mit fremden Elementen vermischten, grammatischen Theil läßt sich die Consequenz der Bildung, auch insofern sie wirklich vorhanden ist, immer nur mit Bezugnahme auf die fremde Muttersprache darthun. Das tiefere Verständniß dieser Sprachen, ja selbst der Eindruck, welchen in jeder Sprache der innere harmonische Zusammenhang aller Elemente bewirkt, ist daher durch sie selbst immer nur zur Hälfte möglich, und bedarf zu seiner Vervollständigung eines dem Volke, das sie spricht, unzugänglichen Stoffes. In beiden Gattungen von Sprachen kann man genöthigt werden, auf die frühere zurückzugehen. Man fühlt aber in der Art, wie dies geschieht, den Unterschied genau, wenn man vergleicht, wie die Unzulänglichkeit der eigenen Erklärung im Römischen auf Sanskritischen Grund und Boden, und im Französischen auf Römischen führt. Offenbar mischt sich der Umgestaltung in dem letzteren Falle mehr durch äufsere Einwirkung entstandene Willkühr bei, und selbst der natürliche, analogische Gang, der sich allerdings auch hier wieder bildet, hängt an der Voraussetzung jener äufseren Einwirkung. In dieser, hier von den Romanischen Sprachen geschilderten Lage befindet sich nun das Neugriechische, eben weil es nicht wirklich zu einer eigentlich neuen Sprache geworden ist, gar nicht, oder doch unendlich weniger. Von der Mischung mit fremden Wörtern kann es sich im Verlaufe der Zeit befreien, da dieselben, mit gewifs wenig zahlreichen Ausnahmen, nicht so tief, als in den Romanischen Sprachen, in sein wahres Leben eingedrungen sind. Sein wirklicher Stamm aber, das Altgriechische, kann auch dem Volke nicht als fremd erscheinen. Wenn sich das Volk auch nicht mehr in das Ganze seines kunstvollen Baues hineinzudenken vermag, so mufs es doch die Elemente zum gröfsten Theil als auch seiner Sprache angehörend erkennen.

In Absicht auf die Natur der Sprache selbst ist der hier erwähnte Unterschied gewifs bemerkenswerth. Ob er auch auf den Geist und den Charakter der Nation einen bedeutenden Einflufs ausübt? kann eher zweifelhaft scheinen. Man kann mit Recht dagegen einwenden, dafs jede über den jedesmal gegenwärtigen Zustand der Sprache hinausgehende Betrachtung dem Volke fremd ist, dafs daher die auf sich selbst ruhende Erklärbarkeit der rein organisch in sich geschlossenen Sprachen für dasselbe unfruchtbar bleibt, und dafs jede aus einer andren, auf welchem Wege es immer sei, entstandene, aber schon Jahrhunderte hindurch fortgebildete Sprache eben dadurch eine vollkommen hinlängliche auf die Nation wirkende Consequenz gewinnt. Es läfst sich in der That denken, daſs es unter den früheren, uns als Muttersprachen erscheinenden Sprachen auf ähnliche Art, als es die Romanischen sind, entstandene geben könne, obgleich eine sorgfältige und genaue Zergliederung uns wohl bald ihre Unerklärbarkeit aus ihrem eignen Gebiete verrathen dürfte. Unläugbar aber liegt in dem geheimen Dunkel der Seelenbildung und des Forterbens geistiger Individualität ein unendlich mächtiger Zusammenhang zwischen dem Tongewebe der Sprache und dem Ganzen der Gedanken und Gefühle. Unmöglich kann es daher gleichgültig sein, ob in ununterbrochener Kette die Empfindung und die Gesinnung sich an denselben Lauten hingeschlungen, und sie mit ihrem Gehalte und ihrer Wärme durchdrungen haben, oder ob diese auf sich selbst ruhende Reihe von Wirkungen und Ursachen gewaltsame Störungen erfährt. Eine neue Consequenz bildet sich auch hier allerdings, und die Zeit hat in den Sprachen mehr, als sonst im menschlichen Gemüthe, eine Wunden heilende Kraft. Man darf aber auch nicht vergessen, daſs diese Consequenz nur allmälig wieder entsteht, und daſs die, ehe sie zur Festigkeit gelangt, lebenden Generationen auch schon, als Ursachen wirkend, in die Reihe treten. Es erscheint mir daher durchaus nicht als einfluſslos auf die Tiefe der Geistigkeit, die Innigkeit der Empfindung und die Kraft der Gesinnung, ob ein Volk eine ganz auf sich selbst ruhende, oder doch eine aus rein organischer Fortentwicklung hervorgegangene Sprache redet, oder nicht? Es sollte daher bei der Schilderung von Nationen, welche sich im letzteren Falle befinden, nicht unerforscht bleiben, ob und inwiefern das durch den Einfluſs ihrer Sprache gleichsam gestörte Gleichgewicht in ihnen auf andere Weise wiederhergestellt, ja ob und wie vielleicht aus der nicht abzuläugnenden Unvollkommenheit ein neuer Vorzug gewonnen worden ist?

§. 22.

Wir haben jetzt einen der Endpunkte erreicht, auf welche die gegenwärtige Untersuchung zu führen bestimmt ist.

Die ganze hier von der Sprache gegebene Ansicht beruht, um das bis hierher Erörterte, so weit es die Anknüpfung des Folgenden erfordert, kurz ins Gedächtnifs zurückzurufen, wesentlich darauf, dafs dieselbe zugleich die nothwendige Vollendung des Denkens und die natürliche Entwicklung einer den Menschen, als solchen, bezeichnenden Anlage ist. Diese Entwicklung ist aber nicht die eines Instincts, der blofs physiologisch erklärt werden könnte. Ohne ein Act des unmittelbaren Bewufstseins, ja selbst der augenblicklichen Spontaneität und der Freiheit zu sein, kann sie doch nur einem mit Bewufstsein und Freiheit begabten Wesen angehören, und geht in diesem aus der ihm selbst unergründlichen Tiefe seiner Individualität, und aus der Thätigkeit der in ihm liegenden Kräfte hervor. Denn sie hängt durchaus von der Energie und der Form ab, mit und in welcher der Mensch seiner gesammten, geistigen Individualität, ihm selbst unbewufst, den treibenden Anstofs ertheilt ([1]). Durch diesen Zusammenhang mit einer individuellen Wirklichkeit, so wie aus anderen, hinzukommenden Ursachen, ist sie aber zugleich den den Menschen in der Welt umgebenden, sogar auf die Acte seiner Freiheit Einflufs ausübenden, Bedingungen unterworfen. In der Sprache nun, insofern sie am Menschen wirklich erscheint, unterscheiden sich zwei constitutive Principe: der innere Sprachsinn (unter welchem ich nicht eine besondere Kraft, sondern das ganze geistige Vermögen, bezogen auf die Bildung und den Ge-

---

([1]) S. oben S. 5. 6. 34. 37-39.

brauch der Sprache, also nur eine Richtung verstehe) und der Laut, insofern er von der Beschaffenheit der Organe abhängt, und auf schon Überkommenem beruht. Der innere Sprachsinn ist das die Sprache von innen heraus beherrschende, überall den leitenden Impuls gebende Princip. Der Laut würde an und für sich der passiven, Form empfangenden Materie gleichen. Allein, vermöge der Durchdringung durch den Sprachsinn, in articulirten umgewandelt, und dadurch, in untrennbarer Einheit und immer gegenseitiger Wechselwirkung, zugleich eine intellectuelle und sinnliche Kraft in sich fassend, wird er zu dem in beständig symbolisirender Thätigkeit wahrhaft, und scheinbar sogar selbstständig, schaffenden Princip in der Sprache. Wie es überhaupt ein Gesetz der Existenz des Menschen in der Welt ist, daſs er nichts aus sich hinauszusetzen vermag, das nicht augenblicklich zu einer auf ihn zurückwirkenden und sein ferneres Schaffen bedingenden Masse wird, so verändert auch der Laut wiederum die Ansicht und das Verfahren des inneren Sprachsinnes. Jedes fernere Schaffen bewahrt also nicht die einfache Richtung der ursprünglichen Kraft, sondern nimmt eine aus dieser und der durch das früher Geschaffene gegebenen zusammengesetzte an. Da die Naturanlage zur Sprache eine allgemeine des Menschen ist, und Alle den Schlüssel zum Verständniſs aller Sprachen in sich tragen müssen, so folgt von selbst, daſs die Form aller Sprachen sich im Wesentlichen gleich sein, und immer den allgemeinen Zweck erreichen muſs. Die Verschiedenheit kann nur in den Mitteln, und nur innerhalb der Gränzen liegen, welche die Erreichung des Zweckes verstattet. Sie ist aber mannigfaltig in den Sprachen vorhanden, und nicht allein in den bloſsen Lauten, so daſs dieselben Dinge nur anders bezeichnet würden, sondern auch in dem Gebrauche, welchen der Sprachsinn in Absicht der Form der Sprache von den Lauten macht, ja in seiner eignen Ansicht dieser Form. Durch ihn allein sollte zwar, so weit die Sprachen blofs formal sind, nur Gleichförmigkeit in ihnen entstehen können. Denn er mufs in allen den richtigen und gesetzmäfsigen Bau verlangen, der nur Einer und ebenderselbe sein kann. In der Wirklichkeit aber verhält es sich anders, theils wegen der Rückwirkung des Lautes, theils wegen der Individualität des inneren Sinnes in der Erscheinung. Es kommt nämlich auf die Energie der Kraft an, mit welcher er auf den Laut einwirkt, und denselben in allen, auch den feinsten Schattirungen zum lebendigen Ausdruck des Gedanken macht. Diese Energie kann aber nicht überall gleich sein, nicht überall gleiche Intensität, Lebendigkeit und Gesetzmäfsigkeit offenbaren. Sie wird auch nicht immer durch gleiches Hinneigen zur symbolischen Behandlung des Gedanken und durch gleiches ästhetisches Gefallen an Lautreichthum und Einklang unterstützt. Dennoch bleibt das Streben des inneren Sprachsinns immer auf Gleichheit in den Sprachen gerichtet, und auch abbeugende Formen sucht seine Herrschaft auf irgend eine Weise zur richtigen Bahn zurückzuleiten. Dagegen ist der Laut wahrhaft das die Verschiedenheit vermehrende Princip. Denn er hängt von der Beschaffenheit der Organe ab, welche hauptsächlich das Alphabet bildet, das, wie eine gehörig angestellte Zergliederung beweist, die Grundlage jeder Sprache ist. Gerade der articulirte hat ferner seine, ihm eigenthümlichen, theils auf Leichtigkeit, theils auf Wohlklang der Aussprache gegründeten Gesetze und Gewohnheiten, die zwar auch wieder Gleichförmigkeit mit sich führen, allein in der besonderen Anwendung nothwendig Verschiedenheiten bilden. Er mufs sich endlich, da wir es nirgends mit einer isolirt, rein von neuem anfangenden Sprache zu thun haben, immer an Vorhergegangenes, oder Fremdes anschliefsen. In diesem allem zusammengenommen liegen die Gründe der nothwendigen Verschiedenheit des menschlichen Sprachbaues. Die Sprachen können nicht den nämlichen an sich tragen, weil die Nationen, die sie reden, verschieden sind, und eine durch verschiedene Lagen bedingte Existenz haben.

In der Betrachtung der Sprache an sich muſs sich eine Form offenbaren, die unter allen denkbaren am meisten mit den Zwecken der Sprache übereinstimmt, und man muſs die Vorzüge und Mängel der vorhandenen nach dem Grade beurtheilen können, in welchem sie sich dieser einen Form nähern. Diesen Weg verfolgend, haben wir gefunden, daſs diese Form nothwendig diejenige ist, welche dem allgemeinen Gange des menschlichen Geistes am meisten zusagt, sein Wachsthum durch die am meisten geregelte Thätigkeit befördert, und das verhältniſsmäſsige Zusammenstimmen aller seiner Richtungen nicht bloſs erleichtert, sondern durch zurückwirkenden Reiz lebendiger hervorruft. Die geistige Thätigkeit hat aber nicht bloſs den Zweck ihrer inneren Erhöhung. Sie wird auf der Verfolgung dieser Bahn auch nothwendig zu dem äuſseren hingetrieben, ein wissenschaftliches Gebäude der Weltauffassung aufzuführen, und von diesem Standpunkte aus wieder schaffend zu wirken. Auch dies haben wir in Betrachtung gezogen, und es hat sich unverkennbar gezeigt, daſs diese Erweiterung des menschlichen Gesichtskreises am besten oder vielmehr allein an dem Leitfaden der vollkommensten Sprachform gedeiht. Wir sind daher in diese genauer eingegangen, und ich habe versucht, die Beschaffenheit dieser Form in den Punkten nachzuweisen, in welchen das Verfahren der Sprache sich zur unmittelbaren Erreichung ihrer letzten Zwecke zusammenschlieſst. Die Frage, wie die Sprache es macht, um den Gedanken im einfachen Satze und in der, viele Sätze in sich verflechtenden Periode darzustellen, schien hier die einfachste Lösung der Aufgabe ihrer Würdigung, zugleich nach ihren inneren und äufseren Zwecken hin, darzubieten. Von diesem Verfahren liefs sich aber zugleich auf die nothwendige Beschaffenheit der einzelnen Elemente zuruckgehn. Dafs ein vorhandener Sprachstamm oder auch nur eine einzelne Sprache eines solchen durchaus und in allen Punkten mit der vollkommenen Sprachform übereinstimme, läfst sich nicht erwarten, und findet sich wenigstens nicht in dem Kreise unserer Erfahrung. Die Sanskritischen Sprachen aber nähern sich dieser Form am meisten, und sind zugleich die, an welchen sich die geistige Bildung des Menschengeschlechts in der längsten Reihe der Fortschritte am glücklichsten entwickelt hat. Wir können sie mithin als einen festen Vergleichungspunkt für alle übrigen betrachten.

Diese letzteren lassen sich nicht gleich einfach darstellen. Da sie nach denselben Endpunkten, als die rein gesetzmäfsigen, hinstreben, dies Ziel aber nicht in gleichem Grade, oder nicht auf richtigem Wege erreichen, so kann in ihrem Baue keine so klar hervorleuchtende Consequenz herrschen. Wir haben oben zur Erreichung der Satzbildung, aufser der, aller grammatischen Formen entrathenden, Chinesischen Sprache, drei mögliche Formen der Sprachen aufgestellt, die flectirende, agglutinirende und die einverleibende. Alle Sprachen tragen eine oder mehrere dieser Formen in sich; und es kommt zur Beurtheilung ihrer relativen Vorzüge darauf an, wie sie jene abstracten Formen in ihre concrete aufgenommen haben, oder vielmehr welches das Princip dieser Annahme oder Mischung ist? Diese Unterscheidung der abstracten möglichen Sprachformen von den concreten wirklich vorhandenen wird, wie ich mir schmeichle, schon dazu beitragen, den befremdenden Eindruck des Heraushebens einiger Sprachen, als der allein berechtigten, welches die andren ebendadurch zu unvollkommneren stempelt, zu vermindern. Denn daſs unter den abstracten die flectirenden die allein richtigen genannt werden können, dürfte nicht leicht bestritten werden. Das hierdurch über die andren gefällte Urtheil trifft aber nicht in gleichem Maaſse auch die concreten vorhandenen Sprachen, in welchen nicht ausschlieſslich Eine jener Formen herrschend, dagegen immer ein sichtbares Streben nach der richtigen lebendig ist. Dennoch bedarf dieser Punkt noch einer genaueren rechtfertigenden Erörterung.

Wohl sehr allgemein dürfte bei denen, die sich im Besitz der Kenntniſs mehrerer Sprachen befinden, die Empfindung die sein, daſs, insofern diese letzteren auf gleichem Grade der Cultur stehen, jeder ihr eigenthümliche Vorzüge gebühren, ohne daſs einer der entschiedene Vorzug über die andren eingeräumt werden könne. Hiermit nun steht die in den gegenwärtigen Betrachtungen aufgestellte Ansicht in directem Gegensatze; sie dürfte aber Vielen um so zurückstoſsender erscheinen, als das Bemühen eben dieser Betrachtungen vorzugsweise dahin geht, den regen und untrennbaren Zusammenhang zwischen den Sprachen und dem geistigen Vermögen der Nationen zu beweisen. Dasselbe zurückweisende Urtheil über die Sprachen scheint daher auch die Völker zu treffen. Hier bedarf es jedoch einer genaueren Unterscheidung. Wir haben im Vorigen schon bemerkt, daſs die Vorzüge der Sprachen zwar allgemein von der Energie der geistigen Thätigkeit abhängen, indeſs doch noch ganz besonders von der eigenthümlichen Hinneigung dieser zur Ausbildung des Gedanken durch den Laut. Eine unvollkommnere Sprache beweist daher zunächst nur den geringeren auf sie gerichteten Trieb der Nation, ohne darum über andere intellectuelle Vorzüge derselben zu entscheiden. Überall sind wir zuerst rein von dem Baue der Sprachen ausgegangen, und zur Bildung eines Urtheils über ihn auch nur bei ihm selbst stehen geblieben. Dafs nun dieser Bau, dem Grade nach, vorzüglicher in der einen, als in der andren, sei, im Sanskrit mehr, als im Chinesischen, im Griechischen mehr, als im Arabischen, dürfte von unparteiischen Forschern schwerlich geläugnet werden. Wie man es auch versuchen möchte, **Vorzüge gegen Vorzüge abzuwägen**, so würde man doch immer gestehen müssen, dafs ein **fruchtbareres Princip der Geistesentwickelung** die einen, als die anderen dieser Sprachen, beseelt. Nun aber müfste man alle Beziehungen des Geistes und der Sprache zu einander verkennen, wenn man nicht die verschiedenartigen Folgerungen hieraus auf die Rückwirkung dieser Sprachen und auf die Intellectualität der Völker ausdehnen wollte, welche sie (so viel dies überhaupt innerhalb des menschlichen Vermögens liegt) gebildet haben. Von dieser Seite rechtfertigt sich daher die aufgestellte Ansicht vollkommen. Es läfst sich jedoch hiergegen noch der Einwand erheben, dafs einzelne Vorzüge der Sprache auch einzelne intellectuelle Seiten vorzugsweise auszubilden im Stande sind, und dafs die geistigen Anlagen der Nationen selbst weit mehr nach ihrer Mischung und Beschaffenheit verschieden sind, als sie nach Graden abgemessen werden können. Beides ist unläugbar richtig. Allein der wahre Vorzug der Sprachen mufs doch in ihrer allseitig und harmonisch einwirkenden Kraft gesucht werden. Sie sind Werkzeuge, deren die geistige Thätigkeit bedarf, Bahnen, in welchen sie fortrollt. Sie sind daher nur dann wahrhaft wohlthätig, wenn sie dieselbe nach jeder Richtung hin erleichternd und begeisternd begleiten, sie in den Mittelpunkt versetzen, aus welchem sich jede ihrer einzelnen Gattungen harmonisch entfaltet. Wenn man daher auch gern zugesteht, dafs die Form der Chinesischen Sprache mehr, als vielleicht irgend eine andere, die Kraft des reinen Gedanken herausstellt, und die Seele, gerade weil sie alle kleinen, störenden Verbindungslaute abschneidet, ausschließlicher und gespannter auf denselben hinrichtet, wenn die Lesung auch nur weniger Chinesischer Texte diese Überzeugung bis zur Bewunderung steigert, so dürften doch auch die entschiedensten Vertheidiger dieser Sprache schwerlich behaupten, daß sie die geistige Thätigkeit zu dem wahren Mittelpunkt hinlenkt, aus dem Dichtung und Philosophie, wissenschaftliche Forschung und beredter Vortrag gleich willig emporblühen.

Von welcher Seite der Betrachtung ich daher ausgehen mag, kann ich immer nicht umhin, den entschiedenen Gegensatz zwischen den Sprachen rein gesetzmäßiger und einer von jener reinen Gesetzmäßigkeit abweichenden Form deutlich und unverholen aufzustellen. Meiner innigsten Überzeugung nach, wird dadurch bloß eine unabläugbare Thatsache ausgedrückt. Die einzelne Vortheile gewährende Trefflichkeit auch jener abweichenden Sprachen, die Künstlichkeit ihres technischen Baues wird nicht verkannt, noch geringgeschätzt, man spricht ihnen nur die Fähigkeit ab, gleich geordnet, gleich allseitig und harmonisch durch sich selbst auf den Geist einzuwirken. Ein Verdammungsurtheil über irgend eine Sprache, auch der rohesten Wilden, zu fällen, kann niemand entfernter sein, als ich. Ich würde ein solches nicht bloß als die Menschheit in ihren eigenthümlichsten Anlagen entwürdigend ansehen, sondern auch als unverträglich mit jeder durch Nachdenken und Erfahrung von der Sprache gegebenen richtigen Ansicht. Denn jede Sprache bleibt immer ein Abbild jener ursprünglichen Anlage zur Sprache überhaupt; und um zur Erreichung der einfachsten Zwecke, zu welchen jede Sprache nothwendig gelangen muß, fähig zu sein, wird immer ein so künstlicher Bau erfordert, daß sein Studium nothwendig die Forschung an sich zieht, ohne noch zu gedenken, daß jede Sprache, außer ihrem schon *abweichende Sprachen.* §. 22.

entwickelten Theil, eine unbestimmbare Fähigkeit sowohl der eignen Biegsamkeit, als der Hineinbildung immer reicherer und höherer Ideen besitzt. Bei allem hier Gesagten habe ich die Nationen nur auf sich selbst beschränkt vorausgesetzt. Sie ziehen aber auch fremde Bildung an sich, und ihre geistige Thätigkeit erhält dadurch einen Zuwachs, den sie nicht ihrer Sprache verdanken, der dagegen dieser zu einer Erweiterung ihres eigenthümlichen Umfanges dient. Denn jede Sprache besitzt die Geschmeidigkeit, Alles in sich aufnehmen und Allem wieder Ausdruck aus sich verleihen zu können. Sie kann dem Menschen niemals, und unter keiner Bedingung, zur absoluten Schranke werden. Der Unterschied ist nur, ob der Ausgangspunkt der Krafterhöhung und Ideenerweiterung in ihr selbst liegt, oder ihr fremd ist, mit anderen Worten, ob sie dazu begeistert, oder sich nur gleichsam passiv und mitwirkend hingiebt?

Wenn nun ein solcher Unterschied zwischen den Sprachen vorhanden ist, so fragt es sich, an welchen Zeichen er sich erkennen läfst? und es kann einseitig und der Fülle des Begriffs unangemessen erscheinen, dafs ich ihn gerade in der grammatischen Methode der Satzbildung aufgesucht habe. Es ist darum keinesweges meine Absicht gewesen, ihn darauf zu beschränken, da er gewifs gleich lebendig in jedem Elemente und in jeder Fügung enthalten ist. Ich bin aber vorsätzlich auf dasjenige zurückgegangen, was gleichsam die Grundvesten der Sprache ausmacht und gleich von ganz entschiedener Wirkung auf die Entfaltung der Begriffe ist. Ihre logische Anordnung, ihr klares Auseinandertreten, die bestimmte Darlegung ihrer Verhältnisse zu einander macht die unentbehrliche Grundlage aller, auch der höchsten Äufserungen der geistigen Thätigkeit aus, hängt aber, wie jedem einleuchten mufs, wesentlich von jenen verschiedenen Sprachmethoden ab. Mit der richtigen geht auch das richtige Denken leicht und natürlich von statten, bei den andren findet es Schwierigkeiten zu überwinden, oder erfreut sich wenigstens nicht einer gleichen Hülfe der Sprache. Dieselbe Geistesstimmung, aus welcher jene drei verschiedenen Verfahrungsarten entspringen, erstreckt sich auch von selbst über die Formung aller übrigen Sprachelemente, und wird nur an der Satzbildung vorzugsweise erkannt. Zugleich endlich eigneten sich gerade diese Eigenthümlichkeiten besonders, factisch an dem Sprachbau dargelegt zu werden, ein Umstand, der bei einer Untersuchung vornehmlich wichtig ist, die ganz eigentlich darauf hinausgeht, an dem Thatsächlichen, historisch Erkennbaren in den Sprachen die Form aufzufinden, welche sie dem Geiste ertheilen, oder in der sie sich ihm innerlich darstellen.

§. 23.

Die von der durch die rein gesetzmäſsige Nothwendigkeit vorgezeichneten Bahn abweichenden Wege können von unendlicher Mannigfaltigkeit sein. Die in diesem Gebiete befangenen Sprachen lassen sich daher nicht aus Principien erschöpfen und classificiren; man kann sie höchstens nach Ähnlichkeiten in den hauptsächlichsten Theilen ihres Baues zusammenstellen. Wenn es aber richtig ist, daſs der naturgemäſse Bau auf der einen Seite von fester Worteinheit, auf der andren von gehöriger Trennung der den Satz bildenden Glieder abhängt, so müssen alle Sprachen, von denen wir hier reden, entweder die Worteinheit oder die Freiheit der Gedankenverbindung schmälern, oder endlich diese beiden Nachtheile in sich vereinigen. Hierin wird sich immer bei der Vergleichung auch der verschiedenartigsten ein allgemeiner Maaſsstab ihres Verhältnisses zur Geistesentwickelung finden lassen. Mit eigenthümlichen Schwierigkeiten verbunden ist die Aufsuchung der Gründe solcher Abweichungen von der naturgemäfsen Bahn. Dieser läfst sich auf dem Wege der Begriffe nachgehen, die Abirrung aber beruht auf Individualitäten, die bei dem Dunkel, in welches sich die frühere Geschichte jeder Sprache zurückzieht, nur vermuthet und erahndet werden können. Wo der unvollkommene Organismus blofs darin liegt, dafs der innere Sprachsinn sich nicht überall in dem Laute hat sinnlichen Ausdruck verschaffen können, und daher die Formen bildende Kraft dieses letzteren vor Erreichung vollendeter Formalität ermattet ist, tritt allerdings diese Schwierigkeit weniger ein, da der Grund der Unvollkommenheit alsdann in dieser Schwäche selbst liegt. Allein auch solche Fälle stellen sich selten so einfach dar, und es giebt andere, und gerade die merkwürdigsten, welche sich durchaus nicht blofs auf diese Weise erklären lassen. Dennoch mufs man die Untersuchung unermüdlich bis zu diesem Punkte verfolgen, wenn man es nicht aufgeben will, den Sprachbau in seinen ersten Gründen gleichsam da, wo er in den Organen und dem Geiste Wurzel schlägt, zu enthüllen. Es würde unmöglich sein, in diese Materie hier irgend erschöpfend einzugehen. Ich begnüge mich daher, nur einige Augenblicke bei zwei Beispielen stehen zu bleiben, und wähle zu dem ersten derselben die Semitischen Sprachen, vorzüglich aber wieder unter diesen die Hebräische.

Dieser Sprachstamm gehört zwar offenbar zu den flectirenden, ja es ist schon oben bemerkt worden, dafs die eigentlichste Flexion, im Gegensatz bedeutsamer Anfügung, gerade in ihm wahrhaft einheimisch ist. Die Hebräische und Arabische Sprache beurkunden auch die innere Trefflichkeit ihres Baues, die erstere durch Werke des höchsten dichterischen Schwunges, die letztere noch durch eine reiche, vielumfassende wissenschaftliche Litteratur, neben der poetischen. Auch an sich, blofs technisch betrachtet, steht der Organismus dieser Sprachen an Strenge der Consequenz, kunstvoller Einfachheit, und sinnreicher Anpassung des Lautes an den Gedanken nicht nur keinem anderen nach, sondern übertrifft vielleicht hierin alle. Dennoch tragen diese Sprachen zwei Eigenthümlichkeiten an sich, welche nicht in den natürlichen Forderungen, ja man kann mit Sicherheit hinzusetzen, kaum den Zulassungen der Sprache überhaupt liegen. Sie verlangen nämlich, wenigstens in ihrer jetzigen Gestaltung, durchaus drei Consonanten in jedem Wortstamm, und Consonant und Vocal enthalten nicht zusammen die Bedeutung der Wörter, sondern Bedeutung und Beziehung sind ausschliefslich, jene den Consonanten, diese den Vocalen zugetheilt. Aus der ersteren dieser Eigenthümlichkeiten entsteht ein Zwang für die Wortform, welchem man billig die Freiheit anderer Sprachen, namentlich des Sanskritischen Stammes, vorzieht. Auch bei der zweiten jener Eigenthümlichkeiten finden sich Nachtheile gegen die Flexion durch Anfügung gehörig untergeordneter Laute. Man mufs also doch, meiner Überzeugung nach, von diesen Seiten aus, die Semitischen Sprachen zu den von der angemessensten Bahn der Geistesentwickelung abweichenden rechnen. Wenn man aber nun versucht, den Gründen dieser Erscheinung und ihrem Zusammenhange mit den nationellen Sprachanlagen nachzuspüren, so dürfte man schwerlich zu einem vollkommen befriedigenden Resultate gelangen. Es erscheint gleich zuerst zweifelhaft, welche von jenen beiden Eigenthümlichkeiten man als den Bestimmungsgrund der andren ansehen soll? Offenbar stehen beide in dem innigsten Zusammenhange. Der bei drei Consonanten mögliche Sylbenumfang lud gleichsam dazu ein, die mannigfaltigen Beziehungen der Wörter durch Vocalwechsel anzudeuten; und wenn man die Vocale ausschliefslich hierzu bestimmen wollte, so konnte man den nothwendigen Reichthum an Bedeutungen nur durch mehrere Consonanten in demselben Worte erreichen. Die hier geschilderte Wechselwirkung aber ist mehr geeignet, den inneren Zusammenhang der Sprache in ihrer heutigen Formung zu erläutern, als zum Entstehungsgrunde eines solchen Baues zu dienen. Die Andeutung der grammatischen Beziehungen durch die blofsen Vocale läfst sich nicht füglich als erster Bestimmungsgrund annehmen, da überall in den Sprachen natürlich die Bedeutung vorausgeht, und daher schon die Ausschliefsung der Vocale von derselben erklärt werden müfste. Die Vocale müssen zwar in einer zwiefachen Beziehung betrachtet werden. Sie dienen zunächst nur als Laut, ohne welchen der Consonant nicht ausgesprochen werden könnte; weiter aber tritt uns die Verschiedenheit des Lautes, den sie in der Vocalreihe annehmen, entgegen. In der ersten Beziehung giebt es nicht Vocale, sondern nur Einen, als zunächst stehenden, allgemeinen Vocallaut, oder, wenn man will, eigentlich noch gar keinen wahren Vocal, sondern einen unklaren, noch im Einzelnen unentwickelten Schwa-Laut. Etwas Ähnliches findet sich bei den Consonanten in ihrer Verbindung mit Vocalen. Auch der Vocal bedarf, um hörbar zu werden, des consonantischen Hauches; und insofern dieser nur die zu dieser Bestimmung erforderliche Beschaffenheit an sich trägt, ist er von den in der Consonantenreihe sich durch verschiedenen Klang gegenüberstehenden Tönen verschieden ([1]). Hieraus folgt schon von selbst, dafs sich

---

([1]) Diese Sätze hat Lepsius in seiner Paläographie auf das klarste und befriedigendste dargestellt, und den Unterschied zwischen dem Anfangs-*a* und dem *h* in der Sanskritschrift gezeigt. Ich hatte im Bugis und in einigen andren, verwandten Alphabeten erkannt, dafs das Zeichen, welches von allen Bearbeitungen der Sprachen, denen diese Alphabete angehören, ein Anfangs-*a* genannt wird, eigentlich gar kein Vocal ist, sondern einen schwachen, dem Spiritus lenis der Griechen ähnlichen, consonantischen Hauch andeutet. Alle von mir dort (*Nouv. Journ. Asiat.* IX. 489-494.)

die Vocale in dem Ausdruck der Begriffe nur den Consonanten beigesellen, und, wie schon von den tiefsten Sprachforschern (¹) anerkannt worden ist, hauptsächlich zur näheren Bestimmung des durch die Consonanten gestalteten Wortes dienen. Es liegt auch in der phonetischen Natur der Vocale, daſs sie etwas Feineres, mehr Eindringendes und Innerliches, als die Consonanten, andeuten, und gleichsam körperloser und seelenvoller sind. Dadurch passen sie mehr zur grammatischen Andeutung, wozu die Leichtigkeit ihres Schalles und ihre Fähigkeit, sich anzuschlieſsen, hinzutritt. Indeſs ist von diesem allem doch ihr ausschlieſslich grammatischer Gebrauch in den Semitischen Sprachen noch sehr verschieden, steht, wie ich glaube, als eine einzige Erscheinung in der Sprachgeschichte da, und erfordert daher einen eignen Erklärungsgrund. Will man, um diesen zu finden, auf der andren Seite von dem zweisylbigen Wurzelbau ausgehen, so stellt sich diesem Versuche der Umstand entgegen, daſs dieser Wurzelbau, wenn auch für den uns bekannten Zustand dieser Sprachen der constitutive, dennoch vermuthlich nicht der wirklich ursprüngliche war. Vielmehr lag ihm, wie ich weiter unten näher ausführen werde, wahrscheinlich in gröſserem Umfange, als man es jetzt anzunehmen pflegt, ein einsylbiger zum Grunde. Vielleicht aber läſst sich die Eigenthümlichkeit, von der wir hier reden, dennoch gerade hieraus und aus dem Übergange zu den zweisylbigen Formen, auf die wir durch die Vergleichung der zweisylbigen unter einander geführt werden, herleiten. Diese einsylbigen Formen hatten zwei Conso-

---

nachgewiesene Erscheinungen lassen sich aber durch das von Lepsius über denselben Punkt im Sanskrit-Alphabet Entwickelte besser und richtiger erklären.

(¹) Grimm drückt dies in seiner glücklich sinnvollen Sprache folgendergestalt aus: die Consonanz gestaltet, der Vocal bestimmt und beleuchtet das Wort. (Deutsche Gramm. II. S. 1.)

nanten, welche einen Vocal zwischen sich einschlossen. Vielleicht verlor der so eingeschlossene und vom Consonantenklange übertönte Vocal die Fähigkeit gehörig selbstständiger Entwicklung, und nahm deshalb keinen Theil an dem Ausdrucke der Bedeutung. Die sich später offenbarende Nothwendigkeit grammatischer Bezeichnung rief erst vielleicht jene Entwickelung hervor, und bewirkte dann, um den grammatischen Flexionen einen gröfseren Spielraum zu geben, die Hinzufügung einer zweiten Sylbe. Immer aber mufs doch irgend noch ein anderer Grund vorhanden gewesen sein, die Vocale nicht frei auslauten zu lassen; und dieser ist wohl eher in der Beschaffenheit der Organe und in der Eigenthümlichkeit der Aussprache, als in der inneren Sprachansicht, zu suchen.

Gewisser, als das bis hierher Besprochene, scheint es mir dagegen, und wichtiger zur Bestimmung des Verhältnisses der Semitischen Sprachen zur Geistesentwickelung ist es, dafs es dem inneren Sprachsinn dennoch bei diesen Völkern an der nothwendigen Schärfe und Klarheit der Unterscheidung der materiellen Bedeutung und der Beziehungen der Wörter theils zu den allgemeinen Formen des Sprechens und Denkens, theils zur Satzbildung mangelte, so dafs dadurch selbst die Reinheit der Unterscheidung der Consonanten- und Vocalbestimmung zu leiden Gefahr läuft. Zuerst mufs ich hier auf die besondere Natur derjenigen Laute aufmerksam machen, die man in den Semitischen Sprachen Wurzeln nennt, die sich aber wesentlich von den Wurzellauten anderer Sprachen unterscheiden. Da die Vocale von der materiellen Bedeutsamkeit ausgeschlossen sind, so müssen die drei Consonanten der Wurzel, streng genommen, vocallos, d. h. blofs von dem zu ihrer Herausstofsung erforderlichen Laute begleitet sein. In diesem Zustande aber fehlt ihnen die zum Erscheinen in der Rede nothwendige Lautform, da auch die Semitischen Sprachen nicht mehrere, unmittelbar auf einander folgende, mit bloſsem Schwa verbundene Consonanten dulden. Mit hinzugefügten Vocalen drücken sie diese oder jene bestimmte Beziehung aus, und hören auf beziehungslose Wurzeln zu sein. Wo daher die Wurzeln wirklich in der Sprache erscheinen, sind sie schon wahre Wortformen; in ihrer eigentlichen Wurzelgestalt mangelt ihnen noch ein wichtiger Theil zur Vollendung ihrer Lautform in der Rede. Hierdurch erhält selbst die Flexion in den Semitischen Sprachen einen anderen Sinn, als welchen dieser Begriff in den übrigen Sprachen hat, wo die Wurzel, frei von aller Beziehung, wirklich dem Ohre vernehmbar, wenigstens als Theil eines Wortes in der Rede erscheint. Flectirte Wörter enthalten in den Semitischen Sprachen nicht Umbeugungen ursprünglicher Töne, sondern Vervollständigungen zur wahren Lautform. Da nun der ursprüngliche Wurzellaut nicht neben dem flectirten dem Ohre im Zusammenhange der Rede vernehmbar werden kann, so leidet dadurch die lebendige Unterscheidung des Bedeutungs- und Beziehungsausdrucks. Allerdings wird zwar dadurch selbst die Verbindung beider noch inniger, und die Anwendung der Laute, nach Ewald's geistvoller und richtiger Bemerkung, passender, als in irgend einer andren Sprache, da den leicht beweglichen Vocalen das mehr Geistige, den Consonanten das mehr Materielle zugetheilt ist. Aber das Gefühl der nothwendigen Einheit des, zugleich Bedeutung und Beziehung in sich fassenden Worts ist gröſser und energischer, wenn die verschmolzenen Elemente in reiner Selbstständigkeit geschieden werden können; und dies ist dem Zweck der Sprache, die ewig trennt und verbindet, und der Natur des Denkens selbst angemessen. Allein auch bei der Untersuchung der einzelnen Arten des Beziehungs- und Bedeutungsausdrucks findet man die Sprache nicht von einer gewissen Vermischung beider frei. Durch den Mangel untrennbarer Präpositionen entgeht ihr eine ganze Classe von Beziehungsbezeichnungen, die ein systematisches Ganzes bilden und sich in einem vollständigen Schema darstellen lassen. In den Semitischen Sprachen wird dieser Mangel zum Theil dadurch ersetzt, dafs für diese, durch Präpositionen modificirten Verbalbegriffe eigene Wörter bestimmt sind. Dies kann aber keine Vollständigkeit gewähren, und noch weniger vermag dieser scheinbare Reichthum für den Nachtheil zu entschädigen, dafs, da sich nun der Gegensatz weniger fühlbar darstellt, auch die Totalität nicht übersichtlich ins Auge fällt, und die Redenden die Möglichkeit einer leichten und sicheren Spracherweiterung durch einzelne, bis dahin unversucht gebliebene, Anwendungen verlieren.

Auch einen mir wichtig scheinenden Unterschied in der Bezeichnung verschiedener Arten von Beziehungen kann ich hier nicht übergehen. Die Andeutung der Casus des Nomens, insofern sie einen Ausdruck zulassen, und nicht blofs durch die Stellung unterschieden werden, geschieht durch Hinzufügung von Präpositionen, die der Personen des Verbums durch Hinzufügung der Pronomina. Durch diese beiden Beziehungen wird die Bedeutung der Wörter auf keinerlei Weise afficirt. Es sind Ausdrücke reiner allgemein anwendbarer Verhältnisse. Das grammatische Mittel aber ist Anfügung, und zwar solcher Buchstaben oder Sylben, welche die Sprache als für sich bestehend anerkennt, die sie auch nur bis auf einen gewissen Grad der Festigkeit mit den Wörtern verbindet. Insofern auch Vocalwechsel dabei eintritt, ist er eine Folge jener Zuwächse, deren Anfügung nicht ohne Wirkung auf die Wortform in einer Sprache bleiben kann, welche so fest bestimmte Regeln für den Bau der Wörter besitzt. Die übrigen Beziehungsausdrücke, sie mögen nun in reinem Vocalwechsel, oder zugleich in Hinzufügung consonantischer Laute, wie im Hifil, Nifal u. s. f., oder in Verdoppelung eines der Consonanten des Wortes selbst, wie bei den mehrsten Steigerungsformen, bestehen, haben eine nähere Verwandtschaft mit der materiellen Bedeutung des Worts, afficiren dieselbe mehr oder weniger, ändern sie wohl auch gewissermafsen ganz ab, wie wenn aus dem Stamm grofs gerade durch eine solche Form das Verbum erziehen hervorgebracht wird. Ursprünglich und hauptsächlich bezeichnen sie zwar wirkliche grammatische Beziehungen, den Unterschied des Nomens und Verbums, die transitiven oder intransitiven, reflexiven und causativen Verba u.s.w. Die Änderung der ursprünglichen Bedeutung, durch welche aus den Stämmen abgeleitete Begriffe entstehen, ist eine natürliche Folge dieser Formen selbst, ohne dafs darin eine Vermischung des Beziehungs- und Bedeutungsausdrucks zu liegen braucht. Dies beweist auch die gleiche Erscheinung in den Sanskritischen Sprachen. Allein der ganze Unterschied jener zwei Classen (auf der einen Seite der Casus- und Pronominalaffixa, auf der andren der inneren Verbalflexionen) und ihre verschiedene Bezeichnung ist in sich selbst auffallend. Zwar liegt in demselben eine gewisse Angemessenheit mit der Verschiedenheit der Fälle. Da, wo der Begriff keine Änderung erleidet, wird die Beziehung nur äufserlich, dagegen innerlich, am Stamme selbst, da bezeichnet, wo die grammatische Form, sich blofs auf das einzelne Wort erstreckend, die Bedeutung afficirt. Der Vocal erhält an derselben den feinen ausmalenden, näher modificirenden Antheil, von dem weiter oben die Rede war. In der That sind alle Fälle der zweiten Classe von dieser Art, und können, wenn wir beim Verbum stehen bleiben, schon auf die blofsen Participien angewendet werden, ohne die actuale Verbalkraft selbst anzugehen. In der Barmanischen Sprache geschieht dies wirklich, und auch die Verbalvorschläge der Malayischen Sprachen beschreiben ungefähr denselben Kreis, als die Semitischen in dieser Bezeichnungsart. Denn in der That lassen sich alle Fälle derselben auf etwas den Begriff selbst Abänderndes zurückführen. Dies gilt sogar von der Andeutung der Tempora, insofern sie durch Beugung und nicht syntaktisch geschieht. Denn auf jene Weise unterscheidet sie blofs die Wirklichkeit und die noch nicht mit Sicherheit zu bestimmende Ungewifsheit. Dagegen erscheint es sonderbar, dafs gerade diejenigen Beziehungen, die am meisten den unveränderten Begriff nur in eine andere Beziehung stellen, wie die Casus, und diejenigen, welche am wesentlichsten die Verbalnatur bilden, wie die Personen, weniger formal bezeichnet werden, ja sich fast, gegen den Begriff der Flexion, zur Agglutination hinneigen, und dagegen die den Begriff selbst modificirenden den am meisten formalen Ausdruck annehmen. Der Gang des Sprachsinnes der Nation scheint hier nicht sowohl der gewesen zu sein, Beziehung und Bedeutung scharf von einander zu trennen, als vielmehr der, die aus der ursprünglichen Bedeutung fliefsenden Begriffe, nach systematischer Abtheilung grammatischer Form, in den verschiedenen Nüancen derselben, regelmäfsig geordnet, abzuleiten. Man würde sonst nicht die gemeinsame Natur aller grammatischen Beziehungen durch Behandlung in zwiefachem Ausdruck gewissermafsen verwischt haben. Wenn dies Räsonnement richtig und mit den Thatsachen übereinstimmend erscheint, so beweist dieser Fall, wie ein Volk seine Sprache mit bewundrungswürdigem Scharfsinn und gleich seltnem Gefühl der gegenseitigen Forderungen des Begriffs und des Lautes behandeln, und doch die Bahn verfehlen kann, welche in der Sprache überhaupt die naturgemäfseste ist. Die Abneigung der Semitischen Sprachen gegen Zusammensetzung ist aus ihrer ganzen, hier nach ihren Hauptzügen geschilderten Form leicht erklärlich. Wenn auch die Schwierigkeit, vielsylbigen Wörtern die einmal fest in die Sprache eingewachsene Wortform zu geben, wie es die zusammengesetzten Eigennamen beweisen, überwunden werden konnte, so mufsten sie doch bei der Gewöhnung des Volks an eine kürzere, einen streng gegliederten und leicht übersehbaren inneren Bau erlaubende Wortform lieber vermieden werden. Es boten sich aber auch weniger Veranlassungen zu ihrer Bildung dar, da der Reichthum an Stämmen sie entbehrlicher machte.

In der Delaware-Sprache in Nord-Amerika herrscht mehr, als vielleicht in irgend einer andren, die Gewohnheit, neue Wörter durch Zusammensetzung zu bilden. Die Elemente dieser Composita enthalten aber selten das ganze ursprüngliche Wort, sondern es gehen von diesem nur Theile, ja selbst nur einzelne Laute in die Zusammensetzung über. Aus einem von Du Ponceau ([1]) gegebenen Beispiel muſs man sogar schlieſsen, daſs es von dem Redenden abhängt, solche Wörter oder vielmehr ganze zu Wörtern gestempelte Phrasen gleichsam aus Bruchstücken einfacher Wörter zusammenzufügen. Aus *ki*, du, *wulit*, gut, schön, niedlich, *wichgat*, Pfote, und *schis*, einem als Endung im Sinne der Kleinheit gebrauchten Worte, wird, in der Anrede an eine kleine Katze, *k-uli-gat-schis*, deine niedliche kleine Pfote, gebildet. Auf gleiche Weise gehen Redensarten in Verba über, und werden alsdann vollständig conjugirt. *Nad-hol-incen*, von *nalen*, holen, *amochol*, Boot, und dem schlieſsenden regierten Pronomen der ersten Person des Plurals, heiſst: hole uns mit dem Boote! nämlich: über den Fluſs. Man sieht schon aus diesen Beispielen, daſs die Veränderungen der diese Composita bildenden Wörter sehr bedeutend sind. So wird aus *wulit* in dem obigen Beispiel *uli*, in anderen Fällen, wo im Compositum kein Consonant vorausgeht, *wul*, allein auch mit vorausgehendem Consonanten *ola* ([2]). Auch die Abkürzungen sind bis-

---

([1]) Vorrede zu Zeisberger's Delaware-Grammatik. (Philadelphia. 1827. 4. S. 20.)
([2]) *Transactions of the Historical and Literary Committee of the American Philosophical Society*. Philadelphia. 1819. Vol. 1. S. 405. u. flgd.

weilen sehr gewaltsam. Von *awesis*, Thier, wird, um das Wort Pferd zu bilden, blofs die Sylbe *es* in die Zusammensetzung aufgenommen. Zugleich gehen, da die Bruchstücke der Wörter nun in Verbindung mit anderen Lauten treten, Wohllautsveränderungen vor, welche dieselben noch weniger kenntlich machen. Dem eben erwähnten Worte für Pferd, *nanayung-es*, liegt, aufser der Endung *es*, nur *nayundam*, eine Last auf dem Rücken tragen, zum Grunde. Das *g* scheint eingeschoben, und die Verstärkung durch die Verdoppelung der ersten Sylbe nur auf das Compositum angewandt. Ein blofses Anfangs-*m* von *machit*, schlecht, oder von *medhick*, übel, giebt dem Worte einen bösen und verächtlichen Sinn [1]. Man hat daher diese Wortverstümmlungen verschiedentlich, als barbarische Rohheit, sehr hart getadelt. Man müfste aber eine tiefere Kenntnifs der Delaware-Sprache und der Verwandtschaft ihrer Wörter besitzen, um zu entscheiden, ob wirklich in den abgekürzten Wörtern die Stammsylben vernichtet, oder nicht vielmehr gerade erhalten werden. Dafs dies letztere in einigen Fällen sich wirklich so verhält, sieht man an einem merkwürdigen Beispiel. *Lenape* bedeutet Mensch; *lenni*, welches mit dem vorigen Worte zusammen (Lenni Lenape) den Namen des Hauptstammes der Delawaren ausmacht, hat die Bedeutung von etwas Ursprünglichem, Unvermischtem, dem Lande von jeher Angehörigem, und bedeutet daher auch gemein, gewöhnlich. In diesem letzteren Sinne dient

---

[1] Zeisberger (a. a. O.) bemerkt, dafs *mannitto* hiervon eine Ausnahme bilde, da man darunter Gott selbst, den grofsen und guten Geist, verstehe. Es ist aber sehr gewöhnlich, die religiösen Ideen ungebildeter Völker von der Furcht vor bösen Geistern ausgehen zu sehen. Die ursprüngliche Bedeutung des Wortes könnte daher doch sehr leicht eine solche gewesen sein. Über den Rest des Wortes finde ich, bei dem Mangel eines Delaware-Wörterbuchs, keine Auskunft. Auffallend, obgleich vielleicht blofs zufällig, ist die Übereinstimmung dieses Überrestes mit dem Tagalischen *anito*, Götzenbild. (s. meine Schrift über die Kawi-Sprache. 1. Buch. S. 75.)

der Ausdruck zur Bezeichnung alles Einheimischen, von dem grofsen und guten Geiste dem Lande Gegebenen, im Gegensatz mit dem aus der Fremde erst durch die weifsen Menschen Gekommenen. *Ape* heifst **aufrecht gehen** (¹). In *lenape* sind also ganz richtig die charakteristischen Kennzeichen des aufrecht wandelnden Eingebornen enthalten. Dafs hernach das Wort allgemein für Mensch gilt, und, um zum Eigennamen zu werden, noch einmal den Begriff des Ursprünglichen mit sich verbindet, sind leicht erklärliche Erscheinungen. In *pilape*, Jüngling, ist das Wort *pilsit*, keusch, unschuldig, mit demjenigen Theil von *lenape* zusammengesetzt, welcher die den Menschen charakterisirende Eigenschaft bezeichnet. Da die in der Zusammensetzung verbundenen Wörter grofsentheils mehrsylbig und schon selbst wieder zusammengesetzt sind, so kommt alles darauf an, welcher ihrer Theile zum Element des neuen Compositums gebraucht wird, worüber nur die aus einem vollständigen Wörterbuche zu schöpfende genauere Kenntnifs der Sprache Aufklärung geben könnte. Auch versteht es sich wohl von selbst, dafs der Sprachgebrauch diese Abkürzungen in bestimmte Regeln eingeschlossen haben wird. Dies sieht man schon daraus, dafs das modificirte Wort in den gegebenen Beispielen immer im Compositum, als das letzte Element, den modificirenden nachsteht. Das Verfahren dieser scheinbaren Verstümmlung der Wörter dürfte daher wohl ein milderes Urtheil verdienen, und nicht so zerstörend für die Etymologie sein, als es der oberflächliche Anblick befürchten läfst. Es hängt genau mit der, oben schon als die Amerikanischen Sprachen auszeichnend angeführten Tendenz, das Pronomen in abgekürzter oder noch mehr abweichender Gestalt mit dem Verbum

---

(¹) So verstehe ich nämlich Heckewelder. (*Transactions.* I. 411.) Auf jeden Fall ist *ape* blofs Endung für aufrecht gehende Wesen, wie *chum* für vierfüfsige Thiere.

und dem Nomen zu verbinden, zusammen. Das eben von der Delawarischen Gesagte beweist ein noch allgemeineres Streben nach Verbindung mehrerer Begriffe in demselben Worte. Wenn man mehrere der Sprachen mit einander vergleicht, welche die grammatischen Beziehungen, ohne Flexion, durch Partikeln andeuten, so halten einige derselben, wie die Barmanische, die meisten der Südsee-Inseln und selbst die Mandschuische und die Mongolische, die Partikeln und die durch sie bestimmten Wörter eher aus einander, da hingegen die Amerikanischen eine Neigung, sie zu verknüpfen, verrathen. Die letztere fließt natürlich schon aus dem oben (§.17.) geschilderten einverleibenden Verfahren. Dieses habe ich im Vorigen als eine Beschränktheit der Satzbildung dargestellt, und durch die Ängstlichkeit des Sprachsinns erklärt, die Theile des Satzes für das Verständniß recht enge zusammenzufassen.

Dem hier betrachteten Verfahren der Delawarischen Wortbildung läßt sich aber zugleich noch eine andere Seite abgewinnen. Es liegt in demselben sichtbar die Neigung, der Seele die im Gedanken verbundenen Begriffe, statt ihr dieselben einzeln zuzuzählen, auf einmal, und auch durch den Laut verbunden, vorzulegen. Es ist eine malerische Behandlung der Sprache, genau zusammenhängend mit der übrigen aus allen ihren Bezeichnungen hervorblickenden bildlichen Behandlung der Begriffe. Die Eichel heißt *wu-nach-quim*, die Nuß der Blatt-Hand (von *wumpach*, Blatt, *nach*, Hand, und *quim*, die Nuß), weil die lebendige Einbildungskraft des Volkes die eingeschnittenen Blätter der Eiche mit einer Hand vergleicht. Auch hier bemerke man die doppelte Befolgung des oben erwähnten Gesetzes in der Stellung der Elemente, erst in dem letzten, dann in den beiden ersten, wo wieder die Hand, gleichsam aus einem Blatte gebildet, diesem letzteren Worte, nicht umgekehrt, nachsteht. Es ist offenbar von großer Wichtigkeit, wie viel eine Sprache in Ein Wort einschließt, statt sich der Umschreibung durch mehrere zu bedienen. Auch der gute Schriftsteller übt hierin sorgfältige Unterscheidung, wo ihm die Sprache die Wahl frei läßt. Das richtige Gleichgewicht, welches die Griechische Sprache hierin beobachtet, gehört gewiß zu ihren größten Schönheiten. Das in Einem Worte Verbundene stellt sich auch der Seele mehr als Eins dar, da die Wörter in der Sprache das sind, was die Individuen in der Wirklichkeit. Es erregt lebendiger die Einbildungskraft, als was dieser einzeln zugezählt wird. Daher ist das Einschließen in Ein Wort mehr Sache der Einbildungskraft, die Trennung mehr die des Verstandes. Beide können sich sogar hierin entgegenstehen, und verfahren wenigstens dabei nach ihren eignen Gesetzen, deren Verschiedenheit sich hier in einem deutlichen Beispiel in der Sprache verräth. Der Verstand fordert vom Worte, daß es den Begriff vollständig und rein bestimmt hervorrufe, aber auch zugleich in ihm die logische Beziehung anzeige, in welcher es in der Sprache und in der Rede erscheint. Diesen Verstandesforderungen genügt die Delaware-Sprache nur auf ihre, den höheren Sprachsinn nicht befriedigende, Weise. Dagegen wird sie zum lebendigen Symbol der Bilder an einander reihenden Einbildungskraft, und bewahrt hierin eine sehr eigenthümliche Schönheit. Auch im Sanskrit tragen die sogenannten undeclinirbaren Participien, die so oft zum Ausdruck von Zwischensätzen dienen, zur lebendigen Darstellung des Gedankens, dessen Theile sie mehr gleichzeitig vor die Seele bringen, wesentlich bei. In ihnen vereinigt sich aber, da sie grammatische Bezeichnung haben, die Strenge der Verstandesforderung mit dem freien Erguß der Einbildungskraft. Dies ist ihre beifallswürdige Seite. Denn allerdings haben sie auch eine entgegengesetzte, wenn sie durch Schwerfälligkeit der Freiheit der Satzbildung Fesseln anlegen, und ihre einverleibende Methode an mangelnde Mannigfaltigkeit von Mitteln erinnert, dem Satze gehörige Erweiterung zu geben.

Es scheint mir nicht unmerkwürdig, daſs diese kühn bildliche Zusammenfügung der Wörter gerade einer **Nord-Amerikanischen** Sprache angehört, ohne daſs ich jedoch hieraus mit Sicherheit Folgerungen auf den Charakter dieser Völker, im Gegensatz mit den **südlichen**, ziehen möchte, da man hierzu mehr Data über beide und ihre frühere Geschichte besitzen müſste. Gewiſs aber ist es, daſs wir in den Reden und Verhandlungen dieser Nord-Amerikanischen Stämme eine gröſsere Erhebung des Gemüths und einen kühneren Flug der Einbildungskraft erkennen, als von dem wir im südlichen Amerika Kunde haben. Natur, Klima und das den Völkern dieses Theils von Amerika mehr eigenthümliche **Jägerleben**, welches weite Streifzüge durch die einsamsten Wälder mit sich bringt, mögen zugleich dazu beitragen. Wenn aber die Thatsache in sich richtig ist, so übten unstreitig die **groſsen despotischen Regierungen**, besonders die zugleich **priesterlich** die freie Entwickelung der Individualität niederdrückende Peruanische, einen sehr verderblichen Einfluſs aus, da jene Jägerstämme, wenigstens soviel wir wissen, immer nur in freien Verbindungen lebten. **Auch seit der Eroberung durch die Europäer** erfuhren beide Theile ein verschiedenes, gerade in der Hinsicht, von welcher wir hier reden, sehr wesentlich entscheidendes Schicksal. Die fremden Anwohner in dem Nord-Amerikanischen Küstenstrich drängten die Eingebornen zurück, und beraubten sie wohl auch ungerechter Weise ihres Eigenthums, unterwarfen sie aber nicht, indem auch ihre Missionare, von dem freieren und milderen Geiste des Protestantismus beseelt, einem drückenden mönchischen Regimente, wie es die Spanier und Portugiesen systematisch einführten, fremd waren.

Ob übrigens in der reichen Einbildungskraft, von welcher Sprachen, wie die Delawarische, das sichtbare Gepräge tragen, auch ein Zeichen liegt, daſs wir in ihnen eine jugendlichere Gestalt der Sprache aufbewahrt finden? ist eine schwer zu beantwortende Frage, da man zu wenig abzusondern vermag, was hierin der Zeit, und was der Geistesrichtung der Nation angehört. Ich bemerke in dieser Rücksicht hier nur, daſs diese Zusammensetzung von Wörtern, von welchen in unsren heutigen oft auch nur einzelne Buchstaben übrig geblieben sein mögen, sich leicht auch in den schönsten und gebildetsten Sprachen finden mag, da es in der Natur der Dinge liegt, vom Einfachen an aufzusteigen, und im Verlaufe so vieler Jahrtausende, in welchen sich die Sprache im Munde der Völker fortgepflanzt hat, die Bedeutungen der Urlaute natürlich verloren gegangen sind.

§. 24.

In dem entschiedensten Gegensatze befinden sich unter allen bekannten Sprachen die Chinesische und das Sanskrit, da die erstere alle grammatische Form der Sprache in die Arbeit des Geistes zurückweist, das letztere sie bis in die feinsten Schattirungen dem Laute einzuverleiben strebt. Denn offenbar liegt in der mangelnden und sichtbarlich vorleuchtenden Bezeichnung der Unterschied beider Sprachen. Den Gebrauch einiger Partikeln ausgenommen, deren sie, wie wir weiter unten sehen werden, auch wieder bis auf einen hohen Grad zu entbehren versteht, deutet die Chinesische alle Form der Grammatik im weitesten Sinne durch Stellung, den einmal nur in einer gewissen Form festgestellten Gebrauch der Wörter, und den Zusammenhang des Sinnes an, also bloſs durch Mittel, deren Anwendung innere Anstrengung erheischt. Das Sanskrit dagegen legt in die Laute selbst nicht blofs den Sinn der grammatischen Form, sondern auch ihre geistigere Gestalt, ihr Verhältnifs zur materiellen Bedeutung.

Hiernach sollte man auf den ersten Anblick die Chinesische Sprache für die von der naturgemäfsen Forderung der Sprache am meisten abweichende, für die unvollkommenste unter allen halten. Diese Ansicht verschwindet aber vor der genaueren Betrachtung Sie besitzt im Gegentheil einen hohen Grad der Trefflichkeit, und übt eine, wenn gleich einseitige, doch mächtige Einwirkung auf das geistige Vermögen aus. Man könnte zwar den Grund hiervon in ihrer frühen wissenschaftlichen Bearbeitung und reichen Litteratur suchen. Offenbar hat aber vielmehr die Sprache selbst, als Aufforderung und Hülfsmittel, zu diesen Fortschritten der Bildung wesentlich mitgewirkt. Zuerst kann ihr die grofse Consequenz ihres Baues nicht bestritten werden. Alle andren flexionslosen Sprachen, wenn sie auch noch so grofses Streben nach Flexion verrathen, bleiben, ohne ihr Ziel zu erreichen, auf dem Wege dahin stehen. Die Chinesische führt, indem sie gänzlich diesen Weg verläfst, ihren Grundsatz bis zum Ende durch. Dann trieb gerade die Natur der in ihr zum Verständnifs alles Formalen angewandten Mittel, ohne Unterstützung bedeutsamer Laute, darauf hin, die verschiedenen formalen Verhältnisse strenger zu beachten, und systematisch zu ordnen. Endlich wird der Unterschied zwischen materieller Bedeutung und formeller Beziehung dem Geiste dadurch von selbst um so mehr klar, als die Sprache, wie sie das Ohr vernimmt, blofs die materiell bedeutsamen Laute enthält, der Ausdruck der formellen Beziehungen aber an den Lauten nur wieder als Verhältnifs, in Stellung und Unterordnung, hängt. Durch diese fast durchgängige lautlose Bezeichnung der formellen Beziehungen unterscheidet sich die Chinesische Sprache, soweit die allgemeine Übereinkunft aller

Sprachen in Einer inneren Form Verschiedenheit zuläfst, von allen andren bekannten. Man erkennt dies am deutlichsten, wenn man irgend einen ihrer Theile in die Form der letzteren zu zwängen versucht, wie einer ihrer gröfsten Kenner, Abel-Rémusat, eine vollständige Chinesische Declination aufgestellt hat ([1]). Sehr begreiflicher Weise mufs es in jeder Sprache Unterscheidungsmittel der verschiedenen Beziehungen des Nomens geben. Diese aber kann man bei weitem nicht immer darum als Casus im wahren Sinne dieses Wortes betrachten. Die Chinesische Sprache gewinnt durchaus nicht bei einer solchen Ansicht. Ihr charakteristischer Vorzug liegt im Gegentheil, wie auch Rémusat an derselben Stelle sehr treffend bemerkt, in ihrem, von den andren Sprachen abweichenden, Systeme, wenn sie gleich eben durch dasselbe auch mannigfaltiger Vorzüge entbehrt, und allerdings, als Sprache und Werkzeug des Geistes, den Sanskritischen und Semitischen Sprachen nachsteht. Der Mangel einer Lautbezeichnung der formalen Beziehungen darf aber nicht in ihr allein genommen werden. Man mufs zugleich, und sogar hauptsächlich, die Rückwirkung ins Auge fassen, welche dieser Mangel nothwendig auf den Geist ausübt, indem er ihn zwingt, diese Beziehungen auf feinere Weise mit den Worten zu verbinden, und doch nicht eigentlich in sie zu legen, sondern wahrhaft in ihnen zu entdecken. Wie paradox es daher klingt, so halte ich es dennoch für ausgemacht, dafs im Chinesischen gerade die scheinbare Abwesenheit aller Grammatik die Schärfe des Sinnes, den formalen Zusammenhang der Rede zu erkennen, im Geiste der Nation erhöht, da im Gegentheil die Sprachen mit versuchter, aber nicht gelingender Bezeichnung der grammatischen Verhältnisse den Geist vielmehr einschläfern, und den grammatischen Sinn durch

---

[1] Fundgruben des Orients. III. 283.

Vermischung des materiell und formal Bedeutsamen eher verdunkeln.

Dieser eigenthümliche Chinesische Bau rührt wohl unstreitig von der Lauteigenthümlichkeit des Volkes in den frühesten Zeiten her, von der Sitte, die Sylben stark in der Aussprache aus einander zu halten, und von einem Mangel an der Beweglichkeit, mit welcher ein Ton auf den andren umändernd einwirkt. Denn diese sinnliche Eigenthümlichkeit muſs, wenn die geistige der inneren Sprachform erklärt werden soll, zum Grunde gelegt werden, da jede Sprache nur von der ungebildeten Volkssprache ausgehen kann. Entstand nun durch den grübelnden und erfindsamen Sinn der Nation, durch ihren scharfen und regen und vor der Phantasie vorwaltenden Verstand eine philosophische und wissenschaftliche Bearbeitung der Sprache, so konnte sie nur den sich wirklich in dem älteren Style verrathenden Weg nehmen, die Absonderung der Töne, wie sie im Munde des Volkes bestand, beibehalten, aber alles das feststellen und genau unterscheiden, was im höheren Gebrauch der Sprache, entblöſst von der, dem Verständniſs zu Hülfe kommenden Betonung und Geberde, zur lichtvollen Darstellung des Gedanken erfordert wurde. Daſs aber eine solche Bearbeitung schon sehr früh eintrat, ist geschichtlich erwiesen, und zeigt sich auch in den unverkennbaren, aber geringen Spuren bildlicher Darstellung in der Chinesischen Schrift.

Es läſst sich wohl allgemein behaupten, daſs, wenn der Geist anfängt, sich zu wissenschaftlichem Denken zu erheben, und eine solche Richtung in die Bearbeitung der Sprache kommt, überhaupt Bilderschrift sich nicht lange erhalten kann. Bei den Chinesen muſs dies doppelt der Fall gewesen sein. Auf eine alphabetische Schrift würden sie, wie alle andere Völker, durch die

Unterscheidung der Articulation des Lautes geführt worden sein. Es ist aber erklärlich, daſs die Schrifterfindung bei ihnen diesen Weg nicht verfolgte. Da die geredete Sprache die Töne nie in einander verschlang, so war ihre einzelne Bezeichnung minder erfordert. Wie das Ohr Monogramme des Lautes vernahm, so wurden diesen Monogramme der Schrift nachgebildet. Von der Bilderschrift abgehend, ohne sich der alphabetischen zu nähern, bildete man ein kunstvolles, willkührlich erzeugtes System von Zeichen, nicht ohne Zusammenhang der einzelnen unter einander, aber immer nur in einem idealen, niemals in einem phonetischen. Denn weil die Verstandesrichtung vor dem Gefallen an Lautwechsel in der Nation und der Sprache vorherrschte, so wurden diese Zeichen mehr Andeutungen von Begriffen, als von Lauten, nur daſs jedem derselben doch immer ein bestimmtes Wort entspricht, da der Begriff erst im Worte seine Vollendung erhält.

Auf diese Weise bilden die Chinesische und die Sanskrit-Sprache in dem ganzen uns bekannten Sprachgebiete zwei feste Endpunkte, einander nicht an Angemessenheit zur Geistesentwickelung, allein allerdings an innerer Consequenz und vollendeter Durchführung ihres Systems gleich. Die Semitischen Sprachen lassen sich nicht als zwischen ihnen liegend ansehen. Sie gehören, ihrer entschiedenen Richtung zur Flexion nach, in Eine Classe mit den Sanskritischen. Dagegen kann man alle übrigen Sprachen als in der Mitte jener beiden Endpunkte befindlich betrachten, da alle sich entweder der Chinesischen Entblöſsung der Wörter von ihren grammatischen Beziehungen, oder der festen Anschlieſsung der dieselben bezeichnenden Laute nähern müssen. Selbst einverleibende Sprachen, wie die Mexicanische, sind in diesem Falle, da die Einverleibung nicht alle Verhältnisse andeuten kann, und sie, wo diese nicht ausreicht, Partikeln gebrauchen müssen, die angefügt werden, oder getrennt bleiben können. Weiter aber, als diese negativen Eigenschaften, nicht aller grammatischen Bezeichnung zu entbehren, und keine Flexion zu besitzen, haben diese mannigfaltig unter sich verschiedenen Sprachen nichts mit einander gemein, und können daher nur auf ganz unbestimmte Weise in Eine Classe geworfen werden.

Hiernach fragt es sich, ob es nicht in der Sprachbildung (nicht in demselben Sprachstamm, aber überhaupt) stufenartige Erhebungen zu immer vollkommnerer geben sollte? Man kann diese Frage von der wirklichen Sprachentstehung thatsächlich so nehmen, als habe es in verschiedenen Epochen des Menschengeschlechts nur successive Sprachbildungen verschiedener einander in ihrer Entstehung voraussetzender und bedingender Grade gegeben. Alsdann wäre das Chinesische die älteste, das Sanskrit die jüngste Sprache. Denn die Zeit könnte uns Formen aus verschiedenen Epochen aufbewahrt haben. Ich habe schon weiter oben genügend ausgeführt, und es macht dies einen Hauptpunkt meiner Sprachansichten aus, dafs die vollkommnere, die Frage blofs aus Begriffen betrachtet, nicht auch die spätere zu sein braucht. Historisch läfst sich nichts darüber entscheiden; doch werde ich in einem der folgenden Abschnitte dieser Betrachtungen bei Gelegenheit der factischen Entstehung und Vermischung der Sprachen diesen Punkt noch genauer zu bestimmen suchen. Man kann aber auch ohne Rücksicht auf dasjenige, was wirklich bestanden hat, fragen, ob sich die in jener Mitte liegenden Sprachen, blofs ihrem Baue nach, zu einander wie solche stufenartige Erhebungen verhalten, oder ob ihre Verschiedenheit nicht erlaubt, einen so einfachen Maafsstab an sie zu legen? Auf der einen Seite scheint nun wirklich das Erstere der Fall. Wenn z. B. die Barmanische Sprache für die meisten grammatischen Beziehungen wirkliche Lautbezeichnungen in Partikeln besitzt, aber diese weder unter einander, noch mit den Hauptwörtern, durch Lautveränderungen verschlingt, dagegen, wie ich gezeigt habe, Amerikanische Sprachen abgekürzte Elemente verbinden, und dem daraus entstehenden Worte eine gewisse phonetische Einheit geben, so scheint das letztere Verfahren der wirklichen Flexion näher zu stehen. Sieht man aber wieder bei der Vergleichung des Barmanischen mit dem eigentlich Malayischen, daſs jenes zwar viel mehr Beziehungen bezeichnet, da wo dieses die Chinesische Bezeichnungslosigkeit beibehält, dagegen das Malayische die vorhandenen Anfügungssylben in sorgfältiger Beachtung sowohl ihrer eignen, als der Laute des Hauptworts behandelt, so wird man verlegen, welcher beider Sprachen man den Vorzug ertheilen soll, obgleich, bei Beurtheilung auf anderem Wege, derselbe unzweifelhaft der Malayischen Sprache gebührt.

Man sieht also, daſs es einseitig sein würde, auf diese Weise und nach solchen Kriterien Stufen der Sprachen zu bestimmen. Es ist dies auch vollkommen begreiflich. Wenn die bisherigen Betrachtungen mit Recht Eine Sprachform als die einzig gesetzmäſsige anerkannt haben, so beruht dieser Vorzug nur darauf, daſs durch ein glückliches Zusammentreffen eines reichen und feinen Organes mit lebendiger Stärke des Sprachsinnes die ganze Anlage, welche der Mensch physisch und geistig zur Sprache in sich trägt, sich vollständig und unverfälscht im Laute entwickelt. Ein unter so begünstigenden Umständen sich bildender Sprachbau erscheint dann als aus einer richtigen und energischen Intuition des Verhältnisses des Sprechens zum Denken und aller Theile der Sprache zu einander hervorgesprungen. In der That ist der wahrhaft gesetzmäſsige Sprachbau nur da möglich, wo eine solche, gleich einer belebenden Flamme, die Bildung leuchtend durchdringt. Ohne ein von innen heraus arbeitendes Princip, auf mechanisch allmälig einwirkenden Wegen, bleibt er unerreichbar. Treffen aber auch nicht

des weniger vollkommenen Sprachbaues. §. 24.

überall so befördernde Umstände zusammen, so haben doch alle Völker bei ihrer Sprachbildung nur immer eine und dieselbe Tendenz. Alle wollen das Richtige, Naturgemäſse und daher Höchste. Dies bewirkt die sich an und in ihnen entfaltende Sprache von selbst und ohne ihr Zuthun, und es ist nicht denkbar, daſs eine Nation gleichsam absichtlich z. B. nur die materielle Bedeutung bezeichnete, die grammatischen Beziehungen aber der Lautbezeichnung entzöge. Da indeſs die Sprache, die, um hier einen schon im Vorigen gebrauchten Ausdruck zu wiederholen, der Mensch nicht sowohl bildet, als vielmehr in ihren, wie von selbst hervorgehenden, Entwicklungen mit einer Art freudigen Erstaunens an sich entdeckt, durch die Umstände, in welchen sie in die Erscheinung tritt, in ihrem Schaffen bedingt wird, so erreicht sie nicht überall das gleiche Ziel, sondern fühlt sich, nicht ausreichend, an einer, nicht in ihr selbst liegenden Schranke. Die Nothwendigkeit aber demungeachtet, immer ihrem allgemeinen Zwecke zu genügen, treibt sie, wie es auch sein möge, von jener Schranke aus nach einer hierzu tauglichen Gestaltung. So entsteht die concrete Form der verschiedenen menschlichen Sprachen, und enthält, insofern sie vom gesetzmäſsigen Baue abweicht, daher immer zugleich einen negativen, die Schranke des Schaffens bezeichnenden, und einen positiven, das unvollständig Erreichte dem allgemeinen Zwecke zuführenden Theil. In dem negativen lieſse sich nun wohl eine stufenartige Erhebung nach dem Grade, in welchem die schöpferische Kraft der Sprache ausgereicht hätte, denken. Der positive aber, in welchem der oft sehr kunstvolle individuelle Bau auch der unvollkommneren Sprachen liegt, erlaubt bei weitem nicht immer so einfache Bestimmungen. Indem hier mehr oder weniger Übereinstimmung und Entfernung vom gesetzmäſsigen Baue zugleich vorhanden ist, muſs man sich oft nur bei einem Abwägen der Vor-

Tt

züge und Mängel begnügen. Bei dieser, wenn der Ausdruck erlaubt ist, anomalen Art der Spracherzeugung wird oft ein einzelner Sprachtheil mit einer gewissen Vorliebe vor andren ausgebildet, und es liegt hierin häufig gerade der charakteristische Zug einzelner Sprachen. Natürlich aber kann sich alsdann die wahre Reinheit des richtigen Princips in keinem Theile aussprechen. Denn dieses fordert gleichmäfsige Behandlung aller, und würde, könnte es einen Theil wahrhaft durchdringen, sich von selbst auch über die anderen ergiefsen. Mangel an wahrer innerer Consequenz ist daher ein gemeinsamer Charakter aller dieser Sprachen. Selbst die Chinesische kann eine solche doch nicht vollkommen erreichen, da auch sie in einigen, allerdings nicht zahlreichen Fällen dem Principe der Wortfolge mit Partikeln zu Hülfe kommen mufs.

Wenn den unvollkommneren Sprachen die wahre Einheit eines, sie von innen aus gleichmäfsig durchstrahlenden Principes mangelt, so liegt es doch in dem hier geschilderten Verfahren, dafs jede demungeachtet einen festen Zusammenhang und eine, nicht zwar immer aus der Natur der Sprache überhaupt, aber doch aus ihrer besonderen Individualität hervorgehende Einheit besitzt. Ohne Einheit der Form wäre überhaupt keine Sprache denkbar; und so wie die Menschen sprechen, fassen sie nothwendig ihr Sprechen in eine solche Einheit zusammen. Dies geschieht bei jedem inneren und äufseren Zuwachs, welchen die Sprache erhält. Denn ihrer innersten Natur nach, macht sie ein zusammenhängendes Gewebe von Analogieen aus, in dem sich das fremde Element nur durch eigene Anknüpfung festhalten kann.

Die hier gemachten Betrachtungen zeigen zugleich, welche Mannigfaltigkeit verschiedenen Baues die menschliche Spracherzeugung in sich zu fassen vermag, und lassen folglich an der Möglichkeit einer erschöpfenden Classification der Sprachen verzweifeln. Eine solche ist wohl zu bestimmten Zwecken, und wenn man einzelne Erscheinungen an ihnen zum Eintheilungsgrunde annimmt, ausführbar, verwickelt dagegen in unauflösliche Schwierigkeiten, wenn, bei tiefer eindringendem Forschen, die Eintheilung auch in ihre wesentliche Beschaffenheit und ihren inneren Zusammenhang mit der geistigen Individualität der Nationen eingehen soll. Die Aufstellung eines nur irgend vollständigen Systems ihres Zusammenhanges und ihrer Verschiedenheiten wäre, ständen derselben auch nicht die so eben angegebenen allgemeinen Schwierigkeiten im Wege, doch bei dem jetzigen Zustande der Sprachkunde unmöglich. Eine nicht unbedeutende Anzahl noch gar nicht unternommener Forschungen müßte einer solchen Arbeit nothwendig vorausgehen. Denn die richtige Einsicht in die Natur einer Sprache erfordert viel anhaltendere und tiefere Untersuchungen, als bisher noch den meisten Sprachen gewidmet worden sind.

Dennoch finden sich auch zwischen nicht stammverwandten Sprachen, und in Punkten, die am entschiedensten mit der Geistesrichtung zusammenhangen, Unterschiede, durch welche mehrere wirklich verschiedene Classen zu bilden scheinen. Ich habe weiter oben (§. 21.) von der Wichtigkeit gesprochen, dem Verbum eine, seine wahre Function formal charakterisirende Bezeichnung zu geben. In dieser Eigenthümlichkeit nun unterscheiden sich Sprachen, welche sonst, dem Ganzen ihrer Bildung nach, auf gleicher Stufe zu stehen scheinen. Es ist natürlich, daß die Partikel-Sprachen, wie man diejenigen nennen könnte, welche die grammatischen Beziehungen zwar durch Sylben oder Wörter bezeichnen, allein diese gar nicht, oder nur locker und verschiebbar anfügen, keinen ursprünglichen Unterschied zwischen Nomen und Verbum feststellen. Bezeichnen sie auch einige einzelne Gattungen des ersteren, so geschieht dies nur in Beziehung auf bestimmte Begriffe und in bestimmten Fällen, nicht im Sinne grammatischer Absonderung durchgängig. Es ist daher in ihnen nicht selten, dafs jedes Wort, ohne Unterschied, zum Verbum gestempelt werden, dagegen auch wohl jede Verbalflexion zugleich als Participium gelten kann. Sprachen nun, die hierin einander gleich sind, unterscheiden sich dennoch wieder dadurch, dafs die einen das Verbum mit gar keinem, seine eigenthümliche Function der Satzverknüpfung charakterisirenden Ausdruck ausstatten, die anderen dies wenigstens durch die ihm in Abkürzungen oder Umänderungen angefügten Pronomina thun, den schon im Obigen öfters berührten Unterschied zwischen Pronomen und Verbalperson festhaltend. Das erstere Verfahren beobachtet z. B. die Barmanische Sprache, soweit ich sie genauer beurtheilen kann, auch die Siamesische, die Mandschuische und Mongolische, insofern sie die Pronomina nicht zu Affixen abkürzen, die Sprachen der Südsee-Inseln, und grofsentheils auch die übrigen Malayischen des westlichen Archipelagus, das letztere die Mexicanische, die Delaware-Sprache und andere Amerikanische. Indem die Mexicanische dem Verbum das regierende und regierte Pronomen, bald in concreter, bald in allgemeiner Bedeutung, beigiebt, drückt sie wirklich auf eine geistigere Weise seine nur ihm angehörende Function durch die Richtung auf die übrigen Haupttheile des Satzes aus. Bei dem ersteren dieser beiden Verfahren können Subject und Prädicat nur so verknüpft werden, dafs man die Verbalkraft durch Hinzufügung des Verbums sein andeutet. Meistentheils aber wird dasselbe blofs hinzugedacht; was in Sprachen dieses Verfahrens Verbum heifst, ist nur Participium oder Verbalnomen, und kann, wenn auch Genus des Verbums, Tempus und Modus daran ausgedrückt sind, vollkommen so gebraucht werden. Unter Modus verstehen aber diese Sprachen nur die Fälle, wo die Begriffe des Wünschens, Befürchtens, des Könnens, Müssens u. s. f. An-

des weniger vollkommenen Sprachbaues. §. 24.

wendung finden. Der reine Conjunctivus ist ihnen in der Regel fremd. Das durch ihn, ohne Hinzukommen eines materiellen Nebenbegriffs, ausgedrückte ungewisse und abhängige Setzen kann in Sprachen nicht angemessen bezeichnet werden, in welchen das einfache actuale Setzen keinen formalen Ausdruck findet. Dieser Theil des angeblichen Verbums ist alsdann mehr oder weniger sorgfältig behandelt und zu Worteinheit verschmolzen. Der hier geschilderte Unterschied ist aber genau derselbe, als wenn man das Verbum in seine Umschreibung auflöst, oder es in seiner lebendigen Einheit gebraucht. Das erstere ist mehr ein logisch geordnetes, das letztere ein sinnlich bildendes Verfahren; und man glaubt, wenn man sich in die Eigenthümlichkeit dieser Sprachen versetzt, zu sehen, was in dem Geiste der Völker, welchen nur das auflösende eigenthümlich ist, vorgehen muſs. Die andren, so wie die Sprachen gesetzmäſsiger Bildung, bedienen sich beider nach Verschiedenheit der Umstände. Die Sprache kann, ihrer Natur nach, den sinnlich bildenden Ausdruck der Verbalfunction nicht ohne groſse Nachtheile aufgeben. Auch wird in der That, selbst bei den Sprachen, welche, wie man offenherzig gestehen muſs, an wirklicher Abwesenheit des wahren Verbums leiden, der Nachtheil dadurch verringert, daſs bei einem groſsen Theile von Verben die Verbalnatur in der Bedeutung selbst liegt, und daher der formale Mangel materiell ersetzt wird. Kommt nun noch, wie im Chinesischen, hinzu, daſs Wörter, welche beide Functionen, des Nomens und des Verbums, übernehmen könnten, durch den Gebrauch nur zu Einem gestempelt sind, oder daſs sie ihre Geltung durch die Betonung anzeigen können, so hat sich die Sprache auf einem andren Wege noch mehr wieder in ihre Rechte eingesetzt.

Unter allen, mir genauer bekannten Sprachen mangelt keiner so sehr die formale Bezeichnung der Verbalfunction, als der

Barmanischen (¹). Carey bemerkt ausdrücklich in seiner Grammatik, daſs in der Barmanischen Sprache Verba kaum anders, als in Participialformen, gebraucht werden, indem, setzt er hinzu, dies hinreichend sei, jeden durch ein Verbum auszudrückenden Begriff anzudeuten. An einer andren Stelle spricht er dem Barmanischen alle Verba ganz und gar ab (²). Diese Eigenthümlichkeit wird aber erst ganz verständlich, wenn man sie im Zusammenhange mit dem übrigen Bau der Sprache betrachtet.

Die Barmanischen Stammwörter erfahren keine Veränderung durch die Anfügung grammatischer Sylben. Die einzigen Buchstabenveränderungen in der Sprache sind die Verwandlung des ersten aspirirten Buchstaben in einen unaspirirten, da wo ein aspirirter verdoppelt wird; und bei der Verbindung von zwei einsylbigen Stammwörtern zu Einem Worte, oder der Wiederholung des nämlichen, der Übergang des dumpfen Anfangsconsonanten des

---

(¹) Der Name, den die Barmanen sich selbst geben, ist Mranmâ. Das Wort wird aber gewöhnlich Mrammâ geschrieben, und Byammâ ausgesprochen. (Judson. h. v.) Wenn es erlaubt ist, diesen Namen geradezu aus der Bedeutung seiner Elemente zu erklären, so bezeichnet er einen kräftigen, starken Menschenschlag. Denn *mran* heiſst schnell, und *má* hart, wohl, gesund sein. Von diesem einheimischen Worte sind ohne Zweifel die verschiedenen für das Volk und das Land üblichen Schreibungen entstanden, unter welchen Barma und Barmanen die richtige ist. Wenn Carey und Judson Burma und Burmanen schreiben, so meinen sie denselben, dem Consonanten inhärirenden Laut, und bezeichnen diesen nur auf eine falsche, jetzt allgemein aufgegebene Weise. Man vergleiche auch Berghaus. Asia. Gotha. 1832. I. Lieferung. Nr. 8. Hinterindien. S. 77. und Leyden. (*Asiat. res.* X. 232.)

(²) *A Grammar of the Burman language.* Serampore. 1814. S. 79. §. 1. S. 181. Vorzüglich auch in der Vorrede S. 8. 9. Diese Grammatik hat Felix Carey, den ältesten Sohn des William Carey, des Lehrers mehrerer Indischen Sprachen am Collegium in Fort William, dem wir eine Reihe von Grammatiken Asiatischer Sprachen verdanken, zum Verfasser. Felix Carey starb leider schon im Jahre 1822. (*Journ. Asiat.* III. 59.) Sein Vater ist ihm im Jahre 1834 gefolgt.

zweiten in den unaspirirten tönenden. Auch im Tamulischen (¹) werden *k*, *t* (sowohl das linguale, als dentale) und *p* in der Mitte der Wörter zu *g*, *d* und *b*. Der Unterschied ist nur, dafs im Tamulischen der Consonant dumpf bleibt, wenn er sich doppelt in der Wortmitte befindet, da hingegen im Barmanischen die Umwandlung auch dann statt findet, wenn das erste beider Stammwörter mit einem Consonanten schliefst. Das Barmanische erhält daher in jedem Falle die gröfsere Einheit des Wortes durch die gröfsere Flüssigkeit des hinzutretenden Consonanten (²).

(¹) Anderson's Grammatik in der Tafel des Alphabets.
(²) In beiden Sprachen ändert sich wegen dieses Wechsels der Aussprache der Buchstabe in der Schrift nicht, obgleich die Barmanische, was der Fall der Tamulischen nicht ist, Zeichen für alle tönenden Buchstaben besitzt. Der Fall, dafs die Aussprache sich von der Schrift entfernt, ist im Barmanischen häufig. Ich habe über die hauptsächlichste dieser Abweichungen in den einsylbigen Stammwörtern, wo z. B. das geschriebene *kak* in der Aussprache *ket* lautet, in meinem Briefe an Herrn Jacquet (*Nouv. Journ. Asiat.* IX. 500.) über die Polynesischen Alphabete die Vermuthung gewagt, dafs die Beibehaltung der von der Aussprache verschiedenen Schrift einen etymologischen Grund habe, und bin auch noch jetzt dieser Meinung. Die Sache scheint mir nämlich die, dafs die Aussprache nach und nach von der Schrift abgewichen ist, dafs man aber, um die ursprüngliche Gestalt des Wortes kenntlich zu erhalten, diesen Abweichungen in der Schrift nicht gefolgt ist. Leyden scheint dieselbe Ansicht über diesen Punkt gehabt zu haben, da er (*Asiat. res.* X. 237.) den Barmanen eine weichlichere, minder articulirte und mit der gegenwärtigen Rechtschreibung der Sprache weniger übereinkommende Aussprache, als den Rukhéng, den Bewohnern von Aracan (bei Judson: Rariñ), zuschreibt. Es liegt aber auch in der Natur der Sache, dafs es nicht füglich anders damit sein kann. Wäre in dem oben angeführten Beispiele nicht früher wirklich *kak* gesprochen worden, so würde sich auch diese Endung nicht in der Schrift befinden. Denn es ist ein gewisser, und auch neuerlich von Hrn. Lepsius in seiner an scharfsinnigen Bemerkungen und feinen Beobachtungen reichen Schrift über die Paläographie als Mittel für die Sprachforschung S. 6. 7. 89. genügend ausgeführter Grundsatz, dafs nichts in der Schrift dargestellt wird, was sich nicht in irgend einer Zeit in der Aussprache gefunden hat. Nur die Umkehrung dieses Satzes halte ich für mehr als zweifelhaft, da es nicht leicht zu widerlegende Beispiele giebt, dafs die Schrift, wie auch sehr begreiflich ist, nicht immer die ganze Aussprache darstellt. Dafs im Bar-

Der Barmanische Wortbau beruht (mit Ausnahme der Pronomina und der grammatischen Partikeln) auf **einsylbigen Stammwörtern** und aus denselben gebildeten Zusammensetzungen. Von den Stammwörtern lassen sich zwei Classen unterscheiden. Die einen deuten Handlungen und Eigenschaften an, und beziehen sich daher auf **mehrere Gegenstände**. Die andren sind Benennungen **einzelner Gegenstände**, lebendige Geschöpfe oder leblose Dinge. So liegt also hier Verbum, Adjectivum und Substantivum in der Bedeutung der Stammwörter. Auch besteht der eben angegebene Unterschied dieser Wörter nur in ihrer Bedeutung, nicht in ihrer Form; *é*, kühl sein, erkalten, *kû*, umgeben, verbinden, helfen, *má*, hart, stark, gesund sein, sind nicht anders geformt, als *lé*, der Wind, *ré* (ausgesprochen *yé* ([1])), das Wasser,

---

manischen diese Lautveränderungen nur durch flüchtiger werdende Aussprache entstanden sind, beweist Carey's ausdrückliche Bemerkung, daſs die von der Schrift abweichenden Endungen der einsylbigen Wörter durchaus nicht rein, sondern sehr dunkel und kaum dem Ohre recht unterscheidbar ausgesprochen werden. Der palatale Nasallaut wird sogar nicht ungewöhnlich in der Aussprache in diesen Fällen am Ende der Wörter ganz weggelassen. Daher kommt es, daſs die in mehreren grammatischen Beziehungen gebrauchte geschriebene Sylbe *thang* in der Aussprache bei Carey bald *theen* (nämlich so, daſs *ee* für ein langes *i* gilt. Tabelle nach S. 20.), bald *thee* (S. 36. §. 105.), bei Hough, in seinem Englisch-Barmanischen Wörterbuche, gewöhnlich *the* (S. 14.) lautet, so daſs die Verkürzung bald stärker, bald geringer zu sein scheint. In einem andren Punkte läſst sich historisch beweisen, daſs die Schrift die Aussprache eines andren Dialekts, und vermuthlich eines älteren, bewahrt. Das Verbum sein wird *hri* geschrieben und bei den Barmanen *shi* ausgesprochen. In Aracan dagegen lautet es *hi*; und der Volksstamm dieser Provinz wird für älter und früher civilisirt, als der der Barmanen, gehalten. (Leyden. *Asiat. res.* X. 222. 237.)

[1] Nämlich nach Hough; das *r* wird bald wie *r*, bald wie *y* ausgesprochen, und es scheint hierüber keine sichere Regel zu geben. Klaproth (*Asia polyglotta.* S. 369.) schreibt das Wort *ji*, nach Französischer Aussprache, giebt aber nicht an, woher er seine Barmanischen Wörter genommen hat. Da die Aussprache oft von der Schreibung abweicht, so schreibe ich die Barmanischen Wörter genau nach der letzteren, so daſs man nach der, am Ende dieser Schrift gegebenen Erläuterung

lû, der Mensch. Carey hat die Beschaffenheit und Handlung andeutenden Stammwörter in ein besonderes alphabetisches Verzeichnifs gebracht, welches seiner Grammatik angehängt ist, und hat sie ganz wie die Wurzeln des Sanskrit behandelt. Auf der einen Seite lassen sie sich in der That damit vergleichen. Denn sie gehören in ihrer ursprünglichen Gestalt keinem einzelnen Redetheile an, und erscheinen auch in der Rede nur mit den grammatischen Partikeln, welche ihnen ihre Bestimmung in derselben geben. Es wird auch eine grofse Zahl von Wörtern von ihnen abgeleitet, was schon aus der Art der durch sie bezeichneten Begriffe natürlich herfliefst. Allein genau erwogen, haben sie durchaus eine andere Natur, als die Sanskritischen Wurzeln, da die grammatische Behandlung der ganzen Sprache nur Stammwörter und grammatische Partikeln an einander reiht, und keine verschmolzenen Wortganze bildet, ebendarum auch nicht blofse Ableitungssylben mit Stammlauten verbindet. Auf diese Weise erscheinen die Stammwörter in der Rede nicht als untrennbare Theile verbundener Wortformen, sondern wirklich in ihrer ganzen unveränderten Gestalt, und es bedarf keiner künstlichen Abtrennung derselben aus gröfseren, in sich verschmolzenen Formen. Die Ableitung aus ihnen ist auch keine wahre Ableitung, sondern blofse Zusammensetzung. Die Substantiva endlich haben zum gröfsten Theil nichts, was sie von

---

über die Umschreibung des Barmanischen Alphabets jedes von mir angeführte Wort genau in die Barmanischen Schriftzeichen zurückübertragen kann. In Parenthese gebe ich alsdann die Aussprache da, wo sie abweicht und mir mit Sicherheit bekannt ist. Ein H. an dieser Stelle deutet an, dafs Hough die Aussprache angiebt. Ob Klaproth in der *Asia polyglotta* der Schrift oder der Aussprache folgt, ist nicht deutlich zu sehen. So schreibt er S.375. für Zunge *la* und für Hand *lek*. Das erstere Wort ist aber in der Schrift *hlyá*, in der Aussprache *shyá*, das letztere in der Schrift *lak*, in der Aussprache *let*. Das bei ihm für Zunge angegebene *ma* finde ich in meinen Wörterbüchern gar nicht.

ihnen unterscheidet, und lassen sich meistens nicht von ihnen ableiten. Im Sanskrit ist wenigstens, seltene Fälle ausgenommen, die Form der Nomina von der Wurzelform verschieden, wenn es auch mit Recht unstatthaft genannt werden mag, alle Nomina durch Unâdi-Suffixa von den Wurzeln abzuleiten. Die angeblichen Barmanischen Wurzeln verhalten sich daher eigentlich wie die Chinesischen Wörter, verrathen aber allerdings, mit dem übrigen Baue der Sprache zusammengenommen, eine gewisse Annäherung zu den Sanskritischen Wurzeln. Sehr häufig hat die angebliche Wurzel, ohne alle Veränderung, auch daneben die Bedeutung eines Substantivums, in welchem ihre eigenthümliche Verbalbedeutung mehr oder weniger klar hervortritt. So heifst *mai* schwarz sein, drohen, schrecken, und die Indigopflanze, *nê* bleiben, fortwähren, und die Sonne, *pauñ*, zur Verstärkung, hinzufügen, daher verpfänden, und die Lende, Hinterkeule bei Thieren. Dafs blofs die grammatische Kategorie durch eine Ableitungssylbe aus der Wurzel verändert und bezeichnet werde, finde ich nur in einem einzigen Falle; wenigstens unterscheidet sich nur dieser, dem Anblicke nach, von der sonst gewöhnlichen Zusammensetzung. Es werden nämlich durch Präfigirung eines *a* aus Wurzeln Substantiva, nach Hough (*Voc.* S. 20.) auch Adjectiva, gebildet: *a-châ*, Speise, Nahrungsmittel, von *châ*, essen; *a-myak* (*amyet* H.), Ärger, von *myak*, ärgerlich sein, sich ärgern; *a-pan:*, ein abmattendes Geschäft, von *pan:*, mit Mühe athmen; *chang* (*chî*), in eine ununterbrochene Reihe stellen, und *a-chang*, Ordnung, Methode. Dies vorschlagende *a* wird aber wieder abgeworfen, wenn das Substantivum als eines der letzten Glieder in ein Compositum tritt. Diese Abwerfung findet aber auch, wie wir weiter unten bei *ama* sehen werden, in Fällen statt, wo das *a* gewifs keine Ableitungssylbe aus einer Wurzel ist. Es giebt auch Substantiva, welche ohne Änderung der Bedeutung diesen Vorschlag bald haben, bald entbehren. So lautet das oben angeführte *pauñ*, Lende, auch bisweilen *apauñ*. Man kann daher doch dies *a* keiner wahren Ableitungssylbe gleichstellen.

In Zusammensetzungen sind theils zwei Beschaffenheits- oder Handlungswörter (Carey's Wurzeln), theils zwei Nomina, theils endlich ein Nomen mit einer solchen Wurzel verbunden. Der erste Fall wird oft an der Stelle eines Modus des Verbums, z. B. des Optativs, durch die Verbindung irgend eines Verbalbegriffs mit wünschen, angewandt. Es werden jedoch auch zwei Wurzeln blofs zur Modificirung des Sinnes zusammengesetzt, und alsdann fügt die letzte demselben bisweilen kaum eine kleine Nüance hinzu; ja die Ursach der Zusammensetzung läfst sich bisweilen aus dem Sinne der einzelnen Wurzeln nicht errathen. So heifsen *pan*, *pan-krâ:* und *pan-kwâ* Erlaubnifs fordern, bitten; *krâ:* (*kyâ:*) heifst Nachricht empfangen und geben, dann aber auch getrennt sein, *kwâ* sich trennen, nach vorheriger Verbindung geschieden werden. In andren Compositis ist die Zusammensetzung erklärlicher; so heifst *prach-hmâ:* gegen etwas sündigen, übertreten, und *prach* (*prîch*) allein nach etwas hinwerfen, *hmâ:* irren, auf falschem Wege sein, daher auch für sich allein sündigen. Es wird also hier durch die Zusammensetzung eine Verstärkung des Begriffs erreicht. Ähnliche Fälle finden sich in der Sprache häufiger, und zeigen deutlich, dafs dieselbe die Eigenthümlichkeit besitzt, sehr oft neben einer einfachen und daher einsylbigen Wurzel ein aus zweien zusammengesetztes und also zweisylbiges Verbum ohne alle irgend wesentliche Veränderung der Bedeutung, und so zu bilden, dafs die hinzutretende Wurzel den Begriff der anderen entweder blofs auf etwas verschiedene Weise wiedergiebt, oder ihn auch ganz einfach wiederholt, oder endlich einen ganz allgemeinen Begriff hinzufügt (¹).

(¹) Carey's Grammatik hebt diese Art der Composita nicht heraus, und erwähnt derselben nicht besonders. Sie ergiebt sich aber von selbst, wenn man das Barmanische Wörterbuch prüfend durchgeht. Auch scheint Judson auf diese Gattung der Zusammensetzung hinzudeuten, wenn er *v. pañ* bemerkt, dafs dies Wort nur in Zusammensetzungen mit Wörtern ähnlicher Bedeutung gebraucht wird. Ich lasse, um die Thatsache genau festzustellen, hier noch einige Beispiele solcher Wörter folgen:

chí: und *chí:-nañ:*, auf etwas reiten oder fahren, *nañ:* (*neñ:* H.) für sich: auf etwas treten;

tup (*tók*. Nach Carey wird *o* wie im Englischen *yoke*, nach Hough wie im Englischen *go* ausgesprochen) und *tup-kwa*, knieen, *kwa* für sich: niedrig sein;

ná und *ná-hkan* (*ná-gan*), horchen, aufmerken, *hkan* für sich: nehmen, empfangen;

pañ (*peñ* H.) und *pañ-pan:*, ermüdet, erschöpft sein, *pan:* für sich dasselbe. Den gleichen Sinn hat *pañ-hrá:*; *hrá:* (*shá:*) für sich heifst: zurückweichen, aber auch: in geringer Menge vorhanden sein;

rang (*yí*), sich erinnern, auf etwas sammeln, beobachten, über etwas nachdenken, *rang-hchauñ*, dasselbe mit noch bestimmterer Bedeutung des Zielens auf etwas, des Heraushebens einer Sache, *hchauñ* für sich: tragen, halten, vollenden, *rang-pé:* dasselbe als das Vorige, *pé:* für sich: geben;

hrá (*shá*), suchen, nach etwas sehen, *hrá-kran* (*shá-gyan*) dasselbe, *kran* für sich: denken, überlegen, nachsehen, beabsichtigen;

kan und *kan-kwak*, hindern, verstopfen, verciteln, *kwak* (*kwet*) für sich: in einen Kreis einschliefsen, Gränzen festsetzen;

chang (*chí*) und *chang-ká:*, zahlreich, in Überflufs vorhanden sein, *ká:* für sich: ausbreiten, erweitern, zerstreuen;

ram: (*ran*, der Vocal wie im Englischen *pan*) und *ram:-hcha*, auf etwas rathen, versuchen, forschen, *hcha* für sich: überlegen, zweifelhaft sein. *Tau* heifst auch für sich, und mit *hcha* verbunden, rathen, wird aber nicht allein gebraucht;

pa und *pa-tha*, einem bösen Geiste darbieten, opfern, *tha* für sich: neu machen, herstellen, aber auch: mitbringen, darbieten.

Ich habe in den obigen Beispielen Sorge getragen, immer nur mit gleichem Accent versehene Wörter mit einander zu vergleichen. Wenn aber vielleicht, worüber meine Hülfsmittel schweigen, auch Wörter verschiedenen Accentes in etymologischer Verbindung stehen können, so würden sich viel mehr Fälle dieser Zusammensetzung aufweisen, auch würde sich bisweilen die Herleitung von Wurzeln machen lassen, deren Bedeutungen dem Compositum noch besser entsprechen.

Ich werde auf diese, für den Sprachbau überhaupt wichtige Erscheinung weiter unten wieder zurückkommen. Einige solcher Wurzeln werden, auch wenn sie erste Glieder eines Compositums sind, niemals einzeln gebraucht. Von dieser Art ist *tuṅ·*, das immer nur zusammen mit *wap* (*wet*) vorkommt, obgleich beide Wurzeln die Bedeutung des Compositums, sich aus Verehrung verneigen, an sich tragen. Man sagt auch umgekehrt *wap-tuṅ·*, allein in verstärktem Sinn: auf der Erde kriechen, vor Vornehmen liegen. Bisweilen dienen auch Wurzeln dergestalt zu Zusammensetzungen, daſs nur ein Theil ihrer Bedeutung in das Compositum übergeht, und nicht darauf geachtet wird, daſs der Überrest derselben mit dem andren Gliede der Zusammensetzung in Widerspruch steht. So wird *hchwat*, sehr weiſs sein, nach Judson's ausdrücklicher Bemerkung, auch als Verstärkung mit Wörtern andrer Farben gebraucht. Wie mächtig die Zusammensetzung auf das einzelne Wort wirkt, sieht man endlich auch daraus, daſs Judson bei dem oben dagewesenen Worte *hchauñ* bemerkt, daſs dasselbe bisweilen durch die Verbindung, in welcher es steht, eine besondere Bedeutung (*a specific meaning*) erhält.

Wo Nomina mit Wurzeln verbunden sind, stehen die letzteren gewöhnlich hinter den ersteren: *lak-tat* (*let-tat* H.), ein Künstler, Verfertiger, von *lak* (*let* H.), die Hand, und *tat*, in etwas geschickt sein, etwas verstehen. Diese Zusammensetzungen kommen alsdann mit den Sanskritischen überein, wo, wie in धर्मविद्, *dharma-wid*, eine Wurzel als letztes Glied an ein Nomen gefügt ist. Oft aber wird in diesen Zusammensetzungen auch bloſs die Wurzel im Sinne eines Adjectivums genommen, und dann entsteht nur insofern ein Compositum, als die Barmanische Sprache ein mit seinem Substantivum verbundenes Adjectivum immer als ein solches betrachtet: *nwá:-kauñ*, Kuh gute (genau: gut sein). Ein Compositum dieser Art im eigentlicheren Sinne des Worts ist *lû-chu*, Menschenmenge, von *lû*, Mensch, und *chu*, sich versammeln. Bei der Zusammensetzung der Nomina unter einander finden sich Fälle, wo dasjenige, welches das letzte Glied ausmacht, sich so von seiner ursprünglichen Bedeutung entfernt, dafs es zu einem Suffix allgemeiner Bedeutung wird. So wird *ama*, Weib, Mutter (¹), mit Wegwerfung des *a*, zu *ma* abgekürzt, und fügt dann dem ersten Gliede des Compositums die Bedeutung des Grofsen, Vornehmsten, Hauptsächlichen hinzu: *tak* (*tet*), das Ruder, aber *tak-ma*, das hauptsächliche Ruder, das Steuerruder.

Zwischen dem Nomen und dem Verbum giebt es in der Sprache keinen ursprünglichen Unterschied. Erst in der Rede wird derselbe durch die an das Wort geknüpften Partikeln bestimmt; man kann aber nicht, wie im Sanskrit, das Nomen an bestimmten Ableitungssylben erkennen, und der Begriff einer zwischen der Wurzel und dem flectirten Nomen stehenden Grundform fällt im Barmanischen gänzlich hinweg. Höchstens machen hiervon die durch Präfigirung eines *a* gebildeten, weiter oben erwähnten, Substantiva eine Ausnahme. Alle grammatische Bildung von Substantiven und Adjectiven besteht in deutlicher Zusammensetzung, wo das letzte Glied dem Begriff des ersten einen allgemeineren hinzufügt, es sei nun, dafs das erste eine Wurzel, oder ein Nomen ist. Im ersteren Fall entstehen aus den Wurzeln Nomina, im letzteren werden mehrere Nomina unter Einen Begriff, gleichsam unter eine Classe, zusammengestellt. Es fällt in die Augen, dafs das letzte Glied dieser Zusammensetzungen nicht eigentlich ein Affixum genannt werden könne, obgleich es in der Barmanischen Gramma-

---

(¹) So erklärt Judson (*v. ma*) das Wort *ama*. Bei diesem Worte selbst aber giebt er nur die Bedeutung Weib, ältere Schwester oder Schwester überhaupt; Mutter lautet bei ihm eigentlich *ami*.

tik immer diesen Namen trägt. Das wahre Affixum zeigt durch die Lautbehandlung in der Worteinheit an, dafs es den bedeutsamen Theil des Wortes, ohne ihm etwas materielles hinzuzufügen, in eine bestimmte Kategorie versetzt. Wo, wie hier, eine solche Lautbehandlung fehlt, ist diese Versetzung nicht symbolisch in den Laut übergegangen, sondern der Sprechende mufs sie aus der Bedeutung des angeblichen Affixes oder aus dem angenommenen Sprachgebrauch erst hineinlegen. Diesen Unterschied mufs man bei Beurtheilung der ganzen Barmanischen Sprache wohl im Auge behalten. Sie drückt Alles, oder doch das Meiste von dem aus, was durch Flexion angedeutet werden kann, überall aber fehlt ihr der wahre symbolische Ausdruck, durch welchen die Form in die Sprache übergeht, und wieder aus ihr in die Seele zurückkehrt. Daher findet man in Carey's Grammatik unter dem Titel der Bildung der Nomina die verschiedensten Fälle neben einander gestellt, abgeleitete Nomina, rein zusammengesetzte, Gerundia, Participia u. s. f., und kann diese Zusammenstellung nicht einmal wahrhaft tadeln, da in allen diesen Fällen Wörter durch ein angebliches Affixum unter Einen Begriff und, soviel die Sprache Worteinheit besitzt, auch in Ein Wort zusammengefafst werden. Es ist auch nicht zu läugnen, dafs der beständig wiederkehrende Gebrauch dieser Zusammensetzungen im Geiste der Sprechenden die letzten Glieder derselben den wahren Affixen näher bringt, besonders wenn, wie im Barmanischen wirklich bisweilen der Fall ist, die sogenannten Affixa gar keine für sich anzugebende Bedeutung, oder in ihrer Selbstständigkeit eine solche haben, die sich in ihrer Affigirung gar nicht, oder nur sehr entfernt, wiederfinden läfst. Beide Fälle, von denen sich aber der letztere, da die Ideenverbindungen so mannigfaltig sein können, nicht immer mit völliger Bestimmtheit beurtheilen läfst, kommen in der Sprache, wie man bei der Durchgehung des Wörterbuchs sieht, nicht selten vor, ob sie gleich auch nicht die häufigeren sind. Diese Neigung zur Zusammensetzung der Affigirung beweist sich auch dadurch, dafs, wie wir schon oben sahen, eine bedeutende Anzahl der Wurzeln und Nomina niemals aufser dem Zustande der Zusammensetzung selbstständig gebraucht wird, ein Fall, der sich auch in andren Sprachen, namentlich im Sanskrit, wiederfindet. Ein vielfältig gebrauchtes, und allemal die Verwandlung einer Wurzel, mithin eines Verbums, in ein Nomen mit sich führendes Affix ist *hkyañ:* (¹). Es bringt den abstracten Begriff des Zustandes, welchen das Verbum enthält, hervor, die als Sache gedachte Handlung: *chê*, senden, *chê-hkyañ:* (*chê-gyeñ:*), Sendung. Als für sich stehendes Verbum heifst *hkyañ:* bohren, durchstechen, durchdringen, wozwischen und seinem Sinne als Affixum gar kein Zusammenhang zu entdecken ist. Unstreitig liegen aber diesen heutigen concreten Bedeutungen verloren gegangene allgemeine zum Grunde. Alle übrigen, Nomina bildenden Affixa sind, soviel ich sie übersehen kann, mehr particulärer Natur.

Die Behandlung des Adjectivums ist allein aus der Zusammensetzung zu erklären, und beweist recht augenscheinlich, wie die Sprache immer dies Mittel bei der grammatischen Bildung vor Augen hat. An und für sich kann das Adjectivum nichts, als die Wurzel selbst, sein. Seine grammatische Beschaffenheit erlangt es erst in der Zusammensetzung mit einem Substantivum, oder wenn es absolut hingestellt wird, wo es, wie die Nomina, ein präfigirtes *a* annimmt. Bei der Verbindung mit einem Substantivum kann es vor demselben vorausgehen, oder ihm nachfolgen, mufs sich aber in dem ersteren Falle durch eine Verbindungs-

---

(¹) Carey. S. 144. §. 8. schreibt *hkrañ*, und giebt dem Worte keinen Accent. Ich bin Judson's Schreibung gefolgt.

partikel (*thang* oder *thau*) demselben anschliefsen. Den Grund dieses Unterschiedes glaube ich in der Natur der Zusammensetzung zu finden. Bei dieser mufs das letzte Glied allgemeinerer Natur sein, und das erste in seinen gröfseren Umfang aufnehmen können. Bei der Verknüpfung eines Adjectivums mit einem Substantivum hat aber jenes den gröfseren Umfang, und bedarf daher eines seiner Natur angemessenen Zusatzes, um sich an das Substantivum anzufügen. Jene Verbindungspartikeln, von denen ich weiter unten ausführlicher reden werde, erfüllen diesen Zweck; und die Verbindung heifst nun nicht sowohl z. B. ein guter Mann, als: ein gut seiender, oder ein Mann, der gut ist, nur dafs im Barmanischen diese Begriffe umgekehrt (gut, welcher, Mann) auf einander folgen. Das angebliche Adjectivum wird auf diese Weise ganz als Verbum behandelt; denn wenn auf der einen Seite *kauñ:-thang-lû* der gute Mensch heifst, so würden, für sich stehend, die beiden ersten Elemente des Compositums er ist gut heifsen. Noch deutlicher erscheint dies dadurch, dafs man ganz auf dieselbe Weise einem Substantivum, statt eines blofsen Adjectivums, ein vollkommenes, sogar mit dem von ihm regierten Worte versehenes, Verbum vorausschicken kann; der in der Luft fliegende Vogel lautet in Barmanischer Wortfolge: Luftraum in fliegen (Verbindungspartikel) Vogel. Bei dem nachstehenden Adjectivum kommt die Stellung der Begriffe mit den Zusammensetzungen überein, wo eine als letztes Glied stehende Wurzel, wie besitzen, wägen, würdig sein, mit andren Wörtern, durch ihre Bedeutung modificirte Nomina bildet.

In der Verbindung der Rede werden die Beziehungen der Wörter auf einander durch Partikeln angezeigt. Es ist daher begreiflich, dafs diese beim Nomen und Verbum verschieden sind. Indefs ist dies nicht einmal immer der Fall, und Nomen und Verbum fallen dadurch noch mehr in eine und dieselbe Kategorie. Die Verbindungspartikel *thang* ist zugleich das wahre Nominativzeichen, und bildet auch den Indicativ des Verbums. In diesen beiden Functionen findet sie sich in der kurzen Redensart ich thue, *ñá-thang pru-thang*, dicht neben einander. Hier liegt offenbar dem Gebrauche des Wortes eine andere Ansicht, als die gewöhnliche Bedeutung der grammatischen Formen, zum Grunde, und wir werden diese weiter unten aufsuchen. Dieselbe Partikel wird aber als Endung des Instrumentalis aufgeführt, und steht auf diese Weise in folgender Redensart: *lû-tat-thang hchauk-thang-im*, das durch einen geschickten Mann gebaute Haus. Das erste dieser beiden Wörter enthält das Compositum aus Mann und geschickt, welchem darauf das angebliche Zeichen des Instrumentalis folgt. Im zweiten findet sich die Wurzel bauen, hier im Sinne von gebaut sein, auf die im Vorigen angegebene Weise als Adjectivum vermittelst der Verbindungspartikel *thang* dem Substantivum *im* (*ieng* H.), Haus, vorn angefügt. Es wird mir nun sehr zweifelhaft, ob der Begriff des Instrumentalis wirklich ursprünglich in der Partikel *thang* liegt, oder ob erst später grammatische Ansicht ihn hineintrug, da ursprünglich im ersten jener Worte blofs der Begriff des geschickten Mannes lag, und es dem Hörer überlassen blieb, die Beziehung hinzuzudenken, in welcher derselbe hier vor das zweite Wort gestellt wurde. Auf ähnliche Art giebt man *thang* auch als Genitivzeichen an. Wenn man die grofse Zahl von Partikeln, welche angeblich als Casus die Beziehungen des Nomens ausdrücken, zusammennimmt, so sieht man deutlich, dafs Pali-Grammatiker, welchen überhaupt die Barmanische Sprache ihre wissenschaftliche Anordnung und Terminologie verdankt, bemüht gewesen sind, sie unter die acht Casus des Sanskrit und ihrer Sprache zu vertheilen, und eine Declination zu bilden. Genau genommen, ist aber eine solche der Sprache fremd, die blofs in Rücksicht auf die Bedeutung der Partikeln, durchaus nicht auf den Laut des Nomens, die angeblichen Casusendungen gebraucht. Jedem Casus werden mehrere zugetheilt, die aber wieder jede eigne Nüancen des Beziehungsbegriffes ausdrücken. Einige bringt Carey auch noch, nach Aufstellung seiner Declination, abgesondert nach. Zu einigen dieser Casuszeichen gesellen sich auch, bald vorn, bald hinten, andere, den Sinn der Beziehung genauer bestimmende. Übrigens folgen dieselben allemal dem Nomen nach; und zwischen diesem und ihnen stehen, wenn sie vorhanden sind, die Bezeichnung des Geschlechts und die des Plurals. Die letztere dient, so wie alle Casuszeichen, auch bei dem Pronomen, und es giebt keine eigne Pronomina für wir, ihr, sie. Die Sprache scheidet also Alles nach der Bedeutsamkeit, verbindet nichts durch den Laut, und stöfst dadurch sichtbar das natürliche und ursprüngliche Streben des inneren Sprachsinns, aus Genus, Numerus und Casus vereinte Lautmodificationen des materiell bedeutsamen Wortes zu machen, zurück. Die ursprüngliche Bedeutung der Casuszeichen läfst sich indefs nur bei wenigen nachweisen, selbst bei dem Pluralzeichen *tô*· (*do* H.) nur dann, wenn man mit Nichtbeachtung der Accente es von *tô*:, vermehren, hinzufügen, abzuleiten unternimmt. Die persönlichen Pronomina erscheinen immer nur in selbstständiger Form, und dienen niemals, abgekürzt oder verändert, als Affixe.

Das Verbum ist, wenn man das blofse Stammwort betrachtet, allein durch seine materielle Bedeutung kenntlich. Das regierende Pronomen steht allemal vor demselben, und deutet schon dadurch an, dafs es nicht zur Form des Verbums gehört, indem es sich gänzlich von den, immer auf das Stammwort folgenden, Verbalpartikeln absondert. Was die Sprache von Verbalformen besitzt, beruht ausschließlich auf den letzteren, welche den Plural, wenn er vorhanden ist, den Modus und das Tempus angeben. Eine solche Verbalform ist dieselbe für alle drei Personen; und die einfache Ansicht des ganzen Verbums oder vielmehr der Satzbildung ist daher die, daſs das Stammwort mit seiner Verbalform ein Participium ausmacht, welches sich mit dem, von ihm unabhängig stehenden, Subject durch ein hinzugedachtes Verbum sein verbindet. Das letztere ist zwar auch in der Sprache ausdrücklich vorhanden, wird aber, wie es scheint, zu dem gewöhnlichen Verbalausdruck selten zu Hülfe genommen.

Kehren wir nun zu der Verbalform zurück, so hängt sich der Pluralausdruck unmittelbar an das Stammwort, oder an den Theil an, der mit diesem als ein und ebendasselbe Ganze angesehen wird. Es ist aber merkwürdig, und hierin liegt ein Erkennungsmittel des Verbums, daſs das Pluralzeichen der Conjugation gänzlich von dem der Declination verschieden ist. Das niemals fehlende einsylbige Pluralzeichen *kra* (*kya*) nimmt gewöhnlich, obgleich nicht immer, noch ein zweites, *kun*, verwandt mit *akun*, völlig, vollständig (¹), unmittelbar nach sich; und die Sprache beweist auch hierin ihre doppelte Eigenthümlichkeit, die grammatische Beziehung durch Zusammensetzung zu bezeichnen, und in dieser den Ausdruck, auch wo Ein Wort schon hinreichen würde, noch durch Hinzufügung eines andren zu verstärken. Doch tritt hier der nicht unmerkwürdige Fall ein, daſs einem mit verloren gegangener ursprünglicher Bedeutung zum Affixum gewordenen Worte eines von bekannter Bedeutung beigegeben wird.

Die Modi beruhen, wie schon oben erwähnt worden ist,

(¹) Hough schreibt *a-kun:*. Die Bedeutung dieses Worts kommt von der im Verbum *kun* liegenden: zum Ende kommen, welche aber von Erschöpfung gebraucht wird.

größtentheils auf der Verbindung von Wurzeln allgemeinerer Bedeutung mit den concreten. Auf diese Weise sich bloſs nach der materiellen Bedeutsamkeit richtend, gehen sie ganz über den logischen Umfang dieser Verbalform hinaus, und ihre Zahl wird gewissermaſsen unbestimmbar. Die Tempuszeichen folgen ihnen, bis auf wenige Ausnahmen, in der Anfügung an das eigentliche Verbum nach; das Pluralzeichen aber richtet sich nach der Festigkeit, mit welcher die den Modus anzeigende Wurzel mit der concreten als verbunden betrachtet wird, worüber eine doppelte Ansicht in dem Sprachsinne des Volks zu herrschen scheint. In einigen wenigen Fällen tritt dasselbe zwischen beide Wurzeln, in den meisten aber folgt es der letzten. Es ist offenbar, daſs die den Modus anzeigenden Wurzeln im ersteren Fall mehr von einem dunklen Gefühl der grammatischen Form begleitet sind, da hingegen im letzteren beide Wurzeln in der Vereinigung ihrer Bedeutungen gleichsam als ein und dasselbe Stammwort gelten. Unter dem, was hier Modus durch Verbindung von Wurzeln genannt wird, kommen Formen ganz verschiedener grammatischer Bedeutung vor, z. B. die Causalverba, welche durch Hinzufügung der Wurzel schicken, auftragen, befehlen gebildet werden, und Verba, deren Bedeutung andere Sprachen durch untrennbare Präpositionen modificiren.

Von Tempuspartikeln führt Carey fünf des Präsens, drei zugleich des Präsens und Präteritums, und zwei ausschließlich dem letzteren angehörende, dann einige des Futurums auf. Er nennt die damit gebildeten Verbalbeugungen Formen des Verbums, ohne jedoch den Unterschied des Gebrauchs der die gleiche Zeit bezeichnenden anzugeben. Daſs jedoch unter ihnen ein Unterschied gemacht wird, zeigt sich durch seine gelegentliche Äuſserung, daſs zwei, von denen er gerade spricht, wenig in der Bedeutung von einander abweichen. Von *thê:* merkt Judson an, daſs es anzeigt, daſs die Handlung noch im gegenwärtigen Augenblicke nicht fortzudauern aufgehört hat. Auſser den so aufgeführten kommen aber auch noch andere, namentlich eine für die ganz vollendete Vergangenheit, vor. Eigentlich gehören nun diese Tempuszeichen insofern dem Indicativus an, als sie an und für sich keinen anderen Modus andeuten; einige derselben dienen aber auch in der That zur Bezeichnung des Imperativus, der jedoch auch seine ganz eigenen Partikeln hat, oder durch die nackte Wurzel angedeutet wird. Judson nennt einige dieser Partikeln bloſs euphonische, oder ausfüllende. Verfolgt man sie im Wörterbuche, so sind die meisten zugleich, wenn auch in einer gar nicht, oder nur entfernt verwandten Bedeutung, wirkliche Wurzeln; und das Verfahren der Sprache ist also auch hier bedeutsame Zusammensetzung. Diese Partikeln machen, der Absicht der Sprache nach, offenbar Ein Wort mit der Wurzel aus, und man muſs die ganze Form als ein Compositum ansehen. Durch Buchstabenveränderung aber ist diese Einheit nicht angedeutet, ausgenommen darin, daſs in den oben angegebenen Fällen die Aussprache die dumpfen Buchstaben in ihre unaspirirten tönenden verwandelt. Auch dies wird von Carey nicht ausdrücklich bemerkt; es scheint aber aus der Allgemeinheit seiner Regel und der Schreibung bei Hough zu folgen, der diese Umwandlung bei allen auf diese Weise als Partikeln gebrauchten Wörtern anwendet, und z. B. das Zeichen vollendeter Vergangenheit *prî:* in der Angabe der Aussprache *byî:* schreibt. Auch eine wirklich in der geschriebenen Sprache vorkommende Zusammenziehung der Vocale zweier solcher einsylbiger Wörter finde ich in dem Futurum der Causalverba. Das Causalzeichen *chê* (die Wurzel **befehlen**) und die Partikel *aṅ·* des Futurums werden zu *chim*. (¹). Der gleiche Fall scheint mit der zusammengesetzten Partikel des Futurums *lim·-mang* statt zu finden, wo nämlich die Partikel *lê* mit *an·* zu *lim·* zusammengezogen und dann eine andere Partikel des Futurums, *mang*, hinzugesetzt wird. Ähnliche Fälle mag zwar die Sprache noch aufweisen, doch können sie, da man ihnen sonst nothwendig öfter begegnen müfste, unmöglich häufig sein. Die hier geschilderten Verbalformen lassen sich wieder durch Anfügung von Casuszeichen decliniren, dergestalt, dafs das Casuszeichen entweder unmittelbar an die Wurzel, oder an die sie begleitenden Partikeln geheftet wird. Wenn dies zwar mit der Natur der Gerundien und Participien anderer Sprachen übereinkommt, so werden wir doch weiter unten sehen, dafs die Barmanische auch noch in einer ganz eigenthümlichen Art Verba und Verbalsätze als Nomina behandelt.

Von den hier erwähnten Partikeln der Modi und Tempora mufs man eine andere absondern, welche auf die Bildung der Verbalformen den wesentlichsten Einflufs ausübt, aber auch dem Nomen angehört, und in der Grammatik der ganzen Sprache eine wichtige Rolle spielt. Man erräth schon aus dem Vorigen, dafs ich hier das, als Nominativzeichen weiter oben erwähnte *thang* meine. Auch Carey hat diesen Unterschied gefühlt. Denn ob er gleich *thang* als die erste der Präsensformen des Verbums bildend aufführt, so behandelt er es doch unter dem Namen einer Verbindungspartikel (*connective increment*) immer ganz abgesondert. *Thang* fügt dem Verbum nicht, wie die übrigen Partikeln, eine Modification hinzu (²), ist vielmehr für seine Bedeutung unwesentlich;

(¹) Carey. S. 116. §. 112. Judson. *v. chim·*.

(²) Dies sagt Carey ausdrücklich an mehreren Stellen seiner Grammatik. S. 96. §. 34. S. 110. §. 92. 93. Inwiefern aber seine noch weiter gehende Behauptung: das Wort besäfse gar keine Bedeutung für sich, gegründet ist, werden wir gleich sehen.

es zeigt aber an, in welchem grammatischen Sinne das Wort, dem es sich anschliefst, genommen werden soll, und begränzt, wenn der Ausdruck erlaubt ist, seine grammatischen Formen. Es gehört daher beim Verbum nicht zu den bedeutsamen, sondern zu den bei der Zusammenfügung der Elemente der Rede das Verständnifs leitenden Wörtern, und kommt ganz mit dem Begriff der im Chinesischen hohl oder leer genannten Wörter überein. Wo *thang* das Verbum begleitet, stellt es sich entweder, wenn keine andere Partikel vorhanden ist, unmittelbar hinten an die Wurzel, oder folgt den andren vorhandenen Partikeln nach. In beiden Stellungen kann es durch Anheftung von Casuszeichen flectirt werden. Es zeigt sich aber hier der merkwürdige Unterschied, dafs, bei der Declination des Nomens, *thang* blofs das Nominativzeichen ist, und bei der Anfügung der übrigen Casus nicht weiter erscheint, bei der des Participiums (denn für ein solches kann man doch hier nur das Verbum nehmen) hingegen seine Stelle behält. Dies scheint zu beweisen, dafs seine Bestimmung im letzteren Fall die ist, das Zusammengehören der Partikeln mit der Wurzel, folglich die Begränzung der Participialform anzuzeigen. Seinen regelmäfsigen Gebrauch findet es nur im Indicativus. Vom Subjunctivus ist es gänzlich ausgeschlossen, ebenso vom Imperativus; und auch noch in einigen einzelnen andren Fügungen fällt es hinweg. Nach Carey, dient es, die Participialformen mit einem folgenden Worte zu verbinden, was insofern mit meiner Behauptung übereinkommt, dafs es eine Abgränzung jener Formen von der auf sie folgenden ausmacht. Wenn man das hier Gesagte zusammennimmt und mit dem Gebrauche des Wortes beim Nomen verbindet, so fühlt man bald, dafs dasselbe nicht nach der Theorie der Redetheile erklärt werden kann, sondern dafs man, wie bei den Chinesischen Partikeln, zu seiner ursprünglichen Bedeutung zurückgehen mufs. In dieser drückt es nun den Begriff: dieses, also, aus, und wird in der That von Carey und Judson (welche nur diese Bedeutung nicht mit dem Gebrauche des Worts als Partikel in Verbindung bringen) ein Demonstrativpronomen und Adverbium genannt. In beiden Functionen bildet es, als erstes Glied, mehrere Composita. Sogar bei der Verbindung von Verbalwurzeln, wo eine von allgemeinerer Bedeutung den Sinn der andren modificirt, führt Carey *thang* in einem seiner Adverbialbedeutung verwandten Sinne: entsprechen, übereinkommen (also: ebenso sein), an, hat es jedoch nicht in sein Wurzelverzeichnifs aufgenommen, und giebt leider auch kein Beispiel dieser Bedeutung ([1]). In demselben Sinne scheint es mir nun als Leitungsmittel des Verständnisses gebraucht zu werden. Indem der Redende einige Worte, die er genau zusammengenommen wissen will, oder die Substantiva und Verba besonders heraushebt, läfst er auf sie: dies! also! folgen, und wendet die Aufmerksamkeit des Hörers auf das Gesagte, um es nun weiter mit dem Folgenden zu verbinden, oder auch, wenn *thang* das letzte Wort des Satzes ist, die vollendete Rede zu beschliefsen. Auf diesen Fall pafst Carey's Erklärung von *thang*, als einer Vorhergehendes und Nachfolgendes mit einander verbindenden Partikel, nicht, und daher mag seine Äufserung kommen, dafs die mit *thang* verbundene Wurzel oder Verbalform die Kraft eines Verbums hat, wenn sie sich am Schlufs eines Satzes befindet ([2]). In der Mitte der Rede ist die mit *thang* verbundene Verbalform nach ihm ein Participium, oder wenigstens eine Fügung, in der man nur mit Mühe das wahre Verbum erkennt, am Schlufs eines Satzes aber ein wirklich flectirtes Verbum. Mir scheint dieser Unterschied ungegründet. Auch

---

([1]) S. 115. §. 110. Die andren zu vergleichenden Stellen sind S. 67. 74. §. 75. S. 162. §. 4. S. 169. §. 24. S. 170. §. 25. S. 173.
([2]) S. 96. §. 34.

am Schluſs eines Satzes ist die hier besprochene Form nur Participium, oder genauer zu reden, nur eine nach Ähnlichkeit eines Participiums modificirte. Die eigentliche Verbalkraft muſs in beiden Stellungen immer hinzugedacht werden.

Dieselbe wirklich auszudrücken, besitzt jedoch die Sprache noch ein anderes Mittel, über dessen wahre Beschaffenheit zwar weder Carey, noch Judson, vollkommene Aufklärung gewähren, das aber mit der Kraft eines hinzugefügten Hülfsverbums groſse Ähnlichkeit hat. Wenn man nämlich einen Satz durch ein wirklich flectirtes Verbum wahrhaft beschlieſsen und alle Verbindung mit dem Folgenden aufheben will, so setzt man der Wurzel oder der Verbalform *éng* (*i* H.) an der Stelle von *thang* nach. Es wird hierdurch allem Miſsverständniſs vorgebeugt, das aus der verbindenden Natur von *thang* entspringen könnte, und die Reihe an einander hängender Participien wirklich zum Schluſs gebracht; *pru-éng* heiſst nun wirklich (ich u. s. w.) thue, nicht mehr: ich bin thuend, *pru-pri:-éng* ich habe gethan, nicht: ich bin thuend gewesen. Die eigentliche Bedeutung dieses Wörtchens giebt weder Carey, noch Judson, an. Der Letztere sagt bloſs, daſs dasselbe mit *hri* (*shi*), sein, gleichgeltend (*equivalent*) sei. Dabei erscheint es aber sonderbar, daſs es zur Conjugation dieses Verbums selbst gebraucht wird ([1]). Nach Carey und Hough ist es auch Casuszeichen des Genitivs: *lû-éng*, des Menschen. Judson hat diese Bedeutung nicht ([2]). Dieses Schluſszeichen wird aber, wie Carey versichert, im Gespräch selten gebraucht, und auch in Schriften findet es sich hauptsächlich in Übersetzungen aus dem Pali; ein Unterschied, der sich aus der Neigung des Barmanischen, die

---

([1]) S. im Evangelium Johannis. 21, 2. *hri-kra-éng* (*shi-gya-i*), sie sind oder waren.
([2]) Carey. S. 79. §. 1. S. 96. §. 37. S. 44. 46. Hough. S. 14. Judson. *v. éng.*

Sätze der Rede an einander zu hängen, und dem regelmäfsigen Periodenbau einer Tochtersprache des Sanskrit erklärt. Einen näheren Grund, warum gerade Übersetzungen aus dem Pali dies Hülfswort lieben, glaube ich auch noch darin zu finden, dafs die Pali-Sprache Participien mit dem Verbum sein zur Andeutung mehrerer Tempora verbindet, und alsdann immer das Hülfsverbum mit einiger Lautveränderung nachfolgen läfst ([1]). Die Barmanischen Übersetzer konnten, sich genau an die Worte haltend, ein Äquivalent dieses Hülfsverbums suchen, und dazu *éng* wählen. Deshalb ist aber dies Wort nicht weniger ein ächt Barmanisches, kein dem Pali abgeborgtes. Eine treue Übertragung der Hülfsform des Pali war schon darum unmöglich, weil das Barmanische Verbum nicht die Bezeichnung der Personen in sich aufnimmt. Eine Eigenheit der Sprache ist es, dafs dieses Schlufswort zwar hinter allen andren Verbalformen, nicht aber hinter denen des Futurums gebraucht werden kann. Die erwähnte Pali-Construction scheint sich vorzugsweise bei Zeiten der Vergangenheit zu finden. Der Grund kann aber schwerlich in der Natur der Partikeln des Futurums liegen, da diese *thang* ohne Schwierigkeit zulassen. Carey, der eine lobenswürdige Aufmerksamkeit auf die Unterscheidung der Participialformen und des flectirten Verbums wendet, bemerkt, dafs die befehlende und fragende Form des Verbums die einzigen in der Sprache sind, welche einigen Anschein dieses letzteren Redetheiles haben ([2]). Diese scheinbare Ausnahme liegt aber auch nur darin, dafs die genannten Formen nicht mit Casuszeichen verbunden werden können, mit welchen sich die ihnen eigenthümlichen Partikeln nicht verbinden würden. Denn diese Partikeln schliefsen die Form, und

---

[1] Burnouf und Lassen. *Essai sur le Pali.* S. 136. 137.
[2] S. 109. §. 88.

das verbindende *thang* steht bei den fragenden Verben vor denselben, um sie selbst an die Tempuspartikeln anzuknüpfen.

Sehr ähnliche Beschaffenheit mit dem oben betrachteten *thang* hat die Verbindungspartikel *thau*. Da es mir aber hier nur darauf ankommt, den Charakter der Sprache im Ganzen anzugeben, so übergehe ich die einzelnen Punkte ihrer Übereinstimmung und Verschiedenheit. Es giebt noch andere Verbindungspartikeln, welche gleichfalls, ohne dem Sinn etwas hinzuzufügen, an die Verbalform geheftet werden, und alsdann *thang* und *thau* von ihrer Stelle verdrängen. Einige von diesen werden aber auch bei andren Gelegenheiten, als Bezeichnungen des Conjunctivus, gebraucht, und nur der Zusammenhang der Rede verräth ihre jedesmalige Bestimmung.

Die Folge der Theile des Satzes ist so, daſs zuerst das Subject, dann das Object, zuletzt aber das Verbum steht: Gott die Erde schuf, der König zu seinem General sprach, er mir gab: Die Stelle des Verbums in dieser Construction ist offenbar nicht die natürliche, da dieser Redetheil sich in der Folge der Ideen zwischen Subject und Object stellt. Im Barmanischen aber erklärt sie sich dadurch, daſs das Verbum eigentlich nur ein Participium ist, das erst später seinen Schluſssatz erwartet, und auch eine Partikel in sich trägt, deren Bestimmung Verbindung mit etwas Folgendem ist. Diese Verbalform nimmt nun, ohne als wirkliches Verbum den Satz zu bilden, alles Vorhergehende in sich auf, und trägt es in das Nachfolgende über. Carey bemerkt, daſs die Sprache vermöge dieser Formen, soweit als es ihr gefällt, Sätze in einander verweben kann, ohne zu einem Schlusse zu gelangen, und setzt hinzu, daſs dies in allen rein Barmanischen Werken in hohem Grade der Fall sei. Je mehr nun der Schluſsstein eines ganzen in an einander gehängten Sätzen fortlaufenden Räsonnements hinausgerückt wird, desto sorgfältiger muſs die Sprache sein, die einzelnen

Sätze immer mit jedem untergeordneten Endwort abzuschliefsen. Dieser Form bleibt sie nun auch durchaus getreu, und läfst immer die Bestimmung dem zu Bestimmenden vorausgehen. Sie sagt daher nicht: der Fisch ist im Wasser, der Hirt geht mit den Kühen, ich esse Reifs mit Butter gekocht, sondern: im Wasser der Fisch ist, mit den Kühen der Hirt geht, ich mit Reifs gekocht Butter esse. Auf diese Weise stellt sich an das Ende jedes Zwischensatzes immer ein Wort, welches keine Bestimmung mehr nach sich zu erwarten hat. Vielmehr geht regelmäfsig die weitere Bestimmung immer der engeren voraus. Dies wird besonders deutlich in Übersetzungen aus andren Sprachen. Wenn es in der Englischen Bibel im Evangelium Johannis. 21, 2. heifst: *and Nathanael of Cana in Galilee*, so dreht die Barmanische Übersetzung den Satz um, und sagt: Galiläa des Distrikts Cana der Stadt Abkömmling Nathanael.

Ein anderes Mittel, viele Sätze mit einander zu verknüpfen, ist die Verwandlung derselben in Theile eines Compositums, wo jeder einzelne Satz ein dem Substantivum vorausgehendes Adjectivum bildet. In der Redensart: ich preise Gott, welcher alle Dinge geschaffen hat, welcher frei von Sünde ist u. s. f., wird jeder dieser, noch so zahlreichen Sätze durch das oben schon in dieser Function betrachtete *thau* mit dem Substantivum, das aber erst dem letzten von ihnen nachfolgt, verbunden. Diese einzelnen Relativsätze gehen also voran, und werden mit dem auf sie folgenden Substantivum als ein zusammengesetztes Wort angesehen; das Verbum (ich preise) beschliefst den Satz. Zur Erleichterung des Verständnisses sondert aber die Barmanische Schrift jedes einzelne Element des langen Compositums durch ihr Interpunctionszeichen ab. Die Regelmäfsigkeit dieser Stellung macht es eigentlich leicht, dem Periodenbaue nachzugehen, wobei man nur, in Sätzen der beschriebenen Art, vom Ende gegen den Anfang vorschreiten mufs.

Nur beim Hören muſs die Aufmerksamkeit schwierig angespannt werden, ehe sie erfährt, wem die endlos vorangeschickten Prädicate gelten sollen. Vermuthlich aber vermeidet die Umgangssprache so zahlreich an einander gereihte Redensarten.

Es ist der Barmanischen Construction durchaus nicht eigen, die einzelnen Theile der Perioden in gehöriger Absonderung dergestalt zu ordnen, daſs der regierte Satz dem regierenden nachfolge. Sie sucht vielmehr immer den ersteren in den letzteren aufzunehmen, wo er ihm dann natürlich vorausgehen muſs. Auf diese Weise werden in ihr ganze Sätze wie einzelne Nomina behandelt. Um z. B. zu sagen: ich habe gehört, daſs du deine Bücher verkauft hast, dreht sie die Redensart um, läſst in derselben deine Bücher vorangehen, hierauf das Perfectum des Verbums verkaufen folgen, und fügt nun diesem das Accusativzeichen bei, an das sich wieder zuletzt: ich habe gehört, schlieſst.

Wenn es der hier versuchten Zergliederung gelungen ist, die Bahn richtig herauszufinden, auf welcher die Barmanische Sprache den Gedanken in der Rede zusammenzufassen strebt, so sieht man, daſs sie sich zwar auf der einen Seite von dem gänzlichen Mangel grammatischer Formen entfernt, allein auf der andren auch die Bildung derselben nicht erreicht. Sie befindet sich insofern wahrhaft in der Mitte zwischen beiden Gattungen des Sprachbaues. Zu wahrhaft grammatischen Formen zu gelangen, verhindert sie schon ihr ursprünglicher Wortbau, da sie zu den einsylbigen Sprachen der zwischen China und Indien wohnenden Volksstämme gehört. Zwar wirkt diese Eigenthümlichkeit der Wortbildung nicht gerade dadurch auf den tieferen Bau dieser Sprachen ein, daſs jeder Begriff in einzelne eng verbundene Laute eingeschlossen wird. Da aber in diesen Sprachen die Einsylbigkeit nicht zufällig entsteht, sondern die Organe sie absichtlich und vermöge ihrer individuellen Richtung festhalten, so ist mit ihr das einzelne Herausstofsen jeder Sylbe verbunden, was dann natürlich durch die Unmöglichkeit, mit den materiell bedeutsamen Wörtern Beziehungsbegriffe anzeigende Suffixa zu verschmelzen, in die innersten Tiefen des Sprachbaues eingreift. Die Indo-Chinesischen Nationen, sagt Leyden ([1]), haben eine Menge von Pali-Wörtern in sich aufgenommen, sie passen sie aber alle ihrer eigenthümlichen Aussprache an, indem sie jede einzelne Sylbe als ein besonderes Wort hervorstofsen. Diese Eigenschaft also mufs man als die charakteristische Eigenthümlichkeit dieser Sprachen, so wie der Chinesischen, ansehen und bei den Untersuchungen über ihren Bau fest im Auge behalten, wenn nicht sogar, da alle Sprache vom Laute ausgeht, demselben zum Grunde legen. Mit ihr ist eine zweite, andren Sprachen in viel geringerem Grade angehörende, verbunden, die Vermannigfaltigung und Vermehrung des Wortreichthums durch die den Wörtern beigegebenen verschiedenen Accente. Die Chinesischen sind bekannt; einige Indo-Chinesische Sprachen aber, namentlich die Siamesische und Anam-Sprache, besitzen eine so grofse Menge derselben, dafs es unsrem Ohre fast unmöglich ist, sie richtig zu unterscheiden. Die Rede wird dadurch zu einer Art Gesang, oder Recitativ, und Low vergleicht die Siamesischen vollkommen mit einer musikalischen Tonleiter ([2]). Diese Accente geben zugleich zu noch gröfseren und zahlreicheren Dialektverschiedenheiten, als die wahren Buchstaben, Veranlassung; und man versichert, dafs in Anam jede irgend bedeutende Ortschaft ihren eignen Dialekt hat, und dafs benachbarte, um sich zu verständigen, bisweilen zu der geschriebenen Sprache ihre Zuflucht nehmen müssen ([3]). Die Barmanische Sprache besitzt

---

[1] *Asiat. res.* X. 222.
[2] *A Grammar of the Thai or Siamese Language.* S. 12-19.
[3] *Asiat. res.* X. 270.

zwei solcher Accente, den in der Barmanischen Schrift mit zwei am Ende des Worts über einander stehenden Punkten bezeichneten langen und sanften, und den durch einen unter das Wort gesetzten Punkt angedeuteten kurzen und abgebrochnen. Rechnet man hierzu die accentlose Aussprache, so läfst sich dasselbe Wort, mit mehr oder minder verschiedener Bedeutung, in dreifacher Gestalt in der Sprache auffinden: *pó*, aufhalten, aufschütten, überfüllen, ein langer ovaler Korb, *pó:*, an einander heften oder binden, aufhängen, ein Insect, Wurm, *pó·*, tragen, herbeibringen, lehren, unterrichten, darbringen (wie einen Wunsch, oder Segen), in oder auf etwas geworfen werden; *ñá*, ich, *ñá:*, fünf, ein Fisch. Nicht jedes Wort aber ist dieser verschiednen Accentuation fähig. Einige Endvocale nehmen keinen beider Accente, andere nur einen derselben an, und immer können sie nur sich an Wörter heften, die mit einem Vocal oder nasalen Consonanten endigen. Dies letztere beweist deutlich, dafs sie Modificationen der Vocale sind, und untrennbar mit ihnen zusammenhängen. Wenn zwei Barmanische einsylbige Wörter als ein Compositum zusammentreten, so verliert darum das erste seinen Accent nicht, woraus sich wohl schliefsen läfst, dafs die Aussprache auch in Zusammensetzungen die Sylben, gleich besonderen Wörtern, aus einander hält. Man pflegt diese Accente dem Bedürfnifs der einsylbigen Sprachen zuzuschreiben, die Anzahl der möglichen Lautverbindungen zu vermehren. Ein so absichtliches Verfahren ist aber kaum denkbar. Es scheint umgekehrt viel natürlicher, dafs diese mannigfaltigen Modificationen der Aussprache zuerst und ursprünglich in den Organen und den Lautgewohnheiten der Völker lagen, dafs, um sie deutlich austönen zu lassen, die Sylben einzeln und mit kleinen Pausen dem Ohre zugezählt wurden, und dafs eben diese Gewohnheit nicht zu der Bildung mehrsylbiger Wörter einlud.

Die einsylbigen Indo-Chinesischen Sprachen haben daher auch, ohne irgend eine historische Verwandtschaft unter ihnen vorauszusetzen, mehrere Eigenschaften durch ihre Natur selbst sowohl mit einander, als mit dem Chinesischen gemein. Ich bleibe jedoch hier nur bei der Barmanischen stehen, da mir von den übrigen keine Hülfsmittel zu Gebote stehen, welche hinreichende Data zu Untersuchungen, wie die gegenwärtigen sind, darböten ([1]). Von der Barmanischen Sprache muſs man zuerst zugestehen, daſs sie niemals den Laut der Stammwörter zum Ausdruck ihrer Beziehungen modificirt, und die grammatischen Kategorieen nicht zur Grundlage ihrer Redefügung macht. Denn wir haben oben gesehen, daſs sie dieselben nicht ursprünglich an den Wörtern unterscheidet, dasselbe Wort mehreren zutheilt, die Natur des Verbums verkennt, und sogar eine Partikel dergestalt zugleich beim Verbum und beim Nomen gebraucht, daſs nur die Bedeutung des Worts, und wo auch diese nicht ausreicht, der Zusammenhang der Rede schlieſsen läſst, welche beider Kategorieen gemeint ist. Das Princip ihrer Redefügung ist, anzudeuten, welches Wort in der Rede das andere bestimmt. Hierin kommt sie völlig mit der Chinesischen überein ([2]). Sie hat, um nur dies anzuführen, wie diese, unter ihren Partikeln eine nur zur Anordnung der Construction bestimmte, zugleich und zu demselben Zwecke trennende und verbindende; denn

---

([1]) Über die Siamesische Sprache giebt zwar Low höchst wichtige Aufschlüsse, die noch ungleich belehrender werden, wenn man damit Burnouf's vortreffliche Beurtheilung seiner Schrift im *Nouv. Journ. Asiat.* IV. 210. vergleicht. Allein über die meisten Theile der Grammatik ist er zu kurz, und begnügt sich zu sehr, statt der Regeln, bloſs Beispiele zu geben, ohne diese einmal gehörig zu zergliedern. Über die Anamitische Sprache habe ich bloſs Leyden's schätzbare, aber für den jetzigen Standpunkt der Sprachkunde wenig genügende Abhandlung (*Asiat. res.* X. 158.) vor mir.

([2]) Mein Brief an Abel-Rémusat. S. 31.

die Ähnlichkeit zwischen *thang* und dem Chinesischen *tchi* in diesem Gebrauche in der Construction ist zu auffallend, als daſs sie verkannt werden könnte (¹). Dagegen weicht die Barmanische Sprache wieder sehr bedeutend von der Chinesischen, sowohl in dem Sinne, in welchem sie das Bestimmen nimmt, als in den Mitteln der Andeutung, ab. Das Bestimmen, von welchem hier die Rede ist, begreift nämlich zwei Fälle unter sich, die es sehr wesentlich ist sorgfältig von einander zu unterscheiden: das Regiert-werden eines Wortes durch das andere, und die Vervollständigung eines von gewissen Seiten unbestimmt gebliebenen Begriffs. Das Wort muſs qualitativ, seinem Umfang und seiner Beschaffenheit nach, und relativ, seiner Causalität nach, als von andrem abhängig, oder selbst andres leitend, begränzt werden (²). Die Chinesische Sprache unterscheidet in ihrer Construction beide Fälle genau, und wendet jeden da an, wo er wahrhaft hingehört. Sie läſst das regierende Wort dem regierten vorangehen, das Subject dem Verbum, dieses seinem directen Objecte, dies letztere endlich seinem indirecten, wenn ein solches vorhanden ist. Hier läſst sich nicht eigentlich sagen, daſs das vorangehende Wort die Vervollständigung des Begriffs enthalte; vielmehr wird das Verbum sowohl durch das Subject, als durch das Object, in deren Mitte es steht, in seinem Begriffe vervollständigt, und ebenso das directe Object durch das indirecte. Auf der andren Seite

---

(¹) *l. c.* S. 31-34.

(²) In meinem Briefe an Abel-Rémusat (S. 41. 42.) habe ich den Fall der Vervollständigung als die Beschränkung eines Begriffs von weiterem Umfange auf einen von kleinerem bezeichnet. Beide Ausdrücke laufen aber hier auf dasselbe hinaus. Denn das Adjectivum vervollständigt den Begriff des Substantivums, und wird in seinem jedesmaligen Gebrauch von seiner weiten Bedeutung auf einen einzelnen Fall beschränkt. Ebenso ist es mit dem Adverbium und Verbum. Weniger deutlich erscheint das Verhältniſs beim Genitiv. Doch auch hier werden die in dieser Relation gegen einander stehenden Worte als von vielen bei ihnen möglichen Beziehungen auf Eine bestimmte beschränkt betrachtet.

läfst sie das vervollständigende Wort immer dem von der Seite des Begriffs desselben noch unbestimmten vorausgehen, das Adjectivum dem Substantivum, das Adverbium dem Verbum, den Genitiv dem Nominativ, und beobachtet hierdurch wieder gewissermafsen ein dem im Vorigen entgegengesetztes Verfahren. Denn gerade dies noch unbestimmte hier nachstehende Wort ist das regierende, und müfste nach der Analogie des vorigen Falles, als solches, vorausgehen. Die Chinesische Construction beruht also auf zwei grofsen, allgemeinen, aber in sich verschiedenen Gesetzen, und thut sichtbar wohl daran, die Beziehung des Verbums auf sein Object durch eine besondere Stellung entschieden herauszuheben, da das Verbum in einem viel gewichtigeren Sinne, als jedes andere Wort im Satze, regierend ist. Das erstere wendet sie auf die **Hauptgliederung** des Satzes, das letztere auf seine **Nebentheile** an. Hätte sie dieses dem ersteren nachgebildet, so dafs sie Adjectivum, Adverbium und Genitiv dem Substantivum, Verbum und Nominativ nachfolgen liefse, so würde zwar die, gerade aus dem hier entwickelten Gegensatz entspringende, Concinnität der Satzbildung dadurch leiden, auch die Stellung des Adverbiums nach dem Verbum dasselbe nicht deutlich vom Objecte zu unterscheiden erlauben; allein der blofsen Anordnung des Satzes selbst, der Übereinstimmung zwischen seinem Gange und dem inneren des Sprachsinnes geschähe dadurch kein Eintrag. Das Wesentliche war, den Begriff des **Regierens** richtig festzustellen; und an ihm hält die Chinesische Construction mit den wenigen Ausnahmen fest, welche in allen Sprachen, mehr oder weniger, Abweichungen von der gewöhnlichen Regel der Wortstellung rechtfertigen. Die Barmanische Sprache unterscheidet jene zwei Fälle so gut als gar nicht, bewahrt eigentlich nur **Ein Constructionsgesetz**, und vernachlässigt gerade das wichtigere von beiden. Sie läfst blofs das Subject dem Object und Verbum voran-, das letztere aber dem

Objecte nachgehen. Durch diese Verkehrung macht sie es mehr als zweifelhaft, ob sie im Voranschicken des Subjects den Zweck hat, es wirklich als regierend darzustellen, und nicht vielmehr dasselbe als eine Vervollständigung der nachfolgenden Satztheile ansieht. Das regierte Object wird offenbar als eine vervollständigende Bestimmung des Verbums betrachtet, welches, als an sich selbst unbestimmt, auf die vollständige Aufzählung aller Bestimmungen durch sein Subject und Object folgt, und den Satz beschliefst. Dafs Subject und Object wieder, jedes für sich, die sie vervollständigenden Nebenbestimmungen vorn an sich anfügen, versteht sich von selbst, und ist aus den im Vorigen angeführten Beispielen klar.

Dieser Unterschied der Barmanischen und Chinesischen Construction entspringt sichtbar aus der im Chinesischen liegenden richtigen Ansicht des Verbums und der mangelhaften der Barmanischen Sprache. Die Chinesische Construction verräth das Gefühl der wahren und eigenthümlichen Function des Verbums. Sie drückt dadurch, dafs sie dasselbe in die Mitte des Satzes zwischen Subject und Object stellt, aus, dafs es ihn beherrscht, und die Seele der ganzen Redefügung ist. Auch von Lautmodificationen an demselben entblöfst, giefst sie durch die blofse Stellung über den Satz das Leben und die Bewegung aus, welche vom Verbum ausgehen, und stellt das actuale Setzen des Sprachsinnes dar, oder verräth wenigstens das innere Gefühl desselben. Im Barmanischen verhält sich dies alles durchaus auf andere Weise. Die Verbalformen schwanken zwischen flectirtem Verbum und Participium, sind dem materiellen Sinne nach eigentlich das letztere, und können den formalen nicht erreichen, da die Sprache für das Verbum selbst keine Form besitzt. Denn seine wesentliche Function findet nicht allein keinen Ausdruck in der Sprache, sondern die eigenthümliche Bildung der angeblichen Verbalformen und ihr sichtbarer Anklang an das Nomen beweisen, dafs in den Sprechenden selbst alles lebendige Durchdringen des Gefühls der wahren Kraft des Verbums mangelt. Bedenkt man auf der andren Seite, dafs die Barmanische Sprache das Verbum so ungleich mehr, als die Chinesische, durch Partikeln charakterisirt, und vom Nomen unterscheidet, so erscheint es um so wunderbarer, dafs sie dasselbe dennoch aus seiner wahren Kategorie herausrückt. Unläugbar aber ist es nicht blofs so, sondern die Erscheinung wird auch dadurch erklärlicher, dafs die Sprache das Verbum blofs nach Modificationen, die auch materiell genommen werden können, bezeichnet, ohne nur eine Ahndung des in ihm lediglich Formalen zu verrathen. Die Chinesische Sprache bedient sich dieser materiellen Andeutung selten, enthält sich derselben oft gänzlich, erkennt aber in der richtigen Stellung der Wörter eine unsichtbar an der Rede hängende Form an. Man könnte sagen, dafs, je weniger sie äufsere Grammatik besitzt, desto mehr ihr innere beiwohne. Wo grammatische Ansicht in ihr durchdringt, ist es die logisch richtige. Diese trug ihre erste Anordnung in sie hinein, und sie mufste sich durch den Gebrauch des so richtig gestimmten Instrumentes im Geiste des Volks fortbilden. Man kann gegen das so eben hier Vorgetragene einwenden, dafs auch die Flexionssprachen gar nicht ungewöhnlich das Verbum seinem Objecte nachsetzen, und dafs die Barmanische die Casus des Nomens durch eigne Partikeln, wie jene, kenntlich erhält. Da aber die Sprache in vielen andren Punkten deutlich zeigt, dafs ihr keine klare Vorstellung der Redetheile zum Grunde liegt, sondern dafs sie in ihren Fügungen nur die Modificirung der Wörter durch einander verfolgt, so ist sie in der That von jener, das wahre Wesen der Satzbildung verkennenden Ansicht nicht freizusprechen. Sie beweist dies auch durch die Unverbrüchlichkeit, mit der sie ihr angebliches Verbum immer an das Ende des Satzes verweist. Dies springt um so deutlicher in die Augen, als auch aus dem zweiten, schon oben angegebnen, Grunde dieser Stellung, an die Verbalform wieder einen neuen Satz anknüpfen zu können, klar wird, daſs sie weder von der eigentlichen Natur des Periodenbaues, noch von der darin geschäftigen Kraft des Verbums durchdrungen ist. Sie hat einen sichtbaren Mangel an Partikeln, die, gleich unsren Conjunctionen, durch die Verschlingung der Sätze den Perioden Leben und Mannigfaltigkeit ertheilen. Die Chinesische, welche auch hier das allgemeine Gesetz ihrer Wortstellung beobachtet, indem sie, wie den Genitiv dem Nominativ, so den näher bestimmenden und vervollständigenden Satz dem durch ihn modificirten vorausgehen läſst, ist ihr hierin weit überlegen. In der Barmanischen laufen die Sätze gleichsam in gerader Linie an einander fort. Allein selbst so sind sie selten durch solche verbindenden Conjunctionen an einander gereiht, welche, wie unser und, jedem seine Selbstständigkeit erhalten. Sie verbinden sich auf eine den materiellen Inhalt mehr in einander verwebende Weise. Dies liegt schon in der, gewöhnlich am Ende jedes solcher fortlaufenden Sätze gebrauchten Partikel *thang*, die, indem sie das Vorhergehende zusammennimmt, es immer zugleich zum Verständniſs des zunächst Folgenden anwendet. Daſs hieraus eine gewisse Schwerfälligkeit, bei welcher auſserdem ermüdende Gleichförmigkeit unvermeidlich scheint, entstehen muſs, fällt in die Augen.

In den Mitteln zur Andeutung der Wortfolge stimmen beide Sprachen insofern überein, als sie sich zugleich der Stellung und besonderer Partikeln bedienen. Die Barmanische bedürfte eigentlich nicht so strenger Gesetze der ersteren, da eine groſse Anzahl, die Beziehungen andeutender Partikeln das Verständniſs hinreichend sichert. Sie bewahrt aber zugleich noch gewissenhafter die einmal übliche Stellung, und ist nur in der Anordnung derselben in Einem Punkte nicht gleich consequent, da sie das Adjectivum vor und hinter das Substantivum zu setzen erlaubt. Indem aber die erstere dieser Stellungen immer der Hinzukunft einer der zur Bestimmung der Wortfolge nöthigen Partikeln bedarf, so sieht man hieraus, daſs die zweite als die eigentlich natürliche betrachtet wird; und dies muſs man wohl als eine Folge des Umstandes ansehen, daſs Adjectiv und Substantiv ein Compositum zusammen ausmachen, in welchem man die, wenn das Adjectivum vorausgeht, ihm nie beigegebene, Casusbeugung auch nur als dem in seiner Bedeutung durch das Adjectivum modificirten Substantivum angehörig betrachten muſs. In ihren Compositis nun, sowohl der Nomina, als der Verba, läſst die Sprache gewöhnlich das ihr jedesmal als Gattungsbegriff geltende Wort im ersten Gliede vorangehen, und das specificirende (insofern, als es auf mehrere Gattungen Anwendung finden kann) allgemeinere im zweiten nachfolgen. So bildet sie Modi der Verba, mit vorausgehendem Worte Fisch eine groſse Anzahl von Fischnamen u. s. w. Wenn sie in andren Fällen den entgegengesetzten Weg zu nehmen scheint, Wörter von Handwerkern durch das allgemeine verfertigen, das, als zweites Glied, hinter den Namen ihrer Werkzeuge steht, bildet, bleibt man zweifelhaft, ob sie wirklich hierin einer anderen Methode, oder nur einer andren Ansicht von dem, was ihr jedesmal als Gattungsbegriff gilt, folgt. Ebenso nun behandelt sie in der Verbindung des nachfolgenden Adjectivums dieses als einen Gattungsbegriff specificirend. Die Chinesische Sprache bleibt auch hier ihrem allgemeinen Gesetze treu; das Wort, dem eine speciellere Bestimmung zugehen soll, macht auch im Compositum das letzte Glied aus. Wenn auf eine an sich allerdings wenig natürliche Weise das Verbum sehen zur Bildung oder vielmehr an der Stelle des Passivums gebraucht wird, so geht es dem Hauptbegriffe vorauf: sehen tödten, d. i. getödtet werden. Da so viele Dinge gesehen werden können, so müſste eigentlich tödten vorausgehen. Die umgekehrte Stellung zeigt aber, daſs hier sehen als eine Modification des folgenden Wortes, mithin als ein Zustand des Tödtens, gedacht werden soll; und dadurch wird in der, auf den ersten Anblick befremdenden Redensart auf eine sinnreich feine Weise das grammatische Verhältniſs angedeutet. Auf ähnliche Art werden Ackersmann, Bücherhaus u. s. f. gebildet.

In Übereinstimmung mit einander, kommen die Barmanische und Chinesische Sprache in der Redefügung der Wortstellung durch Partikeln zu Hülfe. Beide gleichen einander auch darin, daſs sie einige dieser Partikeln dergestalt bloſs zur Andeutung der Construction bestimmen, daſs dieselben der materiellen Bedeutung nichts hinzufügen. Doch liegt gerade in diesen Partikeln der Wendepunkt, in welchem die Barmanische Sprache den Charakter der Chinesischen verläſst, und einen eignen annimmt. Die Sorgfalt, die Beziehung, in der ein Wort mit dem andren zusammengedacht werden soll, durch vermittelnde Begriffe zu bezeichnen, vermehrt die Zahl dieser Partikeln, und bringt in ihnen eine gewisse, wenn auch allerdings nicht ganz systematische, Vollständigkeit hervor. Die Sprache zeigt aber auch ein Bestreben, diese Partikeln in gröſsere Nähe mit dem Stammworte, als mit den übrigen Wörtern des Satzes, zu bringen. Wahre Worteinheit kann allerdings bei der sylbentrennenden Aussprache, und nach dem ganzen Geiste der Sprache, nicht statt finden. Wir haben aber doch gesehen, daſs in einigen Fällen die Einwirkung eines Wortes eine Consonantenveränderung in dem unmittelbar daran gehängten hervorbringt; und bei den Verbalformen schlieſsen die endenden Partikeln *thang* und *êng* die Verbalpartikeln mit dem Stammwort in ein Ganzes zusammen. In einem einzelnen Falle entsteht sogar eine Zusammenziehung zweier Sylben in Eine, was schon in Chinesischer Schrift nur phonetisch, also fremdartig, dargestellt werden könnte. Ein Gefühl der wahren Natur der Suffixa liegt auch darin, daſs selbst diejenigen unter diesen Partikeln, welche als bestimmende Adjectiva angesehen werden könnten, wie die Pluralzeichen, nie dem Stammworte vorausgehen, sondern immer nachfolgen. Im Chinesischen ist, nach Verschiedenheit der Pluralpartikeln, bald die eine, bald die andere Stellung üblich.

In dem Grade, in welchem sich die Barmanische Sprache von dem Chinesischen Baue entfernt, nähert sie sich dem Sanskritischen. Es würde aber überflüssig sein, noch im speciellen zu schildern, welche wahre Kluft sie wieder von diesem trennt. Der Unterschied liegt hierbei nicht bloſs in der mehr oder weniger engen Anschlieſsung der Partikeln an das Hauptwort. Er geht ganz besonders aus der Vergleichung derselben mit den Suffixen der Indischen Sprache hervor. Jene sind ebenso bedeutsame Wörter, als alle andren der Sprache, wenn auch die Bedeutung allerdings meistentheils schon in der Erinnerung des Volkes erloschen ist. Diese sind gröſstentheils subjective Laute, geeignet zu, auch nur inneren, Beziehungen. Überhaupt kann man die Barmanische Sprache, wenn sie auch in der Mitte zwischen den beiden andren zu stehen scheint, doch niemals als einen Übergangspunkt von der einen zur andren ansehen. Das Leben jeder Sprache beruht auf der inneren Anschauung des Volkes von der Art, den Gedanken in Laute zu hüllen. Diese aber ist in den drei hier verglichenen Sprachstämmen durchaus eine verschiedene. Wenn auch die Zahl der Partikeln und die Häufigkeit ihres Gebrauchs eine stufenweis gesteigerte Annäherung zur grammatischen Andeutung vom alten Styl des Chinesischen durch den neueren hindurch bis zum Barmanischen verräth, so ist doch die letztere dieser Sprachen von der ersteren gänzlich durch ihre Grundanschauung, die auch im neueren Styl der Chinesischen wesentlich dieselbe bleibt, verschieden. Die

Chinesische stützt sich allein auf die Wortstellung und auf das Gepräge der grammatischen Form im Inneren des Geistes. Die Barmanische beruht in ihrer Redefügung nicht auf der Wortstellung, obgleich sie mit noch gröfserer Festigkeit an der ihrer Vorstellungsweise gemäfsen hängt. Sie vermittelt die Begriffe durch neue hinzugefügte, und wird hierauf selbst durch die ihr eigne, ohne dies Hülfsmittel der Zweideutigkeit ausgesetzte, Stellung nothwendig geführt. Da die vermittelnden Begriffe Ausdrücke der grammatischen Formen sein müssen, so stellen sich allerdings auch die letzteren in der Sprache heraus. Die Anschauung derselben ist aber nicht gleich klar und bestimmt, als im Chinesischen und im Sanskrit; nicht wie im ersteren, weil sie eben jene Stütze vermittelnder Begriffe besitzt, welche die Nothwendigkeit der wahren Concentration des Sprachsinnes vermindert; nicht wie im Sanskrit, weil sie nicht die Laute der Sprache beherrscht, nicht bis zur Bildung wirklicher Worteinheit und ächter Formen durchdringt. Auf der andren Seite kann man das Barmanische auch nicht zu den agglutinirenden Sprachen rechnen, da es in der Aussprache die Sylben im Gegentheil geflissentlich aus einander hält. Es ist reiner und consequenter in seinem Systeme, als jene Sprachen, wenn es sich auch eben dadurch noch mehr von aller Flexion entfernt, die doch in den agglutinirenden Sprachen auch nicht aus den eigentlichen Quellen fliefst, sondern nur eine zufällige Erscheinung ist.

Das Sanskrit oder von ihm herstammende Dialekte haben sich, mehr oder weniger, den Sprachen aller Indien umgebenden Völker beigesellt; und es ist anziehend, zu sehen, wie sich durch diese, mehr vom Geiste der Religion und der Wissenschaft, als von politischen und Lebensverhältnissen, ausgehenden Verbindungen die verschiedenen Sprachen gegen einander stellen. In Hinter-Indien ist nun das Pali, also eine um viele Lautunterscheidungen der

Formen gekommene Flexionssprache, zu Sprachen hinzugetreten, die in wesentlichen Punkten mit der Chinesischen übereinstimmen, gerade also da und dahin, wo der Gegensatz reicher grammatischer Andeutung mit fast gänzlichem Mangel derselben am gröfsten ist. Ich kann nicht der Ansicht beistimmen, dafs die Barmanische Sprache in ihrer ächten Gestalt, und soweit sie der Nation selbst angehört, irgend wesentlich durch das Pali anders gemodelt worden ist. Die mehrsylbigen Wörter sind in ihr aus dem eigenthümlichen Hange zur Zusammensetzung entstanden, ohne des Vorbildes des Pali bedurft zu haben; und ebenso gehört ihr allein der sich den Formen nähernde Partikelgebrauch an. Die Pali-Kundigen haben die Sprache nur mit ihrem grammatischen Gewande äufserlich umkleidet. Dies sieht man an der Vielfachheit der Casuszeichen und an den Classen der zusammengesetzten Wörter. Was sie hier den Sanskritischen *Karmadháraya* gleichstellen, ist gänzlich davon verschieden, da das Barmanische vorausgehende Adjectivum immer einer anknüpfenden Partikel bedarf. An das Verbum scheinen sie, nach Carey's Grammatik zu urtheilen, ihre Terminologie nicht einmal anzulegen gewagt zu haben. Dennoch ist nicht die Möglichkeit zu läugnen, dafs durch fortgesetztes Studium des Pali der Styl und insofern auch der Charakter der Sprache zur Annäherung an das Pali verändert sein kann und immer mehr verändert werden könnte. Die wahrhaft körperliche, auf den Lauten beruhende Form der Sprachen gestattet eine solche Einwirkung nur innerhalb sehr gemessener Gränzen. Dagegen ist einer solchen die innere Anschauung der Form sehr zugänglich; und die grammatischen Ansichten, ja selbst die Stärke und Lebendigkeit des Sprachsinnes, werden durch die Vertraulichkeit mit vollkommneren Sprachen berichtigt und erhöht. Dies wirkt alsdann auf die Sprache insoweit zurück, als sie dem Gebrauche Herrschaft über sich verstattet. Im Barmanischen nun würde diese Rückwirkung vorzugsweise stark sein, da Haupttheile des Baues desselben sich schon dem Sanskritischen nähern, und ihnen nur vorzüglich fehlt, in dem rechten Sinne genommen zu werden, zu dem die Sprache an sich nicht zu führen vermag, da sie nicht aus diesem Sinne entstanden ist. Hierin nun käme ihr die fremde Ansicht zu Hülfe. Man dürfte zu diesem Behufe nur allmälig die gehäuften Partikeln, mit Wegwerfung mehrerer, bestimmten grammatischen Formen aneignen, in der Construction häufiger das vorhandene Hülfsverbum gebrauchen u. s. w. Allein bei dem sorgfältigsten Bemühen dieser Art wird es nie gelingen, zu verwischen, daſs der Sprache doch eine ganz verschiedene Form eigenthümlich ist; und die Erzeugnisse eines solchen Verfahrens würden immer Un-Barmanisch klingen, da, um nur diesen einen Punkt herauszuheben, die mehreren für eine und dieselbe Form vorhandnen Partikeln nicht gleichgültig, sondern nach feinen, im Sprachgebrauch liegenden Nüancen Anwendung finden. Immer also würde man erkennen, daſs der Sprache etwas ihr Fremdartiges eingeimpft worden sei.

Historische Verwandtschaft scheint, nach allen Zeugnissen, zwischen dem Barmanischen und Chinesischen nicht vorhanden zu sein. Beide Sprachen sollen nur wenige Wörter mit einander gemein haben. Dennoch weiſs ich nicht, ob dieser Punkt nicht einer mehr sorgfältigen Prüfung bedürfte. Auffallend ist die groſse Lautähnlichkeit einiger, gerade aus der Classe der grammatischen genommener Wörter. Ich setze diese für tiefere Kenner beider Sprachen hier her. Die Barmanischen Pluralzeichen der Nomina und Verba lauten *tô·* und *kra* (gesprochen *kya*), und *toû* und *kiái* sind Chinesische Pluralzeichen im alten und neuen Styl; *thang* (gesprochen *thi* H.) entspricht, wie wir schon oben gesehen, dem *ti* des neueren und dem *tchi* des älteren Styls; *hri* (gesprochen *shi*) ist das Verbum sein, und ebenso im Chinesischen, bei Rémusat, *chi*. Morrison und Hough schreiben beide Wörter nach Englischer Weise ganz gleichförmig *she*. Das Chinesische Wort ist allerdings zugleich ein Pronomen und eine Bejahungspartikel, so dafs seine Verbalbedeutung wohl nur daher entnommen ist. Dieser Ursprung würde aber der Verwandtschaft beider Wörter keinen Eintrag thun. Endlich lautet der in beiden Sprachen bei der Angabe gezählter Gegenstände gebrauchte allgemeine, hierin unserm Worte Stück ähnliche, Gattungsausdruck im Barmanischen *hku* und im Chinesischen *ko* (¹). Ist die Zahl dieser Wörter auch gering, so gehören sie gerade zu den am meisten die Verwandtschaft beider Sprachen verrathenden Theilen des Baues derselben; und auch die Verschiedenheiten zwischen der Chinesischen und Barmanischen Grammatik sind, wenn auch grofs und tief in den Sprachbau eingreifend, doch nicht von der Art, dafs sie, wie z. B. zwischen dem Barmanischen und Tagalischen, Verwandtschaft unmöglich machen sollten.

§. 25.

Ganz nahe an die so eben angestellten Untersuchungen schliefst sich die Frage an: ob der Unterschied zwischen ein- und mehrsylbigen Sprachen ein absoluter oder nur ein, dem Grade nach, relativer ist, und ob diese Form der Wörter wesentlich den Charakter der Sprachen bildet, oder die Einsylbigkeit nur ein Übergangszustand ist, aus welchem sich die mehrsylbigen Sprachen nach und nach herausgebildet haben?

In früheren Zeiten der Sprachkunde erklärte man die Chinesische und mehrere südöstliche Asiatische Sprachen geradehin für einsylbig. Späterhin wurde man hierüber zweifelhaft; und

---

(¹) S. meine Schrift über die Kawi-Sprache. 1. Buch. S. 253. Anm. 3.

Abel-Rémusat bestritt diese Behauptung ausdrücklich vom Chinesischen (¹). Diese Ansicht schien aber doch zu sehr gegen die vor Augen liegende Thatsache zu streiten; und man kann wohl mit Grunde behaupten, daſs man jetzt, und nicht mit Unrecht, zur früheren Annahme zurückgekehrt ist. Dem ganzen Streite liegen indeſs mehrere Miſsverständnisse zum Grunde; und es bedarf daher zuerst einer gehörigen Bestimmung desjenigen, was man **einsylbige Wortform** nennt, und des Sinnes, in welchem man ein- und **mehrsylbige Sprachen** unterscheidet. Alle von Rémusat angeführten Beispiele der Mehrsylbigkeit des Chinesischen laufen auf Zusammensetzungen hinaus; und es kann wohl kein Zweifel sein, daſs Zusammensetzung ganz etwas anderes, als ursprüngliche Mehrsylbigkeit, ist. In der Zusammensetzung entsteht, auch der durchaus als einfach betrachtete Begriff doch aus zwei oder mehreren, mit einander verbundenen. Das sich hieraus ergebende Wort ist also nie ein einfaches; und eine Sprache hört darum nicht auf, eine einsylbige zu sein, weil sie zusammengesetzte Wörter besitzt. Es kommt offenbar auf solche einfache an, in welchen sich keine, den Begriff bildenden Elementarbegriffe unterscheiden lassen, sondern wo die Laute zweier oder mehrerer, an sich bedeutungsloser, Sylben das Begriffszeichen ausmachen. Selbst wenn man Wörter findet, bei welchen dies scheinbar der Fall ist, erfordert es immer genauere Untersuchung, ob nicht doch jede einzelne Sylbe ursprünglich eine, nur in ihr verloren gegangene, eigenthümliche Bedeutung besaſs. Ein richtiges Beispiel gegen die Einsylbigkeit einer Sprache müſste den Beweis in sich tragen, daſs alle Laute des Wortes nur gemeinschaftlich und zusammen, nicht abgesondert für sich, bedeutsam sind. Dies hat Abel-Rémusat allerdings nicht klar genug

---

(¹) Fundgruben des Orients. III. S. 279.

aus der Einsylbigkeit hervorgegangen sei. §. 25.

vor Augen gehabt, und darum in der That die originelle Gestaltung des Chinesischen in der oben angeführten Abhandlung verkannt (¹). Von einer andren Seite her aber gründete sich Rémusat's Meinung doch auf etwas Wahres und richtig Gesehenes. Er blieb nämlich bei der Eintheilung der Sprachen in ein- und mehrsylbige stehen, und es entging seinem Scharfblicke nicht, dafs diese, wie sie gewöhnlich verstanden wird, allerdings nicht genau zu nehmen ist. Ich habe schon im Vorigen bemerkt, dafs eine solche Eintheilung nicht auf der blofsen Thatsache des Vorherrschens ein- und mehrsylbiger Wörter beruhen kann, sondern dafs ihr etwas viel Wesent-

---

(¹) Hr. Ampère *(de la Chine et des travaux de M. Abel-Rémusat,* in der *Revue des deux mondes.* T. 8. 1832. p. 373-405.) hat dies richtig gefühlt. Er erinnert aber zugleich daran, dafs jene Abhandlung in die ersten Jahre der Chinesischen Studien Abel-Rémusat's fällt, bemerkt jedoch dabei, dafs er auch später diese Ansicht nie ganz verliefs. In der That neigte sich Rémusat wohl zu sehr dahin, den Chinesischen Sprachbau für weniger abweichend von dem andrer Sprachen zu halten, als er wirklich ist. Hierauf mochten ihn zuerst die abentheuerlichen Ideen geführt haben, die zu der Zeit des Beginnens seiner Studien noch vom Chinesischen und von der Schwierigkeit, dasselbe zu erlernen, herrschend waren. Er fühlte aber auch nicht genug, dafs der Mangel gewisser feinerer grammatischer Bezeichnungen zwar wohl im Einzelnen bisweilen für den Sinn überhaupt, nie aber für die bestimmtere Nüancirung der Gedanken im Ganzen unschädlich ist. Sonst aber hat er sichtbar zuerst das wahre Wesen des Chinesischen dargestellt; und man lernt erst jetzt den grofsen Werth seiner Grammatik wahrhaft kennen, da die, in ihrer Art auch sehr schätzungswürdige, des Vaters Prémare *(Notitia linguae Sinicae auctore P. Premare. Malaccae.* 1831.) im Druck erschienen ist. Die Vergleichung beider Arbeiten zeigt unverkennbar, welchen grofsen Dienst die Rémusatsche dem Studium geleistet hat. Überall strahlt dem Leser aus ihr die Eigenthümlichkeit der behandelten Sprache in leichter Anordnung und lichtvoller Klarheit entgegen. Die seines Vorgängers bietet ein unendlich schätzbares Material dar, und fafst gewifs alle Eigenheiten der Sprache einzeln in sich; allein vom Ganzen schwebte ihrem Verfasser schwerlich ein gleich deutliches Bild vor, und wenigstens gelang es ihm nicht, seinen Lesern ein solches mitzutheilen. Tiefere Kenner der Sprache mögen auch manche Lücken in Rémusat's Grammatik ausgefüllt wünschen; aber das grofse Verdienst, sich zuerst wahrhaft in den Mittelpunkt der richtigen Ansicht der Sprache versetzt, und aufserdem das Studium derselben allgemein zugänglich gemacht und dadurch erst eigentlich begründet zu haben, wird dem trefflichen Manne dauernd bleiben.

licheres zum Grunde liegt, nämlich der doppelte Umstand des Mangels der Affixa, und die Eigenthümlichkeit der Aussprache, auch da, wo der Geist die Begriffe verbindet, dennoch die Sylbenlaute getrennt zu erhalten. Die Ursache des Mangels der Affixa liegt tiefer, und wirklich im Geiste. Denn wenn dieser lebendig das Abhängigkeitsverhältniſs des Affixums zum Hauptbegriff empfindet, so kann die Zunge unmöglich dem ersteren gleiche Lautgeltung in einem eigenen Worte geben. Verschmelzung zweier verschiedener Elemente zur Einheit des Wortes ist eine nothwendige und unmittelbare Folge jener Empfindung. Rémusat scheint mir daher nur darin gefehlt zu haben, daſs er, anstatt die Einsylbigkeit des Chinesischen anzugreifen, nicht vielmehr zu zeigen versuchte, daſs auch die übrigen Sprachen von einsylbigem Wurzelbau ausgehen, und nur, theils auf dem ihnen eigenthümlichen Wege der Affigirung, theils auf dem, auch dem Chinesischen nicht fremden, der Zusammensetzung, zur Mehrsylbigkeit gelangen, dies Ziel aber, da ihnen nicht, wie im Chinesischen, die oben genannten Hindernisse im Wege standen, wirklich erreichen. Diese Bahn nun will ich hier einschlagen, und an dem Faden thatsächlicher Untersuchung einiger hier vorzüglich in Betrachtung zu ziehender Sprachen verfolgen.

So schwer und zum Theil unmöglich es auch ist, die Wörter bis zu ihrem wahren Ursprunge zurückzuführen, so leitet uns doch sorgfältig angestellte Zergliederung in den meisten Sprachen auf einsylbige Stämme hin; und die einzelnen Fälle des Gegentheils können nicht als Beweise auch ursprünglich mehrsylbiger gelten, da die Ursach der Erscheinung mit viel gröſserer Wahrscheinlichkeit in nicht weit genug fortgesetzter Zergliederung gesucht werden kann. Man geht aber auch, wenn man die Frage bloſs aus Ideen betrachtet, wohl nicht zu weit, indem man allgemein annimmt,

aus der Einsylbigkeit hervorgegangen sei. §. 25.

dafs ursprünglich jeder Begriff nur durch Eine Sylbe bezeichnet wurde. Der Begriff in der Spracherfindung ist der Eindruck, welchen das Object, ein äufseres oder inneres, auf den Menschen macht; und der durch die Lebendigkeit dieses Eindrucks der Brust entlockte Laut ist das Wort. Auf diesem Wege können nicht leicht zwei Laute Einem Eindruck entsprechen. Wenn wirklich zwei Laute, unmittelbar auf einander folgend, entständen, so bewiesen sie zwei von demselben Object ausgehende Eindrücke, und bildeten Zusammensetzung schon in der Geburt des Wortes, ohne dafs dadurch der Grundsatz der Einsylbigkeit beeinträchtigt würde. Dies ist in der That bei der, in allen Sprachen, vorzugsweise aber in den ungebildeteren, sich findenden Verdoppelung der Fall. Jeder der wiederholten Laute spricht das ganze Object aus; durch die Wiederholung aber tritt dem Ausdrucke eine Nüance mehr hinzu, entweder blofse Verstärkung, als Zeichen der höheren Lebendigkeit des erfahrnen Eindrucks, oder Anzeigen des sich wiederholenden Objects, weshalb die Verdoppelung vorzüglich bei Adjectiven statt findet, da bei der Eigenschaft das besonders auffällt, dafs sie nicht als einzelner Körper, sondern, gleichsam als Fläche, überall in demselben Raume erscheint. Wirklich gehört in mehreren Sprachen, von denen ich hier nur die der Südsee-Inseln anführen will, die Verdoppelung vorzugsweise, ja fast ausschliefslich, den Adjectiven und den aus ihnen gebildeten, also ursprünglich adjectivisch empfundenen, Substantiven an. Denkt man sich freilich die ursprüngliche Sprachbezeichnung als ein absichtliches Vertheilen der Laute unter die Gegenstände, so erscheint allerdings die Sache bei weitem anders. Die Sorgfalt, verschiedenen Begriffen nicht ganz gleiche Zeichen zu geben, könnte dann die wahrscheinlichste Ursache sein, dafs man einer Sylbe, durchaus unabhängig von einer neuen Bedeutsamkeit, eine zweite und dritte hinzugefügt hätte. Allein diese

Vorstellungsart, bei der man gänzlich vergifst, dafs die Sprache kein todtes Uhrwerk, sondern eine lebendige Schöpfung aus sich selbst ist, und dafs die ersten sprechenden Menschen bei weitem sinnlicher erregbar waren, als wir, abgestumpft durch Cultur und auf fremder Erfahrung beruhende Kenntnifs, ist offenbar eine falsche. Alle Sprachen enthalten wohl Wörter, die durch ganz verschiedene Bedeutung, bei ganz gleichem Laute, Zweideutigkeit zu erregen im Stande sind. Dafs dies aber selten ist, und in der Regel jedem Begriff ein anders nüancirter Laut entspricht, entstand gewifs nicht aus absichtlicher Vergleichung der schon vorhandenen Wörter, welche dem Sprechenden nicht einmal gegenwärtig sein konnten, sondern daraus, dafs sowohl der Eindruck des Objects, als der durch ihn hervorgelockte Laut, immer individuell war, und keine Individualität vollständig mit der andren übereinkommt. Von einer andren Seite aus wurde allerdings der Wortvorrath auch durch Erweiterung der einzelnen vorhandnen Bezeichnungen vermehrt. Wie der Mensch mehr Gegenstände und die einzelnen genauer kennen lernte, bot sich ihm bei vielen besondere Verschiedenheit bei allgemeiner Ähnlichkeit dar; und dieser neue Eindruck bewirkte natürlich einen neuen Laut, der, an den vorigen geknüpft, zum mehrsylbigen Worte wurde. Aber auch hier sind verbundene Begriffe mit verbundenen Lauten als Bezeichnungen eines und ebendesselben Objects. Aufs höchste könnte man, was die ursprüngliche Bezeichnung anbetrifft, es für möglich halten, dafs die Stimme blofs aus sinnlichem Gefallen am Rauschen der Töne ganz bedeutungslose hinzugefügt hätte, oder dafs blofs auslautende Hauche bei mehr geregelter Aussprache zu wahren Sylben geworden wären. Dafs Laute in der That ohne alle Bedeutsamkeit sich in Sprachen blofs sinnlich erhalten, möchte ich nicht in Abrede stellen; allein dies ist nur darum der Fall, weil ihre Bedeutsamkeit verloren gegangen ist.

Ursprünglich stöfst die Brust keinen articulirten Laut aus, den nicht eine Empfindung geweckt hat.

Im Verlaufe der Zeit verhält es sich überhaupt auch anders mit der Mehrsylbigkeit. Man kann sie, als Thatsache, in den ausgebildeten Sprachen nicht abläugnen, man bestreitet sie nur bei den Wurzeln, und, aufserhalb dieses Kreises, beruht sie durch ihren, im Ganzen anzunehmenden und sehr häufig im Einzelnen nachzuweisenden Ursprung auf Zusammensetzung, und verliert dadurch ihre eigenthümliche Natur. Denn nicht blofs weil uns die Bedeutung der einzelnen Wortelemente fehlt, erscheinen sie uns als bedeutungslose, sondern es liegt der Erscheinung auch oft etwas positives zum Grunde. Die Sprache verbindet zuerst einander wirklich modificirende Begriffe. Dann knüpft sie an einen Hauptbegriff einen andren, nur metaphorisch oder nur mit einem Theile seiner Bedeutung geltenden, wie wenn die Chinesische, um bei Verwandtschaften den Unterschied des Älteren oder Jüngeren anzudeuten, das Wort Sohn in zusammengesetzten Verwandtschaftsnamen da braucht, wo weder die directe Abstammung, noch das Geschlecht, sondern einzig das Nachstehen im Alter pafst. Waren nun einige solcher Begriffe wegen der, durch ihre gröfsere Allgemeinheit gegebenen Möglichkeit dazu häufig Wortelemente zur Specificirung von Begriffen geworden, so gewöhnt sich die Sprache auch wohl, sie da anzuwenden, wo ihre Beziehung nur eine ganz entfernte, kaum nachzuspürende, ist, oder wo man frei gestehen mufs, dafs gar keine wirkliche Beziehung vorliegt, und daher die Bedeutsamkeit in der That in Nichts aufgeht. Diese Erscheinung, dafs die Sprache, einer allgemeinen Analogie folgend, Laute von Fällen, wo sie wahrhaft hingehören, auf andere, denen sie fremd sind, anwendet, findet sich auch in anderen Theilen ihres Verfahrens. So ist nicht zu läugnen, dafs in mehreren Flexionen der

Sanskrit-Declination Pronominalstämme verborgen sind, daſs aber in einigen dieser Fälle sich wirklich kein Grund auffinden läſst, warum gerade dieser, und kein anderer Stamm diesem oder jenem Casus beigegeben ist, ja nicht einmal sagen, wie überhaupt ein Pronominalstamm den Ausdruck dieses bestimmten Casusverhältnisses ausmachen kann. Es mag allerdings auch in denjenigen solcher Fälle, die uns die schlagendsten zu sein scheinen, noch ganz individuelle, fein aufgefaſste Verbindungen zwischen dem Begriffe und dem Laute geben. Diese sind aber alsdann so von allgemeiner Nothwendigkeit entblöſst, und so sehr, wenn auch nicht zufällig, doch nur historisch erkennbar, daſs, für uns, selbst ihr Dasein verloren geht. Der Einverleibung fremder mehrsylbiger Wörter aus einer Sprache in die andere erwähne ich hier mit Absicht nicht, da, wenn die hier aufgestellte Behauptung ihre Richtigkeit hat, die Mehrsylbigkeit solcher Wörter niemals ursprünglich ist, und die Bedeutungslosigkeit ihrer einzelnen Elemente für die Sprache, welcher sie zuwachsen, bloſs eine relative bleibt.

Es giebt aber in den nicht einsylbigen Sprachen, nur allerdings in sehr verschiedenem Grade, auch ein, aus zusammentreffenden inneren und äuſseren Ursachen entspringendes, Streben nach reiner Mehrsylbigkeit, ohne Rücksicht auf den noch bekannten oder in Dunkel verschwundenen Ursprung derselben aus Zusammensetzung. Die Sprache verlangt alsdann Lautumfang als Ausdruck einfacher Begriffe, und läſst in diesen die in ihnen verbundenen Elementarbegriffe aufgehen. Auf diesem zwiefachen Wege entsteht dann die Bezeichnung Eines Begriffs durch mehrere Sylben. Denn wie die Chinesische Sprache der Mehrsylbigkeit widerstrebt, und wie ihre, sichtbar aus diesem Widerstreben hervorgegangene Schrift sie in demselben bestätigt, so haben andere Sprachen die entgegengesetzte Neigung. Durch Gefallen an Wohllaut und durch Streben nach rhythmischen Verhältnissen gehen sie auf Bildung größerer Wortganzen hin, und unterscheiden weiter, ein inneres Gefühl hinzunehmend, die bloße, lediglich durch die Rede entstehende, Zusammensetzung von derjenigen, die mit dem Ausdruck eines einfachen Begriffs durch mehrere Sylben, deren einzelne Bedeutung nicht mehr bekannt ist, oder nicht mehr beachtet wird, verwechselt werden kann. Wie aber Alles in der Sprache immer innig verbunden ist, so ruht auch dies, zuerst bloß sinnlich scheinende, Streben auf einer breiteren und festeren Basis. Denn die Richtung des Geistes, den Begriff und seine Beziehungen in die Einheit desselben Wortes zu verknüpfen, wirkt offenbar dazu mit, die Sprache mag nun, als wahrhaft flectirende, dies Ziel wirklich erreichen, oder, als agglutinirende, auf halbem Wege stehen bleiben. Die schöpferische Kraft, mit welcher die Sprache selbst, um mich eines figürlichen Ausdrucks zu bedienen, aus der Wurzel alles das hervortreibt, was zur inneren und äußeren Bildung der Wortform gehört, ist hier das ursprünglich Wirkende. Je weiter sich diese Schöpfung erstreckt, desto größer, je früher sie ermattet, desto geringer ist der Grad jenes Strebens. In dem aus demselben entspringenden Lautumfang des Wortes bestimmt aber die vollendete Abrundung dieses Strebens nach Wohllautsgesetzen die nothwendige Gränze. Gerade die in der Verschmelzung der Sylben zur Einheit minder glücklichen Sprachen reihen eine größere Anzahl derselben unrhythmisch an einander, da das vollendete Einheitsstreben wenigere harmonisch zusammenschließt. So eng und genau mit einander übereinstimmend ist auch hier das innere und äußere Gelingen. Durch die Begriffe selbst aber wird in vielen Fällen ein Bemühen veranlaßt, einige bloß in der Absicht zu verknüpfen, einem einfachen ein angemessenes Zeichen zu geben, und ohne gerade die Erinnerung an die einzelnen verknüpften erhalten zu wollen. Hieraus entsteht alsdann natürlich um so mehr wahre Mehrsylbigkeit, als der so zusammengesetzte Begriff blofs seine Einfachheit geltend macht.

Unter den Fällen, von welchen wir hier reden, zeichnen sich hauptsächlich zwei verschiedene Classen aus. Bei der einen soll der durch einen Laut schon gegebne Begriff durch Anknüpfung eines zweiten nur bestimmter festgestellt, oder mehr erläutert, also im Ganzen Ungewifsheit und Undeutlichkeit vermieden werden. Auf diese Weise verbinden Sprachen oft ganz gleichbedeutende, oder doch durch sehr kleine Nüancen verschiedene Begriffe mit einander, auch allgemeine, speciellen angefügt, und zu solchen allgemeinen oft erst aus speciellen durch diesen Gebrauch gestempelt, wie im Chinesischen der Begriff des Schlagens fast in den des Machens überhaupt in diesen Zusammensetzungen übergeht. In die andere Classe gehören die Fälle, wo wirklich aus zwei verschiedenen Begriffen ein dritter gebildet wird, wie z. B. die Sonne das Auge des Tages, die Milch das Wasser der Brust u. s. f. heifst. Der ersten Classe von Verbindungen liegt ein Mifstrauen in die Deutlichkeit des gebrauchten Ausdrucks, oder eine lebhafte Hast nach Vermehrung derselben zum Grunde. Sie dürfte in sehr ausgebildeten Sprachen selten gefunden werden, ist aber in einigen, die sich, ihrem Baue nach, einer gewissen Unbestimmtheit bewufst sind, sehr häufig. In den Fällen der zweiten Classe sind die beiden zu verbindenden Begriffe die unmittelbare Schilderung des empfangenen Eindrucks, also in ihrer speciellen Bedeutung das eigentliche Wort. An und für sich würden sie zwei bilden. Da sie aber doch nur Eine Sache bezeichnen, so dringt der Verstand auf ihre engste Verbindung in der Sprachform; und wie seine Macht über die Sprache wächst, und die ursprüngliche Auffassung in dieser untergeht, so verlieren die sinnreichsten und lieblichsten Metaphern dieser Art ihren rückwirkenden Einflufs, und entschwinden, wie deutlich sie

aus der Einsylbigkeit hervorgegangen sei. §.25.

auch noch nachzuweisen sein mögen, der Beachtung der Redenden. Beide Classen finden sich auch in den einsylbigen Sprachen, nur dafs in ihnen das innere Bedürfnifs nach der Verbindung der Begriffe nicht das Hangen an der Trennung der Sylben zu überwinden vermag.

Auf diese Weise, glaube ich, mufs in den Sprachen die Erscheinung der Ein- und Mehrsylbigkeit aufgefafst und beurtheilt werden. Ich will jetzt versuchen, dies allgemeine Räsonnement, das ich nicht habe durch Aufzählung von Thatsachen unterbrechen mögen, mit einigen Beispielen zu belegen.

Schon der neuere Styl des Chinesischen besitzt eine nicht unbedeutende Anzahl von Wörtern, die dergestalt aus zwei Elementen zusammengesetzt sind, dafs ihre Zusammensetzung nur die Bildung eines dritten, einfachen Begriffes zum Zweck hat. Bei einigen derselben ist es sogar offenbar, dafs die Hinzufügung des einen Elements, ohne dem Sinne etwas beizugeben, nur von wirklich bedeutsamen Fällen aus zur Gewohnheit geworden ist. Die Erweiterung der Begriffe und der Sprachen mufs darauf leiten, neue Gegenstände durch Vergleichung mit andren, schon bekannten, zu bezeichnen, und das Verfahren des Geistes bei der Bildung ihrer Begriffe in die Sprachen überzuführen. Diese Methode mufs allmälig an die Stelle der früheren treten, den Eindruck durch die in den articulirten Tönen liegende Analogie symbolisirend wiederzugeben. Aber auch die spätere Methode tritt bei Völkern von grofser Lebendigkeit der Einbildungskraft und Schärfe der sinnlichen Auffassung in ein sehr hohes Alter zurück, und daher besitzen vorzugsweise die am meisten noch vom Jugendalter ihrer Bildung zeugenden Sprachen eine grofse Anzahl solcher malerisch die Natur der Gegenstände darlegenden Wörter. Im Neu-Chinesischen zeigt sich aber hierin sogar eine, erst späterer Cultur angehörende, Verbildung. Mehr spielend witzige, als wahrhaft dichterische Umschreibungen der Gegenstände, in welchen diese oft, gleich Räthseln, verhüllt liegen, bilden häufig solche aus zwei Elementen bestehende Wörter (¹). Eine andere Classe dieser letztren erscheint auf den ersten Anblick sehr wunderbar, nämlich die, wo zwei einander entgegengesetzte Begriffe durch ihre Vereinigung den allgemeinen, beide unter sich befassenden, Begriff ausdrücken, wie wenn die jüngeren und älteren Brüder, die hohen und niedrigen Berge für die Brüder und die Berge überhaupt gesagt wird. Die in solchen Fällen in dem bestimmten Artikel liegende Universalität wird hier anschaulicher durch die entgegengesetzten Extreme auf eine keine Ausnahme erlaubende Weise angedeutet. Eigentlich ist auch diese Wortgattung mehr eine rednerische Figur, als eine Bildungsmethode der Sprachen. In einer Sprache aber, wo der, sonst bloſs grammatische, Ausdruck so häufig materiell in den Inhalt der Rede gelegt werden muſs, wird sie nicht mit Unrecht den letzteren beigezählt. Einzeln finden sich übrigens solche Zusammensetzungen in allen Sprachen; im Sanskrit erinnern sie an das in philosophischen Gedichten häufig vorkommende स्थावरजङ्गमम्, *sthâwara-jangamam*. Im Chinesischen aber kommt noch der Umstand hinzu, daſs die Sprache in einigen dieser Fälle für den einfach allgemeinen Begriff gar kein Wort besitzt, und sich also nothwendig dieser Umschreibungen bedienen muſs. Die Bedingung des Alters z. B. läſst sich von dem Worte Bruder nicht abtrennen, und man kann nur ältere und jüngere Brüder, nicht Brüder allgemein, sagen. Dies mag noch aus dem Zustande früher Uncultur herstammen. Die Begierde, den Gegenstand anschaulich mit seinen

---

(¹) St. Julien zu Paris hat zuerst auf diese Terminologie des poetischen Styls, wie man sie nennen könnte, die ein eignes, weitläufiges Studium erfordert, und ohne ein solches zu den gröſsten Miſsverständnissen führt, aufmerksam gemacht.

Eigenschaften im Worte darzustellen, und der Mangel an Abstraction lassen den allgemeinen, mehrere Verschiedenheiten unter sich befassenden, Ausdruck vernachlässigen; die individuelle sinnliche Auffassung greift der allgemeinen des Verstandes vor. Auch in den Amerikanischen Sprachen ist diese Erscheinung häufig. Von einer ganz entgegensetzten Seite aus und gerade durch ein künstlich gesuchtes Verstandesverfahren hebt sich diese Art der Wortzusammenfügung im Chinesischen auch dadurch mehr hervor, daſs die symmetrische Anordnung der in bestimmten Verhältnissen gegen einander stehenden Begriffe als ein Vorzug und eine Zierlichkeit des Styls betrachtet wird, worauf auch die Natur der, jeden Begriff in Ein Zeichen einschlieſsenden, Schrift Einfluſs hat. Man sucht also solche Begriffe absichtlich in die Rede zu verflechten, und die Chinesische Rhetorik hat sich ein eignes Geschäft daraus gemacht, da kein Verhältniſs so bestimmt, als das des reinen Gegensatzes, ist, die contrastirenden Begriffe in der Sprache aufzuzählen (¹). Der ältere Chinesische Styl macht keinen Gebrauch von zusammengesetzten Wörtern, es sei nun, daſs man in früheren Zeiten, wie bei einigen Classen derselben sehr begreiflich ist, noch nicht auf dies Verfahren gekommen war, oder daſs dieser strengere Styl, welcher überhaupt der Anstrengung des Verstandes durch die Sprache zu Hülfe zu kommen gewissermaſsen verschmähte, dasselbe aus seinem Kreise ausschloſs.

Die Barmanische Sprache kann ich hier übergehen, da ich schon oben bei der allgemeinen Schilderung ihres Baues gezeigt

---

(¹) Ein solches, aber gegen die bis dahin in Europa bekannt gewesenen sehr ansehnlich vermehrtes, Verzeichniſs hat Klaproth in den Supplementen zu Basile's groſsem Wörterbuche gegeben. Es zeichnet sich auch vor dem in Prémare's Grammatik befindlichen durch höchst schätzbare, über die Chinesischen philosophischen Systeme Licht verbreitende Bemerkungen aus.

habe, wie sie durch Aneinanderheftung gleichbedeutender oder modificirender Stämme aus einsylbigen mehrsylbige bildet.

In den Malayischen Sprachen bleibt, nach Ablösung der Affixa, sehr häufig, ja man kann wohl sagen meistentheils, ein zweisylbiger, in grammatischer Beziehung auf die Redefügung nicht weiter theilbarer, Stamm übrig. Auch da, wo derselbe einsylbig ist, wird er häufig, im Tagalischen sogar gewöhnlich, verdoppelt. Man findet daher öfter des zweisylbigen Baues dieser Sprachen erwähnt. Eine Zergliederung dieser Wortstämme ist indefs bis jetzt, soviel ich weifs, nirgends vorgenommen worden. Ich habe sie versucht; und wenn ich auch noch nicht dahin gelangt bin, vollkommene Rechenschaft über die Natur der Elemente aller dieser Wörter zu geben, so habe ich mich dennoch überzeugt, dafs in sehr vielen Fällen jede der beiden vereinigten Sylben als ein einsylbiger Stamm in der Sprache nachgewiesen werden kann, und dafs die Ursache der Verbindung begreiflich wird. Wenn dies nun bei unsren unvollständigen Hülfsmitteln und unsrer mangelhaften Kenntnifs der Fall ist, so läfst sich wohl auf eine gröfsere Ausdehnung dieses Princips und auf die ursprüngliche Einsylbigkeit auch dieser Sprachen schliefsen. Mehr Schwierigkeit erregen zwar die Wörter, welche, wie z. B. die Tagalischen *lisà* und *lisay̓*, von der Wurzel *lis* (s. unten), in blofse Vocallaute ausgehen; doch auch diese werden vermuthlich bei künftiger Untersuchung erklärlich werden. So viel ist schon jetzt offenbar, dafs man, der Mehrzahl der Fälle nach, die letzten Sylben der Malayischen zweisylbigen Stämme nicht als an bedeutsame Wörter gefügte Suffixa betrachten darf, sondern dafs sich in ihnen wirkliche Wurzeln, ganz den die erste Sylbe bildenden gleich, erkennen lassen. Denn sie finden sich auch theils als erste Sylben jener Composita, theils ganz abgesondert in der Sprache. Die einsylbigen Stämme

aus der Einsylbigkeit hervorgegangen sei. §. 25.

muſs man aber meistentheils in ihren Verdopplungen aufsuchen.

Aus dieser Beschaffenheit der, auf den ersten Anblick einfach scheinenden, und doch auf Einsylbigkeit zurückführenden zweisylbigen Wörter geht eine Richtung der Sprache auf Mehrsylbigkeit hervor, die, wie man aus der Häufigkeit der Verdopplung sieht, zum Theil auch phonetisch, nicht blofs intellectuell, ist. Die zusammentretenden Sylben werden aber auch mehr, als im Barmanischen, wirklich zu Einem Worte, indem sie der Accent mit einander verbindet. Im Barmanischen trägt jedes einsylbige Wort den seinigen an sich und bringt ihn in das Compositum. Dafs das ganze, nun entstehende Wort einen, seine Sylben zusammenhaltenden besäſse, wird nicht nur nicht gesagt, sondern ist bei der Aussprache mit hörbarer Sylbentrennung unmöglich. Im Tagalischen hat das mehrsylbige Wort allemal einen, die vorletzte Sylbe heraushebenden, oder fallen lassenden Accent. Buchstabenveränderung ist jedoch mit der Zusammensetzung nicht verbunden.

Ich habe meine hierher gehörenden Forschungen vorzüglich bei der Tagalischen und Neu-Seeländischen Sprache angestellt. Die erstere zeigt, meinem Urtheile nach, den Malayischen Sprachbau in seinem gröſsten Umfange und seiner reinen Consequenz. Die Südsee-Sprachen war es wichtig in die Untersuchung einzuschlieſsen, weil ihr Bau noch uranfänglicher zu sein, oder wenigstens noch mehr solche Elemente zu enthalten scheint. Ich habe mich bei den hier folgenden, aus dem Tagalischen entlehnten Beispielen fast ausschlieſslich an diejenigen Fälle gehalten, wo der einsylbige Stamm, wenigstens noch in der Verdopplung, auch als solcher der Sprache angehört. Weit gröſser ist natürlich die Zahl solcher zweisylbigen Wörter, deren einsylbige Stämme blofs in

Zusammensetzungen erscheinen, aber in diesen an ihrer immer gleichen Bedeutung kennbar sind. Diese Fälle sind aber nicht so beweisend, indem gewöhnlich alsdann auch Wörter vorkommen, in welchen diese Gleichheit weniger oder gar nicht vorhanden zu sein scheint, obgleich solche scheinbare Ausnahmen sehr leicht nur daher entstehen können, dafs man eine entfernter liegende Ideenverknüpfung nicht erräth. Dafs ich immer auf die Nachweisung **beider Sylben** gegangen bin, versteht sich von selbst, da das entgegengesetzte Verfahren die Natur dieser Wortbildungen nur zweifelhaft andeuten könnte. Auch auf Wörter, welche ihren ursprünglichen Stamm nicht in der nämlichen, sondern in einer **andren Sprache** haben, wie es im Tagalischen mit einigen aus dem Sanskrit, oder auch mit aus den Südsee-Sprachen übergegangenen Wörtern der Fall ist, mufs natürlich Bedacht genommen werden.

Beispiele aus der Tagalischen Sprache:

bag-sàc, etwas mit Gewalt auf die Erde werfen, oder gegen etwas andrängen; *bag-bàg*, auf den Strand gerathen, ein Saatfeld aufbrechen (also von gewaltsamem Stofsen oder Werfen gebraucht); *sac-sàc*, etwas fest einlegen, eindrängen, hineinstopfen, in etwas werfen (*apretar embutiendo algo, atestar, hincar*). *làb-sàc*, etwas in den Koth, Abtritt werfen, vom eben angeführten Wort, und *lab-làb*, Sumpf, Kothhaufen, Abtritt. Von diesem Wort und dem gleich weiter unten vorkommenden *as-às* ist zusammengesetzt *lab-às, semen suis ipsius manibus elicere*. Wahrscheinlich gehört auch hierher *sac-àl*, jemandem den Nacken, die Hand oder den Fufs drücken, obgleich die Bedeutung des zweiten Elements *al-àl*, die Zähne mit einem Steinchen abfeilen, wenig hierher pafst, und ebenso *sac-yòr*, Heuschrecken fangen, wo ich aber das zweite Element nicht zu erklären weifs. Dagegen kann man *sacsì*, Zeuge, bezeugen, nicht hierher rechnen, da das Wort wohl unbe-

aus der Einsylbigkeit hervorgegangen sei. §. 25.

zweifelt das Sanskritische साक्षिन्, *sâkshin*, ist, und, als ein gerichtliches, mit Indischer Cultur in die Sprache gekommen sein kann. Dasselbe Wort findet sich auch in der gleichen Bedeutung in der eigentlich Malayischen Sprache.

bac-às, Fufsstapfen, Spur von Menschen und Thieren, übrig bleibendes Zeichen eines körperlichen Eindrucks von Thränen, Schlägen u. s. w.; *bac-bàc*, die Rinde abnehmen, oder verlieren; *ás-as*, sich abreiben, von Kleidern und andren Dingen gebraucht.

bac-làs, Wunde, und zwar solche, die vom Kratzen herkommt; das eben angeführte *bac-bàc*, und *las-làs*, Blätter oder Dachziegel abnehmen, auch vom Zerstören der Zweige und Dächer durch den Wind gebraucht. Das Wort heifst auch *bac-lis*, von *lis-lis*, jäten, Gras ausreifsen (s. unten).

ás-al, eingeführter Gebrauch, angenommene Gewohnheit, von dem oben angeführten *ás-as* und *al-àl*, also von der Verbindung der Begriffe des Abnutzens und des Abfeilens.

it-it, einsaugen, und *im-ìm*, verschliefsen, vom Munde gebraucht. Aus diesen beiden ist vermuthlich *it-im*, schwarz (Malayisch *ētam*), entstanden, da diese Farbe sehr gut mit etwas Eingesogenem und Verschlofsnem zu vergleichen ist.

tac-lìs, wetzen, schärfen, und zwar ein Messer mit dem andren; *tac* bedeutet die Entleerung des Leibes, die Verrichtung der Nothdurft, das verdoppelte *tac-tàc* einen grofsen Spaten, eine Haue (*azadon*), und zum Verbum gemacht, mit diesem Werkzeuge arbeiten, aushöhlen. Hieraus wird klar, dafs dieser letzte Begriff eigentlich die Grundbedeutung auch der einfachen Wurzel ist. *lis-lis* wird noch weiter unten vorkommen, vereinigt aber die Begriffe des Zerstörens und des Kleinen, Kleinmachens in sich. Beides pafst sehr gut auf das abreibende Wetzen.

lis-pìs, mit dem Präfix *pa*, das Korn zur Saat reinigen,

stammt vom oft erwähnten *lis-lis*, und von *pis-pis*, abkehren, abfegen, besonders von den Brotkrumen mit einer Bürste gebraucht.

lá-bay, ein Bündel Seide, Zwirn oder Baumwolle (*madeja*); und davon, als Verbum, haspeln; *lá-la*, Teppiche weben; *bay-bay*, gehen, und zwar an der Küste des Meeres hin, also in einer bestimmten Richtung, was zu der Bewegung des Haspelns gut pafst.

tú-lis, Spitze, zuspitzen, namentlich von grofsen hölzernen Nägeln (*estacas*) gebraucht, und im Javanischen und Malayischen auf den Begriff des Schreibens angewandt ([1]). *lis-lis*, schlechte, unnütze Gewächse zerstören, ausreifsen, ist schon oben da gewesen. Der Begriff ist eigentlich kleinmachen, und daher passend auf das Abschaben, um eine Spitze hervorzubringen; *lisà* sind die kleinen Nisse der Läuse, und aus dem Begriff des Kleinen, des Staubes, kommt auch die Anwendung des Wortes auf das Ausfegen, Auskehren, wie in *ua-lis*, dem allgemeinen Worte für diese Arbeit. Das erste Element von *tú-lis* finde ich weder einfach, noch verdoppelt im Tagalischen, dagegen wohl in den Südsee-Sprachen, in dem Tongischen *tu* (bei Mariner *too* geschrieben), schneiden, sich erheben, aufrecht stehen; im Neu-Seeländischen hat es diese letztere Bedeutung neben der von schlagen.

tó-bo, hervorkommen, spriefsen, von Pflanzen (*nacer*), *bo-bò*, etwas ausleeren; *tó-to* hat im Tagalischen blofs metaphorische

---

([1]) Siehe meinen Brief an Hrn. Jacquet. *Nouv. Journ. Asiat.* IX. 496. Das Tahitische Wort für schreiben ist *papai* (Apostelgeschichte. 15, 20.), und auf den Sandwich-Inseln *palapala*. (Marcus. 10, 4.) Im Neu-Seeländischen heifst *tui*: schreiben, nähen, bezeichnen. Jacquet hat, wie ich aus brieflichen Mittheilungen weifs, den glücklichen Gedanken gefafst, dafs bei diesen Völkern die Begriffe des Schreibens und Tattuirens in enger Verbindung stehen. Dies bestätigt die Neu-Seeländische Sprache. Denn statt *tuinga*, Handlung des Schreibens, sagt man auch *tiwinga*; und *tiwana* ist der Theil der durch Tattuiren eingeätzten Zeichen, welcher sich vom Auge nach der Seite des Kopfes hin erstreckt.

aus der Einsylbigkeit hervorgegangen sei. §.25.   391

Bedeutungen: Freundschaft knüpfen, einträchtig sein, seine Absicht im Reden oder Handeln erreichen. Aber im Neu-Seeländischen ist *to* Leben, Belebung, und davon *toto* Flut. Im Tongischen hat *tubu* (Mariner: *tooboo*) dieselbe Bedeutung des Spriefsens, als das Tagalische *tóbo*, bedeutet aber auch aufspringen. *bu* findet sich im Tongischen als *bubula*, schwellen; *tu* heifst: schneiden, trennen, und stehen. Dem Tongischen *tubu* entspricht das Neu-Seeländische *tupu*, sowohl in der Bedeutung, als der Ableitung. Denn *tu* ist stehen, aufstehen, und in *pu* liegt der Begriff eines durch Schwellen rund gewordenen Körpers, da es eine schwangere Frau bedeutet. Die Bedeutungen: Cylinder, Flinte, Röhre, welche Lee zuerst setzt, sind nur abgeleitete. Dafs in *pu* auch schon der Begriff des Aufbrechens durch Anschwellung liegt, beweist das Compositum *pu-ao*, Tagesanbruch.

Beispiele aus der Neu-Seeländischen Sprache.

De los Santos Tagalisches Wörterbuch ist, wie die meisten, besonders älteren, Missionarien-Arbeiten dieser Art, blofs zur Anleitung, in der Sprache zu schreiben und zu predigen, bestimmt. Es giebt daher von den Wörtern immer die concretesten Bedeutungen, zu welchen sie durch den Sprachgebrauch gelangt sind, und geht selten auf die ursprünglichen, allgemeinen zurück. Auch ganz einfache, in der That zu den Wurzeln der Sprache gehörende Laute tragen also sehr häufig Bedeutungen bestimmter Gegenstände an sich, so *pay-pày* die von Schulterblatt, Fächer, Sonnenschirm, in welchen allen der Begriff des Ausdehnens liegt. Dies sieht man aus *sam-pày*, Wäsche oder Zeug an der Luft auf ein Seil, eine Stange u. s. w. aufhängen (*tender*), *cá-pay*, mit den Armen, in Ermanglung der Ruder, rudern, beim Rufen mit den Händen winken, und andren Zusammensetzungen. In dem vom Professor Lee in Cambridge nach den schon an Ort und Stelle aufgesetzten Materialien Thomas Kendall's, mit Zuziehung zweier Eingebornen, sehr einsichtsvoll zusammengetragenen Neu-Seeländischen Wörterbuche ist es durchaus anders. Die einfachsten Laute haben höchst allgemeine Bedeutungen von Bewegung, Raum u. s. f., wie man sich aus der Vergleichung der Artikel der Vocallaute überzeugen kann ([1]). Man geräth dadurch bisweilen über die specielle Anwendung in Verlegenheit, und ist auch wohl versucht, zu bezweifeln, ob diese Begriffsweite in der That in der geredeten Sprache liegt, oder nicht vielleicht erst hinzugeschlossen ist. Indefs hat Lee dieselbe doch gewifs aus den Angaben der Eingebornen geschöpft; und es ist nicht zu läugnen, dafs man in der Herleitung der Neu-Seeländischen Wörter bedeutend dadurch gefördert wird.

ora, Gesundheit, Zunahme, Herstellung derselben; *o*, Bewegung, und auch ganz besonders: Erfrischung; *ra*, Stärke, Gesundheit, dann auch: die Sonne; *ka-ha*, Stärke, eine aufsteigende Flamme, brennen, Belebung als der Act derselben und als kräftige Wirksamkeit; *ha*, das Ausathmen.

mara, ein der Sonnenwärme ausgesetzter Platz, dann eine dem Redenden gegenüberstehende Person, wohl vom Leuchten des Antlitzes, daher als Anrede gebraucht; *ma*, klar, wie weifse Farbe; *ra* das eben erwähnte Wort für Sonne; *marama* ist das Licht und der Mond.

pono, wahr, Wahrheit, *po*, Nacht, die Region der Finsternifs, *noa*, frei, ungebunden. Wenn diese Ableitung wirklich richtig ist, so ist die Zusammensetzung der Begriffe merkwürdig sinnvoll.

mutu, das Ende, endigen, *mu*, als Partikel gebraucht, das Letzte, zuletzt, *tu*, stehen.

([1]) So beginnt z. B. der Artikel über *a* folgendergestalt: *A, signifies universal existence, animation, action, power, light, possession, cet., also the present existence, animation, power, light, cet. of a being, or thing.*

Tongische Sprache:

fachi, brechen, ausrenken; *fa*, fähig, etwas zu sein oder zu thun; *chi*, klein, das Neu-Seeländische *iti*.

loto bedeutet die Mitte, den Mittelpunkt, das innerlich Eingeschlossene, unstreitig davon metaphorisch Gemüth, Gesinnung, Temperament, Gedanke, Meinung. Das Wort ist dasselbe mit dem Neu-Seeländischen *roto*, das jedoch nur die körperliche, nicht die figürliche Bedeutung hat, also nur das Innere und, als Präposition, in heifst. Ich glaube beide Wörter richtig aus beiden Sprachen ableiten zu können. Das erste Element scheint mir das Neu-Seeländische *roro*, Gehirn. Das einfache *ro* wird in Lee's Wörterbuch blofs durch das vieldeutige *matter*, Materie, übersetzt, das man aber wohl hier als Eiter, Materie eines Geschwüres nehmen mufs, und das vielleicht allgemeiner jeden eingeschlofsnen klebrigten Stoff bedeutet. Von dem zweiten Element, *to*, ist, als Neu-Seeländischem Worte, schon bei *tóbo* gesprochen worden, und ich bemerke nur noch hier, dafs es auch von Schwangerschaft, also von dem innerlich, lebendig Eingeschlossenen, gebraucht wird. Im Tongischen ist es mir bis jetzt nur als Name eines Baumes bekannt, dessen Beeren ein klebrigtes Fleisch haben, welches man zum Zusammenkleben verschiedener Dinge braucht. Es liegt also auch in dieser Bedeutung der Begriff, sich an etwas anderes anzuhängen. Im Tongischen liegt aber der Ausdruck für Gehirn nur zum Theil in diesem Wörterkreis. Das Gehirn heifst nämlich *uto* (Mariner: *ooto*). Das letzte Glied des Wortes halte ich für das so eben betrachtete *to*, da die Klebrigkeit sehr gut auf die Masse des Gehirnes pafst. Die erste Sylbe ist nicht weniger ausdrucksvoll zur Beschreibung des Gehirns, da *u* ein Bündel (*a bundle*), Paket ist. Dieses Wort glaube ich auch in dem Tagalischen *ótac* und dem Malayischen *ūtak* wiederzufinden, deren Wurzeln ich also nicht in diesen

Sprachen selbst suche. Das End-*k* kann sehr leicht, wie in andren Malayischen Wörtern, nicht wurzelhaft sein. Beide Wörter bedeuten zugleich, offenbar von der Gleichheit der Materie, Mark und Gehirn, und werden daher oft, oder sogar gewöhnlich, durch Hinzufügung von Kopf oder Knochen unterschieden. Im Madecassischen lautet dasselbe Wort bei Flacourt *oteche* als Mark, und als Gehirn *otechendoha*, Mark des Kopfes, indem er das Wort *loha*, Kopf, nach einer ganz gewöhnlichen Buchstabenvertauschung *doha* schreibt, und dasselbe durch einen Nasenlaut mit dem andren Worte verknüpft. Ein anders lautender Ausdruck für Gehirn ist bei Challan *tso ondola*, und auf ähnliche Weise für Mark *tsoc*, *tsoco*. Ob *ondola* nothwendig zu *tso* gehören soll, ist schwer zu entscheiden. Vermuthlich ist aber nur das Unterscheidungszeichen weggelassen; denn im Madecassisch-Französischen Theile findet sich das, mir übrigens bis jetzt unerklärliche *ondola* allein für Gehirn. In dem handschriftlichen von Jacquet herausgegebenen Wortverzeichnifs heifst Gehirn *tsokou loha*, und Jacquet bemerkt dabei, dafs er kein entsprechendes Wort in den andren Dialekten findet ([1]). Ich halte aber *tsokou* und die Varianten bei Challan blofs für eine Entstellung des Malayischen *ūtak* durch Wegwerfung des Anfangsvocals und zischende Aussprache des *t*, und folglich gleichbedeutend mit Flacourt's *oteche*, das noch mehr an das Tagalische *ótac* erinnert. Chapelier's handschriftliches Wörterbuch, welches ich der Güte des Herrn Lesson verdanke, hat für Gehirn *tsoudoa*, worin wieder das endende *doa*, Kopf, für *loa* steht. Sehr bedaure ich, das Wort nicht in der Gestalt zu kennen, wie es nach den Englischen Missionaren heut zu Tage lautet. Allein das Gehirn kommt in der Bibel nur in zwei Stellen

---

[1] *Nouv. Journ. Asiat.* XI. S. 108. No. 13. u. S. 126. No. 13.

des Buchs der Richter in der Lateinischen Vulgata vor, und die Englische Bibel, nach welcher die Missionare übersetzen, hat dafür Schädel.

Die Zweisylbigkeit der Semitischen Stämme (um hier die geringe Zahl der weniger oder mehr Sylben enthaltenden zu übergehen) ist von durchaus anderer Art, als die bis hierher betrachtete, da sie untrennbarer in den lexikalischen und grammatischen Bau verwachsen ist. Sie bildet einen wesentlichen Theil des Charakters dieser Sprachen, und kann, so oft von dem Ursprunge, dem Bildungsgange und dem Einfluss derselben die Rede ist, nicht aufser Betrachtung gelassen werden. Dennoch kann man es als ausgemacht annehmen, dafs auch dieses mehrsylbige System sich auf ein ursprünglich einsylbiges, noch in der jetzigen Sprache an deutlichen Spuren erkennbares, gründet. Dies ist von mehreren Bearbeitern der Semitischen Sprachen, namentlich von Michaelis, allein auch schon vor ihm, anerkannt, und von Gesenius und Ewald näher entwickelt und beschränkt worden ([1]). Es giebt, sagt Gesenius, ganze Reihen von Stammverben, welche nur die zwei ersten Stammconsonanten gemein, zum dritten aber ganz verschiedene haben, und doch in der Bedeutung, wenigstens im Hauptbegriffe, übereinstimmen. Er nennt es nur übertrieben, wenn der, im Anfange des vorigen Jahrhunderts in Breslau verstorbene Caspar Neumann alle zweisylbigen Wurzeln auf einsylbige zurückführen wollte. In den hier genannten Fällen liegen also den heutigen zweisylbigen Stammwörtern einsylbige, aus zwei, einen Vocal einschliefsenden Consonanten bestehende Wurzeln zum

---

[1] Gesenius hebräisches Handwörterbuch. I. S. 132. II. Vorrede. S. xiv., desselben Geschichte der hebräischen Sprache und Schrift. S. 125., ganz vorzüglich aber in dessen ausführlichem Lehrgebäude der hebräischen Sprache. S. 183. u. flgd. Ewald's kritische Grammatik der hebräischen Sprache. S. 166. 167.

Grunde, welchen in einer späteren Niedersetzung der Sprache durch einen zweiten Vocal ein dritter Consonant angehängt worden ist. Klaproth hat dies gleichfalls erkannt, und in einer eignen Abhandlung eine Anzahl solcher, von Gesenius angedeuteter Reihen aufgestellt (¹). Er zeigt darin zugleich auf merkwürdige und scharfsinnige Weise, wie die, von ihrem dritten Consonanten befreiten, einsylbigen Wurzeln sehr häufig in Laut und Bedeutung ganz oder gröfstentheils mit Sanskritischen übereinkommen. Ewald bemerkt, dafs eine solche, mit Vorsicht angestellte Vergleichung der Stämme zu manchen neuen Resultaten führen würde, setzt aber hinzu, dafs man sich durch solche Etymologie über das Zeitalter der eigentlich Semitischen Sprache und Form erhebt. In dem Letzteren stimme ich ihm durchaus bei, da, gerade meiner Überzeugung nach, mit jeder wesentlich neuen Form, welche die Mundart auch des nämlichen Volksstammes im Laufe der Zeit gewinnt, in der That eine neue Sprache angeht.

Bei der Frage über den Umfang dieses Ursprungs zweisylbiger Wurzeln aus einsylbigen, müfste zuerst factisch genau festgestellt werden, wie weit wirklich hierin die etymologische Zergliederung zu gehen vermag. Blieben nun, wie wohl kaum zu bezweifeln ist, nicht zurückzuführende Fälle übrig, so könnte allerdings die Schuld hiervon doch am Mangel der Glieder liegen, welche die Reihen vollständig zeigen würden. Allein auch aus allgemeinen Gründen scheint es mir sogar nothwendig, anzunehmen, dafs dem Systeme der Ausdehnung aller Wurzeln zu zwei Sylben

---

(¹) *Observations sur les racines des langues Sémitiques.* Diese Abhandlung macht eine Zugabe zu Merian's, unmittelbar nach seinem Tode (er starb am 25. April 1828) erschienenen *Principes de l'étude comparative des langues* aus. Durch einen unglücklichen Zufall ist die Meriansche Schrift, bald nach ihrem Erscheinen, aus dem Buchhandel verschwunden. Daher ist auch die Klaprothsche Abhandlung in weniger Leser Hände gekommen, und erforderte einen neuen Abdruck.

nicht ein durchaus einsylbiges, sondern eine Mischung ein- und zweisylbiger Wortstämme unmittelbar vorausgegangen sei. Man darf sich die Veränderungen in den Sprachen nie so gewaltsam und am wenigsten so theoretisch denken, daſs ein neuer Bildungsgrundsatz, für den es bisher an Beispielen fehlte, dem Volke (denn das heiſst doch der Sprache) aufgedrängt werden könnte. Es müssen schon Fälle, und in ziemlicher Anzahl, vorhanden sein, wenn gewisse Lautbeschaffenheiten durch grammatische Gesetzgebung, die überhaupt gewiſs im Ausmerzen vorhandener Formen mächtiger, als in der Einführung neuer, ist, allgemein gemacht werden sollen. Bloſs des allgemeinen Satzes wegen, daſs eine Wurzel immer einsylbig sein muſs, möchte ich auf keine Weise auch ursprünglich zweisylbige läugnen. Ich habe mich hierüber im Vorigen deutlich erklärt. Wenn ich hiernach aber selbst die Zweisylbigkeit auf Zusammensetzung zurückführe, so daſs zwei Sylben auch die vereinte Darstellung zweier Eindrücke sind, so kann die Zusammensetzung schon im Geiste desjenigen liegen, der das Wort zum erstenmal ausspricht. Dies ist hier um so mehr möglich, als von einem mit Flexionssinn begabten Volksstamme die Rede ist. Ja es kommt bei den Semitischen Sprachen noch ein zweiter wichtiger Umstand hinzu. Versetzt uns auch die Vernichtung des Gesetzes der Zweisylbigkeit in eine über den jetzigen Sprachbau hinausgehende Zeit, so bleiben in dieser doch zwei andere charakteristische Kennzeichen übrig, daſs nämlich die Wurzelsylbe, auf welche die Zergliederung der heutigen Stämme führt, immer eine durch einen Consonanten geschlossene war, und daſs man den Vocal als gleichgültig für die Begriffsbedeutsamkeit ansah. Denn hätten die Mittelvocale wirklich Begriffsbedeutsamkeit besessen, so wäre es unmöglich gewesen, ihnen diese wiederum zu entreiſsen. Über das Verhältniſs der Vocale zu den Consonanten in jenen einsylbigen Wurzeln habe ich mich schon oben (¹) geäufsert. Auf der andren Seite könnte aber auch schon die frühere Sprachbildung auf den Ausdruck einer doppelten Empfindung in zwei verknüpften Sylben geleitet worden sein. Der Flexionssinn läfst das Wort als ein Ganzes ansehen, das Verschiedenes in sich begreift; und der Hang, die grammatische Andeutung in den Schoofs des Wortes selbst zu legen, mufste dahin bringen, ihm mehr Umfang zu verleihen. Mit den hier entwickelten Gründen, die mir keinesweges gezwungen erscheinen, liefse sich sogar die Ansicht auch ursprünglich gröfstentheils zweisylbiger Wurzeln vertheidigen. Die gleichförmige Bedeutung der ersten Sylbe von mehreren bewiese nur die Gleichheit des Haupteindrucks verschiedener Gegenstände. Mir aber kommt es natürlicher vor, das Dasein einsylbiger Wurzeln anzunehmen, aber darum nicht, auch schon neben ihnen, zweisylbige auszuschliefsen. Zu bedauern ist es, dafs die mir bekannten Untersuchungen sich nicht auf die Erforschung der Bedeutung des, zwei gleichen vorausgehenden Consonanten hinzugefügten dritten einlassen. Erst diese, freilich gewifs höchst schwierige Arbeit würde vollkommnes Licht über diese Materie verbreiten. Betrachtet man aber auch alle zweisylbige Semitische Wortstämme als zusammengesetzte, so sieht man doch auf den ersten Anblick, dafs diese Zusammensetzung von ganz anderer Art, als die in den hier durchgegangenen Sprachen, ist. In diesen macht jedes Glied der Zusammensetzung ein eignes Wort aus. Wenn auch, wenigstens im Barmanischen und Malayischen, die Fälle sogar häufig sind, dafs Wörter gar nicht mehr für sich allein, sondern blofs in solchen Zusammensetzungen erscheinen, so ist dies doch nur eine Folge des Sprachgebrauchs. An sich widerspricht in ihnen nichts ihrer Selbstständigkeit; sie sind sogar

---

(¹) Man vergleiche überhaupt mit dieser Stelle S. 307-311. dieser Schrift.

aus der Einsylbigkeit hervorgegangen sei. §. 25.

gewiſs früher eigne Wörter gewesen, und nur darum, als solche, auſser Gewohnheit gekommen, weil ihre Bedeutung vorzüglich passend war, Modificationen in Zusammensetzungen zu bezeichnen. Die den Semitischen Wortstämmen auf diese Weise hinzugefügte zweite Sylbe könnte aber nicht allein und für sich bestehen, da sie, bei vorausgehendem Vocal und nachfolgendem Consonanten, gar nicht die legitime Form der Nomina und Verba an sich trägt. Man sieht hieraus deutlich, daſs dieser Bildung zweisylbiger Wortstämme ein ganz anderes Verfahren im Geiste des Volkes zum Grunde liegt, als im Chinesischen und in den demselben in diesem Theile seines Baues ähnlichen Sprachen. Es werden nicht zwei Wörter zusammengesetzt, sondern, mit unverkennbarer Hinsicht auf Worteinheit, Eines erweiternd gebildet. Auch in diesem Punkte bewährt der Semitische Sprachstamm seine edlere, den Forderungen des Sprachsinnes mehr entsprechende, die Fortschritte des Denkens sicherer und freier befördernde Form.

Die wenigen mehrsylbigen Wurzeln der Sanskritsprache lassen sich auf einsylbige zurückführen, und alle übrigen Wörter der Sprache entstehen, nach der Theorie der Indischen Grammatiker, aus diesen. Die Sanskritsprache kennt daher hiernach keine andere Mehrsylbigkeit, als die durch grammatische Anheftung oder offenbare Zusammensetzung hervorgebrachte. Es ist aber schon oben (S. 117.) erwähnt worden, daſs die Grammatiker hierin vielleicht zu weit gehen, so daſs unter den nicht auf natürliche Weise aus den Wurzeln abzuleitenden Wörtern ungewissen Ursprungs auch zweisylbige sind, deren Entstehung insofern zweifelhaft bleibt, als weder Ableitung, noch Zusammensetzung an ihnen sichtbar ist. Wahrscheinlich aber tragen sie doch die letztere an sich, nur daſs sich nicht allein die ursprüngliche Bedeutung der einzelnen Elemente im Gedächtniſs des Volks verloren, sondern auch ihr Laut nach und nach eine, sie bloſsen Suffixen ähnlich machende, Abschleifung erfahren hat. Zu Beidem muſste selbst nach und nach der von den Grammatikern aufgestellte Grundsatz durchgängiger Ableitung führen.

In einigen ist aber die Zusammensetzung wirklich erkennbar. So hat schon Bopp शरद्, *śarad*, Herbst, Regenjahreszeit, als ein Compositum aus शर, *śara*, Wasser, und द, *da*, gebend, und andere *Unâdi*-Wörter als ähnliche Zusammensetzungen angesehen ([1]). Die Bedeutung der in ein Unâdi-Wort übergegangenen Wörter mag auch in der Anwendung, wenn einmal diese Form eingeführt war, so verändert worden sein, daſs die ursprüngliche darin nicht mehr zu erkennen ist. Der allgemein in der Sprache herrschende Geist der Bildung durch Affixa mochte zur gleichen Behandlung dieser Formen hinleiten. In einigen Fällen tragen Unâdi-Suffixa durchaus die Gestalt auch in der Sprache selbstständig vorhandener Substantiva an sich. Von dieser Art sind अण्ड, *aṇḍa*, und अङ्, *aṅga*. Substantiva würden sich nun zwar, den Gesetzen der Sprache nach, nicht als Endglieder eines Compositums mit einer Wurzel vereinigen lassen, und insofern bleibt die Natur dieser Bildung immer räthselhaft. Allein bei genauer Durchgehung aller einzelnen Fälle müſste sich die Sache doch wohl vollkommen erledigen. Da, wo das Wort weder der angegebenen, noch einer andren Wurzel, nach natürlicher Herleitung, beigelegt werden kann, löst sich die Schwierigkeit von selbst, da alsdann keine Wurzel in dem Worte vorhanden ist. In andren Fällen kann man annehmen, daſs die Wurzel erst durch das Krit-Suffix *a* in ein Nomen verwandelt ist. Endlich aber scheint es unter den Unâdi-Suffixen mehrere zu geben, welche man mit gröſserem Rechte den Krit-

---

([1]) Lehrgebäude der Sanskrita-Sprache. r. 646. S. 296.

aus der Einsylbigkeit hervorgegangen sei. §. 25.

Suffixen beizählen würde. In der That ist der Unterschied beider Gattungen schwer zu bestimmen; und ich wüfste keinen andren, als den, in der einzelnen Anwendung gewifs oft schwankend bleibenden, anzugeben, dafs die Krit-Suffixa durch einen sich in ihnen deutlich aussprechenden allgemeinen Begriff auf ganze Gattungen von Wörtern anwendbar sind, dagegen die Unâdi-Suffixa nur einzelne Wörter, und ohne dafs sich diese Bildung aus Begriffen erklären liefse, erzeugen. Im Grunde gesagt, sind die Unâdi-Wörter nichts andres, als solche, die man, da sie nicht die Anwendung der gewöhnlichen Suffixa der Sprache erlaubten, auf anomale Weise auf Wurzeln zurückzuführen versuchte. Überall, wo diese Zurückführung natürlich von statten geht, und die Häufigkeit des erscheinenden Suffixes dazu veranlafst, scheint mir kaum ein Grund vorhanden zu sein, sie nicht den Krit-Suffixen beizufügen. Daher hat auch Bopp in seiner Lateinischen Grammatik, so wie in der abgekürzten Deutschen, die Methode befolgt, die üblichsten und sich am meisten als Suffixa bewährenden Unâdi-Suffixa in alphabetischer Ordnung, vermischt mit den Krit-Suffixen, aufzustellen.

अण्ड, *aṇḍa,* Ei, selbst ein Unâdi-Wort, aus der Wurzel अण्, *aṇ,* athmen, und dem Suffix ड, *ḍa,* ist wohl wenigstens ursprünglich ein und dasselbe Wort mit dem gleichlautenden Unâdi-Suffix gewesen. Der aus dem Begriff des Eies hergenommene der Ernährung, oder der runden Gestalt pafst mehr oder weniger da, wo nicht an das Ei selbst zu denken ist, auf die mit diesem Suffix gebildeten Wörter. In वरण्ड, *waraṇḍa,* in der Bedeutung eines offenen Laubenganges (*open portico*), liegt derselbe Begriff vielleicht in einem Theile der Gestaltung oder Verzierung dieser Gebäude. Am deutlichsten zeigen sich die durch die beiden Elemente des Worts gegebenen Begriffe des Runden und des Bedeckens in der Bedeutung einer in einem Gesichtsausschlage (*pimples in the face*) bestehenden Hautkrankheit, welche es gleichfalls hat. In die andren Bedeutungen, der Menge, und des oben bedeckten, zu den Seiten offenen Laubenganges, sind sie theils einzeln, theils vereint übergegangen ([1]). Das Unâdi-Suffix ऋाण्ड, *aṇḍa*, verbindet sich, nach den mir bekannten Beispielen, blofs mit Wurzeln, deren Endlaut das Vocal-*r* ist, und nimmt alsdann immer Guna an. Man könnte also die erste Sylbe (*war*) für ein aus der Wurzel gebildetes Nomen ansehen. Dafs nun das End-*a* von diesem nicht mit dem Anfangs-*a* von *aṇḍa* in ein langes *a* übergeht, widerspricht allerdings dieser Erklärung. Es erscheint jedoch natürlich, da man diese Formation, wenn dies auch ursprünglich wahr gewesen sein mag, doch in der späteren Sprache nicht als Zusammensetzung, sondern als Ableitung behandelte; und immer läfst sich schwer annehmen, dafs die gleichlautenden Wörter Ei und dies Unâdi-Suffix völlig verschiedne sein sollten, weit eher begreifen, wie aus dem Substantivum nach und nach in Bedeutung und grammatischer Behandlung ein Suffix gemacht worden sei.

([1]) Man vergleiche Carey's Sanskrit-Gramm. S. 613. nr. 168. Wilkins Sanskrit-Gramm. S. 487. nr. 863. A. W. v. Schlegel nennt (Berl. Kalender für 1831. S. 65.) *waranda* einen Portugiesischen Namen für die in Indien üblichen offenen Vorhallen, welchen die Engländer in ihre Sprache aufgenommen. Auch Marsden giebt in seinem Wörterbuche dem gleichbedeutenden Malayischen Worte *barāndah* einen Portugiesischen Ursprung. Sollte dies aber wohl richtig sein? Nicht abzuläugnen ist, dafs *waranda* ein ächtes Sanskritwort ist. Es kommt schon im Amara Kôsha (Cap. 6. Abtheil. 2. S. 381.) vor. Das Wort hat mehrere Bedeutungen, und der Zweifel könnte also darüber obwalten, ob die eines Säulenganges ächt Sanskritisch sei. Wilson und Colebrooke, Letzterer in den Noten zum Amara Kôsha, haben sie dafür gehalten. Auch wäre der Fall zu sonderbar, dafs ein so langes Wort in verschiedener Bedeutung mit völliger Gleichheit der Laute in Portugal und Indien üblich gewesen sein sollte. Das Wort scheint mir daher aus Indien nach Portugal gekommen und in die Sprache übergegangen zu sein. Im Hindostanischen lautet es nach Gilchrist (*Hindoostanee philology. Vol. I. v. Balcony. Gallery. Portico.*) *burandu* und *buramudu*. Die Engländer können allerdings die Benennung dieser Gebäude von den Portugiesen entlehnt haben. Doch nennt Johnson's Wörterbuch (*Ed*. Todd.) dasselbe *a word adopted from the East.*

aus der Einsylbigkeit hervorgegangen sei. §. 25.

Von dem Unâdi-Suffix अङ्, *anga*, ließe sich ungefähr dasselbe, als von *anḍa*, sagen, ja vielleicht noch mit größerem Rechte, da das Substantivum अङ्, *anga*, als Körper, Gehen, Bewegen u. s. f., eine noch weitere, sich zur Bildung eines Suffixes mehr eignende, Bedeutung hat. Ein solches Suffix könnte nicht unrichtig mit unsrem Deutschen thum, heit u. s. f. verglichen werden. Bopp hat indeß auf eine so scharfsinnige und so trefflich auf alle mir bekannte Wörter dieser Art anwendbare Weise dies Suffixum, indem er die erste Sylbe zur Accusativendung des Hauptwortes macht, und die letzte von गा, *gâ*, ableitet, zerstört, daß ich nicht, im Widerspruche mit ihm, auf dessen Wiederherstellung bestehen möchte. Dennoch findet sich *anga*, auf ähnliche Weise, als, der gewöhnlichen Vorstellungsart nach, im Sanskrit, gebraucht, in der Kawi-Sprache und auch in einigen heutigen Malayischen Sprachen so auffallend, daß ich die Erwähnung hier nicht umgehen zu können glaube. Im Brata Yuddha, dem Kawi-Gedichte, von welchem meine Schrift über die Kawi-Sprache ausführlich handelt, kommen Sanskrit-Substantiva der ersten Declination mit der hinzugegebenen Endung *anga* und *angana* vor: neben *sura* (1, *a.*), Held (शूर, *śûra*), auch *suranga* (97, *a.*), neben *rana* (82, *d.*), Kampf (रण, *raṇa*), auch *rananga* (83, *d.*), *ranangana* (86, *b.*). Auf die Bedeutung scheinen diese Zusätze gar keinen Einfluß zu haben, da die handschriftliche Paraphrase sowohl die einfachen, als verlängerten Wörter durch dasselbe heutige Javanische Wort erklärt. Die Kawi-Sprache soll zwar, als eine dichterische, sich sowohl Abkürzungen, als Hinzufügungen völlig bedeutungsloser Sylben erlauben. Die Übereinstimmung dieser Zusätze mit den Sanskrit-Substantiven अङ्, *anga*, und अङ्न, *angana*, welches letztere auch eine sehr allgemeine Bedeutung hat, ist aber zu auffallend, als daß man nicht genöthigt würde, in einer Sprache, die ganz eigentlich aus dem Sanskrit zu schöpfen bestimmt war, hierbei an dieselben zu denken. Diese Substantiva und das mit ihnen gleichlautende Unâdi-Suffix konnten solche, dem Sylbenklange willkommene, Endungen hervorbringen. In der heutigen gewöhnlichen Javanischen Sprache wüfste ich sie nicht aufzuweisen. Dagegen findet sich in ihr, nur mit kleiner Veränderung, als Substantivum, und in der Neu-Seeländischen und Tongischen ganz unverändert, und zugleich als Substantivum und als Endung, *anga* auf eine Weise, welche wohl die Vermuthung geben kann, dafs auch hier an einen Sanskritischen Ursprung zu denken sei. Javanisch ist *hanggê:* die Art und Weise, wie etwas geschieht; und der Umstand, dafs dies Wort der vornehmen Sprache angehört, weist von selbst bei seiner Ableitung auf Indien hin. Im Tongischen ist *anga:* Stimmung des Gemüths, Gewohnheit, Gebrauch, der Platz, wo etwas vorgeht; im Neu-Seeländischen hat das Wort, wie man aus den Zusammensetzungen sieht, auch diese letzte Bedeutung, allein hauptsächlich die des Machens, besonders des gemeinschaftlichen Arbeitens. Diese Bedeutungen kommen allerdings nur mit der allgemeinen des Bewegens in dem Sanskritwort überein; doch hat auch dieses die Bedeutung von Seele und Gemüth. Die wahre Ähnlichkeit scheint mir aber in der Weite des Begriffs zu liegen, der dann auf verschiedene Weise aufgefafst werden konnte. Im Neu-Seeländischen ist der Gebrauch von *anga* als letztem Gliede einer Zusammensetzung so häufig, dafs es dadurch fast zur grammatischen Endung abstracter Substantiva wird: *udi,* sich herumdrehen, herumwälzen, auch vom Jahre gebraucht, *udinga,* eine Umwälzung; *rongo,* hören, *rongonga,* die Handlung oder Zeit des Hörens; *tono,* befehlen, *tononga,* Befehl; *tao,* ein langer Speer, *taonga,* mit dem Speer erworbenes Eigenthum; *toa,* ein herzhafter, kühner Mann, *toanga,* das Erzwingen, Überwältigen; *tui,* nähen, bezeichnen, schreiben, *tuinga,*

aus der Einsylbigkeit hervorgegangen sei. §. 25.

das Schreiben, die Tafel, auf die man schreibt; *tu*, stehen, *tunga*, der Platz, wo man steht, der Ankerplatz eines Schiffes; *toi*, im Wasser tauchen, *toinga*, das Eintauchen; *tupu*, ein Spröfsling, hervorspriefsen, *tupunga*, die Voreltern, der Platz, an dem irgend etwas gewachsen ist; *ngaki*, das Feld bebauen, *ngakinga*, ein Meierhof. Nach diesen Beispielen könnte man glauben, dafs *nga*, und nicht *anga*, die Endung wäre. Das Anfangs-*a* ist aber blofs, des vorhergehenden Vocals wegen, abgeworfen. Denn man sagt auch, nach Lee's ausdrücklicher Bemerkung, statt *udinga*, *udi anga*, und die Tongische Sprache läfst das *a* auch nach Vocalen bestehen, wie die Wörter *maanga*, ein Bissen, von *ma*, kauen, *taanga*, das Niederhauen von Bäumen, aber auch (vermuthlich figürlich vom schlagenden Ton des Taktes): Gesang, Vers, Dichtung, von *ta*, schlagen (in Laut und Bedeutung übereinstimmend mit dem Chinesischen Worte), und *nofoanga*, Wohnung, von *nofo*, wohnen, beweisen. Inwiefern das Madecassische *manghe*, machen, mit diesen Wörtern zusammenhängt, erfordert zwar noch eigne Untersuchung. Doch dürfte diese wohl auf Verwandtschaft führen, da das Anfangs-*m* in diesem, selbst als Auxiliare und Präfix gebrauchten Worte sehr leicht ein davon abzulösendes Verbalpräfix sein kann. Froberville [1] leitet *magne*, wie er schreibt, von *maha aigne*, oder von *maha angam* ab, und führt mehrere Lautveränderungen dieses Wortes an. Da unter diesen Formen auch *manganou* ist, so gehört wohl auch das Javanische *mangun*, bauen, bewirken, hierher [2].

---

[1] Er ist der Verfasser der von Jacquet (*Nouv. Journ. Asiat.* XI. 102. Anmerk.) erwähnten Sammlungen über die Madecassische Sprache, welche sich jetzt in London in den Händen des Bruders des verstorbenen Gouverneurs Farquhar befinden.

[2] Gericke's Wörterbuch. In Crawfurd's handschriftlichem wird es durch *to adjust, to put right* übersetzt.

Wenn man also die Frage aufwirft, ob es, nach Ablösung aller Affixe, im Sanskrit zwei- oder mehrsylbige einfache Wörter giebt? so muſs man sie, da allerdings solche Wörter vorkommen, in welchen das letzte Glied nicht mit Sicherheit als ein, einer Wurzel angehängtes, Suffix angesehen werden kann, nothwendig bejahen. Indeſs ist die Einfachheit dieser Wörter gewiſs nur scheinbar. Sie sind unstreitig Composita, in welchen sich die Bedeutung des einen Elementes verloren hat.

Abgesehen von der sichtbaren Mehrsylbigkeit, fragt es sich, ob nicht im Sanskrit eine andere, verdeckte, vorhanden ist? Es kann nämlich zweifelhaft scheinen, ob die mit doppelten Consonanten beginnenden, besonders aber die in Consonanten auslautenden Wurzeln, die ersteren durch Zusammenziehung, die letzteren durch Abwerfung des Endvocals, nicht von ursprünglich zweisylbigen zu einsylbigen geworden sind. Ich habe in einer früheren Schrift ([1]), bei Gelegenheit der Barmanischen Sprache, diesen Gedanken geäuſsert. Der einfache Sylbenbau mit auslautendem Vocal, dem mehrere Sprachen des östlichen Asiens noch groſsentheils treu geblieben sind, scheint in der That der natürlichste; und so könnten leicht die uns jetzt einsylbig scheinenden Wurzeln eigentlich zweisylbige einer früheren, der uns jetzt bekannten zum Grunde liegenden Sprache, oder eines primitiveren Zustandes der nämlichen sein. Der auslautende Endconsonant wäre alsdann der Anfangsconsonant einer neuen Sylbe, oder eines neuen Wortes. Denn dies letzte Glied der heutigen Wurzeln wäre dann, nach dem verschiedenen Genius der Sprachen, entweder eine bestimmtere Ausbildung des Hauptbegriffes durch eine nähere Modification, oder eine wirkliche

---

[1] *Nouv. Journ. Asiat.* IX. 500-506.

Zusammensetzung von zwei selbstständigen Wörtern. In der Barmanischen Sprache z. B. erhöbe sich also eine sichtbare Zusammensetzung auf dem Grunde einer jetzt nicht mehr erkannten. Am nächsten führten hierauf die mit dazwischen liegendem einfachen Vocale mit dem gleichen Consonanten an- und auslautenden Wurzeln. Im Sanskrit haben diese, wenn man etwa दद्, *dad*, ausnimmt, mit welchem es überhaupt leicht eine verschiedene Bewandtniſs haben kann, eine zum Ausdruck durch Reduplication passende Bedeutung, indem sie, wie कक्, जज्, शश् (*kak, jaj, śaś*), heftige Bewegung, wie लल्, *lal*, Wunsch, Begierde, oder wie सस्, *sas*, schlafen, einen sich gleichmäſsig verlängernden Zustand bezeichnen. Die den Ton des Lachens nachahmenden, कक्क्, खकख्, घग्घ् (*kakk, khakkh, ghaggh*), kann man sich ursprünglich kaum anders, als mit Wiederholung der vollen Sylbe, denken. Ob man aber durch Zergliederung auf diesem Wege viel weiter kommen könnte, möchte ich bezweifeln; und sehr leicht kann ein solcher auslautender Consonant auch wirklich ursprünglich bloſs auslautend gewesen sein. Selbst im Chinesischen, das keine wahrhaften Consonanten, als auslautend, in der Mandarinen- und Büchersprache kennt, fügen die Provinzial-Dialekte den vocalisch endenden Wörtern sehr häufig solche hinzu.

In anderer Beziehung, und wahrscheinlich auch in andrem Sinne, ist ganz neuerlich die **Zweisylbigkeit aller consonantisch auslautenden Sanskritwurzeln** von Lepsius ([1]) behauptet worden. Die Nothwendigkeit hiervon wird in dem in dieser Schrift aufgestellten consequenten und scharfsinnigen Systeme daraus abgeleitet, daſs im Sanskrit überhaupt nur Sylbenabtheilung herrscht, und die untheilbare Sylbe in der Weiterbildung der Wurzel nicht einen einzelnen Buchstaben, sondern nur wieder eine

---

([1]) Paläographie. S. 61-74. §. 47-52. S. 91-93. nr. 25-30. und besonders S. 83. Anm. 1.

untheilbare Sylbe aus sich erzeugen kann. Der Verfasser dringt nämlich auf die Nothwendigkeit, die Flexionslaute nur als organische Entwickelungen der Wurzel, nicht aber als, gleichsam willkührliche, Einschiebungen oder Anfügungen von Buchstaben anzusehen; und die Frage läuft also darauf hinaus, ob man z. B. in बोधामि, *bôdhâmi*, das *â* als den Endvocal von बुध, *budha*, oder als einen der Wurzel बुध्, *budh*, nur in der Conjugation äuſserlich hinzutretenden Vocal betrachten soll? Für den von uns hier behandelten Gegenstand kommt es vorzugsweise auf die Bedeutung des scheinbaren oder wirklichen Endconsonanten an. Da aber der Verfasser sich in diesem ersten Theile seiner Schrift nur über den Vocalismus verbreitet, so äuſsert er sich in ihr auch gar noch nicht über diesen Punkt. Ich bemerke daher nur, daſs, wenn man sich auch nicht des, doch nur bildlich scheinenden, Ausdrucks einer eignen Weiterbildung der Wurzel bedient, sondern von Anfügung und Einschiebung spricht, darum, bei richtiger Ansicht, doch alle und jede Willkühr ausgeschlossen bleibt, indem auch die Anfügung oder Einschiebung immer nur organischen Gesetzen gemäſs und vermöge derselben geschieht.

Wir haben schon im Vorigen gesehen, daſs in Sprachen bisweilen dem concreten Begriffe sein generischer hinzugefügt wird; und da dies einer der hauptsächlichsten Wege ist, auf welchen in einsylbigen Sprachen zweisylbige Wörter entstehen können, so muſs ich hier noch einmal darauf zurückkommen. Bei Naturgegenständen, die, wie Pflanzen, Thiere u. s. w., sehr sichtbar in abgesonderte Classen fallen, finden sich hiervon in allen Sprachen häufige Beispiele. In einigen aber treffen wir diese Verbindung zweier Begriffe auf eine uns fremde Weise an; und dies ist es, wovon ich hier zu reden beabsichtige. Es ist nämlich nicht immer gerade der wirkliche Gattungsbegriff des concreten Gegenstandes, sondern der Ausdruck einer denselben in irgend einer allgemeinen Ähnlichkeit unter sich begreifenden Sache, wie, wenn der Begriff einer ausgedehnten Länge mit den Wörtern: Messer, Schwerdt, Lanze, Brot, Zeile, Strick u. s. f., verbunden wird, so dafs die verschiedenartigsten Gegenstände, blofs insofern sie irgend eine Eigenschaft mit einander gemein haben, in dieselben Classen gesetzt werden. Wenn also diese Wortverbindungen auf der einen Seite für einen Sinn logischer Anordnung zeugen, so spricht aus ihnen noch häufiger die Geschäftigkeit lebendiger Einbildungskraft; so, wenn im Barmanischen die Hand zum generischen Begriff aller Arten von Werkzeugen, des Feuergewehrs so gut, als des Meifsels, dient. Im Ganzen besteht diese Art des Ausdrucks in einem, bald das Verständnifs erleichternden, bald die Anschaulichkeit vermehrenden Ausmalen der Gegenstände. In einzelnen Fällen aber mag ihr eine wirkliche Nothwendigkeit der Verdeutlichung zum Grunde liegen, wenn sie auch uns nicht mehr fühlbar ist. Wir stehen überall den Grundbedeutungen der Wörter fern. Was in allen Sprachen Luft, Feuer, Wasser, Mensch u. s. f. heifst, ist für uns, bis auf wenige Ausnahmen, blofs ein conventioneller Schall. Was diesen begründete, die Uransicht der Völker von den Gegenständen nach ihren, das Wortzeichen bestimmenden Eigenschaften, bleibt uns fremd. Gerade hierin aber kann die Nothwendigkeit einer Verdeutlichung durch Hinzufügung eines generischen Begriffes liegen. Gesetzt z. B. das Chinesische *ji*, Sonne und Tag, habe ursprünglich das Erwärmende, Erleuchtende bedeutet, so war es nothwendig, ihm *tseoû*, als Wort für ein materielles, kugelförmiges Object, hinzuzufügen, um begreiflich zu machen, dafs man nicht die in der Luft verbreitete Wärme oder Helligkeit, sondern den wärmenden und erleuchtenden Himmelskörper meint. Aus ähnlicher Ursach konnte dann der Tag, mit

Hinzufügung von *tseù*, durch eine andere Metapher der Sohn der Wärme und des Lichts genannt werden. Sehr merkwürdig ist es, daſs die eben genannten Ausdrücke nur dem neuern, nicht dem alten Chinesischen Style angehören, da die in ihnen, nach dieser Erklärungsart, enthaltene Vorstellungsweise eher die ursprünglichere scheint. Dies begünstigt die Meinung, daſs diese in der Absicht gebildet worden sind, Miſsverständnissen, die aus dem Gebrauche desselben Wortes für mehrere Begriffe oder für mehrere Schriftzeichen entstehen konnten, vorzubeugen. Sollte aber die Sprache noch, gerade in späterer Zeit, auf diese Weise metaphorisch nachbildend sein, und sollte sie nicht vielmehr zur Erreichung eines bloſsen Verstandeszweckes auch ähnliche Mittel angewandt, und daher den Tag anders, als durch einen Verwandtschaftsbegriff, unterschieden haben?

Ich kann hierbei einen Zweifel nicht unterdrücken, den ich schon sehr oft bei Vergleichung des alten und neuen Styls gehegt habe. Wir kennen den alten bloſs aus Schriften, und groſsentheils nur aus philosophischen. Von der geredeten Sprache jener Zeit wissen wir nichts. Sollte nun nicht Manches, ja vielleicht Vieles, was wir jetzt dem neuern Styl zuschreiben, schon im alten, als geredete Sprache, im Schwange gewesen sein? Eine Thatsache scheint hierfür wirklich zu sprechen. Der ältere Styl des *koù wên* enthält, wenn man die Zusammenfügungen mehrerer abrechnet, eine mäſsige Anzahl von Partikeln, der neuere, *kouân hoá*, eine viel gröſsere, besonders solcher, welche grammatische Verhältnisse näher bestimmen. Gleichsam als einen dritten, sich von beiden wesentlich unterscheidenden, muſs man den historischen, *wên tchang*, ansehen; und dieser macht von den Partikeln einen sehr sparsamen Gebrauch, ja enthält sich derselben fast gänzlich. Dennoch beginnt der historische Styl, zwar später, als der ältere,

aus der Einsylbigkeit hervorgegangen sei. §. 25.

aber doch schon etwa zweihundert Jahre vor unsrer Zeitrechnung. Nach dem gewöhnlichen Bildungsgange der Sprachen, ist diese verschiedenartige Behandlung eines, im Chinesischen doppelt wichtigen Redetheils, wie die Partikeln sind, unerklärbar. Nimmt man hingegen an, daſs die drei Style nur drei Bearbeitungen derselben geredeten Sprache zu verschiedenen Zwecken sind, so wird dieselbe begreiflich. Die gröſsere Häufigkeit der Partikeln gehörte natürlich der geredeten Sprache an, welche immer begierig ist, sich durch neue Zusätze verständlicher zu machen, und in dieser Hinsicht auch das wirklich unnütz Scheinende nicht zurückstöſst. Der ältere Styl, schon durch die von ihm behandelte Materie Anstrengung voraussetzend, schmälerte den Gebrauch der Partikeln in Absicht der Verdeutlichung, fand aber in ihnen ein treffliches Mittel, durch Unterscheidung der Begriffe und Sätze dem Vortrage eine, der inneren logischen Anordnung der Gedanken entsprechende, symmetrische Stellung des Ausdrucks zu geben. Der historische hat denselben Grund, die Häufigkeit der Partikeln zu verwerfen, als jener, nicht aber den nämlichen Beruf, sie doch wieder zu anderem Zwecke in seinen Kreis zu ziehen. Er schrieb für ernste Leser, aber in einfacherer Erzählung über leicht verständliche Gegenstände. Von diesem Unterschiede mag es herstammen, daſs historische Schriften sich sogar des Gebrauchs der gewöhnlichen Schluſspartikel (*yè*) bei Übergängen von einer Materie zur andren überheben. Der neuere Styl des Theaters, der Romane und der leichteren Dichtungsarten muſste, da er die Gesellschaft und ihre Verhältnisse selbst darstellte und redend einführte, auch das ganze Gewand ihrer Sprache und daher ihren ganzen Partikelvorrath annehmen ([1]).

([1]) Ich freue mich, hier hinzufügen zu können, daſs Hr. Professor Klaproth, welchem ich die in dem Obigen enthaltenen Data verdanke, dem von mir geäuſserten

Ich kehre nach dieser Abschweifung zu den vermittelst Hinzusetzung eines generischen Ausdrucks entstehenden scheinbar zweisylbigen Wörtern in einsylbigen Sprachen zurück. Sie können, insofern man darunter Ausdrücke für einfache Begriffe, an deren Bezeichnung die einzelnen Sylben, nicht als solche, sondern nur verbunden, Theil haben, auf zwiefachem Wege entstehen, nämlich relativ für das spätere Verständniſs, oder wirklich absolut an und für sich. Der Ursprung des generischen Ausdrucks kann aus dem Gedächtniſs der Nation entschwinden, und der Ausdruck selbst dadurch zum bedeutungslosen Zusatz werden. Dann ruht der Begriff des ganzen Wortes zwar wirklich auf beiden Sylben desselben; es ist aber nur relativ für uns, daſs er sich nicht mehr aus den Bedeutungen der einzelnen zusammensetzen läſst. Der Zusatz selbst aber kann auch, bei bekannter Bedeutung und Häufigkeit der Anwendung, durch gleichsam gedankenlosen Gebrauch zu Gegenständen hinzutreten, mit welchen er in gar keiner Beziehung steht, so daſs er in der Verbindung wieder bedeutungslos wird. Dann liegt der Begriff des ganzen Wortes wirklich in der Vereinigung beider Sylben, es ist aber eine absolute Eigenschaft desselben, daſs die Bedeutung nicht aus der Vereinigung des Sinnes der einzelnen hervorgeht. Daſs beide Arten dieser Zweisylbigkeit leicht durch den Übergang der Wörter von einer Sprache in eine andere entstehen können, ergiebt sich von selbst. Eine besondere Gattung solcher theils noch erklärlicher, theils

---

Zweifel über das Verhältniſs der verschiedenen Chinesischen Style beistimmt. Nach seiner ausgebreiteten Belesenheit im Chinesischen, namentlich in historischen Schriften, muſs er einen reichen Schatz von Bemerkungen über die Sprache gesammelt haben, von dem hoffentlich ein groſser Theil in das neue Chinesische Wörterbuch überflieſsen wird, dessen Herausgabe er beabsichtigt. Sehr wünschenswürdig wäre aber alsdann die Zusammenstellung auch seiner allgemeinen Bemerkungen über den Chinesischen Sprachbau in einer besonderen Einleitung.

aus der Einsylbigkeit hervorgegangen sei. §. 25.

unerklärlicher Zusammenfügungen legt der Sprachgebrauch einiger Sprachen der Rede als nothwendig auf, wenn Zahlen mit concreten Gegenständen verbunden werden. Vier Sprachen sind mir bekannt, in welchen dies Gesetz in merkwürdiger Ausdehnung gilt: die Chinesische, Barmanische, Siamesische und Mexicanische. Gewiſs giebt es aber deren mehrere, und einzelne Beispiele finden sich wohl in allen, namentlich auch in der unsrigen. Es vereinigen sich, wie es mir scheint, zwei Ursachen in diesem Gebrauche: einmal die allgemeine Hinzufügung eines generischen Begriffs, von der ich eben gesprochen habe, dann aber auch die besondre Natur gewisser, unter eine Zahl gebrachter Gegenstände, wo, wenn man nicht ein wirkliches Maaſs angiebt, die zu zählenden Individuen erst künstlich geschaffen werden müssen, wie, wenn man vier Köpfe Kohl zu ein Bund Heu u. s. f. sagt, oder wo man durch die allgemeine Zahl die Verschiedenheiten der gezählten Gegenstände gleichsam vertilgen will, wie in dem Ausdruck: vier Häupter Rinder, Kühe und Stiere einbegriffen sind. Von den vier genannten Sprachen hat nun keine diesen Gebrauch so weit, als die Barmanische, ausgedehnt. Auſser einer groſsen Zahl für bestimmte Classen wirklich festgesetzter Ausdrücke, kann noch der Redende immer jedes Wort der Sprache, welches eine, mehrere Gegenstände unter sich befassende, Ähnlichkeit andeutet, zu diesem Zwecke gebrauchen; und endlich giebt es noch ein allgemeines, auf alle Gegenstände jeglicher Art anwendbares Wort (*hku*). Das Compositum wird übrigens so gebildet, daſs, von der Gröſse der Zahl abhängende Unterschiede abgerechnet, das concrete Wort das Anfangs-, die Zahl das Mittel-, und der generische Ausdruck das Endglied ausmacht. Wenn der concrete Gegenstand auf irgend eine Weise dem Hörenden bekannt sein muſs, wird der generische allein gebraucht. Bei dieser Ausdehnung müssen solche Composita, da schon der bloſse

Gebrauch der Einheit, als unbestimmten Artikels, sie hervorruft, besonders im Gespräche sehr häufig vorkommen (¹). Indem mehrere der generischen Begriffe durch Wörter ausgedrückt werden, bei welchen man gar keine Beziehung auf die concreten Gegenstände errathen kann, oder die auch wohl, aufser diesem Gebrauche, ganz bedeutungslos geworden sind, so werden diese Zahlwörter in den Grammatiken auch wohl Partikeln genannt. Ursprünglich aber sind sie allemal Substantiva.

Aus dem hier Entwickelten ergiebt sich, für die Andeutung grammatischer Verhältnisse durch besondere Laute, so wie für den Sylbenumfang der Wörter, dafs, wenn man die Chinesische und Sanskritsprache als die äufsersten Punkte betrachtet, in den dazwischen liegenden Sprachen, sowohl den die Sylben aus einander haltenden, als den nach ihrer Verbindung unvollkommen strebenden, ein stufenweis wachsendes Hinneigen zu sichtbarerer grammatischer Andeutung und zu freierem Sylbenumfange obwaltet. Ohne nun hieraus Folgerungen über ein solches geschichtliches Fortschreiten zu ziehen, begnüge ich mich, hier dies Verhältnifs im Ganzen angezeigt und einzelne Arten desselben dargelegt zu haben.

(¹) Man vergleiche über diese ganze Materie Burnouf. *Nouv. Journ. Asiat.* IV. 221. Low's Siamesische Gramm. S. 21. 66-70. Carey's Barmanische Gramm. S. 120-141. §. 10-56. Rémusat's Chinesische Gramm. S. 50. nr. 113-115. S. 116. nr. 309. 310. *Asiat. res.* X. 245. Wenn Rémusat diese Zahlwörter bei dem alten Style abhandelt, so hat er sie wohl nur aus andren Gründen dahin gezogen. Denn eigentlich gehören sie dem neueren an.

Über den
Zusammenhang der Schrift mit der Sprache (*).

Einleitung.

Es giebt bei der Betrachtung des Menschengeschlechts zwei Gegenstände, auf welche alle einzelnen Forschungen, als auf den letzten und wichtigsten Punkt, hinausgehen, die Verbreitung und die Steigerung der geistigen Entwicklung. Beide stehen zwar in nothwendigem Zusammenhang, aber nehmen nicht durchaus denselben Weg, und halten nicht immer gleichen Schritt, da es Zeiten gegeben hat, wo die Erkenntnifs an Einem Punkte eine ungewöhnliche Höhe erreichte, andere, wo sie, wenig über das schon Errungene hinausgehend, sich allgemeiner vertheilte. Das Letztere begann erst mit Alexanders des Grofsen Eroberungen, gewann Bestand durch die Erweiterung des Römischen Reichs, gehört aber im vollsten Maafse nur der neueren Zeit an. Das Erstere ist gewifs dieser nicht fremd, setzt uns aber im Alterthum mehr in Erstaunen, da ein plötzliches Licht aus tiefem Dunkel hervorbricht. Beide erregen auch weder an sich, noch überall den gleichen Antheil. Die Höhe, zu welcher Nachdenken, Wissenschaft und Kunst emporsteigen, die Stufe der Vollkommenheit, welche die von ihnen abhängigen menschlichen Werke und Einrichtungen erreichen, sprechen die blofs nachdenkende Forschung, die dadurch den Umfang des menschlichen Geistes auszumessen sucht, und nicht in dem Kreise örtlichen Strebens befangen bleibt, mehr an, als die, immer zufälligere Mittheilung.

Dagegen weckt diese, der Einflufs klarer und bestimmter Ideenentwicklung, geläuterter Empfindung, mit Schönheitssinn verbundener Kunstfertigkeit auf das häusliche und öffentliche Leben, einzelne und Gesammteinrichtungen, Gewerbe und Beschäftigungen, stärker das Mitgefühl und die

---

(*) Gelesen am 20. Mai 1824 in der Königl. Akad. d. Wissenschaften zu Berlin.

im Leben wirksame Thätigkeit, als näher verbunden mit dem Wohlstand, der Sittlichkeit und dem Glücke des Menschengeschlechts. Diese Verschiedenheit der Ansicht kann aber nie zu wahrem Gegensatz ausarten, da es unmöglich ist, zu verkennen, wie auch die blofse Verbreitung des schon in der Erkenntnifs Errungenen dazu beiträgt, von da aus höhere Punkte zu gewinnen.

Der Wachsthum in geistiger Bildung ist zwar dem Menschen natürlich, da gerade in der Fähigkeit zu dieser Vervollkommnung, und in der Erzeugung des Begriffs aus sinnlichem Stoff das Unterscheidende seiner Natur liegt. Aber er ist in sich schwierig, wird oft auch von aufsen gehemmt, und nimmt daher einen verwickelten, nur in wenigen Punkten leicht aufzuspürenden Weg.

Zuerst mufs das geistige Streben im Einzelnen erwachen, und zur Reife gedeihen; und die Gesetze, nach welchen dies geschieht, könnte man die Physiologie des Geistes nennen. Ähnliche Gesetze mufs es auch für eine ganze Nation geben. Denn der Erklärung gewisser Erscheinungen, zu denen ganz vorzugsweise die Sprache gehört, läfst sich auch nicht einmal nahe kommen, wenn man nicht, aufser der Natur und dem Zusammentreten Einzelner, auch noch das Nationelle in Anschlag bringt, dessen Einwirkung durch gemeinschaftliches Leben und gemeinschaftliche Abstammung zwar zum Theil bezeichnet, allein gewifs weder erschöpft, noch in ihrer wahren Beschaffenheit dargestellt wird. Die Nation ist Ein Wesen sowohl, als der Einzelne. Die Verbindung beider durch gemeinsame Anlage wird in sich schwerlich je enträthselt werden können; allein ihre Einwirkung fällt da in die Augen, wo das Nationelle, wie bei der Erzeugung der Sprache, ohne Bewufstsein der Einzelnen, thätig ist. Auf diesem Durchbruchspunkt der Geistigkeit in den Einzelnen und den Völkern tritt nun das Streben derselben in die Reihe der übrigen geschichtlichen Erscheinungen, wächst an Stärke, oder Ausdehnung, erfährt Hindernisse, besiegt dieselben, oder erliegt ihnen, gewinnt oder verliert an Kraft, bildet und empfängt ihr Schicksal durch sich selbst, und unter der Herrschaft der leitenden Ideen, welchen alle Weltbegebenheiten untergeordnet sind. Von da an ist daher die Aufspürung des Bildungsganges das Werk der Geschichte, da dieselbe bis zu jenem Punkt mehr dem philosophischen Nachdenken und der Naturkunde des Geistigen angehört.

Einleitung.

Das Studium der verschiedenen Sprachen des Erdbodens verfehlt seine Bestimmung, wenn es nicht immer den Gang der geistigen Bildung im Auge behält, und darin seinen eigentlichen Zweck sucht. Die mühevolle Sichtung der kleinsten Elemente und ihrer Verschiedenheiten, welche unerlässlich ist zu dem Erkennen der auf die Ideenentwicklung einwirkenden Eigenthümlichkeit der ganzen Sprache, wird, ohne jene Rücksicht, kleinlich, und sinkt zu einer Befriedigung der blofsen Neugier herab. Auch kann das Studium der Sprachen nicht von dem ihrer Litteraturen getrennt werden, da in Grammatik und Wörterbuch nur ihr todtes Gerippe, ihr lebendiger Bau aber nur in ihren Werken sichtbar ist.

Das Sprachstudium verfolgt aber den Bildungsgang der Völker aus seinem besonderen Standpunkt; und in dieser Rücksicht bildet die Einführung der Schrift einen der wichtigsten Abschnitte in demselben. Sie wirkt nicht blofs auf die Sicherung und Verbreitung der gemachten Fortschritte, sondern befördert sie selbst, und steigert den Grad der erreichbaren Vollkommenheit, weshalb es mir zweckmäfsig schien, gleich im Anfang dieser Untersuchung auf diese doppelte Richtung aufmerksam zu machen. Es kann zwar scheinen, als wirkte die Schrift mehr auf die Erkenntnifs selbst, als auf die Sprache; allein wir werden sehen, dafs sie auch mit der letzteren in unmittelbarem Zusammenhange steht. Erkenntnifs und Sprache wirken dergestalt wechselweise auf einander, dafs, wenn von einem Einflufs auf die eine die Rede ist, die andere nie davon ausgeschlossen werden kann.

Bei dieser grofsen Bedeutsamkeit der Schrift für die Sprache, habe ich es für nicht unwichtig gehalten, dem Zusammenhange beider eine eigne Untersuchung zu widmen, die zwar vorzüglich durch Prüfung der verschiedenen Schriftarten und der sie begleitenden Sprachen, zugleich aber auch, da die Thatsachen allein hier nicht auszureichen vermögen, aus Ideen geführt werden mufs. Auf diesem Wege wird es auch unvermeidlich sein, einige geschichtliche Punkte gerade aus den dunkelsten Zeiträumen zu berühren. Denn es ist gewifs eine merkwürdige, und hier die genaueste Beleuchtung verdienende Erscheinung, dafs wahre Bilderschrift allein in Ägypten einheimisch war, und die nächst vollkommne, nach ihr, unter den Aztekischen Völkern in Mexico, dafs die Figurenschrift sich auf den Osten Asiens beschränkt, und ein schwaches Analogon in den Peruanischen Knotenschnüren vorhanden war, dafs es in dem übrigen Asien seit den ältesten Zeiten mehrere Buchstabenschriften gab, und dafs Europa ursprünglich gar keine Schrift besafs, aber sehr früh gerade diejenige empfing und bewundernswürdig benutzte, welche die Fortschritte der Sprache und die Ideenentwicklung am meisten beförderten.

Unter Schrift im engsten Sinne kann man nur Zeichen verstehen, welche bestimmte Wörter in bestimmter Folge andeuten. Nur eine solche kann wirklich gelesen werden. Schrift im weitläuftigsten Verstande ist dagegen Mittheilung blofser Gedanken, die durch Laute geschieht.

Zwischen diesen beiden Bedeutungen liegt eine unbestimmbare Menge von andren in der Mitte, je nachdem der Gebrauch die Beschaffenheit der einzelnen Zeichen mehr oder weniger an eine bestimmte Reihe bestimmter Wörter, oder auch nur Gedanken bindet, und mithin die Entzifferung sich mehr oder weniger dem wirklichen Ablesen nähert.

Gegen die obige Bestimmung des Begriffs der Schrift könnte man einwenden, dafs sie auch die Geberde in sich schliefst, und man doch immer Geberdensprache, nie Geberdenschrift sagt. Allein in der That ist die von Lauten entblöfste Geberde eine Gattung der Schrift. Nur gehen die Begriffe von Schrift und Sprache sehr natürlich in einander über. Jede Schrift, welche Begriffe bezeichnet, wird, wie schon öfter bemerkt worden ist, dadurch zu einer Art von Sprache. Sprache dagegen wird oft auch, obgleich immer uneigentlich, von einer Gedankenmittheilung, ohne Laute, gebraucht. Der Sprachgebrauch konnte überdies den in unmittelbarer Lebendigkeit vom Menschen zum Menschen übergehenden Geberdenausdruck unmöglich mit der todten Schrift zusammenstellen.

Wollte man jede Mittheilung von Gedanken Sprache, und nur die von Worten Schrift nennen, so hätte dies zwar auf den ersten Anblick etwas für sich, brächte aber in die gegenwärtige Materie grofse Verwirrung, und stiefse noch viel mehr gegen den Sprachgebrauch an. Denn man müfste dieselbe Schriftart, z. B. die Hieroglyphen, zugleich zur Sprache und zur Schrift rechnen, je nachdem sie in unvollkommenem Zustande Gedanken, oder im ausgebildetsten Worte anzeigte. Es ist daher richtiger und genauer, Sprache blofs auf die Bezeichnung der Gedanken durch Laute zu beschränken, und unter Schrift jede andere Bezeichnungsart der Gedanken, so wie die der Laute selbst, zusammenzufassen. Es braucht übrigens kaum bemerkt zu werden, dafs auch da, wo die Schrift Gedanken bezeichnet, ihr in dem Sinne dessen, von dem sie ausgeht, doch immer einigermafsen bestimmte Worte in einigermafsen bestimmter Folge zum Grunde liegen. Denn die Schrift, auch da, wo sie sich noch am wenigsten vom Bilde unterscheidet, ist doch immer nur Bezeichnung des schon durch die Sprache geformten Gedanken. Die einzelne Geberde, die sich, als Schriftzeichen betrachtet, am meisten hiervon zu entfernen scheint, entspricht doch der Interjection. Der Unterschied zwischen verschiedenen Schriftarten liegt nur in der gröfseren oder geringeren Bestimmtheit der ihnen ursprünglich mitgetheilten Gedankenform, und in dem Grade der Treue, mit welcher sie dieselbe auf dem Wege der Mittheilung zu bewahren im Stande sind.

Daher ist Schrift ursprünglich immer Bezeichnung der Sprache, nur nicht immer für den Entziffernden, der ihr oft eine andere Sprache, oder andere Worte derselben unterlegen kann, und nicht immer in gleichem Grade der Bestimmtheit von Seiten des Schreibenden.

Die Wirkung der Schrift ist, dafs sie den, sonst nur durch Überlieferung zu erhaltenden Gedanken, ohne menschliche Dazwischenkunft, für entfernte oder künftige Entzifferung aufbewahrt, und die allgemeinste Folge hieraus für die Sprache, dafs durch die erleichterte Vergleichung des in verschiedenen Zeiten Gesagten, oder in Worten Gedachten nun erst Nachdenken über die Sprache und Bearbeitung derselben eigentlich möglich werden.

Wo die Schrift in häufigeren Gebrauch kommt, tritt sie auch im Reden und Denken nothwendig in Verbindung mit der Sprache, theils nach den Gesetzen der Verbindung verwandter Ideen, theils bei tausendfachen Veranlassungen, die eine auf die andere zu beziehen. Die Bedürfnisse, Schranken, Vorzüge, Eigenthümlichkeiten beider wirken daher auf einander ein. Veränderungen in der Schrift führen zu Veränderungen in der Sprache; und obgleich man eigentlich so schreibt, weil man so spricht, findet es sich doch auch, dafs man so spricht, weil man so schreibt.

Aus jener allgemeinen Wirkung der Schrift und dieser Ideenverknüpfung müssen sich alle einzelnen Einflüsse herleiten lassen, welche sie auf die Sprache ausübt, die aber erst bei der Betrachtung der einzelnen Schriftarten geprüft werden können. Die Macht dieser Einflüsse scheint, dem ersten Anblicke nach zu urtheilen, nur gering sein zu können. Denn da die meisten Nationen die Schrift erst spät zu empfangen pflegen, so hat ihre Sprache dann meistentheils schon eine Festigkeit des Baues angenommen, die keinen bedeutenden Änderungen mehr Raum giebt. Bei mehreren geht schon ein Theil ihrer Litteratur der Einführung der Schrift voraus; und man kann sogar annehmen, dafs dies bei allen der Fall ist, welche zu höherer geistiger Bildung Anlage haben. Es dauert lange, ehe die, auch schon bekannte Schrift in allgemeineren Gebrauch kommt; und ein grofser Theil jeder Nation bleibt der Schrift ganz, oder doch gröfstentheils fremd. Durch alle diese vereinten Umstände entzieht sich also die Sprache der Einwirkung, welche die Schrift auf sie ausüben könnte. Nun ist zwar keine Sprache von so festgegliedertem Bau, dafs nicht noch Veränderungen vieler Art in ihr vorgehen sollten; gerade der kleinere Theil der Nation, welcher sich vorzugsweise der Schrift bedient, ist auf den übrigen gröfseren, auch in Beziehung auf die Sprache, von unverkennbar bildendem Einflufs. Allein dennoch mag es in jeder Sprache nur wenige, und gerade nicht die bedeutendsten Veränderungen geben, von denen sich mit Bestimmtheit nachweisen läfst, dafs sie durch bestimmte Eigenthümlichkeiten der Schrift entstanden sind.

Dagegen ist ein anderer Einflufs der Schrift auf die Sprache unläugbar von der gröfsten Wirksamkeit, wenn er sich auch nur mehr im Ganzen erkennen läfst, nämlich der, welchen die Sprache dadurch erfährt, dafs überhaupt für sie eine Schrift, und eine die Ideenentwicklung wahrhaft fördernde vorhanden ist. Denn wenn die Nation nur irgend Sinn für die Form der Sprache besitzt, so weckt und nährt diesen die Schrift, und es entstehen nun nach ihrer Einführung, und durch sie diejenigen Umbildungen der Sprache, die, indem sie den mehr in die Augen fallenden grammatischen und lexicalischen Bau unverändert lassen, durch feinere Veränderungen die Sprache doch zu einer ganz verschiedenen machen.

Auf diesem Wege entsteht die höhere Prosa, wie schon sonst scharfsinnig bemerkt worden ist, dafs das Entstehen der Prosa den Zeitpunkt anzeigt, in welchem die Schrift in den Gebrauch des täglichen Lebens trat ([1]).

Man mufs aber auch die Einwirkung der Sprache auf die Schrift in Anschlag bringen; und dadurch wird man auf einen viel tieferen Zusam-

---

[1] Wolf. *Prolegomena ad Homerum.* LXX-LXXIII. *Scripturam tentare et communi usui aptare plane idem videtur fuisse, atque prosam tentare, et in ea excolenda se ponere.*

menhang beider, und in Zeiten zurückgeführt, in welchen von schon erfundener Schrift noch gar nicht die Rede ist.

Es kann nämlich schwerlich geläugnet werden, daſs die **Eigenthümlichkeit der Sprachen** in Vorzügen oder Mängeln gröſstentheils von dem **Grade der Sprachanlagen der Nationen**, und den fördernden, oder hindernden Umständen, die auf sie einwirken, abhängt. Ich habe zu einer andren Zeit in dieser Versammlung zu zeigen versucht, daſs man daraus den bestimmteren und klareren grammatischen Bau einiger Sprachen herzuleiten hat, und daſs es irrig sein würde, zu glauben, daſs alle einen gleichen Gang der Vervollkommnung, ohne jenen Einfluſs der Nationaleigenthümlichkeit, genommen haben. Dies ist nun auch für die Schrift nicht gleichgültig. Denn da diese sich am meisten der Vollkommenheit nähert, wenn sie die Wörter und ihre Folge in eben der Ordnung und Bestimmtheit wiedergiebt, in welcher sie gesprochen werden, so muſs der Sinn einer Nation in dem Grade mehr auf sie gerichtet sein, in dem es ihr darauf ankommt, nicht bloſs, wie es immer sei, den Gedanken auszudrücken, sondern dies auf eine Weise zu thun, in welcher die Form sich, neben dem Inhalt, Geltung verschafft. Mit diesem Sinne versehen, wird ein Volk, wenn man auch nicht von der in undurchdringliches Dunkel gehüllten Erfindung reden will, die ihm dargebotene eifriger ergreifen, zweckmäſsiger für die Sprache benutzen, auf den Gebrauch solcher Schriftarten, die der Ideenentwicklung wenig förderlich sind, nicht gerathen, ihre Spur nicht verfolgen, oder sie zu einer vollkommneren umformen. **Die Wirkung des Geistes wird also gleichartig sein auf Sprache und Schrift**, sie wird auf die Erlangung und Wahl der letzteren Einfluſs haben, und **vollkommnere Sprachen werden von vollkommnerer Schrift, und umgekehrt, begleitet sein.**

Zwar ist es hier, wie überall in der Weltgeschichte: die reine und natürliche Wirksamkeit der schaffenden Kräfte nach ihrer innren Natur wird durch äuſsere, zufällig scheinende Begebenheiten unterbrochen und verändert. Die Einführung einer unvollkommenen Schriftart kann eine vollkommnere Sprache, die einer vollkommneren eine unvollkommnere treffen; obgleich ich am Ersteren beinahe zweifeln möchte, da der richtige und kräftige Sprachsinn einer Nation eine mangelhafte Schrift vermuthlich zurückstofsen würde. Indeſs darf, dieser Unterbrechungen ungeachtet, die Betrachtung des reinen Wirkens der Dinge nicht aus den Augen gelassen werden; jede geschichtliche Untersuchung kann vielmehr nur dann gelingen, wenn sie von dieser Grundlage ausgeht. Auch wird niemand den Einfluſs abzuläugnen vermögen, den eine Schrift in dem Gebrauche mehrerer Jahrhunderte insofern auf den Geist, und dadurch mittelbar auf die Sprache ausübt, als sie mehr, oder weniger Gleichartigkeit mit dieser besitzt; und zwar kommt es dabei auf eine doppelte Gleichartigkeit an, auf die mit der Sprache in ihrem vollkommensten Begriff, und auf die mit der besonderen Sprache, mit welcher die Schrift in Verbindung tritt. Nach Maaſsgabe dieser verschiedenen Fälle müssen auch verschiedene Bildungsverhältnisse entstehen.

Ohne nun die zuerst erwähnte Einwirkung auszuschlieſsen, welche die erfundene, oder eingeführte Schrift auf eine vorher mit keiner versehene Sprache ausübt, ist es doch vorzugsweise meine Absicht, in der gegenwärtigen Abhandlung von dem zuletzt geschilderten innern, in der Anlage des spracherfindenden Geistes gegründeten Zusammenhange der Sprache und Schrift zu reden. Ich habe mich im Vorigen begnügt, diesen nur im Ganzen anzugeben, und mich sowohl der Ausführung des Einzelnen, als der Belegung mit Beispielen, enthalten, weil beides nur bei der Betrachtung der einzelnen Schriftarten genügend geschehen kann. Ich wünsche überhaupt nicht, daſs man das Obige für entschiedene Behauptungen halten möge, da solche fester begründet sein müſsten. Es ist nichts anderes, als, was sich aus der bloſsen Vergleichung der reinen Begriffe der Sprache, der Schrift und des menschlichen Geistes ergiebt. Es kommt nun erst darauf an, es mit der geschichtlichen Prüfung der Thatsachen zusammenzuhalten, und, wenn diese verschiedenartig ausfallen sollte, zu sehen, worin der Grund dieser Verschiedenheit liegen kann.

Wohin aber auch die Untersuchung führen möge, so kann es nie unwichtig sein, von den merkwürdigsten Völkern, die sich der verschiedenen Schriftarten seit den frühesten Jahrhunderten bedient haben, Sprache, Schrift und Bildungszustand mit einander zu vergleichen, und auch die Betrachtung der Sprachen, und des geistigen Zustandes derer daran zu knüpfen, bei welchen man keine Spur irgend wahrer Schrift angetroffen hat. Sollte es auch miſslingen, dadurch über die Erfindung und Wanderung der Schriftarten helleres Licht zu verbreiten, so muſs doch die Natur der Sprache und der Schrift klarer werden, wenn man gezwungen ist, nach einem gemeinschaftlichen Maaſsstabe ihrer Vorzüge und Mängel, und deren

Einfluſs auf die Entwicklung und den Ausdruck der Gedanken zu forschen.

Diesen Weg werde ich nun in diesen Blättern verfolgen, nach einander von der Bilder-, Figuren-, und Buchstabenschrift, und der Entbehrung aller Schrift handeln. Vorher aber wird es nothwendig sein, einige Worte über diese verschiedenen Schriftarten im Allgemeinen zu sagen.

Alle Schrift beruht entweder auf der wirklichen Darstellung des bezeichneten Gegenstandes, oder darauf, daſs die Erinnerung an denselben durch ein mehr, oder weniger künstliches System an den Schriftzug geknüpft wird. Sie ist Bilder-, oder Zeichenschrift. Ihre Grundlagen sind also entweder die, allen Nationen beiwohnende, Neigung zur bildlichen Darstellung, welche nach und nach zur Kunst aufsteigt, oder das Bemühen, dem Gedächtniſs eine Hülfe, und dem Entziffern eine Anleitung zu geben, womit die bei den Alten vielfach, bei uns neuerlich sehr kleinlich und spielend bearbeitete Mnemonik, und die Zifferkunst zusammenhängt. Die Anfänge der Bilder- und Zeichensprache fallen daher mit Gemälden und rohen Gedächtniſshülfen, wie z. B. die Kerbstöcke sind, zusammen, und sind oft schwer davon zu unterscheiden. Die Bilder- und Zeichenschrift können Gegenstände, Begriffe und Laute angeben. Wo aber die erstere zur Tonbezeichnung dient, wird sie zur Zeichenschrift. Sie nähert sich dieser auch dann, und kann ganz in dieselbe übergehen, wenn die bildliche Gestalt so verzerrt, oder den Bildern eine so entfernte und gesuchte Bedeutung untergelegt wird, daſs nicht mehr das Auge den bezeichneten Gegenstand dargestellt erkennt, sondern Gedächtniſs und Verstand ihn aufzusuchen genöthigt sind.

Die Schrift stellt hiernach entweder Begriffe, oder Töne dar, ist Ideen-, oder Lautschrift.

Zu jener gehört in der Regel Bilder-, und ein Theil der Zeichenschrift. Alle Ideenschrift ist natürlich eine wahre Pasigraphie, und kann in allen Sprachen gelesen werden. Für die Nation aber, die sich ihrer täglich bedient, kommt sie zum Theil einer Lautschrift gleich, da diese jeden gehörig bestimmten Begriff doch auch mit einem bestimmten Worte bezeichnet. Hierin liegt nun ein merkwürdiger Unterschied der Bilder-, und der Chinesischen Figurenschrift. Die Bilderschrift kann den Eindruck einer Lautschrift niemals rein und ganz hervorbringen, da auch der Roheste durch das Bild auf eine von dem Ton durchaus verschiedene Weise an einen bezeichneten Gegenstand selbst erinnert wird. Bei der Chinesischen Figurenschrift aber wäre dies insofern möglich, als jemand, wenig oder gar nicht mit dem Systeme bekannt, nur mechanisch gelernt hätte, dafs gewisse Figuren gewisse Wörter bezeichnen.

Die Lautschrift kann Buchstabenschrift, oder Sylbenschrift sein, obgleich dieser Unterschied sehr wenig wichtig ist. Fruchtbarer für die gegenwärtige Untersuchung ist es, daran zu erinnern, dafs es auch eine Wortschrift geben könnte, und dafs eigentlich jede vollkommene Ideenschrift eine Wortschrift sein mufs, da sie den Begriff in seiner genauesten Individualisirung, die er nur im Worte findet, auffassen mufs.

Ich habe bei dieser Eintheilung der Schriftarten vorzüglich dahin gesehen, die Punkte bemerklich zu machen, in welchen die Art der Verbindung vorleuchtet, in der sie mit den verschiedenen Geistesanlagen stehen. Auch würde die gewöhnliche Eintheilung in Hieroglyphen-, Figuren-, und Buchstabenschrift nicht alles, z. B. nicht die Knotenschnüre umfassen, die aber, zugleich als Zeichen- und Ideenschrift, unmittelbar ihre richtige Stellung erhalten. Der Ausdruck Figurenschrift ist bisher, soviel ich weifs, nicht gebraucht worden; er scheint mir aber passend, da die Chinesischen Schriftzeichen wirklich mathematischen Figuren gleichen, und alle Züge, die nicht Bilder sind, kaum einen andren Namen führen können. Bezeichnet man die Chinesische Schrift mit dem Ausdruck einer Begriffs- oder Ideenschrift, so ist dies zwar richtig, insofern man darunter versteht, dafs dem Zeichen nichts, als der Begriff, folglich nicht das Bild, zum Grunde liegt. Gewöhnlich aber nimmt man dieses Wort so, dafs die Zeichen nicht Laute, sondern Begriffe bezeichnen; und dann unterscheidet der Name nicht mehr diese Schrift von den Hieroglyphen, die sich, wenigstens zum Theil, in dem gleichen Falle befinden.

Von der Bilderschrift.

Die einfachste und natürlichste Mittheilung der Gedanken vor Entstehung der Schrift ist die durch Gemälde, wirkliche Darstellung des Vergangenen. Nennt man diese Hieroglyphenschrift, so wird es kaum eine so rohe Nation geben, bei der man sie nicht angetroffen hätte. Sie fehlt alsdann wohl nur denen, von deren rohestem Zustand man keine geschichtliche Kunde besitzt.

Der zweite, sich der Sprache mehr nähernde Grad ist das **symbolische Gemälde**, welches die Gestalten durch einzelne ihrer Theile, und unkörperliche Begriffe durch Bilder bezeichnet.

Zur Schrift werden diese Darstellungen eigentlich erst, wenn sie, wie oben bemerkt, eine Rede in ihrer Folge bestimmt darzustellen im Stande sind; allein auch ehe sie dahin gelangen, verdienen sie diesen Namen schon durch die mit ihnen verbundene Absicht der Gedankenmittheilung. Diese sondert sie gleich von der Kunst ab; und der Grad, in dem sie erreicht wird, bestimmt den Grad der Vollkommenheit der Schrift.

Das geschichtliche und symbolische Gemälde unterliegt sehr häufig einer gewissen Zweideutigkeit. Schon im Alterthum, wie Diodor ([1]) von einem Basrelief erzählt, von dem noch heute ein ähnlicher vorhanden ist, war man zweifelhaft, ob ein Löwe, der dem Osymandyas zur Seite stritt, einen wirklichen abgerichteten Löwen, oder figürlich den Muth des Königs bezeichnen sollte, so wie dies Thier sonst wohl den Abbildungen der Könige, mit andren Symbolen, zur Seite steht ([2]). In der Nähe dieser Vorstellung war, nach Diodor ([3]), eine andre, von Gefangenen, denen, um ihre Feigheit und Unmännlichkeit anzudeuten, die Hände und Zeugungstheile fehlten. Auf dem merkwürdigen grofsen geschichtlichen Basrelief am Peristyl des Pallastes in Medinet-Abou legen Krieger, die Gefangene führen, vor einen Sieger Hände und Zeugungsglieder nieder, und sie werden gezählt und aufgeschrieben ([4]). Die Herren Jollois und Devilliers erklären

---

([1]) I. 48.

([2]) *Descript. de l'Égypte. Ant. Planches. T.2. pl.*11.* Text. *Descriptions. T.1. Chap.9. p.*47. Ich bemerke hier ein für allemal, dafs ich die Kupfertafeln im gröfsten Format, zur Bequemlichkeit des Aufsuchens, da sie nicht mit den andren zusammengebunden werden können, mit einem Sternchen bezeichne.

([3]) I. 48.

([4]) *Descript. de l'Égypte. Ant. Planches. T.2. pl.*12. Text. *Descriptions. T.1. Chap.9. p.*41. 42. 148. Bei Hamilton, *remarks on several parts of Turkey. pl.*8. sind, aufser den Händen, auch Köpfe und Füfse gezeichnet, und im Text (*l. c. p.*145.) heifst es *heaps of hands, and other limbs*. Die blofse Ansicht der beiden Kupfertafeln entscheidet für die Genauigkeit der Französischen. Sollte aber die Originalvorstellung durch die Zeit undeutlich genug geworden

dies (¹) von den Gliedmafsen, die man den in der Schlacht Gebliebenen abgehauen hätte, und deren Zahl nun bestimmt und aufgeschrieben würde; und diese Erklärung gewinnt dadurch sehr an Wahrscheinlichkeit, dafs ganz ähnliche Verstümmlungen von Gefangenen sowohl, als Gebliebenen, noch jetzt in einigen Theilen Afrika's im Gebrauch (²) sind. Wenn aber an der angeführten Stelle Diodor und seine Gewährsmänner beschuldigt werden, die von ihnen auf die Gefangenen gedeuteten Vorstellungen flüchtig angesehen zu haben, da so verstümmelte Gefangene sich nicht hätten dem Könige vorführen lassen können, und wenn dem Diodor die Behauptung aufgebürdet wird (³), dafs die Ägyptier ihre Gefangnen so grausam behandelt hätten, so ist das Letztere unrichtig und das Erstere zu weit gegangen. Diodor spricht offenbar von einer symbolischen Darstellung und Bedeutung der Verstümmelung. Er hatte gewifs kein Bild, wie das in Medinet-Abou, konnte aber doch eines vor Augen haben, wo den vorgestellten Gefangenen diese Theile fehlten, wenn auch jetzt kein solches mehr sollte gefunden werden (⁴).

---

sein, um nur einen solchen Irrthum möglich zu machen? Hamilton bezieht die Verstümmlungen auf die Gefangenen. Vergl. hierüber Champollion. *Système hiéroglyphique. p.* 274. 275.

(¹) *Descript. de l'Égypte.* Text. Ant. Descriptions. T. 1. Chap. 9. p. 130. und 148.

(²) Salt. *Voyage to Abyssinia.* London. 1814. p. 292. 293. Burckhardt. *Travels in Nubia.* p. 831. nt.*

(³) *l. c. p.* 42. nt. 2.

(⁴) Es scheint mir durchaus kein Grund vorhanden zu sein, Diodor's Glaubwürdigkeit in diesem Stück zu bezweifeln. Er beschreibt an derselben Stelle zwei Bildwerke. Von dem einen, wo der Löwe den König begleitet, findet sich noch heute ein ähnliches. *Descript. de l'Égypte.* Ant. Text. Descriptions. T. 1. p. 148. Hamilton. *Remarks on several parts of Turkey.* P. 1. p. 116. In der letzteren Stelle ist von einem Basrelief am Pallast von Louqsor, in der ersten von einem am sogenannten Memnonium (Grab des Osymandyas nach dem Französischen Werk) die Rede. Vorstellungen dieser Art wiederholen sich aber öfter. Immer zeigt der Umstand mit dem Löwen, dafs Diodor das eine Bildwerk richtig beschrieb. Warum soll nun die Schilderung des andren, an derselben Stelle gesehenen, falsch sein? Es ist richtig, dafs in der Nähe des von Hamilton beschriebenen Basreliefs eine Vorstellung von Gefangenen ist, denen keinesweges die Hände zu fehlen scheinen. Allein wenn auch nicht andre Umstände so für die Meinung der Französischen Erklärer sprächen, das Grab des Osymandyas nach dem sogenannten Memnonium zu versetzen, so würde dieser hinreichen. An der letzteren Stelle sind die Bildwerke der Wände, welche Diodor die zweite und dritte nennt, zerstört. Hamilton's Meinung, dafs Diodor von allen Nachrichten über jene Gebäude ein phantastisches Grabmal des Osymandyas (*l. c. p.* 113.) zusammengesetzt habe, scheint doch

Bilderschrift.

Die Vergleichung der Stelle Diodor's mit dem angeführten Basrelief am Pallaste von Medinet-Abou (der Diodorische war am Grabmal des Osymandyas) und jener grausamen Afrikanischen Sitte beweist aber immer, wie zweifelhaft oft bei diesen Bildwerken die Wahl zwischen der eigentlichen und symbolischen Vorstellung bleiben mochte.

Diese Unvollkommenheit der symbolischen Vorstellungen müssen die Ägyptier früh gefühlt haben, da sie in Denkmälern, die bereits zu Herodot's ([1]) Zeiten zu den uralten gehörten, schon Bild, Symbol und Bilderschrift mit einander verbanden, den Eroberer, in seiner ganzen Gestalt und Bewaffnung gebildet, ein Zeugungsglied, die Gemüthsart des besiegten Volkes andeutend, und die heiligen Schriftzeichen ([2]). Gerade ebenso finden wir es noch auf den bis auf unsre Zeit erhaltenen Denkmälern. Fast überall sind die wirklichen Bilder von Bilderschrift begleitet, die sich durch Kleinheit, Anordnung und Stellung als von ihnen ganz verschieden auszeichnet. Viel seltner ist die, unstreitig auch rohere Manier, wo die Hieroglyphe dem Bilde selbst beigesellt ist. So hält auf einem, schon im Vorigen erwähnten Denkmal der über dem Haupthelden schwebende Falke Hie-

---

noch strengere Beweise zu verdienen. Doch giebt auch Hamilton Diodor's Genauigkeit in den einzelnen Schilderungen das günstigste Zeugniſs. *Yet there is scarcely*, sagt er, *any one circumstance, that he mentions, that may not be referred to one or other of the temples of Luxor, Carnack, Gournou, Medinet Abou, or the Tombs of the Kings among the mountains.* Damit stimmt eine so wesentlich falsche Schilderung eines Basreliefs nicht überein. Schliefslich muſs ich darauf aufmerksam machen, daſs einige Theile der Gebäude in Medinet-Abou nach Hrn. Gau (Letronne. *Recherches pour servir etc. p.* XXIX. nt.) zur spätesten Periode gehören. Sollten dies aber auch die hier in Rede stehenden sein, so konnte man alte Bildwerke an neueren wiederholen. Nur fordert dieser Umstand immer die Vorsicht, Bildwerke, welche auch ganz solchen, die Diodor beschreibt, gleich scheinen, nicht darum gleich für dieselben jener Zeit zu halten.

([1]) II. 102. 106. Diodorus Sic. I. 55.

([2]) Daſs man unter diesen wirklich Hieroglyphen, und nicht die sogenannte enchorische Schrift zu verstehen habe, geht aus dem Anblick der noch heute vorhandenen Denkmäler, welche ganz dieselbe Einrichtung haben, hervor. Auch Zoëga, *de origine et usu obeliscorum.* 428-432., ist dieser Meinung, nur daſs sein Beweisgrund, daſs die enchorische Schrift nie auf Steinen eingegraben vorkomme, durch die Inschrift von Rosetta widerlegt ist. Warum er aber die von Herodot aufbewahrte Inschrift in Ionien nicht für hieroglyphisch hält? ist nicht abzusehen.

roglyphen in seinen Klauen, und in einem nicht abgebildeten Basrelief gehen Hieroglyphen aus dem Munde eines Belagerers (¹).

Die meisten auf uns gekommenen Bilder enthalten symbolische Figuren, und grofsentheils eben solche Handlungen. Oft aber, wie bei den Festzügen, lagen die Symbole, z. B. die Thiermasken (²), schon in dem abgebildeten Gegenstand, so dafs das Symbolische in diesem und nicht in der Abbildung zu suchen ist. Es finden sich aber auch von allem symbolischen Zusatz freie Vorstellungen, theils geschichtlicher Handlungen (³), theils blofser Beschäftigungen (⁴), so wie eben solche, aber mit wenigen und einzelnen Symbolen, wie der schwebende Falke, oder einzelne Göttergestalten sind, verbundene (⁵).

Diese so entschiedene Absonderung der Bilderschrift von den Bildern scheint mir überaus merkwürdig. Es liegt in dem gewöhnlichen Entwicklungsgange des menschlichen Geistes, dafs ein Volk, auf demselben, einmal betretenen Wege fortschreitend, stufenweis Verbesserungen erreicht; und so konnte die symbolisirende, der Sprache nacheifernde Kunst immer klarer und bestimmter werden. Bei den Ägyptiern aber, sieht man, ist ein Zeitpunkt eingetreten, wo man einsah, dafs dieser fortschreitende Gang, da der Weg einmal nicht der rechte war, nie zur Schrift führen konnte, und hat einen neuen eingeschlagen. Die Hieroglyphenschrift wurde nun nicht eine verbesserte Bildnerei, sondern eine ganz neue Gattung, ein Übergang in ein ganz neues System. Es scheint mir dies ein Beweis mehr, dafs man den Ursprung grofser Erfindungen nicht blofs in stufenweisen Fortschritten suchen, und die plötzliche Entstehung ganz neuer und mächtig einwirkender

---

(¹) *Descript. de l'Égypte. Ant. Planches. T.* 2. *pl.* 11.* Text. *Descriptions. T.* 1. *Chap.* 9. *p.* 48. 130.

(²) Dafs die thierköpfigen Figuren oft nur Masken sind, geht aus einigen Vorstellungen in der *Descript. de l'Égypte* deutlich hervor. Bei den Mexicanern findet sich dieselbe Sitte, nur dort zu kriegerischem Gebrauch, um sich dem Feinde furchtbarer zu machen. Diesem ganz ähnlich ist Diodor's (I. 18.) Erzählung von Anubis und Macedo, Osiris Begleitern, und von dem Kopfschmuck der Könige. *l. c. c.* 62. Vgl. Champollion. *Système hiéroglyphique. p.* 293.

(³) *Descript. de l'Égypte. Ant. Planches. T.* 3. *pl.* 38. nr. 32. *pl.* 40.

(⁴) *l. c. T.* 4. *pl.* 45. 65. 66.

(⁵) *l. c. T.* 2. *pl.* 10.* *T.* 3. *pl.* 32. nr. 4.

Gedanken ausschliefsen darf. Die Ägyptische Verwandlung der Bilder in Schrift konnte nicht vor sich gehen, ohne wirkliche Reflexion über die Natur der Sprache, oder ohne plötzlich erwachendes richtiges Gefühl derselben; sie war aber um so schwieriger, als man im Gebiete der Bilder blieb, und sich daher schwerer von den Fesseln losmachen konnte, womit jede Vorstellung durch Bilder, als der Sprache in vielfacher Beziehung gänzlich entgegengesetzt, den Geist befangen hält. Dennoch geschah die Trennung bei den Ägyptiern so fest und entschieden, dafs auch die bildliche Vorstellung fortfahren konnte zu symbolisiren, und nach ihrer Art zu erzählen, wie dies in den Ägyptischen Basreliefen wirklich der Fall ist, da sie in einem ganz andren Sinne zusammengesetzt sind, als die aus dem Griechischen Alterthum. Das Symbolische in ihnen liegt nicht immer in wirklichen symbolischen Gestalten, sondern oft nur in der Art der Stellungen und Handlungen gewöhnlicher. So sind die Menschengruppen, die ein Priester an den Haaren, wie im Begriff sie zu opfern, hält, bei denen das Symbolische schon zum Theil in der sich immer gleichen Menschenzahl von 30 gesucht wird (¹). In einem ähnlichen, aber doch etwas verschiedenen Basrelief scheint die drohende Figur kein Priester, sondern ein Fürst zu sein. Es sind zwei Gruppen, eine von bärtigen Fremden, eine andre von Einheimischen, und der allegorische Sinn soll sein, dafs der Herrscher ebensowohl die äufseren, als die inneren Feinde zu züchtigen weifs (²). Auf einem andren Bildwerk verfolgt ein Held auf seinem Wagen zwei Löwen, deren einen er getödtet, den andren verwundet hat. Indem die Rosse immer den Löwen nacheilen, schiefst er, rückwärts gewendet, Pfeile auf einen mit Ägyptiern kämpfenden Feindeshaufen ab (³). Die Französischen Erklärer deuten diese Vorstellung mit vielem Scharfsinn, nach Diodor's (⁴) Erzählung, auf Sesostris Jugendaufenthalt in Arabien, wo er die Jagd übte, und die damals noch unbezähm-

---

(¹) *Descript. de l'Égypte. Ant. Planches. T. 1. pl. 15.* Text. *Descriptions. T. 1. Chap. 1. p. 25.*

(²) *l. c. Chap. 9. p. 30.*

(³) So nach der Beschreibung; auf der Kupferplatte ficht er mit der Lanze. *Descript. de l'Égypte. Ant. Planches. T. 2. pl. 9.* Text. *Descriptions. T. 1. Chap. 9. p. 53. 54. 60.* Hamilton (*l. c. pl. 8. p. 147.*) giebt auch nur die Jagdscene, und erwähnt in seiner sehr flüchtigen Beschreibung nicht einmal der zurückgewandten Stellung des Helden.

(⁴) I. 55.

ten Bewohner bezwang. Sollte man aber nicht hinzusetzen können, daſs durch das Umwenden des Helden, und die sonderbare Verbindung von zwei, nach entgegengesetzten Seiten hin vorgehenden Handlungen symbolisch bezeichnet werden sollte, daſs Sesostris sich zu gleicher Zeit mit der Jagd und dem Kriege beschäftigte?

Indem auf diese Weise bei den Ägyptiern zwei Hieroglyphensysteme neben einander hinlaufen, von denen das eine, wie mein Bruder, bei Gelegenheit des Mexicanischen, treffend gezeigt hat ([1]), den Hieroglyphen viel roherer Völker ähnlich ist, wurde dieses in den Gränzen edlerer Kunst nicht bloſs durch wirklich höheren Kunstsinn, sondern auch dadurch gehalten, daſs man nicht in der Nothwendigkeit war, die Schönheit der Deutlichkeit aufzuopfern, weil immer noch die Hieroglyphenschrift da war, die etwa gebliebenen Dunkelheiten aufzuklären. Es fielen daher in dem Bilder-Hieroglyphensystem alle Vorstellungen des Ganzen durch einen einzelnen Theil, die in dem Schrift-Hieroglyphensystem so häufig sind, hinweg, und ebenso die roheren Bezeichnungen, wie z. B. auf den Mexicanischen Bildern die Richtung der Bewegung der Personen durch Fuſsstapfen angedeutet ist ([2]). Der Rang der Könige, Helden, Priester wurde bei den Mexicanern durch ihre Tracht angezeigt, was die Figuren mit Kleidung und Farben überlud ([3]). Der feinere Geschmack der Ägyptier lieſs diese Personen vor den übrigen hervorragen ([4]), wodurch nicht bloſs der Gestalt ihre Reinheit erhalten, sondern der Künstler in den Stand gesetzt wurde, sie noch vollkommner auszuführen. Diese Manier ging für die Götter-

---

[1] A. v. Humboldt. *Vues des Cordillères et Monumens des peuples de l'Amérique.* p. 63 - 65. Ich werde dies für die erste Völkergeschichte, und die Verbindung der Asiatischen mit der Amerikanischen so ungemein wichtige Werk künftig, der Kürze wegen, bloſs unter dem Titel: *Monumens* citiren.

[2] Humboldt. *Monumens.* p. 55. pl. 59. nr. 6.

[3] In Purchas *pilgrimes.* p. 1111. A-F. ist eine ganze Reihe von Abbildungen zu sehen, wo ein Priester, je nachdem er mehr Gefangene im Kriege machte, mit andrem Waffen- und Kleiderschmuck geziert ward. An diesen Auszeichnungen sind sie dann auf allen Vorstellungen zu erkennen. S. ferner Humboldt. *Monumens. pl.* 11.

[4] *Descript. de l'Égypte.* Ant. Text. Descriptions. *T.* 1. Chap. 9. *p.* 55. Planches. *T.* 1. *pl.* 51.* *T.* 2. *pl.* 10.* 11.* und auf vielen andren. Vulcan's Zwerggestalt (Hirt, über die Gegenstände der Kunst bei den Ägyptiern. Abhandl. der Akad. d. Wissensch. in Berlin. Hist. philol. Classe. p. 115.) hat eine besondre Beziehung.

Bilderschrift.

gestalten auf das Griechische Alterthum über; und Visconti bemerkt, ob er gleich der Ägyptischen Sitte dabei keine Erwähnung thut, sehr scharfsinnig, bei Gelegenheit eines der Basreliefs am Fries des Parthenons, dafs Phidias das Abstechende übermenschlicher Gestalten dadurch künstlerisch milderte, dafs er sie sitzend neben den vor ihnen stehenden Sterblichen darstellte ([1]). Dies geschah aber bei weitem nicht immer auf Griechischen Bildwerken dieser Art ([2]). Wenn auf einigen Mexicanischen Gemälden die Besiegten auch kleiner, als die Sieger, erscheinen, so kann dies leicht nur Folge fehlerhafter Zeichnung sein. Dagegen zeichnen sich vornehmere Personen neben dem Schmuck ihrer Kleidung häufig durch die Gröfse der Nasen aus ([3]).

Da die Ägyptische Kunst in den geschichtlichen und symbolischen Bildwerken immer ein eignes, vom Einflusse des Zwanges und der Flüchtigkeit der Schrift freies Feld behielt, so trifft die Ägyptier nicht die, sonst sehr wahre Bemerkung ([4]), dafs der Gebrauch der Hieroglyphen dem Fortschreiten der Kunst nachtheilig ist. Vielmehr ging der höhere Schönheitssinn von den Bildern auf die Bilderschrift über, die wir, wenige Fälle ausgenommen, mit einer Reinheit und Bestimmtheit der Züge ausgeführt finden, welche eine bewunderswürdige Richtigkeit des Auges und Sicherheit der Hand voraussetzt. Dies gilt nicht blofs von den in Stein gehauenen Hieroglyphen, sondern auch grofsentheils von den Papyrusrollen, auf denen es schon merkwürdig ist, dafs, ungeachtet der Kleinheit, jede Thiergattung deutlich zu erkennen ist ([5]). Unstreitig hatte aber die Gewohnheit, so viele Hieroglyphen in harten Stein zu graben, hierauf einen günstigen Einflufs, da es die Festigkeit der Umrisse beförderte, und immer sichtbare Muster jedes Zeichens unbeweglich dastanden ([6]), obgleich dieselbe Härte der Masse wohl

---

([1]) *Lettre du Chev.* A. Canova *et deux mémoires sur les ouvrages de sculpture dans la collection de* Myl. C.*te* d'Elgin *par* Visconti. *p.* 61. 62.

([2]) *Museum Pio-Clementinum.* T. 5. p. 52. 53. Pl. 27.

([3]) Humboldt. *Monumens.* p. 49.

([4]) *l. c. p.* 69.

([5]) Jomard in der *Descript. de l'Égypte. Ant.* Text. T. 1. Chap. 9. p. 366.

([6]) Indefs giebt es auch in Granit, namentlich auf der Insel Philae, sehr ungenau gezeichnete Hieroglyphen, die Jomard cursive nennt, die aber auch nur von Privatpersonen herzurühren scheinen.

die nöthigende Ursach war, dafs alle Ägyptische Basreliefs fast nur den Schattenrissen gleichen.

So wurden daher die Ägyptier von zwei Seiten zu der, soviel wir wissen, allein von ihnen vorgenommenen Absonderung der Bilderzeichnung und der Bilderschrift getrieben, einmal von der der Sprache, welcher jene unmöglich lange zu genügen im Stande war, dann von der Kunst, die sich ein eignes Gebiet zu schaffen strebte. Wenn man, wie ich glaube und weiterhin zu beweisen suchen werde, annehmen darf, dafs diese merkwürdige Nation weit mehr Anlage und Talent zur bildenden Kunst, als zur Behandlung der Sprache, besafs, so konnte wohl der zuletzt erwähnte Antheil an jenem Erfolge der mächtigere gewesen sein. Immer aber mufsten beide zusammenwirken; denn, wie der Gedanke einer Schrift durch Sprache einmal gefafst war, bedurfte es des Nachdenkens über diese, um ihn gelingend auszuführen. Die Sprache, und mehr oder weniger auch die, noch mit dem eigentlichen Bildwerk zusammenlaufende Bilderschrift gehören der ganzen Nation an; dagegen war die Absonderung der Schrift von dem Bilde vermuthlich das Werk einzelner Erfinder und Verbesserer, und mufste, wenn es vorher keine besonders auf Wissenschaft und Erkenntnifs gerichtete Classe gegeben hätte, unfehlbar eine solche hervorbringen. Dies aber bildet in der Geschichte aller Sprache und Schrift immer einen höchst merkwürdigen Abschnitt.

Gewisse Eigenschaften sind der malenden und schreibenden Bilderschrift, wenn mir diese Ausdrücke, die, nach dem Vorigen, nicht mehr dunkel sein können, erlaubt sind, gemeinschaftlich. Von dieser Art ist, wenigstens grofsentheils, die Bezeichnung der Gegenstände, sowohl die eigentliche (kyriologische), als die symbolische. In diesen kann also die erstere sich der letzteren nähern. Dagegen giebt es zwischen beiden einen wesentlichen und hauptsächlichen Unterschied, der Ursache wird, dafs, welche Fortschritte man ihr beilegen möge, die erstere niemals in die letztere übergehen kann, so lange sie nämlich ihrer Gattung getreu bleibt. Dieser Unterschied liegt darin, dafs bei der malenden Schrift der Gegenstand, wie er ist, die Sache, wie sie erscheint, die Handlung, wie sie vorgeht, das Unkörperliche, wie man es auf Körpergestalt zurückgeführt hat, bei der mit Bildern schreibenden der Gegenstand, wie man ihn denkt, bezeichnet wird. Das Eigenthümliche beider Methoden liegt also in der Objectivität und Subjectivität; die Sache muſs, auf welchem Wege es geschehen möge, zum Worte herabsteigen. Dies erfordert eine Zerlegung des Bildes, damit nicht ein Vorgang oder ein Gedanke überhaupt, sondern jedes Wort, durch welches ihn die Rede ausdrückt, bezeichnet werde. Die malende Bilderschrift steht in ähnlichem Verhältniſs zur Ideenschrift (sie sei Bilder- oder Figurenschrift), wie diese zur Buchstabenschrift. Die letztere kann man nur mit den gleichen Wörtern, die Ideenschrift auch mit andren Worten in andrer Folge, ja zum Theil mit anders modificirten Begriffen lesen. Zu dieser Stufe waren die Ägyptier unläugbar gelangt; die Hieroglyphenschrift besteht aus wahren Elementen der Rede; dies beweist schon ihr Anblick. Daſs der Schritt, welcher von dem Malen zu dem Schreiben mit Bildern führte, wahrhaft ein Übergang in eine neue Gattung war, läſst sich leicht an einem Beispiel versinnlichen. Wenn man malend einen Jäger, der einen Löwen erlegt, vorstellte, so konnte man durch mannigfaltige Abstufungen das Bild in allen seinen Theilen sowohl bestimmen, als vereinfachen, und dadurch dem Begriff Genauigkeit und Klarheit geben; aber man blieb dabei immer in dem Gebiet des Malens. Auf den Einfall, die Vorstellung zu zerlegen, das Abschieſsen des Pfeiles von dem Schieſsenden zu trennen, konnte man nicht auf jenem Wege gerathen; er konnte nur durch ein sich vordrängendes Gefühl der von der bildlichen Darstellung ganz abweichenden Natur der Sprache entstehen, die eine solche Trennung verlangt. Die Ägyptier waren aber in ihrer Hieroglyphenschrift durchaus dahin gekommen; ihre Hieroglyphen gehen nicht wieder in das Malen über, sondern folgen, wie wiederum der Anblick beweist, darin einem consequenten System. Dies ist ein zweiter wichtiger Punkt. Einzeln findet sich ein solches Übergehen in wahre Bilderschrift wohl auch bei roheren Völkern, namentlich bei den Mexicanern. Gewöhnlich wird in ihren Handschriften die Handlung der Eroberung, ganz malend, durch die Gefangennehmung eines Menschen vorgestellt. Man sieht daher zwei handgemein, von welchen der Eine sichtbar unterliegt ([1]). Es kommen aber auch in demselben Sinn ein sitzender König, ein auf Pfeilen ruhender Schild, seine Waffen, und die Namens-Hieroglyphen der von ihm eroberten Stadt vor ([2]). Dies

---

[1] Humboldt. *Monumens.* p. 109. pl. 21. Purchas. *Pilgrimes.* p. 1110. 1111.
[2] Purchas. *l. c. p.* 1071.

ist nicht mehr Gemälde, läfst sich nicht, als vorgestellte Handlung, von selbst erkennen, kann aber, als wirkliche Schrift, gelesen werden: **der König erobert die Stadt.** Das Verbum ist durch eine Sache (wie es auch Sprachen giebt, die zwischen Verbum und Substantivum nicht überall unterscheiden) angedeutet, und die Vorstellung ist ganz und gar der bekannten Ägyptischen gleich: **die Gottheit hafst die Schaamlosigkeit,** wo das Verbum hassen auch, nur viel dunkler, durch einen Fisch angedeutet ist ([1]). Allein in demselben, äufserst merkwürdigen Mexicanischen Gemälde wird das Verbrennen, oder Zerstören einiger Schiffe wieder ganz durch die Handlung selbst vorgestellt. Vermuthlich wurde für den Begriff der Eroberung hier nur die Darstellung der Handlung selbst darum nicht gewählt, weil auch die eroberten Städte hier nicht personificirt sind. Da die Ägyptische Bilderschrift nun die Bilder nach dem Bedürfnifs der Rede zerlegt, und dies ohne Ausnahme, und ohne Rückfall in das entgegengesetzte System, that, so entfernte sie auch von den in Schriftzeichen umgeformten Bildern alles Überflüssige, und behielt nur das Unterscheidende des Begriffs bei. Das Wort thut dasselbe, und insofern vollendete dieser dritte Punkt die Übereinstimmung der Schrift mit der Sprache.

Sollte nun auch diese Schrift niemals wahre Vollkommenheit erreicht haben, so mufste doch schon ihr System selbst den Geist auf eine ganz andere Linie setzen, als die Beschauung und Entzifferung blofser Gemälde; und ein Volk, welches ein solches System besafs, mufste, von dieser Seite wenigstens, sich zu einer höheren Bestimmtheit und Genauigkeit der Gedanken und der Rede erheben können, als das, welches noch ganz in malend bildlicher Vorstellungsart befangen lag. Es gehörte aber auch eine glücklichere Anstrengung höherer Geisteskraft dazu, um nur überhaupt den Gedanken eines solchen Systems festzuhalten.

Immer aber blieb man innerhalb des Kreises der Bilder, und entfernte dadurch die Schrift noch um einen Schritt mehr, als es jede Ideenschrift thut, von der Sprache. Denn immer auf die Subjectivität dieser zurückkommend, sieht man leicht, dafs, wenn die, als wirkliche Schrift behandelte Hieroglyphe sich zwar derselben unterwarf, doch die Vorstellung

---

([1]) Plutarchus. *De Iside et Osiride.* c. 32. Clemens Alexandrinus. *Strom. l.* 5. c. 7. Zoëga. (wenn ich ihn auf diese Weise anführe, meine ich immer das Werk über die Obelisken) *p.* 439.

eines Bildes immer ein Natur-Individuum giebt, und kein Gedanken-Individuum, die Sprache aber sich höchstens mit diesem begnügen kann, da sie eigentlich ein Laut-Individuum fordert. Denn bei der Betrachtung aller Wirkungen der Sprache und aller Einflüsse auf dieselbe darf man nie vergessen, dafs die Wörter zwar ihrer ursprünglichen Bestimmung nach Zeichen sind, allein im Gebrauch, als wahre Individuen, ganz an die Stelle der Gegenstände selbst treten, die im Denken nicht so, wie die Natur es thut, noch so, wie ihre Definition sie als Begriffe bestimmt, sondern so, wie es dem Sprachgebrauche der Wörter gemäfs ist, begränzt werden. Da mithin alle Sprachthätigkeit im eigentlichsten Verstande eine innerliche ist, so entspricht ihr eine Bilderschrift weniger, als eine, wo, nach bestimmten Gesetzen, willkührlich geformte Figuren nicht sowohl den Gegenstand selbst, als den abgezogenen Begriff desselben, anzeigen. Es ist unmöglich, Schriftzeichen, die Bilder sind, einen der Verwandtschaft der Begriffe entsprechenden Zusammenhang zu geben; und die Nothwendigkeit, sie in ideale Classen zu theilen, findet in den wirklichen, zu welchen ihre Vorbilder in der Natur gehören, beständige Hindernisse. Schon dafs diese beiden Arten von Classification, so wie der eigentliche und symbolische Sinn, immer neben einander hinlaufen, belästigt den Geist, und stört das reine und freie Denken.

Es ist daher eine der wichtigsten Fragen, ob, und in welcher Art, die Ägyptier nicht nachahmende Zeichen, blofse Figuren, den Hieroglyphen beigemischt haben? Hr. Jomard, dessen beabsichtigtes Werk über die Hieroglyphen, wenn er es nach dem neuerlich dargelegten Plane (¹) ausführt, unstreitig das vollständigste über diesen Gegenstand sein wird, und der wenigstens einen ungemein gründlichen und vorsichtigen Weg einschlägt, räumt den nicht nachahmenden Figuren ausdrücklich zwei Classen in seiner Eintheilung aller Hieroglyphen ein (²). Zoëga läugnet dagegen alle Ähnlichkeit der Hieroglyphen mit den Chinesischen Charakteren, deren Natur er sehr richtig bestimmt (³). Sein Zeugnifs aber ist, ungeachtet seiner Gelehrsamkeit, und des geistvollen Gebrauchs, den er von derselben macht,

---

(¹) *Descript. de l'Égypte.* Text. *Mémoires.* T. 2. p. 57 - 60.

(²) *l. c. p.* 60.

(³) *p.* 456.

hier weniger gültig, da er zu wenig Hieroglyphen gesehen hatte, und die grofse, zuerst von Cadet, nachher in dem Französischen Ägyptischen Werk herausgegebene hieroglyphische Papyrusrolle zur Zeit der Herausgabe seines Werks noch in den Gräbern von Theben verborgen lag ([1]). Indefs mufs man gestehen, dafs Zeichen von so vielfachen Linien, als die Chinesischen, nicht vorkommen, so dafs die Mexicanischen Handschriften sich auch darin von den Hieroglyphen unterscheiden, dafs sie den Chinesischen Coua's sehr ähnliche Zeichen enthalten ([2]). Auch ist es, bei der Kleinheit der Abbildungen, und bei unsrer, doch immer noch mangelhaften Kenntnifs der Einrichtungen der alten Ägyptier, schwer, mit Gewifsheit zu behaupten, dafs ein Zeichen gewifs kein nachahmendes ist. Als ganz entschieden darf man die Sache also wohl noch nicht annehmen. Auch würde wohl immer ein wesentlicher Unterschied zwischen diesen, und den Chinesischen Zeichen sein, da Hr. Jomard ausdrücklich bemerkt, dafs die meisten von der Geometrie entlehnt waren ([3]), so dafs sie, ihren geometrischen Eigenschaften nach, wie andre Bilder, symbolisch auf Gegenstände bezogen werden konnten. Figuren dieser Art waren vermuthlich vorzugsweise für gewisse Classen von Gegenständen bestimmt. Zu diesen sollte man wohl zuerst die Zahlen rechnen. Auch scheinen unter den von Hrn. Jomard scharfsinnig entdeckten Zahlzeichen ([4]) die für 1 und 10, ohne alle Naturnachahmung, blofs linienartig; das für 5 ist eine geometrische Figur ([5]), aber das für 100 ver-

---

([1]) *Copie figurée d'un rouleau de Papyrus trouvé à Thèbes, publiée par* M. Cadet. Paris. 1805. *Descript. de l'Égypte. Ant. Planches. T.* 2. 1812. *pl.* 72-75. *Text. Descriptions. T.* 1. 1809. *Chap.* 9. *p.* 357-367. In der kurzen Erläuterung der Kupferplatten ist gesagt, dafs Hr. Simmonel sie aus Theben gebracht hat. Es ist wunderbar, dafs Hr. Jomard, in seiner Beschreibung, der Herausgabe des Hrn. Cadet mit keinem Worte gedenkt. Dafs beide Abbildungen dasselbe Original darstellen, zeigt die Vergleichung beider. Dafs die letzte Seite der Cadetschen Beschreibung mehr Columnen angiebt, als das grofse Französische Werk, beruht auf Druckfehlern, oder irriger Zählung. Es sind in der Cadetschen Abbildung, wie in der andren, 515.

([2]) Humboldt. *Monumens. p.* 267. *pl.* 45.

([3]) Dafs von diesen viele vorkommen, giebt auch Zoëga *p.* 440. zu. Jedoch läugnet er gleich *p.* 441. ausdrücklich alle Zeichen ab, welche nicht wirkliche Gegenstände ganz, oder durch Abkürzung (*per compendium*, die sogenannten *kyriologumena*) ausdrücken.

([4]) *Descript. de l'Égypte. Ant. Text. Mémoires. T.* 2. *p.* 61-67.

([5]) *l. c. T.* 1. *p.* 714-716.

gleicht Hr. Jomard selbst mit einem Stück aus dem Hauptschmuck der Götter und Priester, und das für 1000 erklärt er geradehin für ein auf dem Wasser schwimmendes Lotusblatt, weil die Frucht dieser Pflanze beim Aufschneiden Tausende von Körnern zeigt. Dem Wesentlichen nach, beruhte daher die Ägyptische Hieroglyphenschrift doch immer nur auf einer Beziehung der eigenthümlichen Gestalt des Zeichens auf die Eigenschaften des Gegenstandes, und malte daher den Gegenstand selbst, wirklich, oder vermittelst irgend einer Anspielung. Insofern ist Zoëga's Ausspruch vollkommen wahr. Einzelne Ausnahmen willkührlicher Zeichen mag es gegeben haben. Allein von einem System, daſs man durch absichtlich in die Zeichen gelegte Verschiedenheiten, wie im Chinesischen durch die Zahl der Striche, Gegenstände wirklich bezeichnet habe, finde ich weder in den Hieroglyphen, noch in dem bis jetzt über sie Gesagten die mindeste Spur.

Sehr wunderbare und bloſs linienartige Zeichen auf einem Fragment einer in Theben gefundenen Jupiterstatue aus Basalt sind in dem neuesten Theile des groſsen Ägyptischen Werks abgebildet ([1]). Nichts aber würde die Voraussetzung rechtfertigen, daſs dieselben zu den Hieroglyphen gehören.

Fand nun die Ägyptische Hieroglyphenschrift in der Welt, aus der sie ihre Zeichen entlehnte, feste und unveränderliche Bedingungen, und einen auf ganz andren Gesetzen, als welche das System der Sprache im Denken befolgt, beruhenden Zusammenhang, so ist die wichtigste Frage die, welches System sie in der Bezeichnung der Begriffe befolgte, um diese Verschiedenartigkeit zu verbinden, und zu dem letzten Ziel aller Schrift zu gelangen, Zeichen, Laut und Begriff schnell, sicher und rein zu verknüpfen? Denn darauf, ob diese Verknüpfung so gemacht werden kann, daſs über keines der drei zu verknüpfenden Dinge Zweifel zurückbleiben kann, und ob dies ohne zu groſse Schwierigkeit, ohne Gefahr des Miſsverständnisses, und ohne zu groſse Störung durch Nebenbegriffe möglich ist? beruht der Einfluſs jeder Schrift auf den Geist der Nation, wenn ihre Wirkung Jahrhunderte lang fortgesetzt wird.

Die groſse Menge der möglichen Zeichen, und ihrer Beziehungen scheint es nothwendig zu machen, sie einem einfacheren System unterzuordnen; in-

---

[1] *Antiquités. Planches. T.* 5. *pl.* 60. nr. 5.

defs war ein solches, das gewisse allgemeine Zeichen, unter welche sich die übrigen, wie unter die Chinesischen Schlüssel, bringen liefsen, zu Grunde legte, der Natur der Sache nach, nicht leicht möglich. Wenn daher bei den Alten von ersten Elementen (πρῶτα στοιχεῖα) der Hieroglyphenschrift die Rede ist ([1]), so können darunter nur die unveränderten Abbildungen der Gegenstände (die sogenannten kyriologischen Zeichen) verstanden werden ([2]). Rechnet man mit Zoëga zu diesen diejenigen, wo der Gegenstand theilweis, oder abgekürzt (ein Kreis statt der Sonne u. s. w.) vorgestellt wird, die bei Clemens von Alexandrien *kyriologumena* heifsen, so umfafst diese Classe eigentlich alle Zeichen der ganzen Schrift, die willkührlichen Figuren abgerechnet, und bildet keine Abtheilung der Hieroglyphen, sondern ihrer Bedeutung, da den kyriologischen Zeichen die symbolischen gegenüberstehen. Wichtig ist Zoëga's Bemerkung ([3]), dafs ein einmal in vollständiger Abbildung (kyriologisch) vorkommender Gegenstand nie in nur angedeuteter (als *kyriologumenon*), oder umgekehrt, dargestellt wird. Es hob dies wenigstens Eine grofse Quelle von Verwirrungen auf, und zeigt auch die Befolgung fester Bezeichnungsregeln. Dagegen blieb in der Schrift, wie in den Gemälden, die Zweideutigkeit zwischen figürlicher und eigentlicher Bedeutung. Von dem Zeichen eines Weibes, welches die Isis und das Jahr anzeigte, bemerkt Horapollo ([4]) dies ausdrücklich. Dafs man auf andre Weise gewisse Classen von Gegenständen gewissen Classen von Begriffen gewidmet hätte, ist kaum wahrscheinlich, da z. B. Gemüthsbeschaffenheiten unter dem Zeichen von Thieren aller Art, und auch von leblosen Gegenständen gefunden werden, Muth als Löwe, Hafs als Fisch, Gerechtigkeit als Straufsfeder, Unterthanengehorsam als Biene, Schwachsinn, der sich bevormunden läfst, als Muschel, in welcher ein Krebs sitzt, in die göttlichen Geheimnisse eingeweihte Frömmigkeit als Heuschrecke, vereinigende und herzengewinnende Gesinnung als Leier u. s. f. ([5])

---

[1] Clemens Alex. *Strom. l. 5. c. 4. p. 657. ed.* Potteri.

[2] Zoëga. *p.* 441.

[3] *p.* 440.

[4] *l.* 1. *c.* 3.

[5] Horapollo. *l.* 1. *c.* 17. Plut. *de Iside et Osiride. c.* 32. Horapollo. *l.* 2. *c.* 118. *l.* 1. *c.* 62. *l.* 2. *c.* 108. 55. 116.

Bilderschrift.

Es scheint daher nicht, dafs sich die Hieroglyphenschrift, als ein Schriftsystem, unter allgemeine Gesetze fassen, und auf diese Weise erlernen liefs. Man mufste, wie in der Sprache selbst, die Bedeutung jedes Zeichens einzeln dem Gedächtnifs einprägen; und es ist sehr zu bezweifeln, dafs dasselbe bei dieser Arbeit in den Beziehungen der Zeichen auf ihre Bedeutung und auf sich unter einander dieselbe Hülfe fand, welche die, in der Sprache herrschende Analogie gewährt. Vermuthlich gab es daher ehemals hieroglyphische Wörterbücher, obgleich eine bestimmte Erwähnung derselben nicht vorkommt. Die von Zoëga darauf gedeutete Stelle bei Clemens von Alexandrien sagt eigentlich nur allgemein, dafs der Hierogrammateus die hieroglyphischen Bücher des Hermes kennen mufste ([1]). Da von diesen Büchern nichts auf uns gelangt ist, so bleibt uns nur die Vergleichung der von den Alten erwähnten Hieroglyphen mit ihren Bedeutungen übrig. Dieser giebt es aber verhältnifsmäfsig nur eine kleine Anzahl. Die meisten finden sich in der unter dem Namen des Horapollo auf uns gekommenen Schrift. Diese hat aber, aufser den wichtigen Einwürfen ([2]), welche man gegen ihre Glaubwürdigkeit erheben kann, für den gegenwärtigen Zweck noch die Unbequemlichkeit, dafs der Verfasser vorzüglich darauf ausgegangen zu sein scheint, solche Zeichen zu erklären, deren Bedeutung gesucht, weit hergeholt war, oder auf sonderbare, wahre oder angebliche, Erschei-

---

([1]) Clemens Alex. *Strom. l. 6. c. 4. p. 757.* Zoëga scheint mir vollkommen Recht zu haben, wenn er, gegen Fabricius, die Verbindungspartikel vor ἱερογλυφικὰ beibehält, und die Stelle so nimmt, dafs einige der Bücher, welche der Hierogrammateus wissen mufste, nicht aber alle, die hieroglyphischen genannt werden; und alsdann ist es allerdings wahrscheinlich, dafs diese von den Hieroglyphen und ihrer Bedeutung handelten. Die ganze Stelle von dem Hierogrammateus scheint aber noch einiger Verbesserung zu bedürfen. Denn nachdem offenbar immer von Büchern die Rede ist, und also die Bezeichnung ihres Inhalts entweder durch ein Adjectivum (τὰ ἱερογλυφικὰ) oder mit περὶ geschieht, tritt plötzlich ein Substantivum im Accusativ und ohne Präposition (χωρογραφίαν) dazwischen, auf das wieder ein Genitiv (τῆς τοῦ Νείλου u. s. w.) bezogen wird. Auch hatte Clemens schwerlich χωρογραφίαν τῆς διαγραφῆς geschrieben. Um diese Schwierigkeit zu heben, braucht man nur τῆς χωρογραφίας zu lesen, das dann von dem vorhergehenden περὶ regiert wird. Dafs die Eintheilung der Bücher des Hierogrammateus in zehn sowohl bei Zoëga, als bei Fabricius (*T. 1. p. 84. §. 5. n. A.*), sehr viel Willkührliches hat, fällt in die Augen.

([2]) Fabricii *bibliotheca. T. 1. p. 98. nt. 1.* Zoëga (*p. 459. nt. 102.*) urtheilt über die Glaubwürdigkeit dieses Schriftstellers mit der, ihm so vorzüglich eignen Billigkeit und Mäfsigung.

nungen in der Thierwelt hinwies. Statt also das Leichte und Gewöhnliche anzutreffen, findet man meistentheils nur das Schwere und vermuthlich Seltnere, und hat, indem man ein brauchbares Lexicon sucht, gleichsam eine Erklärung von Glossen. Hierzu kommt noch, dafs, wie man aus mehreren Stellen sieht, das Wort Hieroglyphe im weiteren Sinn genommen ist, so dafs vieles darin blofs symbolisches Bild gewesen sein kann, ohne gerade in die eigentliche Schrift überzugehen. Der Begriff einer zu bezeichnenden Sprache hat dem Verfasser nirgends vorgeschwebt, und man sucht daher vergebens bei ihm Spuren ihres lexicalischen oder grammatischen Systems.

Fruchtbarer für diesen Zweck müfste die Entzifferung der Hieroglyphen selbst sein, und ich habe daher die hierin gemachten Versuche vor allen Dingen zu Rathe gezogen. Man kann freilich, was darin bis jetzt geleistet worden ist, nicht durchaus für schon entschieden wahr und gewifs ansehen; aber der Weg, auf dem Hr. Jomard, Young und Champollion der jüngere vorgehen, ist ein so gründlicher und vorsichtig gewählter, dafs man sich der Hoffnung nicht erwehren kann, dafs er nach und nach zum Ziel führen werde; sie versäumen auch nicht, selbst die verschiedenen Grade der Wahrscheinlichkeit ihrer Behauptungen zu bestimmen. Wenn auch daher Einzelnes ungewifs bleibt, läfst sich im Ganzen schon sehr viel aus ihren Arbeiten über die Einrichtung der Hieroglyphenschrift entnehmen. Diese neuen Entzifferungen bestätigen nun in einigen Fällen den Horapollo. Wenn Hrn. Champollion's Entdeckungen über die nicht phonetischen Hieroglyphen werden bekannt gemacht sein, dürften sich hiervon mehr Beispiele finden. In dem bis jetzt Bekannten finde ich nur die Zeichen: Sohn, Schrift, und die der Zahlen 1, 5 und 10 übereinstimmend. Das Zeichen des Sohnes ([1]), eine Fuchsente mit einem daneben stehenden Kreise (dessen jedoch Horapollo nicht neben dem Thiere erwähnt), erscheint so häufig zwischen Namen tragenden Schilden, dafs man schon daraus seine Bedeutung schliefsen konnte, ehe noch die Entzifferung einiger dieser Namen die Vermuthung bestätigte. Für Schrift giebt zwar Horapollo an einer Stelle einen Cynocephalus, nach Erzählungen von einigen zum Lesen abgerichteten Thieren die-

---

[1] Horapollo. *l.* 1. *c.* 53. Young. *Hieroglyphical Vocabulary*. (dies sind die Platten 74-77. zu den Supplementen der *Encyclopaedia Brit. Vol.* 4. *Part* 1.) nr. 129. *Egypt*. (dies ist ein Artikel in den eben erwähnten Supplementen) *p.* 31.

Bilderschrift. 441

ser Art (¹), an, allein an einer andren die Werkzeuge des Schreibens, welche Hr. Young ebenso auf der Rosettischen Steinschrift erklärt (²). Die Zahlzeichen hat Hr. Jomard nach ihren Bedeutungen überzeugend festgestellt, und scharfsinnig in Horapollo nachgewiesen (³). Die übrigen der, überhaupt nur sehr wenigen Fälle, wo Horapollo und die neuesten Entziffrer derselben Begriffe erwähnen, geben durchaus verschiedene Zeichen, was nicht auffallen darf, da man auch sonst Vielfachheit der Zeichen für denselben Begriff antrifft (⁴). Wenn Hrn. Young's Bezeichnung des Begriffs der Festigkeit durch einen Altar, als einen sicher gegründeten Stein (⁵), richtig ist, so beweist die bei Horapollo durch einen Wachtelknochen, weil dieser nicht leicht Schaden leide, das oben von diesem Erklärer Gesagte. Jahr und Monat unterscheidet Horapollo durch einen ganzen Palmbaum, und einen einzelnen Zweig, weil die Palme in jedem Monat einen Zweig verliere (⁶); Hr. Young (⁷) sieht in dem Zweige, den er aber nicht gerade als Palmzweig bestimmt, das Zeichen des Jahres. Der Weg der Entzifferung, auf dem die Schrift nothwendig wie eine Sprache behandelt werden muſs, konnte nicht anders, als auch auf lexicalische Zeichenbildung und grammatische Verbindung führen. Auch theilt Hr. Young mehrere solcher Zei-

---

(¹) Horapollo. *l.*1. *c.*14. Aelianus. *De nat. anim. l.*6. *c.*10.

(²) Horapollo. *l.*1. *c.*38. Young. *Hierogl. Vocab.* nr. 103. *Egypt. p.*29.

(³) *Descript. de l'Égypte. Ant. Mém. T.*2. *p.*61. 62. Horapollo. *l.*1. *c.*11. 13. *l.*2. *c.*30.

(⁴) Man vergleiche die Zeichen für Gott bei Horapollo. *l.*1. *c.*6. 13. und Young. *Egypt.* nr. 1. 2. 4.; für Isis bei Horapollo. *l.*1. *c.*3. und Young. nr. 14. Champollion. *Lettre à Mr. Dacier. p.*18. *pl.* 2. nr. 52 - 55.; für Liebe bei Horapollo. *l.*2. *c.*26. und Young. nr. 162. Champollion. *l. c.*; für Monat bei Horapollo. *l.*1. *c.*4. und Young. nr. 179.; für Priester bei Horapollo. *l.*1. *c.*14. und Young. nr. 142. 144.; für Sieg bei Horapollo. *l.*1. *c.*6. und Young. nr. 117.; für Stärke bei Horapollo. *l.*1. *c.*18. und Young. nr. 115.; für Stern bei Clemens Alex. *Strom. l.*5. *c.*4. *p.*657. und Young. nr. 86.; für Vater bei Horapollo. *l.*1. *c.*10. und Young. nr. 127.

(⁵) Horapollo. *l.*2. *c.*10. und Young. nr. 113. Es ist sehr zu bedauern, daſs Hr. Young, dessen Erklärungen sehr sinnreich, und oft wahrhaft überzeugend sind, nicht gesucht hat, sie durch genauere Angaben der Monumente und mehr ausgeführte Beweise noch besser zu sichern. Hr. Jomard ist hierin musterhaft.

(⁶) *l.*1. *c.*3. 4.

(⁷) *l. c.* nr. 180.

chen mit, und Hr. Champollion (¹) glaubt bald im Besitz einer wahren Hieroglyphen-Grammatik zu sein.

Betrachtet man nun die Bezeichnung der Begriffe, soviel sich davon aus den eben beschriebenen Quellen entnehmen läfst, so lassen sich folgende allgemeine Bemerkungen machen.

1. Die Zeichen sind, fast ohne alle Ausnahme, nur bestimmte Arten, nicht allgemeine Gattungen von Dingen. In keiner Stelle des Horapollo, und, soviel ich bemerkt habe, eines andren alten Schriftstellers finden sich Thier, Vogel, Baum u. s. f. als Hieroglyphen angegeben, sondern immer Löwe, Habicht, Palmbaum u. s. f. Nur der Fisch kommt allgemein vor in der schon oben berührten Stelle bei Plutarch, und bei Horapollo (²). Auch wäre es kaum möglich gewesen, die einzelnen Arten in den kleinen Abbildungen kenntlich zu machen. Doch geschieht des wiederkäuenden Scarus, als Bezeichnung eines Gefräfsigen, und des Krampfrochen, für einen Menschen, der viele aus dem Meere errettet, besondre Erwähnung (³). Aus dieser Sitte erklärt sich auch die von Hrn. Jomard in den kleinsten Hieroglyphen bemerkte Sorgfalt, jede Figur erkenntlich zu charakterisiren. Die allgemeinen Begriffe mufsten allerdings auch ihre Zeichen haben; allein bei der Unmöglichkeit allgemeiner Bilder, und der Schwierigkeit, den Leser zu unterrichten, wo von der bestimmten Art abgesehen werden mufste, sollte man glauben, dafs dies nur figürlich geschehen sei.

Es ist daher eine auffallende Erscheinung, dafs, nach Hrn. Champollion, fünf, und nach der von ihm gegebenen Kupfertafel sogar sieben Vogelarten den Vocal *a* bedeuten. Wenn dem wirklich so ist, so darf man es wohl nicht von dem Wort Geflügel, ϩⲁⲗⲏⲧ, ableiten, wie er es versucht (⁴), sondern man mufs annehmen, dafs alle, durch diese Vogelgattungen angedeuteten, eigentlich oder figürlich gebrauchten Wörter mit einem *a*, oder dem Hauchbuchstaben anfingen.

(¹) *Lettre à Mr. Dacier. p.* 1. 2.

(²) *l.* 1. *c.* 44.

(³) *l.* 2. *c.* 109. 104.

(⁴) *Lettre à Mr. Dacier. p.* 11. 38. *pl.* 4. Der Hauchbuchstabe im Anfange würde sonst dieser Ableitung nicht im Wege stehen, da er bisweilen ausgelassen wird.

2. Die wirklichen Gegenstände scheinen nicht häufig durch sich selbst, kyriologisch, sondern mehr durch andre, figürlich, angedeutet worden zu sein.

In Horapollo sind die Beispiele wahrhaft kyriologischer Bezeichnung sehr selten: ein Tuchwalker, angedeutet durch zwei in Wasser stehende Füfse, die Nacht durch einen Stern, der Geschmack durch Mund und Zunge, das Gehör durch ein Ohr, jedoch eines Stiers (¹). Nach der Analogie der beiden letzten Bezeichnungen, sollte man nun für das Gesicht ein Auge erwarten. Er giebt aber, statt dessen, einen Geier an. Das Auge ist, mit der Zunge, bei ihm Zeichen der Sprache (²). Clemens von Alexandrien aber redet von Augen und Ohren aus edlen Metallen, die als Symbole des göttlichen Allsehens und Hörens den Tempeln geweiht wurden (³).

Es lag indefs in der Natur der Sache, dafs selbst ein wahres Hieroglyphen-Wörterbuch kyriologischer Zeichen, da sie von selbst verständlich waren, kaum zu erwähnen brauchte. Mehr beweist es dagegen, wenn man körperliche Gegenstände durch ganz andre, kaum entfernt an sie erinnernde, den Mund durch eine Schlange, den Schlund durch einen Finger, die Milz durch einen Hund, einen essenden Menschen durch ein Krokodil mit geöffnetem Mund, einen Stundenbeobachter durch Einen, der die Stunden ifst, Wespen und Mücken durch Dinge, denen man ihre Entstehung zuschrieb, das Herz durch einen Ibis bezeichnet findet (⁴). Dagegen wurde das Bild des Herzens gebraucht, um, verbunden mit einem Rauchfafs, Eifersucht, und, wegen des heifsen, fruchtbaren Bodens des Landes Ägypten, an die Kehle eines Menschen gefügt, den Mund eines guten, wahrheitsliebenden Mannes anzuzeigen (⁵). Bei Hrn. Young kommen zwar mehrere Thierbilder als Zeichen derselben Gattungen vor; er gesteht aber die Ungewifsheit ihrer kyriologischen Deutung zu (⁶), und bestätigt auch, wie schon früher Zoëga, die Seltenheit dieser Gattung der Zei-

---

[1] *l. 1. c.* 65. *l.* 2. *c.* 1. *l.* 1. *c.* 31.
[2] *l.* 1. *c.* 11. 27.
[3] *Strom. l.* 5. *c.* 7. *p.* 671.
[4] *Horapollo. l.* 1. *c.* 45. *l.* 2. *c.* 6. *l.* 1. *c.* 39. *l.* 2. *c.* 80. *l.* 1. *c.* 42. *l.* 2. *c.* 44. 47. *l.* 1. *c.* 36.
[5] *l. c. l.* 1. *c.* 22. *l.* 2. *c.* 4.
[6] *Egypt.* nr. 72 - 79.

chen (¹). Es versteht sich aber von selbst, dafs hierdurch nicht das Dasein kyriologischer Hieroglyphen auf den noch vorhandenen Monumenten geläugnet werden soll. Ein Beispiel einer solchen ist die steinerne Tafel auf dem Rosettastein (²). Zum Theil konnte diese Erscheinung zwar von der Neigung der Sprache zu Bildern, oder einem im Gebrauch der Hieroglyphen zur Sitte gewordenen bilderreichen Styl herkommen; sie ist aber noch aus zwei andren Gründen von der gröfsten Wichtigkeit. Denn einmal zeigt sie, worauf schon im Vorigen hingedeutet ist, dafs das Ägyptische Hieroglyphensystem sich durchaus von der Malerei unterschied, die man bei beginnenden Nationen antrifft, und die dem Auge unmittelbar erkennbare Gegenstände darlegt. Dies geht, wie Zoëga in einer sehr merkwürdigen Stelle richtig bemerkt, aus den Zeugnissen des ganzen Alterthums über dasselbe hervor (³), und beruht nicht etwa blofs auf einzelnen Beispielen von Zeichen, wie die oben berührten. Zugleich aber führt die Seltenheit der einfachen Bilder auf eine noch ganz andre Ansicht der Hieroglyphenschrift, auf welche ich erst in der Folge, nach dem über die Schrift selbst zu Sagenden, ausführlicher kommen werde. Sie beweist nämlich, dafs diese Schrift nicht blofs durch ihre Bedeutung, den in der Rede in sie gelegten Sinn, sondern auch das einzelne Zeichen für sich, als Hieroglyphe, belehren sollte, theils wie es auch die Sprache hier und da durch sinnvolle Wortbildung

---

(¹) *l. c.* nr. 161. Zoëga. *p.* 441. Auch in der *Descript. de l'Égypte. Ant.* Text. *T.* 1. *Chap.* 9. *p.* 163. wird die Anzahl der Zeichen, „*dont la configuration représente bien les objets*", klein genannt.

(²) Zeile 14. Hr. Champollion (*Rev. encyclop. T.* 13. 1822. *p.* 517.) erklärt dies für die einzige Form dessen, was man, wenn von Ägyptischen Denkmälern die Rede ist, στήλη nennt. Den Obelisken spricht er diese Benennung gänzlich ab. Zoëga (*p.* 33. 129. 151. 571.) nimmt den Begriff weiter, und dehnt ihn auch auf Obelisken, jedoch nur auf kleinere, aus. Hr. Letronne stimmt hiermit (*Recherches. p.* 333.) so sehr überein, dafs er, gegen Hrn. Champollion's Meinung, glaubt, dafs der, nicht grofse Obelisk von Philae wohl die in der Sockel-Inschrift erwähnte στήλη sein könne. Es fehlt aber doch wohl bis jetzt eine Stelle eines alten Schriftstellers, in welcher στήλη von einem Obelisken gebraucht wäre, und in der man das Wort nicht blofs von einer Denktafel, oder Säule verstehen könnte. Vergleicht man viele Stellen mit einander, so scheint sich mir wenigstens ein viel bestimmterer Unterschied zwischen ὀβελὸς, ὀβελίσκος und στήλη zu finden, als Zoëga zugeben will.

(³) *Quis enim veterum unquam dixit hieroglyphicam scripturam notis tantum constare, quae res, quales sunt, imitarentur omnibusque essent noscibiles? Quis veterum qui hanc rem attigere, non ea dixit quae illi sententiae e regione sunt opposita? p.* 428.

Bilderschrift. 445

thut, theils auf eine noch andre, tiefere und mystische Weise. Von diesen beiden Seiten her zeigt sich ihre wahrhaft ideale Richtung, der man genau folgen muſs, wenn man die Eigenthümlichkeit des Ägyptischen Geistes, und den Zustand seiner Bildung erkennen, und diesem wunderbaren Volke nicht sichtbar Unrecht zufügen will. Für jetzt wünsche ich nur so viel festzuhalten, daſs man irren würde, wenn man die Hieroglyphenschrift bloſs und ausschlieſslich wie eine Schrift, wie eine Bezeichnung der Rede ansehen wollte.

3. Es kommen bei Horapollo Zeichen vor, von denen man nicht begreift, auf welche Weise sie sich überhaupt, oder wenigstens erkennbar für das Auge, darstellen lieſsen.

Ein Stier- und ein Kuhhorn, für Werk und Strafe, mochten sich noch allenfalls unterscheiden lassen; wie aber stellt man einen blinden Käfer, für einen am Sonnenstich Gestorbenen, dar? wie eine wachende Schlange, für einen schützenden König? einen gesunden Stier, für die Verbindung von Enthaltsamkeit mit Stärke? wie die Stunden, die in der oben angeführten Hieroglyphe der Stundenbeobachter aſs? das Ende, für Ägyptische Schrift, Reden, für das am längsten Vergangene ([1])? Es läſst sich allerdings denken, daſs man in den ersten Fällen den Zustand des Thiers durch Stellung, oder Zeichen nach einmal hergebrachter Sitte, bestimmte, in den andren das nicht an sich Darzustellende wieder durch Hieroglyphe andeutete, so daſs z. B. eine Zunge ([2]) über einer Hand, das Zeichen der Rede, nun auch, als Bild zweiter Stufe, das Vergangene bezeichnete; und wenn Horapollo's Angaben richtig sind, und er sich nicht vielleicht in diesen Stellen verleiten lieſs, abgehend von den Schriftzeichen, mehr Symbole für den Geist, als das Auge, zu beschreiben, so muſste es sich wohl auf diese oder ähnliche Art damit verhalten.

Wirklich führt Horapollo ein Beispiel einer solchen zwiefachen Figürlichkeit an. Denn ein Palmbaum ist, nach ihm, Symbol der Sonne, und deutet dann Wasserfluth an, weil das Sonnenlicht alles durchdringt und überfluthet ([3]).

---

[1] Horapollo. *l.* 2. *c.* 17. 18. 41. *l.* 1. *c.* 60. 46. 42. 38. *l.* 2. *c.* 27.
[2] *l. c. l.* 1. *c.* 27.
[3] *l. c. l.* 1. *c.* 34.

Welche Methode man aber auch gewählt haben mag, so beweist diese Gattung der Zeichen immer, wie weit die Hieroglyphen sich von Abbildungen der Dinge entfernten, und wie künstlich ihre Entzifferung durch die Unterscheidung solcher nicht eigentlich darzustellender Zustände, und eine solche Steigerung der Figürlichkeit werden mufste.

4. Ein Zeichen hatte mehrere Bedeutungen, und Ein Begriff mehrere Zeichen.

In dem ersteren Fall waren vorzüglich gewisse sehr heilig gehaltene Zeichen, wie der Käfer, der Falk, der Geier, das Krokodil, in dem letzteren gewisse allgemeine Begriffe, die man von sehr verschiedenen Seiten ansehen konnte, wie Gott, Welt, Sonne, Zeit. Eine Eigenschaft eines Thiers, wie die Schnelligkeit des Falken ([1]), wurde auf mehrere Gegenstände, auf welche dieser Begriff pafst, den Wind, die Gottheit, Höhe und Tiefe, welche dieser Vogel, gerade auf- und abwärts schiefsend, auf dem kürzesten Wege erreicht, Hervorragung, Sieg angewandt. Ebenso war es mit dem Käfer, dem Symbol der männlichen Kraft, und dem Geier, dem der weiblichen Empfänglichkeit ([2]). In anderen Fällen wurden aber auch verschiedene Eigenschaften desselben Thiers auf verschiedene Begriffe übergetragen, wie die Raubsucht, die Wuth und die Fruchtbarkeit des Krokodils auf die gleichen menschlichen Eigenschaften ([3]). Das Verständnifs mufste dadurch allerdings erschwert werden, indefs kaum mehr, als es auch in der Sprache durch vieldeutige Wörter geschieht; und zur Vergleichung der Schrift mit der Sprache, kann hier daran erinnert werden, dafs diese Vieldeutigkeit sich vorzüglich in sehr alten Sprachen findet ([4]).

Die Verschiedenheit der Zeichen für denselben Begriff war vermuthlich, wie die der Wörter in den Sprachen, mit kleinen Veränderungen des Begriffs nach der Natur des Zeichens, und der Art seines Gebrauchs verknüpft. Die Zeit unter dem Bilde der Sonne und des Mondes, eines Ster-

---

([1]) Diodorus Sic. *l.* 3. *c.* 4. Horapollo. *l.* 1. *c.* 6. *l.* 2. *c.* 15.

([2]) Horapollo. *l.* 1. *c.* 10 - 12. Zoëga. *p.* 446 - 453. vorzüglich *nt.* 43. 47.

([3]) Horapollo. *l.* 1. *c.* 67. Man vergl. auch *l.* 1. *c.* 35. 68 - 70. *l.* 2. *c.* 80. 81.

([4]) Auch der Koptischen ist diese Vieldeutigkeit nicht fremd. Vgl. Lacroze. Lex. v. ⲟⲩⲱ. In welchem Grade sie aber dieselbe ehemals besessen habe, liefse sich nur dann beurtheilen, wenn sich mehr und ältere Schriften in ihr erhalten hätten.

nes, oder einer ihren Schwanz unter ihrem Leibe verbergenden Schlange, oder, in Bezug auf eine heilige Erzählung, unter dem eines Krokodils ([1]) erregte nothwendig andre Nebenbegriffe, wenn diese auch für den Sinn der jedesmaligen Rede vielleicht gleichgültig sein mochten. Die Welt wurde bald in dem Bilde einer in ihren Schwanz beifsenden Schlange gleichsam hingemalt, in den Schuppen der gestirnte Himmel, in der Schwere des Thieres die Erde, in der Glätte das Wasser, in dem jährlichen Abwerfen der Haut die, auch jährliche, Verjüngung in Keimen und Blüthen, in der in sich zurückgewundenen Gestalt die Idee, dafs, wie auch Alles in ewigem Wechsel wachse und abnehme, die Welt doch diesen ganzen, ewig in sich zurückkehrenden Kreislauf umschliefst; bald aber erinnert das Bild des Käfers an die zeugenden, bald, mit dem Bilde des Geiers vereint, an die zeugenden und empfangenden Kräfte der Welt ([2]). Die Sonne theilt, aus leicht begreiflichen Gründen, das Zeichen des Käfers und Falken ([3]), sie erscheint aber auch als ein Mann in einem, auf einem Krokodil ruhenden Boot, um ihren Lauf durch die leicht trennbare, wasserähnliche, und, gleich dem durch das Krokodil vorgestellten Nilwasser, heilsame Luft anzudeuten ([4]); ferner als Dattelpalme ([5]), wegen des verwandten Begriffs des Jahres, dem dieses Zeichen angehört ([6]), endlich, ohne alle figürliche Deutung, blofs als angedeutetes Bild (*kyriologumenon*), in einem einfachen Kreise ([7]). Für die Gottheit geben die neueren Entzifferer andre Zeichen, als die alten Schrift-

---

([1]) Horapollo. *l.* 1. *c.* 1. *l.* 2. *c.* 1. Clemens Alex. *l.* 5. *c.* 7. *p.* 670.

([2]) Horapollo. *l.* 1. *c.* 2. 10. 12.

([3]) *l. c. l.* 1. *c.* 6. 10.

([4]) Eusebius bei Zoëga. *p.* 442. *nt.* 17. — Clemens von Alexandrien (*l.* 5. *c.* 4. *p.* 657.) erwähnt auch dieser Hieroglyphe, giebt aber für die Verflechtung des Krokodils in dieselbe den weniger wahrscheinlichen Grund, dafs die Sonne die Zeit, deren Sinnbild das Thier ist, erzeuge. Auch in der *Descript. de l'Égypte* wird die Bemerkung gemacht, dafs die, einem Zickzack ähnliche Hieroglyphe nur für das heilsame Nilwasser, nicht für das, den Ägyptiern verhafste Meerwasser, gebraucht wurde. *Descript. de l'Égypte. Ant. Planches. T.* 2. *pl.* 10.* 90. Text. *Descriptions. T.* 1. *Chap.* 9. *p.* 57. Bei Aelian (*l.* 10. *c.* 24.) ist das Krokodil das Zeichen des Wassers. Doch scheint auch da nur das heilsame des Flusses gemeint.

([5]) Horapollo. *l.* 1. *c.* 34.

([6]) *l. c. l.* 1. *c.* 3.

([7]) Clemens Alex. *l. c.*

steller, nämlich eine Art Streitaxt, und menschliche stehende und sitzende Figuren (¹). Bei den Alten kommen der Falk, ein Stern und ein Auge auf einem Stab vor (²). Die Zeichen sollen aber verschiedene Eigenschaften darstellen, der Stern die Lenkung der Weltkörper bei Horapollo (³), die stehende Gestalt, ohne Hände, das Richteramt bei Hrn. Young (⁴).

Wie aber war es in diesen Fällen mit dem Laut? Dafs Ein Wort mehrere Zeichen hatte, konnte das Lesen und Verstehen nicht zweifelhaft machen. Gab es aber für dieselbe vieldeutige Hieroglyphe auch nur Ein oder mehrere Wörter?

Es scheint mir unläugbar, dafs man nur das Letztere annehmen kann, wenn man nicht die Sprache als nach den Hieroglyphen geformt ansehen, und den ganzen natürlichen Lauf der Sprach- und Schrifterfindung umkehren will. Die Hieroglyphenschrift mufste zwar, da sie wirklich eine eigene gedachte und geschriebene Sprache war, auf die geredete einen mächtigen Einflufs ausüben, und sehr leicht konnten Wörter, indem sie, dem Schall nach, dieselben blieben, nach Maafsgabe des Zeichens, anders bestimmte Bedeutungen empfangen. Dies konnte aber nur feinere Nüancen der Begriffe treffen. Im Ganzen mufste die vor den Hieroglyphen dagewesene Sprache, welche auch nachher noch das Band zwischen den gebildeten Ständen und dem Volk war, dieselbe bleiben. Noch abentheuerlicher wäre es wohl, anzunehmen, dafs die eigentliche Bedeutung der Hieroglyphen wäre in Worten abgelesen, und das Zeichen, nicht sein Begriff, wäre in Laut übergetragen worden. Solche tönenden Hieroglyphen hätte wenigstens nur der Eingeweihte verstanden; und doch las man bei öffentlichen Versammlungen auch dem Volke vor. Aber auch für den Eingeweihten wäre daraus Verwirrung entstanden; und da man einmal nur vermittelst der Sprache denken kann, so hätten doch diese in Laute umgelesenen Zeichen wieder in wahre Sprache verwandelt werden müssen. Nach eignen

---

(¹) Young. nr. 1-4. Champollion im *Panthéon Égyptien*. *Livr.* 1. Erkl. der 4. Kupfert.

(²) Horapollo. *l.* 1. *c.* 6. 13. Cyrillus bei Zoëga. *p.* 453. *nt.* 48.

(³) Horapollo. *l.* 1. *c.* 13. Es ist schwer zu glauben, dafs τὴν νίκην in dieser Stelle die richtige Lesart sei.

(⁴) Wenn der Mangel der Hände das Richteramt beweist, wie kommt es dann, dafs das Zeichen der Göttin bei ihm auch ohne Hände erscheint, als wäre mit deren Begriff der des Richtens, ohne Ausnahme, verbunden?

und ganz verschiednen Gesetzen geformt, können sie sich nicht unmittelbar, sondern nur durch die, unabhängig von ihnen vorhandene Sprache auf den Begriff beziehen. Der blofse ihnen gegebene Laut verändert darum nicht ihre Natur. Im Chinesischen giebt es allerdings auch mehrdeutige Charaktere, aber sie erlauben keine Anwendung auf die Hieroglyphen. Denn bei ihnen entsteht die Verschiedenheit der Bedeutungen aus dem Wort, und geht mit ihm auf die Figur über, welche an sich, die lose Verbindung mit dem Schlüssel ausgenommen, leer an Bedeutung und Inhalt ist. Hier aber wird die Hieroglyphe, nach ihr beiwohnenden Eigenschaften, auf mehrere Begriffe, und mithin auch auf mehrere Wörter übergetragen. Hatte Ein Wort mehrere Bedeutungen, so konnte, und mufste es wohl auch mehrere Zeichen haben. Die mehrdeutigen Hieroglyphen beweisen daher unläugbar, dafs nicht jedem Zeichen blofs Ein Wort entsprach, sondern dafs der Leser bisweilen zwischen mehreren, dem Sinn nach, zu wählen hatte.

5. Der in Einer einfachen oder zusammengesetzten Hieroglyphe ausgedrückte Begriff ist häufig durch Nebenbegriffe so ins Einzelne hinein bestimmt, dafs nothwendig die Frage entsteht, ob dem Zeichen in der Sprache gleichfalls Ein Wort entsprochen habe?

Schon bei den Alten ist angemerkt, dafs die Hieroglyphen nicht blofs Wörter, sondern auch ganze Redensarten andeuteten. Bei Horapollo kommen viele solcher, mit Bestimmungen des Begriffs überladener Zeichen vor; die meisten seines zweiten Buches gehören zu dieser Classe. Man kann sich nicht der Bemerkung erwehren, dafs man bei dem Lesen des Horapollo hierin eine ähnliche Empfindung, als bei den Wörterbüchern der Sprachen noch sehr ungebildeter Nationen, hat. Auch in diesen findet man die Begriffe so durch Besonderheiten bestimmt, dafs man oft grofse Mühe hat, zu dem reinen und einfachen zu gelangen. Horapollo hat über zwanzig Artikel von Menschen in allerlei Zuständen, Zeichen für eine Wittwe, ein schwangeres, ein säugendes, ein einmal Mutter gewesenes Weib u. s. f.; allein ein einfaches Zeichen für Mensch und Weib überhaupt sucht man vergebens bei ihm. Wie die Alt-Ägyptische Sprache hierin beschaffen gewesen sein mag, läfst sich in der Koptischen nicht erkennen, da wir in derselben blofs nicht mehr in ihrem ursprünglichen Geist verfafste Schriften haben, und dadurch, und durch die Vermischung mit Griechischen Wörtern alles verdunkelt wird, was den Charakter der Sprache im Ganzen sehen liefse.

Einige der oben erwähnten Zeichen lassen sich nun zwar sehr gut in Einem, danach modificirten Worte ausgedrückt denken, und können in einer reichgebildeten Sprache gelegen haben. So die Verbindung der Stärke mit der Enthaltsamkeit durch einen Stier mit gefesseltem rechten Knie, eines schwachen und doch muthwillig unternehmenden Menschen durch eine Fledermaus, eines schnell, aber unbedachtsam Handelnden durch einen Hirsch und eine Viper u. s. f. (¹)

Wenn man sich aber Vorstellungen, wie die Eines, der sich selbst nach einem Orakelspruch heilt (in der Hieroglyphe eine wilde Taube, die einen Lorbeerzweig im Schnabel hält), oder eines Menschen, der, von Natur ohne gallichte Gemüthsart, durch einen andren dazu gebracht wird (in der Hieroglyphe eine zahme Taube, welche das Hintertheil in die Höhe hält), eines Clienten, der bei seinem Patron Schutz sucht, und nicht erhält (in der Hieroglyphe ein Sperling und eine Eule), Eines, der sein Vermögen einem verhafsten Sohne hinterläfst (in der Hieroglyphe ein Affe mit dessen hinter ihm hergehenden Jungen), Eines, der aus Armuth seine Kinder aussetzt (in der Hieroglyphe ein Falke, der eben legen will), oder Eines, der viele aus dem Meere errettet (in der Hieroglyphe ein Krampfroche (²)), denen man noch viele andre hinzufügen könnte, in Rede ausgedrückt denkt, so erscheint es nicht natürlich, jede derselben in Ein Wort zusammenzufassen. Sie gleichen vielmehr Bildern, welche nur den Gedanken gaben, den jeder im Entziffern frei in Worten umschrieb.

Dennoch möchte ich hierauf kein entscheidendes Gewicht für die Beantwortung der wichtigen Frage legen, ob jeder Hieroglyphe ein bestimmtes Wort entsprach, und diese Schrift mithin gelesen, oder nur entziffernd erklärt werden konnte? Denn es läfst sich nicht allgemein beurtheilen, wie weit die Zusammensetzungsfähigkeit der Sprachen reicht; und manche im Alt-Indischen ganz übliche Zusammensetzungen dürften dem dieser Sprache Unkundigen leicht unmöglich erscheinen. Es konnten auch ganze Phrasen ein für allemal für solche Bilder gestempelt sein. Endlich aber ist, bei dem unverkennbaren Jagen des unter dem Namen Horapollo's gehenden Schriftstellers nach sinnreichen Einfällen und wunderbaren Thiergeschichten, schwer

---

(¹) Horapollo. *l.* 1. *c.* 46. *l.* 2. *c.* 78. 52. 87.
(²) *l. c. l.* 2. *c.* 46. 48. 51. 66. 99. 104.

zu unterscheiden, ob er nicht Hieroglyphe und Schriftzeichen (zwei wesentlich verschiedne Begriffe) in diesen Artikeln mit einander verwechselte, oder auch die Begriffe nach dem Bilde mehr, als der gewöhnliche Schriftgebrauch es that, individualisirte.

Was aber diese Vorstellungen mit Gewißheit beweisen, und was auch auf die andren, einfacheren Schriftzeichen, wenn es auch bei ihnen nicht immer gleich in die Augen fallend ist, trifft, ist der Gang, welchen der Geist bei der Bezeichnung durch Bilder nahm. Jedem, der irgend mit Sprachen vertraut ist, und auf die Art Acht gegeben hat, wie dieselben den Theil der Begriffe bestimmen, welchen Ein Wort umfassen soll, oder wie sie den, gleichsam in unendlicher Ausdehnung hinlaufenden Gedanken durch die Wortbildung in einzelne Stücke prägen, muß es auffallend sein, daß viele Hieroglyphenzeichen hierin eine ganz andre Eintheilung machen, als die Sprachen in den Wörtern. Am meisten leuchtet dies freilich bei denjenigen Zeichen ein, von denen wir hier reden, allein diese Verschiedenheit der Gedankeneinschnitte ist doch auch bei andren, einfacheren sichtbar. Dies bestätigt nun, was, wie ich in der Folge zeigen werde, auch das ganze Wesen der Hieroglyphen andeutet, daß man nicht Zeichen für Wörter, nicht einmal für Begriffe, noch weniger malerische Darstellung für etwas Vergangenes suchte, mithin nicht von dem zu Bezeichnenden, sondern vielmehr in der, nach Symbolen suchenden Geistesstimmung von dem Bilde aus zu dem Gedanken, und endlich dem Worte überging. Mochte dies auch nicht immer geschehen, so machte es offenbar einen wesentlichen, und den charakteristischen Theil des Hieroglyphensystems aus, womit auch die oben berührte Seltenheit kyriologischer Zeichen zusammentrifft. Dem symbolisirenden Geiste war die ganze Natur Eine große Hieroglyphe, jeder Gegenstand forderte ihn auf, einem in demselben angedeuteten Begriff nachzuforschen. Das Erste in seiner Vorstellung war daher das Bild; und wenn er, was er in ihm zu entdecken glaubte, in Einem Begriff zusammenfaßte, so mußte dieser sehr natürlich anders ausfallen, als, wenn er in nicht symbolisirendem Denken an der Hand der Sprache zu ihm gelangt wäre. Bei einigen Zeichen springt diese Erscheinung ordentlich unwillkührlich ins Auge. Der Elephant soll einen Menschen andeuten, der, zugleich stark, überall das ihm Zuträgliche wittert. Die Verbindung der Klugheit mit der Stärke war schon an sich durch die Natur des Elephanten gerechtfertigt; allein auf die besondre Bestimmung der Art der Klugheit, als einer ausspürenden, von fern ahndenden, und auf die Metapher des Riechens, auch im Begriff, konnte man, wie auch Horapollo thut, nur von dem Anblick des Rüssels aus gerathen, der zugleich Waffe und Geruchswerkzeug ist. Gegen diese Hieroglyphe läfst sich einwenden, dafs sie, da das Ägyptische Alterthum sonst von Elephanten schweigt, zu den Einschiebseln des ausländischen Schriftstellers gehören könnte (¹). Allein der Ibis bietet ein andres, und zu sinnreiches Beispiel dar, als dafs man es nicht sogar in das hohe Alterthum hinaufsetzen sollte.

Die weifsen und schwarzen Federn dieses Vogels wurden zugleich auf den Mond, wegen seiner Licht- und Schattenseite, und auf den Hermes, und die Sprache bezogen, welche, erst im Gedanken verborgen, durch die Zunge hervortritt (²). So bildete man also durch dies Zeichen den Begriff des halb Offenbaren und halb Ungesehenen, worauf man, ohne das Symbol, wohl schwerlich gekommen wäre. Auf diesem Wege begreift man auch noch mehr, wie dasselbe Zeichen mehreren Begriffen diente. Die Hieroglyphen waren nicht blofs Zeichen, sondern wirkliche Wörter für

---

(¹) *l. 2. c.* 84. Andre Beispiele, wo der Elephant bei Horapollo, als Hieroglyphe, erwähnt wird, sind *l.* 2. *c.* 85. 86. 88. Man darf hier nicht vergessen, dafs seit den Zeiten der Ptolemaeer die Elephanten den Ägyptiern nicht mehr fremd waren, wobei man nur an den zu erinnern braucht, welcher nach Plinius (VIII. 5.) und Aelian (I. 38.) Nebenbuhler des Aristophanes von Byzanz bei der Kränzeflechterin in Alexandria war. Die Hieroglyphen erfuhren aber auch in späteren Zeiten Vermehrungen und Veränderungen, so dafs Zoëga (*p.* 455. 474. 475.) auf dem Pamphilischen Obelisk 194, auf dem Barberinischen 241 Zeichen fand, die auf den für älter erkannten nicht vorkommen. Ammianus Marcellinus (*l.* 17. *c.* 4.) bezeugt ausdrücklich, und der Anblick lehrt, dafs auch Thiere anderer Weltgegenden hieroglyphisch gebraucht wurden. Bisher kannte man zwar keinen Elephanten auf Ägyptischen Bildwerken. Allein ganz neuerlich lernen wir aus der Reise des Hrn. Grafen Minutoli, dafs in dem Isistempel auf der Insel Philae wirklich einer angetroffen wird. Auch ein Kamel findet sich dort zum erstenmal. Horapollo erwähnt eines Kamels als Hieroglyphe. *l.* 2. *c.* 100. Die Bildwerke im Isistempel auf Philae scheinen aber aus der Zeit der Ptolemaeer herzurühren. Letronne. *Recherches pour servir à l'hist. de l'Égypte. p.* XXXIV. 439. 440. Man vergleiche über die Elephanten in Ägypten A. W. v. Schlegel's Abhandlung über den Elephanten (Indische Bibl. B. 1. S. 130. 186.), die unter einem sehr anspruchslosen Titel, und in dem Gewande einer blofs unterhaltenden Erzählung höchst wichtige Untersuchungen und Aufschlüsse enthält.

(²) Clemens Alex. *l.* 5. *c.* 7. *p.* 671. Aelianus. *De nat. anim. l.* 10. *c.* 29. Der Ibis hatte aber auch andre Beziehungen zum Monde. Aelianus. *l. c. l.* 2. *c.* 35. 38.

das Auge. Wie nun die Sprache ein Wort auf einen verwandten Begriff hinüberzieht, so wurde die Hieroglyphe, wegen einer neu beobachteten Eigenschaft, einem andren Begriffe gewidmet. Dies traf selbst die berühmtesten und am allgemeinsten aufgefaſsten Hieroglyphen, welche dadurch Bedeutungen erhielten, die ihrem Grundbegriff durchaus fremd waren. So bezeichnete der Geier, das Grundsymbol der empfangenden und mütterlichen Kräfte der Natur, zugleich wegen seines scharfen Gesichts das Sehen, wegen der ihm beigemessenen Vorhersehungskraft, mit der er bei zwei schlagfertig stehenden Heeren sich das Feld seines Raubes unter den zu Besiegenden aussah, die Begränzung ([1]). Immer stand also in erster Linie das Bild, der Begriff nur in zweiter. Dieser, nach dem Zeichen gebildet, erhielt dann freilich auch eine Bezeichnung in Wörtern, vielleicht auch in Einem, indem man entweder das Wort der Sprache wählte, das ihm am nächsten kam, oder ein zusammengesetztes bildete. Es ist daher sehr zu vermuthen, daſs die Zeichen oft prägnanter, als die Wörter, waren; und ihre Änderung und Vervielfachung mochte auch die Sprache mit neuen Zusammensetzungen bereichern. Denn in diesem Theile erfahren die Sprachen am leichtesten Umänderungen auch noch in späterer Zeit; und wenn auch richtiger, oder zu ekler Geschmack, wie wir es an der Lateinischen und Französischen Sprache sehen, die Zahl der Composita vermindert, so lehrt das Beispiel der Deutschen, daſs die Nachbildung fremder Sprachen, die, bei der Verschiedenheit des Gedankeneinschneidens in jeder, mit dem Fall der Ägyptier Ähnlichkeit hat, dieselben vermehrt.

6. Die Gesetze aufsuchen zu wollen, nach welchen die Begriffe hieroglyphisch bezeichnet werden, würde ein vergebliches Bemühen sein. Es kann nicht einmal weiter führen, so, wie Zoëga gethan hat, die verschiedenen figürlichen Ausdrücke unter Classen zu bringen, und mit Beispielen zu belegen ([2]). Bemerkenswerth ist es nur im Ganzen, daſs, wo wir den Zusammenhang des Begriffs mit dem Zeichen bei den Alten angegeben finden, derselbe in den meisten Fällen, mit Übergehung des sich leicht darbietenden, ein unerwarteter und gesuchter ist. Gewiſs muſs man zwar hierbei sehr viel auf die Berichtsteller schieben, deren Zeugniſs wohl gerade

---

([1]) Horapollo. *l.* 1 *c.* 11.
([2]) *p.* 441 - 445.

in diesem Stück, und weit mehr, als in den Angaben der Zeichen selbst, gerechten Verdacht erregt. Namentlich sind in Horapollo ein grofser Theil der angegebenen Bezeichnungsgründe so kindisch, spielend, und selbst lächerlich, dafs man sich des Argwohns nicht erwehren kann, dafs entweder die wahren nicht mehr bekannt waren, oder dafs spätere Deutelei ihnen absichtlich falsche unterschob. Nicht unmöglich wäre es auch, dafs die Priestercaste selbst exoterische und esoterische gehabt hätte. Zum Theil aber mag uns auch manches hierin mehr auffallen, als es sollte. So gehen die häufigsten Fälle sonderbarer Zeichenerklärungen auf Eigenschaften der Thiere hinaus, die wir an ihnen nicht zu bemerken gewohnt, oder die auch augenscheinlich fabelhaft sind.

Die Alten stellten aber, wie ihre Schriften beweisen, über die kleinsten Eigenthümlichkeiten des thierischen Lebens viel mehr ins Einzelne gehende Beobachtungen an, und legten einen viel gröfseren Werth darauf, als wir zu thun pflegen. Die Ägyptier mochten aus Gründen, die in ihrem Gottesdienst lagen, noch mehr in diesem Fall sein. Dafs alsdann auch eine Menge falscher Beobachtungen, und wirklicher Erdichtungen mit unterlief, war natürlich; und so mögen wir oft die Berichtsteller beschuldigen, wo sie getreulich das selbst Gehörte niederschrieben. Wie viel man aber auch auf ihre Rechnung, oder die ihrer, vielleicht schon nicht mehr hinlänglich unterrichteten Gewährsmänner setzen mag, so brachte es die Natur der Hieroglyphen, welche doch wesentlich auf dem Forschen nach Ähnlichkeiten zwischen Körperlichem und Unkörperlichem beruhn mufste, mit sich, dafs die subjective Nationalansicht einen sehr grofsen Einflufs darauf ausübte. In der Nation selbst mufste dies ihr Verständnifs erleichtern; allein unmöglich hätte die Hieroglyphenschrift so leicht auf eine fremde Nation übergehen können, als dies bei der Chinesischen Figurenschrift möglich ist; und da das Symbolisiren der Hieroglyphensprache nothwendig den ganzen Geist der Nation befangen hielt, so mufste dies vorzüglich zu ihrer Absonderung von andren Nationen beitragen.

Verwandte, oder zu einander in gewisser Beziehung stehende Begriffe sollten, wie es scheint, durch gleiche, nur auch verschieden dargestellte Hieroglyphen bezeichnet sein, wie es im Chinesischen, dort aber, weil die Chinesische Schrift hierzu andre, besser zum Zweck führende Mittel besitzt, mit Recht nur selten, doch z. B. bei den Begriffen von rechts und links, geschieht (¹). Ich finde indefs bei Horapollo nur sehr wenige Zeichen dieser Art. Das Jahr wurde durch einen Palmbaum, der Monat durch einen einzelnen Zweig desselben, eine Mutter, je nachdem sie zuerst Töchter oder Söhne geboren hatte, durch einen Stier, der sich links oder rechts umwandte, auf ganz ähnliche Weise durch eine sich rechts oder links umdrehende Hyäne ein seinen Feind besiegender, oder von ihm besiegter Mensch, ein als Beherrscher der ganzen Welt betrachteter König durch eine ganze, ein König, der nur einen Theil beherrschte, durch eine halbe Schlange bezeichnet (²).

Bei weitem das merkwürdigste Beispiel bietet aber die Bezeichnung derjenigen Gottheiten bei den Ägyptiern dar, welche die weibliche und männliche Natur zugleich in sich vereinten. Denn indem sie dieselbe durch einen Käfer und Geier darstellten, setzten sie bei Hephaestos, dem Mannweibe, jenen, bei Athene, dem Weibmanne, diesen voran (³).

Nach der Bezeichnung der Grundbegriffe, wäre das Wichtigste, zu erforschen, inwiefern die Hieroglyphen die Anwendung eines lexicalischen Systems erlaubten, wie es in den Sprachen durch Ableitung und Zusammensetzung angetroffen wird.

Unmöglich wäre dies nicht gewesen; es käme nur darauf an, Beispiele dafür aufzufinden. Bei den Alten giebt es kaum einige, die sich dahin rechnen lassen. So kommen bei Horapollo natürlich oft verneinende Begriffe, bisweilen auch zugleich ihr Gegensatz vor. Nie aber ist alsdann dasselbe Bild, nur mit einem verneinenden Zusatz, gebraucht, sondern das Zeichen des verneinenden Begriffs ist ein verschiedenes, und in sich positives (⁴). Es scheint nicht einmal, dafs die neueren Entzifferer auf den reinen und allgemeinen Begriff der Verneinung in den Hieroglyphen gestofsen sind. Hr. Young erwähnt einer Hieroglyphe, die im Bilde,

---

(¹) Rémusat's Grammatik. *p.* 2. §. 5.

(²) Horapollo. *l.* 1. *c.* 3. 4. *l.* 2. *c.* 43. 71. *l.* 1. *c.* 64. 63.

(³) Horapollo. *l.* 1. *c.* 12. Die Griechischen Namen können Verdacht gegen diese Stelle erregen, allein die Vorstellung war darum nicht weniger Ägyptisch. Vergl. Creuzer's Symbolik. B. 1. S. 672. 673. und besonders *nt.* 383.

(⁴) Man vergleiche bei Horapollo *l.* 2. *c.* 55. und 56. — *l.* 2. *c.* 118. und *l.* 1. *c.* 44. — *l.* 1. *c.* 43. und 49.; ferner *l.* 1. *c.* 58. und andre Stellen mehr.

und auch dem Begriff nach, einem mit einer Präposition verbundenen Verbum entspricht: aufstellen, auf die Beine bringen, einrichten, errichten (*set up, prepare*); einer auf einem Stiel ruhenden Leiter (¹) (was auch als Kopfputz vorkommen soll) folgt ein ausgestreckter Arm über zwei Beinen. Diese Gruppe kommt in der Rosetta-Inschrift vor; aber die von Hrn. Young befolgte Methode, meistentheils nur die in der Griechischen Inschrift stehenden Worte, nachdem man sie in der enchorischen aufgefunden zu haben glaubt, auf die hieroglyphischen Zeichen anzuwenden, mag allerdings bis jetzt die einzige brauchbare sein, sie bleibt aber zu ungewiſs, um für so bestimmte Fälle, als der gegenwärtige ist, mit Sicherheit darauf zu fuſsen. Es darf auch nicht unbemerkt bleiben, daſs die Zeichen in dem Wörterbuch (Nr. 164. 165.) nicht vollständig so, wie sie in der Rosetta-Inschrift vorkommen, eingetragen sind. Nr. 164. findet sich allerdings ganz so in der 13ten Zeile, allein in der 14ten ist, statt der Leiter auf einem Stiel, eine bloſse Gabel, ohne daſs Hr. Young etwas andres über diese Verschiedenheit bemerkt, als daſs er *a fork or ladder* sagt, da das Zeichen doch schlechterdings keine Leiter sein kann (²). Nr. 165. hat die Rosetta-Inschrift nirgends so, wie es in dem Wortverzeichniſs mit einer Leiter gezeichnet ist.

Daſs die Hieroglyphen einfacher Begriffe zusammengestellt wurden, um den aus jenen zusammengesetzten zu bilden, davon haben wir oben an Hephaestos und Athene ein Beispiel gesehen, allein es ist mir auch kein andres, wenigstens nicht bei den Alten, bekannt. In mehreren zusammengesetzten Zeichen bei Horapollo entsprechen zwar die beiden Zeichen zwei in dem Begriff vorkommenden Gegenständen, wie in der Bezeichnung eines von einem Stärkeren Verfolgten durch eine Trappe (ὠτὶς) und ein Pferd, aber ohne daſs diese einzelnen Zeichen nun auch, auſser der Zusammensetzung, Hieroglyphen der einfachen Begriffe wären (³). Sehr oft aber führt er zusammengesetzte Zeichen für einfache

---

(¹) Young. *Egypt.* nr. 164. 165. und *p*. 35.

(²) Ein ganz ähnliches Zeichen, nämlich die Gabel, und der Arm über zwei Beinen, nur mit noch zwei gegen einander gerichteten Stäben über dem Arm, steht Zeile 6., ohne daſs Hr. Young dessen erwähnt.

(³) Horapollo. *l*. 2. *c*. 50. Von ganz gleicher Art sind die Hieroglyphen *c*. 51. 75. 86. 91. 106. 108.

Begriffe, und umgekehrt, an. So Himmel und die Wasser ausströmende Erde für das Anschwellen des Nils, ein Herz über einem Rauchfaſs für Ägypten, eine Zúnge über einem blutigen Auge für die Sprache (¹), dagegen eine Viper für Kinder, die ihrer Mutter nachstellen (²).

Zeichen grammatischer Verbindung, oder grammatische Wörter, Präpositionen, Conjunctionen u. s. f., liefern Horapollo und die alten Schriftsteller überhaupt gar nicht; und sollte man nach der im Alterthum hochberühmten, schon im Vorigen erwähnten Saitischen Inschrift schlieſsen, so standen die Hauptbegriffe zwar in der Ordnung, in der sie gedacht werden muſsten, aber ganz abgesondert, ohne alle grammatische Kennzeichen und Verbindungen, da. Es fragt sich aber, ob die in dieser Inschrift zusammengestellten Zeichen wirklich einen Spruch, eine bestimmte Wortreihe vorstellen sollten. Die Inschrift gehört vielleicht zu derjenigen Gattung von Hieroglyphen, die nur bestimmt waren, eine Wahrheit, oder Lehre symbolisch dem Geiste vorzuführen, wie die sogenannten τέσσαρα γράμματα bei Clemens von Alexandrien. Ich werde von diesen weiter unten sprechen, man muſs sie aber sorgfältig von der eigentlichen Schrift unterscheiden. Sehr leicht konnte sich aber auch in verschiedenen Zeiten, oder für verschiedene Gegenstände in dem sparsameren und häufigeren Gebrauch grammatischer Zeichen eine Verschiedenheit in dem Hieroglyphenstyle finden. In den Chinesischen Schriften ist dies bekanntermaſsen der Fall, und es zeigt sich in denselben, daſs es wohl möglich ist, wenn Schriftsteller und Leser sich einmal in diese Art, unverknüpfte Begriffe hinzustellen, hineingedacht haben, der Grammatik bis auf einen gewissen Grad zu entbehren.

Hr. Champollion und Hr. Young glauben mehrere bloſs grammatische Zeichen in den Hieroglyphen gefunden zu haben. In dem jetzigen Zustande der Hieroglyphenentzifferung wäre es voreilig, auf die gemachten Entdeckungen schon andre Folgerungen gründen zu wollen, allein gewiſs noch mehr unrecht, sie, wenn sie auch nur glückliche Vermuthungen sein sollten, zurückzuweisen, und dadurch der weiteren Untersuchung vorzugreifen. Was mir in der That die Behauptung grammatischer Zeichen sehr

---

(¹) *l. c. l.* 1. *c.* 21. 22. 27.
(²) *l. c. l.* 2. *c.* 60.

zu unterstützen scheint, ist die Häufigkeit, in der gewisse Hieroglyphen in wenigen Zeilen erscheinen. Unter diesen fällt, auch dem Ungeübten, am leichtesten die wagerechte in lauter spitzen Winkeln auf- und abwärtsgehende Linie ins Auge. Hr. Young und Hr. Champollion erklären sie für die den Genitiv bildende Präposition, ohne jedoch andre bestimmte Beweise davon zu geben, als daſs sie dem Koptischen gleichbedeutenden ⲛ̄ⲧⲉ oder ⲛ̄ entsprechen soll, weshalb sie, nach Hrn. Champollion, auch den Buchstaben *n* bedeutet ([1]). Daſs in der Hieroglyphenschrift ursprünglich das Wasser dadurch angedeutet werde, wie man nach der Ähnlichkeit mit den Vorstellungen dieses Elements in den Bildern ([2]) schlieſsen sollte, läugnet der Letztere gänzlich. Dieses Zeichen nun findet sich in den 14 Zeilen Hieroglyphenschrift des Rosettasteins über sechzig Mal, in Verbindung mit verschiedenen andren Zeichen, wo es denn auch andre Bedeutungen haben mag ([3]), und bestätigt daher allerdings dadurch die Vermuthung, daſs es keinen Hauptbegriff, der nicht so oft wiederholt sein könnte, sondern bloſs eine grammatische Bestimmung anzeigt. Auch in andren Hieroglyphen-Inschriften ist es häufig; dagegen kommt dies Zeichen in den 515 Columnen der oben erwähnten hieroglyphischen Papyrusrolle auch nicht ein einziges Mal vor, wie ich mich durch sehr genaue Durchsicht derselben überzeugt habe. Über diese auffallende Erscheinung, die vielleicht dadurch zu erklären ist, daſs in dieser Rolle an der Stelle dieses Zeichens ein andres, gleichbedeutendes gebraucht ist ([4]), darf man wohl erst von den ferneren Arbeiten der oft genannten Französischen und Englischen Gelehrten Aufschlüsse erwarten, vorzüglich von Hrn. Jomard's angekündigtem Verzeichniſs aller bekannten Hieroglyphen, aus dem sich auch

---

([1]) Young. *Egypt.* nr. 177. Champollion. *Lettre à Mr. Dacier.* p. 36.

([2]) *Descript. de l'Égypte. Ant. Planches.* T. 2. *pl.* 90. Über die Hieroglyphe des Wassers s. oben S. 447. Anm. 4.

([3]) z. B. einer Substantivendung nach Young. *Egypt.* nr. 93.

([4]) Eine einfache wagerechte Linie kommt in dieser Rolle ungemein oft vor, und ich habe einen Augenblick geglaubt, daſs der eckige Strich auf diese Weise vereinfacht sei, da diese Rolle die Zeichen überall nur in den äuſsersten Umrissen giebt. Dieselbe gerade Linie findet sich aber auch, neben der im Winkel gebrochenen, auf dem Rosettastein, und beide konnten daher wohl nicht, ohne Zweideutigkeit, zusammengeworfen werden.

unstreitig ergeben wird, welche dieser oder jener Art der Denkmäler eigenthümlich sind.

Die Bezeichnung des weiblichen Geschlechts scheint durch vielfache Analogie begründet, und dürfte wohl als gewifs angenommen werden können ([1]). In der Regel steht sie den Zeichen des Subjects nach; doch will Hr. Young sie auch, nach Analogie des Koptischen Artikels, an dem allein das Geschlecht in der Sprache kenntlich ist, vor demselben gefunden haben. Das männliche Geschlecht wird nicht angedeutet. Im Koptischen sind Sonne und Mond (letzterer ⲡⲓⲟϩ) männlichen Geschlechts, und auch die Hieroglyphe des Ioh, des Mondgottes, trägt kein weibliches Zeichen. Dafs auch der mythologische Begriff der Mondgöttin in das männliche Geschlecht hinüberschweifte, ist schon durch andre Untersuchungen bekannt ([2]).

Den Dualis und Pluralis findet Hr. Young durch zwei- oder dreifache Wiederholung des Gegenstandes, oder durch zwei und drei Strichelchen bezeichnet ([3]). Nach Hrn. Champollion wird, statt der Hinzufügung der Zahl, der Gegenstand auch so oft, als sie erfordert, wiederholt ([4]). Dies erklärte den Dual, der dem Koptischen fremd ist. Die Bezeichnung unbestimmter Mehrzahl durch drei wäre merkwürdig, selbst wenn die Zweideutigkeit, wie Hr. Young behauptet, durch die Stellung vermieden war; und es ist mir in keiner Sprache aufgestofsen, dafs die Charakteristik des Plurals mit drei etymologisch zusammenhinge. Dagegen gilt fast in allen Sprachen diese Zahl, als eine Art Superlativus, für viel. Hrn. Young's Behauptung hat unläugbar das für sich, dafs auf dem Rosettastein keine einzige Hieroglyphenzeile ist, in welcher diese zwei- und dreifachen Strichelchen, oder Zeichen sich nicht wiederholten, und auch auf dem grofsen Hieroglyphen-Papyrus selten einer Columne ein Beispiel dieser Art fehlt. Fast unmöglich kann die Zahl drei dort so oft nöthig gewesen sein. Bei der grofsen Leichtigkeit, die Zweiheit dergestalt auszudrücken, läfst sich

---

[1] Champollion. *Lettre à Mr. Dacier. p.* 9. 12. 46. *pl.* 1. nr. 21. Young. *Egypt.* nr. 3. 38.

[2] Hirt in den Abhandl. der Berl. Akad. d. Wissensch. Hist. philol. Classe. Jahrg. 1820. 1821. S. 133. Creuzer. Symbolik. B. 2. S. 8-10.

[3] *Egypt.* nr. 4. 11. 57. 187-196.

[4] *Panthéon Égyptien.* Heft 1. *p.* 2. *pl.* 1.

das Entstehen eines Dualis in der Schrift denken, wenn auch die Sprache keinen kannte; und kann er nicht im Koptischen mit der Zeit ebenso, als dies fast ganz in der Griechischen Prosa der Fall ist, verloren gegangen sein?

Sehr viel hat auch die Bemerkung für sich, dafs die Ordinalzahlen durch ein über die Cardinalzahlen gesetztes Zeichen unterschieden werden. Denn in der letzten Hieroglyphen-Zeile des Rosettasteins folgen diese Zeichen mit den Zahlen 1, 2, 3 in dieser Ordnung auf einander, und in der Griechischen entsprechenden Stelle sind die letzten Worte vor dem Bruch: τῶν τε πρώτων καὶ δευτέρ.. ([1]). Es wäre nur zu untersuchen, ob es nie allein vorkommt, wie auf dem Rosettastein wirklich nicht der Fall ist. Indefs würde dies Hrn. Young's Behauptung nicht zerstören. Denn das Koptische ⲙⲁϩ, mit welchem Hr. Young es vergleicht, ist nichts andres, als ein, sich auf das mit der Ordinalzahl verbundene Substantivum beziehendes Adjectivum, da es mit ihm in gleichem Geschlecht stehen mufs, und wohl eins mit ⲙⲉϩ, der volle, von ⲙⲁϩ, anfüllen. Im Saitischen Dialekt lautet auch das Zahlaffixum ⲙⲉϩ.

Andre grammatische Bemerkungen bei Hrn. Young, die Bezeichnung einer Substantivendung ([2]), des Koptischen Präfixums ⲙⲉⲧ ([3]), des Superlativs ([4]), des Verbums durch Verdoppelung ([5]), scheinen mir ungewisser.

Substantiv, Adjectiv und Verbum bedurften wohl keiner besondren Bezeichnung. Sinn und Stellung machen sie kenntlich, und in mehreren Sprachen fliefsen sie grammatisch in einander, noch weniger haben alle Sprachen wirkliche Bildungsgesetze für die Steigerung der Begriffe.

([1]) Schon Åkerblad (*lettre sur l'inscript. de Rosette.* p. 62.) ergänzt, und zwar nach der enchorischen Inschrift, .. ων καὶ τρίτων, und bemerkt die Übereinstimmung des Hieroglyphentextes.

([2]) *Egypt.* nr. 93.

([3]) *l. c.* nr. 143.

([4]) *l. c.* nr. 120. 121.

([5]) *l. c.* nr. 113. 114. Ich bin durch Hrn. Prof. Tölken darauf aufmerksam gemacht worden, dafs, was hier Hr. Young einen Altar nennt, die den Leichnam des Osiris einschliefsende Säule vorstellt. Creuzer. Symb. B. 1. S. 261. Daher erklärt es sich, dafs diese Säule heiliger Bedeutung auch als einzelne Hieroglyphe von glasirter Erde vorkommt, wie Hr. Young sagt.

Sehr viele behelfen sich mit Hinzufügung von Adverbien. Der Natur der Hieroglyphe nach, muſste auch der Grad höherer, oder geringerer Vollkommenheit, selbst oft das Adjectivum, ohne eines besondren Ausdrucks zu bedürfen, in dem danach gewählten Zeichen des Hauptbegriffs liegen. Horapollo hat viele solche Fälle (¹), dagegen allgemeine Eigenschaftsbegriffe, wie bei Hrn. Young gut (²) ist, beinahe gar nicht. Auf gleiche Weise in das Zeichen des Hauptbegriffs gelegt, erscheinen bei Horapollo Activum, Passivum (³) und Medium (⁴). Ob die Hieroglyphenschrift aber auch abgesonderte Zeichen für diese Arten des Verbums, ob für die Tempora hatte? wäre eine sehr wichtige, aber nach dem jetzigen Zustande der Entzifferungskunde wohl unbeantwortbare Frage. Wenn es sich zu befriedigender Wahrscheinlichkeit bringen lieſse, daſs, wie Hr. Young vermuthet, die gehörnte liegende Schlange das Pronomen bedeutete (⁵), so wäre man dem Aufschluſs über das Verbum viel näher getreten. Häufig ist dieses Zeichen allerdings auch auf der Papyrusrolle.

Bei Gelegenheit der von Hrn. Young angegebenen Hieroglyphen für Präpositionen und Conjunctionen (⁶), ist es zwar ein glücklicher Einfall, den Kopf auf die Koptische Präposition ⲉϫⲱ, über, zu beziehen, die wörtlich zum, beim Kopf heiſst (⁷). Allein die Hieroglyphe erscheint mit andren Zeichen zusammen, welche diese einfache und klare Beziehung wieder ins Dunkel stellen.

Aus allen diesen Angaben und Zusammenstellungen, bei denen ich absichtlich länger verweilt bin, geht für mich die Überzeugung hervor, daſs, wie ungewiſs auch noch die Bestimmung der einzelnen Zeichen sein mag, es doch in der Hieroglyphenschrift wirklich grammatische gab.

Daſs aber der Gebrauch derselben nicht so häufig und regelmäſsig ge-

---

(¹) Grade der Vollkommenheit *l.* 1. *c.* 31. *l.* 2. *c.* 27. 68. Eigenschaften, in den Begriff verflochten, *l.* 2. *c.* 4. 52. 78. 100. 101.

(²) *Egypt.* nr. 152.

(³) *l.* 2. *c.* 71.

(⁴) *l.* 2. *c.* 46. 65. 76. 88. 93.

(⁵) *Egypt.* nr. 74.

(⁶) *l. c.* nr. 166 - 177.

(⁷) *l. c.* nr. 174.

wesen sein mag, als in unserer Buchstabenschrift, läfst sich nicht nur schon an sich erwarten, sondern zeigt sich auch an Beispielen. So stehen da, wo ein König den Beinamen des Geliebten einer Gottheit erhält, die Zeichen für **geliebt** und für die **Gottheit** (deren Entzifferung ich für eine der sichersten unter den bisher entdeckten halten möchte) immer ohne ein verbindendes Präpositions- oder Casuszeichen ([1]).

Ich bin bis hierher die **Bildungsart der Hieroglyphen** auf ähnliche Weise durchgegangen, wie man es mit der einer **Sprache** thun mufs, habe zuerst die ursprüngliche **Bezeichnung der Begriffe**, dann die **lexicalische Analogie**, endlich die **grammatische Verbindung** betrachtet. Ich habe dabei immer die Frage vor Augen gehabt, inwiefern sich die Hieroglyphen als wirkliche **Schrift**, d. h. als durch jedes Zeichen an einen bestimmten **Laut** erinnernd, lesen liefsen?

Wir sind nun wesentlich nur auf zwei Dinge gestofsen, welche dies zweifelhaft machen, nämlich die **doppelte, eigentliche und figürliche**, und die auch sonst **mehrfache Bedeutung einiger Hieroglyphen**, so wie die Häufung von Bestimmungen in dem Begriffe des Zeichens, die ein Wort nicht leicht in sich vereinigt.

Der aus dem letzteren Umstand herzunehmende Einwurf ist schon oben entkräftet worden, der in dem ersteren liegende hebt sich grofsentheils durch die Seltenheit des Gebrauchs kyriologischer Hieroglyphen, die gerade diesen Grund haben mochte, und durch die geringe Schwierigkeit, wenn eine Hieroglyphe mehreren Wörtern entsprechen konnte, das in jeder Stelle gemeinte ebenso zu errathen, als man in Sprachen den eigentlichen und figürlichen Sinn eines Wortes erkennt.

Dafs aber eine Hieroglyphe mehr als Ein Wort in der Sprache haben konnte, und einige in diesem Fall sein mufsten, fanden wir auf nicht abzuläugnende Weise.

([1]) Champollion. *Lettre à Mr. Dacier.* p. 46. *pl.* 22. 23. *bis.* Das Zeichen für **geliebt** oder vielmehr für den Begriff der Liebe überhaupt ist eine Kette, also eine natürliche Metapher, bei Horapollo (*l.* 2. *c.* 26.) eine Schlinge ($\pi\alpha\gamma\iota\varsigma$), also auch ähnlich. Hr. Young (*Egypt.* nr. 162.) rechnet zu dem Zeichen noch ein Viereck, und einen Zirkelabschnitt, die sich auch bei Champollion (*l. c. pl.* 1. nr. 23. *bis.*) finden. In nr. 22. bei ihm fehlen sie, aber nur durch einen Fehler des Kupferstechers. Denn die Cartouche nr. 22. ist aus der Rosetta-Inschrift genommen, und diese hat das Zeichen in diesem Ausdruck (der dreimal darin vorkommt) immer.

Hiermit scheinen aber die neuerlich aufgefundenen phonetischen Hieroglyphen, die nämlich keinen Begriff, sondern einen blofsen Laut andeuten sollen, in Streit zu sein. Denn wenn man an einer, aus dem Zusammenhang herausgerissenen Hieroglyphe den Anfangsbuchstaben erkennen soll, so mufs es nur Ein mit derselben immer untrennbar verbundenes Wort geben. Es ist also hier der Ort, in diese Gattung der Hieroglyphen genauer einzugehen.

Über die phonetischen Hieroglyphen des Herrn Champollion des jüngern (*).

Hr. Young sprach, seit der Auffindung des Rosettasteins, zuerst von dem Hervorgehen alphabetischer Schrift aus hieroglyphischer, erinnerte dabei an die bekannte Methode der Chinesen, und zergliederte die Namen Ptolemaeus und Berenice. Er erklärte auch sehr glücklich die meisten Buchstaben des ersteren, und einige des letzteren, ging aber von einer Voraussetzung aus, die er nothwendig, auf dem Wege fernerer Entzifferungen, wieder hätte aufgeben müssen, dafs nämlich ein Zeichen eine Sylbe mit zwei Consonanten, oder eine mit einem anfangenden Vocal bedeuten könne. Er wurde schon in jenen beiden Namen dadurch gezwungen, überflüssige und nichtssagende Zeichen anzunehmen, da doch die Erfahrung lehrt, dafs wohl bisweilen Buchstaben fehlen, nie aber einer zu viel ist ([1]). Er scheiterte daher gleich bei dem Namen Arsinoe, gab in seinem hieroglyphischen Wörterbuch einen unrichtigen dafür, und deutete seine Ungewifsheit selbst, seiner Wahrheitsliebe gemäfs, durch ein Fragezeichen an ([2]).

Hr. Champollion der jüngere setzte sein System phonetischer Hieroglyphen in einer kleinen, an Hrn. Dacier gerichteten Schrift aus

---

(*) Gelesen im März 1824 in der Königl. Akad. d. Wissenschaften zu Berlin.

([1]) Young. *Egypt.* nr. 56. 58. Champollion. *Lettre à Mr. Dacier.* p. 15. nt. 2.

([2]) Wenn Hr. Young die Inschrift nr. 58. genau nach einem Urbilde gegeben hat, so hätte ihn schon der Mangel des Zeichens des weiblichen Geschlechts erinnern sollen, dafs der Name nicht Arsinoe sein kann. Nach Hrn. Champollion's Alphabet heifst das Wort Autocrator, aber die Zeichen sind nicht regelmäfsig gestellt.

einander, nahm in jedem Zeichen nur Einen Consonanten an, es sei nun, daſs der nicht besonders geschriebene Vocal bloſs in der Aussprache hinzugesetzt, oder als mit dem vorhergehenden Consonanten von selbst zusammenhangend gedacht wurde, und entzifferte auf diese Weise eine sehr bedeutende Anzahl in Hieroglyphen geschriebener Namen. Der Erfolg war, daſs man jetzt auf einer Menge Ägyptischer Denkmäler Griechische und Römische Namen von den Zeiten der Ptolemaeer an bis auf die Antonine herunter findet ([1]).

Bei einer Thatsache von dieser Wichtigkeit kommt alles darauf an, ob sie auf einer sicheren Grundlage beruht; und deshalb, und weil der Gebrauch der Hieroglyphen, als Laute, zur Bezeichnung fremder Namen, die für den Ägyptier keine Sachbedeutung haben konnten, sehr innig mit den Fragen über das Alphabet der Ägyptier überhaupt zusammenhängt, schien mir zuerst eine strenge Prüfung der Behauptung Hrn. Champollion's nothwendig. Ich habe diese nicht nur durch eine genaue Untersuchung der von ihm angeführten Beispiele vorgenommen, sondern bin auch nachher viele andre Namen-Hieroglyphen in dem groſsen Französischen Werke, und den früheren Abbildungen der Obelisken durchgegangen, um das neue System auch an den nicht von ihm angeführten zu versuchen. Ich glaube mich auf diesem Wege überzeugt zu haben, daſs man, mit Hrn. Champollion, phonetische Hieroglyphen annehmen muſs, und daſs bisher für sehr alt gehaltene Denkmäler spätere Namen an sich tragen. Aber die Gründe, auf welche er sein System stützt, erfordern, meines Erachtens, eine noch sorgfältigere Sichtung, als er mit denselben vorgenommen hat, und bei einigen seiner Behauptungen sind mir Bedenken aufgestoſsen. Ich glaube daher in eine genaue und ausführliche Erörterung eingehen zu müssen, um sowohl vor den Zweiflern an Hrn. Champollion's Alphabet, als vor den Vertheidigern desselben unpartheiisch zu erscheinen.

Hr. Champollion nimmt an, daſs die Ägyptier, um fremde Namen (da es am einfachsten ist, erst hierbei stehen zu bleiben) in Hieroglyphen zu

---

([1]) Die wichtigen Schlüsse, die sich hieraus, verbunden mit den Griechischen Inschriften und der Beurtheilung des Styls der Gebäude und Bildwerke, auf das verschiedene Alter der Ägyptischen Denkmäler machen lassen, hat Hr. Letronne in seinen *recherches sur l'histoire de l'Égypte* mit scharfsinniger Kritik zusammengestellt. Man sehe besonders *Introduction. p.* 12-40. *p.* 459. und andre Stellen dieses gehaltvollen Werks.

schreiben, sich für jeden einzelnen Buchstaben der Hieroglyphe derjenigen Sache bedienten, welche mit diesem Laute anfing, oder aus demselben bestand ([1]). Dies läfst sich allerdings nicht durch ein historisches Zeugnifs beweisen, da die Alten dieser Art phonetischer Hieroglyphen gar nicht, sondern nur einer ganz verschiedenen, von welcher in der Folge die Rede sein wird, erwähnen ([2]).

Es liegt nicht allein in der Natur der Sache, wenn Ideenzeichen als Lautzeichen gebraucht werden sollen, sondern Hr. Champollion weist auch an mehreren Beispielen nach, dafs das Koptische Wort der als phonetische Hieroglyphe gebrauchten Sache mit dem Buchstaben anfängt, für welchen die Hieroglyphe gilt ([3]). Indefs hätte er hier die Schwierigkeit zeigen sollen, welche diese Bezeichnungsart durch Hieroglyphen darin fand, dafs es nothwendig viele derselben gab, für die, nach Verschiedenheit des Gebrauchs, mehrere Wörter galten. Denn bei dem hieroglyphischen Zeichen kamen sehr häufig figürliche und eigentliche Bedeutung zusammen; Einem Zeichen entsprachen auch mehrere Begriffe, die nicht immer unter einander, sondern jeder mit dem Zeichen in Verbindung standen. Diese verschiedenen Bedeutungen derselben Zeichen konnten nun in der Sprache, die natürlich der Schrift voranging, nicht dieselben Laute mit sich führen. Dies ist im Vorigen an dem ganzen Ideengange der Bezeichnung durch Hieroglyphen gezeigt, und mit Beispielen belegt worden. Einer Hieroglyphe konnten daher mehrere Wörter entsprechen; und aus dem Zusammen-

---

([1]) *Lettre. p.* 11. 12.

([2]) In einer Stelle des Horapollo (*l.* 1. *c.* 59.) sollte man auf den ersten Anblick wirklich glauben, dafs von einem geschriebenen Namen, und sogar in einem Ringe, wie wir die Namen auf den Denkmälern finden, die Rede sei. Nachdem gesagt ist, dafs ein sehr schlechter König durch eine, ihren Schwanz in dem Mund haltende Schlange angedeutet wird, heifst es: τὸ δὲ ὄνομα τοῦ βασιλέως ἐν μέσῳ τῷ εἰλίγματι γράφουσιν. Man sieht aber aus dem Gegensatz im folgenden Capitel, wo die Ägyptier ἀντὶ δὲ τοῦ ὀνόματος τοῦ βασιλέως φύλακα ζωγραφοῦσιν, dafs nicht der Name, sondern das Wort König, entgegengesetzt dem Wort Wächter, gemeint ist. Auf den Unterschied der Wörter γράφουσι und ζωγραφοῦσι darf man hier kein Gewicht legen. Der Verfasser dieser Schrift braucht sehr häufig γράφειν für das Zeichnen der Hieroglyphe, so *l.* 1. *c.* 27. 29. 54. 56. *l.* 2. *c.* 1. u. s. f., obgleich, diese Ausnahmen abgerechnet, er gewöhnlich γράφειν mit dem auszudrückenden Begriff, ζωγραφεῖν mit der Hieroglyphe verbindet, wie *l.* 1. *c.* 52. γνῶσιν δὲ γράφοντες, μύρμηκα ζωγραφοῦσιν.

([3]) *Lettre. p.* 12. 35 - 37.

hange herausgerissen, blieb das wirklich damit gemeinte ungewifs. Wäre man aber auch hiermit nicht einverstanden, so ist wenigstens das Gegentheil eine bisher unerwiesene Voraussetzung. Es kommt nun daher, dafs Hr. Champollion bald, wie bei der Hand (*t*, ⲧⲟⲩ), die eigentliche, bald, wie bei dem Sperber (*a*, ⲁϧⲓ, das Leben), die figürliche, bald eine generische, wie Vogel (*a*, ϧⲁⲗⲏⲧ), auswählte (¹). Dafs das Letzte durchaus unstatthaft ist, habe ich schon weiter oben bemerkt, und den Beweis davon aus der Analogie der Hieroglyphenbezeichnung geführt. Beruhte das System wirklich auf dieser Grundlage, so wäre ein solches Schwanken höchst verdächtig. Glücklicherweise aber steht das System, dafs die angegebenen Zeichen die angegebenen Buchstaben bedeuten, für sich selbst, und stützt sich auf ganz andre Beweise; und nur indem man sich die Gründe der Wahl dieser Zeichen deutlich machen will, kommt man auf die eben erwähnte Annahme. Diese scheint auch im Ganzen richtig zu sein. Bei der Vieldeutigkeit der Hieroglyphen folgt aber nothwendig daraus, dafs entweder die Ägyptier, nach uns unbekannten Regeln, von mehreren Bedeutungen einer Hieroglyphe, zum phonetischen Gebrauche, eine bestimmte auswählten, so wie die Chinesen (²) auch eigne Methoden für den ähnlichen Zweck haben, oder dafs diese ganze Art, Namen zu schreiben, doch unvollkommen war, und den, noch über den Inhalt ganz ununterrichteten Leser bisweilen über die wahre Geltung eines Zeichens in Ungewifsheit lassen konnte. Dafs die letztere Folgerung von beiden die wahrscheinlichere ist, zeigen auch andre vielfache Mängel dieser Bezeichnungsart. Zugleich aber ergiebt sich hieraus, und hierauf ist es wichtig aufmerksam zu machen, dafs die etwanige Übereinstimmung der phonetischen Geltung eines Zeichens mit einem Koptischen Worte nicht für einen Beweis der Richtigkeit der aufgefundenen Be-

---

(¹) *Lettre. p.* 12.

(²) Hr. Young und Hr. Champollion berufen sich auf das Beispiel der Chinesen, aber ohne tief genug in die Methode, welche das Chinesische hierbei beobachtet, einzugehen. In der Anzeige der Champollionschen Schrift im *Quarterly review. Vol.* 28. 1823. *p.* 191. 195. wird zwar auf mehrere Unterschiede zwischen der Chinesischen und Ägyptischen Lautbezeichnung durch Ideenzeichen aufmerksam gemacht, und auch bemerkt, dafs im Chinesischen, was jedoch nicht unbedingt richtig ist, jedem Zeichen nur Ein Laut, dagegen Ein Laut einer Menge von Zeichen entspricht. Dafs aber, und inwiefern es in den Hieroglyphen anders war, wird nicht angeführt.

deutung dieses Zeichens dienen kann, und daſs in der Champollionschen Schrift auf diese Beweisart noch immer zu viel Gewicht gelegt worden ist. Wenn auch die Koptische Sprache im Ganzen die Alt-Ägyptische war, so ist dies bei weitem nicht von jedem ihrer einzelnen Wörter (auch wenn es kein uns sonsther bekanntes ist) ausgemacht.

Die Andeutung der Vocale wird bei dieser Entzifferungsart sehr mangelhaft angenommen. Es finden sich wenige Zeichen dafür, und diese auch dienen mehreren Lauten zugleich. Oft sind sie ganz ausgelassen, so daſs man sich alsdann die Geltung der Consonanten als syllabisch denken kann ([1]).

Jeder Buchstabe hat, oder kann wenigstens mehr als Ein Zeichen haben. In Hrn. Champollion's Alphabet giebt es bis auf funfzehn und mehr für einen. Doch hat er auch sein Alphabet, ohne Noth, mit Zeichen überladen, indem er die Verschiedenheit der Richtung, die kleinste Veränderung der Form als eigene Zeichen giebt, unter r einige für l, unter l einige für r wiederholt, so wie unter γ und δ einige für k und t. Rechnet man dies ab, so bleiben zwischen 40 und 50. Indeſs hat seine Arbeit gewiſs nicht alle erschöpft, und es kann sogar hierin gar keine Gränze gezogen werden. Denn, und dies ist ausnehmend wichtig für andre, später zu berührende Untersuchungen, diese Bezeichnungsart ging gar nicht von der Idee eines Alphabets, d. h. der Andeutung aller nothwendigen Laute durch die möglichst kleinste Zahl von Zeichen, aus, sondern nur von der Nothwendigkeit, bedeutungslose Laute durch Hieroglyphen auszudrücken. Dieser Zweck nun wurde durch jedes Zeichen, dessen Wort nur an den beabsichtigten Laut mit hinreichender Bestimmtheit erinnerte, erreicht, und man sieht daher auch durchaus dieselbe Erscheinung bei den Chinesen ([2]). Indeſs finden sich doch bei denselben Namen meistentheils dieselben Zeichen, da sich natürlich hierin eine gewisse Gewohnheit bildete. Man braucht nur die 3 Kupfertafeln Hrn. Champollion's anzusehen, um sich zu überzeugen, daſs die erste, welche bloſs Griechische Namen enthält, meistentheils dieselben Zeichen giebt, und die auffallend neuen erst bei den Kaisernamen auf der zweiten und vorzüglich der dritten auftreten. Bisweilen hatte wohl auch auf die Wahl des Zeichens, so wie auf ihre Stellung, wovon gleich mehr, der Raum

---

([1]) Champollion. *Lettre.* p. 51.
([2]) *l. c. p.* 33. *Quarterly review. Vol.* 28. *p.* 191.

und die Symmetrie Einfluſs, eine Rücksicht, die bei den Hieroglyphen auf Denkmälern nie aus den Augen gelassen werden muſs. Obgleich die Ovale, welche die Namen zu umschlieſsen pflegen, von verschiedener Gröſse sind, so richtete sich dieselbe doch zum Theil nach der Einrichtung der ganzen Hieroglyphenschrift; und meistentheils sind zwei gleich groſse gepaart, oft kehren mehrere in gleicher Gröſse zurück. Ein längerer Name erhält daher oft nur denselben Raum, als ein kürzerer. Es scheint gewiſs, daſs die Ovale bisweilen früher gemacht wurden, als man den Namen einschrieb, obgleich sich damit sehr gut Hrn. Letronne's Behauptung (¹), daſs es leere Ovale (*cartouches*) nur an nicht fertigen Denkmälern giebt, vereinigen läſst. Denn auf dem Barberinischen Obelisk (²) finden sich zwei, auf dem Alexandrinischen (*Aiguille de Cléopatre*) ein leeres (³), wo man doch demungeachtet die übrige Hieroglyphenschrift fortgesetzt hat, und daher die Namen nachtragen wollte. In diesen Fällen nun muſste der Name, wie er auch war, in den Raum gebracht werden.

Bei der Lesung der Namen nach dem Champollionschen Alphabet findet man bisweilen, jedoch selten, die Stellung der Zeichen sehr stark versetzt (⁴). Um *aoto* zu schreiben, steht fast regelmäſsig das *a*, der Sperber, zwischen dem *o* und *to*, so daſs man eigentlich *oato* lesen müſste (⁵). Die beiden zusammen η bedeutenden Federn sind bisweilen, vermuthlich der Symmetrie wegen, durch einen andren Buchstaben getrennt. Im Folgenden werde ich einiger Fälle erwähnen, wo man erst in einer, dann einige Zeichen in der entgegengesetzten Richtung lesen muſs. Allein in der Regel liest man, wie bei den Hieroglyphen überhaupt, von oben herab, und von der Seite in der den Köpfen entgegengehenden Richtung. In jenen Fällen kann daher schon darum die Lesung verdächtig scheinen.

Ich muſs bei dieser Gelegenheit bemerken, daſs Hr. Champollion

---

(¹) *Recherches. p.* XXXV.

(²) An der dritten Seite. Zoëga. Pl. 8.

(³) *Descript. de l'Égypte. Ant. Planches. T.* 5. *pl.* 33.*

(⁴) Champollion. *Lettre. pl.* 3. nr. 72. c. *Descript. de l'Égypte. Ant. Planches. T.* 1. *pl.* 60. nr. 9. *pl.* 80. nr. 7. *T.* 4. *pl.* 33. nr. 5.

(⁵) Mehrere Beispiele bei Champollion. *Lettre. pl.* 2. Ferner *Descript. de l'Égypte. Ant. Planches. T.* 4. *pl.* 28. nr. 29. 31. 35.

Die phonetischen Hieroglyphen Champollion's. 469

meistentheils nur die regelmäfsigen Inschriften für seine Kupferplatten gewählt, und einige angeblich fehlerhafte stillschweigend ergänzt hat, und überhaupt der von der gewöhnlichen Schreibart abweichenden nur selten erwähnt (¹). Er hat dabei offenbar die Absicht gehabt, den Leser nicht

---

(¹) Es ist zu bedauern, dafs Hr. Champollion in seinen Abbildungen die Originale bei weitem nicht mit diplomatischer Treue wiedergiebt. Es mag dies zum Theil an der Nachlässigkeit des Kupferstiches liegen. Allein zum Theil kommt es aus einer andren Ursach. Hr. Champollion hat mehrere Inschriften, die ihm vermuthlich fehlerhaft schienen, ergänzt. Bisweilen sind diese Ergänzungen bei ihm punktirt, so *pl.* 2. nr. 63. a. *pl.* 3. nr. 68.; bisweilen aber ist nicht die mindeste Andeutung der Ergänzung oder Veränderung weder auf den Platten, noch im Text, noch in der Erklärung der Kupfer gemacht. Dafs die Inschriften manchmal fehlerhaft sind, scheint wirklich die 52ste Kupfertafel des 3ten Bandes des grofsen Französischen Werks zu beweisen. Der Name Ptolemaeus kommt auf derselben achtmal mit denselben Buchstaben, wie auf dem Rosettastein, ohne alle Veränderung vor. Ein neuntesmal aber steht statt des *m* ein *t*, was nur durch Unachtsamkeit des Ägyptischen Bildhauers, oder des neueren Zeichners entstanden sein kann. So mögen auch Auslassungen geschehen sein, wie Hr. Champollion *p.* 46. nr. 26., aber zu beiläufig, und nur bei wenigen Fällen, erwähnt. Es mag daher nicht unrichtig sein, solche offenbaren Auslassungen zu ergänzen. Allein bei dem Vortrage eines Systems, das schon vielen Zweifeln ausgesetzt sein mufs, und wo man nicht genug thun kann, jeden Schein der Willkührlichkeit zu vermeiden, sollte man jede Ergänzung dieser Art anzeigen und mit Gründen belegen. Zu Beispielen des eben Gesagten mögen folgende Fälle dienen, bei denen Hr. Champollion die Originale selbst citirt.

1) *Pl.* 1. nr. 22. vom Rosettastein. Z. 14. nach *Lettre. p.* 6. 46. Es fehlen die beiden ideographischen Zeichen vor der Kette.
2) *Pl.* 1. nr. 41. aus der *Descript. de l'Égypte. Ant. T.* 1. *pl.* 43. nr. 8. nach *Lettre. p.* 20. Hier sind *t* und *m*, die im Original fehlen, eingeschaltet, das deutliche *s* des Originals vor dem *r* ist in eine Feder, *a* oder *e*, und das sehr dünne Mondsegment, das im Original zwischen *n* und *r* steht, in ein, *t* bedeutendes Zirkelsegment verwandelt worden. Diese Änderungen sind nach einer Inschrift *Descript. de l'Égypte. T.* 1. *pl.* 60. nr. 9. (Champollion. *pl.* 1. nr. 40.) gemacht, die aber gar nicht in den Zeichen, sondern nur in Hrn. Champollion's Lesung derselben mit jener übereinkommt.
3) *Pl.* 1. nr. 42. aus *Descript. de l'Égypte. T.* 4. *pl.* 28. nr. 15. nach *Lettre. p.* 21. steht zwischen den beiden *s* ein Mund, der *r* anzeigen soll. Im Original aber ist ein deutliches Auge (nach Hrn. Champollion's Alphabet ein *a*). Von dieser Inschrift werde ich unten weitläuftiger handeln. Hier bemerke ich nur Folgendes. Im Original steht κησας, und Hr. Champollion will hierin Caesar erkennen. Es tritt aber hier gerade ein Fall ein, wo dies Wort sich nicht, aus andren sichren Gründen, erwarten läfst. Denn stände sonst fest, dafs der Name das Wort Caesar enthalten müfste, so könnte, wenn man einmal Auslassungen annimmt, κησας für κησρας, i. e. καισαρος, stehen. Denn Hr. Champollion hat *pl.* 2. nr. 52. aus *Descript. de l'Égypte. T.* 4. *pl.* 28. nr. 9. κησρατ (nach ihm

durch Unregelmäfsigkeiten irre zu machen, welche, seiner Meinung nach, doch dem System keinen Eintrag thun. Ich stimme ihm hierin in mehreren Fällen bei. Da man aber nicht bei jedem Leser eigne Prüfung vorauszusetzen berechtigt ist, so werde ich, nicht um Hrn. Champollion zu berichtigen, sondern um unpartheiisch die Gründe für und wider seine Behauptungen zusammenzustellen, diese Auslassungen möglichst nachholen. Um jedoch gerecht zu sein, darf man nicht vergessen, dafs Hrn. Champollion's Brief an

---

Caesar Autocrator), und *T.* 4. *pl.* 28. nr. 12. steht in einem eignen Schilde κησατ, was man ebenso, mit ausgelafsnem ρ, erklären könnte. Die Lesung verliert aber, wo solche Voraussetzungen nothwendig sind, immer an Gewifsheit.

4) *Pl.* 2. nr. 61. aus *Descript. de l'Égypte. T.* 1. *pl.* 20. nr. 8. nach der Beschreibung des Basreliefs *Lettre. p.* 26. Hier ist in dem Schilde, welches Caesar gelesen werden soll, das erste σ (Hr. Champollion hat κησρς, das Original κηρς) und eines der beiden Zeichen des weiblichen Geschlechts unter dem Thron, der ideographisch die Isis anzeigt, hinzugesetzt. Man sieht aber, dafs hier der Kupferstecher gefehlt hat. Denn da die letzte Ergänzung punktirt ist, war es gewifs die Absicht des Verfassers, auch die erste punktiren zu lassen. Nur sollte der Text diese Verbesserungen angeben.

5) *Pl.* 3. nr. 72. aus *Descript. de l'Égypte. T.* 1. *pl.* 27. nr. 12. nach *Lettre. p.* 30. Hier hat das sechste Zeichen einen deutlichen Henkel, als *k*, von dem im Original jede Andeutung fehlt. Ich habe gefunden, dafs diese henkellosen Gefäfse (⌒) sehr häufig auf den Inschriften sind, indem andre, sonst ganz gleiche Gefäfse einen deutlichen Henkel haben. Hr. Champollion sagt nichts hierüber, und nimmt die Abweichung nicht in sein Alphabet auf, scheint aber beide Zeichen für gleich zu halten.

Hr. Champollion citirt selten seine Originale anders, als blofs nach dem Gebäude, wo sie waren; und man kann daher nicht behaupten, wenn man auch an denselben Gebäuden ganz gleiche Inschriften findet, ob sie die Urbilder der seinigen sind. Dies vorausgeschickt, bemerke ich noch folgende Abweichungen.

1) *Pl.* 3. nr. 72. c. gleich mit *Descript. de l'Égypte. T.* 1. *pl.* 80. nr. 9. hat das zwölfte Zeichen eine ganz andre Gestalt bei Hrn. Champollion, wo es ein *r* ist, als im Original, wo es deutlich einen Bogen vorstellt. Für seine Verbesserung aber spricht auf derselben Tafel nr. 7., welche, die wagerechte Stellung des Schildes und den einen Buchstaben ausgenommen, gänzlich mit nr. 9. übereinkommt.

2) *Pl.* 3. nr. 78. vom Typhonium zu Denderah. Das Schild mit dem Namen Antoninus kommt mit *Descript. de l'Égypte. T.* 4. *pl.* 33. nr. 6. überein; aber das damit verbundene weicht von nr. 5. derselben Platte in der Stellung der ersten drei und im letzten Zeichen so ab, dafs ich glauben möchte, beide Schilde (obgleich die Bilder von jener Platte auch von dem Typhonium sind) wären wo anders hergenommen. Ich bemerke schliefslich, dafs ich einen Theil der Champollionschen Abbildungen nicht mit den Originalen verglichen habe, weil mehrere nicht aus dem Französischen Werke genommen sind, und andre mir haben beim Durchblättern dieses entgehen können.

Hrn. Dacier nur eine vorläufige Entwicklung eines Theils seines Systems ist, dafs die Form einer Flugschrift ihn nöthigte, sich in der Zahl der, als Beweise, angeführten Inschriften zu beschränken, und dafs er an einem Orte lebt, wo ihn eine Menge hieroglyphischer Denkmäler aller Art umgiebt. Er konnte daher seiner Behauptungen in mehreren Punkten durch einen Totaleindruck sicher sein, den es ihm unmöglich war dem Leser in einer kurzen, nur einem Theil seines Systems bestimmten Schrift wiederzugeben. Es konnten ihm auf diese Weise Abweichungen als unbedeutend erscheinen, auf welche der, blofs diese Schrift, und eine beschränkte Anzahl von Denkmälern vor Augen habende Leser, aus seinem Standpunkt nicht mit Unrecht, Gewicht legt.

Hr. Letronne bemerkt sehr richtig ([1]), dafs man nur durch Hülfe der Griechen das alte Ägypten kennen zu lernen hoffen darf; und hierauf, auf eine Vergleichung der Hieroglyphen mit entsprechenden Griechischen Inschriften, gründet sich ursprünglich auch das System der phonetischen Hieroglyphen. Auf dem Rosettastein ergab die Vergleichung mit dem Griechischen Text viermal (zweimal ohne Anhängung ideographischer Zeichen) den Namen Ptolemaeus, auf dem Obelisk von Philae, dessen Griechische Sockel-Inschrift auch einen Ptolemaeus, und zwei Cleopatren nennt, fand sich in der Hieroglyphenschrift derselbe Name Ptolemaeus mit denselben Zeichen, und ein zweiter, dessen Zeichen zum Theil mit jenem übereinkamen, und an dessen Ende sich die Hieroglyphen des weiblichen Geschlechts fanden ([2]). Durch die Griechischen Inschriften stand also fest, dafs der erstere Name gewifs Ptolemaeus, der zweite wahrscheinlich Cleopatra war, allein allerdings auch nicht mehr. Ob die Zeichen nur zusammen eine untrennbare Gruppe ausmachten, oder ob die einzelnen, und welche Geltung sie hatten? blieb ungewifs. Wenn man aber hypothetisch annahm, dafs die Zeichen alphabetisch waren, worauf in beiden Namen die Vielheit, in dem ungewisseren die genaue Übereinstimmung ihrer Zahl mit der Zahl der Buchstaben in Cleopatra führte, so fand sich nun, dafs von den, beiden Namen gemeinschaftlichen Buchstaben *p, o, l* in ihnen in regel-

---

([1]) *Recherches.* p. 9.

([2]) Diese Inschriften des Obelisks in Philae habe ich nicht Gelegenheit gehabt selbst zu sehen. Ich kenne sie nur aus Hrn. Champollion's Nachbildungen. *pl.* 1. nr. 23. 24.

mäfsiger Ordnung (wie es die Lesung der Buchstaben und der Hieroglyphen forderte) mit denselben Zeichen vorkamen, e in Cleopatra auf analoge Weise mit η oder αι in Ptolemaeus, t aber mit einem verschiedenen Zeichen; dafs ferner von den Buchstaben, welche nur einer der beiden Namen hat, keiner in dem anderen war, und endlich dafs genau an der Stelle, wo in Cleopatra derselbe Buchstabe (a) wiederkehren mufste, auch pünktlich dasselbe Zeichen wirklich wiederkehrte. Dies, gestehe ich, kann ich nicht für das Spiel eines Zufalls halten, sondern die alphabetische Geltung der Zeichen in diesen beiden Namen, so wie die richtige Deutung des weiblichen, scheinen mir so sicher und vollständig erwiesen, als Beweise bei Dingen möglich sind, die einmal, ihrer Natur nach, nichts andres, als mit allen Umständen zutreffende Hypothesen, zulassen.

Gegen die Wirklichkeit blofs als Laute geltender Hieroglyphen, und einer Bezeichnung von Namen durch sie läfst sich, meines Erachtens, schon hiernach kein andrer, als der allgemeine Zweifel erheben, dafs, trotz aller dieser Wahrscheinlichkeiten, die Andeutung der Namen doch habe anders gemeint sein können.

Tritt man der Hypothese bei, so sind durch sie elf Buchstaben gefunden.

Ehe ich aber diesen Punkt verlasse, mufs ich, der Genauigkeit wegen, noch einen andren berühren. Ob die hieroglyphische Inschrift auf dem Obelisk von Philae mit der Griechischen auf dem Sockel ([1]) in Zusammenhange steht, so dafs jene aus dieser erklärt werden kann, wie wir oben voraussetzten? ist nicht als ganz ausgemacht anzusehen, jedoch höchst wahrscheinlich ([2]). Dafs die beiden Inschriften nicht Übersetzungen, eine der andren, sind, darüber ist man einverstanden ([3]). Die Griechische Inschrift enthält eine Bitte der Priester an den König Ptolemaeus Euergetes 2., gewis-

---

([1]) Hr. Champollion (*Lettre. p.* 6.) sagt: *l'obélisque était lié, dit-on, à un socle etc.* Hiernach wäre selbst ungewifs, ob der Sockel mit der Griechischen Inschrift wirklich der des Obelisks war? Hr. Letronne (*Recherches. p.* 297.) sagt bestimmt: *il fit déblayer l'obélisque ainsi que le socle, qui le supportait.* Auf alle Fälle fand man also den Obelisk nicht mehr auf dem Sockel stehend.

([2]) Hr. Letronne nennt es sogar gewifs. *l. c. p.* 333.

([3]) Letronne. *Recherches. p.* 338-340. Champollion in der *Revue encyclopédique. T.* 13. *p.* 517.

sen, sie drückenden Mifsbräuchen abzuhelfen, und ihnen zu erlauben, zum Gedächtnifs hiervon eine Stele zu errichten ([1]). Es fragt sich nun, ob der Obelisk selbst diese Stele ist? Hrn. Letronne scheint dies nicht unmöglich. Hr. Champollion ist aber aus den beiden, mir überwiegend scheinenden Gründen dagegen, dafs ein Obelisk nie eine Stele genannt werde ([2]), und dafs dieser Obelisk noch einen zu ihm gehörenden, der noch unter Trümmern daliege, neben sich gehabt habe. Er geht sogar so weit, allen Zusammenhang zwischen dem Obelisken und der Sockel-Inschrift abzuläugnen, doch nennt er den Obelisken einen von einem Ptolemaeus errichteten ([3]). Von dieser, in einer eignen Abhandlung in der *Revue encyclopédique* geäufserten Meinung scheint er in seinem Brief an Hrn. Dacier ([4]) zurückgetreten zu sein. Denn ob er sich gleich zweifelhaft ausdrückt, so zieht er doch den möglichen Zusammenhang beider Inschriften mit in seine Beweisgründe für die Entzifferung des Namens Cleopatra. Indefs geschieht dies nur beiläufig. Denn seine Hauptbeweise nimmt er immer von der Übereinstimmung her, die, unter Voraussetzung seines Alphabets, zwischen allen von ihm angeführten, vermöge desselben lesbar gewordnen Inschriften herrscht. Wenn man bedenkt, dafs in der Hieroglyphenschrift deutlich und mit den ganz gleichen Buchstaben der Rosetta-Inschrift Ptolemaeus vorkommt, und dafs die Griechische Inschrift von einem Ptolemaeus redet, so wird der Zusammenhang beider Inschriften wahrscheinlich. Der Obelisk braucht darum nicht die auf dem Sockel verheifsne Stele zu sein. Oft waren Obelisken ursprünglich (wie noch mehrere in Rom) von Hieroglyphen leer, und konnten nachher Inschriften erhalten. Des Namens Cleopatra habe ich hier nicht erwähnt, obgleich die Sockel-Inschrift zwei Cleopatren, Mutter und Tochter, und beide Gemalinnen Euergetes 2., nennt, weil die Deutung der hieroglyphischen Zeichen desselben mit auf dem Zusammengehören des Obelisks und des Sockels beruht.

Die Beweise aus Inschriften in bekannten Sprachen gehen nun

([1]) Letronne. *l. c. p.* 300.

([2]) Über den Begriff von στήλη habe ich mich schon oben S. 444. Anm. 2. ausführlich erklärt, und verweise daher auf das dort Gesagte zurück.

([3]) *Revue encyclop.* T. 13. *p.* 512. 517. 518.

([4]) *p.* 6. 7.

über das bis jetzt Gesagte nicht hinaus. Die Sicherheit der übrigen Zeichen des Champollionschen Alphabets gründet sich darauf, dafs unter mehreren jener zuerst gefundenen neue vorkommen, und durch jene erkennbar werden, oder, um mich bestimmter auszudrücken, in die gemachte Hypothese einer Namensdeutung mit jenen passen, dafs dadurch die Zahl der gedeuteten Zeichen wächst, und dieselbe Operation nun mit neuen, und der, sich immer vermehrenden Zahl der alten vorgenommen, und darin so weit gegangen wird, als die Zahl und Art der Inschriften es erlaubt.

Gegen diese Methode kann eine strenge Kritik nun freilich erhebliche Einwendungen machen. Denn erstlich kann die hypothetisch gemachte Deutung vielleicht unrichtig sein. So giebt die Inschrift, auf der Alexander gelesen wird, von den ersten elf Zeichen $\alpha\lambda.\sigma\epsilon.\tau\varrho.$, und drei neue an den mit Punkten bezeichneten Stellen. Diese ergänzt Hr. Champollion durch ..$\varkappa$..ν..ς. Man kann allerdings nun nicht mit Gewifsheit behaupten, dafs nicht vielleicht andre Laute einen ganz andren Namen bezeichneten ([1]).

Zweitens, und das ist das Wichtigste, wird man auf diese Weise von einem Zeichen zum andren fortgezogen, die Grade der Gewifsheit der einzelnen sind nicht dieselben, ohne dafs doch Hr. Champollion sie unterscheidet, oder nur eines solchen Unterschiedes erwähnt. Es kann, und mufs daher der Verdacht entstehn, dafs man vielleicht, auch von einer wahren und richtigen Grundlage ausgehend, zu ganz falschen, oder wenigstens ganz unsicheren Behauptungen gelangt, indem die Ungewifsheiten allmälig zunehmen.

Drittens kann die häufigere Wiederkehr derselben Inschriften, insofern man sich darauf berufen sollte, nichts für die Richtigkeit der Lesung beweisen. Nur wo, bei der Wiederkehr, die Zeichen verschieden sind,

---

[1] Champollion. *Lettre.* p. 10. pl. 1. nr. 25. Er sagt, nachdem er den Namen $\alpha\lambda\varkappa\sigma\epsilon\nu\tau\varrho\varsigma$, mit ϵ zum fünften Zeichen, geschrieben hat: *qui est écrit ainsi, lettre pour lettre en écriture démotique dans l'inscription de Rosette et dans le papyrus du cabinet du roi.* Diese Papyrusrolle kann ich nicht beurtheilen; aber auf der Rosetta-Inschrift (Zeile 2.) steht deutlich und nach Hrn. Champollion's eigner Lesung (p. 45. pl. 1. nr. 1.) $\alpha\lambda\varkappa\sigma\alpha\nu\tau\varrho\varsigma$, mit α zum fünften Zeichen, und so schreibt er auch p. 14. und 15. Es fällt also entweder der Beweis der Übereinstimmung mit der demotischen Schrift hinweg, oder der Name hat nicht drei, sondern vier neue Zeichen. Denn die einzelne Feder, die hier das fünfte Zeichen ist, bedeutete im Namen Cleopatra ϵ, und mufs hier α sein.

und, nach der früher angenommenen Geltung, doch denselben Namen geben, sind sie wirklich beweisend.

Dieser Einwendungen ungeachtet, halte ich die beobachtete Methode im Ganzen, wenn sie nur mit Behutsamkeit, und mit Beachtung der verschiedenen Wahrscheinlichkeitsgrade der Geltung der einzelnen Zeichen angewendet wird, durchaus nicht für verwerflich; man darf vielmehr den Scharfsinn bei ihrer Auffindung nicht verkennen. Sie ist künstlich, auch wohl gefährlich; allein ich möchte fragen, ob man durch andre, als sehr künstliche Methoden, stumme Hieroglyphen zum Reden bringen kann?

Die neuen Zeichen, wo sie jenen ersten beigemischt sind, für Buchstaben anzusehen, kann ich nicht mehr eine blofse Vermuthung nennen, da jene als Buchstaben erkannt sind, und die übrigen Namenschilde durchaus Gleichheit der Anordnung mit denen auf dem Rosettastein und dem Obelisken zu Philae zeigen, und jene ersten Zeichen bald vor, bald hinter, bald zwischen den neuen erscheinen, mithin die Idee einer Geltung, als zusammenhängender Gruppen, ganz wegfällt. Hiermit aber ist sehr viel gewonnen; denn es fragt sich nun blofs, welche Buchstaben man darunter zu verstehen hat?

Die Grade der Wahrscheinlichkeit der Deutung sind bei den verschiedenen Zeichen allerdings verschieden, und ich möchte nicht alle von Hrn. Champollion aufgestellten Buchstaben für gewifs halten.

Den ersten Grad der Sicherheit haben immer jene oben erwähnten elf.

An diese schliefsen sich diejenigen neuen Zeichen an, die man in denselben Namen Ptolemaeus und Cleopatra an der Stelle einiger von jenen findet. Doch ist ihre Gewifsheit nicht dieselbe mit jenen, da sie blofse Fehler, oder die Namen andre, nur wenig von jenen abweichende, sein könnten. Es sind, soviel ich habe finden können, vier ([1]). So hangen also mit

---

([1]) Champollion's *m*, nr. 3. Champ. *pl.* 1. nr. 40. *Descript. de l'Égypte. Ant. T.* 1. *pl.* 43. nr. 1. Champollion's *m*, nr. 5. Champ. *pl.* 1. nr. 31. Champollion's *o*, nr. 5. und 6. Champ. *pl.* 1. nr. 30. Champollion's *p*, nr. 2. 3. Champ. *pl.* 1. nr. 31. 34. 36. *Descr. de l'Eg. Ant. T.* 1. *pl.* 43. nr. 11. Dies Zeichen gilt auch ideographisch für dasselbe mit Champollion's *p*, nr. 1., wie *Descr. de l'Eg. Ant. T.* 4. *pl.* 28. nr. 9. zeigt, wo es vor dem Zeichen geliebt ebenso steht, als sonst jenes. Nachgesehen zu werden verdient *T.* 3. *pl.* 69. nr. 17., wo statt des *t* das Zeichen umder Vergleichung mit den Griechischen Inschriften funfzehn Zeichen zusammen, ein Drittel des Champollionschen Alphabets. Der Grad der Gewifsheit der übrigen kann nur auf der Häufigkeit der Fälle, und der Verschiedenartigkeit ihrer Mischung, in welcher sie, unter der einmal angenommenen Geltung immer lesbar, vorkommen, beruhen. Ich möchte indefs, ungeachtet dieser Unterscheidung der Wahrscheinlichkeitsgrade, bei weitem die meisten dieser Zeichen nicht für weniger gewifs ansehen, als jene funfzehn.

Denn erstlich findet man die hier in Classen gesonderten Zeichen so mit einander untermischt, dafs man weit mehr sie wie sich gegenseitig haltend, als wie die einen, weniger gewissen, sich auf die andren, sichreren, stützend ansieht.

Zweitens wird (die Verwechslung des *l* und *r*, und die Nichtbeachtung des Unterschiedes einiger harten und weichen Laute abgerechnet) jedes Consonantenzeichen nur in Einer Geltung angenommen, und giebt in dieser die behauptete Lesung.

Drittens kehren die Namen gar nicht immer in denselben Zeichen wieder, sondern sehr häufig mit einigen verschiedenen, und die Geltung der einzelnen ist doch immer dieselbe. Dies zeigen besonders die Reihen der Wörter: Autocrator, Caesar, Tiberius, Domitianus bei Hrn. Champollion.

Viertens finden sich eins, oder das andre der elf ersten Zeichen auf allen von Hrn. Champollion angeführten Inschriften, und einige, auch der auf weit spätere Römische Kaiser gedeuteten, bestehen ganz, oder so weit aus denselben, als sie gleiche Buchstaben enthalten, so Autocrator [1] hier und da, Tiberius [2], Domitianus [3]; dagegen ist mir Caesar nie so vorgekommen, sondern immer mit einem oder dem andren der später aufgefundenen Zeichen.

---

gekehrt (also *k* ohne den Henkel) und ein neues Zeichen statt des *m* steht. Bedeutet dies auch Ptolemaeus? Ein Ptolemaeus ähnlich kommender Name ist *T.*5. *pl.*30. nr. 3.

[1] Champollion. *pl.*2. nr.45. aus *Descript. de l'Égypte. T.*1. *pl.*23. nr.18.

[2] Von dem West-Tempel auf Philae. Champollion. *p.*28. *pl.*2. nr.64. Ich habe im grofsen Französischen Werk diese Inschrift vergebens gesucht.

[3] Auch von Philae. Champollion. *p.*28. *pl.*2. nr.65. Auch diese Inschrift habe ich nicht gefunden.

Die phonetischen Hieroglyphen Champollion's. 477

Hiernach glaube ich, dafs Hrn. Champollion's oben beschriebene Methode wirklich haltbar ist, nur allerdings in der Anwendung Vorsicht erfordert, dafs man bei weitem nicht alle Zeichen für unsicher ansehen kann, welche sich nicht mehr auf die Inschriften des Rosettasteins und des Obelisken von Philae stützen, und dafs sogar die in diesen enthaltenen durch die später entdeckten neue Bestätigung erlangen. Indem nämlich, unter der vorausgesetzten Bedeutung, alle diese Zeichen zusammen Reihen articulirter Laute geben, welche bekannte Namen dadurch zu lesen erlauben, stützen sich die Theile des Gebäudes gegenseitig, ohne dafs darum doch das Ganze in der Luft schwebt. Dies Urtheil kann indefs nur von dem System überhaupt gelten; die einzelnen Zeichen müssen einzeln geprüft werden (¹).

(¹) Da ich alle Buchstaben Hrn. Champollion's genau durchgegangen bin, so bemerke ich hier die seltneren, und füge die mir vorgekommenen Beispiele hinzu, die Hr. Champollion nicht angeführt hat, indem ich jedoch blofs vollständig lesbare Inschriften auswähle:

1) *a*, vorletzte Nummer. Champ. *pl.* 3. nr. 79. *Descr. de l'Égypte. Ant. T.* 4. *pl.* 28. nr. 15.
2) *b*, nr. 1. Champ. *pl.* 1. nr. 32. *pl.* 2. nr. 64. *pl.* 3. nr. 73. *Descr. de l'Eg. Ant. T.* 5. *pl.* 49. nr. 10. 19. 20.
3) *b*, nr. 2. Champ. *pl.* 2. nr. 62. 63. *bis. pl.* 3. nr. 77. 77. b. *Descr. de l'Eg. Ant. T.* 1. *pl.* 22. nr. 1. *pl.* 23. nr. 19.
4) *b*, nr. 3. Champ. *pl.* 3. nr. 70. 72. c.
5) η oder αι, nr. 8. 9. Champ. *pl.* 3. nr. 69. 70. 76. 77.
6) *k*, nr. 5. Champ. *pl.* 2. nr. 45. 46. 49.
7) *k*, nr. 6. Champ. *pl.* 3. nr. 72. c. *Descr. de l'Eg. Ant. T.* 5. *pl.* 49. nr. 8. 9.
8) *k*, nr. 7. 8. Champ. *pl.* 3. nr. 72. c., wo die Form noch dazu in etwas verschieden ist.
9) *k*, nr. 11. Champ. *pl.* 1. nr. 32.
10) *k*, nr. 14. Champ. *pl.* 3. nr. 60. 67.
11) *l*, nr. 3. 4. scheint blofs der Verwechslung des *l* und *r* wegen gesetzt. Ich kenne wenigstens kein Beispiel, wo diese Zeichen nicht *r*, sondern *l* bedeuteten.
12) *m*, nr. 4. Champ. *pl.* 3. nr. 67. 68. b. *Descr. de l'Eg. Ant. T.* 4. *pl.* 28. nr. 30. 32.
13) *s*, nr. 6. Champ. *pl.* 1. nr. 32. 77. b.
14) *s*, nr. 9. 10. Champ. *pl.* 3. nr. 71. 72.
15) *s*, nr. 11. aufser den Beispielen bei Champ. *Descr. de l'Eg. Ant. T.* 4. *pl.* 28. nr. 30. 32.
16) *s*, nr. 12. Champ. *pl.* 3. nr. 70. *bis.* 71. 72.
17) *s*, nr. 13. Champ. *pl.* 2. nr. 57. *pl.* 3. nr. 66. 76.
18) *s*, nr. 14. läfst mich sehr zweifelhaft. In zwei Beispielen, *Descr. de l'Eg. Ant. T.* 1. *pl.* 43. nr. 3. 4., beidemale im Namen Ptolemaeus, vertritt dies Zeichen die Stelle des *m*. Bei Hrn. Champollion findet es sich zweimal, *pl.* 3. nr. 75. a. aus *Descr. de l'Eg. Ant. T.* 1. *pl.* 27. nr. 16. (σβσ(?)τ), und *pl.* 3. nr. 76. von dem Barberinischen Obelisk

478 *Über den Zusammenhang der Schrift mit der Sprache.*

Hrn. Champollion's System der **phonetischen Hieroglyphen** hängt mit einem weitläuftigeren auch über die **ideographischen**, und die **hieratische und demotische Schrift** zusammen; und da er diese verschiedenen Schriften nur als Abkürzungen, eine von der andren, betrachtet, so stützt er sich auch bisweilen darauf, dafs zwei verschiedene hieroglyphische Zeichen, die jedoch denselben Buchstaben bedeuten, nur Einen und ebendenselben entsprechenden in der **hieratischen Schrift** haben ([1]). In diesen Beweisen habe ich ihm jedoch nicht folgen können, da man hierzu das Ganze seines Systems mehr kennen müfste, seine Citate zu unbestimmt sind, und gewifs nur ein an dies System schon gewöhntes Auge in der Abkürzung leicht die Hieroglyphe entdeckt.

Wenn aber auch in einer Inschrift die Buchstaben feststehen, so kommt es darauf an, ob diese die von Hrn. Champollion angegebenen Namen bedeuten, oder überhaupt, bei dem Mangel vieler Vocallaute, und der Vieldeutigkeit der Vocalzeichen, eine sichre Lesung, oder blofs ein schwankendes Rathen erlauben. Die wenigen **Griechischen Namen** lassen, wenn man die Buchstaben für sicher hält, nicht gerade Zweifel übrig; Cleopatra findet sich mit allen Consonanten und Vocalen; bei den **Römischen** aber ist der Fall anders. Doch spricht diese Verschiedenheit für Hrn. Champollion, da den Ägyptiern die Griechischen Namen natürlich geläufiger waren.

(Zoëga. Pl. 8.), eine Inschrift, über die ich weiter unten sprechen werde. Soll man nun in den beiden ersteren, in allen andren Buchstaben deutlichen Fällen *Ptolsäs* lesen, oder hier, in den weniger deutlichen, das Zeichen nicht für ein *s* halten? Es wäre zu wünschen gewesen, Hr. Champollion hätte sich hierüber erklärt, und jener beiden Inschriften wenigstens erwähnt. Sonderbar genug ist es, dafs dies Zeichen sehr leicht sowohl aus dem gewöhnlichen *m* (nr. 1. 2. bei Hrn. Champollion), als aus dem *s* (nr. 13.), welches er (*p*. 48.) für eine Panflöte erklärt, entstehen konnte. War dies der Fall, und vertrat es hiernach zugleich die Stelle von *m* und *s*?

19) *s*, nr. 15. Champ. *pl.* 3. nr. 70.
20) *t*, nr. 4. Champ. *pl.* 3. nr. 66. 68. b. *Descr. de l'Eg. Ant.* T. 4. *pl.* 28. nr. 30. 32.
21) *to*, aufser Hrn. Champollion's zahlreichen Beispielen, *Descr. de l'Eg. Ant.* T. 4. *pl.* 28. nr. 30. 32. *pl.* 33. nr. 4.

Nicht in das Alphabet aufgenommen, aber in der Schrift gedeutet sind zwei andre Zeichen, noch eins für *a* oder *ha* (*pl.* 3. nr. 76.) und eins für *n* (*pl.* 3. nr. 77. a.).

([1]) *Lettre. p.* 13.

Die phonetischen Hieroglyphen Champollion's. 479

Der Name Ptolemaeus kommt, da es so viele Könige dieses Namens gab, sehr häufig vor, und, die wenigen oben angeführten Beispiele ausgenommen (¹), immer mit denselben Zeichen, als auf dem Rosettastein (²), bisweilen auch abgekürzt, oder fehlerhaft: *Ptole*, *Ptoleäs*, *Ptoles*, *Poläs* (³).

Cleopatra habe ich nur ein einzigesmal mehr gefunden, als es Hr. Champollion hat, und zwar als Claoptra (⁴) (einmal (⁵), wo Hr. Champollion Cleopatra liest (⁶), steht, wenn man nicht in entgegengesetzter Richtung der Zeichen lesen soll, κλεοαπτρα), Berenice, aufser den beiden Beispielen dieses Namens bei Hrn. Champollion, welche beide dieselbe Inschrift, nur in umgekehrter Ordnung, sind, und Alexander gar nicht. Arsinoe (⁷) ist hieroglyphisch bis jetzt nicht vorgekommen.

Die Römischen, von Hrn. Champollion entzifferten Namen und Benennungen sind Autocrator (αοτοκρτρ, αοτκρτρ, αοτακρτρ, αοτοκλτλ, αοτοκρτλ, αοτοκρτορ, αοτκρτλ, αοτκροτορ, ατ), Caesar (κησρς, κησλς, κησρ, κεσρς, κσρς, κης, κσρ), Tiberius (τβρς, τβλς, τβρες), Domitianus (τομτηνς, τομητνς, τμητηνς, τμητενς), Vespasianus (οσπσηνς), Trajanus (τρηνς), Nerva (νροα, νλοα, νρο), Claudius (κλοτης, κροτης, κρτης), Hadrianus (ατρηνς), Sabina (σαβηνα), Antoninus (αντονηνς, ατονηνς), Germanicus (κρμνηκς, κρμηνκς, κλμνηκς), Dacicus (τηκκς), Sebastos (σβστς), Sebaste (σβστη) (⁸).

(¹) Siehe S. 475. Anm. 1.

(²) Neunmal wiederholt (einmal darunter mit einem neuen, oder fehlerhaften Zeichen) *Descript. de l'Égypte. Ant. T.* 3. *pl.* 52., zweimal *pl.* 61., ferner *pl.* 69. nr. 11., auch *T.* 1. *pl.* 16. nr. 1. *pl.* 59. nr. 4. 5. *pl.* 60. nr. 7. 8. *pl.* 63. nr. 5., endlich die Abbildungen bei Hrn. Champollion.

(³) *Descript. de l'Égypte. Ant. T.* 3. *pl.* 69. nr. 70. *T.* 1. *pl.* 12. nr. 10. 11. *pl.* 23. nr. 8. (mit einem neuen Zeichen, das hier, nicht aber an andren Stellen, ein *m* zu sein scheint). Ich brauche hier wohl kaum daran zu erinnern, dafs die Namen auf den Münzen auch bei weitem nicht immer vollständig sind.

(⁴) *l. c. pl.* 43. nr. 11.

(⁵) Champ. *pl.* 1. nr. 36. aus *Descript. de l'Égypte. Ant. T.* 4. *pl.* 28. nr. 16.

(⁶) *Lettre. p.* 47. *pl.* 1. nr. 36.

(⁷) Siehe oben S. 463.

(⁸) Ich habe in den Parenthesen bei diesen Namen immer Hrn. Champollion's Art, sie zu lesen, gegeben.

Von allen diesen Namen darf man, wie man aus dem eben Gesagten sieht, regelmäfsig und richtig geschrieben, nur die Consonanten erwarten; die Vocale fehlen theils, theils steht einer für einen andren. Hierdurch werden einige Namen allerdings sehr entstellt. Da man aber mit diesen Namen die Benennungen Caesar, Autocrator, und Beinamen, wie Germanicus, Dacicus, und zwar auf denselben Cartouchen, verbunden findet, nicht blofs auf neben einander stehenden, so unterstützt dies die Richtigkeit der Lesung. Was aufserdem für dieselbe spricht, ist, dafs bisweilen die Schreibung der Vocale verschieden ist, und eine den wahren Lauten näher kommt, als die andre; so τμητιηνς mehr (¹), als τομτηνς, für Domitianus. Man darf dabei nicht vergessen, dafs den hieroglyphischen Inschriften immer die Griechische Aussprache zum Grunde liegt, und die Römischen Namen mithin einer doppelten Verdrehung unterworfen waren, was bei Lauten, wie *j* in Trajanus, sehr bemerkbar werden mufste. Sehr beweisend für Hrn. Champollion's Lesung ist, dafs *ianus* in Domitianus, Vespasianus und Trajanus ganz gleich geschrieben ist. Alle diese Namen endigen sich regelmäfsig in ηνς (²).

In einigen Namen, Caesar, Autocrator, Tiberius, Germanicus, steht nicht selten *l* für *r*, eine Verwechslung, die allerdings, wie in mehreren Sprachen, so in demjenigen Dialekt der Koptischen gefunden wird, welchen man wohl den Baschmurischen zu nennen pflegt, und den Hr. Champollion für die alte Landessprache von Mittel-Ägypten hält (³).

Wenn aber in demselben Namen von zwei *r* eins richtig, und eins in *l* verwandelt steht (⁴), so fällt dies immer sehr auf.

Dafs γ und κ, δ und τ für dieselben Laute gelten, ist schon bemerkt worden. Dagegen finde ich β und π nicht verwechselt.

Bei den Kaisernamen stützt sich Hr. Champollion mit Recht auch auf

---

(¹) Champ. *Lettre. pl.* 3. nr. 69. aus Kircher's Obel. Pamphilius. 72. 434.

(²) Von Domitianus und Trajanus sind die Beispiele häufig, von Vespasianus auf dem Pamphilischen Obelisk. Champ. *pl.* 3. nr. 70. *bis.*

(³) *Lettre.* p. 21. Es heifst: *je persiste à considérer etc.* Hr. Champollion hat also vermuthlich diese Meinung schon öffentlich irgendwo ausführlicher geäufsert.

(⁴) Wie Champ. *pl.* 2. nr. 56. aus *Descript. de l'Égypte. Ant. T.* 4. *pl.* 28. nr. 35.

die Übereinstimmung der hieroglyphischen Inschriften mit denen der Münzen (¹).

Ich habe jedoch schon oben bemerkt, dafs, wenn man auch alle Voraussetzungen Hrn. Champollion's zugiebt, die Entzifferung aller Namen bei weitem nicht gleich deutlich und gewifs ist. Ich werde hier die Schwierigkeiten, die sich bei einigen finden, um so mehr zusammenstellen, als einige dieser Fälle nicht unwichtige Thatsachen betreffen.

Unter den vier Beispielen für den Namen Alexander ist nur eins, wo die Consonanten vollständig und zweifellos sind (²): αλκσεντρς; das fünfte Zeichen hier schwankt zwischen α und ε. Im zweiten, αλκσυρες (hier ist das vorletzte Zeichen der schwankende Vocallaut), fehlt das τ (³). Hr. Champollion giebt diese Inschriften entschieden als aus Karnak (Theben) stammend, und Alexander dem Grofsen zugehörend an (⁴). Allein die Erklärer des Französischen Werks sagen nur: *Légendes que l'on croit avoir été recueillies à Karnak;* und dafs gerade Alexander der Grofse gemeint sei, ist wenigstens nicht gewifs, obgleich es wahrscheinlich sein mag. Die beiden Inschriften des Ptolemaeus Alexander (⁵) haben αρκσντρς. Hier kommt mehreres zusammen, was Bedenken erregen kann. Der Anfangsvocal ist nicht der Falke, der immer bestimmt *a* anzuzeigen scheint, sondern das zwischen *a* und *e* schwankende Zeichen; für *l* ist *r* gesetzt, was auch sonst nicht vorkommt; und eine dieser beiden Inschriften ist die oben (⁶) erwähnte, stillschweigend stark von Hrn. Champollion ergänzte (⁷), wofür sich jedoch sagen läfst, dafs die andre Inschrift die veränderten Buchstaben deutlich hat.

(¹) *Lettre. p.*27. 28.

(²) Champollion. *pl.*1. nr. 25. aus *Descript. de l'Égypte. Ant. T.*3. *pl.*38. nr.15.

(³) Champollion. *p.*46. *pl.*1. nr. 26. aus *Descript. de l'Égypte. l. c.*

(⁴) *Lettre. p.*10. 21. *le nom d'Alexandre le Grand que nous avons lu sur les édifices de Karnak. p.*46.

(⁵) *Lettre. p.*20. *pl.*1. nr. 40. 41. In nr. 40. bleibt ein von Hrn. Champollion nicht erklärtes Zeichen übrig, das aber schwerlich die Namen angeht. Es steht unmittelbar vor der ideographischen Gruppe für: zubenannt.

(⁶) Siehe oben S. 469. Anm. 1. nr. 2.

(⁷) Bei Hrn. Champollion steht nämlich αρκσντρς, im Original σρκσν (ein Viertel-Mondsegment) ρς.

482   *Über den Zusammenhang der Schrift mit der Sprache.*

Der Name Caesarion's, des Sohnes der Cleopatra, soll sich, als Ptolemaeus Neo-Caesar, auf einer Inschrift in Denderah befinden (¹). Allein um den Ägyptischen Hieroglyphenschriften diesen Königsnamen einzuverleiben, würde ich doch ein anderes Beispiel abwarten. Denn einmal bemerkt Hr. Champollion nicht, dafs, wo auf seiner Platte ein *r* ist, das Original ein *a* hat, folglich nicht, wie er sagt, νηο κησρς, sondern νηο κησας steht (²); dann mufs das η, welches nur einmal steht, zweimal, zu ν und zu κ, gelesen werden. Dies nun wäre nicht so wichtig, da, nach Hrn. Champollion, dies auch sonst vorkommt (³), und Caesar auch in andren Beispielen ohne allen Vocal geschrieben steht (⁴). Wichtiger ist, dafs, um deutlich νηο lesen zu können, das η doch zu dem ν gehören müfste. Nun aber giebt die Lesung der Inschrift, wenn man das η schlechterdings zu dem ν ziehen will, eigentlich νοη, und nur wenn man der übrigen Hieroglyphen-Richtung auf dem Stein entgegen liest, νηο. Mit ungezwungener Anwendung der gewöhnlichen Regeln, lautet die Inschrift νοκησας, und die Frage ist nun, ob man dies für *νέου Καίσαρος* nehmen soll? Hr. Champollion führt von derselben Kupfertafel des grofsen Französischen Werks den Namen Cleopatra, als des der Mutter Caesarion's, an, und stützt sich auch auf zwei Inschriften Ptolemaeus und Caesar (⁵), die er *deux cartouches accolés* nennt. Aber gerade dieser Hauptumstand ist sehr zweifelhaft. Die angeführte Kupfertafel des Französischen Werks giebt kein Gebäude, an dem man die Stellung der Inschriften sehen könnte, sondern jede einzeln in vermuthlich willkührlicher Ordnung. Es ist nicht einmal gewifs, ob jene beiden sich in demselben Tempel befinden. Die Erklärung sagt blofs, von allen diesen Inschriften: *dessinées dans les temples de Denderah*. Gründet sich Hrn. Champollion's Behauptung auf andre Thatsachen, so wäre es gut gewesen, sie anzu-

---

(¹) *Lettre. p.* 21. *pl.* 1. nr. 42. aus *Descript. de l'Égypte. Ant. T.* 4. *pl.* 28. nr. 15.

(²) Siehe oben S. 469. Anm. 1. nr. 3.

(³) Er citirt seine *pl.* 3. nr. 71. aus *Descript. de l'Égypte. Ant. T.* 1. *pl.* 27. nr. 2., wo dies aber nur dann statt findet, wenn Sebastos einen Vocal haben soll, was, streng genommen, nicht nöthig ist. In dieser sowohl, als der daneben stehenden Cartouche hat Hr. Champollion in seiner Zeichnung richtig scheinende Ergänzungen gemacht.

(⁴) *Champ. pl.* 2. nr. 59. und *pl.* 3. nr. 72. c. aus *Descript. de l'Égypte. Ant. T.* 1. *pl.* 80. nr. 9.

(⁵) *Descript. de l'Égypte. Ant. T.* 4. *pl.* 28. nr. 25. 26. *Champ. pl.* 1. nr. 43.

führen (¹). Hat aber Caesarion wohl jemals den Namen νέος Καῖσαρ, oder Ptolemaeus Caesar getragen? Mir ist keine Stelle eines alten Schriftstellers bekannt, aus der sich der eine, oder andere Name rechtfertigen ließe. Bei Dio Cassius (²) heißt er deutlich Ptolemaeus, mit dem Beinamen Caesarion, nicht Caesar. Man muſs daher annehmen, daſs er sich den Namen seines angeblichen Vaters so zugeeignet habe, als ihn August durch Caesar's Testament empfing. Für den ersteren Namen würde Hr. Champollion vielleicht anführen, daſs Cleopatra sich νέα Ἶσις (³), Ptolemaeus Auletes νέος Διόνυσος (⁴) nannten, und daſs Nero auf einer Ägyptischen Münze νέος Ἀγαθοδαίμων (ΝΕΟ.ΑΓΑΘ.ΔΑ3Μ.) (⁵) heißt. Allein diese Fälle erlauben hier nur insofern Anwendung, als man annimmt, daſs Caesar, nach seinem Tode, göttliche Ehre in Ägypten genoſs. Die Sache in sich ist aber nicht unwichtig, da es einen Beweis gegen Hrn. Champollion's System abgeben würde, wenn die von ihm Caesar gedeuteten Zeichen in einer Verbindung vorkämen, wo sich dies Wort, mit Berücksichtigung der Geschichte, gar nicht, oder nicht leicht erwarten ließe.

Die einzige auf Augustus zu deutende Inschrift wird dadurch unsicher, daſs Hr. Champollion auf ihr hat ein Zeichen ergänzen müssen, und ohne dasselbe Caesar, in einer sonst ungewöhnlichen Abkürzung, κηρς, vorkommt (⁶).

Die Inschrift auf dem Zodiacus von Denderah (⁷) lautet, wenn man der bei den Hieroglyphen sonst gewöhnlichen Richtung folgt, da der Kopf des Falken (*a*) nach der Linken hinsieht, und man daher nach der

---

(¹) Hr. Young ist mit diesem Sohn der Cleopatra noch viel weniger glücklich gewesen. Für seinen Cleopatriden (*Egypt*. nr. 65.) läſst sich kaum ein irgend scheinbarer Grund anführen.

(²) *l.* 47. *c.* 31. *l.* 49. *c.* 41. Die andren Hauptstellen über ihn sind *l.* 50. *c.* 1. 3. *l.* 51. *c.* 6. 15. Plutarchus *in Caesare. c.* 49., *in Antonio. c.* 55. 71. 81. 82. Suetonius *in Caesare. c.* 52., *in Augusto. c.* 17.

(³) Plutarchus *in Antonio. c.* 55.

(⁴) Diodorus Siculus. *l.* 1. *c.* 44.

(⁵) Zoëga. *Nummi Aegyptii Imperatorii.* p. 23.

(⁶) Champollion. *Lettre.* p. 27. aus *Descript. de l'Égypte. Ant. T.* 1. *pl.* 20. nr. 8. Siehe oben S. 477. Anm. nr. 4.

(⁷) Champollion. *Lettre.* p. 25. *pl.* 2. nr. 50. *Descript. de l'Égypte. Ant. T.* 4. *pl.* 21.*

Rechten lesen muſs, je nachdem man die beiden ersten Zeilen senkrecht, oder wagerecht liest, σκατρτρ, oder σακτρτρ. Um, wie Hr. Champollion thut, αοτκρτρ, oder, wie es senkrecht möglich wäre, ατοκρτρ zu lesen, muſs man die Buchstaben entgegengesetzt, mithin der Richtung des Kopfs folgend, ordnen ([1]).

Diese Bemerkungen mögen kleinlich scheinen, und die eben angeführte Inschrift mag dennoch Autocrator heiſsen. Indeſs vermiſst man immer mit Bedauern, daſs diese Inschrift gerade nicht eine so klare und deutliche Lesung, als andre, erlaubt, da es hier auf die Zeitbestimmung eines wichtigen Denkmals ankommt. Ich läugne dabei aber keinesweges die Wichtigkeit der von Hrn. Champollion versuchten Erklärung. Sie erschüttert vollständig den Glauben an das hohe Alterthum dieses Thierkreises.

Auf dem Barberinischen Obelisk hat Hr. Champollion die Namen Hadrianus Caesar und Sabina Sebaste ([2]) entdeckt; und hiermit stimmt sehr wohl überein, daſs Zoëga auch den Barberinischen Obelisk für neuer hielt, obgleich er ihn, nach den damals herrschenden Ideen, immer in die Zeiten des Psammetichus versetzt ([3]). Vergleicht man aber, was er von dem Styl der Bildwerke desselben sagt, mit seiner Beschreibung einer Marmortafel, die er bestimmt den Zeiten Hadrian's zuschreibt ([4]), so wundert man sich, daſs ihm nicht selbst die Übereinstimmung aufgefallen ist. Für Hrn. Champollion's Entzifferung spricht ferner, daſs das Wort σεβαστη auch in den Hieroglyphen deutlich weibliche Endung in η hat. Übrigens aber ist die Lesung der beiden Namen gar nicht ohne Schwierigkeit, da in jedem ein durchaus neuer Buchstabe vorkommt, den auch Hr. Champollion sehr rich-

---

([1]) Mit denselben Zeichen, aber in streng richtiger Folge, steht das Wort Champ. *pl.* 2. nr. 45. aus *Descript. de l'Égypte. Ant. T.* 1. *pl.* 23. nr. 18. — nr. 61. aus *Descr. de l'Eg. Ant. T.* 1. *pl.* 20. nr. 8. — nr. 62. aus *Descr. de l'Eg. Ant. T.* 1. *pl.* 23. Auch in den übrigen Inschriften kann man beim Lesen des Worts die Ordnung richtig beobachten. Wie schon oben bemerkt ist, steht wohl *oato* für *aoto*, dies hat aber auf die Consonanten keinen Einfluſs. Daſs Hr. Champollion sonst streng der Ordnung der Zeichen folgt, beweist *pl.* 2. nr. 46. aus *Descr. de l'Eg. Ant. T.* 4. *pl.* 28. nr. 17. Hier sind zwei α, von denen man das eine gern zwischen κρ und τ setzen möchte. Er liest aber, streng nach der Zeichenrichtung, αοτακρτρ.

([2]) *Lettre.* p. 31. 50. 51. *pl.* 3. nr. 76. 77. a. b. Zoëga. Pl. 8.

([3]) *p.* 598. §. 2.

([4]) *p.* 618.

Die phonetischen Hieroglyphen Champollion's. 485

tig, weil die Geltung nur auf diesem Einen Beispiel beruhen würde, nicht in sein Alphabet mit aufnimmt. Hadrian ist nämlich gerade so, wie sonst Trajan, aber mit einem neuen Zeichen davor, geschrieben (¹). Auf den Namen folgen die drei Buchstaben $\varkappa\sigma\varrho$, von denen aber der zweite das oben erwähnte mir zweifelhafte *s* ist (²). Erwarten sollte man eher, daſs Hadrian, wie auf den Griechischen Münzen, mit Vernachlässigung der Aspiration, mit einem deutlichen *a* geschrieben wäre. In Sabina, $\sigma\alpha\beta\eta\nu\alpha$, ist das ν ein neues Zeichen, oder dieser Buchstabe fehlt ganz. Über der Hieroglyphe, welche ideographisch Göttin bedeutet, steht nämlich das Bild eines Kopfschmuckes, welcher dem sogenannten Pschent (³) ähnlich sieht, und nur einfacher, als dieser, ist. Wenn hier ein ν sein soll, muſs dies Zeichen diesen Buchstaben vorstellen. Hr. Champollion sagt: *ce cartouche contient en toutes lettres le nom de l'Impératrice* $\Sigma\alpha\beta\eta\nu\alpha$, ohne des mangelnden, oder neuen ν zu gedenken. In $\sigma\epsilon\beta\alpha\sigma\tau\eta$ ist das erste Zeichen ein Vogel, das, als *s*, auch, soviel ich habe finden können, keine andre Autorität für sich hat, als die beiden Inschriften der Berenice, $\beta\varrho\nu\eta\varkappa\varsigma$ (⁴). In diesen aber kann es ebenso gut einen Vocal bedeuten, wie sonst in Hrn. Champollion's Alphabet mehrere Vogelgattungen einen solchen anzeigen.

(¹) Hr. Champollion sagt *p.* 50., ein neues Beispiel müsse erst entscheiden, ob dieser Buchstabe *ha*, oder *a* sei. Auf eine artige Weise hat Hr. Champollion diesen Buchstaben mit *k* verbunden, um unter die Kupferplatten seiner Schrift seinen eignen Namen hieroglyphisch zu setzen.

(²) Siehe oben S. 477. Anm. 1. nr. 18.

(³) Über diese Kopfbedeckung vergleiche man Champollion. *Lettre. p.* 26. Als ideographisches Zeichen kommt sie sehr häufig in der Rosetta-Inschrift vor, so daſs dadurch Young's Meinung, der sie für eine Partikel hält (*Egypt.* nr. 177.), Wahrscheinlichkeit gewinnt. Sehr merkwürdig ist gleichfalls das häufige Erscheinen der gebrochenen Linie (in den Namenschilden das *n* Hrn. Champollion's) auch in den fortlaufenden, nicht phonetischen Hieroglyphen. Auf der Rosetta-Inschrift findet es sich über sechzigmal. Dagegen steht es auch nicht einmal weder in der langen hieroglyphischen Papyrusrolle in der *Descript. de l'Égypte. Ant.* T. 2. *pl.* 72-75.*, noch in den beiden ähnlichen, jetzt hier aufgerollten Papyrusschriften aus der Sammlung des Grafen Minutoli. Ich habe mich hierüber schon oben (S. 458. und daselbst Anm. 4.) ausführlich geäuſsert, und auch der in jener Papyrusrolle so häufig wiederkehrenden, aber sich auch auf dem Rosettastein, neben der gebrochenen, findenden, einfachen wagerechten Linie erwähnt.

(⁴) Champollion. *Lettre. pl.* 1. nr. 32. 33.

486 *Über den Zusammenhang der Schrift mit der Sprache.*

In den beiden Inschriften (¹), welche Hr. Champollion Autocrator (αοτοκρτς) Caesar (κης) Nerva (νλοα) Trajanus (τρηνς) Germanicus (κρμνηκς) Dacicus (τηκκς) liest, bleiben hinter Nerva zwei Zeichen unerklärt übrig, die nicht ideographisch scheinen, und nach dem Alphabet *oi* heifsen; ebenso zwischen Germanicus und Dacicus ein unerklärtes *n*.

Hr. Champollion hat natürlich nur eine Auswahl von Inschriften seinen Lesern mitgetheilt. Ich habe, soviel ich konnte, auch andre, von ihm übergangene, nachgesehen, nicht um eine Nachlese zu halten, was ich billig schärfer blickenden und geübteren Entzifferern überlasse, sondern um mich zu überzeugen, von welcher Art diejenigen Inschriften wären, die Hr. Champollion entweder nicht errathen konnte, oder die er aus andren Gründen unerwähnt liefs. Ein vollständiges Urtheil über die phonetischen Hieroglyphen schien mir nur insofern möglich, als man das Ganze derselben zu umfassen suchte. Die Auffindung hieroglyphisch geschriebener Namen wird dadurch erleichtert, dafs dieselben, wenn auch vielleicht nicht ganz ohne Ausnahme, doch so gut, als immer, in ovale Schilde eingeschlossen sind. In diesen vermuthete schon Zoëga (²) Namen, und neuerlich hat wohl Hr. Young zuerst auf sie aufmerksam gemacht. Bemerkenswerth scheint es mir, dafs auf der grofsen, oft erwähnten hieroglyphischen Papyrusrolle im Französischen Werk kein einziges dieser Ovale zu finden ist (³). Sollte darum in derselben gar kein Name vorkommen?

Diese Namenschilde enthalten aber auch Beinamen, und nicht blofs phonetische, sondern oft auch ideographische Zeichen, dergleichen, wie man nicht vergessen mufs, die phonetischen ursprünglich auch sind. Wenn man, wie ich glaube, annehmen darf, dafs Hrn. Champollion's Alphabet, wenn es auch bei weitem nicht vollständig sein mag (⁴), doch einen grofsen

---

(¹) *pl.*3. *nr.*74. aus *Descript. de l'Égypte. Ant. T.*1. *pl.*41. *nr.*56.

(²) *p.*465. Er nennt sie *schemata ovata sive elliptica planae basi insidentia*.

(³) *T.*2. *pl.*75.* *col.*129. ist zwar ein Viereck mit einem kleineren in einer seiner Ecken, das Hieroglyphen einschliefst. Allein diese Vierecke dürfen wohl nicht mit jenen Ovalen verwechselt werden. Sie finden sich auch mit Ovalen zugleich; so *T.*5. *pl.*74. *nr.*1., und etwas verschieden *T.*1. *pl.*59. *nr.*5. Bei Hrn. Young (*Egypt.* nr.16.) bedeutet ein Habicht in solchem Viereck die Horus-Amme Bato, doch nach blofser Vermuthung.

(⁴) Hr. Champollion glaubt, dafs seinem Alphabet nur wenige Buchstaben fehlen. Wenn man die von ihm nicht erklärten Namen durchgeht, findet man Zeichen mit so vielen der

Die phonetischen Hieroglyphen Champollion's.

Theil der phonetischen Zeichen enthält, so kann man, immer im Sinn seines Systems gesprochen, hierauf die Vermuthung gründen, daſs die Schilde, in welchen nur **wenige**, oder **keine** dieser Zeichen vorkommen, bloſs **ideographische**, und andre die wenigen, bisweilen phonetisch gebrauchten, nur in **ideographischer Geltung** enthalten.

Diese Schilde mögen nur die **einheimischen Namen** umfassen. Denn wie würden die Ägyptier, deren ganze Schrift ideographisch war, darauf gekommen sein, Namen alphabetisch, bloſs nach den Lauten, zu schreiben, die in ihrer Sprache eine leicht erkennbare Bedeutung hatten? Wir lernen aus Horapollo ([1]), daſs ein Falke, weil er Baiäth hieſs, die Seele in ihrem Sitze, dem Herzen (ψυχὴν ἐγκαρδίαν), anzeigte, und haben daher hieran ein Beispiel, daſs der Name einer Hieroglyphe, ohne Rücksicht auf den Gegenstand, einen andren bezeichnete. Hatte aber ein Name, und dies konnte auch bei einem einheimischen der Fall sein, keine **Bedeutsamkeit**, oder war seine Bedeutung nicht leicht erkennbar, so muſste man zur **Bezeichnung des Lautes theilweise**, nach Sylben oder Buchstaben, vorschreiten; und hierin scheint mir der Übergang von den ideographischen Bezeichnungen der einheimischen Namen zu den phonetischen der fremden zu liegen.

Hr. Champollion behauptet ([2]), daſs die **phonetische Hieroglyphenschrift** als Hülfsschrift (*écriture auxiliaire*) bei der rein ideographischen

---

seinigen verbunden, daſs man sich nicht erwehren kann, sie auch für phonetische zu halten; so auf dem Pamphilischen Obelisk (Kircher. 434.) eine Schlange, vielleicht als *t*, so ferner anderswo einen kleinen Kreis (○), und den Strich, der den obern Theil der Sylbe *to* bei Hrn. Champollion ausmacht. Doch ist es mir nicht gelungen, die beiden letzteren in den verschiedenen Stellen, wo ich sie gefunden, gleichmäſsig zu erklären. Der Kreis scheint *Descript. de l'Égypte. Ant. T.1. pl.23. nr.8.* ein *m*, *T.4. pl.28. nr.30.* ein *n*, *T.5. pl.49. nr.19.* ein *a*, und *T.1. pl.36. nr.8.* ist mir die Bedeutung zweifelhaft geblieben. Der Strich ist, wie es auch die Zusammensetzung *to* angiebt, ein deutliches *t T.1. pl.22. nr.6. pl.23. nr.19. pl.27. nr.17.*, scheint aber ein *k pl.80. nr.8. T.5. pl.49. n.19.* ist ein Zeichen, das nichts andres, als *k*, sein zu können scheint, und vielleicht dasselbe, als Champollion's *k* nr.14., nur anders gewandt, ist. Ein neues Zeichen für *r* geht aus der Vergleichung von *T.5. pl.49. nr.10. und 20.* hervor.

([1]) *l.1. c.7.* Über die Alt-Ägyptischen hierbei zur Sprache kommenden Wörter s. Zoëga. *p.454. nt.53.*

([2]) *p.40.*

lange vor der Griechischen und Römischen Herrschaft bestanden, einen nothwendigen Theil derselben ausgemacht, und aufserdem, vor und nach Cambyses Zeit, zum Schreiben fremder Namen gedient habe. Sein aus der Unvollkommenheit des hieroglyphischen Alphabets hergenommener Grund hierfür scheint mir zwar auf keine Weise entscheidend. Allein da er im Besitz der Entzifferung auch der ideographischen Hieroglyphen zu sein behauptet, so würde es voreilig sein, zu bestreiten, worüber man Belehrung erwarten mufs.

Ich erlaube mir daher blofs die Bemerkung, dafs Hr. Champollion keine entzifferte Inschrift gegeben hat, welche über die Zeiten der Griechen, und da es unsicher ist, ob die mit dem Namen Alexander dem grofsen Welteroberer angehören, über die der Ptolemaeer hinausginge; so wie, dafs mir die Prüfung vieler andren Namenschilde die Ansicht gegeben hat, dafs frühere Namen wenigstens nicht mit den Champollionschen Buchstaben zu lesen sind. Ist dies richtig, so mufs doch ein andres System in ihrer Schreibung vorherrschend sein. Soll man die von Hrn. Champollion nicht angeführten Namen-Inschriften blofs nach dem Eindrucke schildern, den ihre ungefähre Vergleichung mit seinem Alphabete macht, so enthält ein Theil wenig, oder gar keine Buchstaben aus demselben, ein zweiter mehr, aber mit fremden Zeichen vermischt, ein dritter so wenige von diesen, dafs jemand, mit Talent zum Entziffern begabt, sie wohl sollte lesen können ([1]). Die ersten will ich, ohne jedoch darum das Mindeste über sie

---

([1]) Zu diesen rechne ich eine an der mittäglichen Seite des Pamphilischen Obelisks (Kircher. 434.), in der τμητιηνς (Domitianus) deutlich zu erkennen, das Übrige aber mir dunkel ist. Am Ende stehen die Zeichen des weiblichen Geschlechts, die sich, nach der Analogie von der Inschrift der Sabina (Champ. pl. 3. nr. 77. a.), nicht auf das ideographische Zeichen der Göttin am Ende zu beziehen scheinen. Hr. Champollion erwähnt p. 29. der Inschriften auf der östlichen und mittäglichen Seite, allein so, als wären sie gleich. Seine Abbildung pl. 3. nr. 69. stimmt nur mit der ersteren, bis auf eine kleine, wohl richtige, Abänderung im vierten Zeichen, überein. Ferner Descript. de l'Égypte. Ant. T. 1. pl. 22. nr. 6.; es steht vor einem deutlichen Caesar ein andrer Name. pl. 27. nr. 8. 19-22. pl. 36. nr 8. pl. 80. nr. 10. T. 3. pl. 69. nr. 14. 37. 54.; auf allen diesen kommt ein fremdes Zeichen zwischen e und n als Anfangssylbe vor, und diese Gruppe kehrt auch sonst oft wieder. pl. 69. nr. 38.; das vorletzte Zeichen findet sich auch auf dem Obeliscus Campensis mit einem p, einem s, und einem m vor, und einem k hinter sich. T. 5. pl. 26. nr. 3. vom Obelisken zu Heliopolis, wo die lesbaren Buchstaben auf der Kircherschen Abbildung (Oedipus. T. 3. p. 332.) gar nicht würden zu erkennen gewesen sein. pl. 49. nr. 8. mit einem deutlichen Autocrator. nr. 11.,

behaupten zu wollen, ideographisch nennen. Als Beispiele führe ich die des Lateranensischen und Flaminischen Obelisks an (¹). Finden sich unter lauter solchen ideographischen Inschriften einige phonetisch lesbare, wie T. 3. pl. 38. des grofsen Französischen Werks, so ist dem Auge der Unterschied beim ersten Anblick so auffallend, als wenn man wirkliche Schrift mitten unter Bildern anträfe.

Vorzüglich aufmerksam bin ich auf solche Inschriften gewesen, die, blofs aus Zeichen des Champollionschen Alphabets bestehend, dennoch im Lesen keinen zu deutenden Namen geben. Ich habe ihrer nur wenige gefunden (²), so dafs jeder Verdacht, Hr. Champollion habe nur die lesbaren ausgewählt, wegfallen mufs. Daraus aber, dafs ich diese nicht habe entziffern können, folgt noch nicht, dafs man überhaupt nicht Namen auffinden könnte, welchen sich ihre Laute anpassen lassen. Denn da oft Vocale zu ergänzen, die vorhandenen Vocalzeichen mehrdeutig sind, die harten und weichen Buchstaben, r und l verwechselt sein können, bisweilen (vorzüglich, wo in der Inschrift keine Thiergestalten vorkommen) auch die Richtung unsicher ist, so ist dies Entziffern, kein blofses und einfaches Lesen; und die Furcht, blofsen Einfällen Raum zu geben, schreckt sogar vom Rathen ab.

Der fünfte Theil des grofsen Französischen Werks liefert die Inschriften mit dem Namen des Kaisers Claudius, deren Hr. Champollion, ohne sich aber weiter, als über die drei nicht in seinem Alphabet befindlichen Buchstaben, darauf einzulassen, erwähnt (³).

---

wo die Ordnung der Buchstaben schwer herauszufinden, sonst nur Ein Zeichen (eine Schlange. siehe S. 487. Anm.) neu ist.

(¹) Kircher. Oedipus. T. 3. p. 161. 213. Zu diesen möchte ich die meisten von Hrn. Young als Namen aufgeführten Inschriften (*Egypt.* nr. 36-54.) rechnen, deren Erklärung aber, wie man sich durch das über sie Gesagte überzeugen kann, auf sehr schwachen Gründen beruht.

(²) *Descript. de l'Égypte. Ant.* T. 1. pl. 36. nr. 3.; den gehenkelten Schlüssel halte ich nämlich für ein ideographisches Zeichen. T. 4. pl. 33. nr. 4.; der Anfang ist deutlich Autocrator. Am Ende ist das senkrechte *s* durch das wagerechte *n* gezogen. Was ich hier nicht lesen kann, kehrt, aber ohne *n*, T. 4. pl. 34. nr. 1. zurück. Beide Inschriften sind aus Denderah, die erste aus dem Typhonium, die andre aus dem Süd-Tempel. T. 5. pl. 30. nr. 4., womit, wegen der gleichen zwei Anfangs- und vier Endbuchstaben, T. 3. pl. 52. zu vergleichen ist. T. 4. pl. 34. nr. 1. steht Hrn. Champollion's *k* nr. 11. aufrecht, und die Thierfigur scheint kein Löwe, sondern eine Sphinx, übrigens lauter bekannte Zeichen.

(³) *p.* 50. *Descript. de l'Égypte. Ant.* T. 5. pl. 49. nr. 10. 19. 20. Siehe S. 486. Anm. 4.

Für das Ganze des Systems des Hrn. Champollion, wie ich es hier zu prüfen versucht habe, muſs ich noch an einen sehr für dasselbe sprechenden Beweis erinnern, den nämlich, daſs gerade Denkmäler, auf welchen er spätere Namen zu finden glaubte, auch durch ihren Styl, oder andere Kennzeichen einen späteren Ursprung verrathen. Zu den in dieser Beziehung schon von Hrn. Letronne ([1]) angeführten kann man noch den Pamphilischen und Barberinischen Obelisken ([2]) rechnen. Daſs der Sallustische Obelisk, den Zoëga in die Zeiten nach den Antoninen setzt, und dessen Bildwerke er in Rom gemacht glaubt, keine Namen Römischer Kaiser zu enthalten scheint, mag wohl daher kommen, daſs seine Hieroglyphen, absichtlich, aber schlecht, älteren Werken, namentlich dem Flaminischen Obelisken, nachgeahmt sind ([3]). Dieser und der Lateranensische, und vermuthlich ebenso viele andre unter den Obelisken, sind, soviel ich urtheilen kann, von späteren Inschriften frei, und ebenso finden sich ihrer wenige, wie es scheint, in den Gebäuden des alten Thebens, ob es gleich sehr vom Zufall abhängt, wie viel und welche gerade von Reisenden abgeschrieben, und uns auf diese Weise bekannt wurden.

Es ist bei weitem leichter, gegen ein aufgestelltes System Zweifel zu erheben, und zwischen den Gründen dafür und dagegen herumzuschwanken, als ein bestimmtes Urtheil darüber auszusprechen. Indeſs ist ein solches Ende einer im Einzelnen sehr ermüdenden Arbeit wenig erfreulich. Ich stehe daher nicht an, meine Meinung hier zusammenzufassen.

Ich glaube, Hrn. Champollion's Behauptung über die beiden Namen auf dem Rosettastein und dem Obelisken von Philae von den ferneren trennen zu müssen. In den ersteren finde ich überzeugende Beweise für den Gebrauch phonetischer Hieroglyphen bei den Ägyptiern in der Art, wie Hr. Champollion ihn angiebt. Sie würden auch stehen bleiben, wenn man das ferner auf sie Gegründete, als bloſse Hypothese, bei Seite setzte.

Dieses, und besonders die Erklärung der Römischen Namen und Benennungen, ist nun zwar scharfsinnig und kunstreich mit jenen Behaup-

---

[1] *Recherches.* p. XXXVII.
[2] Siehe oben S. 484.
[3] Zoëga. *p.* 591. 616. 617.

tungen in Verbindung gebracht, und stützt sich zum Theil auf sie. Strenger beurtheilt aber, bilden doch nur diese Behauptungen mit jenen ein Gebäude, das sich selbst **gegenseitig tragen muſs**, und, um nicht in der leeren Luft zu schweben, darauf beruht, daſs die Befolgung der aufgestellten Regeln eine Reihe von Inschriften hervorbringt, welche mit sich, und äuſseren in Betrachtung kommenden Umständen übereinstimmt. Auf diese Weise betrachtet, finde ich in Hrn. Champollion's Erklärungen einen hohen Grad der **Wahrscheinlichkeit**, und gewiſs einen hinreichenden, um ihm den Dank und die Theilnahme aller Sprach- und Geschichtsforscher zu gewinnen, und das Bemühen zu rechtfertigen, auf dem eröffneten Wege weiter zu gehen. Immer aber wird, meines Erachtens, die gröſste Aufmerksamkeit darauf zu wenden sein, ob, bei fortgesetztem Forschen, vermittelst des schon vorhandenen, oder neuen Stoffes, auch noch, so wie es jetzt scheint, alle **erforderlichen Bedingungen** zusammentreffen? Um diese Art der Prüfung möglich zu machen, müſste man suchen, häufig alle **Namenschilde Eines Gebäudes**, oder wenigstens Eines abgesonderten Theiles desselben, vollständig mit einander zu **vergleichen**. Jetzt, wo man gröſstentheils nur einzelne Schilde vor sich hat, ohne ihre Stellung gegen einander zu kennen, läſst sich zu wenig entscheiden, ob nicht vielleicht Inschriften neben einander stehen, die, nach Champollionscher Weise gelesen, zu einander nicht gehörende Namen und Benennungen geben. Vorzüglich wünschenswerth aber bleibt es, daſs das System, auſser der auf dem eben beschriebenen Wege zu erreichenden Bestätigung, auch noch eine neue in entsprechenden **Griechischen Inschriften** finden möge.

Ich muſs es andren überlassen, ob sie diesem Urtheil, zu welchem meine Prüfung mich führt, beitreten werden, oder nicht? Immer aber hoffe ich dazu beigetragen zu haben, diese Untersuchung dem nachtheiligsten Standpunkt zu entreiſsen, auf dem sich wissenschaftliche Forschungen befinden können, dem nämlich, wo die, auch gegründete Behauptung nicht vollkommen gesichert ist, und der auch ungegründete Zweifel immer noch Anhaltspunkte findet.

Lettre à Mr. Jacquet sur les alphabets de la Polynésie Asiatique (*).

Je commence, Monsieur, par vous envoyer une copie exacte des paragraphes où les PP. Gaspar de S. Augustin et Domingo Ezguerra, dans leurs grammaires *tagala* et *bisaya*, parlent des alphabets de ces langues. Vous verrez par-là que vous avez eu parfaitement raison de supposer que ces deux dialectes et l'*ylog* se servent du même alphabet (¹); car quoique l'alphabet *bisay* offre quelques variétés plus considérables que les deux autres, l'identité n'en est pas moins évidente. Vous trouverez aussi, Monsieur, dans les deux alphabets que j'ai l'honneur de vous transmettre, le *v de corazon* de Totanes et toutes les dix-sept lettres dont se compose l'alphabet des Philippines.

Vous attribuez l'expression de *baybayin* aux grammairiens espagnols (²), et cela m'a paru très-probable. Je vois cependant par le diction-

---

(*) *Hr. Jacquet hat die Güte gehabt, diesen Brief im neunten Bande des* Nouveau Journal Asiatique *abdrucken zu lassen. Er erscheint hier durch einige spätere Zusätze vermehrt, und durch Stellen des Aufsatzes des Hrn. Jacquet erläutert, welcher die Veranlassung zu demselben gab.*

(¹) *Jacquet.* Notice sur l'alphabet Yloc ou Ylog *im* Nouv. Journ. Asiat. T. 8. p. 3-19.

(²) La réunion de ces dix-sept lettres est nommée dans les dictionnaires Tagala, *baybayin* (el *A. B. C. Tagalo*). Il est facile de s'apercevoir que ce mot est de nouvelle formation et qu'il a été imaginé par les Espagnols, quand ils se sont occupés de donner des formes régulières à la grammaire et à la lexicographie de cette langue. Le mot *baybayin* est composé d'une formative finale et de *baybay* qui me paraît être le vocable de la lettre *B* (ainsi que les langues de l'Inde, le *Tagala* possède une formule pour citer chaque lettre grammaticalement; cette formule est le redoublement de la lettre même: *caca, haha, nana,* C, H, N). La consonne *B*, les voyelles mises en dehors comme dans l'ordre alphabétique des langues indiennes, se trouve être la première de l'ordre alphabétique européen introduit par les Espagnols et combiné avec les restes du ब-तर sanskrit: c'est du nom de cette première lettre qu'on a nommé l'ensemble de toutes les autres: *baybayin* signifie donc proprement alphabet. (Jacquet. *l. c. p.* 7. 8.)

naire du P. Domingo de los Santos, que ces grammairiens ne reconnaissent pas ce mot pour le leur; il paraît appartenir aux indigènes, et l'étymologie qu'on en donne est assez curieuse. *Baybayin* est un substantif formé du verbe *baybay* (épeler, nommer une lettre après l'autre). Le même verbe signifie aussi, marcher sur la côte de la mer et naviguer près de la côte sans vouloir s'exposer aux dangers de la haute mer; c'est de cette métaphore que de los Santos dérive le mot, dans le sens d'épeler. J'ose aussi croire que la lettre *b* serait plutôt nommée *ba* que *bay*. De los Santos dit expressément que les indigènes nomment les consonnes ainsi: *baba, caca, dara, gaga, etc.*

Je suis entièrement d'accord avec vous, Monsieur, sur l'alphabet des Bugis ([1]). Les consonnes sont à peu près les mêmes que dans l'alphabet tagala; mais la manière d'écrire les voyelles en diffère beaucoup, non pas pour la forme seulement, mais pour le principe même de la méthode. C'est précisément ce point principal dont il est impossible de se former une idée juste d'après Raffles. L'alphabet bugis manque de signes pour les voyelles initiales, à l'exception de l'*a*: mais le fait est que cet *a*, outre sa fonction de voyelle, est en même temps un *fulcrum* pour toutes les autres voyelles, un signe qui, de même que toute autre consonne, leur sert pour ainsi dire de corps. Vous aurez peut-être déjà observé, Monsieur, en consultant la grammaire de Low, que la même chose a lieu dans le *thaï*. Dans la dernière série des consonnes thaï, se trouve un *ā* dont Low donne l'explication suivante: *ā, which is rather a vowel than a consonant, and is placed frequently in a word, as a sort of pivot, on which the vowel points are arranged. It forms, as it were, the body of each of the simple vowels.* C'est ainsi qu'on place en javanais un *h* devant chaque voyelle initiale, mais sans le prononcer; et c'est encore ainsi que les mots malais commençant par *ī* et *ū* sont précédés tantôt d'un ﺍ, tantôt d'un ﻭ.

M. Thomsen, missionnaire danois, a commencé à imprimer à Sincapore, en types fort élégans, un vocabulaire anglais-bugis, où l'écriture indigène est placée à côté de la transcription anglaise. Le manque de fonds nécessaires a fait abandonner l'entreprise; mais je tiens de l'obligeance de M. Neumann la première feuille de ce vocabulaire, qu'il a rapportée de

---

([1]) Jacquet. *l. c. p.* 10-12.

son intéressant voyage à Canton (¹): l'analyse de deux cents mots, qu'elle renferme, m'a fourni ce que je viens de dire sur l'emploi de l'*a* bugis: *noouvae* (*low water*) y est écrit *na-o* pur-*a* avec le point de l'*ou-va-e-a*; *makounraï* (femme), *ma-ka* avec *ou-ra-a* avec le point de l'*i*. Vous voyez par ces exemples, Monsieur, que la difficulté que ces alphabets (qui considèrent les voyelles médiales comme de simples appendices de consonnes) éprouvent d'écrire deux voyelles de suite, est levée par le moyen de cet *a*. Le dévanagari, qui, parce que la langue sanscrite ne permet jamais à deux voyelles de se suivre immédiatement dans le même mot, a destiné les voyelles indépendantes à être exclusivement employées au commencement des mots, s'est mis par-là dans l'impossibilité d'écrire le mot bugis *ouvae* (eau). Je trouve dans un seul mot le redoublement d'une voyelle médiale, *lelena*, écrit *e-e-la-na*: ce n'est là qu'une abréviation; on répète la voyelle, on néglige d'en faire autant pour la consonne, et le lecteur ne peut pas être induit en erreur; comme une consonne ne peut être accompagnée que d'une seule voyelle, il reconnaît de suite qu'il faut en reproduire le son.

Ce qui m'a frappé dans ce vocabulaire, c'est de trouver transcrit en anglais par *o*, le signe que Raffles rend par *eng* (²). Cet *o*, que je nommerai nasal, diffère à la vérité, dans l'impression anglaise, de l'autre qui répond à l'*o* bugis placé à la droite de la consonne, en ce que ce dernier est plus grêle et que l'autre est plus arrondi; mais cette différence typographique, très-peu sensible en elle-même, ne nous apprend rien sur la différence du son ou de l'emploi des deux signes bugis. Je crois m'être assuré que l'*o* noté au-dessus de la consonne a en effet un son nasal, tandis que le signe placé à la droite de la consonne ne s'emploie que là

(¹) *Ich habe später dieses Wörterbuch vollständig erhalten; es führt den Titel:* A vocabulary of the English, Bugis, and Malay languages, containing about 2000 words. *Singapore.* 1833. 8°. *Es sind ihm ein Alphabet und einige Bemerkungen über die Aussprache vorausgeschickt, und der erste Bogen erscheint verändert.*

(²) *Marsden giebt in seinen* miscellaneous works (*Platte 2. nach Seite* 16.) *auch eine Abbildung des Bugis-Alphabets; er nennt das Zeichen* ñg *und spricht es in der Verbindung mit einem Consonanten* añg *aus. Das vollständige Bugis-Wörterbuch giebt ihm die Aussprache des* ö *in Königsberg, und setzt hinzu:* it is ö, ön and öñg, according to its place in the word, or the letter which follows it. *Es wird darin auch immer* ö *bezeichnet.*

où le son de l'*o* est pur et clair. C'est le mot *sopoulo,* dix, qui m'a mis sur la voie de cette distinction: il s'écrit *sa* avec l'*o* nasal-*pa* avec *ou-la-o* pur; il renferme donc les deux *o*. Or, *sopoulo* est le *sanpóvo* tagala (Totanes, n°. 359), et l'*o* nasal bugis répond ainsi exactement au son nasal du mot tagala. L'*o* nasal est souvent suivi, dans la prononciation, du son nasal *ñg*; mais ce son n'en forme pas une partie nécessaire. Il se détache dans la prononciation, et l'*o* reste nasal dans l'écriture: *oulong,* lune, *a* avec *ou-la* avec l'*o* nasal; *oulo tepou,* pleine lune, *a* avec *ou-la* avec l'*o* nasal-*e-ta-pa* avec *ou*. L'*o* nasal se trouve aussi dans des mots qui ne se terminent pas par le son *ñg*; *oloe,* air, *a* avec l'*o* nasal-*la* avec l'*o* nasal-*e-a*: il est même suivi de consonnes autres que *ñg*; *alok,* bois, *a-la* avec l'*o* nasal; tandis que cette consonne nasale peut être précédée par un *o* pur, *tandjoñg, ta-dja-o* pur. Il résulte de tout cela que l'*o* nasal est un *anousvara,* qui peut encore être renforcé par la consonne nasale.

L'uniformité avec laquelle les différens alphabets dont j'ai parlé placent l'*e* et l'*i* à la gauche de sa consonne et en sens contraire de la direction de l'écriture, est très-singulière: l'alphabet javanais assigne la même place à l'*e*.

Les quatre lettres composées *ñgka, mpa, nra, ntcha,* manquent dans mon vocabulaire ([1]); et ce qui est plus singulier encore, c'est qu'au cas échéant, la première des deux consonnes réunies n'est pas exprimée dans l'écriture bugis: elle n'est donc point regardée, ainsi qu'on devait le croire d'après Raffles, comme initiale, mais comme terminant la syllabe précédente; exemple: *lempok* (inondation), *e-la-pa* avec l'*o* nasal; *onroma-*

([1]) *Hr. Jacquet hat schon* (Nouv. Journ. Asiat. T. 8. p. 11. Anm. 1.) *bemerkt, daſs diese zusammengesetzten Buchstaben auch in einer andren von Raffles gegebenen Abbildung eines Bugis-Alphabets fehlen, welches, nach Raffles, sich in einer alten Handschrift findet. Auffallend bleibt es, daſs, obgleich das Bugis-Wörterbuch nie sich eines dieser zusammengesetzten Buchstaben bedient, sie dennoch in dem vor demselben gegebenen Alphabete aufgeführt sind, merkwürdigerweise aber in der Aussprache der Nasal fehlt; denn für* ñgkak *(das Wörterbuch fügt allen diesen zusammengesetzten Buchstaben in der Benennung* ak, *den einfachen aber nur* a *bei) wird die Aussprache* k, *für* mpak *nur* p, *für* nrak *nur* r, *für* nchak *nur* ch *angegeben. Marsden's oben erwähntes Alphabet enthält ebenfalls die vier zusammengesetzten Buchstaben.*

lino (endroit retiré), *a-o* pur *-ra-o* pur *-ma-la* avec *i-na-o* pur. Je ne trouve pas d'exemple des syllabes *ñgka* et *ntcha* (¹).

Vous supposez, Monsieur, que le *r* initial est remplacé dans la langue tagala par l'*y* (²); vous m'excuserez si je ne puis partager cette opinion.

(¹) *In den ferneren Bogen des Bugis-Wörterbuches finde ich nun allerdings dafür Beispiele:* garañgkañg, *Spinne, geschrieben* ga-ra-ka, gonchiñg, *Scheere, geschrieben* ga-reines o-cha *mit* i (*ich schreibe hier* ch, *was ich im Französischen Texte* tch *bezeichne*). — *Ja ich finde auch noch andre zusammengesetzte Consonantenlaute, als die vier oben erwähnten:* ñgga, *z. B. in* geñggo tedoñg, *Käfer, geschrieben* e-ga-ga- *reines* o-e-ta-da- *reines* o; mba, *in* gumbañg, *Wasserkrug, geschrieben* ga *mit* u-ba, sumbu, *Docht, geschrieben* sa *mit* u-ba *mit* u; nta, *in* lautera, *Laterne, geschrieben* la-e-ta-ra; nda, *in* landak, *Igel, geschrieben* la-da, tandak, *Sieb,* ta-da; nja (*ich verstehe unter* j *den Englischen Laut dieses Buchstaben*), *in* injili, *Evangelium, geschrieben* a *mit* i-ja *mit* i-la *mit* i, junjuñgi, *auf dem Kopfe tragen,* ja *mit* u-ja *mit* u-ñga *mit* i. *Hierdurch erweitert sich auf einmal der Gesichtskreis, und wird man in den Stand gesetzt, diese Eigenthümlichkeit des Bugis-Alphabets klar zu übersehen. Es wird nämlich deutlich, daſs die Bugis-Sprache, wie die ihr verwandten Malayischen Sprachen, die eigentlich Malayische, die Javanische u. a., alle Zusammensetzungen des Nasallauts mit dem dumpfen und tönenden Consonanten der vier ersten Classen (von einer Zusammensetzung des Nasals mit* s *finde ich kein Beispiel, und scheint das Bugis diese Verbindung mit den verwandten Sprachen nicht zu theilen), wozu noch die Verknüpfung desselben mit dem Halbvocal* ra *kommt (eine Verbindung mit* la *finde ich nicht, und die mit dem* y a *wird durch einen eignen, einfachen Consonanten, wie in den verwandten Sprachen, ausgedrückt), in ihrem Lautsysteme besitzt, daſs sie aber den Nasal nicht schreibt, sondern es dem Leser überläſst, ihn, wo er in der Aussprache vorkommt, vor dem geschriebenen zweiten Consonanten, nach Maaſsgabe seines Organs* (n, ñg *oder* m), *zu ergänzen. Dennoch hat die Schrift, und, wie ich glaube, in späterer Zeit, für die Verbindung des Nasals mit den dumpfen Consonanten, merkwürdigerweise aber nicht mit dem dentalen, und mit dem Halbvocal* ra *eigene Zeichen gebildet, welche aber nicht viel im Gebrauche zu sein scheinen. Für die spätere Einführung dieser vier Consonantenzeichen spricht auch in der That ihre complicirtere Gestalt; und man kann wohl sicher behaupten, daſs das Zeichen für* ñgka (*durch bloſse Umkehrung*) *von dem für* ñga, *und durch bloſsen Zusatz einer Linie das für* mpa *von* pa, *das für* nra *von* ra *abgeleitet sind, wogegen nur das Zeichen für* ncha *keine Analogie darbietet. Daraus, daſs man für die Verbindung des Nasenlauts mit dem dumpfen dentalen und mit allen vier tönenden Consonanten kein Zeichen besaſs, geht deutlich genug hervor, wie man sich nun auch der wirklich vorhandenen vier Zeichen beim Schreiben entschlagen konnte.*

(²) Le tagala est comme plusieurs dialectes de la Tartarie septentrionale, privé de l'*r* initial: mais il paraît le remplacer par le *y*, que ne possède pas l'*Ugi*, ces deux lettres se permutent souvent dans les langues de l'Inde ultérieure. (Jacquet. Notice sur l'alphabet Yloc. Nouv. Journ. Asiat. T. 8. p. 11. Anm. 2.) — *Es sei mir erlaubt, hier noch zu bemerken, daſs dem Bugis-Alphabet das* y *nicht fehlt; es findet sich in dem zweiten von Raffles gegebenen*

Les deux lettres *y* et *r*, il est vrai, se permutent souvent dans ces dialectes; le pronom tagala *siya*, il, est indubitablement le *sira* javanais ou plutôt kawi: mais le *r* initial est remplacé par le *d*; on dit *ratou* et *datou*, roi, *kadatoan* et *karaton*, palais. Les indigènes des Philippines confondent sans cesse le *d* et le *r*; mais de los Santos donne pour règle que le *d* doit être placé au commencement et le *r* dans le milieu des mots. Cette règle paraît constante pour le tagala; mais elle est aussi observée dans d'autres dialectes: le *danau* (lac) malais est le *ranou* (eau) de Madagascar et le *dano* ou *lano* de l'île de Magindanaõ. L'*y* entre aussi dans ces permutations, mais moins régulièrement, et dans la langue tagala, autant que je sache, jamais comme initiale. Un des exemples les plus frappans est le suivant. Ouir: *dingig* en tagala, *ringue* Madagascar, *rongo* Nouvelle-Zélande, *roo* Tahiti, *ongo* tonga; oreille: *tayinga* tagala, *telinga* malais, *talinhe, tadigny,* Madagascar, *taringa* Nouvelle-Zélande, *taria* Tahiti.

Vous avez expliqué d'une manière fort ingénieuse, Monsieur, comment on a pu se méprendre sur la direction des signes de l'écriture tagala, et vous avez réfuté en même temps l'opinion de quelques missionnaires espagnols sur l'origine de cet alphabet. Cette opinion est certainement erronée: je ne voudrais cependant pas nier toute influence de l'écriture arabe sur les alphabets de l'archipel indien. Vous observerez, Monsieur, que, dans le § 11, page 152, le P. Gaspar de S. Augustin écrit les mots *gaby* et *gabe* en caractères tagalas, de droite à gauche. Ce n'est là peut-être qu'une méprise du P. Gaspar. Mais ne pourrait-on pas supposer aussi que les indigènes, ou pour flatter leurs nouveaux maîtres, ou pour leur faciliter la lecture de leur écriture, l'ont en certaines occasions assimilée en ce point à l'arabe? Je soumettrai même à votre décision, Monsieur,

---

Alphabete, in dem in Marsden's miscellaneous works *und dem des Bugis-Wörterbuches, und kommt auch in dem letzten öfter vor, z. B.* apeyan͡gi, *werfen, geschrieben* a-e-pa-ya-n͡ga *mit* i, ekayak, *Geschichte (das Arabische* حَكَايَة‎ *),* e-a-ka-ya, yatu, *er, sie, es,* ya-ta *mit* u. *Im Anfange des Wortes spricht es das Wörterbuch auch* ĭya *aus, z. B. in dem letztgenannten Pronomen mit* puna, ĭyatu puna, *sein, ihr, und bezeichnet diese Aussprache manchmal durch den Vocal* i *über dem* ya, *z. B. in* ĭyak, *ich, welches einfach durch diese Verbindung dargestellt wird,* ĭyapega, *welcher, geschrieben* ya *mit* i-e-pa-ga.

une autre conjecture plus hasardée, mais plus importante. Vous témoignez avec raison votre étonnement de ce que l'alphabet bugis n'ait adopté que la première des voyelles initiales de l'alphabet tagala, et de ce que ces deux alphabets, d'ailleurs si conformes, diffèrent l'un de l'autre dans un point aussi essentiel. J'avoue ingénuement que cette différence ne me paraît pas avoir dû toujours exister. Il est très-naturel de supposer que les Bugis ont eu, de même que les Tagalas, les trois voyelles initiales, mais que, voyant l'écriture malaie faire souvent servir l'*a* de signe introductif de voyelle initiale (Gramm. mal. de Marsden, page 19), ils ont inventé une méthode analogue et ont laissé tomber en désuétude leurs deux autres voyelles initiales. Je conviens que le cas n'est pas tout-à-fait le même, puisque le و et le ى arabes font en même temps les fonctions de voyelles et de consonnes, et que leur qualité de voyelles longues entre aussi en considération; mais ces nuances ont pu être négligées. Il est très-remarquable encore que des trois alphabets sumatrans, le *batta* ait les trois voyelles initiales, tandis que le *redjang* et le *lampoung* ont l'*a* seulement. Cette diversité est explicable dans mon hypothèse, puisque le hasard a pu faire que l'écriture arabe ait exercé une plus grande influence sur différens points de l'archipel. Mais hors de cette hypothèse, elle reste inconcevable dans les alphabets dont le principe est évidemment le même. Marsden ne dit pas, au reste, de quelle manière les Redjangs et les Lampoungs écrivent l'*i* et l'*o* initiaux; mais j'aime à croire qu'ils usent de la même méthode que les Bugis.

J'ai cru ne devoir pas m'éloigner de la supposition que le signe en question est vraiment un *a,* un signe de voyelle. S'il était permis de révoquer ce fait en doute, contre le témoignage des auteurs, toute difficulté serait levée par-là: le prétendu *a* n'aurait rien de commun avec les voyelles sanscrites et tagalas; il serait le signe d'une aspiration infiniment faible, un *h,* un *v* ou un *y,* et pourrait, comme une consonne, s'unir à toutes les voyelles.

L'erreur dans laquelle seraient tombés les auteurs à qui nous devons ces alphabets, serait facile à expliquer. Comme, dans ces langues, toute consonne, lorsqu'elle est indépendante, se prononce liée à un *a,* ceux qui entendaient proférer un *a* avec une aspiration très-faible, pouvaient regarder ce son comme celui d'une voyelle. Ce qui me confirme dans cette

sur les alphabets de la Polynésie Asiatique.

opinion, c'est que mon vocabulaire bugis ne fournit aucun signe pour le *h* (¹), et que l'*a* thaï est rangé parmi les consonnes. Le prétendu *a* bugis ressemble moins à l'*a* qu'au *h* tagala, et l'*a* redjang n'a aucune ressemblance avec le véritable *a* batta, tandis qu'à la position près, il a la même forme que le pseudo-*a* lampoung. Mais ce qui me paraît presque décider la question, c'est que les signes de l'*a* et du *v* bugis sont absolument les mêmes, à l'exception d'un point ajouté au premier: les lettres *h*, *v*, *y* de ces alphabets peuvent être des consonnes plus prononcées (²). Si donc, Monsieur, vous ne trouvez pas trop hardi de nommer *h* le signe que Low, Marsden et Raffles, d'après le témoignage des indigènes, nomment *a*, j'abandonne l'hypothèse de l'influence arabe sur ce point, en m'en tenant simplement à la supposition que ces peuplades, d'après leur prononciation, ont admis dans leurs alphabets les signes des voyelles initiales, ou adopté à leur place un signe d'aspiration infiniment faible, qui, sans presque rien ajouter au son des voyelles dans la prononciation, peut néanmoins leur servir de consonne dans l'écriture. La consonne *h* qui précède toute voyelle initiale des mots javanais, est entièrement dans ce cas, et ressemble en cela au *spiritus lenis* que nous ne faisons pas entendre non plus en prononçant les mots grecs.

Je ne puis cependant pas quitter cette question sans faire encore mention de l'alphabet *barman*. Il possède dix voyelles initiales et autant de médiales; et cependant il use de cette même méthode de lier à la première les signes médiaux de tous les autres, en écrivant *aou* pour *ou*. Carey (Gramm. barm. page 17, n°. 72) prescrit cette manière d'exprimer les voyelles initiales en les liant à un *a* muet, comme règle générale pour la formation des monosyllabes. Judson, dans la préface de son dictionnaire barman (page 12), s'exprime plus généralement. *The symbol* (la forme

---

(¹) *Auch in den späteren Bogen kommt es nicht vor, und dennoch erscheint ein besonderer Buchstabe* h a *in dem Alphabete, welches dem Wörterbuche beigegeben ist, so wie in Raffles erstem und in Marsden's Alphabete; in einem Falle, wo man am ersten ein wirkliches* h a *zu finden vermuthen sollte, dem oben angeführten Arabischen Worte* حِكَايَة, *fehlt es.*

(²) *Auch das Zeichen für* y *ist von dem für* w *abgeleitet, indem zwei Punkte, wie bei* a *einer, darunter gesetzt sind.*

médiale) *of any vowel*, dit-il, *may be combined with* a (initial) *in which case the compound has the power of the vowel which the symbol represents, thus* ai *is equivalent to* i. Aucun de ces grammairiens ne dit à quel usage sont réservés les signes des autres voyelles initiales. Il faut cependant que l'usage en ait réglé l'emploi. Mais le nombre de mots où on les conserve est si peu considérable, que l'article de l'*a* occupe 42 pages dans le dictionnaire, tandis que ceux des autres neuf voyelles en remplissent huit; encore y a-t-il beaucoup de mots palis dans ces derniers. Lorsqu'on réfléchit sur cette circonstance et qu'on y ajoute cette autre, que la méthode de se servir de l'*a* comme d'une consonne est consacrée particulièrement aux monosyllabes, on est tenté de croire que l'alphabet barman se servait anciennement de la même méthode que l'alphabet des Bugis, celle de combiner les voyelles médiales avec l'*a* initial, et que l'usage des autres voyelles initiales n'a été introduit que postérieurement.

Je ne me souviens pas d'avoir rencontré la particularité dont nous parlons ici, dans aucun des alphabets dérivés du dévanagari et usités dans l'Inde même, à l'exception naturellement des cas où, comme dans la langue hindoustanie, on emploie l'alphabet arabe.

Il y a cependant, dans la langue telinga, un cas où l'*a* lié à une voyelle reste muet et conserve à la voyelle sa prononciation ordinaire; mais c'est pour la convertir de voyelle brève en voyelle longue. Campbell dit, en parlant de ces cas dans sa *Teloogoo Grammar* (page 10, n°. 23): *In such cases, the symbol of the long vowel* a *is to be considered as lengthening the short vowel* i, *rather than as representing the long vowel* a.

Au reste, je ne cite ces cas que parce qu'ils sont autant d'exemples, que l'*a* est chargé d'une fonction étrangère à son emploi primitif. La solution la plus simple du problème qui nous occupe ici, est sans doute de supposer que les peuples de ces îles, ayant à leur disposition des voyelles médiales et initiales, ont trouvé plus simple de se passer de ces dernières, et d'accoler les premières (lorsqu'elles n'étaient point précédées de consonnes) à l'*a*, qui, inhérent de sa nature aux consonnes, était la seule parmi les voyelles dont il n'existât pas de forme médiale. Le procédé n'en est pas moins étrange, et c'est pour cela que j'ai essayé de trouver une circonstance qui ait pu le faire adopter.

Les Tagalas trouvaient d'ailleurs, dans leur langue même, une raison particulière pour marquer bien fortement leurs trois voyelles, comme initiales de syllabes dans l'intérieur des mots. La langue tagala a deux accens, dont l'un prescrit de détacher entièrement la voyelle de la dernière syllabe d'un mot, de la consonne qui la précède immédiatement (*haciendo que la sylaba postrera no sea herida de la consonante que la prefiere, sino que suene independente de ella* (Gramm. du P. Gaspar de S. Augustin, page 154, n°. 3). Il faut donc lire *pat-ir, big-at, dag-y, tab-a,* et non pas *pa-tir,* etc. Comme, dans ce cas, la voix glisse légèrement sur la première syllabe, on a coutume de noter cet accent par les lettres p. c. (*penultimá correptá*); l'accent opposé, noté p. p. (*penultimá productá*), appuie sur la pénultième et laisse tomber la finale. Il est de la plus grande importance de ne pas confondre ces deux accens; car un grand nombre de mots changent entièrement de signification, selon l'accent qu'on leur donne. C'est donc à cet usage que les Tagalas réservaient spécialement leurs voyelles initiales. Ils les employaient aussi au milieu des mots, là où il importait de renvoyer une consonne à une syllabe précédente et de commencer la suivante par une voyelle. C'est ce qui résulte clairement de l'extrait de grammaire que je joins à cette lettre, et le P. Gaspar observe très-judicieusement que c'était là un grand avantage de l'écriture indigène sur la nôtre.

Soulat et *sourat* sont sans aucun doute des mots arabes; Marsden l'observe expressément de *sourat*: on peut y ajouter le *serrat* des Javanais et le *soratse* de Madagascar. Veuillez encore remarquer la conformité grammaticale de ces quatre langues, qui forment de ces mots *manounoulat, menyourat, nyerrat, manorats,* en changeant toutes le *s* en un son nasal. Il m'a été fort agréable d'apprendre qu'il existe dans la langue tagala une expression indigène pour l'idée d'écrire. Je ne connaissais pas le mot *titic,* qui ne se trouve pas dans le dictionnaire de de los Santos. Mais y aurait-il assez d'analogie entre *toulis* et *titic* pour dériver l'un de l'autre? Ce dernier ne serait-il pas plutôt le *titik* malais, qui veut dire goutte, mais aussi tache (idée qui n'est pas sans rapport à l'écriture)? Quant à *toulis,* qui est le *tohi* de la langue tonga, j'ai toujours cru le retrouver dans le *toulis* tagala, pointe, aiguiser: on trace ordinairement les lettres avec un instrument pointu.

Nous venons de voir que les langues malaies font subir aux mots arabes les changemens de lettres de leurs grammaires; la même chose a lieu pour les mots sanscrits qui passent dans le kawi: *boukti* devient *mamoukti*; *sabda,* parole, devient *masabda,* dire, et *sinabda,* ce qui a été dit.

On est naturellement porté à regarder l'alphabet indien comme le prototype de tous les alphabets des îles du Grand Océan. Ces pleuplades pouvaient, comme vous le dites, Monsieur, l'adapter chacune à la nature de sa langue et à son orthophonie. Cette opinion a été néanmoins contestée: quelques auteurs regardent comme très-probable que les différens alphabets ont été inventés indépendamment l'un de l'autre chez les différentes nations. Je ne puis partager cette opinion. Je ne nie point la possibilité de l'invention simultanée de plusieurs alphabets; mais ceux dont nous parlons ici sont trop évidemment formés, sans parler même de la ressemblance matérielle des caractères, d'après le même système, pour ne pas être rapportés à une source commune. Il n'existe pas de données historiques qui puissent nous guider dans ces recherches; mais il me semble que nous devons les diriger dans une voie différente, mettre un moment de côté tout ce qui est tradition ou conjecture historique, et examiner les rapports intérieurs qui existent entre ces alphabets, voir si nous pouvons trouver les chaînons qui conduisent de l'un à l'autre: car il semble naturel de supposer aussi, dans le perfectionnement des alphabets, des progrès successifs.

Les alphabets dont nous parlons ici ont cela de commun, qu'ils tracent les syllabes par des groupes de signes, dans lesquels la seule lettre initiale à laquelle on ajoute les autres comme accessoires est regardée comme constitutive. Ces alphabets, lorsqu'ils sont complets, se composent ainsi: 1°. de la série des consonnes et des voyelles initiales; 2°. de la série des voyelles proférées par les consonnes initiales; 3°. des consonnes qui se lient à d'autres consonnes sans voyelles intermédiaires; 4°. de quelques signes de consonnes, qui, en terminant la syllabe, se lient étroitement à sa voyelle, tels que le *repha*, l'*anousvara*, le *visarga*. Si les consonnes finales des mots ne passaient pas ordinairement, dans l'écriture de ces langues, aux lettres initiales des mots suivans, il faudrait encore ajouter à cette dernière classe toutes les consonnes pourvues d'un *virama*. Ces alphabets se distinguent entièrement des syllabaires japonais: les syllabes n'y sont pas considérées comme indivisibles; on en reconnaît les divers élémens; mais cette écriture est pourtant syllabique, parce qu'elle ne détache pas toujours ces élémens l'un de l'autre, et parce qu'elle règle sa méthode de tracer les sons, d'après la valeur qu'ils ont dans la formation des syllabes, tandis qu'une écriture vraiment alphabétique isole tous les sons et les traite d'une manière égale.

Dans ce système commun, nous apercevons deux classes d'alphabets très-différens: les uns, tels que le dévanagari et le javanais, possèdent toute l'étendue des signes que je viens d'exposer; les autres, tels que le tagala, le bugis, et à ce qu'il paraît les sumatrans, se bornent aux deux premières classes de ces signes. Si l'on examine de plus près cette différence, on trouve qu'elle consiste en ce que les derniers de ces alphabets ne peuvent point détacher la consonne de sa voyelle, et que les premiers sont en possession de moyens pour réussir dans cette opération. Les alphabets tagala et bugis n'expriment en effet aucune consonne finale d'une syllabe; ils laissent au lecteur le soin de les deviner. La seule adoption du *virama* aurait levé cette difficulté, et l'on est étonné de voir que ces peuples l'aient exclu de leurs alphabets. Mais je crois que nous nous représentons mal la question, en transportant nos idées d'aujourd'hui et de notre prononciation à des époques où les langues étaient encore à se former, et à des idiomes tout-à-fait différens. Si l'invention et le perfectionnement d'un alphabet exercent une influence quelconque sur la langue dont il rend les sons, c'est certainement celle de contribuer au perfectionnement de l'articulation, c'est-à-dire, de l'habitude des organes de la voix de séparer bien distinctement tous les élémens de la prononciation. Si les nations, pour être capables de faire usage d'un alphabet, doivent déjà posséder cette disposition à un certain degré, elle augmente par cette invention, et l'écriture et la prononciation se perfectionnent mutuellement.

Le premier pas était fait par l'invention des lettres initiales de syllabes, des voyelles qui en forment une à elles seules et des consonnes accompagnées de leurs voyelles. Les langues dont nous parlons ici forment presque tous leurs mots de syllabes simples se terminant en voyelles; on pouvait donc, jusqu'à un certain degré, se passer des moyens de marquer aussi les consonnes finales: dans les 200 mots que renferme la première feuille du vocabulaire bugis, je ne trouve de consonnes finales que *m*, *n*, *k*, *h*, *ñg*, les deux premières dans l'intérieur des mots seulement, *m* devant *p*, *n* devant *r*; *h* et *k* ne paraissent qu'à la fin des mots, mais *ñg* occupe les deux places et est employé plus souvent que les autres (¹).

Il n'était cependant pas si aisé d'aller plus loin. On ne pouvait écrire la terminaison des syllabes composées qu'en faisant une double opération. Après avoir privé la consonne finale de sa voyelle inhérente, par laquelle elle aurait formé une nouvelle syllabe, il fallait encore, pour en isoler entièrement le son, la détacher de la voyelle qui la précédait immédiatement; car le son de la consonne et celui de la voyelle se confondaient. Il faut observer en effet que les peuples qui se servaient d'alphabets semblables à ceux des Bugis et des Tagalas, ne croyaient pas représenter leurs syllabes d'une manière incomplète: ils ne voyaient pas, comme nous, dans les signes de leurs voyelles finales, un *i* ou un *ou* seu-

---

(¹) *Die mir später zugekommenen übrigen Bogen des Bugis-Wörterbuchs liefern noch als am Ende der Wörter vorkommend die Consonanten* m, n, t, s, *aber nur in einigen als ausländisch zu betrachtenden Wörtern, und zwar nur in folgenden:* batu pulam, *Marmor (das Malayische* bātu pūalam), apiun, *Opium (Malayisch* apyūn *oder* afyūn, *vom Arabischen* أفيون, *das Griechische* ὄπιον), intan, *Diamant (ebenso im Malayischen),* sapu chat, *malen (das Malayische Verbum* sāpū, *fegen, übertünchen, und das Substantivum* chap, *Siegel, welches, wie Marsden in seiner Grammatik S.*113. *der dialektischen Verwandlung eines Anfangs-*p *in* t, *z. B.* tūkul *statt* pūkul, *schlagen, und umgekehrt eines End-*t *in* p, kīlap *für* kīlat, *Blitz, erwähnt, wahrscheinlich in einigen Gegenden* chat *lautet; denn die beigesetzte Malayische Paraphrase giebt* sapu chat *ebenso für den Malayischen, wie für den Bugis-Ausdruck),* añgaris, *Englisch (* pawale añgaris, *Kreide), im Malayischen* iñggris. *Man kann daher von diesen Consonanten ganz absehen, und behält allein die drei oben genannten,* h, k *und* ñg, *als beständig am Ende der Wörter wiederkehrende. Merkwürdig ist noch eine Einzelheit; ich finde nämlich* paak, *Meifsel, nur durch den einzigen Buchstaben* pa *ausgedrückt; man hat es also nicht für nöthig erachtet, für den Endlaut* ak *den Buchstaben* a *zu gebrauchen, welches ein neuer Beweis ist, wie sorglos man mit dem Wortschlusse umging; denn eigentlich würde man diese Schreibung* pak *zu lesen haben.*

lement, mais, selon les circonstances, aussi un *ik*, un *ing*, etc.; ils ne concevaient pas même la possibilité de décomposer encore des sons déjà si simples. Le *virama* privait bien la consonne de sa voyelle inhérente; mais l'opération de détacher la consonne de la voyelle qui la précédait, était plus difficile: car la voyelle qui s'exhale, pour ainsi dire, en consonne, rend naturellement un son plus obscur et moins distinct que la consonne qui commence la syllabe; de même la voyelle qui est coupée par une consonne finale, se trouve arrêtée dans sa formation. Il résulte des deux cas que la voyelle et la consonne des terminaisons de mots se modifient mutuellement.

L'écriture barmane offre un exemple très-curieux de ces modifications; j'observe que cette particularité se trouve dans les monosyllabes, qui constituent le fond primitif de cette langue. Les consonnes, lorsqu'elles viennent à terminer un mot, reçoivent dans presque tous les cas une autre valeur, et altèrent même celle de la voyelle qui les précède. Le monosyllabe écrit *kak*, est prononcé *ket*, un *p* final devient *t*, un *m* final *n*, etc. (Carey, page 19; Judson, p. 13). On se demande naturellement d'où il vient que l'écriture ne suive pas ici la prononciation: si l'on prononce constamment *t*, d'où sait-on que ce *t* est proprement un *k* ou un *p*? L'étymologie du monosyllabe renferme, très-probablement, la réponse à ces questions. Les racines se terminant en une consonne bien prononcée, peuvent être et sont vraisemblablement, pour la plupart, des mots composés; la combinaison des syllabes japonaises, par exemple, offre des cas où de deux syllabes ainsi réunies, la dernière perd sa voyelle. De *fa-tsou* vient *fat* (Gramm. japonaise de Rodriguez, publiée par M. Landresse, p. 27). Or il ne serait pas étonnant qu'une consonne qui, comme initiale, se prononçait *k*, changeât de valeur en devenant finale. Quoi qu'il en soit, cette divergence de l'écriture et de la prononciation des monosyllabes barmans ne permet pas de méconnaître qu'il existe encore dans la langue une lutte qu'il serait important de faire cesser, entre les deux grands moyens de représenter la pensée.

Les voyelles se terminent souvent aussi, et surtout dans les langues dont nous parlons ici, en des sons qui ne s'annoncent pas comme des consonnes très-prononcées, mais seulement comme des aspirations ou des sons nasaux qu'il serait difficile ou même impossible de réduire en articulations. Le sanscrit même a dû encore accorder une place dans son alphabet à deux caractères, le *visarga* et l'*anousvara*, qu'on ne peut considérer comme de véritables lettres, sous le rapport de la clarté et de la précision de leur son. M. Bopp a en effet prouvé, dans son excellente grammaire sanscrite, que l'*anousvara*, bien qu'il ne fasse souvent que remplacer les autres lettres nasales, possède aussi un son à lui, qui n'est représenté par aucune autre lettre.

Il restait donc, sous tous les rapports, beaucoup de chemin à faire pour arriver de l'alphabet tagala au dévanagari.

D'après ce que je viens d'exposer, il me semble évident qu'il existe, dans les deux classes d'alphabets désignées ici, une tendance progressive au perfectionnement de l'écriture. Je ne prétends cependant pas soutenir, sur ces données seules, que telle ait été réellement la marche historique de ce perfectionnement, et bien moins encore que l'alphabet tagala ait nécessairement dû servir d'échelon pour s'élever au dévanagari: je me borne, pour le moment, simplement à prouver, par la nature même de ces alphabets, qu'ils sont réellement du même genre, mais que le dévanagari complète le travail que le tagala et ceux qui lui ressemblent laissent imparfait.

Comme le système de ces alphabets moins parfaits est renfermé, pour ainsi dire, dans le système plus étendu du dévanagari, on peut supposer que les Tagalas n'ont pris de cet alphabet venu à leur connaissance que ce qu'il fallait à leur langue, beaucoup plus simple et moins riche dans son système phonétique. L'alphabet tagala serait, d'après cela, le dévanagari en raccourci. Mais c'est cette supposition surtout que je voudrais combattre; elle me semble être dénuée de toute probabilité. Quelque simple que soit l'alphabet tagala, il est complet dans son système; et dès qu'on lui accorde le principe sur lequel il est calqué, de ne noter les syllabes composées que par leurs voyelles seulement, il ne s'y trouve rien de superflu ni de défectueux. Il aurait été vraiment difficile d'abstraire aussi méthodiquement du dévanagari un système qu'il renferme en effet, mais qui ne forme que la moitié de sa tendance vers l'écriture alphabétique. Les syllabes des mots tagalas sont pourtant assez souvent terminées par des consonnes suffisamment prononcées; l'inconvénient de ne pas les noter se fait considérablement sentir, comme nous le voyons par le témoignage des missionnaires espagnols: pourquoi donc aurait-on repoussé l'adoption du *virama*, moyen si simple et si facile à adapter à toute écriture? La langue barmane est, sous le rapport de la formation des mots, pour le moins tout aussi simple que la langue *tagala*; elle a cependant adopté, même dans la partie qui lui est entièrement propre, tous les moyens de marquer les sons que le dévanagari lui offrait. Le même cas existe chez les Javanais et les Telougous: l'alphabet tamoul est moins nombreux en signes, mais fait également usage du *virama* et de la réunion des consonnes par ce moyen. Pourquoi, si le dévanagari, dans l'état où nous le connaissons à présent, avait donné origine à leurs alphabets, les Tagalas, les Bugis et les Sumatrans n'auraient-ils pas fait de même? On peut dire que les Hindous avaient des établissemens moins fixes dans ces pays; mais cette circonstance, qui n'est même pas exacte pour Sumatra, change peu à l'état de la question: car il est beaucoup moins croyable qu'on ait pu à la hâte adapter l'alphabet hindou aux langues indigènes, d'une manière à la fois aussi méthodique et aussi incomplète.

Mais ce qui tranche la question, c'est qu'un examen plus réfléchi du dévanagari lui-même prouve qu'il a existé avant lui peut-être plus d'un alphabet dressé sur le même système, mais moins parfait que lui. Le dévanagari est visiblement sorti d'un système syllabique d'alphabets; il n'est pas une invention, mais seulement un perfectionnement du système. Le dévanagari ne se distingue d'une écriture vraiment alphabétique que par des choses qu'avec raison l'on peut nommer accessoires. Traiter l'*a* bref de voyelle inhérente aux consonnes, se servir par cette raison du *virama*, placer l'*i* bref avant sa consonne, combiner les signes des consonnes au lieu de les écrire l'une après l'autre, voilà les seules différences entre lui et l'alphabet grec ou toute autre écriture alphabétique. L'isolement des syllabes dans les manuscrits est plutôt une habitude purement calligraphique. Les inventeurs du dévanagari avaient certainement, aussi bien que nous, le principe de l'écriture alphabétique; ils avaient franchi la grande difficulté qui arrête le progrès de la prononciation à l'écriture;

ils savaient détacher en tout sens les voyelles des consonnes, ils leur assignaient leurs limites et les marquaient avec précision. S'ils n'avaient eu aucun alphabet déjà existant sous les yeux, s'ils avaient dû travailler tout à neuf, ils auraient très-probablement formé une écriture alphabétique; car pourquoi, sachant parfaitement bien détacher les voyelles des consonnes et leur assigner leurs valeurs d'après leurs différentes positions, auraient-ils, par exemple, renfermé une voyelle dans une consonne, pour l'en détacher un moment après par un signe inventé pour cet usage? Mais ils ont visiblement pris à tâche de perfectionner une écriture syllabique au point qu'elle rendît tous les services d'une écriture alphabétique; car voilà ce qu'on peut dire de l'admirable arrangement du dévanagari.

Je ne crois pas que l'écriture alphabétique ait dû être nécessairement précédée de l'écriture syllabique; une telle supposition me paraît trop systématique: mais toute la structure du dévanagari me semble prouver qu'il n'a pas été fait d'un jet. Tout y est explicable, dès qu'on suppose qu'on a voulu rendre plus parfait un système déjà existant, remplir ses lacunes, corriger ses défauts; sans cette supposition, il est inconcevable comment, connaissant si bien la nature des sons, étant habitué à les faire passer par toute la série de leurs modifications, sachant parfaitement balancer et contre-balancer leurs valeurs dans la formation des mots, on ait voulu se traîner encore dans la route des écritures syllabiques, tandis que l'écriture alphabétique est évidemment la seule véritable solution du grand problème de peindre la parole aux yeux. Je crois donc que l'alphabet tagala, avec tous ceux qui sont basés sur le même système, appartient à une classe d'alphabets antérieurs au dévanagari, ou du moins qu'il n'en est pas tiré. On pourrait plutôt croire ces alphabets des îles entièrement étrangers à l'alphabet du continent de l'Inde (et, dans ce cas, ils pourraient même lui être postérieurs), si la ressemblance des caractères ne s'opposait pas à une pareille supposition.

Je trouve avec vous, Monsieur, l'alphabet tagala très-remarquable, puisqu'il offre précisément la moitié du travail qu'il fallait faire pour se former une écriture capable de représenter la prononciation toute entière. Il appartient à la même classe que le dévanagari; je n'oserais décider si, pour cela, cet alphabet est d'origine indienne. De plus profondes recherches prouveront peut-être que la partie fondamentale du sanscrit a de fréquentes affinités avec les langues à l'est de l'Inde et avec celles des îles; les Hindous auraient donc bien pu avoir des alphabets d'une nation de ces contrées devant les yeux. Ce qui me paraît certain, c'est que les alphabets syllabiques, ceux surtout du genre de l'alphabet tagala, ont des rapports fort intimes avec la structure des langues monosyllabiques de ces contrées, et avec le passage de cet état des langues à un autre plus compliqué. Autant que chaque syllabe forme un mot à elle seule, les syllabes sont simples, mais variées dans les modifications et les accens des voyelles; on note alors facilement l'articulation principale, et l'on néglige impunément le reste: mais si des nations viennent à réunir plusieurs syllabes dans le même mot, et qu'elles visent à donner à chaque mot l'unité d'un ensemble, en quoi repose principalement l'artifice grammatical des langues dans le sens le plus étendu, il arrive des compositions, des contractions, des intercalations. Alors naît la tendance vers l'écriture alphabétique: car on sent, en voulant tracer les mots, la nécessité d'aller aux premiers élémens, pour avoir la liberté de les réunir entièrement à volonté. Le dévanagari et le système grammatical que nous admirons dans le sanscrit datent probablement à-peu-près de la même époque; une langue tellement organisée supposait une nation à laquelle le dernier perfectionnement et même l'invention de l'alphabet ne pouvaient pas rester long-temps étrangers. Le tagala était évidemment resté en arrière, avec son alphabet beaucoup trop borné pour la structure grammaticale de la langue.

Rien, au reste, n'empêcherait aussi que les habitans des Philippines fussent redevables de leurs alphabets aux Hindous. L'influence de l'Inde sur l'archipel qui l'avoisine a été exercée de manières et à des époques fort différentes; et l'on reconnaît ces époques, en quelque façon, au genre et à la coupe des mots que les langues de ces contrées ont adoptés du sanscrit. Les communications avec les Philippines m'ont paru, d'après ces considérations, être très-anciennes: le difficile est seulement de trouver une époque où l'on pourrait attribuer à l'Inde un alphabet aussi incomplet. Le sanscrit n'a certainement jamais pu être écrit par son moyen. Il est donc peut-être plus juste de dire que ces alphabets sont d'origine inconnue, que leur prototype doit être d'une haute antiquité, qu'il a servi de base au dévanagari lui-même; mais que c'est toujours de l'Inde que l'alphabet indien a obtenu tous les perfectionnemens de son système. Le dévanagari lui-même a éprouvé des changemens; mais si je nomme cet alphabet, je parle seulement de sa constitution, et plus particulièrement du principe qui tend en lui à réunir, dans l'écriture syllabique, tous les avantages de l'écriture alphabétique.

Votre interprétation du passage de Diodore me semble très-juste, Monsieur, et elle a le mérite de prouver combien ce passage est remarquable. Je n'hésite pas à avancer que c'est le seul, dans tous les auteurs grecs et romains, où une propriété très-particulière d'une langue étrangère ait été saisie avec autant de justesse. Le principe fondamental des alphabets syllabiques de l'Asie orientale y est exposé clairement; mais personne ne l'y avait découvert avant vous (¹). Je prends avec vous, Monsieur, les γράμματα pour les groupes syllabiques, et les χαρακτῆρας

(¹) Diodore de Sicile a donné dans le IIᵉ livre de son histoire universelle un extrait des voyages d'Iamboule dans les îles de l'Océan: περὶ δὲ τῆς κατὰ τὸν Ὠκεανὸν εὑρεθείσης νήσου κατὰ τὴν μεσημβρίαν etc. Ce Grec, qui traversait l'Arabie pour se rendre aux Pays des Aromates, ἐπὶ τὴν ἀρωματοφόρον, fut enlevé par des brigands, traîné en Éthiopie, et de là déporté, comme l'exigeait une superstition nationale, dans une île australe située au milieu de l'Océan: ce ne fut qu'après une longue traversée qu'Iamboule aborda à cette île mystérieuse; τούτους δὲ πλεύσαντας πέλαγος μέγα καὶ χειμασθέντας ἐν μησὶ τέτταρσι προσενεχθῆναι τῇ προσηγμανθείσῃ νήσῳ, στρογγύλῃ μὲν ὑπαρχούσῃ τῷ σχήματι, τὴν δὲ περίμετρον ἐχούσῃ σταδίων ὡς πεντακισχιλίων. Ἑπτὰ δ' ἦσαν αὗται νῆσοι παραπλήσιαι μὲν τοῖς μεγέθεσι, σύμμετρον δ' ἀλλήλων διεστηκυῖαι, πᾶσαι δὲ τοῖς αὐτοῖς ἔθεσι καὶ νόμοις χρώμεναι. Contraint de sortir de l'île, Iamboule atteignit les côtes de l'Inde après quatre mois de navigation: πλεῦσαι πλεῖον ἢ τέτταρας (πέντε) μῆνας· ἐκπεσεῖν δὲ κατὰ τὴν Ἰνδικὴν εἰς ἄμμους καὶ τεναγώδεις τόπους etc. Iamboule, rendu à sa patrie par le roi de *Polibothra* (Palibothra), écrivit une relation de ses voyages: Ὁ δὲ Ἰαμβοῦλος οὗτος ταῦτά τε ἀναγραφῆς ἠξίωσε, καὶ περὶ τῶν κατὰ τὴν Ἰνδικὴν οὐκ ὀλίγα συνετάξατο τῶν ἀγνοουμένων παρὰ τοῖς ἄλλοις. (Jacquet. De la relation et de l'alphabet indien d'Iamboule. Nouv. Journ. Asiat. T. 8. p. 20.) — *Die Stelle Diodor's über das Alphabet dieser Insel lautet so*: Γράμμασί τε αὐτοὺς χρῆσθαι, κατὰ μὲν τὴν δύναμιν τῶν σημαινόντων, εἴκοσι καὶ ὀκτὼ τὸν ἀριθμόν· κατὰ δὲ τοὺς χαρακτῆρας, ἑπτά· ὧν ἕκαστον τετραχῶς μετατυγχηματίζεσθαι. Γράφουσι δὲ τοὺς στίχους οὐκ εἰς τὸ πλάγιον ἐκτείνοντες, ὥσπερ ἡμεῖς, ἀλλ' ἄνωθεν κάτω καταγράφοντες εἰς ὀρθόν. (l. c. p. 23. 24.) *Man lese die geistreiche Kritik selbst nach, welcher Hr. Jacquet diese letzte Stelle Diodor's, so wie seine ganze Erzählung von der Reise des Iambulos, unterwirft.* (l. c. p. 20-30.)

pour les consonnes; non pas que Diodore les ait reconnues comme telles, mais parce que, dans ces alphabets, les consonnes seules s'annoncent par leurs formes comme de véritables lettres. Je crois donc que Diodore parle d'abord du nombre des signes de tout le syllabaire, et qu'il passe de là à celui des consonnes et des voyelles. Ce sont ces nombres seuls que je crois erronés dans le texte de Diodore, et encore ne le sont-ils que pour leur valeur: les rapports dans lesquels ils se trouvent sont parfaitement justes; car le nombre des signes du syllabaire est le plus considérable, et égal au produit de celui des consonnes multipliées par les voyelles. Il ne me paraît pas nécessaire de faire entrer les *vargas* dans le passage; c'est en quoi seulement je voudrais, Monsieur, différer de votre opinion.

Tegel, ce 10 décembre 1831.

G. DE HUMBOLDT.